Hinter dem Sachregister befindet sich ein ausführliches Verzeichnis der

Guttentagschen Sammlung

Deutscher Reichs- und Preußischer Gesetze

— **Textausgaben mit Anmerkungen; Taschenformat** —,

die alle wichtigeren Gesetze in unbedingt zuverlässigem Abdruck und mit mustergültiger Erläuterung wiedergibt.

Guttentagsche Sammlung
Nr. 13. Deutscher Reichsgesetze. Nr. 13.
Textausgaben mit Anmerkungen.

Konkursordnung
und
Anfechtungsgesetz

Mit Anmerkungen unter besonderer Berücksichtigung der Entscheidungen des Reichsgerichts

Begonnen von
Dr. R. Sydow
Fortgeführt von
L. Busch, jetzt zugleich mit O. Krieg,
Reichsgerichtsrat i. R. Landgerichtsrat

Vierzehnte vermehrte Auflage

Berlin und Leipzig 1926.
Walter de Gruyter & Co.
vormals G. J. Göschen'sche Verlagshandlung — J. Guttentag, Verlagsbuchhandlung — Georg Reimer — Karl J. Trübner — Veit & Comp.

Vorwort.

Das Werk hat zum Ziele, die Konkursordnung und das Anfechtungsgesetz in erster Linie an der Hand der gesetzgeberischen Vorarbeiten und der Ergebnisse der Rechtsprechung des Reichsgerichts und auch der Oberlandesgerichte, in zweiter Linie durch Hinweise auf zusammengehörige Bestimmungen und durch Anführung von Beispielen an geeignet erscheinenden Stellen sowie durch Anziehung des einschlägigen Gesetzgebungsmaterials namentlich für den praktischen Gebrauch zu erläutern.

Von den Auflagen des Werkes sind herausgegeben worden:

die 1. (1878) bis 7. (1897) von R. Sydow,

und nach Inkrafttreten der Novelle vom 17. Mai 1898:

die 8. (1900) von L. Busch unter Mitwirkung von R. Sydow,

die 9. (1902), 10. (1906), 11. (1911) und 12. (1916) von L. Busch,

die 13. (1923) und 14. (1926) von L. Busch zugleich mit O. Krieg.

Die Herausgeber.

Inhalt.

Seite

Überblick XV

I. **Gesetz,** betr. **die Einführung der Konkursordnung** §§ 1–14 1

II. **Einführungsgesetz zu dem Gesetze,** betr. **Änderungen der Konkursordnung** Art. I–IX 15

III. **Gesetz,** betr. **Änderungen der Konkursordnung** 19

IV. **Konkursordnung.**

Erstes Buch: Konkursrecht 20

Erster Titel. Allgemeine Bestimmungen. §§ 1 bis 16 20

I. Konkursmasse S. 20.

II. Gläubiger S. 37.

1. Konkursgläubiger S. 37.
2. Absonderungsberechtigte S. 42.
3. Ausländische Gläubiger S. 46.

III. Beschränkung der Verwaltungs- und Verfügungsbefugnis des Gemeinschuldners S. 47.

1. Allgemeiner Grundsatz S. 47.
2. Rechtshandlungen des Gemeinschuldners S. 58
3. Leistungen an den Gemeinschuldner S. 63.
4. Erbschaftsanfall S. 65.
5. Prozesse a) über die Teilungsmasse S. 67.
   b) über die Schuldenmasse S. 78.
6. Veräußerungsverbot S. 80.
7. Arreste und Zwangsvollstreckungen S. 81.

Seite

IV. Rechtserwerb ohne Verfügung des Gemeinschuldners S. 87.

V. Gemeinschaft des Gemeinschuldners mit Dritten S. 94.

Zweiter Titel. Erfüllung der Rechtsgeschäfte. §§ 17—28. 96

Zweiseitige Verträge im allgemeinen S. 97. — Fixgeschäfte S. 108. — Miete und Pacht S. 110. — Dienstvertrag S. 119. — Auftrag usw. S. 121. — Vormerkung S. 124. — Besondere Bestimmungen S. 126. — Wirkungen der Nichterfüllung oder des Erlöschens von Verträgen S. 128.

Dritter Titel. Anfechtung. §§ 29—42 133

I. Zulässigkeit S. 134.

1. Allgemein geltende Vorschriften S. 134.
2. Besondere Vorschriften S. 180, a) Wechselzahlungen S. 180, b) Vollstreckbare Schuldtitel S. 182.
3. Legitimation zur Anfechtung S. 183.

II. Wirkung S. 185.

III. Anfechtung gegen Rechtsnachfolger S. 192.

IV. Zeitliche Beschränkung S. 198.

V. Rechtshandlungen nach Eröffnung des Verfahrens S. 203.

Vierter Titel. Aussonderung. §§ 43—46 . . . 204

Verfolgungsklage. S. 214. — Aussonderungsanspruch der Ehefrau S. 218. — Ersatzaussonderung S. 220.

Fünfter Titel. Absonderung. §§ 47—52 . . . 223

Unbewegliches Vermögen S. 225. — Bewegliches Vermögen S. 228. — Ausländisches Absonderungsrecht S. 242. — Nachlaßgläubiger S. 243. — Gemeinschaftsteilhaber S. 244. — Lehen- usw. Gläubiger S. 247.

Seite

Sechster Titel. Aufrechnung. §§ 53—56 . . . 248

Siebenter Titel. Massegläubiger. §§ 57–60 . . 263
Massekosten S. 265. — Masseschulden S. 266.

Achter Titel. Konkursgläubiger. §§ 61—70 . . 274
I. Rangordnung S. 275.
1. Hauptforderungen S. 275.
2. Nebenansprüche S. 283.
II. Ausschluß vom Konkurs S. 283.
III. Besondere Arten S. 286.

Zweites Buch: Konkursverfahren 301

Erster Titel. Allgemeine Bestimmungen. §§ 71 bis 101 301
Konkursgericht S. 301. — Konkursverwalter S. 309. — Gläubigerausschuß S. 318. — Gläubigerversammlung S. 323. — Gemeinschuldner S. 327.

Zweiter Titel. Eröffnungsverfahren. §§ 102—116 329
Zulässigkeit S. 329. — Antrag S. 334. — Vorläufige Sicherheitsmaßregeln S. 336. — Unzulänglichkeit der Masse S. 339. — Eröffnungsbeschluß S. 341.

Dritter Titel. Teilungsmasse. §§ 117–137 . 348
Feststellung und Sicherung S. 350. — Verwaltung und Verwertung S. 354.

Vierter Titel. Schuldenmasse. §§ 138–148 . . 371
Anmeldung S. 371. — Prüfungstermin S. 376. — Feststellung streitiger Forderungen S. 386.

Fünfter Titel. Verteilung. §§ 149—172 . . . 398
I. Anordnung S. 398.
1. Allgemeines S. 398.
2. Abschlagsverteilungen S. 404.

Seite

3. Schlußverteilung S. 406. — Aufhebung des Verfahrens S. 409. — Wiedereinsetzung gegen Versäumung des Prüfungstermins S. 412.
4. Nachtragsverteilung S. 413.

II. Vollzug S. 416.

Sechster Titel. Zwangsvergleich. §§ 173—201 . 419

Zulässigkeit S. 420. — Vorprüfung S. 421. — Abschluß S. 422. — Bestätigung S. 429. — Wirkung S. 432 — Aufhebung S. 447. — Wiederaufnahme des Konkursverfahrens S. 449.

Siebenter Titel. Einstellung des Verfahrens. §§ 202—206 451

Achter Titel. Besondere Bestimmungen. §§ 207 bis 238 455

I. Handelsgesellschaften und Genossenschaften S. 458.

1. Aktiengesellschaft S. 458.
2. Genossenschaft S. 464.
3. Offene Handelsgesellschaft, Kommanditgesellschaft, Kommanditgesellschaft auf Aktien S. 465.
4. Juristische Personen und Vereine S. 474.

IIA. Nachlaß S. 474.

1. Im allgemeinen S. 474. — Zuständigkeit S. 474. — Zulässigkeit S. 475. — Antragsberechtigte S. 477. — Absonderungsrechte S. 481. — Anfechtung von Rechtshandlungen des Erben S. 482. — Zurückbehaltungsrecht des Erben S. 483. — Masseschulden S. 483. — Ansprüche des Erben S. 485. — Nachlaßkonkursgläubiger S. 486. — Zwangsvergleich S. 491
2. Besondere Bestimmungen S. 492. — Nacherbfolge S. 492. — Erbschaftskauf S. 492.

Seite

— Konkurs über das Vermögen des Erben S. 494. — Konkurs über einen Erbteil S. 495.

II B. Gesamtgut bei fortgesetzter Gütergemeinschaft S. 495.

III. Inländisches Vermögen ausländischer Schuldner S. 496.

Drittes Buch: Strafbestimmungen. §§ 239—244 502

V. **Gesetz, betr. die Anfechtung von Rechtshandlungen eines Schuldners außerhalb des Konkursverfahrens.** Vom 21. Juli 1879, in der Fassung vom 20. Mai 1898. §§ 1—14 . . 532

Sachregister 596

Abkürzungen.

Begr.	= Entwürfe eines Gesetzes, betreffend Änderungen der Konkursordnung, sowie eines zugehörigen Einführungsgesetzes nebst Begründung, Reichstagsvorlage. (Verlag von J. Guttentag, Berlin. 1898.)
EG.	= Einführungsgesetz.
FGG.	= Reichsgesetz über die Angelegenheiten der freiwilligen Gerichtsbarkeit.
GBO.	= Grundbuchordnung.
GKG.	= Gerichtskostengesetz.
GebO. f. RA.	= Gebührenordnung für Rechtsanwälte.
Gr.	= die in Gruchots „Beiträgen zur Erläuterung des Deutschen Rechts" abgedruckten Entscheidungen des Reichsgerichts, bis einschl. Bd. 67.
GS.	= Gesetzsammlung.
GVBl.	= Gesetz- und Verordnungsblatt.
GVG.	= Gerichtsverfassungsgesetz.
HGB.	= Handelsgesetzbuch.
JFG.	= Jahrbuch für Entscheidungen in Angelegenheiten der freiwilligen Gerichtsbarkeit und des Grundbuchrechts. Bd. 1—3.
JW.	= die in der Juristischen Wochenschrift (Organ des deutschen Anwaltsvereins) abgedruckten Entscheidungen, bis einschl. 1925.

KB.	= Bericht der Kommission des deutschen Reichstages über die Entwürfe eines Gesetzes, betreffend Änderungen der Konkursordnung, sowie eines zugehörigen Einführungsgesetzes. (Drucksachen des deutschen Reichstages: 9. Legislaturperiode, V. Session 1897/98 Nr. 237).
KGJ.	= Jahrbuch der Entscheidungen des Kammergerichts in Sachen der freiwilligen Gerichtsbarkeit (Johow-Ring). Bd. 20—53.
KO.	= Konkursordnung.
LZ.	= Leipziger Zeitschrift für Deutsches Recht, bis einschl. 1925.
Mot.	= Motive zu dem Entwurfe einer Konkursordnung und dem Entwurf des Einführungsgesetzes (Drucksachen des deutschen Reichstages: 2. Legislaturperiode, II. Session 1874 Nr. 200).
Nov.	= Gesetz, betreffend Änderungen der Konkursordnung, vom 17. Mai 1898 (RGBl. 230).
OLG.	= Die Rechtsprechung der Oberlandesgerichte (Mugdan-Falkmann). Bd. 1—44.
Pr.	= Protokolle der im Jahre 1875 zur Vorberatung der Konkursordnung und des Einführungsgesetzes eingesetzten Kommission des deutschen Reichstags.
RG.	= Entscheidungen des Reichsgerichts in Zivilsachen. Herausgegeben von den Mitgliedern des Gerichtshofes. Bd. 1—111.
RG.	= Entscheidungen des Reichsgerichts in Strafsachen. Herausgegeben von den Mitgliedern des Gerichtshofes. Bd. 1—59.
RGBl.	= Reichsgesetzblatt.

RFA. = Entscheidungen in Angelegenheiten der freiwilligen Gerichtsbarkeit und in Grundbuchsachen, zusammengestellt im Reichsjustizamt. Bd. 1–16.

RZBl. = Zentralblatt für das Deutsche Reich.

StGB. = Strafgesetzbuch für das Deutsche Reich.

StPO. = Strafprozeßordnung.

W. = Warneyer „Rechtsprechung des Reichsgerichts" Jahrgang 1908–1925.

WO. = Allgemeine Deutsche Wechselordnung.

ZPO. = Zivilprozeßordnung.

ZVG. = Reichsgesetz über die Zwangsversteigerung und die Zwangsverwaltung.

Überblick.

I. Die Auseinandersetzung des zahlungsunfähigen Schuldners mit seinen Gläubigern erfolgt unter richterlicher Leitung nach den Vorschriften der Konkursordnung.

Das Konkursverfahren umfaßt das gesamte, der Zwangsvollstreckung unterliegende Vermögen, das dem Gemeinschuldner zur Zeit der Eröffnung des Verfahrens gehört (Konkursmasse: § 1). Dies Vermögen dient zur gemeinschaftlichen Befriedigung aller persönlichen Gläubiger, die einen zur Zeit der Eröffnung begründeten vermögensrechtlichen Anspruch an den Gemeinschuldner haben (Konkursgläubiger: § 3).

Das Amtsgericht, bei dem der Gemeinschuldner seine gewerbliche Niederlassung oder in Ermangelung einer solchen seinen allgemeinen Gerichtsstand hat, ist für das Konkursverfahren ausschließlich zuständig (§ 71). Das Gericht eröffnet das Verfahren nach Anhörung des Gemeinschuldners durch Beschluß, sobald es die Überzeugung von dessen Zahlungsunfähigkeit erlangt und der Gemeinschuldner oder einer seiner Gläubiger auf Eröffnung anträgt (§§ 102, 103). Es kann zur Vorbereitung des Eröffnungsbeschlusses Ermittelungen anordnen (§§ 104, 105) und vorläufige Sicherheitsmaßregeln treffen; zu diesen gehört der Erlaß eines allgemeinen Veräußerungsverbots (§ 106). Der Eröffnungsantrag kann abgelehnt werden, wenn eine den Kosten des Verfahrens entsprechende Masse nicht vorhanden ist. Die Abweisung unterbleibt jedoch, wenn ein zur Deckung der Massekosten (§ 58 Nr. 1, 2) ausreichender Geldbetrag vorgeschossen wird (§ 107).

Mit dem Eröffnungsbeschluß (§ 108) verbindet das Gericht den Erlaß des offenen Arrestes (§ 118) und die Ernennung des Konkursverwalters, geeignetenfalls auch die Bestellung eines Gläubigerausschusses (§§ 78, 87, 110). Das Verwaltungs- und Verfügungsrecht über das zur Konkursmasse gehörige Vermögen geht von dem Gemeinschuldner auf den Konkursverwalter über (§ 6). Eine vom Gericht bei der Eröffnung des Verfahrens berufene Versammlung der Gläubiger beschließt über die Wahl eines andern Verwalters; das Gericht kann aber dessen Ernennung versagen (§ 80). Die Gläubigerversammlung kann ferner dem Verwalter zu dessen Unterstützung und Überwachung einen Gläubigerausschuß an die Seite setzen (§ 87).

Der Konkursverwalter (§§ 78, 81, 82) nimmt das zur Masse gehörige Vermögen des Gemeinschuldners in Besitz und Verwaltung (§ 117). Er kann es siegeln lassen (§ 122), zeichnet es unter Angabe des Wertes auf (§ 123), fertigt ein Inventar und eine Bilanz (§ 124) und kann vom Gemeinschuldner die Leistung des Offenbarungseides fordern (§ 125). Aus der Konkursmasse sondert der Verwalter die dem Gemeinschuldner nicht gehörigen Gegenstände aus (§§ 43—46). Die Verwertung derjenigen Gegenstände, aus deren Erlös Pfandgläubiger und Gleichgestellte abgesonderte Befriedigung zu fordern befugt sind (§§ 47—52), kann er den Absonderungsberechtigten überlassen (§§ 4, 127). Alle übrigen zur Konkursmasse gehörigen Gegenstände verwertet der Verwalter durch freihändigen Verkauf (§ 117). Immobilien werden im Wege der Zwangsversteigerung veräußert (§ 126), wenn nicht der Gläubigerausschuß und in dessen Ermangelung die Gläubigerversammlung den Verkauf aus freier Hand gestattet (§ 134). Die Verwertung beginnt in der Regel nach Abhaltung des allgemeinen Prüfungstermins (§ 141). — Der Verwalter wickelt ferner die schwebenden Rechtsgeschäfte des Gemeinschuldners ab. Er ist berechtigt, in zweiseitige Verträge, die noch nicht vollständig erfüllt sind, einzutreten, sie vollständig als Masseschuld zu erfüllen und auch vom andern Teil Erfüllung zu fordern (§§ 17, 59 Nr. 2). Tritt er nicht ein, so steht dem andern Teil nur ein Entschädigungsanspruch als Konkursgläubiger zu (§ 26). Gewisse Abweichungen hiervon gelten für Zeitgeschäfte (§ 18), Miet- und Pachtverträge (§§ 19—21, 49 Nr. 2), Dienstverhältnisse (§ 22), Aufträge und vertragsmäßig übernommene Geschäftsbesorgungen (§§ 23, 24, 27, 28). Endlich macht der Verwalter diejenigen Rechtshandlungen des Gemeinschuldners durch Anfechtung rückgängig, die letzterer zur Benachteiligung seiner Gläubiger vorgenommen hat, sofern bei deren Vornahme der andere Teil von der bereits erfolgten

Zahlungseinstellung Kenntnis hatte, oder von der Absicht des Gemeinschuldners, die übrigen Gläubiger zu benachteiligen, wußte, oder endlich, sofern es sich um Freigebigkeiten handelt (§§ 29—42).

Der Erlös derjenigen Gegenstände, die den Absonderungsberechtigten haften, fließt, soweit er nicht zu deren Befriedigung erforderlich ist, zur Masse (§ 127). Die abgesonderte Befriedigung erfolgt unabhängig vom Konkursverfahren (§ 4). Den Absonderungsberechtigten ähnlich werden die Gläubiger behandelt, denen Gegenforderungen an die Masse oder an den Gemeinschuldner zustehen: sie können sich außerhalb des Konkursverfahrens durch Aufrechnung befriedigen; jedoch ist die Aufrechnung in gewissen Fällen unzulässig (§§ 53—56).

Der durch Verwertung der Konkursmasse nach obigen Grundsätzen erzielte Erlös bildet die Teilungsmasse: sie wird nach Berichtigung der durch das Verfahren entstandenen Massekosten und Masseschulden (§§ 57—60) unter die Konkursgläubiger verteilt. Bevorrechtigt sind fünf Klassen: a) Lidlöhner, b) Reichs-, Staatskasse und Kommunalverbände wegen rückständiger öffentlicher Abgaben, c) Kirchen, Schulen und öffentliche Verbände wegen rückständiger Abgaben und Leistungen, d) Medizinalpersonen, e) Kinder, Mündel und Pflegebefohlene. Alle übrigen Gläubiger nehmen zu gleichen Rechten teil (§ 61).

Die Feststellung der Konkursforderungen (Schuldenmasse) erfolgt auf Grund schriftlicher Anmeldung (§§ 138—140) nach Verhandlung in dem bei der Eröffnung des Verfahrens vom Gericht anberaumten allgemeinen Prüfungstermin (§§ 141—145). Widerspricht der Verwalter oder ein Konkursgläubiger der Feststellung, so ist es Sache des anmeldenden Gläubigers, diese im Wege des ordentlichen Prozesses, außerhalb des Konkursverfahrens, gegen den Widersprechenden zu betreiben (§ 146). Unterläßt er dies, so findet er ebensowenig bei der Verteilung Berücksichtigung, als wenn er seine Forderungen nicht angemeldet hätte. Insofern kann eine tatsächliche Ausschließung von Konkursgläubigern eintreten: eine rechtliche Präklusion in dem Sinne, daß Gläubiger, die ihre Forderungen nicht binnen einer bestimmten Frist anmelden oder im Prozeßwege geltend machen, des Rechts auf Teilnahme am Konkursverfahren verlustig gehen, findet nicht statt (§ 152).

Absonderungsberechtigte, welche persönliche Gläubiger des Gemeinschuldners sind, können in Höhe ihres nachweislichen Ausfalls, Gläubiger, die von der Befugnis zur Aufrechnung Gebrauch machen, in Höhe des dadurch nicht gedeckten Betrages am Konkursverfahren teilnehmen (§§ 53, 153, 168).

Sobald nach dem allgemeinen Prüfungstermin hinreichende bare Masse vorhanden ist, nimmt der Verwalter eine Abschlagsverteilung vor (§ 149). Er macht seine Absicht, die Summe der angemeldeten Forderungen und den verfügbaren Massebestand öffentlich bekannt (§ 151) und setzt eine Ausschlußfrist fest (§ 152). Ein Verzeichnis der zu berücksichtigenden Forderungen legt er auf der Gerichtsschreiberei aus (§ 151). Außer den Gläubigern, deren Forderungen festgestellt sind, werden bei der Verteilung nur diejenigen berücksichtigt, welche innerhalb der Ausschlußfrist nachweisen, daß sie die Feststellungsklage erhoben haben (§ 152). Nach Ablauf der Ausschlußfrist berichtigt der Verwalter sein Verzeichnis (§ 157), setzt, wenn binnen einer Woche kein Widerspruch (§ 158) gegen das Verzeichnis erfolgt, den Prozentsatz fest und verteilt (§ 159).

In gleicher Weise erfolgt nach beendigter Verwertung der Masse mit Genehmigung des Gerichts die Schlußverteilung (§ 161) auf Grund des Schlußverzeichnisses, über das im Schlußtermin verhandelt wird (§ 162). Der Verwalter legt der Gläubigerversammlung und dem Gemeinschuldner die Schlußrechnung (§ 86).

Nach dem Schlußtermin beschließt das Gericht die Aufhebung des Konkursverfahrens (§ 163).

Der Erlös nachträglich sich ergebender Vermögensstücke, die zur Konkursmasse gehören, unterliegt der Nachtragsverteilung: sie erfolgt auf Grund des Schlußverzeichnisses (§ 166).

Das Konkursverfahren kann ferner durch Zwangsvergleich (§ 173) sein Ende finden. Über den vom Gemeinschuldner eingereichten Zwangsvergleichsvorschlag, der die Art der Befriedigung und Sicherstellung der Gläubiger angeben muß (§ 174), wird nach summarischer Vorprüfung durch das Gericht (§§ 175, 176) im Vergleichstermine (§ 179) von den versammelten Gläubigern abgestimmt. Er gilt als angenommen, wenn die Mehrzahl der erschienenen Gläubiger sich für ihn erklärt und die Forderungen der Zustimmenden mindestens drei Viertel der Gesamtsumme aller stimmberechtigten Gläubiger ausmachen (§ 182). Bei der Berechnung der Mehrheiten bleibt der Ehegatte des Gemeinschuldners sowie dessen Zessionar außer Betracht, wenn er dem Vergleiche zugestimmt hat (§ 183). Der Zwangsvergleich unterliegt der Bestätigung durch das Konkursgericht (§ 184). Sie darf nur aus einer beschränkten Zahl von Gründen (§§ 186—188) versagt werden. — Der rechtskräftige Vergleich kann wegen Betruges angefochten werden (§ 196); er wird aufgehoben durch Verurteilung des Gemeinschuldners wegen betrüglichen Bankerotts (§ 197): in letzterem Falle wird auf Antrag das Konkursverfahren wieder aufgenommen (§ 198).

Eine Einstellung des Verfahrens findet statt, wenn alle angemeldeten Gläubiger darauf antragen (§ 202), oder wenn sich ergibt, daß eine den Kosten des Verfahrens entsprechende Masse nicht vorhanden ist; im letzteren Falle unterbleibt jedoch die Einstellung, wenn ein zur Deckung der Massekosten (§ 58 Nr. 1, 2) ausreichender Geldbetrag vorgeschossen wird (§ 204).

Einige besondere Bestimmungen betreffen das Konkursverfahren über das Vermögen einer Aktiengesellschaft (§§ 207, 208), einer offenen Handelsgesellschaft, einer Kommanditgesellschaft oder einer Kommanditgesellschaft auf Aktien (§§ 209—212), einer juristischen Person, sowie eines Vereins (§ 213), über einen Nachlaß (§§ 214—235), über das Gesamtgut im Falle der fortgesetzten Gütergemeinschaft (§ 236), endlich den Partikularkonkurs über das inländische Vermögen von Schuldnern, die im Deutschen Reiche weder eine gewerbliche Niederlassung noch einen allgemeinen Gerichtsstand haben (§§ 237, 238). Die Besonderheiten des Konkursverfahrens gegen Genossenschaften sind jetzt (früher §§ 195—197 a. F.) durch das RGes. v. 1. 5. 89 (RGBl. 55) in der Fassung v. 20. 5. 98 (RGBl. 810) neu geregelt, während für den Konkurs der Gesellschaften mit beschränkter Haftung das RGes. v. 20. 4. 92 (RGBl. 477) in der Fassung vom 20. 5. 98 (RGBl. 846) Bestimmung trifft.

II. Die Faktoren, durch deren Zusammenwirken sich das Konkursverfahren vollzieht, sind hiernach: das Konkursgericht, der Gemeinschuldner, der Konkursverwalter, die Konkursgläubiger. Ihre Funktionen sind in folgender Weise bestimmt:

1. Das Konkursgericht. In seiner Hand liegt die Leitung des Verfahrens: es beschließt über dessen Eröffnung (§§ 102—109) und Wiederaufnahme (§ 198), Aufhebung (§ 163) und Einstellung (§§ 202—204); es bestimmt die Anmeldefrist und die Termine (§ 110), beruft und leitet die Gläubigerversammlungen (§§ 93, 94), veranlaßt die Zustellungen (§ 73) und die Bekanntmachungen (§ 76). Es ist befugt, alle das Verfahren betreffenden Verhältnisse durch Ermittelungen aufzuklären (§ 75), vorläufige Sicherheitsmaßregeln zu treffen (§ 106), die Haft des Gemeinschuldners (§§ 101, 106), die Beschlag-

nahme der an ihn gerichteten Sendungen, Briefe und Depeschen anzuordnen (§ 121); es erläßt den offenen Arrest (§§ 110, 118). Der Gemeinschuldner darf sich von seinem Wohnsitz nur mit Erlaubnis des Gerichts entfernen (§ 101). Ferner ernennt das Gericht den Konkursverwalter (§ 78), beaufsichtigt die Gesetzmäßigkeit seiner Handlungen (§ 83), kann Ordnungsstrafen gegen ihn festsetzen, ihn entlassen (§ 84), setzt die Gebühren des Verwalters fest (§ 85). Bei der Eröffnung des Verfahrens kann es einen Gläubigerausschuß einsetzen (§ 87), bis zur ersten Gläubigerversammlung dessen Mitglieder entlassen (§ 92); die Gebühren des Gläubigerausschusses bestimmt es nach Anhörung der Gläubigerversammlung (§ 91). Auf erhobenen Widerspruch setzt es das Stimmrecht der noch nicht festgestellten, der absonderungsberechtigten und der aufschiebend bedingten Forderungen fest (§§ 95, 96). In Ermangelung eines Gläubigerausschusses kann es dem Verwalter die Aufzeichnung des zur Masse gehörigen Vermögens erlassen (§ 123). Ferner kann es dem Gemeinschuldner bis zur ersten Gläubigerversammlung notdürftigen Unterhalt aus der Masse bewilligen (§ 129). Die Vornahme gewisser wichtiger Rechtshandlungen (§§ 133, 134) kann es dem Verwalter auf Antrag des Gemeinschuldners bis zur Beschlußfassung durch die Gläubigerversammlung untersagen (§ 135). Es hat auf Antrag die Ausführung von Beschlüssen der Gläubigerversammlung zu verbieten, die dem gemeinsamen Interesse der Konkursgläubiger widersprechen (§ 99). Das Gericht kann den Verwalter ermächtigen, unabhängig von den Verteilungen die bevorrechtigten Gläubiger zu befriedigen (§ 170). Es entscheidet über Einwendungen gegen das der Verteilung zugrunde liegende Gläubigerverzeichnis (§ 158); es kann die Aussetzung von Abschlagsverteilungen wegen schwebender Zwangsvergleichsverhandlungen anordnen (§ 160); die Vornahme der Schlußverteilung hängt von seiner Genehmigung ab (§ 161). Es bestimmt über die Hinterlegung der bei der Schlußverteilung zurückzubehaltenden Beträge (§ 161). Die Nachtragsverteilung geschieht auf seine Anordnung (§ 166). — Der Zwangsvergleich unterliegt seiner Vorprüfung und seiner Bestätigung (§§ 176, 179, 184).

Gegen Entscheidungen des Gerichts findet das Rechtsmittel der sofortigen Beschwerde statt (§ 73).

2. Der Gemeinschuldner. Er kann auf Eröffnung des Konkursverfahrens antragen (§§ 103, 104). Vor der Eröffnung ist er zu hören (§ 105); gegen den Eröffnungsbeschluß steht ihm die sofortige Beschwerde zu (§ 109). Er muß Auskunft über alle das Verfahren betreffenden Verhältnisse geben (§ 100), eine Übersicht der Vermögensmasse sowie ein Verzeichnis seiner Gläubiger und Schuldner einreichen (§ 104). Bei der Vermögensaufzeichnung ist der Gemeinschuldner zuzuziehen (§ 123). Er kann die Einsicht der beschlagnahmten Sendungen, Briefe und Depeschen verlangen, auch deren Herausgabe, wenn ihr Inhalt nicht die Masse betrifft (§ 121). Beabsichtigt der Verwalter die Vornahme gewisser wichtiger Rechtshandlungen (§§ 133, 134), so hat er dem Gemeinschuldner davon Mitteilung zu machen (§ 135).

Dieser kann bei Gericht auf vorläufige Untersagung der Rechtshandlung antragen (§ 135 Abs. 2). Im Prüfungstermin hat er sich über die angemeldeten Forderungen zu erklären (§ 131). Er kann einen Zwangsvergleich vorschlagen (§ 173) und, sobald er dies getan hat, die Aussetzung der Abschlagsverteilung beantragen (§ 160). Zum Vergleichstermin ist er besonders zu laden (§ 179). Ihm steht der Antrag auf Verbindung des Vergleichstermins mit dem allgemeinen Prüfungstermin zu (§ 180). Ferner ist er zum Antrag auf Einstellung des Verfahrens unter gewissen Voraussetzungen berechtigt (§ 202). Er ist befugt, die Schlußrechnung des Verwalters zu bemängeln (§ 86).

3. Der Konkursverwalter. Er übt das Verwaltungs- und Verfügungsrecht des Gemeinschuldners über das zur Masse gehörige Vermögen aus (§ 6). Er kann die schwebenden Prozesse des Gemeinschuldners aufnehmen (§§ 10, 11), in zweiseitige Verträge, die noch nicht vollständig erfüllt sind, eintreten, ihre Erfüllung ablehnen oder sie kündigen (§§ 17—23), Rechtshandlungen des Gemeinschuldners anfechten (§ 36). Er hat das zur Masse gehörige Vermögen in Besitz und Verwaltung zu nehmen (§ 117), kann es siegeln lassen (§ 122), hat es aufzuzeichnen (§ 123), ein Inventar und eine Bilanz zu fertigen (§ 124). Er kann von dem Gemeinschuldner Auskunft über alle das Verfahren betreffenden Verhältnisse fordern (§ 100) und darf die beschlagnahmten Postsendungen, Briefe und Depeschen an den Gemeinschuldner öffnen (§ 121). Er kann vom Ge-

meinschuldner die Leistung des Offenbarungseides fordern (§ 125). Er verwertet die Masse, kann auch die Veräußerung der den Absonderungsberechtigten haftenden Gegenstände verlangen (§§ 117, 126, 127). Zur Vornahme gewisser wichtiger Rechtshandlungen (§§ 133, 134) bedarf er der Genehmigung des Gläubigerausschusses oder der Gläubigerversammlung. Die Quittungen des Verwalters über den Empfang von Geldern u. dgl. von der Hinterlegungsstelle, desgleichen seine Anweisungen auf diese, bedürfen der Mitzeichnung durch ein Mitglied des Gläubigerausschusses (§ 137). Der Verwalter kann der Feststellung der angemeldeten Forderungen widersprechen (§ 144), auch durch seinen Widerspruch die Entscheidung des Gerichts darüber herbeiführen, ob und wieweit die nicht festgestellten, absonderungsberechtigten oder aufschiebend bedingten Forderungen ein Stimmrecht gewähren (§§ 95, 96). — Aus dem durch Verwertung der Masse erzielten Erlöse kann der Verwalter mit Genehmigung des Gläubigerausschusses und, wenn ein solcher nicht bestellt ist, des Gerichts, vorläufig dem Gemeinschuldner notdürftigen Unterhalt gewähren (§ 129). Er befriedigt vorweg unabhängig von den Verteilungen die Massegläubiger (§§ 57, 172) und, mit Genehmigung des Gerichts, die bevorrechtigten Konkursgläubiger (§ 170). — Er macht mit Genehmigung des Gläubigerausschusses (§ 150) und bei der Schlußverteilung mit der des Gerichts (§ 161) die Absicht, zu verteilen, den verfügbaren Massebestand und die zu berücksichtigenden Forderungen bekannt (§ 151), setzt die Ausschlußfrist fest (§ 152), stellt das der Verteilung zugrunde zu legende Verzeichnis auf (§ 151) und berichtigt es, soweit die Erhebung von Feststellungsklagen nachgewiesen wird (§§ 152—157). Für die Abschlagsverteilungen bestimmt er in Ermangelung eines Gläubigerausschusses den zu zahlenden Prozentsatz (§ 159). Die bei der Schlußverteilung zurückzubehaltenden Beträge hinterlegt er nach Anordnung des Gerichts (§ 169). — Der Verwalter kann auf Zurückweisung des Zwangsvergleichsvorschlags im Stadium der Vorprüfung antragen (§ 176). Er ist zu dem Vergleichstermin besonders zu laden (§ 179) und vor der Bestätigung des Vergleichs zu hören (§ 184).

Der Verwalter steht nur unter der Aufsicht des Gerichts (§§ 83, 84). Der Gläubigerausschuß hat ihn zwar zu überwachen, kann seine Bücher und Schriften einsehen und den Bestand seiner Kasse untersuchen; auch hat der Verwalter ihm und der Gläubigerversammlung Bericht zu erstatten und Rechnung zu legen (§ 88). Einen maßgebenden Einfluß auf die Handlungen des Verwalters aber dürfen Gläubigerausschuß und Gläubigerversammlung nur da üben, wo ausdrücklich ihre Zustimmung erfordert ist (§§ 133, 134).

Der Verwalter ist befugt, die Einberufung einer Gläubigerversammlung zu verlangen (§ 93). Er kann bei Gericht darauf antragen, daß die Ausführung eines Beschlusses der Gläubigerversammlung untersagt werde, wenn der Beschluß dem gemeinsamen Interesse der Konkursgläubiger widerspricht (§ 99).

Für seine Geschäftsführung erhält der Verwalter eine vom Gericht festzusetzende Vergütung (§ 85).

4. Die Konkursgläubiger. Sie wirken bei dem Konkursverfahren mit: als einzelne, durch den Gläubigerausschuß und in der Gläubigerversammlung.

Der einzelne Gläubiger kann den Antrag auf Eröffnung des Konkursverfahrens stellen (§ 103) und den abweisenden Beschluß durch sofortige Beschwerde anfechten (§ 109). Er kann auf Entscheidung des Gerichts darüber antragen, ob und wieweit die nicht festgestellten, die absonderungsberechtigten und die aufschiebend bedingten Forderungen zum Stimmen in der Gläubigerversammlung berechtigen (§§ 95, 96). Er ist befugt, bei Gericht darauf anzutragen, daß die Ausführung von Beschlüssen der Gläubigerversammlung als dem gemeinsamen Interesse der Konkursgläubiger widersprechend untersagt werde (§ 99). Er hat ein Recht zum Widerspruch gegen die Prüfung solcher Forderungen, die erst nach Ablauf der Anmeldefrist angemeldet sind, und kann der Feststellung angemeldeter Forderungen widersprechen (§ 142). Ihm steht die Erhebung von Einwendungen gegen das der Verteilung zugrunde liegende Verzeichnis zu (§ 158). Er ist auch befugt, die Schlußrechnung des Verwalters zu bemängeln (§ 86). Der nicht bevorrechtigte Konkursgläubiger kann auf Verwerfung des Zwangsvergleichs bei Gericht antragen (§ 188) und den rechtskräftigen Zwangsvergleich wegen Betrugs anfechten (§ 196); auch kann er den Antrag auf Anordnung von Sicherheitsmaßregeln stellen, wenn die rechtskräftige Verurteilung des Gemeinschuldners wegen betrüglichen Bankerotts und daher die Unwirksamkeit des Zwangsvergleichs bevorsteht (§ 197). Im Falle der Unwirksamkeit kann er Wiederaufnahme des Verfahrens fordern (§ 198). Der Einstellung des Verfahrens kann er widersprechen (§§ 202, 203). — Fünf Gläubiger, deren Forderungen ein Fünftel der Schuldenmasse erreichen, können Berufung der Gläubigerversammlung verlangen (§ 93).

Der Gläubigerausschuß, dessen Bestellung fakultativ ist, wird von der Gläubigerversammlung gewählt (§ 87 Abs. 2). Die Mitglieder des Gläubigerausschusses sind Bevollmächtigte der Gläubigerversammlung. Nur vor der ersten Gläubigerversammlung und nur vorläufig kann das Gericht einen Gläubigerausschuß einsetzen (§ 87 Abs. 1); es kann die Bestellung widerrufen (§ 92). Die Mitglieder des Gläubigerausschusses unterstützen und überwachen den Verwalter, können seine Bücher und Schriften einsehen, von ihm Bericht über seine Geschäftsführung und über die Lage der Sache verlangen (§ 88 Abs. 1). Ein Mitglied muß allmonatlich den Bestand der Kasse des Verwalters untersuchen (§ 88 Abs. 2). Ein Mitglied hat die Quittungen des Verwalters über den Empfang von Geldern u. dgl. von der Hinterlegungsstelle und seine Anweisungen auf diese mitzuzeichnen (§ 137). Der Gläubigerausschuß kann auf Entlassung des Verwalters antragen (§ 84). Er kann dem Verwalter die Aufzeichnung des zur Masse gehörigen Vermögens erlassen (§ 123). Er beschließt vorläufig über die Schließung oder Fortführung des Geschäfts des Gemeinschuldners und die Hinterlegung der Gelder

(§ 129 Abs. 2). Seiner Genehmigung bedarf es zur vorläufigen Gewährung des notdürftigen Unterhalts an den Gemeinschuldner (§ 129 Abs. 1), zur Vornahme gewisser wichtiger Rechtshandlungen durch den Verwalter (§§ 133, 134), zur Vornahme von Verteilungen (§ 150). Er bestimmt den bei Abschlagsverteilungen zu zahlenden Prozentsatz (§ 159) und hat sich über die Schlußrechnung des Verwalters zu äußern (§ 86). Er kann auf Zurückweisung des Zwangsvergleichs im Stadium der Vorprüfung antragen (§ 176), hat sich über dessen Annehmbarkeit zu erklären (§ 177) und ist vor dessen Bestätigung zu hören (§ 184); er kann beantragen, daß der Vergleichstermin mit dem allgemeinen Prüfungstermin verbunden werde (§ 180).

Der Gläubigerausschuß kann die Berufung der Gläubigerversammlung verlangen (§ 93). Seine Mitglieder haben Anspruch auf Vergütung für ihre Geschäftsführung (§ 91).

Die Gläubigerversammlung beschließt über die Beibehaltung des vom Gericht ernannten Verwalters (§ 80). Sie kann einen Gläubigerausschuß wählen und dessen Bestellung widerrufen (§ 87). Sie kann bei Gericht auf Entlassung des Verwalters antragen (§ 84). Sie beschließt endgültig über die Gewährung des notdürftigen Unterhalts an den Gemeinschuldner, die Schließung oder Fortführung seines Geschäfts, die Hinterlegung von Geldern u. dgl. durch den Verwalter, endlich darüber, ob und in welcher Weise der Verwalter ihr oder einem Gläubigerausschuß über die Verwaltung und Verwertung der

Masse Bericht erstatten und die Rechnung legen soll (§ 132). Gewisse besonders wichtige Rechtshandlungen des Verwalters bedürfen, wenn kein Gläubigerausschuß bestellt ist, ihrer Genehmigung (§ 134). Im Schlußtermin bestimmt sie, was mit den nicht verwertbaren Vermögensstücken geschehen soll (§ 162). Der Verwalter legt ihr Schlußrechnung (§ 86). Sie beschließt über die Annahme des Zwangsvergleichs (§ 182).

Die Gläubigerversammlung findet unter Leitung des Gerichts statt (§ 94); die Ausführung ihrer Beschlüsse kann auf Antrag vom Gericht untersagt werden, wenn sie dem gemeinsamen Interesse der Konkursgläubiger widersprechen (§ 99).

III. Die Einteilung der Konkursordnung ist folgende:

Das erste Buch: „Konkursrecht" bestimmt die Einwirkung der Eröffnung des Verfahrens auf die davon betroffenen Rechtsverhältnisse.

Das zweite Buch: „Konkursverfahren" schreibt die Formen vor, in denen sich die Auseinandersetzung zwischen dem Gemeinschuldner und seinen Gläubigern vollzieht.

Im dritten Buch: „Strafbestimmungen" sind unter Aufhebung der §§ 281—283 StGB. sowie der landesgesetzlichen Strafvorschriften, die sich auf den Konkurs beziehen, Strafen des betrüglichen und des einfachen Bankerotts, der Beiseiteschaffung von Vermögensstücken, des Stimmkaufs und der Begünstigung einzelner Gläubiger angeordnet.

I.

Gesetz,

betreffend die

Einführung der Konkursordnung.

Vom 10. Februar 1877.

(RGBl. 1877 Nr. 10 S. 390.)

In Kraft getreten am 1. Oktober 1879.

Eingeführt in Helgoland seit 1. 4. 91: Art. I Nr. VIII 4 VO. v. 22. 3. 91 (RGBl. 22).

Abgeändert durch das Einf.Ges. zu dem Ges. betr. Änderungen der Konkursordnung, vom 17. 5. 98 (RGBl. 248) (unten II) und § 43 des Hypothekenbankgesetzes vom 13. 7. 99 (RGBl. 375), in Kraft vom 1. Januar 1900, ferner durch Art. III des Ges. zur Änderung u. Ergänzung des Hypothekenbankgesetzes vom 14 7. 23 (RGBl. I 635).

1. Die Konkursordnung tritt im ganzen Umfange des Reichs gleichzeitig mit dem Gerichtsverfassungsgesetze in Kraft[1].

[1] § 1 EG.GVG. v. 1. 10. 79.

2. Gesetz im Sinne der Konkursordnung und dieses Gesetzes ist jede Rechtsnorm[1].

[1] Einschließlich des Gewohnheitsrechts: Prot. 133, § 12 EG.ZPO., Art. 2 EG.BGB.

3. Die den Konkurs betreffenden Vorschriften der Reichsgesetze[1] werden durch die Konkursordnung nicht berührt.

Aufgehoben werden:

1. die Vorschriften des § 51 des Gesetzes, betreffend die privatrechtliche Stellung der Erwerbs- und

Wirtschaftsgenossenschaften, vom 4. Juli 1868[2], sowie die im § 48 desselben Gesetzes bestimmte Zuständigkeit des Handelsgerichts[3];

2. die Vorschriften der §§ 13—18 des Gesetzes, betreffend die Gewährung der Rechtshilfe, vom 21. Juni 1869;
3. die Vorschriften der §§ 281—283 des Strafgesetzbuchs[4].

Der Artikel 80 der Wechselordnung wird dahin abgeändert, daß die Verjährung auch nach Maßgabe des § 13 der Konkursordnung unterbrochen wird[5].

Die Verjährung zugunsten eines zur Zeit der Eröffnung des Konkursverfahrens ausgeschiedenen oder ausgeschlossenen Genossenschafters (§ 64 Abs. 1 des Gesetzes vom 4. Juli 1868) wird auch durch Anmeldung der Konkursforderung unterbrochen[6].

[1] Solche sind außer dem BGB.: §§ 31, 34, 36, 171, 172, 217, 240, 241, 242, 249, 369, 370, 371 HGB.; Art. 29 WO.; GenG. (s. Anm. 2); §§ 63, 64, 71, 83, 84 GmbHG. v. 20. 4. 92 i. d. Fass. v. 20. 5. 98 (RGBl. 846); §§ 97 Abs. 4, 100c, 102 Abs. 4, 104l GewO. i. d. Fass. v. 26. 7. 00 (RGBl. 871); §§ 49—52, 61, 62, 68, 69, 112 PrivVersUntG. v. 12. 5. 01 (RGBl. 139); §§ 18, 19 RGes., betr. die gemeinsamen Rechte der Besitzer von Schuldverschreibungen, v. 4. 12. 99 (RGBl. 691), Art. 131 EG.BGB.

[2] Das BGes. v. 4. 7. 68 ist zufolge §§ 158, 172 GenG. v. 1. 5. 89 (RGBl. 55) seit dem 1. Oktober 1889 überhaupt aufgehoben. Die früher in den §§ 195—197 KO. enthaltenen besonderen Vorschriften über den Konkurs der Genossenschaften waren bisher in den §§ 91—111, 116—119, 122—124, 134, 135 des RGes. v. 1. 5. 89 enthalten; diesem entsprechen jetzt gemäß der auf den Art. 10, 13 EG.HGB. v. 10. 5. 97 beruhenden neuen Fass. v. 20. 5. 98 (RGBl. 810) die §§ 98—118, 122—125, 128—130, 140, 141.

[3] Die Zuständigkeit bestimmt sich nach § 71 KO.

[4] §§ 239, 240, 242 KO.

[5] Art. 80 WO. ist durch Art. 8 Ziff. 2 EG.HGB. v. 10. 5. 97 und der in bezug genommene § 13 KO. durch das RG., betr. Änderungen der KO., v. 17. 5. 98 (RGBl. 230) [unten III] aufgehoben. Die Vorschrift des Abs. 3 ist daher gegenstandslos geworden. Vgl. Anm. 8 § 15 KO.

[6] Aufgehoben durch § 153 und ersetzt durch §§ 117 Abs. 2, 135 RGes. v. 1. 5. 89, denen jetzt die §§ 123 Abs. 2, 141 der neuen Fass. (s. Anm. 2) entsprechen. Vgl. über diese Unterbrechung der Verjährung RG. 2, 11, 13, JW. 91, 134[17].

4. Aufgehoben werden die Vorschriften der Landesgesetze[1] über Konkurs-, Falliments-, Gant-, Debitverfahren, über gerichtliche, zur Abwendung oder Einleitung eines solchen Verfahrens dienende Stundungs- und Nachlaßverhandlungen, konkursmäßige Einleitungen, Vermögensuntersuchungen, über die Rechtswohltat der Güterabtretung und die landesherrliche oder gerichtliche Bewilligung einer allgemeinen Zahlungsstundung[2], sowie über das Konkursrecht, insoweit nicht in der Konkursordnung auf dieselben verwiesen oder bestimmt ist, daß sie nicht berührt werden[3].

Aufgehoben werden die Strafvorschriften, welche rücksichtlich des Konkurses in den Landesgesetzen enthalten sind[4].

[1] Die Außerkraftsetzung konkursrechtlicher Bestimmungen der Landesgesetze bezieht sich nicht auf die in älteren Staatsverträgen der Bundesstaaten mit dem Auslande enthaltenen Vorschriften. Diese sind nicht aufgehoben. RG. 24, 12, OLG. 19, 138.

[2] Aufhebung der Spezialmoratorien: § 14 Nr. 4 EG.ZPO.

[3] KO. §§ 25 (Wirkung der Konkurseröffnung auf bestehende Rechtsverhältnisse), 43 (Ansprüche auf Aussonderung eines dem Gemeinschuldner nicht gehörigen Gegenstandes), 52 (Befriedigung der Lehn-, Stammguts- oder Fideikommißgläubiger). — Unberührt bleiben auch alle diejenigen speziellen

Gesetze, die bei Normierung einzelner Zivilrechtsverhältnisse den Einfluß des Konkurses besonders geregelt haben. RG. 3, 42, JW. 93, 169[45].

[4] § 2 Abs. 3 StGB.

5. Unberührt bleiben:
die landesgesetzlichen Vorschriften, welche die Lehen, Stammgüter oder Familienfideikommisse[1] betreffen[2].

[1] Vgl. § 52 KO. — Wegen Berechtigung zur und Anfechtung der Entsagung eines vor der Konkurseröffnung bereits angefallenen, aber durch Investitur noch nicht übernommenen preußisch-rechtlichen Lehns s. Anm. 1 § 9, Anm. 1 § 29 KO. (unten IV).

[2] Die frühere Nr. 2: „die landesgesetzlichen Vorschriften, welche die Nichtbefolgung der Vorschriften über die Anzeige des zwischen dem Gemeinschuldner und seinem Ehegatten bestehenden Güterrechts unter Strafe stellen" ist durch Art. II EG. z. Nov. v. 17. 5. 98 (unten II) aufgehoben, weil das eheliche Güterrecht auch in der fraglichen Hinsicht durch das BGB. (vgl. §§ 1431, 1435) geregelt ist.

6. Die Bestimmungen der §§ 193, 194, 214[1] der Konkursordnung finden auf registrierte Gesellschaften[2], welche auf Grund des bayerischen Gesetzes vom 29. April 1869, betreffend die privatrechtliche Stellung der Erwerbs- und Wirtschaftsgesellschaften, bestehen, entsprechende Anwendung.

Die Gesellschaft wird in dem Konkursverfahren durch den Vorstand oder die Liquidatoren vertreten. Ein Zwangsvergleich findet nicht statt.

[1] Jetzt §§ 207, 208, 244.

[2] Früher war für die auf Grund des bayerischen Gesetzes v. 29. 4. 69, betr. die privatrechtliche Stellung der Erwerbs- und Wirtschaftsgesellschaften, bestehenden Vereine und registrierten Gesellschaften durch Verweisung auf den früheren

§ 196 KO. zum Ausdrucke gebracht, daß sie im Konkursverfahren durch den Vorstand oder die Liquidatoren vertreten werden und ein Zwangsvergleich nicht stattfinde. Durch Art. II des EG. z. Nov. v. 17. 5. 98 (unten II) sind die **Vereine aus** dem § 6 **ausgeschieden** und die Verweisung auf § 196 beseitigt. Letztere Verweisung ist, da § 196 durch § 153 GenG. v. 1. 5. 89 (RGBl. 55) aufgehoben ist, ihrem Inhalte nach durch den neuen Absatz 2 ersetzt. Die Vereine aber fallen, da sie juristische Personen sind, nunmehr unter die neue Vorschrift des § 213 KO. und demgemäß finden auch die §§ 207, 208 (193, 194) KO. auf sie Anwendung. Daß sie im Konkursverfahren durch den Vorstand oder die Liquidatoren vertreten werden, ergibt sich bereits aus Art. 30 zit. Ges. Die Ausschließung des Zwangsvergleichs und die Strafbestimmung des § 244 (214) KO. sind für diese Vereine, die keine wirtschaftlichen Zwecke verfolgen, für nicht geeignet erachtet worden. Begr. 56, 57.

7. In Ansehung der Landesherren und der Mitglieder der landesherrlichen Familien sowie der Mitglieder der Fürstlichen Familie Hohenzollern finden die Bestimmungen der Konkursordnung nur insoweit Anwendung, als nicht besondere Vorschriften der Hausverfassungen oder der Landesgesetze abweichende Bestimmungen enthalten[1].

Das Gleiche gilt in Ansehung der Mitglieder des vormaligen Hannoverschen Königshauses, des vormaligen Kurhessischen und des vormaligen Herzoglich Nassauischen Fürstenhauses[2].

[1] § 5 EG.GVG., § 5 EG.ZPO. Es konnten durch Hausverfassungen oder Landesgesetze die Vorrechte im Konkurse wie überhaupt das materielle Konkursrecht geändert werden. JW. 85, 89. Vgl. jetzt Art. 109 Verf. d. D. R. v. 11. 8. 19 und für Preußen Ges. über die Aufhebung der Standesvorrechte des Adels und die Auflösung der Hausvermögen v. 23. 6. 20 (GS. 367).

[2] Zus. des Art. II EG. z. Nov. (unten II) entsprechend dem Art. 57 Abs. 2 EG.BGB.

Übergangsbestimmungen.

8. Ein vor dem Tage des Inkrafttretens der Konkursordnung eröffnetes Konkursverfahren ist nach den bisherigen Gesetzen zu erledigen[1].

Der Landesgesetzgebung bleibt vorbehalten, die Konkursordnung auf die Erledigung der vor dem Inkrafttreten der Konkursordnung anhängig gewordenen Konkurssachen für anwendbar zu erklären und zu dem Zwecke Übergangsbestimmungen zu erlassen[2].

[1] Vgl. hierüber JW. 83, 5, 87, 475.

[2] Preußen: §§ 37—50 G. v. 6. 3. 79 (GS. 109). Vgl. dazu JW. 89, 130[7]. — Bayern: Art. 225, 231 G. v. 23. 2. 79 (GVBl. 63). — Württemberg: Art. 19 G. v. 18. 8. 79 (RegBl. 208).

9. In einem am Tage des Inkrafttretens der Konkursordnung oder nach diesem Tage eröffneten Konkursverfahren finden die Bestimmungen der Konkursordnung über die Anfechtung von Rechtshandlungen[1] auf eine vor dem bezeichneten Tage vorgenommene Rechtshandlung Anwendung, sofern nicht dieselbe nach den Vorschriften der bisherigen Gesetze der Anfechtung entzogen oder in geringerem Umfange unterworfen ist[2].

[1] §§ 29—41 KO.

[2] Vgl. auch § 14 AnfG.

10. In einem am Tage des Inkrafttretens der Konkursordnung oder nach diesem Tage eröffneten Konkursverfahren finden die Bestimmungen der §§ 42, 48 Nr. 3, 49[1] der Konkursordnung auf eine vor dem bezeichneten Tage abgetretene oder erworbene Forde-

rung Anwendung, sofern nicht die bisherigen Gesetze eine Aufrechnung zulassen oder eine Verpflichtung zum Schadensersatze nicht oder in geringerem Umfange begründen[2].

[1] Jetzt §§ 50, 55 Nr. 3, 56 KO.
[2] Die Bestimmungen der §§ 53, 54, 55 Nr. 1, 2 KO. über Aufrechnung finden auf die vor dem Inkrafttreten der KO. entstandenen Forderungen unbedingt Anwendung. Mot. 472.

11. In einem am Tage des Inkrafttretens der Konkursordnung oder nach diesem Tage eröffneten Konkursverfahren finden die Bestimmungen der Konkursordnung und dieses Gesetzes über abgesonderte Befriedigung[1] auf Pfand- und Vorzugsrechte Anwendung, wenngleich dieselben oder die Forderungen vor dem bezeichneten Tage erworben sind.

[1] §§ 47—49, 51 KO.

12[1]. Insoweit Pfand- und Vorzugsrechte, welche vor dem Tage des Inkrafttretens der Konkursordnung auf Grund eines Vertrages, einer letztwilligen Anordnung oder einer richterlichen Verfügung erworben oder in Bankstatuten[2] den Banknoteninhabern rechtsgültig zugesichert sind, zufolge der Bestimmungen der Konkursordnung und dieses Gesetzes ihre Wirksamkeit verlieren, kann die Landesgesetzgebung für die Forderung des Berechtigten ein Vorrecht vor allen oder einzelnen der im § 54[3] der Konkursordnung bezeichneten Forderungen[4] gewähren[5].

Ist das Pfand- oder Vorzugsrecht auf einzelne bewegliche Gegenstände des Schuldners beschränkt, so kann das Vorrecht nur in Höhe des Erlöses derselben gewährt werden.

Das durch die vorstehenden Bestimmungen vorbehaltene Vorrecht kann nicht gewährt werden für ein zwei Jahre nach dem Inkrafttreten der Konkursordnung eröffnetes Konkursverfahren, wenn nicht das Vorrecht dadurch erhalten wird, daß dasselbe bis zum Ablaufe der zwei Jahre zur Eintragung in ein öffentliches Register vorschriftsmäßig angemeldet ist. Der Erlaß von Vorschriften über die Einrichtung solcher Register, sowie über die Anmeldung und Eintragung der Forderungen bleibt der Landesgesetzgebung vorbehalten[6].

[1] Vgl. § 23 Abs. 1, 2 EG.ZPO.

[2] Im BankG. v. 14. 3. 75 (RGBl. 175) sind dem Banknoteninhaber Pfand- oder Vorzugsrechte nicht zugesichert.

[3] Jetzt § 61 KO.

[4] Nicht vor Absonderungsberechtigten. RG. 2, 93.

[5] Preußen: §§ 18, 20, 21, 24 G. v. 6. 3. 79 (GS. 109). — Württemberg: Art. 20 Nr. 1, 2 G. v. 18. 8. 79 (RegBl. 208).

[6] Preußen: §§ 25—36 G. v. 6. 3. 79 (GS. 109). — Württemberg: Ver. v. 16. 4. 81 (RegBl. 299). Dazu: Verf. v. 17. 4. 81 (RegBl. 302).

13[1]. Die Landesgesetzgebung kann der Ehefrau, den Kindern und den Pflegebefohlenen des Gemeinschuldners für Forderungen, welche vor dem Tage des Inkrafttretens der Konkursordnung entstanden sind, ein Vorrecht nach Maßgabe des § 12 Abs. 1, 2 insoweit gewähren, als ein gesetzliches Pfand- oder Vorzugsrecht der Ehefrau, der Kinder oder der Pflegebefohlenen nach den bisherigen Gesetzen bestanden hat[2].

Auf das Vorrecht der Ehefrau findet die Bestimmung des § 12 Abs. 3 entsprechende Anwendung[3].

Den Kindern und den Pflegebefohlenen kann das

Vorrecht für ein fünf Jahre nach dem Inkrafttreten der Konkursordnung eröffnetes Konkursverfahren nicht gewährt werden.

[1] Vgl. § 23 Abs. 3 EG.ZPO.

[2] Preußen: §§ 19, 20, 21, 22 G. v. 6. 3. 79 (GS. 109). — Bayern: Art. 232, 233, 234 G. v. 23. 2. 79 (GVBl. 63). — Sachsen: §§ 1—5 G. v. 11. 3. 79 (GVBl. 91). — Württemberg: Art. 20 Nr. 3, 21 G. v. 18. 9. 79 (RegBl. 208). — Ein so begründetes Vorrecht geht auf die Erben der Ehefrau über. Gr. 45, 1149. — Abs. 1 setzt nur voraus, daß für die zu sichernden Forderungen ein gesetzliches, wenngleich bedingtes Pfand- oder Vorzugsrecht vor dem Inkrafttreten der KO. (1. 10. 79) bestanden hat. Nicht ist Voraussetzung, daß schon damals ein Anspruch auf Herausgabe des Vermögens für die Ehefrau usw. gegeben war. W. 11, 152.

[3] Vorrechtsregister: Anm. 5 § 12, und Bayern: Bek. v. 27. 5. 79 (GVBl. 637). — Sachsen: Ver. v. 9. 8. 79 (GVBl. 315).

14—16 a. Fass. (Aufgehoben durch Art. II EG. z. Nov. v. 17. 5. 98 [unten II].)[1]

[1] Sie lauteten:

§ 14. Faustpfandrechte im Sinne des § 40 der Konkursordnung bestehen an beweglichen körperlichen Sachen nur, wenn der Pfandgläubiger oder ein Dritter für ihn den Gewahrsam der Sache erlangt und behalten hat.

Das Absonderungsrecht besteht ohne Übergabe der Sache, sofern:

1. nach den Reichsgesetzen oder den Landesgesetzen die Übergabe von Konnossementen und ähnlichen Papieren über Waren oder andere bewegliche Sachen der Übergabe derselben, oder die Eintragung der Verpfändung in das Schiffsregister oder die Übergabe der mit einem beglaubigten Vermerke der Verpfändung versehenen Schiffsurkunden oder einer beglaubigten Abschrift derselben der Übergabe des verpfändeten Schiffes gleichsteht;

2. über eine Verbodmung nach Vorschrift des Handelsgesetzbuchs ein Bodmereibrief ausgestellt ist.

§ 15. Faustpfandrechte im Sinne des § 40 der Konkursordnung bestehen an Forderungen und anderen Vermögensrechten nur:

1. wenn der Drittschuldner von der Verpfändung benachrichtigt ist;
2. wenn der Pfandgläubiger oder ein Dritter für ihn den Gewahrsam der körperlichen Sache, welche den Gegenstand des Rechts bildet, oder der über die Forderung oder das Vermögensrecht ausgestellten Urkunde erlangt und behalten hat;
3. wenn die Verpfändung in dem Grund- oder Hypothekenbuche eingetragen ist.

§ 16. Die Vorschriften der Landesgesetze, welche für den Erwerb von Faustpfandrechten mehrere der in den §§ 14, 15 bezeichneten Erfordernisse oder weitere Erfordernisse festsetzen, bleiben unberührt.

Das BGB. hat das Pfandrecht an Sachen und Rechten erschöpfend geregelt; es sind daher diese Vorschriften gegenstandslos geworden. Jedoch bleibt ein in Gemäßheit dieser Vorschriften **vor dem Inkrafttreten des BGB. begründetes Pfandrecht** in einem nach diesem Zeitpunkt eröffneten Konkursverfahren **wirksam**, auch wenn es den Anforderungen des BGB. nicht genügt (s. Art. VI EG. z. Nov. v. 17. 5. 98 [unten II] u. Art. 184 EG.BGB.), RG. 52, 392, auch Anm. 1 Art. VI aaO. (unten II). — Für die **Begründung der Pfandrechte nach früherem Recht** ist zu bemerken:

a) **Zu § 14:** Abs. 1: Zur Begründung des Pfandrechts ist nur erforderlich, daß der Gewahrsam erlangt war und zur Zeit der Konkurseröffnung noch bestand. Eine vorübergehende Unterbrechung in der Zwischenzeit kommt nicht in Betracht. JW. 95, 185[18]. — Über Begründung eines Pfandrechts an einem dem Gemeinschuldner gehörigen Warenlager s. RG. 37, 31, 43, 70, JW. 97, 617[43]. Über Wirksamkeit der Eigentumsübertragung zur Sicherstellung im Konkurse, auch wenn jene mittels constitutum possessorium erfolgt ist, s. RG. 26, 181.

Abs. 2: Über Wirksamkeit der Verpfändung von aufgespeicherten oder niedergelegten Waren sowie auf dem Transport befindlichen Gütern durch Übergabe der auf den Gläubiger übertragenen Konnossemente, Ladescheine, Lagerscheine oder ähnlicher Papiere, sofern der Gläubiger mittels der Papiere in der Lage ist, über die Gegenstände der Verpfändung zu verfügen, s. RG. 43, 70, dagegen JW. 98, 226[11].

Nr. 1: Reichsgesetze: Art. 313, 374, 382, 649 HGB. a. Fass., Landesgesetze: Preußen: § 5 G. v. 6. 3. 79 (GS. 109).

Nr. 2: Bodmereibrief: Art. 680, 697 HGB. a. Fass.

b) Zu § 15: Pfandrecht an Wertpapieren und indossablen Forderungspapieren: Art. 309 Abs. 2 HGB. a. Fass., §§ 712, 722, 723, 732 ZPO. a. Fass. — Es genügt, daß einer der unter Nr. 1—3 aufgeführten Bedingungen entsprochen ist. Pr. 139, RG. 25, 288. Vgl. aber § 16.

Nr. 1: Wie die Benachrichtigung zu erfolgen hat, bestimmt das bürgerliche Recht. Pr. 139.

Nr. 2: Im Falle der Nr. 2 bedarf es nicht noch der Benachrichtigung an den Drittschuldner. JW. 90, 82[14]. Der Gewahrsam muß bis zu dem Zeitpunkt behalten worden sein, in welchem das angeblich bessere Recht erworben sein soll. RG. 25, 290.

c) Zu § 16: Über die Frage der Rechtsgültigkeit eines Pfandrechts entscheidet bei Gesetzeskollission das Recht der belegenen Sache. RG. 8, 113, JW. 85, 253.

17[1]. Unberührt bleiben die landesgesetzlichen Vorschriften, nach welchen den Inhabern von Schuldverschreibungen, die von anderen Kreditanstalten als Hypothekenbanken[2] auf Grund von Hypotheken oder von Reallasten[3] oder von nicht hypothekarischen Darlehen der im § 41 Abs. 1 des Hypothekenbankgesetzes bezeichneten Art[4] ausgegeben sind, ein Vorrecht[5] vor allen anderen Konkursgläubigern in Ansehung der Befriedigung aus den Hypotheken oder den Reallasten oder den

genannten Darlehen der Anstalt zusteht. Wird ein solches Vorrecht gewährt, so gehen in Ansehung der Befriedigung aus den Hypotheken die Forderungen aus Schuldverschreibungen, zu deren Deckung Hypotheken verwendet werden, den Forderungen aus den übrigen Schuldverschreibungen vor; entsprechendes gilt für die Befriedigung aus Reallasten und nichthypothekarischen Darlehen. Werden wertbeständige Hypotheken[6] verschiedener Gattung zur Deckung verwendet, so gehen in Ansehung der Befriedigung aus den Hypotheken der einen Gattung die Forderungen aus Schuldverschreibungen der gleichen Gattung den Forderungen aus anderen Schuldverschreibungen anderer Gattungen vor; entsprechendes gilt für Reallasten und nichthypothekarische Darlehen.

Unberührt bleiben die landesgesetzlichen Vorschriften, nach welchen den Inhabern von Schuldverschreibungen, die von Körperschaften des öffentlichen Rechtes[7], Aktiengesellschaften[8], Kommanditgesellschaften auf Aktien[9], Gesellschaften mit beschränkter Haftung[10] oder Genossenschaften[11] über ein Anlehen ausgestellt sind, ein Vorrecht vor nicht bevorrechtigten Konkursgläubigern, deren Forderungen später entstehen, dadurch gewährt werden kann, daß die zu bevorrechtigenden Forderungen in ein öffentliches Schuldbuch eingetragen werden.

[1] Diese Vorschriften sind gemäß § 43 **HypBankG.** v. 13. 7. 99 (RGBl. 375) und Art. III RGes. zur Änderung und Ergänzung des HypBankG. v. 14. 7. 23 (RGBl. I 635) an die Stelle folgender Bestimmungen des früheren § 17 getreten:

Der Landesgesetzgebung bleibt es vorbehalten, Bestimmungen zu treffen, nach welchen

1. den Inhabern der von Gemeinden oder anderen Verbänden, von Korporationen, Aktiengesellschaften, Kommanditgesellschaften auf Aktien oder Genossenschaften ausgestellten Pfandbriefe oder ähnlicher auf Grund erworbener Forderungen von denselben ausgestellter Wertpapiere an solchen Forderungen ein Faustpfandrecht im Sinne des § 40 der Konkursordnung dadurch gewährt werden kann, daß einem Vertreter sämtlicher Inhaber allein oder in Gemeinschaft mit dem Aussteller die Ausübung des Gewahrsams der über die Forderungen lautenden Urkunden übertragen oder auf diesen Urkunden die Gewährung des Pfandrechts vermerkt wird;
2. den Inhabern von Schuldverschreibungen, welche von den unter Nr. 1 bezeichneten Schuldnern über eine Anleihe ausgestellt sind, an gewissen beweglichen körperlichen Sachen ein Faustpfandrecht im Sinne des § 40 der Konkursordnung dadurch gewährt werden kann, daß einem Vertreter sämtlicher Inhaber allein oder in Gemeinschaft mit dem Aussteller die Ausübung des Gewahrsams der Sachen übertragen wird;
3. den Inhabern von Schuldverschreibungen, welche von den unter Nr. 1 bezeichneten Schuldnern über eine Anleihe ausgestellt sind, ein Vorrecht vor nicht bevorrechtigten Konkursgläubigern, deren Forderungen später entstehen, dadurch gewährt werden kann, daß die zu bevorrechtigenden Forderungen in ein öffentliches Schuldenbuch eingetragen werden.

Der Abs. 1 des § 17 lautete vor dem RGes. v. 14. 7. 23:

Unberührt bleiben die landesgesetzlichen Vorschriften, nach welchen den Inhabern von Pfandbriefen, die von Kreditanstalten, welche nicht zu den Hypothekenbanken gehören, auf Grund von Hypotheken ausgestellt sind, ein Vorrecht vor allen anderen Konkursgläubigern in Ansehung der Befriedigung aus den Hypotheken der Anstalt zusteht.

Der Abs. 1 in dieser Fassung des § 43 HypBankG. ist also durch das genannte RG. hinsichtlich der Schuldverschreibungen auf Grund von Reallasten, nichthypothekarischen Darlehen und wertbeständigen Hypotheken geändert und ergänzt.

[2] Das sind Aktiengesellschaften und Kommanditgesellschaften auf Aktien, bei denen der Gegenstand des Unternehmens in der hypothekarischen Beleihung von Grundstücken und der Ausgabe von Schuldverschreibungen auf Grund der erworbenen Hypotheken besteht. §§ 1, 2 HypBankG.

[3] §§ 1105 ff. BGB.

[4] Das sind nichthypothekarische Darlehen, die an inländische Körperschaften des öffentlichen Rechtes oder gegen Übernahme der Gewährleistung durch eine solche Körperschaft gewährt sind.

[5] Beim Konkurse über das Vermögen einer Hypothekenbank (s. Anm. 2) gehen in Ansehung der Befriedigung aus den in den Hypothekenregistern eingetragenen Hypotheken und Wertpapieren die Forderungen der Pfandbriefgläubiger den Forderungen aller anderen Konkursgläubiger vor. § 35 HypBankG.

[6] Vgl. RGes. über wertbeständige Hypotheken v. 23. 6. 23 (RGBl. I 407).

[7] Vgl. § 89 BGB. [8] §§ 178 ff. HGB.

[9] §§ 320 ff. HGB.

[10] RGes. v. 20. 4. 92 (RGBl. 477) i. d. Fass. v. 20. 5. 98 (RGBl. 846).

[11] RGes. v. 1. 5. 89 (RGBl. 55) i. d. Fass. v. 20. 5. 98 (RGBl. 810).

II.

Einführungsgesetz
zu dem Gesetze, betreffend
Änderungen der Konkursordnung.
Vom 17. Mai 1898 (RGBl. 248).

In Kraft vom 1. Januar 1900.

Artikel I.

Das Gesetz, betreffend Änderungen der Konkursordnung, tritt gleichzeitig mit dem Bürgerlichen Gesetzbuch[1] in Kraft.

[1] 1. Januar 1900: Art. 1 EG.BGB.

Artikel II.

(Betrifft Änderungen des Einführungsgesetzes zur Konkursordnung. Die Änderungen sind in die neue Fassung des Einführungsgesetzes [oben I] aufgenommen.)

Artikel III.

Die Vorschriften des § 41 Abs. 2[1] der Konkursordnung und des § 17 Nr. 1, 2[2] des Gesetzes, betreffend die Einführung der Konkursordnung, finden auch außerhalb des Konkurses Anwendung.

[1] § 49 Abs. 2 der neuen Fassung. — Nach dieser Vorschrift der Kob. gehen die im § 49 Abs. 1 Nr. 1 bezeichneten Rechte (Absonderungsrechte wegen öffentlicher Abgaben in Ansehung zoll- und steuerpflichtiger Sachen) den im Abs. 1 Nr. 2—4 und den im § 48 KO. bezeichneten Pfand- und Absonderungsrechten vor. Art. III sichert den bezeichneten Rechten auch außerhalb des Konkursverfahrens (z. B. gegenüber Pfän-

dungspfandrechten, auch wenn diese vorher entstanden sind) den **Vorrang** zu (vgl. § 7 PrAG.KO. v. 6. 3. 79 [GS. 109]). Begr. 57, RG. 67, 219.

[2] Vgl. § 14 EG.KO. (oben I) Anm. 1: § 17 ist jetzt aufgehoben und durch § 14 der neuen Fassung ersetzt. — Nach Art. 55 EG.BGB. treten die privatrechtlichen Vorschriften der Landesgesetze außer Kraft. Demgegenüber sichert Art. III die Anwendung der auf Grund des früheren § 17 Nr. 1, 2 EG. erlassenen **landesgesetzlichen Bestimmungen** insoweit, als sie außerhalb des Konkursverfahrens erfolgen soll. Begr. 57.

Artikel IV.

Unberührt bleiben die landesgesetzlichen Vorschriften[1], welche die Zulässigkeit des Konkursverfahrens über das Vermögen der im § 15 Nr. 3 des Einführungsgesetzes zur Zivilprozeßordnung bezeichneten juristischen Personen[2] beschränken oder ausschließen[3].

[1] Preußen: § 153 Anh. zu § 45 AGO. I, 24. — Bayern: Art. 9 G. v. 23. 2. 79 (GVBl. 63). — Württemberg: Art. 21 G. v. 18. 8. 79 (RegBl. 173). — Sachsen: § 4 Ver. z. Ausf. der ZPO. und KO. v. 20. 11. 99 (GVBl. 583).

[2] Fiskus, Körperschaft, Stiftung oder Anstalt des öffentlichen Rechts oder unter der Verwaltung einer öffentlichen Behörde stehende Körperschaft oder Stiftung. Vgl. Anm. 2 § 213 KO.

[3] Es soll die diesen juristischen Personen obliegende Verwaltung öffentlicher Angelegenheiten vor Störungen bewahrt werden. Begr. 58.

Artikel V.

Ein vor dem Inkrafttreten des Gesetzes, betreffend Änderungen der Konkursordnung, eröffnetes Konkursverfahren ist nach den bisherigen Gesetzen zu erledigen[1].

[1] Die Bestimmung entspricht dem § 8 Abs. 1 EG.KO. (oben I). — Unter den „bisherigen Gesetzen" sind **nicht nur** solche über das **formelle Konkursrecht, sondern auch** solche über das **materielle Konkursrecht** (z. B. inwieweit Gegenstände zur

Konkursmasse gehören, ein Recht auf abgesonderte Befriedigung besteht) zu verstehen. RG. 48, 191, 51, 96, 53, 191, 54, 422, 58, 143, 171, 78, 187. So z. B. § 41 Abs. 2 KO. n. F., betr. Zulässigkeit einer Einrede trotz Ablaufs der Anfechtungsfrist. RG. 54, 422, auch Anm. 4 § 41. Jedoch ist mit Rücksicht auf Art. 203 EG.BGB. der dem Gemeinschuldner nach bisherigem Landesrecht zustehende Nießbrauch am Vermögen der Kinder nicht auch über den 1. 1. 00 hinaus noch als Bestandteil der Konkursmasse anzusehen (§ 1 Abs. 2 KO.). RG. 48, 191, auch Anm. 6 § 1 KO.

Artikel VI.

In einem am Tage des Inkrafttretens des Gesetzes, betreffend Änderungen der Konkursordnung, oder nach diesem Tage eröffneten Konkursverfahren bleiben, soweit für ein Rechtsverhältnis die Vorschriften des bisherigen bürgerlichen Rechtes maßgebend sind, für das Rechtsverhältnis auch die Vorschriften des bisherigen Konkursrechts maßgebend[1]. Dies gilt insbesondere in Ansehung eines Nachlasses, wenn der Erblasser vor dem bezeichneten Zeitpunkte gestorben ist[2]. Die Landesgesetzgebung kann jedoch auf ein Rechtsverhältnis, für welches nach den Übergangsvorschriften des Einführungsgesetzes zum Bürgerlichen Gesetzbuche die Landesgesetze maßgebend sind[3], die Vorschriften des neuen Konkursrechts für anwendbar erklären[4].

[1] Vgl. Anm. 1 Art. V und Anm. 6 § 1 KO. — Ist ein Pachtvertrag vor dem 1. 1. 00 geschlossen, so bleibt mit dem Pachtverhältnis selbst auch die Wirkung eines nach dem 1. 1. 00 eröffneten Konkurses über das Vermögen des Pächters auf das Pachtverhältnis dem alten Recht unterworfen. RG. 56, 246. Das gleiche gilt von einem vor 1. 1. 00 (z. B. an einem Teil eines in unmittelbarem Besitz eines Dritten befindlichen Warenlagers) begründeten Pfandrecht. RG. 52, 333, auch Anm. 4 § 13 EG.KO. (oben I).

² Die Vorschrift entspricht dem Art. 213 EG.BGB. — Danach ist die Eröffnung des Konkurses über den Nachlaß des vor dem 1. 1. 00 verstorbenen Erblassers nicht zulässig, wenn der Erbe unbeschränkt haftet. Anm. 2 § 216 KO.

³ Dies kann nach den Art. 200, 218 EG.BGB. namentlich hinsichtlich des ehelichen Güterrechts der Fall sein. Vgl. hinsichtlich der westfälischen Gütergemeinschaft W. 17, 224.

⁴ Preußen: Art. 59 § 8 AG.BGB. v. 20. 9. 99 (GS. 177). — Bayern: Art. 24 Ges. v. 9. 6. 99 (GVBl. 83). — Sachsen: § 18 AG.ZPO. u. KO. v. 20. 6. 00 (GVBl. 322).

Artikel VII.

(Betrifft Änderungen des AnfG. v. 21. 7. 79. Die Änderungen sind in den Gesetzestext [unten V] aufgenommen.)

Artikel VIII.

Die Vorschriften des Artikel VII finden auf die vor dem Inkrafttreten dieses Gesetzes vorgenommenen Rechtshandlungen keine Anwendung[1].

[1] Die Vorschrift entspricht dem Art. 170 EG.BGB.

Artikel IX.

In bürgerlichen Rechtsstreitigkeiten, in welchen durch Klage oder Widerklage ein Anspruch auf Grund des dritten Titels des ersten Buches der Konkursordnung[1] oder auf Grund des Gesetzes, betreffend die Anfechtung von Rechtshandlungen eines Schuldners außerhalb des Konkursverfahrens[2], geltend gemacht ist, wird die Verhandlung und Entscheidung letzter Instanz im Sinne des § 8 des Einführungsgesetzes zum Gerichtsverfassungsgesetze dem Reichsgerichte zugewiesen[3].

[1] §§ 29—42 KO. (unten IV), betreffend die Anfechtung von Rechtshandlungen des Gemeinschuldners.

[2] S. unten V.

[3] Diese Zuweisung soll der Herbeiführung einer einheitlichen Rechtsprechung hinsichtlich aller Anfechtungsansprüche dienen. KB. 58.

III.

Gesetz,

betreffend

Änderungen der Konkursordnung.

Vom 17. Mai 1898 (RGBl. 230).

In Kraft vom 1. Januar 1900.

Die Konkursordnung wird dahin geändert[1]:

(Die Änderungen sind gemäß der auf Grund des Gesetzes, betreffend die Ermächtigung des Reichskanzlers zur Bekanntmachung verschiedener Reichsgesetze, vom 17. Mai 1898 [RGBl. 342] erfolgten Bekanntmachung des Reichskanzlers vom 20. Mai 1898 [RGBl. 369, 612] in die Konkursordnung [unten IV] aufgenommen.)

[1] Die Änderungen finden **auf ein** vor dem Inkrafttreten des Gesetzes **bereits eröffnetes Konkursverfahren keine Anwendung.** Auch bleiben, soweit für ein Rechtsverhältnis die Vorschriften des bisherigen bürgerlichen Rechtes maßgebend sind, hierfür auch die Vorschriften des bisherigen Konkursrechts maßgebend. Art. V, VI EG. (oben II). Vgl. auch die dortigen Anm.

IV.

Konkursordnung.

Vom 10. Februar 1877.

(RGBl. 1877 Nr. 10 S. 351.)

In Kraft getreten am 1. Oktober 1879.
§ 1 EG.KO. und § 1 EG.GVG.
Eingeführt in Helgoland seit 1. 4. 91; Art. I Nr. VIII 4 VO. v. 22. 3. 91 (RGBl. 22).
Abgeändert durch das Gesetz, betr. Änderungen der KO., vom 17. Mai 1898 (RGBl. 230), in Kraft vom 1. Januar 1900. Die Fassung ist die durch die Bekanntmachung des Reichskanzlers vom 20. Mai 1898 (RGBl. 612) festgestellte.
Ferner § 21 abgeändert durch Art. 3 des Gesetzes zur Einschränkung der Verfügungen über Miet- und Pachtzinsforderungen vom 8. Juni 1915 (RGBl. 327), in Kraft vom 20. Juni 1915.

Erstes Buch.

Konkursrecht.

Erster Titel.

Allgemeine Bestimmungen.

I. Konkursmasse*.

* Die Konkursmasse ist **nicht** ein **besonderes Rechtssubjekt**, das rechtsgeschäftlich durch den Konkursverwalter vertreten wird. RG. 29, 36. Daher kann sie z. B. nicht als Eigentümerin oder als sonstige dinglich Berechtigte in das Grundbuch eingetragen werden. OLG. 5, 7.

1. Das Konkursverfahren umfaßt das gesamte[1], einer Zwangsvollstreckung unterliegende[2] Vermögen[3] des Gemeinschuldners, welches ihm zur Zeit der Eröffnung des Verfahrens[4] gehört[5] (Konkursmasse)[6].

Die im § 811 Nr. 4, 9 der Zivilprozeßordnung[7] und im § 20 des Gesetzes über das Postwesen des Deutschen Reichs vom 28. Oktober 1871[8] vorgesehenen Beschränkungen kommen im Konkursverfahren nicht zur Anwendung.

Zur Konkursmasse gehören auch die Geschäftsbücher des Gemeinschuldners[9].

Gegenstände, die nicht gepfändet werden sollen, gehören nicht zur Konkursmasse[10].

[1] **Sonder- oder Partikularkonkurs:** §§ 209—212 (über das Vermögen einer offenen Handelsgesellschaft, einer Kommanditgesellschaft, einer Kommanditgesellschaft auf Aktien), §§ 214 bis 235 (über einen Nachlaß), § 236 (über das Gesamtgut einer fortgesetzten Gütergemeinschaft), § 238 (über das inländische Vermögen eines ausländischen Schuldners). Im Falle der liquidationslosen Verschmelzung zweier Aktiengesellschaften gemäß § 306 Abs. 1 HGB. kann, wenn über das Vermögen der übernehmenden Gesellschaft bis zum Ablauf des Sperrjahres (§ 306 Abs. 5 HGB.) der Konkurs eröffnet wird, daneben ein Sonderkonkurs über das Vermögen der übernommenen Gesellschaft eröffnet werden. W. 15, 27. Über die Frage, wer in solchem Falle der Gemeinschuldner ist, und über die Rechtsstellung der beiden Konkursverwalter vgl. Anm. 1, 4 § 207. Soweit ein nur auf einen Teil eines Schuldnervermögens beschränkter Sonder- oder Partikularkonkurs zulässigerweise eröffnet worden, ist auch die Frage nach der Zahlungseinstellung (z. B. hinsichtlich der Anfechtbarkeit von Rechtshandlungen des nachmaligen Gemeinschuldners gemäß § 30) nur rücksichtlich des zum Konkurs gelangenden Vermögensteiles zu lösen. W. 15, 63, auch Anm. 8 § 238. — Tatsächlich kann das zur Konkursmasse gezogene Vermögen größer oder kleiner sein, als im § 1 bestimmt ist (sog. **Istmasse** im Gegensatz zur sog. **Sollmasse**), indem der Verwalter Vermögensstücke, die nicht der Konkursbeschlagnahme unterliegen (die z. B. unpfändbar sind), in Besitz genommen oder zur Masse gehörige Gegenstände nicht erlangt hat. RG. 54, 193. **Auch das im Auslande befindliche Vermögen des Gemein-**

schuldners gehört, wie sich namentlich aus § 238 Abs. 1 ergibt, zur Sollmasse, deren Heranziehung zur Konkursmasse Aufgabe des Konkursverwalters im inländischen Konkurse ist. RG. 54, 193, Gr. 58, 1120, W. 16, 233. Es steht daher z. B. der Anfechtung der von dem nachmaligen im Inlande wohnenden Gemeinschuldner vorgenommenen Übereignung eines Wechsels durch den Konkursverwalter nicht entgegen, daß Vereinbarung und Vollzug der Hingabe des Wechsels im Auslande stattgefunden haben und daß der Wechsel auf ausländische Schuldner lautet. W. 16, 233. Die Frage aber, ob und inwieweit der Konkurs auf dieses Vermögen erstreckt werden kann, bestimmt sich nach den Gesetzen des betreffenden ausländischen Staates. RG. 54, 193, Gr. 58, 1120, JW. 16, 226, auch RG. 6, 403, 14, 409, 16, 337, vgl. Anm. 2 § 237, Anm. 4 § 238. Nach der österreichischen KO. v. 25. 12. 68 § 61 wird, soweit nicht ein besonderer Staatsvertrag zwischen Österreich und dem betreffenden inländischen Staat (z. B. Preußen, Sachsen) etwas anderes bestimmt, ein in Österreich befindlicher Grundbesitz des Gemeinschuldners, von dem in Deutschland eröffneten Konkurse nicht berührt. Gr. 58, 1120, RG. 90, 125. Unter die genannte Bestimmung fällt jedoch nicht der Anspruch des Gemeinschuldners auf Rechnungslegung über die Verwaltung des in Österreich belegenen Grundbesitzes gegen den diesen für gemeinsame Rechnung (z. B. für Rechnung eines ungeteilten Nachlasses, zu dem der Grundbesitz gehört) Verwaltenden, der im Inlande seinen Wohnsitz hat. Gr. 58, 1119. Ist ferner durch Veräußerung des Grundbesitzes, durch Einziehung der Grundstückseinkünfte usw. die Verwertung des Grundbesitzes durchgeführt und an Stelle des Eigentums am Grundbesitz eine einfache Geldforderung des Gemeinschuldners getreten, so fällt diese in die Konkursmasse, da sie kein Neuerwerb des Gemeinschuldners, sondern an die Stelle des dem Gemeinschuldner zur Zeit der Konkurseröffnung gehörigen Grundstücksvermögens getreten ist (vgl. Anm. 4) und auf sie als beweglichen Vermögensgegenstand jene Bestimmung der österreichischen KO. keine Anwendung findet. RG. 90, 125.

[3] Danach **gehören nicht zur Konkursmasse:**

a) **bewegliche Sachen, die nicht gepfändet werden dürfen:**

§ 811 ZPO. (bezüglich der Sachen, die nicht gepfändet werden sollen, s. Abs. 4), vgl. auch § 482 HGB. (segelfertige Kauffahrteischiffe);

b) **nicht pfändbare Ansprüche:** ZPO. §§ 850 (**Arbeits- und Dienstlohn, Alimentenforderungen,** gewisse Einkünfte, Hebungen, Diensteinkommen, Pensionen), s. dazu RG. 77, 327; — 851 (kraft Gesetzes oder zufolge Vertrages [§ 399 BGB.] oder letztwilliger Verfügung **unübertragbare Forderungen,** in ersterer Hinsicht z. B. Ansprüche nach §§ 613, 664 Abs. 2, 717, 719, 847, 1300, 1408, 1427, 1585, 1623, 1658 BGB., §§ 105 Abs. 2, 161 Abs. 2 HGB.); (dagegen gehört: der Geschäftsanteil an einer Gesellschaft m. b. H. auch dann zur Konkursmasse des Inhabers, wenn seine Veräußerung statutgemäß nur mit Genehmigung der Gesellschaft zulässig ist, RG. 70, 64; zur Konkursmasse einer Gesellschaft m. b. H. wegen Übertragbarkeit der Anspruch der Gesellschaft gegen ihre Gesellschafter auf Einzahlung der Stammeinlage, RG. 76, 437; das Recht auf die Lebensversicherung zur Konkursmasse des Versicherungsnehmers oder seines Nachlasses, s. Anm. 4, desgl. die Leibrente [§§ 759 ff., 330 BGB.] sowie das Altenteil [Art. 96 EG.BGB.] insoweit, als die darin liegenden Einzelrechte nach § 851 Abs. 2, § 857 Abs. 1 ZPO. pfändbar sind; hinsichtlich des Miet- und Pachtrechts [§§ 549, 581 BGB.] s. die Sonderbestimmungen für den Konkurs in §§ 19 ff. KO.); — 852 (**Pflichtteilsanspruch,** sofern er nicht durch Vertrag anerkannt oder rechtshängig geworden ist; Anspruch des Schenkers auf Herausgabe des Geschenks); — 857 **Abs. 3 (unveräußerliches Recht,** insoweit die Ausübung einem anderen nicht überlassen werden kann, z. B. beschränkte persönliche Dienstbarkeit, §§ 1090—1093 BGB., das persönliche Vorkaufsrecht, §§ 514, 1098, auch §§ 2034, 2035 BGB., vgl. dazu KGJ. 28, A 204, 29, A 171; dagegen kann ein Nießbrauch gemäß § 1059 BGB. zur Ausübung überlassen werden, so daß er insoweit zur Konkursmasse gehört und vom Verwalter z. B. durch Verpachtung des Ausübungsrechtes [§ 581 BGB.] verwertet werden kann [s. RG. 16, 1, 112, 28, 132, DJZ. 16, 813, OLG. 1, 18], ausgenommen in den Fällen der §§ 861, 862 ZPO. [s. Anm. 6]; auch ist ein Wiederkaufsrecht [§§ 497 ff. BGB.] übertragbar, so daß es in die Konkursmasse fällt), — 859 (**Anteil eines**

Gesellschafters an den einzelnen Gegenständen der Gesellschaft, **des Miterben** an dem Nachlaß und an den einzelnen Nachlaßgegenständen), — 860 (**Anteil eines der gütergemeinschaftlichen Ehegatten** an dem Gesamtgut und den einzelnen dazugehörenden Gegenständen), — 861 (das **Nutznießungsrecht des Ehemannes** bei dem gesetzlichen Güterstande [s. Anm. 6]), — 862 (das **elterliche Nutznießungsrecht** [s. Anm. 6]), — 863 (die dem durch Einsetzung eines Nacherben oder Ernennung eines Testamentsvollstreckers **beschränkten Pflichtteilserben** zustehenden zur Erfüllung einer Unterhaltspflicht erforderlichen **Nutzungen**);

c) **Forderungen auf Grund:** früher des **Krankenversicherungsges.** (RGBl. v. 1892 S. 448 u. 1900 S. 332) § 56, der **Unfallversicherungsgesetze,** § 96 GewUVG. v. 6. 7. 84, § 102 Land- u. ForstwUVG. v. 5. 5. 86, § 37 BauUVG. v. 11. 7. 87, § 100 SeeUVG. v. 13. 7. 87, sämtlich i. d. Fass. v. 5. 7. 00, des **Invalidenversicherungsges.** v. 22. 5. 89 i. d. Fass. v. 13., 19. 7. 99 § 55, des Ges. betr. die **Unfallfürsorge für Gefangene,** v. 30. 6. 00 § 17, und **jetzt** der **Reichsversicherungsordn.** v. 19. 7. 11 (RGBl. 509), §§ 119, 499, 621, 955, 1117, 1325, 1372, jedoch sind jetzt diese Paragraphen mit Ausnahme des § 119 durch die neuen Fass. d. Ges. v. 15. 12. 24 (RGBl. I 779) u. v. 9. 1. 26 (RGBl. I 9) weggefallen; des RGes., betr. die eingeschriebenen **Hilfskassen,** v. 1. 6. 84 Art. 8, jetzt aufgehoben durch RGes. v. 20. 12. 11; des **Versicherungsges. f. Angest.** v. 20. 12. 11 (RGBl. 989), §§ 93, 371, 379, 389, jetzt Angestelltenversicherungsges. v. 28. 5. 24 (RGBl. I 563) §§ 91, 369. Vgl. ferner § 377 BGB. (das Recht zur Rücknahme des zum Zwecke der Schuldbefreiung **Hinterlegten,** wenn Annahmerecht des Gläubigers noch nicht gemäß § 382 BGB. erloschen und die Hinterlegung rechtswirksam [§ 372] erfolgt ist, unpfändbar und dem Konkursbeschlag entzogen) Vgl. auch: § 5 Abs. 4 RGes., betr. die **Entschädigung** der im Wiederaufnahmeverfahren **freigesprochenen** Personen, v. 20. 5. 98 (RGBl. 345); § 6 Abs. 4 RGes., betr. die **Entschädigung** für unschuldig erlittene **Untersuchungshaft,** v. 14. 7. 04 (RGBl. 321); § 5 **Postges.** v. 28. 10. 71 (RGBl. 347), dazu RG. 43, 98 (Anspruch des Adressaten gegen die Postanstalt auf Herausgabe einer an ihn gerichteten brieflichen Sendung, eines Geldbriefs) u. § 3 RGes. v. 2. 6. 78 (RGBl. 99) (Ehrenzulage der Inhaber des **Eisernen Kreuzes**).

Insoweit finden auch die **Vorschriften über abgesonderte Befriedigung** (§§ 48 ff., 64, 96, 118, 153, 168) keine Anwendung. JW. 93, 330[37]. — Über Zulässigkeit des **Verzichts auf** die Rechtswohltat der **Unpfändbarkeit** seitens des Gemeinschuldners s. JW. 95, 239[9]. — Hat der Gemeinschuldner die **Herausgabe unpfändbarer Sachen**, weil sie nicht zur Konkursmasse gehörten, verweigert, der Konkursverwalter aber auf Grund einer vollstreckbaren Ausfertigung des Eröffnungsbeschlusses sich im Wege der Zwangsvollstreckung in den Besitz der Sachen gesetzt, so kann der Gemeinschuldner hiergegen Einwendung gemäß § 766 ZPO. bei dem Konkursgericht als dem Vollstreckungsgericht erheben. RG. 37, 398, OLG. 4, 165. Hat jedoch der Konkursverwalter von vornherein die gesamte Masse in Besitz genommen (§ 117 KO.) und behauptet demnächst erst der Gemeinschuldner, daß einzelne Sachen unpfändbar seien, so muß er bei dem Prozeßgerichte Klage erheben; er kann dann auch die Erlassung einer einstweiligen Verfügung beantragen. RG. 37, 398, OLG. 17, 189 (anders OLG. 4, 165, wo auch in diesem Falle dem Gemeinschuldner nur die Erinnerung aus § 766 ZPO. gegeben ist).

[5] **Nicht Statusrechte**, Rechte der elterlichen Gewalt, der Ehegatten gegeneinander, des Vormundes, des Aufsichtsratsmitgliedes einer Aktiengesellschaft (§ 264 Abs. 4 HGB.). Ferner nicht: das **Namenrecht** (§ 12 BGB., vgl. RG. 9, 106, 29, 133); das Recht des Kaufmanns zur Führung der **Firma** (§§ 17 ff. HGB., vgl. RG. 9, 104, JW. 02, 95[15], KGJ. 13, 36, RJA. 9, 46, auch Anm. 6 § 6); die Befugnis zur Annahme oder Ausschlagung einer **Erbschaft** (s. Anm. 1 § 9); das Recht zum **Widerruf einer Schenkung** (§§ 530 ff., 1584 BGB.); die **ärztliche Praxis**, die der Gemeinschuldner als Arzt betreibt, da die Gläubiger des Arztes keinen Anspruch darauf haben, daß er seine berufliche Tätigkeit ausübt oder sich ihr (indem die Praxis an einen andern Arzt veräußert wird) enthält, Gr. 58, 1108 (JW. 14, 210[26]). In letzterer Hinsicht gehört, wenn der nachmalige Gemeinschuldner selbst vor der Konkurseröffnung seine ärztliche Praxis verkauft hat, nur das durch den Verkauf Erlangte (z. B. die noch ausstehende Kaufpreisforderung)

zur Konkursmasse. Gr. 58, 1109 (JW. 14, 210[26]), s. auch (über Unanfechtbarkeit des Verkaufs der ärztlichen Praxis) Anm. 1 § 29. — **Dagegen** auch **Einkünfte aus Vermögensmassen**, die dem Gemeinschuldner **nicht gehören**, z. B. aus Familienfideikommissen, Stammgütern, Lehen (vgl. § 52 KO., § 5 EG.KO., Art. 59 EG.BGB.). Ferner ist ein der Verfügung des Verwalters unterliegendes Vermögensrecht des Gemeinschuldners: das **Recht zur Ausfüllung eines Blankowechsels**, RG. 28, 63, auch 33, 44; der durch die Anmeldung bei dem Patentamt begründete **Anspruch auf Erteilung eines Patents**, RG. 52, 227; ein zugunsten des Gemeinschuldners eingetragenes **Warenzeichen** als Zubehör des zur Konkursmasse gehörigen Geschäftes des Gemeinschuldners, Gr. 51, 1092. Desgleichen ist Vermögen des Gemeinschuldners auch ein **Anspruch** desselben **auf Befreiung von einer Schuld** gegenüber einem Schuldübernehmer oder einem Rückversicherer oder einem Haftpflichtversicherer. Dieser Anspruch ist nicht auf die Höhe der auf den Gläubiger der Schuld entfallenden Konkursdividende beschränkt, sondern kann von dem Konkursverwalter in voller Höhe für die Konkursmasse geltend gemacht werden. RG. 5, 115, 37, 93, 55, 86, 71, 365. — Über die Zugehörigkeit der durch die Verfügung eines Dritten **mit** einer **Zweckbestimmung belasteten** Vermögensteile zur Konkursmasse, soweit sie dieser nicht als unpfändbare Einkünfte auf Grund der Fürsorge und Freigebigkeit eines Dritten gemäß § 850 Nr. 3 ZPO. entzogen sind, s. JW. 83, 49, 85, 54, 86, 324. — Die **unmittelbare Verwertbarkeit** eines Gegenstandes ist **nicht Voraussetzung** für die Zugehörigkeit zur Konkursmasse. Es ist nach § 117 Sache des Konkursverwalters, die zur Verwertung dienlichen Maßnahmen zu ergreifen. W. 17, 224. Er kann allerdings Gegenstände, aus denen nach seinem Ermessen ein Ertrag für die Masse nicht zu erwarten ist, von der Konkursbestrickung freigeben. RG. 60, 109, W. 17, 224. Nur sind Rechte und Sachen dann nicht zur Konkursmasse einzubeziehen, wenn von vornherein nach allgemeiner Verkehrsauffassung jede Möglichkeit ausgeschlossen ist, daß sie zur Gewinnung eines Vermögenswertes tauglich sind. RG. 52, 51. W. 17, 224.

[4] Nur Gegenstände, die **zur Zeit der Konkurseröffnung** (§ 108) dem Gemeinschuldner gehören, fallen in die Konkurs-

masse. Hat der Gemeinschuldner Vermögensstücke **vor der Konkurseröffnung veräußert**, so kann der Konkursverwalter, abgesehen von einer etwaigen Anfechtbarkeit der Rechtshandlung des Gemeinschuldners gemäß §§ 29 ff., 36 mit der Rückgewährfolge des § 37, sie nur dann zur Konkursmasse zurückverlangen, wenn die Veräußerung derart unwirksam ist, daß die Übereignung an den Erwerber als rechtlich nicht erfolgt und daher die veräußerten Vermögensstücke als noch zum Vermögen des Gemeinschuldners gehörig zu gelten haben. RG. 84, 250. Eine solche Unwirksamkeit liegt z. B. nicht vor, wenn im Falle der liquidationslosen Verschmelzung von Aktiengesellschaften gemäß § 306 HGB. die übernehmende Gesellschaft Vermögensstücke der übernommenen Gesellschaft während des Sperrjahrs an einen Gläubiger zur Sicherheit für Forderungen gegen sie übereignet hat. RG. 84, 250, vgl. Anm. 6 § 6 a. E. — Anderseits unterliegen der Konkursbeschlagnahme auch nicht die von dem Gemeinschuldner **nach der Konkurseröffnung erworbenen Vermögensrechte**; diese sollen vom Konkurse freibleiben, um dem Gemeinschuldner das wirtschaftliche Fortkommen nicht zu sehr zu erschweren. RG. 90, 126, OLG. 19, 93. So gehört zur Konkursmasse z. B. nicht das für eine Amtstätigkeit oder Dienstleistung nach der Konkurseröffnung zu fordernde Gehalt. OLG. 19, 93. Desgleichen nicht **Gegenstände, die zur Zeit der Konkurseröffnung unpfändbar waren** (s. Anm. 2), **später** aber durch Veränderung in den Verhältnissen des Gemeinschuldners **pfändbar geworden** sind. Ferner nicht der Erlös der nach der Konkurseröffnung (anders wenn vorher) vom Gemeinschuldner veräußerten unpfändbaren Sachen. Sind solche Sachen vor der Konkurseröffnung gepfändet, so steht die Geltendmachung der Unpfändbarkeit gemäß § 766 ZPO. dem Gemeinschuldner, nicht dem Verwalter zu. — **Dagegen** gehört zur Konkursmasse auch **ein noch aufschiebend bedingter Erwerb**, mag es sich um Vertrags- oder Rechtsbedingungen handeln, OLG. 35, 244; z. B. der Mäklerlohn für eine vor Konkurseröffnung entfaltete Tätigkeit, mag auch der vermittelte Vertrag erst später geschlossen werden, OLG. 35, 244; hat sich die Vermittlertätigkeit auf die Zeit nach Konkurseröffnung erstreckt, so fällt ein angemessener Teil des Mäklerlohns in die Masse, vgl. W. 08, 510. Weiter gehört zur Masse: das Recht auf Rückforderung des auf ein vorläufig vollstreckbares Urteil Geleisteten im Falle der Aufhebung des Urteils, RG. 39, 107, 85, 219; das Recht auf Rückforderung einer bedingten Stempelermäßigung, OLG. 17, 299; die **Anwartschaft aus Feuer- und Lebensversicherungsverträgen,** RG. 16, 126, 32, 162, 52, 49, OLG. 23, 310, bei Lebensversicherungsverträgen vorausgesetzt, daß der Vertrag nicht von Anfang an zugunsten eines Dritten, sondern zu eigenen Gunsten des Versicherungsnehmers oder zugunsten seines Nachlasses oder seiner Erben als solcher oder ohne Benennung eines Bezugsberechtigten geschlossen ist, RG. 66, 158, JW. (07, 524[34]), 12, 49[54], OLG. 16, 371, 23, 310 (anders bei Ansprüchen aus Unfallversicherungsverträgen, wenn der Unfall erst nach der Konkurseröffnung eingetreten ist, RG. 52, 49); sowie **Ansprüche** des für den Unfall eines Dritten haftpflichtigen Gemeinschuldners aus einer **Haftpflichtversicherung,** und zwar in der ganzen vertragsmäßigen Höhe ohne Rücksicht darauf, welche Konkursdividende der Dritte aus der Konkursmasse erhält, RG. 71, 363. Auch auflösend oder **aufschiebend bedingte** oder betagte **Forderungen** des Gemeinschuldners, da sie pfändbar sind (§§ 844, 851 Abs. 1 ZPO., RG. 51, 116, 56, 14, 61, 376). RG. 69, 421, W. 17, 224. Desgl. **Ansprüche** auf Teilung einer zwischen dem Gemeinschuldner und andern bestehenden Gemeinschaft und Ausschüttung des Auseinandersetzungsguthabens, RG. 60, 130, Gr. 45, 621, W. 17, 224, auch soweit nicht § 16 Platz greift (vgl. Anm. 2 Art. VI EG. z. Nov. v. 17. 5. 98, oben II), W. 17, 224. Ferner wird von der Konkursbeschlagnahme auch dasjenige umfaßt, **was später zufolge der Verwaltungstätigkeit des Konkursverwalters** (vgl. § 129 Abs. 2) **oder kraft Gesetzes** (vgl. §§ 946, 958, 984, 1935, 2094, 2158 BGB.) **der Masse anwächst oder aus ihr entsteht,** RG. 59, 369, 90, 126, auch 26, 67, 29, 80, sowie Ansprüche, die an die Stelle der ursprünglichen Masseteile treten, insbesondere Ersatzansprüche wegen Beschädigung oder Vernichtung vorhandener Vermögensgegenstände, RG. 52, 333, 78, 188, 89, 136, 240. Bezahlt der Verwalter eine auf einem Massegrundstück lastende Hypothek, so wird diese (gemäß §§ 1163, 1177 BGB.) zur **Eigentümergrundschuld** des Gemeinschuldners, die in die Konkursmasse fällt und über die der Verwalter verfügen kann. OLG. 9, 378. Eine auf einem Grundstück des Gemeinschuldners eingetragene **Hypothek**, deren Forderung noch nicht zur Entstehung gelangt oder die für eine künftige Forderung bestellt (§ 1113 Abs. 2 BGB.) ist, gehört (gemäß §§ 1163, 1177 BGB.) als Eigentümergrundschuld des Gemeinschuldners zur Konkursmasse. RG. 51, 43, Gr. 56, 1072. **Höchstbetragsicherungshypotheken** (§ 1190 BGB.) auf Grundstücken des Gemeinschuldners aber fallen, auch soweit sie zur Zeit der Konkurseröffnung noch nicht valutiert sind, nicht als Eigentümergrundschulden in die Konkursmasse, wenn das durch die Hypotheken gesicherte Rechtsverhältnis zwischen dem Gläubiger und dem Gemeinschuldner noch fortdauert. RG. 61, 41, auch 51, 115; vgl. jedoch RG. 75, 250, JW. 12, 297[17], 402[24], Gr. 56, 1072, wonach Höchstbetraghypotheken für künftig entstehende Forderungen aus einem bestimmten Rechtsverhältnis (gemäß §§ 1163, 1177 BGB.) als vorläufige, durch Entstehung der Forderungen auflösend bedingte Grundschulden dem Eigentümer (hier also dem Gemeinschuldner) zustehen, und Gr. 56, 1073, Anm. 7 § 15, wonach eine zwar für den Gläubiger eingetragene, aber wegen Nichtentstehung der Forderung dem Gemeinschuldner als Eigentümergrundschuld zustehende Hypothek vom Gläubiger nicht dadurch rechtswirksam erworben werden kann, daß er nach der Konkurseröffnung die Forderung zur Entstehung bringt.

[5] Vgl. über **dem Gemeinschuldner gehörige** Gegenstände und solche, die ihm nicht gehören und also nicht in die Konkursmasse fallen, auch wenn sie in seinem Besitze sind, Anm. 1, 2 § 43. Z. B. gehört zur Konkursmasse (als Eigentümergrundschuld) eine auf Bestellung des Gemeinschuldners für den Gläubiger eingetragene **Briefhypothek**, wenn der **Hypothekenbrief** dem Gläubiger **noch nicht übergeben** ist (§ 1163 Abs. 2, § 1177 Abs. 1 BGB.), mag auch die Valuta für die Hypothek dem Gemeinschuldner vom Gläubiger bereits hingegeben sein. Der Konkursverwalter kann gemäß § 894 BGB. von dem Gläubiger Zustimmung zur Berichtigung des Grundbuchs verlangen. Wegen des Anspruchs auf Verschaffung der Hypothek kann der Gläubiger nur eine nach § 69 KO. zu berechnende Geldforderung als Konkursforderung geltend machen. RG. 77, 106. **Nicht** gehören dem Gemeinschuldner z. B.

Wechsel, die von dem Akzeptanten an ihn begeben sind, aber im Verhältnis zwischen ihm und dem Akzeptanten nur die rechtliche Natur eines **Gefälligkeitsakzepts** haben. RG. 75, 154. — Hat der **Gemeinschuldner** sog. **Kundenwechsel**, die von dem Bezogenen noch nicht angenommen worden sind, **ausgestellt und begeben**, so gehören die Forderungen, behufs deren Einziehung die Wechsel begeben worden sind, zur Konkursmasse; der Wechselnehmer kann nur seine Regreßforderung als Konkursforderung geltend machen. In der Begebung des Wechsels liegt nicht ohne weiteres auch eine Abtretung der der Wechselziehung zugrunde liegenden Forderung gegen den Bezogenen. KB. 9, auch RG. 39, 371. — Hinsichtlich der Nichtzugehörigkeit von **Vorbehaltsgut** der Ehefrau zur Konkursmasse, auch wenn sich einzelne Gläubiger des Gemeinschuldners daran halten können, s. Anm. 4 § 2 a. E. — Die dem Gemeinschuldner gehörenden Vermögensstücke fallen mit denjenigen **dinglichen Beschränkungen**, die an ihnen bereits zur Zeit der Konkurseröffnung bestanden (z. B. Fideikommißgüter, resolutiv bedingtes Eigentum, Erbschaft bei Einsetzung eines Nacherben, Verfügungsbeschränkung durch testamentarisches Veräußerungsverbot), in die Konkursmasse. RG. 46, 165, JW. 96, 174²², ²³, OLG. 25, 325. Der Verwalter kann nur unter Einhaltung der Beschränkungen, aber anderseits ebenso wie der Gemeinschuldner, wenn er nicht in Konkurs geraten wäre (§ 6), über das Vermögensstück verfügen (z. B. über ein Fideikommißgut durch Verpachtung). OLG. 25, 325. Früher gehörte **eine dem Gemeinschuldner als Vorerben zugefallene Erbschaft**, wenn der **Nacherbe** nur **auf den Überrest** eingesetzt war, nach gemeinem Recht und PrALR. ohne Beschränkung zur Konkursmasse, JW. 96, 174²³, 179⁴⁷; jetzt jedoch s. § 2115 in Verbindung mit §§ 2136, 2137 BGB. und § 773 ZPO. (eine Verfügung des Verwalters ist im Falle des Eintritts des Rechts des Nacherben insoweit unwirksam, als durch sie das Recht des letzteren vereitelt oder beeinträchtigt werden würde, es sei denn, daß sie zugunsten eines Nachlaßgläubigers oder eines solchen an dem Erbschaftsgegenstande bestehenden Rechts getroffen ist, welches im Falle des Eintritts der Nacherbfolge dem Nacherben gegenüber wirksam ist), vgl. auch § 128 KO. (Verwalter im allgemeinen nicht berechtigt, die der

Nacherbfolge unterliegenden Gegenstände durch Verkauf zu verwerten) und dazu RG. 46, 167. Hat der Gemeinschuldner **Gegenstände, die mit einem Pfändungspfandrecht belastet waren,** erworben, so bieten sie insoweit, als sie belastet waren, kein Befriedigungsmittel für die Gläubiger. Dies gilt auch beim Erwerb eines so belasteten Gesellschaftsvermögens, selbst wenn der Gemeinschuldner Mitgesellschafter gewesen ist. JW. 97, 307[20], vgl. RG. 15, 65.

[6] Der frühere Abs. 2, betreffend den **dem Gemeinschuldner an dem Vermögen seiner Ehefrau oder seiner Kinder** nach den früheren Landesgesetzen **zustehenden Nießbrauch** ist durch die Nov. gestrichen. Nach **preußischem Recht** (§§ 261 ff. ALR. II, 1) gehörte **früher** der Nießbrauch des Gemeinschuldners an dem (vor der **Konkurseröffnung** erworbenen, RG. 15, 9) Eingebrachten seiner Ehefrau für die Dauer des Konkurses zur Konkursmasse, während nach Beendigung des Konkurses die Verwaltung und Nutzung der Ehefrau zustand. RG. 40, 274. Der Gemeinschuldner konnte aber aus den Nutzungen (Zinsen) des Eingebrachten die zum standesmäßigen Unterhalt der Ehefrau erforderlichen Mittel beanspruchen (nötigenfalls Klage gegen den Konkursverwalter, Pr. 5; Masseschuld: § 59 Nr. 1, 3), sofern es sich um Nutzungen bestimmter im Eigentume der Ehefrau stehender Vermögensgegenstände handelte (was nicht der Fall war, wenn die Ehefrau an Eingebrachtem nur ein Kapital im Konkurse angemeldet hatte). JW. 96, 34[21]. **Jetzt** sind nach den §§ 861, 862 ZPO. (s. Anm. 2) die Rechte, die dem **Ehemanne** bei dem **gesetzlichen Güterstande** (§§ 1363 ff. BGB.) kraft der ehelichen Nutznießung an dem Vermögen seiner Ehefrau und **dem Vater oder der Mutter kraft der elterlichen Nutznießung** an dem Vermögen der Kinder zustehen, der Pfändung nicht unterworfen; daher fallen weder jene Rechte als solche noch die auf Grund derselben von dem Gemeinschuldner nach der Konkurseröffnung **erworbenen Früchte** in die Konkursmasse, wiewohl die eheliche Nutznießung erst mit der Rechtskraft des Konkurseröffnungsbeschlusses (§§ 108, 109) endigt (§ 1419 BGB.) und die elterliche Nutznießung infolge der Eröffnung des Konkurses über das Vermögen des Vaters oder der Mutter überhaupt nicht aufhört (§§ 1647, 1656 BGB.). Was die vor der Konkurs-

eröffnung von dem Gemeinschuldner erworbenen Früchte betrifft, so gehören diese nach § 1 Abs. 1 insoweit zur Konkursmasse, als sie nach § 861 Abs. 1 Satz 2, § 862 Abs. 2 ZPO. der Pfändung unterliegen. Begr. 5. — Dies gilt nach Art. VI EG. z. Ges. betr. Änd. der KO. (oben II) in Verbindung mit Art. 203 EG.BGB. auch **hinsichtlich der zur Zeit des Inkrafttretens des BGB. bereits bestehenden Eltern- und Kinderverhältnisse.** Der dem Gemeinschuldner nach früherem Landesrecht zustehende Nießbrauch am Vermögen der Kinder ist daher nicht auch über den 1. 1. 00 hinaus noch als Bestandteil der Konkursmasse anzusehen. RG. 48, 191, auch Anm. 1 Art. V EG. (oben II). Dagegen bewendet es **hinsichtlich der** zur Zeit des Inkrafttretens des BGB. **bestehenden Ehen** gemäß dem zit. Art. VI Satz 1 auch für die Zukunft bei den obigen Vorschriften des früheren Abs. 2 des § 1, sofern nach Art. 200, 218 EG.BGB. für den Güterstand dieser Ehen die bisherigen Gesetze maßgebend bleiben. Begr. 6. — Bei dem **vertragsmäßigen Güterstande der Errungenschaftsgemeinschaft** und dem der **Fahrnisgemeinschaft** gehören die Nutzungen des von der Frau eingebrachten Gutes zu dem Gesamtgute (§§ 1525, 1550 Abs. 2 BGB.) und nach § 2 KO. gehört das Gesamtgut zur Konkursmasse des Ehemannes. Daher fallen die vor der Konkurseröffnung **erworbenen Nutzungen** ebenfalls in die Masse; dagegen nicht die erst nach der Konkurseröffnung angefallenen, weil diese nicht gemäß § 1 Abs. 1 zur Zeit der Konkurseröffnung dem Ehemanne gehört haben. Begr. 6. — Vgl. im übrigen hinsichtlich des Einflusses der Konkurseröffnung über das Vermögen des einen Ehegatten auf die Rechtsverhältnisse des anderen Ehegatten Anm. 1—4 § 2.

[7] Das zum **Betriebe der Landwirtschaft** erforderliche Gerät und Vieh nebst dem nötigen Dünger, sowie die landwirtschaftlichen Erzeugnisse, soweit sie zur Fortführung der Wirtschaft erforderlich sind, und ferner die zum **Betriebe einer Apotheke** unentbehrlichen Geräte, Gefäße und Waren sind zwar gemäß § 811 Nr. 4, 9 ZPO. der Pfändung nicht unterworfen, unterliegen aber gemäß der Ausnahmebestimmung des Abs. 2 doch dem Konkursverfahren. JW. 15, 1033[34].

[8] Das Inventar der **Posthaltereien.** Vgl. § 20 Postges. v. 28. 10. 71 (RGBl. 347) u. Anm. 7. — Auch die (der Zwangs-

vollstreckung nicht unterworfenen) Fahrbetriebsmittel der **Eisenbahnen** gehören zur Konkursmasse. RGes. v. 3. 5. 86 (RGBl. 131). Vgl. dazu für Preußen § 37 Ges. über die Bahneinheiten i. d. Fass. v. 8. 7. 02 (GS. 237).

[9] **Geschäftsbücher** sind nach § 811 Nr. 11 ZPO. unpfändbar. Sie würden daher gemäß § 1 Abs. 1 nicht zur Konkursmasse gehören. Da jedoch nach § 122 Abs. 2 die Bücher zu schließen sind und während der Dauer des Verfahrens der Benutzung des Konkursverwalters unterliegen, so ist durch die Nov. die Ausnahmebestimmung des Abs. 3 eingefügt. Begr. 7. Wegen Mitveräußerung der Bücher im Falle des Verkaufs des ganzen Geschäfts s. § 117 Abs. 2. Eine selbständige Verwertung der Bücher aber, etwa als Makulatur, ist unzulässig. Nach Aufhebung des Konkurses sind sie dem Gemeinschuldner zurückzugeben. Begr. 7. — **Handakten** eines vom Gemeinschuldner prozeßbevollmächtigten Rechtsanwalts können gemäß § 6 KO., § 667 BGB. vom Konkursverwalter herausverlangt und zur Masse gezogen werden. OLG. 20, 220. — Die während des Konkurses erwachsenen, **den Konkurs betreffenden,** in der Hand des Verwalters befindlichen **Schriftstücke** und Akten sind Eigentum des Gemeinschuldners, nicht des Verwalters. OLG. 15, 221.

[10] Nach § 812 ZPO. **„sollen"** (Gegensatz § 811: Folgende Sachen „sind" der Pfändung nicht unterworfen) Gegenstände, welche zum gewöhnlichen Haushalte gehören und im Haushalte des Schuldners gebraucht werden, **nicht gepfändet werden,** wenn ohne weiteres ersichtlich ist, daß durch deren Verwertung nur ein Erlös erzielt würde, welcher zu dem Werte außer allem Verhältnisse steht. Diese Gegenstände würden schon nach § 1 Abs. 1 nicht zur Konkursmasse gehören. Zur Vermeidung jeden Zweifels aber (namentlich mit Rücksicht auf die Erstreckung des Pfandrechts des Vermieters, § 559 BGB.) ist dies durch die Nov. im Abs. 4 noch besonders ausgesprochen. KB. 3, auch RG. 80, 36.

2. Wird bei dem Güterstande der allgemeinen Gütergemeinschaft, der Errungenschaftsgemeinschaft oder der Fahrnisgemeinschaft das Konkursverfahren über das Vermögen des Ehemanns eröffnet, so gehört das Gesamtgut zur Konkursmasse; eine Auseinandersetzung wegen des Gesamtguts zwischen den Ehegatten findet nicht statt[1].

Durch das Konkursverfahren über das Vermögen der Ehefrau wird das Gesamtgut nicht berührt[2].

Diese Vorschriften finden bei der fortgesetzten Gütergemeinschaft[3] mit der Maßgabe Anwendung, daß an die Stelle des Ehemanns der überlebende Ehegatte, an die Stelle der Ehefrau die Abkömmlinge treten[4].

[1] Nach den Vorschriften des BGB. (§§ 1492 ff., 1549) wird bei dem **vertragsmäßigen Güterstande der allgemeinen Gütergemeinschaft** und der **Fahrnisgemeinschaft** die Gemeinschaft durch die Eröffnung des Konkurses über das Vermögen des Ehemannes nicht beendigt. Demgemäß findet im Falle eines solchen Konkurses eine Auseinandersetzung wegen des Gesamtguts zwischen den Ehegatten nicht statt und ist für die Anwendung der §§ 16, 51 KO. kein Raum. Deshalb ist von der Nov. bestimmt, daß das (allen Gläubigern des Ehemannes haftende) Gesamtgut zur Konkursmasse des Ehemannes gehört (vgl. hierzu §§ 1443 ff., 1456, 1459 Abs. 2 BGB. und § 740 ZPO.). Das gleiche ist hinsichtlich des Gesamtguts bei dem **vertragsmäßigen Güterstande der Errungenschaftsgemeinschaft** bestimmt, da letztere zwar nach § 1543 BGB. mit der Rechtskraft des Konkurseröffnungsbeschlusses (§§ 108, 109 KO.) endigt, jedoch dadurch den Konkursgläubigern das mit dem Eintritt der Konkurseröffnung bereits in die Konkursmasse gefallene Gesamtgut nicht wieder entzogen wird. Begr. 8.

[2] Der Anteil der Ehefrau an dem Gesamtgut und an den einzelnen dazu gehörenden Gegenständen ist der Pfändung nicht unterworfen (§ 860 Abs. 1 ZPO.) und kann daher gemäß § 1 Abs. 1 KO. auch nicht zur Konkursmasse der Ehefrau gezogen werden. Begr. 8. Der **Ehemann** der Gemeinschuldnerin hat das **Recht auf Aussonderung des ganzen Gesamtguts** (§ 43 KO.).

[3] **Fortgesetzte Gütergemeinschaft:** §§ 1483 ff., 1557, 1519 Abs. 2 BGB. (nur bei der allgemeinen Gütergemeinschaft sowie im Falle der Vereinbarung durch Ehevertrag auch bei der

Fahrnisgemeinschaft, nicht bei der Errungenschaftsgemeinschaft), § 745 Abs. 1, § 860 Abs. 1 Satz 2 ZPO.

[4] Wenn dagegen **nach Beendigung der Gütergemeinschaft** (vgl. §§ 1436, 1470, 1545, 1549 BGB.) der Konkurs über das Vermögen eines der Ehegatten oder nach Beendigung der fortgesetzten Gütergemeinschaft (vgl. §§ 1496, 1549 BGB.) der Konkurs über das Vermögen des überlebenden Ehegatten oder über das Vermögen eines anteilsberechtigten Abkömmlings eröffnet wird, bevor die Auseinandersetzung in Ansehung des Gesamtguts erfolgt ist, gehören die Anteile der Berechtigten nach § 1 Abs. 1 KO. zur Konkursmasse, da sie dann nach § 860 Abs. 2 ZPO. der Pfändung unterliegen. Die Auseinandersetzung zwischen den Anteilsberechtigten (§§ 1471 ff., 1497 ff., 1546, 1549 BGB.) findet dann nach den §§ 16, 51 KO. außerhalb des Konkursverfahrens statt, also durch private Liquidation unter den Teilhabern ohne Beteiligung der Gläubiger, die ohne Rücksicht auf die anderen, z. B. in der Reihenfolge, in der sie sich melden, befriedigt werden können. Begr. 8, OLG. 33, 341. — Was das **Vorbehaltsgut** und das **eingebrachte Gut der Ehefrau bei dem gesetzlichen Güterstande** der Verwaltung und Nutznießung (§§ 1363 ff. BGB.) betrifft, so gehört **im Konkurse über das Vermögen der Ehefrau** (abgesehen von den Fällen, in denen die Frau ein Handelsgewerbe oder ein sonstiges Erwerbsgeschäft mit Zustimmung des Ehemannes selbständig betreibt, und nach den §§ 1405, 1411, 1412, 1414 BGB. auch das eingebrachte Gut für alle Schulden der Ehefrau aus dem Geschäftsbetriebe haftet) an sich auch das eingebrachte Gut zur Konkursmasse, da nur der Ehemann, nicht auch die Ehefrau der Vollstreckung in das eingebrachte Gut widersprechen kann, wenn es sich um eine Vorbehaltsgutsverbindlichkeit handelt. Der Ehemann ist aber befugt, die Aussonderung des eingebrachten Guts zu fordern. Dieses Aussonderungsrecht kann jedoch nach § 1411 BGB. denjenigen Gläubigern gegenüber nicht geltend gemacht werden, denen auch das eingebrachte Gut haftet. Der Konkursverwalter kann daher, wenn solche Konkursgläubiger vorhanden sind, die Aussonderung verweigern. In diesem Falle wird eine Masse aus dem Vorbehaltsgut und eine andere aus dem eingebrachten Gute ge-

bildet. Das letztere darf ohne Zustimmung des Ehemannes nicht zur Befriedigung von Gläubigern verwendet werden, die aus dem eingebrachten Gute Befriedigung nicht verlangen können. Bei der Verteilung des Vorbehaltsguts sind dagegen alle Konkursgläubiger zu berücksichtigen mit Einschluß derjenigen, denen auch das eingebrachte Gut haftet, und zwar in der Weise, daß für diese Gläubiger die Vorschrift des § 68 KO. entsprechende Anwendung findet. KB. 4, 5. Der Ehemann verliert das an dem eingebrachten Gute ihm zustehende Verwaltungs- und Nutznießungsrecht an sich nicht. Es verbleibt ihm dieses Recht an dem konkursfreien, insbesondere an dem von der Ehefrau erst nach der Konkurseröffnung erworbenen Vermögen. Jedoch muß er sich die Verwaltung des eingebrachten Gutes durch den Konkursverwalter zum Zwecke der Befriedigung der Gläubiger gefallen lassen, denen das eingebrachte Gut haftet. RG. 73, 239. Daher kann der Konkursverwalter, wenn der Wert des eingebrachten Gutes durch den Betrag solcher Schulden erschöpft wird, zwar nicht eigenmächtig, wider den Willen des besitzenden Ehemannes, sich in den Besitz des eingebrachten Gutes setzen, wohl aber im Wege der Klage Herausgabe des eingebrachten Gutes gegen den Ehemann verfolgen. RG. 73, 240. Dabei muß er allerdings nachweisen, daß Schulden, für die das eingebrachte Gut haftet, in einer den Wert des Eingebrachten übersteigenden Höhe bestehen. Jedoch kann er, wenn der Ehemann schon vor der Konkurseröffnung auf Klage einzelner Gläubiger zur Duldung der Zwangsvollstreckung in das Eingebrachte verurteilt ist, sich auf solche Urteile berufen. RG. 73, 241. Auch kann er vom Ehemanne gemäß §§ 260, 1421 BGB. Rechnungslegung verlangen, aber nur hinsichtlich des Stammes des eingebrachten Gutes und der Nutzungen seit der Zeit, wo er zuerst die Herausgabe des eingebrachten Gutes gefordert hat. RG. 73, 242. — Im **Konkurse über das Vermögen des Ehemannes** gehört bei dem gesetzlichen Güterstande alles dasjenige zur Konkursmasse, was der Ehemann zur Zeit der Konkurseröffnung tatsächlich in Gewahrsam hatte und die Ehefrau nicht auf Grund § 771 ZPO. für sich hätte freigegeben verlangen können, wenn eine Zwangsvollstreckung gegen den Gemeinschuldner erfolgt wäre. JW. 00, 342[11]. — Vorbehaltsgut der Ehefrau des Gemeinschuldners gehört, auch wenn sich einzelne Gläubiger des Mannes ausnahmsweise (s. §§ 1371, 1431, 1435, 1441 BGB.) daran halten können, niemals zur Konkursmasse, da es nicht zur gemeinschaftlichen Befriedigung aller Konkursgläubiger dient. JW. 00, 393[12], OLG. 3, 63.

II. Gläubiger*.

* Gläubiger, die ihre Ansprüche gemäß § 6 gegen den Konkursverwalter geltend zu machen haben, sind **Konkursgläubiger** (§§ 3, 10, 12, 138 ff.), **Aussonderungsberechtigte** (§§ 11, 43 ff.), **Absonderungsberechtigte** (§§ 4, 11, 47 ff.), **Massegläubiger** (§§ 57 ff.). Diese Kategorien umfassen aber nur die hauptsächlichsten Möglichkeiten von Ansprüchen, die nötigenfalls im Klagewege gegen den Verwalter zu verfolgen sind; erschöpfend sind sie nicht. Z. B. muß auch die Klage auf Aufhebung eines Schiedsspruchs gegen den Verwalter erhoben werden, obwohl sie nicht unter jene Kategorien fällt. RG. 76, 245.

1. Konkursgläubiger**.

** Für die Konkursgläubiger entsteht durch die Konkurseröffnung nicht ein dem Pfändungspfandrecht ähnliches **Recht an den Vermögensobjekten des Gemeinschuldners**, und es handelt sich dabei nicht um einen Rechtserwerb, der nach den für den gutgläubigen Erwerb geltenden Grundsätzen zu beurteilen wäre, vielmehr fällt das Vermögen des Gemeinschuldners in der Regel so, wie es ihm zusteht, also auch mit allen daran haftenden Rechten, Pflichten und dinglichen Beschränkungen, in die Konkursmasse. RG. 46, 167, OLG. 9, 378, vgl. RG. 19, 62, u. Anm. 5 § 1. Die Gesamtheit der Gläubiger ist keine juristische Person; nur hinsichtlich des Anfechtungsrechts stehen sie insofern in einer Rechtsgemeinschaft, als das Anfechtungsrecht durch den Konkursverwalter (§ 36) für die Gläubigergesamtheit (§§ 29, 37) ausgeübt wird. Vgl. RG. 36, 367.

3. (2.) Die Konkursmasse dient zur gemeinschaftlichen Befriedigung aller persönlichen Gläubiger[1], welche einen zur Zeit der Eröffnung des Verfahrens[2] begründeten[3] Vermögensanspruch[4] an den Gemeinschuldner haben (Konkursgläubiger).

Unterhaltsansprüche, die nach den §§ 1351, 1360,

1361, 1578—1583, 1586[5], 1601—1615[6], 1708—1714[7] des Bürgerlichen Gesetzbuchs gegen den Gemeinschuldner begründet sind, sowie die sich aus den §§ 1715, 1716[8] des Bürgerlichen Gesetzbuchs ergebenden Ansprüche können für die Zukunft[9] nur geltend gemacht werden[10], soweit der Gemeinschuldner als Erbe des Verpflichteten haftet[11].

[1] D. h. diejenigen, denen ein **obligatorischer Anspruch gegen den Gemeinschuldner** zusteht, sei es auch, daß dieser nur beschränkt haftet, wie in den Fällen des § 171 Abs. 1 HGB. (Konkurs des Kommanditisten), der §§ 419, 1480, 1504, 2187 BGB. Nicht dingliche oder obligatorische Aussonderungsberechtigte, §§ 43 ff., noch Absonderungsberechtigte, §§ 47 ff. KO. Gr. 53, 1125. Ferner nicht die Teilhaber einer Handelsgesellschaft wegen ihrer Mitgliederrechte (Kapitalanteile; anders wegen etwaiger Gläubigerrechte). Dagegen ein stiller Gesellschafter wegen der Einlage (§ 341 HGB.). JW. 01, 404[22]. — Nach §§ 3, 43, 48 können persönliche Gläubiger, soweit ihnen nicht ein Aussonderungs- oder ein Absonderungsrecht zusteht, wegen Vermögensansprüche nur **anteilige Befriedigung** verlangen. Ist der Vermögensanspruch (s. Anm. 4) nicht auf Geldzahlung gerichtet, so tritt, weil der Konkurs nur eine Befriedigung in Geld bieten kann, hinsichtlich der anteiligen Befriedigung an die Stelle des Anspruchs gemäß § 69 eine Geldforderung nach dem Schätzungswerte des Anspruchs. RG. 77, 110, Gr. 53, 1125, W. 08, 272, Anm. 1 § 69. Dies gilt z. B. auch, wenn im Falle einer auf Bestellung des Gemeinschuldners vor der Konkurseröffnung für einen Gläubiger eingetragenen Briefhypothek der Hypothekenbrief dem Gläubiger noch nicht übergeben ist und also die Hypothek nach § 1163 Abs. 2 BGB. nicht dem Gläubiger, sondern dem Gemeinschuldner zusteht (s. Anm. 5 § 1), für den Anspruch des Gläubigers (der bereits die Valuta hingegeben hat) auf Verschaffung der Hypothek. RG. 77, 109. Jedoch sind in RG. 52, 5, Gr. 44, 1214, 52, 1075, JW. 06, 424[9], W. 08, 237 Ansprüche aus der vom nachmaligen Gemeinschuldner als Grundstückseigentümer übernommenen Verpflichtung zur Löschung von als Grundschulden ihm zufallenden Hypo-

theken und in Gr. 31, 404, 52, 1075 **Ansprüche** aus der vom Gemeinschuldner übernommenen **Verpflichtung** zur **Vorrangseinräumung** nicht als **Konkursforderung**, sondern als in vollem Umfange von dem Konkursverwalter zu erfüllende Ansprüche erachtet worden.

[2] § 108. Vgl. auch Anm. 4 § 1. — Erweiterung des Begriffs der Konkursgläubiger: §§ 26, 27, 28 (Forderungen, die erst infolge der Konkurseröffnung entstehen), Anm. 3.

[3] Wenngleich **betagten oder bedingten** (z. B. Regreßforderung des Bürgen; Schadensersatzansprüche eines Handlungsgehilfen aus § 62 HGB. wegen zukünftiger Nachteile, s. Anm. 9): §§ 65—67, RG. 59, 56, 87, 85, Gr. 50, 1121, oder nach Art und Betrag **noch nicht bestimmten** (wie z. B. eine Schadensersatzforderung), Gr. 50, 1121 (JW. 06, 36[47]); wofern nur der Anspruch von der Teilnahme am Konkurse nicht ausgeschlossen ist: § 63, auch § 236 (ausgeschlossen ist z. B. die Regreßforderung des Bürgen oder Mitschuldners des Gemeinschuldners insofern, als sie im Konkurse nicht neben der Forderung des Gläubigers geltend gemacht werden kann, vgl. Anm. 1 § 67). Unter mehreren Mitbürgen ist der Anspruch des einen gegen den anderen auf Ausgleichung von der Zahlung an den Gläubiger aufschiebend bedingt; daher hat ein solcher Anspruch im Konkurse des anderen Mitbürgen als vor der Konkurseröffnung entstanden, also als eine Konkursforderung auch dann zu gelten, wenn die Zahlung erst nach der Konkurseröffnung erfolgt ist. OLG. 42, 73, vgl. Anm. 2 § 63 (wonach, wenn die Zahlung des Mitbürgen laufende Zinsen betrifft, § 63 Nr. 1 keine Anwendung findet). Dem Bestehen der Forderung zur Zeit der Konkurseröffnung steht gleich der Fall des **Entstehens** der Forderung **durch die Konkurseröffnung.** Gr. 50, 1121, Anm. 2. Erst **künftig neu entstehende Ansprüche** aber sind keine Konkursforderungen (z. B. nicht der Mietzinsanspruch des Vermieters für die Zeit nach der Konkurseröffnung). RG. 1, 348 (gegebenenfalls nach §§ 19—21, 59 Nr. 2 Masseschuld). Daher im Falle des Konkurses über das Vermögen eines Mündels auch nicht eine für den Vormund erst nach der Konkurseröffnung festgesetzte Vergütung (§ 1836 BGB.), da der Anspruch auf die Vergütung erst durch die Festsetzung des Vormundschaftsgerichts zur Entstehung gelangt.

KGJ. 45, 44. Ist jedoch **von dem Gemeinschuldner** vor der Konkurseröffnung ein **Blankoakzept** hingegeben, so steht dem Wechselinhaber eine bedingte Forderung zu, die er durch Ausfüllung des Wechsels auch noch nach der Konkurseröffnung zu einer unbedingten zu machen berechtigt ist. RG. 33, 44, 58, 172, auch 84, 124, Anm. 7 § 15, vgl. RG. 8, 57, 11, 8. Darüber, daß der Indossatar eines vom Gemeinschuldner akzeptierten Wechsels aus diesem Konkursgläubigerrechte hat, auch wenn ihm der **Wechsel erst nach der Konkurseröffnung indossiert** ist und seinem Indossanten eine persönliche Einrede entgegenstand, vgl. Anm. 7 § 15. — Ferner wird der gutgläubige Erwerber einer Scheinforderung gegen den Gemeinschuldner im Falle des § 405 BGB. Konkursgläubiger, wenn auch der Erwerb erst nach der Konkurseröffnung, aber auf Grund einer vorher vom Gemeinschuldner ausgestellten und aus der Hand gegebenen Schuldurkunde erfolgt; es tritt also in solchem Falle eine Mehrung der Passiven nach der Konkurseröffnung ein. RG. 87, 420. — Soweit **durch die Konkurseröffnung für den Schuldner** eine subjektive **Unmöglichkeit der Erfüllung** seiner Verpflichtungen begründet wird, befreit sie ihn weder von seinen bei der Konkurseröffnung bestehenden Verpflichtungen, noch schließt sie aus, daß der Gläubiger, wenn er den Gegenstand seines Anspruchs nicht erhält, nun das **Geldinteresse, Schadensersatz** und die im Falle der Nichterfüllung zu gewährenden akzessorischen Leistungen, z. B. Vertragsstrafen, zu beanspruchen hat. Auch dieser Anspruch stellt sich als eine Konkursforderung dar. JW. 00, 159[36], 344[12], auch RG. 21, 5, 26, 85, 59, 56, JW. 06, 36[47], OLG. 10, 196, und Anm. 3 § 17, Anm. 6 § 26. Jedoch sind **Vertragsstrafen**, die erst infolge Handlungen des Gemeinschuldners nach der Konkurseröffnung entstanden sind (z. B. durch Zuwiderhandlung gegen ein Konkurrenzverbot), keine Konkursforderungen. RG. 59, 53.

[4] Vgl. über **Vermögensanspruch** Anm. 3 § 1, Anm. 1 hier. — Ansprüche auf Leistung von **Handlungen oder Diensten** (§ 611 BGB.), auf Herstellung eines **Werkes** (§ 631 BGB.) durch den Gemeinschuldner sind Vermögensansprüche im Sinne des § 3 nur, soweit im Falle unterbleibender Erfüllung das Interesse gefordert werden kann. Anm. 2 § 17. Dasselbe gilt von dem Anspruch auf **Rechnungslegung** aus einem Agentur-

vertrage. **Ein darüber schwebender Prozeß** ist gegen den Gemeinschuldner fortzusetzen. Gegen den Verwalter könnte nur das Interesse wegen Nichterfüllung geltend gemacht werden. OLG. 35, 244.

[5] §§ 1351, 1360, 1361, 1578—1583, 1586 BGB.: Unterhaltsansprüche eines **Ehegatten.**

[6] §§ 1601—1615 BGB.: Unterhaltsansprüche der **Verwandten.**

[7] §§ 1708—1714 BGB.: Unterhaltsansprüche des **unehelichen Kindes** gegen den Vater.

[8] §§ 1715, 1716 BGB.: Wochenbettskosten der **unehelichen Mutter.**

[9] **Für die Zukunft** gleichbedeutend mit „für die Zeit nach der Eröffnung des Verfahrens". KB. 9. Dazu gehören auch die im voraus zu bewirkenden Leistungen, welche zur Zeit der Konkurseröffnung fällig waren. Begr. 9. — Soweit dagegen der **Anspruch schon vor der Konkurseröffnung entstanden** ist **und für die Vergangenheit geltend gemacht** werden kann (§ 1360 Abs. 2, § 1580 Abs. 3, §§ 1613, 1711 BGB.), ist seine Verfolgung im Konkurse nicht ausgeschlossen; er unterliegt dann als Konkursforderung auch den mit dem Konkursverfahren verbundenen Beschränkungen (§§ 12, 14, 193). Begr. 9. — Die einem **Handlungsgehilfen wegen** eines im Betriebe des Geschäftsherrn erlittenen **Unfalls** gemäß § 62 Abs. 1, 3 HGB. **zustehende Schadensersatzforderung** umfaßt von vornherein auch die ihm erst in Zukunft erwachsenden Nachteile und gelangt auch insoweit nicht, wie die hier (§ 3 Abs. 2 KO.) genannten Unterhaltsansprüche, erst mit dem Eintritt der erforderlichen Voraussetzungen zur Entstehung, sondern ist auch insoweit als Bestandteil des einheitlichen Schuldverhältnisses, das mit der Begründung der Haftpflicht entsteht, von Anfang an gegeben. Daher kann der Ersatzberechtigte im Konkurse des Geschäftsherrn seine Forderung, auch soweit die noch nicht fälligen Leistungen in Frage kommen, gemäß §§ 69, 70 geltend machen. Ihm steht auch wegen der Forderung ihrem vollen Umfange nach ein Stimmrecht, insbesondere auch bei der Abstimmung über einen Zwangsvergleich, gemäß § 95 zu. RG. 87, 85.

[10] D. i. im Konkursverfahren können diese Ansprüche, sofern der **Gemeinschuldner nicht Erbe des Unterhaltspflichtigen** ist, nicht geltend gemacht werden. Dagegen ist der Berechtigte nicht (durch die Vorschrift des § 14) gehindert, während des Konkursverfahrens seinen Anspruch gegen den Gemeinschuldner insoweit geltend zu machen, als dieser, namentlich durch neuen Erwerb, zur Gewährung des Unterhalts aus seinem nicht zur Konkursmasse gehörigen Vermögen imstande ist. Begr. 9. Auf einen solchen Anspruch finden die Konkursbeschränkungen (s. Anm. 9, namentlich Zwangsvergleich: § 193) nicht Anwendung. KB. 6, 10.

[11] Die **Geltendmachung der Unterhaltsansprüche gegen den Erben des Verpflichteten** im Nachlaßkonkurs oder im Konkurs über das den Nachlaß mitenthaltende Gesamtvermögen des Erben ist, soweit die Alimentenansprüche auf den Erben überhaupt übergehen (§§ 1351, 1582, 1586, 1712, 1715 BGB.) und nicht durch den Tod des Verpflichteten erlöschen (§§ 1615, 1360 Abs. 3 BGB.), zugelassen, weil seine Verpflichtung nicht, wie die des ursprünglichen Unterhaltspflichtigen, ihren Grund in familienrechtlichen Verhältnissen hat, mit dem jedesmaligen Eintreten des Bedürfnisses von neuem entsteht und sich nach den jedesmaligen Vermögensverhältnissen des Verpflichteten bemißt, sondern auf dem Erwerbe der Erbschaft beruht, durch diesen Erwerb ein für allemal begründet ist und sich nach der Höhe der Einkünfte des Erblassers zur Zeit des Todes richtet. — Der Erbe haftet aber während des Konkurses für diese Ansprüche nicht mit seinem etwaigen neuen Erwerbe; auch unterliegt der Berechtigte den mit dem Konkursverfahren verbundenen Beschränkungen (s. Anm. 9, 10). KB. 6—10.

2. **Absonderungsberechtigte.**

4. (3.) Ein Anspruch auf abgesonderte Befriedigung aus Gegenständen, welche zur Konkursmasse gehören[1], kann nur in den von diesem Gesetze zugelassenen Fällen[2] geltend gemacht werden[3].

Die abgesonderte Befriedigung erfolgt unabhängig vom Konkursverfahren[4].

[1] Sind vor der Konkurseröffnung durch den Gemeinschuldner oder nach der Konkurseröffnung durch den Verwalter (§ 6) **Gegenstände veräußert, die einem Absonderungsrecht unterliegen würden,** so tritt der Anspruch auf die Gegenleistung oder der Erlös nicht ohne weiteres an die Stelle der Absonderungsgegenstände, insbesondere, soweit es sich um ein **Absonderungsrecht auf Grund hypothekarischer Belastung** eines zur Masse gehörigen Grundstücks (§ 47) handelt, nicht der Kaufpreis an die Stelle der für die Hypothek haftenden, veräußerten und vom Grundstück entfernten **Erzeugnisse, Bestandteile, Zubehörstücke** (§§ 94—98 BGB.). RG. 25, 18, 28, 149, OLG. 1, 375. Vielmehr werden im letzteren Falle diese veräußerten Gegenstände von der Haftung frei, wenn sie nicht von dem Hypothekengläubiger (durch Einleitung der Zwangsversteigerung oder der Zwangsverwaltung gemäß §§ 20, 21, 146, 148 ZVG. oder durch Pfändung im Wege der Mobiliarzwangsvollstreckung oder der Arrestvollziehung wegen des dinglichen Anspruchs, RG. 52, 138, 76, 116, 81, 147, 86, 138, JW. 15, 709[13], OLG. 29, 245, 246; jedoch ausgeschlossen Pfändung des Zubehörs nach § 865 Abs. 2 ZPO.) zuvor beschlagnahmt waren. § 1121 BGB., RG. 25, 20. Insbesondere wird auch der Verwalter erst durch Beschlagnahme verhindert, die Gegenstände durch Veräußerung dem Absonderungsrecht zu entziehen. RG. 25, 20, 35, 120, OLG. 1, 375 (anders RG. 69, 90, OLG. 4, 368 u. f. preuß. R. RG. 42, 85). Dies gilt auch von **Miet- oder Pachtzinsen** eines Grundstücks. Für die Realgläubiger entsteht ein Anspruch auf abgesonderte Befriedigung aus diesen erst durch Beschlagnahme gegen den Konkursverwalter. §§ 1123—1125 BGB. in Verbindung mit §§ 829, 845, 930, 935 ZPO. und § 21 Abs. 2, § 22 Abs. 2, §§ 23, 24, 148 ZVG., RG. 23, 54, 35, 120, 52, 139, 64, 30, Gr. 30, 1185, OLG. 1, 375, 29, 245, 246, auch Anm. 3 § 14 (Zulässigkeit der Zwangsversteigerung oder der Zwangsverwaltung des Pfandgrundstücks sowie der Pfändung von Gegenständen der Immobiliarmasse auf Grund dinglichen vollstreckbaren Schuldtitels auch während des Konkurses). Vgl. **jedoch bezüglich des Zubehörs** Anm. 5 § 47. Bis zur Beschlagnahme hat der Konkursverwalter das Verfügungsrecht zugunsten der Konkursmasse. Er ist aber auch befugt, die Absonderungsansprüche durch gütliches Überein-

kommen oder Befriedigung zu beseitigen, oder durch Übereinkommen mit den Realgläubigern ihnen auch schon vor der Beschlagnahme die Gegenstände (z. B. Mietzinsen) zuzuweisen, sofern dies (z. B. zwecks Verkaufs des Grundstücks) im Interesse der Konkursgläubiger liegt. RG. 35, 118, JW. 15, 709[11]; (RG. 86, 365), auch OLG. 1, 375. Soweit aber der Gemeinschuldner **zur pfandfreien Veräußerung nicht befugt** war, muß auch der Verwalter das Absonderungsrecht, wenn es vom Berechtigten geltend gemacht wird (RG. 14, 4, 23, 57, 25, 22, 42, 91, OLG. 3, 48), beachten, widrigenfalls er sich persönlich (§ 82) verantwortlich macht. OLG. 1, 440, vgl. Anm. 4 a. E.

[2] §§ 47—52, 221 KO., §§ 11—13 EG.KO. Ein Anspruch auf abgesonderte Befriedigung besteht auch dann, wenn der nachmalige Gemeinschuldner, nachdem er auf Klage des Gläubigers durch vorläufig vollstreckbares Urteil verurteilt worden war, **zur Abwendung der Zwangsvollstreckung Sicherheit geleistet** hat, da er dadurch ein Pfandrecht und somit ein Absonderungsrecht (§ 48) dem Gläubiger eingeräumt hat. RG. 12, 222, 85, 218, vgl. Anm. 2 § 11 (Aufnahme eines solchen Rechtsstreits). — Vgl. auch Anm. 5 § 1 (dingliche Beschränkungen). — Ein **nach früherem Rechte begründetes Pfandrecht** gewährt gemäß Art. VI EG.KO. Nov. (oben II) u. Art. 184 EG.BGB. ein Absonderungsrecht, auch wenn es nach BGB. den Erfordernissen eines Pfandrechts nicht genügt. Die Haftung von Grundstückszubehör für eine nach früherem Rechte begründete Hypothek bestimmt sich gemäß Art. 192 EG.BGB. nach §§ 1120 ff. BGB., auch wenn die betreffenden Gegenstände nach früherem Rechte nicht Zubehör waren, mit der Maßgabe, daß die darauf lastenden Rechte, z. B. ein Pfändungspfandrecht, bestehen bleiben. Vgl. RG. 46, 174, 55, 291.

[3] Der **Anspruch** (z. B. die dingliche Klage des Gläubigers aus einer Hypothek, für die ein Grundstück des Gemeinschuldners haftet) ist **gegen den Verwalter**, nicht gegen den Gemeinschuldner selbst, **zu richten.** § 11, Mot. 30, Gr. 45, 624, JW. 01, 183, 02, 265. Auch der Erlaß einer einstweiligen Verfügung gegen den Verwalter ist zulässig. JW. 02, 265. Wegen Tragung der Prozeßkosten in solch einem Falle, wenn der Verwalter vor der Klage nicht erklärt hat, daß er es ablehne, das

Grundstück zur Masse zu ziehen, s. JW. 01, 183, auch Anm. 1 § 59.

⁴ Die **Befriedigung der Absonderungsberechtigten** wird **nicht durch die Organe der Konkursmasse** auf dem für die Verteilung der Masse an die Konkursgläubiger vorgeschriebenen Wege (§§ 12, 14, 138 ff., 193) bewirkt; vielmehr bleibt es den Absonderungsberechtigten überlassen, ihre Rechte durch die gesetzlichen Mittel (Klage gegen den Verwalter [s. Anm. 3] außerhalb des Konkurses [insbesondere nicht gemäß § 146], Zwangsvollstreckung [vgl. §§ 1147, 1268, 1277 BGB., § 761 HGB., § 103 BinnenschiffGes., §§ 814 ff., 835 ff., 844, 846 ff. ZPO.], Pfandverkauf [vgl. §§ 1219, 1228, 1233 ff., 1257, 1293, 1295 BGB., §§ 368, 371 HGB.]) zu realisieren. RG. 12, 222, 23, 58, 85, 219, 86, 249, Gr. 45, 624, JW. 01, 183, 02, 265, 15, 709[13], OLG. 3, 48, auch Anm. 1. Vgl. auch RG. 7, 90, 22, 331, JW. 96, 696[28]. **Jedoch: Vorzeigungspflicht** der Absonderungsberechtigten: § 120; Berechtigung des Konkursverwalters zur **Verwertung** der Gegenstände des Absonderungsrechts: § 127, dazu RG. 2, 270, 14, 1, und Anm. 4, 5 § 127; Geltendmachung des **Ausfalls** der Forderung im Konkurse: § 64, RG. 86, 249. Hat der Verwalter, wenn es sich um eine Hypothek an einem zur Konkursmasse gehörigen Grundstück des Gemeinschuldners handelt, Gegenstände der Immobiliarmasse, auf welche nach Maßgabe der §§ 1120 ff. BGB. sich die Hypothek erstreckt, dem Hypothekengläubiger zur abgesonderten Befriedigung überlassen, so ist der Hypothekengläubiger, der einen vollstreckbaren Titel wegen seines dinglichen Anspruchs aus der Hypothek erlangt und die Beschlagnahme des Grundstücks ausgebracht hat (s. Anm. 1), berechtigt, Verfügungen des nachmaligen Gemeinschuldners über die Gegenstände, die ihm als Hypothekengläubiger gegenüber gemäß §§ 1121, 1124 BGB. an sich wirksam sind (z. B. eine Abtretung von Mietzinsen, die nicht unter § 1124 Abs. 2 BGB. fällt), unter den Voraussetzungen des AnfG. anzufechten, wiewohl sonst nach § 36 KO. nur der Verwalter zur Anfechtung von Rechtshandlungen des Gemeinschuldners befugt ist. JW. 15, 709[13] (RG. 86, 365). — Aus Abs. 2 folgt wohl, daß der **Verwalter** die **Rechte der Absonderungsberechtigten** nicht von Amts wegen zu berücksichtigen hat. Jedoch **nicht**, daß er diese Rechte **zu verletzen be-**

rechtigt wäre und die rechtliche Macht hätte, den Absonderungsberechtigten Werte zu entziehen und der Konkursmasse zuzuwenden, auf die diese kein Recht hat. Vielmehr kann im Falle einer solchen unberechtigten Zuwendung (z. B. wenn der Verwalter Zubehörstücke eines Grundstücks, die den Hypothekengläubigern nach § 1120 BGB. haften, in nicht ordnungsmäßiger Fortführung der bisherigen Bewirtschaftungsweise veräußert und den Erlös zur Masse zieht) für den Verletzten ein Masseanspruch nach § 59 Nr. 1 oder 3 gegeben sein. RG. 69, 91, vgl. Anm. 1 a. E. — Der Verwalter ist aber **nicht** berechtigt, die **Herausgabe** von Sachen, die sich auf einem dem Gemeinschuldner gehörigen Grundstück befinden, jedoch nicht im Eigentum des Gemeinschuldners stehen (z. B. weil sie vom Gemeinschuldner an einen andern veräußert und diesem zum Eigentum übertragen worden sind, ohne daß ihre Entfernung vom Grundstück stattgefunden hat), **an** den **aussonderungsberechtigten Eigentümer** (§ 43) deswegen zu **verweigern, weil** die **Sachen** gemäß § 1121 BGB. absonderungsberechtigten **Hypothekengläubigern** noch **haften.** RG. 99, 210.

3. Ausländische Gläubiger.

5. (4.) Ausländische Gläubiger stehen den inländischen[1] gleich[2].

[3]Unter Zustimmung des Bundesrats kann durch Anordnung des Reichskanzlers bestimmt werden, daß gegen einen ausländischen Staat, sowie dessen Angehörige und ihre Rechtsnachfolger ein Vergeltungsrecht zur Anwendung gebracht wird[4].

[1] Früher Art. 3 Verf. d. D. R. v. 16. 4. 71 (BGBl. 64), § 1 BGes. über die Erwerbung und den Verlust der Bundes- und Staatsangehörigkeit v. 1. 6. 70 (BGBl. 355) i. d. Fass. d. Art. 41 EG.BGB.; jetzt §§ 1, 2 in Verb. mit §§ 3 ff., §§ 33—35 Reichs- u. Staatsangehörigkeitsges. v. 22. 7. 13 (RGBl. 583), Art. 110 Verf. d. D. R. v. 11. 8. 19 (RGBl. 1383).

[2] Z. B. stehen den ausländischen Gläubigern auch die Vorrechte aus § 61 Nr. 1, 4 zu, wenn die Voraussetzungen für diese Vorrechte bei ihnen vorliegen. OLG. 25, 334. Vgl. aber

hinsichtlich des ausländischen Fiskus bezüglich des Vorrechts aus § 61 Nr. 2 Anm. 9a § 61. Sondervorschriften hinsichtlich der im Auslande wohnenden Gläubiger: § 50. Vgl. auch § 56.

[3] Die Fassung des Abs. 2 (früher: „die Angehörigen eines ausländischen Staates und die Rechtsnachfolger derselben . . . werde") ist durch die Nov. mit der des Art. 31 EG.BGB. in Übereinstimmung gebracht. — An die Stelle von Bundesrat und Reichskanzler sind jetzt der Reichsrat und die Reichsregierung getreten (§§ 3, 5 Reichsübergangges. v. 4. 3. 19, Art. 179 Verf. d. D. R. v. 11. 8. 19).

[4] Konkursrechtliche Bestimmungen der Staats-(Konsular)-verträge des Deutschen Reichs mit: Brasilien v. 10. 1. 82 (RGBl. 69) Art. 28 Nr. 5; Griechenland v. 26. 11. 81 (RGBl. 1887 S. 101) Art. 20 Abs. 2; Persien v. 11. 6. 73 (RGBl. 351) Art. 14; Spanien v. 22. 2. 70 (RGBl. 211) Art. 11 Abs. 2 Nr. 5 u. v. 12. 1. 72 (RGBl. 99). Die Staatsverträge sind trotz der Vorschrift des § 4 EG.KO. in Kraft geblieben. Anm. 1 § 4 EG. — Während der Kriegszeit galt die VO. über die Geltendmachung von Ansprüchen von Personen, die im Ausland ihren Wohnsitz haben v. 7. 8. 14 (RGBl. 360) mit den die Fristbestimmung verlängernden Nachträgen. Durch Art. 276 d des Friedensvertrags v. 28. 6. 19 (RGBl. 687) ist dem Deutschen Reiche verboten, den Angehörigen der alliierten und assoziierten Staaten irgend eine, nicht schon am 1. 7. 14 bestandene Beschränkung, die den eigenen Reichsangehörigen nicht obliegt, aufzuerlegen, so daß § 5 Abs. 2 gegenüber den Angehörigen dieser Staaten nicht mehr anwendbar ist.

III. Beschränkung der Verwaltungs- und Verfügungsbefugnis des Gemeinschuldners.

1. Allgemeiner Grundsatz.

6. (5.) **Mit der Eröffnung des Verfahrens[1] verliert[2] der Gemeinschuldner[3] die Befugnis[4], sein zur Konkursmasse gehöriges Vermögen zu verwalten und über dasselbe zu verfügen[5].**

Das Verwaltungs- und Verfügungsrecht wird durch einen Konkursverwalter[6] ausgeübt.

[1] § 108. — Jedoch § 8 Abs. 2 (Leistung an den Gemeinschuldner zur Erfüllung einer Verbindlichkeit vor der öffentlichen Bekanntmachung der Eröffnung). — Vgl. auch § 106 Abs. 1 (Sicherungsanordnungen).

[2] Von Rechts wegen. Mot. 33, auch Anm. 4.

[3] Vgl. §§ 100, 101 (seine Verpflichtung zur Auskunfterteilung und Anwesenheit am Orte).

[4] Die Konkurseröffnung enthält eine **Beschlagnahme** des zur Konkursmasse gehörigen **Vermögens.** RG. 14, 289, 41, 256. Vgl. § 137 StGB. — Dagegen wird die **Handlungs- und Prozeßfähigkeit des Gemeinschuldners nicht aufgehoben.** RG. 25, 17, 29, 32. Der Gemeinschuldner kann vielmehr über diejenigen **Vermögensstücke,** die der **Verwalter zur Masse zu ziehen** und für diese zu verwerten **abgelehnt** hat, auch während des Konkursverfahrens verfügen, RG. 60, 107, 79, 28, 94, 56, JW. 96, 601[10], OLG. 10, 220, 23, 311, und zwar mit der Wirkung, daß der Verwalter an sich anfechtbare Verfügungen des Gemeinschuldners vor der Konkurseröffnung (z. B. eine Hypothekbestellung auf dem freigegebenen Grundstücke) nicht mehr nach §§ 30, 31 anfechten kann, RG. 60, 109, OLG. 10, 220. Er kann ferner die Forderungen, die der Konkursverwalter, sei es ausdrücklich, sei es stillschweigend, nicht für die Konkursmasse in Anspruch nimmt, selbst gegen seine Schuldner geltend machen und darüber Prozesse führen. RG. 79, 28, JW. 88, 228[10], OLG. 23, 311. Anderseits ist, wenn der Verwalter bezüglich Sachen, hinsichtlich derer ein Dritter ein Aussonderungsrecht (§ 43) geltend macht, die Freigabe aus der Konkursmasse erklärt hat, für eine Klage auf Herausgabe nun der Gemeinschuldner der rechte Beklagte, nicht der Verwalter (es sei denn, daß er trotz der Freigabeerklärung die Durchführung der Rechte des Dritten hindert). OLG. 25, 330. Dies alles folgt daraus, daß mit der Freigabeerklärung des Verwalters dessen Verwaltungs- und Verfügungsrecht (§ 6 Abs. 2) bezüglich des betreffenden Vermögensgegenstandes, der aus der Konkursmasse ausscheidet, erlischt und der Gemeinschuldner, da die Freigabe in Ansehung des Gegenstandes die Bedeutung und Wirkung der Konkursbeendigung (vgl. Anm. 2 § 166) hat (vgl. § 114), das ihm entzogene (§ 6 Abs. 1) Verwaltungs- und Verfügungsrecht bezüglich des ihm gehörigen

Gegenstandes wiedererlangt. RG. 79, 29, 94, 56. Deshalb hat, wenn im Laufe eines Rechtsstreits der klagende Verwalter eine Freigabeerklärung abgibt und daraufhin der Gemeinschuldner in den Rechtsstreit eintritt, dies nicht die Bedeutung einer Nachfolge des Gemeinschuldners in die Rechte des Verwalters, so daß eine Klagänderung hinsichtlich des Klagegrundes (§ 268 ZPO.) nicht vorliegt. RG. 105, 314. Vgl. § 10 Abs. 2 u. Anm. 6 dazu (Aufnahme und Fortführung eines Rechtsstreits durch den Gemeinschuldner bei Ablehnung des Verwalters). Die **Freigabe** von Gegenständen aus der Konkursmasse mit den vorbezeichneten Wirkungen **erfordert** freilich eine empfangsbedürftige Willenserklärung des Konkursverwalters gegenüber dem Gemeinschuldner; z. B. genügt nicht die Erklärung des Verwalters, daß er ein Grundstück aus der Masse freigebe, gegenüber dem Gläubiger einer auf dem Grundstück eingetragenen Hypothek, so daß trotz solcher Erklärung der Verwalter zur dinglichen Klage des Gläubigers aus der Hypothek der rechte Beklagte ist. RG. 94, 56. — Abgesehen von der Verfügungsbefugnis über wirksam freigegebene Sachen bleibt der Gemeinschuldner auch zu solchen **Handlungen**, die **weder unmittelbar noch mittelbar** die **Konkursmasse** und die Konkursgläubiger **betreffen**, befugt. JW. 88, 418[21], 89, 592[4]. Daher sind seine erst nach Aufhebung des Konkurses in Wirksamkeit tretenden Handlungen für und gegen ihn gültig (z. B. Empfangnahme der Zustellung eines Urteils nach Unterbrechung des Rechtsstreits infolge der Konkurseröffnung oder eine Verpfändung für den Fall der Annahme eines vorgeschlagenen Zwangsvergleichs). JW. 89, 572[4], OLG. 10, 190. Auch verliert er nicht die Befugnis, mit seinen Gläubigern einen Erlaß ihrer Forderungen zu vereinbaren oder mit ihnen für die Zeit nach Beendigung des Konkurses wirksame Abkommen zu treffen. JW. 87, 96, 88, 418[21]. Hat er an einen Konkursgläubiger im Hinblick auf den demnächst auch zustande gekommenen Zwangsvergleich zur Masse gehörige Gegenstände (ohne Zustimmung des Verwalters) veräußert und wird einige Zeit nach Beendigung des Konkurses durch den Zwangsvergleich ein zweiter Konkurs über sein Vermögen eröffnet, so ist die Verfügung nicht den Gläubigern dieses Konkurses gegenüber unwirksam, mögen sie auch zum

Teil mit den Gläubigern des ersten Konkurses identisch sein. Vielmehr kann nur gegebenenfalls nach Maßgabe der §§ 30 ff. die Verfügung vom Verwalter des zweiten Konkurses angefochten werden. Gr. 49, 125. — Über die Befugnis des Gemeinschuldners, konkursfreies Vermögen, das der Verwalter zur Konkursmasse gezogen hat, herauszuverlangen, s. Anm. 2 § 1 a. E. — Er ist auch **wechselfähig**, wennschon er die Konkursmasse nicht verpflichten kann. Präsentation und Protesterhebung mangels Zahlung oder Annahme haben auch hinsichtlich der vor der Konkurseröffnung ausgestellten Wechsel ihm gegenüber, nicht gegenüber dem Verwalter, zu geschehen. ROHG. 24, 22.

[5] Vgl. § 25 (besondere Bestimmungen über die Wirkung der Konkurseröffnung). — Einwirkung der Eröffnung auf **staatsbürgerliche Rechte**: Wählen und Wählbarkeit: früher § 3 Nr. 2, § 4 BGes. v. 31. 5. 69, s. jetzt jedoch §§ 2, 4 Reichswahlges. v. 27. 4. 20 (RGBl. 627); Teilnahme an Innungsversammlungen, Handwerkskammern, Gesellenausschüssen: §§ 93a, 94b, 95a Abs. 2, §§ 100c, 103b, 103i Abs. 6 GewO. i. d. Fass. v. 26. 7. 00 (RGBl. 871); Schöffenamt: § 32 Nr. 3 GVG.; Geschworenenamt: § 84 Abs. 1 GVG., s. dazu RG. 46, 77 (im Falle des Konkurses über eine offene Handelsgesellschaft sind die einzelnen Gesellschafter zum Geschworenenamte unfähig, auch wenn über ihr Privatvermögen der Konkurs nicht eröffnet ist); Amt der Handelsrichter: § 109 Abs. 3 GVG.; Befähigung zur Rechtsanwaltschaft: § 5 Nr. 3, §§ 22, 43 Nr. 1 RAO.; Befähigung zur Patentanwaltschaft: § 2 Nr. 3, § 6 Nr. 4 RGes. v. 31. 5. 00 (RGBl. 233); Beisitz im Seeamt: § 10 RGes. v. 27. 7. 77 (RGBl. 551); früher Vorstand der Berufsgenossenschaft, Arbeitervertreter, Beisitzer des Schiedsgerichts und des Reichs- bzw. Landesversicherungsamts bei der Unfall-, Invaliditäts- und Altersversicherung: § 43 GewUVG. v. 6. 7. 84, § 45 Land- und ForstwUVG. v. 5. 5. 86, § 14 BauUVG. v. 11. 7. 87, § 43 SeeUVG. v. 13. 7. 87, sämtlich i. d. Fass. v. 5. 7. 00, § 12 RGes., betr. die Abänderung der Unfallversicherungsgesetze, v. 30. 6. 00, § 88 Invalidenversicherungsges. v. 22. 5. 89 i. d. Fass. v. 13./19. 7. 99; jetzt nach § 12 Abs. 2 Nr. 2, §§ 47, 76, 92, 107 RVO. v. 15. 12. 1924 (RGBl. I. 779) (s. Anm. 2c § 1) nicht wählbar zu den Organen

der Versicherungsträger (§ 3: für die Krankenversicherung die Krankenkassen, für die Unfallversicherung die Berufsgenossenschaften, für die Invaliden- u. Hinterbliebenenversicherung die Versicherungsanstalten), als beisitzende Versicherungsvertreter in den Versicherungsämtern, als Beisitzer in den Oberversicherungsämtern, als nicht ständige Mitglieder des Reichsversicherungsamts und der Landesversicherungsämter; Mitgliedschaft im Gewerbegericht: § 11 Abs. 2, § 14 Abs. 1, § 21 Abs. 1 RGes. v. 27. 7. 90 i. d. Fass. v. 29. 9. 01 (RGBl. 353), § 10 Nr. 5 RGes., betr. Kaufmannsgerichte v. 6. 7. 04 (RGBl. 266). — Vgl. auch wegen des Börsenbesuches § 7 Börsengeſ. v. 27. 5. 08 (RGBl. 215). — **Preußen**: §§ 51 bis 53 AG.KO. v. 6. 3. 79 (GS. 109); § 5 Nr. 2 Ges. über die Landwirtschaftskammern v. 30. 6. 94 (GS. 126); § 9 Ges. über die Handelskammern v. 19./22. 8. 97 (GS. 355); § 4 VO., betr. die Einrichtung einer ärztlichen Standesvertretung, v. 23. 1. 99 (GS. 17). — Das **Recht** des Gemeinschuldners als Gläubiger **zum Strafantrage** aus § 288 StGB. wird durch die Konkurseröffnung über sein Vermögen nicht beeinträchtigt. RG. 23, 222. — Der Kaufmann verliert die **Kaufmannseigenschaft** mit der Konkurseröffnung, sofern er nicht fortfährt, ein Handelsgewerbe zu betreiben. RG. 13, 151, Gr. 29, 989.

[6] §§ 78—86. — Der **Konkursverwalter** ist ein im öffentlichen Interesse geschaffenes Organ für die Durchführung des Konkurszwecks, das seine Legitimation zur Ausübung der ihm übertragenen Funktionen unmittelbar aus dem Gesetz entnimmt. Er handelt nicht als Vertreter des Gemeinschuldners oder der Konkursgläubiger, über deren rechtliche Befugnisse der Kreis seiner Funktionen hinausgeht (z. B. ist er nicht legitimiert, den einem einzelnen Konkursgläubiger zustehenden Schadensersatzanspruch geltend zu machen, RG. 97, 108, JW. 19, 34[1]), auch nicht als Vertreter der Konkursmasse, die kein Vermögenssubjekt bildet, sondern er **handelt** lediglich **kraft gesetzlichen Auftrages zur Erfüllung der ihm gestellten Aufgabe**. Allerdings hat er dabei auch die Interessen des Gemeinschuldners und der Konkursgläubiger wahrzunehmen, jedoch **nicht in stellvertretender Ausübung** ihrer rechtlichen Befugnisse, sondern in Erfüllung der ihm gesetzlich auferlegten Verpflichtungen. RG. 29, 29, 36, 53, 352, 55, 266, 63, 71, 97, 109, JW.

03, 4[7], W. 14, 271, RJA. 13, 159, auch JW. 11, 114[31], W. 12, 261. Wenn z. B. der Verwalter eine zur Konkursmasse gehörige Sache verkauft, so schließt er aus eigenem Recht den Kaufvertrag, nicht durch ihn der Gemeinschuldner. RG. 65, 289, JW. 03, 4[7]. Will daher der Vertragsgegner den Vertrag wegen arglistiger Täuschung anfechten, so kommt es nach § 123 Abs. 1 BGB. darauf an, ob der Konkursverwalter ihm gegenüber eine Täuschung verübt hat. Täuschungshandlungen des Gemeinschuldners sind als solche eines Dritten im Sinne des § 123 Abs. 2 Satz 1 BGB. anzusehen. W. 14, 271. Da der Konkursverwalter sonach in eigenem Namen handelt und Prozesse führt, wird er auch in die Kosten verurteilt und haftet für Stempelbeträge. JW. 18, 103[1]. Wechselt seine Person, so ist die Vollstreckungsklausel gegen ihn umzuschreiben. JW. 18, 145[8]. — Wiewohl aber der Verwalter nicht gesetzlicher Vertreter des Gemeinschuldners ist, muß doch, weil er kraft seines Amtes die Rechte des Gemeinschuldners wahrnimmt, letzterer, wenn jener fremde Sachen zur Konkursmasse einzieht, dies (nach Aufhebung des Konkurses oder soweit er anderes Vermögen hat) dem Eigentümer vertreten. JW. 89, 208[14]. Überhaupt ist der **Gemeinschuldner** nach Beendigung des Verfahrens **an die vom Verwalter eingegangenen Verpflichtungen gebunden,** JW. 92, 371[8], 98, 509[31]; ihn treffen die Folgen des Verzugs des Verwalters und die von diesem in Ausübung der Verwaltung vorgenommenen, zum Schadensersatz verpflichtenden Handlungen (z. B.: des wissentlichen oder grobfahrlässigen Eingriffs des Konkursverwalters in das bestehende Patent eines andern, der arglistigen Täuschung des Vertragsgegners durch den Verwalter bei dem Verkauf einer zur Konkursmasse gehörigen Sache), JW. 89, 208[14], 07, 58[22], W. 14, 271. **Anderseits erlangt er auch die Rechte, die der Verwalter erworben hat.** Nimmt nämlich der Verwalter zugunsten der Konkursmasse und in Ausübung seines Verwaltungsrechtes eine Erwerbshandlung vor, wodurch die Konkursmasse eine Erweiterung oder eine Verbesserung erfährt, so wirkt diese Rechtshandlung auch über die Dauer des Konkursverfahrens hinaus ebenso zugunsten des Gemeinschuldners und seines Vermögens, wie wenn er sie selbst vorgenommen hätte. RG. 2, 24, 53, 352, 59, 369, W. 12, 261, JW. 92, 371[8], RG. 39,

415. Eine solche Rechtshandlung ist auch die Befreiung eines zur Konkursmasse gehörenden Gegenstandes von einem darauf lastenden Pfandrecht (z. B. erlischt das Pfandrecht an einer zur Konkursmasse gehörigen Briefhypothek gemäß § 1253 Abs. 1 Satz 1, § 1278 BGB. endgültig, wenn der Pfandgläubiger den Hypothekenbrief dem Konkursverwalter übergibt und dieser in seiner Eigenschaft als Verwalter der Konkursmasse davon Besitz ergreift). W. 12, 261. So wird ferner eine Hypothek, die der Verwalter erwirbt, **auf den Namen des Gemeinschuldners eingetragen**, OLG. 9, 378, 27, 242, im Falle des Nachlaßkonkurses auf den Namen der Erben, OLG. 27, 242; und die Eigentümerhypothek, in welche zufolge Bezahlung einer auf dem Grundstücke des Gemeinschuldners lastenden Hypothek durch den Verwalter diese übergeht, steht dem Gemeinschuldner zu, dies mit der Maßgabe, daß die Hypotheken in die Konkursmasse fallen und der Verwalter während des Konkurses darüber zu verfügen befugt ist. OLG. 9, 378. — Der **Verwalter darf** aber zwar das Handelsgeschäft, **nicht** jedoch **die Firma** des Gemeinschuldners ohne dessen Zustimmung **veräußern**. RG. 9, 104, JW. 02, 95[25], KGJ. 13, 36, RJA. 9, 46, auch Anm. 3 § 1, Anm. 1 § 10. — Ferner darf er über die Masse nicht willkürlich verfügen. Wenn er daher eine Rechtshandlung vornimmt, die eine **ungesetzmäßige Bevorzugung eines Gläubigers** in sich schließt, so ist sie für die Konkursmasse unverbindlich. RG. 23, 62, 29, 82, 85, 53, 193, 57, 199, JW. 93, 428[16], auch Gr. 55, 1090, 57, 1036 (JW. 13, 334[21]). Der **schenkungsweise** Erlaß zur Masse gehöriger Forderungen, die schenkungsweise Übertragung von Rechten, sowie sonstige Schenkungen aus der Masse stehen dem Verwalter nicht zu. RG. 53, 193, 57, 199, JW. 86, 196, 99, 370[21], 04, 241[22], Gr. 57, 1036. Überhaupt sind Verfügungen, die **außerhalb der Aufgaben des Verwalters** liegen und dem auf die Verwendung der Masse zum Besten der Gläubiger gerichteten Ziele des Konkursverfahrens zuwiderlaufen, nichtig (z. B. konkursordnungswidrige Zahlungen aus der Konkursmasse an Absonderungsberechtigte, ungerechtfertigte Anerkennung eines Vorrechts für eine Konkursforderung, Vereinbarung einer konkursordnungswidrigen Aufrechnung von Forderungen, vertragsmäßige Einräumung eines Zurückbehaltungsrechts an

einen Konkursgläubiger, Abtretung einer Forderung zwecks voller Befriedigung eines Konkursgläubigers). RG. 23, 62, 53, 193, JW. 04, 241[22], (13, 334[21]), Gr. 57, 1036, auch Gr. 55, 1090. So ist z. B. der Verwalter im Konkurs über das Vermögen einer Aktiengesellschaft, die eine andere Aktiengesellschaft im Wege der Verschmelzung ohne Liquidation aufgenommen hat (§ 306 HGB.), nicht befugt, mit einem Gläubiger der aufnehmenden Gesellschaft die Aufrechnung der Forderung mit einer Forderung der aufgenommenen Gesellschaft an den Gläubiger zu vereinbaren, und steht ferner auch dem Verwalter im Sonderkonkurs der aufgenommenen Gesellschaft die Befugnis nicht zu, eine solche Vereinbarung zu treffen oder zu bestätigen. Gr. 57, 1032 (JW. 13, 334[21]). — Liegt jedoch eine **Verfügung innerhalb der Aufgaben** des Konkurses, so hängt ihre Gültigkeit **nicht davon ab,** daß sie **objektiv erforderlich** war und der Verwalter sein Ermessen zweckdienlich ausgeübt hat. RG. 63, 213. So ist z. B. auch eine Vereinbarung gültig, die der Verwalter mit einem Gläubiger, dem von dem Gemeinschuldner in seinem Gewahrsam verbliebene Waren zur Sicherstellung für gewährten Kredit übereignet waren und der daraufhin ein Absonderungsrecht beanspruchte, dahin getroffen hat, daß er die Waren im Fortbetriebe des Unternehmens sollte verarbeiten und verkaufen dürfen, dagegen zur Abführung des Erlöses an den Gläubiger behufs dessen Befriedigung sollte verpflichtet sein; sofern das Absonderungsrecht tatsächlich nicht bestand, kann nur eine Anfechtung wegen Irrtums in Frage kommen. Gr. 55, 1088, s. auch Anm. 6 § 127. — Gemäß der gesetzlichen Pflicht des Verwalters, die Teilungsmasse zu bilden (§ 117), liegt ihm nicht nur ob, alle zur Masse gehörigen Gegenstände in Besitz zu nehmen und für die Konkursgläubiger zu sichern, sondern auch alles das **der Masse** wieder **zuzuführen, was** ihr auf irgendeine Weise **widerrechtlich entzogen** worden ist. RG. 97, 109. **Befugt ist der Verwalter** z. B.: zum Ankauf der Forderungen der Konkursgläubiger, RG. 29, 80; zum vergleichsweisen Erlaß einer Forderung, JW. 86, 196[15], 92, 363[7], und überhaupt zum Abschlusse von Vergleichen über zur Masse gehörige Außenstände, RG. 63, 212, sowie zum vergleichsweisen Verzicht auf Rechtsmittel in einem anhängigen Prozesse, RG. 45, 324; zur Begebung der in der Konkursmasse vorgefundenen Wechsel, RG. 43, 39, selbst wenn diese mit dem Blankogiro des Gemeinschuldners versehen sind, RG. 43, 39, 41; zur Bewilligung und Beantragung von Eintragungen oder Löschungen im Grundbuch, soweit dazu ohne den Konkurs der Gemeinschuldner berechtigt wäre, RG. 84, 85; zur Übernahme persönlicher Verbindlichkeiten des Gemeinschuldners auf die Konkursmasse (z. B. als Ersteher eines nach § 126 zwangsversteigerten Massegrundstücks) mit der Wirkung, daß sie Masseschulden (§ 59) werden, JW. 11, 114[51] (W. 11, 145), Anm. 1 § 59. Er ist ferner befugt, Ansprüche auf Ersatz für Vermögenswerte, die der Masse durch Verschulden eines Dritten widerrechtlich entzogen worden sind, sowie Schadensersatzansprüche wegen vorsätzlicher Verkürzung der Konkursmasse durch unsittliches Verhalten eines Dritten (§ 826 BGB.) gegen den Dritten im Klagewege geltend zu machen, RG. 89, 240, 97, 107, mag der Dritte auch ein früherer Konkursverwalter sein, der die Masse schuldhaft geschädigt hat (§ 82), RG. 78, 188, 89, 240, oder Vorstandsmitglied der im Konkurs befangenen Aktiengesellschaft, RG. 97, 107. Sein Verwaltungsrecht erstreckt sich auch auf die dem Absonderungsrecht (§ 47) unterliegenden Gegenstände. RG. 25, 22; vgl. § 127 Abs. 1. — Er ist weiter zu **Rechtsstreitigkeiten** über Rechte und Pflichten des Gemeinschuldners aus einem Pfandvertrage passiv legitimiert. JW. 93, 269[15]. Auch ist er insoweit, als seine Verwaltungs- und Verfügungsbefugnis reicht, zwar nicht Vertreter (s. oben), wohl aber Rechtsnachfolger des Gemeinschuldners im Sinne des § 445 ZPO., so daß ihm in den die Konkursmasse betreffenden Prozessen der Eid über Handlungen oder Wahrnehmungen des Gemeinschuldners zugeschoben werden kann. RG. 53, 8, Anm. 9 § 30. Hat jedoch der Gemeinschuldner selbst nach Konkurseröffnung Klage erhoben, so kann der Verwalter dies nicht genehmigen, weil § 10 nicht zuträfe und die Klage eine solche des Gemeinschuldners bliebe. OLG. 32, 365. — Er hat gesetzliche oder vertragsmäßige **Verfügungsbeschränkungen** insoweit zu beachten, als sie auch die Gläubiger verpflichten. RG. 35, 30, 46, 165. Ist daher dem Gemeinschuldner durch Testament unter Bestellung eines Testamentsvollstreckers eine Erbschaft nicht zum Eigentum, sondern nur zum Zinsengenuß unter Ausschluß der Verwaltung vermacht worden, so kann der Konkursverwalter über die Erbschaftsstücke nicht verfügen, und der Testamentsvollstrecker kann, wenn eine unberechtigte Verfügung des Verwalters vorliegt, das Erlangte aus der Konkursmasse herausverlangen. JW. 93, 160[14]. — Ein Recht, das der Gemeinschuldner nicht geltend machen könnte, ohne dem Einwand der **Vertragswidrigkeit** zu begegnen, kann auch der Konkursverwalter nicht geltend machen. RG. 19, 62, 44, 1, JW. 00, 525[17], vgl. auch RG. 20, 363, und Anm. 2 § 17. Überhaupt kann der Verwalter für die Masse **nicht mehr Rechte** beanspruchen, **als** dem **Gemeinschuldner** zustehen. RG. 61, 43, 99, 167. Dies gilt auch, wenn er in einen zur Zeit der Konkurseröffnung schwebenden Verteilungsstreit zwischen dem Gemeinschuldner und anderen an dem Erlöse eines zwangsversteigerten Gegenstandes Beteiligten eintritt. RG. 65, 62. Jedoch kann einem **Anspruch des Konkursverwalters** auf Herausgabe einer **ungerechtfertigten Bereicherung nicht**, wie wenn ein solcher Anspruch vor der Konkurseröffnung von dem Gemeinschuldner erhoben worden wäre, auf Grund des § 817 Satz 2 BGB. mit Erfolg **entgegengesetzt** werden, daß **nicht nur der Gegner** durch Annahme der Leistung, die ihn ungerechtfertigt bereicherte (§ 817 Satz 1 BGB.), **sondern auch** der **Gemeinschuldner** durch Bewirkung der Leistung **gegen die guten Sitten verstoßen** habe. RG. 99, 161. — Hinsichtlich der **Frage, ob** eine **rechtsgültige Pfändung gegen den Gemeinschuldner** vorliegt, ist der Konkursverwalter lediglich als dessen Rechtsnachfolger anzusehen; er ist nicht ein Dritter im Sinne § 771 ZPO.; eine Widerspruchsklage gegen die Pfändung steht ihm nicht zu, vielmehr kann er dieselbe nur auf Grund der §§ 30 ff. KO. anfechten. RG. 42, 343. Ferner ist der Konkursverwalter als Rechtsnachfolger des Gemeinschuldners im Sinne des § 727 ZPO. (soweit der vollstreckbare Schuldtitel das zur Konkursmasse gehörige Vermögen betrifft) anzusehen, so daß die **Vollstreckungsklausel** gegen ihn umzustellen ist. RG. 53, 8, OLG. 16, 322, 22, 359 (vgl. aber § 14 [Unzulässigkeit der Zwangsvollstreckung] und § 146 Abs. 6 [Widerspruch gegen den Schuldtitel]). Darüber, daß auch sonst der **Verwalter gegenüber dem Gemeinschuldner nicht Dritter** ist, sondern an dessen Stelle tritt, vgl. RG. 19, 59, Gr. 31, 404,

JW. 00, 525[17] (Verpflichtung des Gemeinschuldners als Hypothekengläubigers zur Vorrechtseinräumung oder zur Bewilligung der Löschung der Hypothek), auch RG. 65, 65. — Grundsätzlich ist das Verwaltungs- und Verfügungsrecht des Verwalters **auf das zur Konkursmasse gehörige Vermögen** des Gemeinschuldners (§ 1) **beschränkt.** Vermögensstücke, die **vor der Konkurseröffnung** vom Gemeinschuldner **veräußert** worden sind, kann er in der Regel nur dann zur Konkursmasse zurückverlangen, wenn die Veräußerung derart unwirksam ist, daß die Übereignung an den Erwerber als rechtlich nicht erfolgt zu gelten hat. RG. 84, 250. Eine solche Unwirksamkeit liegt z. B. nicht vor, wenn im Falle der liquidationslosen Verschmelzung von Aktiengesellschaften gemäß § 306 HGB. die übernehmende Gesellschaft Vermögensstücke der übernommenen Gesellschaft während des Sperrjahres an einen Gläubiger zur Sicherheit für Forderungen gegen sie übereignet hat. Daher kann, wenn über das Vermögen der übernehmenden Gesellschaft Konkurs und über das Vermögen der übernommenen Gesellschaft Sonderkonkurs eröffnet ist (über die Zulässigkeit eines Sonderkonkurses vgl. Anm. 1 § 1), der Verwalter im Sonderkonkurs nicht die Vermögensstücke als unwirksam veräußert zur Konkursmasse vom Erwerber zurückverlangen. RG. 84, 250. Jedoch ist dem Konkursverwalter durch besondere Bestimmung im § 36 das Recht beigelegt, im Interesse der Konkursgläubiger Rechtshandlungen, die vor der Konkurseröffnung von dem Gemeinschuldner zum Nachteile der Konkursgläubiger vorgenommen sind, nach Maßgabe der §§ 29 ff. anzufechten und gemäß § 37 Rückgewähr des Weggegebenen zu verlangen. RG. 84, 250. — Zur Stellung des nach dem Gesetze zur Strafverfolgung erforderlichen **Strafantrags** ist der Konkursverwalter überall da berechtigt, wo eine strafbare Handlung zur Verkürzung der seiner Verwaltung anvertrauten Konkursmasse geführt hat (z. B. im Falle des § 288 StGB.). RG. 33, 433, 35, 130, RG. 59, 86. — Über seine Befugnis, einen **Zeugen** (z. B. einen Notar, der einen Vertrag des Gemeinschuldners beurkundet hat) **von** der Verpflichtung zur **Verschwiegenheit** zu **entbinden** (§ 385 Abs. 2 ZPO.), vgl. RG. 59, 85. — Über die Nichtbehinderung eines **als Verwalter fungierenden Notars**, Vertragsanträge seitens eines Dritten gegenüber der Konkursmasse zu beurkunden, und zwar mit der Wirkung, daß das Vertragsangebot ohne weiteres als dem Notar in seiner Eigenschaft als Konkursverwalter zugegangen gilt (§§ 168, 170, 171 FGG.), vgl. RG. 49, 127. — Über die Frage, ob der Veranlagungsbeschluß (§ 65 Abs. 4 preuß. KommunalabgabenGes. v. 14. 7. 93), betr. Heranziehung zu Straßenanliegerbeiträgen (preuß. Ges. v. 2. 7. 75), dem Verwalter oder dem Gemeinschuldner wirksam zuzustellen ist, vgl. RG. 56, 396. — **Öffentlichrechtliche Verpflichtungen** des Gemeinschuldners hat der Verwalter zu erfüllen, widrigenfalls er sich strafrechtlich verantwortlich machen kann. KGJ. 22, C 7. Dies gilt auch, wenn der Verwalter den Ausverkauf eines zur Konkursmasse gehörigen Warenlagers ankündigt, ohne zuvor die von der höheren Verwaltungsbehörde gemäß § 7 Abs. 2 des UnlWG. v. 7. 6. 09 für die Ankündigung des Ausverkaufs von Konkurswarenlagern bestimmten Erfordernisse erfüllt zu haben. Durch die §§ 83, 117 wird hier seine strafrechtliche Verantwortlichkeit (§ 10 Nr. 2 UnlWG.) nicht ausgeschlossen. KGJ. 47, 331.

2. **Rechtshandlungen des Gemeinschuldners.**

7. (6.) Rechtshandlungen[1], welche der Gemeinschuldner nach der Eröffnung des Verfahrens vorgenommen hat, sind den Konkursgläubigern gegenüber unwirksam[2]; die Vorschriften der §§ 892, 893 des Bürgerlichen Gesetzbuchs bleiben unberührt[3].

Dem anderen Teile ist die Gegenleistung aus der Masse zurückzugewähren, soweit letztere durch dieselbe bereichert ist[4].

Hat der Gemeinschuldner Rechtshandlungen am Tage der Eröffnung des Verfahrens vorgenommen, so wird vermutet, daß sie nach der Eröffnung[5] vorgenommen worden sind.

[1] **Begriff der Rechtshandlungen:** Anm. 1 § 29. Besonders gehören dazu rechtsgeschäftliche Verfügungen, wie Veräußerung, Belastung, Verzicht, ferner Begründung, Änderung und Aufhebung einer Schuldverbindlichkeit, Genehmigung, Kündi-

gung, Mahnung. Vgl. auch Anm. 7 § 15 über Anzeige des Gemeinschuldners von der vor der Konkurseröffnung erfolgten Verpfändung einer Forderung an den Drittschuldner gemäß § 1280 BGB. — Jedoch sind nur solche Handlungen des Gemeinschuldners gemeint, wodurch über ein Vermögensstück verfügt wird, das dem Gemeinschuldner schon zur Zeit der Eröffnung des Verfahrens gehört hat (s. § 1 Abs. 1); daher nicht Ausschlagung eines Erwerbes. JW. 90, 237[11]. Über vertragswidrige Handlungen des Gemeinschuldners, durch die ein Anspruch auf Vertragsstrafen entsteht, vgl. Anm. 3 § 3.

[3] Durch die Nov. ist im Anschluß an § 135 BGB. das Wort „nichtig" durch „unwirksam" ersetzt. — Gegenüber dem im § 6 hinsichtlich des Verlustes der Verwaltungs- und Verfügungsbefugnis aufgestellten Grundsatze, wonach alle vom Gemeinschuldner bezüglich der Konkursmasse vorgenommenen Verwaltungs- und Verfügungsakte unwirksam sein müßten, enthält § 7 eine Einschränkung insofern, als Rechtshandlungen des Gemeinschuldners **nur den Konkursgläubigern gegenüber** für **unwirksam** erklärt werden. Die Konkurseröffnung steht in dieser Hinsicht einem nur den Schutz bestimmter Personen bezweckenden Veräußerungsverbot im Sinne der §§ 135, 136 BGB. (vgl. auch §§ 1984, 2113—2115 BGB. [Verfügungsbeschränkung des Erben durch Nachlaßverwaltung, durch Nacherbfolge] gleich. Begr. 10. Für die Konkursgläubiger kann daher der Verwalter, der kraft seines Amtes auch die Rechte derselben wahrzunehmen hat (s. Anm. 6 § 6), während der Dauer des Konkurses die Unwirksamkeit jeder rechtsgeschäftlichen Verfügung des Gemeinschuldners über das zur Konkursmasse gehörige Vermögen geltend machen; er kann das durch die Verfügung der Masse Entzogene zurückfordern, kann die Übertragung des Eigentums, die Abtretung oder den Erlaß einer Forderung als ungeschehen behandeln, kann Feststellung der Rechtsunwirksamkeit einer Grundstücksbelastung verlangen (§§ 985, 888 BGB.). Mot. 36, 38, OLG. 5, 143. Es ist aber die Wirkung der Konkurseröffnung auch noch eine stärkere als die eines Veräußerungsverbots im Sinne des § 135 BGB., was namentlich daraus zu entnehmen ist, daß in § 6 das Verfügungsrecht dem Gemeinschuldner ohne Einschränkung entzogen und die Aus-

übung des Verfügungs- und Verwaltungsrechts dem Konkursverwalter übertragen ist. RG. 71, 40, OLG. 32 365. Die Worte „gegenüber den Konkursgläubigern" bedeuten in § 7, daß die Unwirksamkeit soweit reicht, als das Interesse der Konkursgläubiger es erheischt. RG. 83, 189. Daher können insoweit auch Dritte sich auf die Unwirksamkeit berufen, selbst wenn sie dabei ihr eigenes Interesse verfolgen; so z. B. kann, wenn der Gemeinschuldner nach der Konkurseröffnung eine Forderung auf einen Andern übertragen hat, der Drittschuldner gegenüber dem Erwerber die Unwirksamkeit der Übertragung geltend machen. RG. 83, 189. Ferner können die Unwirksamkeit von Rechtshandlungen, die sich **auf die Schuldenmasse beziehen**, auch die Konkursgläubiger geltend machen (§ 144 Abs. 1). Diesen gegenüber bleiben die Rechtshandlungen auch nach Aufhebung des Konkurses, wenn sie z. B. Rechte aus § 164 Abs. 2 (vgl. auch § 206 Abs. 2) geltend machen, unwirksam. OLG. 19, 201, Anm. 5 § 164. Weiter folgt aus jener Wirkung der Konkurseröffnung, daß das **Grundbuch** über ein Grundstück des Gemeinschuldners **gegen** weitere **Eintragungen auf Grund rechtsgeschäftlicher Verfügungen des Gemeinschuldners gesperrt** wird und der Grundbuchrichter, wenn der Konkursvermerk (§ 113) eingetragen oder ihm die Konkurseröffnung amtlich bekannt geworden ist, Eintragungsanträge auf Grund Bewilligung des Gemeinschuldners, mögen sie neue Eintragungen oder Löschungen betreffen, abzulehnen hat, auch wenn die Bewilligung vor der Konkurseröffnung erklärt worden ist, RG. 71, 38 (entgegen der Rechtsprechung des Kammergerichts in RJA. 8, 47, KGJ. 22, A 129, 23, A 243, 30, A 268, OLG. 19, 204); es sei denn, daß die Zustimmung des Konkursverwalters nachgewiesen wird, KGJ. 40, 282 (OLG. 23, 311), oder daß auf Grund der Bewilligung des Gemeinschuldners die Rechtsänderung sich schon vor der Konkurseröffnung außerhalb des Grundbuchs vollzogen hat (z. B. die Übertragung einer Briefhypothek des Gemeinschuldners durch dessen Abtretungserklärung und Briefübergabe gemäß § 1154 BGB.) und es sich nur um Berichtigung des Grundbuchs (§ 894 BGB., § 22 GBO.) noch handelt, RJA. 13, 159, KGJ. 40, 282 (OLG. 23, 311). — **Für den Gemeinschuldner** aber sind seine rechtsgeschäftlichen Verfügungen insofern wirksam, als, wenn er das Verfügungsrecht wiedererlangt (durch Aufhebung des Konkurses oder dadurch, daß der Konkursverwalter den Gegenstand der Verfügung aus der Konkursmasse freigibt, RG. 79, 29, Anm. 4 § 6), er an die Verfügungen gebunden ist. RG. 29, 29, RJA. 13, 159, KGJ. 22, A 129, OLG. 5, 143. Trotz dieser Bindung ist freilich, wenn nach Aufhebung des Konkurses eine zur Übertragung eines Vermögensrechtes (z. B. einer Buchhypothek) des bisherigen Gemeinschuldners erforderliche Eintragung in das Grundbuch erfolgen soll, die vom Konkursverwalter vor Aufhebung des Konkurses erklärte Eintragungsbewilligung nicht genügend; vielmehr muß der bisherige Gemeinschuldner, da er nunmehr der Verfügungsberechtigte ist, die Eintragung bewilligen. RJA. 13, 158. — Wegen der unbedingten Wirksamkeit der Verfügungen, die **nicht die Konkursmasse berühren**, s. Anm. 4 § 6.

[8] Durch diesen Zusatz der Nov. ist die früher (vgl. Gr. 37, 748, JW. 91, 511[10]) bestrittene Frage, inwieweit hier die Vorschriften des bürgerlichen Rechts über den Schutz des gutgläubigen Erwerbes Anwendung zu finden hätten, entschieden worden. In Übereinstimmung mit § 135 Abs. 2 BGB. ist dem **öffentlichen Glauben des Grundbuchs** (§ 892 Abs. 1 Satz 2, § 893 BGB.) auch gegenüber der Verfügungsbeschränkung des Gemeinschuldners **Wirksamkeit beigelegt**, so daß u. a. die Begründung eines Rechts an einem Grundstück des Gemeinschuldners (z. B. des Eigentums durch Auflassung, einer Hypothek durch Eintragung), eines Rechts an einem Grundstücksrecht (z. B. des Pfandrechts an einer Hypothek) trotz der Konkurseröffnung auch den Konkursgläubigern gegenüber (vgl. Anm. 2) wirksam ist, wenn der Erwerber die nicht eingetragene Konkurseröffnung nicht gekannt hat. Dagegen ist **in Ansehung der beweglichen Sachen** durch Nichtaufnahme der entsprechenden Bestimmung des BGB. zum Ausdruck gebracht worden, daß die Vorschriften über den **Schutz des gutgläubigen Erwerbes** nicht anzuwenden sind; die Rechtshandlung ist also den Konkursgläubigern gegenüber auch dann unwirksam, wenn der Dritte die Konkurseröffnung nicht gekannt oder den Gegenstand der Rechtshandlung als nicht zur Konkursmasse gehörig erachtet hat. Begr. 10. Vgl. jedoch hinsichtlich des redlichen Zweiterwerbes im Falle der Weiterveräußerung durch

den Ersterwerber Anm. 8 § 15. — In den ersteren Fällen ist für das Vorhandensein des guten Glaubens maßgebend bei eintragungsbedürftigen Rechten (§ 873 Abs. 1 BGB.) gemäß § 892 Abs. 2 BGB. der **Zeitpunkt** der Stellung **des Eintragungsantrages oder** der etwa nachfolgenden **Einigung,** sonst (z. B. bei Abtretung einer Briefhypothek §§ 1154, 1140 BGB.) der Zeitpunkt der Vollendung des Erwerbs. KGJ. 27, A 99. — Die **Anwendbarkeit des § 893 BGB.** hat die Bedeutung, daß, wenn jemand in Unkenntnis der nicht eingetragenen Konkurseröffnung auf ein für den Gemeinschuldner eingetragenes Recht an diesen eine Leistung bewirkt oder in Ansehung eines eingetragenen Rechtes mit dem Gemeinschuldner ein eine Verfügung enthaltendes Rechtsgeschäft (z. B. eine Kündigung) vornimmt, die Leistung bzw. Verfügung auch den Konkursgläubigern gegenüber Wirksamkeit hat. — Der **Verwalter,** der trotz Nichteintragung der Konkurseröffnung (§ 113 KO.) die Unwirksamkeit geltend macht, **muß die Kenntnis beweisen;** die öffentliche Bekanntmachung (§ 111) erbringt den Beweis nicht. — Die gegenüber den Konkursgläubigern **wirksamen Rechtshandlungen** des Gemeinschuldners können jedoch nach Maßgabe der §§ 29 ff., wenn die Voraussetzungen hierfür gegeben sind, **vom Verwalter angefochten** werden: § 42, RG. 68, 154, 81, 425, vgl. Anm. 10 § 15, Anm. 1 § 42.

[4] Vgl. § 38. — Die Masse soll, wenn der Verwalter die Unwirksamkeit der Rechtshandlung geltend macht und das an den anderen Teil Geleistete zurückverlangt (s. Anm. 2), nicht bereichert werden. Der **Gegenanspruch des anderen Teils** ist also eine Masseschuld im Sinne des § 59 Nr. 3. Mot. 38. — Die **Pflichten des anderen Teils bei der Rückgewähr** richten sich nach bürgerlichem Recht (vgl. hinsichtlich der Früchte und Nutzungen, je nachdem der Empfänger in gutem oder bösem Glauben ist, §§ 812, 818, 819, 892, 989 ff. BGB.), Gr. 37, 748 (JW. 91, 511[10]); desgleichen die Rückgewährpflicht desjenigen, der den Gegenstand der Rechtshandlung von dem anderen Teil erworben hat (des zweiten Erwerbers), Mot. 38. In letzterer Hinsicht vgl. §§ 932 ff. BGB., Art. 74 WO., § 366 HGB.

[5] § 108. — Der **Zeitpunkt der Eröffnung** selbst ist **maßgebend,** nicht der der Zustellung, der Bekanntmachung oder der Rechtskraft des Eröffnungsbeschlusses.

3. **Leistungen an den Gemeinschuldner.**

8. (7.) Eine Leistung, welche auf eine zur Konkursmasse zu erfüllende Verbindlichkeit nach der Eröffnung des Verfahrens an den Gemeinschuldner erfolgt ist[1], befreit[2] den Erfüllenden den Konkursgläubigern gegenüber[3] nur insoweit, als das Geleistete in die Konkursmasse gekommen ist.

War die Leistung[4] vor der öffentlichen Bekanntmachung[5] der Eröffnung erfolgt, so ist der Erfüllende befreit, wenn nicht bewiesen wird, daß ihm zur Zeit der Leistung die Eröffnung des Verfahrens bekannt war.

War die Leistung nach der öffentlichen Bekanntmachung erfolgt, so wird der Erfüllende befreit, wenn er beweist, daß ihm zur Zeit der Leistung die Eröffnung des Verfahrens nicht bekannt war[6].

[1] Nach §§ 6, 7 würde eine **nach der Konkurseröffnung** erfolgte **Leistung an den Gemeinschuldner** den Leistenden den Konkursgläubigern gegenüber nicht befreien. Hiervon enthält § 8 im Abs. 1 (Gelangen des Geleisteten in die Konkursmasse) bzw. Abs. 2, 3 (Nichtkenntnis der Konkurseröffnung mit verschiedener Regelung der Beweislast in den Fällen des Abs. 2 und denen des Abs. 3) zwei Ausnahmen. Bezüglich der Leistungen im guten Glauben an die Richtigkeit des Grundbuches (§ 893 BGB.) s. ferner Anm. 3 § 7. Vgl. auch § 793 Abs. 1 Satz 1, 2 BGB. (Leistung auf eine Schuldverschreibung auf den Inhaber). — **Eine mit Einwilligung** des Gemeinschuldners **an einen Dritten** zum Zwecke der Erfüllung **bewirkte Leistung** steht der Leistung an den Gemeinschuldner gleich (vgl. § 362 Abs. 2, § 185 Abs. 1 BGB.). KB. 9. So z. B.: die von dem einen gedeckten Zahlungsauftrag des Gemeinschuldners Ausführenden nach der Konkurseröffnung an den Dritten übersandte Deckung, RG. 38, 40; die auf einen vom Gemeinschuldner behufs Einziehung seiner ausstehenden Forderung ausgestellten und begebenen sog. Kundenwechsel von dem Bezogenen nach der Konkurseröffnung an den Wechselinhaber ge-

leistete Zahlung, KB. 9, s. auch Anm. 5 § 1. Hat der Gemeinschuldner als Girokunde Auftrag zur Zahlung an einen anderen durch entsprechende Buchungen auf den Girokonten erteilt, so liegt eine Zahlung erst vor, wenn von der Bank der Auftrag nicht nur durch Abschreibung des Betrages von dem Konto des Gemeinschuldners, sondern auch durch Zuschreibung auf dem Konto des anderen ausgeführt ist. Die erst nach der Konkurseröffnung erfolgte Zuschreibung auf den Giroempfänger gilt als eine Leistung an den Gemeinschuldner nach der Konkurseröffnung im Sinne des § 8 Abs. 1. OLG. 14, 411. — Den Vorschriften des § 8 ist auch der **ausländische Schuldner** insoweit unterworfen, als die Leistung innerhalb der Grenzen des deutschen Staatsgebietes im Bereiche der inländischen Zwangsvollstreckungsgewalt zur Ausführung kommt, ohne daß es darauf ankommt, ob der Erfüllungsort im Inlande oder im Auslande belegen ist, ob die Forderung des inländischen Gemeinschuldners zu dem inländischen Vermögen oder zu dem ausländischen Vermögen zu rechnen ist. RG. 90, 127.

[2] Im Falle der Leistung zur Erfüllung eines zweiseitigen Vertrages behält der Verwalter das Wahlrecht aus § 17, RG. 40, 111. — Hat der Gemeinschuldner **einem Dritten die Ermächtigung** erteilt, die Forderung für sich **einzuziehen** (mandatum in rem suam), so wird der Schuldner durch Zahlungen nach der Konkurseröffnung nur dann befreit, wenn er sie an die Konkursmasse (nicht an den Mandatar) leistet. JW. 93, 363[11].

[3] Dem **Gemeinschuldner gegenüber** aber ist die Erfüllung unbeschränkt wirksam und ihm gegenüber wird der leistende Schuldner befreit. Muß er noch einmal an die Konkursmasse leisten, so kann er von dem Gemeinschuldner das an ihn Geleistete gemäß § 812 Abs. 1 Satz 2 BGB. herausverlangen.

[4] Die **Art der Leistung** begründet keinen Unterschied. RG. 38, 40. Sie kann z. B. bei einem vor der Konkurseröffnung erteilten gedeckten Zahlungsauftrag des Gemeinschuldners auch darin bestehen, daß der Beauftragte nach der Konkurseröffnung den betreffenden Betrag für denjenigen, an den gezahlt werden soll, gutschreibt. Anm. 1.

[5] § 76. — Ist eine **Bekanntmachung nicht erfolgt**, so hat der Erfüllende die Vermutung des guten Glaubens für sich;

in diesem Falle hat der Konkursverwalter den Beweis der Kenntnis des Erfüllenden zu führen. JW. 97, 55[24].

[6] Die Vorschriften des § 8 finden nach § 1984 Abs. 1 Satz 2 BGB. bei der Anordnung einer Nachlaßverwaltung entsprechende Anwendung. W. 21, 92.

4. Erbschaftsanfall.

9. Die Annahme oder Ausschlagung einer vor der Eröffnung des Verfahrens dem Gemeinschuldner angefallenen Erbschaft, sowie eines vor diesem Zeitpunkte dem Gemeinschuldner angefallenen Vermächtnisses steht nur dem Gemeinschuldner zu[1]. Das gleiche gilt von der Ablehnung der fortgesetzten Gütergemeinschaft[2].

[1] Während früher nach gemeinem Recht über die **Antretung** oder **Ausschlagung einer vor der Konkurseröffnung angefallenen Erbschaft** der Gemeinschuldner, über die Annahme oder Ausschlagung **eines Vermächtnisses** der Konkursverwalter zu entscheiden hatte, dagegen nach Pr. ALR. und französischem Recht, wo sich nicht nur der Erwerb eines Vermächtnisses, sondern auch der Erwerb der Erbschaft kraft Gesetzes vollzog, sowohl die Erbschaft als auch das Vermächtnis nur von dem Verwalter ausgeschlagen werden konnte (Mot. 21, 22, Pr. 1—3, 145—147, Begr. 11, vgl. Gr. 26, 829, 34, 1102, JW. 88, 330[10]), ist durch die Nov. mit Rücksicht darauf, daß der Erwerb von Todes wegen nicht nur einen vermögensrechtlichen, sondern zugleich einen persönlichen Charakter hat und daß nach § 1953 Abs. 1, § 2180 Abs. 3 BGB. die Ausschlagung mit der Wirkung erfolgt, daß der Anfall als nicht geschehen gilt, der Gemeinschuldner allein zur Annahme oder Ausschlagung sowohl einer Erbschaft als auch eines Vermächtnisses für befugt erklärt, wiewohl gemäß §§ 1922, 1942, 2176 BGB. die Erbschaft und das Vermächtnis kraft Gesetzes erworben werden und sie daher bei einem Anfall vor der Konkurseröffnung nach § 1 Abs. 1 an sich zur Konkursmasse gehören. Begr. 11, vgl. RG. 84, 347. — **Schlägt der Gemeinschuldner** die Erbschaft (das Vermächtnis) **aus** (§§ 1942 ff., 2180 BGB.), so gilt der Anfall als nicht an ihn erfolgt, jedoch mit den bezüglich der Rechtshandlungen in der

Zwischenzeit sich aus § 1959 BGB. ergebenden Maßgaben. Die Ausschlagung kann, gleichviel aus welchen Gründen sie erfolgt ist, vom Verwalter nicht angefochten werden, weil aus dem Vermögen des Gemeinschuldners nichts veräußert, weggegeben oder aufgegeben, sondern nur ein angetragener Erwerb abgelehnt wird. RG. 54, 289, OLG. 4, 175, Anm. 1 § 29, auch Anm. 2 § 7 AnfG., RG. 67, 431 (ebenso hinsichtlich der Anfechtung außerhalb des Konkurses). **Nimmt der Gemeinschuldner** die Erbschaft (das Vermächtnis) **an**, so fällt sie allerdings in die Konkursmasse, und zwar in der Weise, daß die Nachlaßgläubiger (§§ 1967, 2186 BGB.) zu Konkursgläubigern des die Erbschaft mitumfassenden Gesamtvermögens des Gemeinschuldners werden. Jedoch kann eine Sonderung der Massen, je nachdem die eine oder die andere mehr überschuldet ist, vom Verwalter bzw. von den Nachlaßgläubigern durch Antrag auf Nachlaßverwaltung (§§ 1975, 1981 BGB.) oder auf Konkurs (§ 217 KO.) über den Nachlaß herbeigeführt werden. — Da sonach eine vor dem Konkurse dem Gemeinschuldner angefallene Erbschaft (Vermächtnis) erst dann in die Konkursmasse fällt und also der Verwaltung und Verfügung des Konkursverwalters unterliegt (§ 6), wenn der Gemeinschuldner vor oder nach der Konkurseröffnung die Erbschaft (Vermächtnis) ausdrücklich oder stillschweigend angenommen hat, so muß derjenige, zu dessen Gunsten der Verwalter über die Erbschaft (Vermächtnis) verfügt hat, wenn er sich auf die Verfügung beruft, beweisen, daß der Gemeinschuldner die Erbschaft (Vermächtnis) angenommen hat. OLG. 30, 207. — **Fällt** die Erbschaft (das Vermächtnis) **erst nach der Konkurseröffnung** dem Gemeinschuldner **an**, so gehört sie nicht zur Konkursmasse. — § 9 Satz 1 ist auf ein **preußisch-rechtliches Lehn** (vgl. Art. 59 EG.BGB., § 5 EG.KO., Art. 89 AG.BGB., §§ 643 ff. I 18 PrALR.) entsprechend anzuwenden, und zwar dahin, daß die Annahme oder Entsagung eines vor der Konkurseröffnung dem Gemeinschuldner angefallenen, aber durch Investitur noch nicht übernommenen Lehns nur dem Gemeinschuldner zusteht. RG. 84, 347.

[2] Wird bei dem Güterstande der allgemeinen Gütergemeinschaft nach dem Tode eines der Ehegatten der Konkurs über das Vermögen des Überlebenden eröffnet, bevor das **Recht** des

letzteren, die nach § 1483 BGB. eintretende **Fortsetzung der Gütergemeinschaft** zwischen ihm und den gemeinschaftlichen Abkömmlingen **abzulehnen**, weggefallen ist (§ 1484 BGB.), so ist nach der Bestimmung des Satzes 2 allein der Gemeinschuldner zu dieser Ablehnung befugt. Dies gilt sowohl für den Fall, daß die Ehefrau den Ehemann, als für den Fall, daß der Ehemann die Ehefrau überlebt. Die Folge der Ablehnung ist, daß das Gesamtgut der fortgesetzten Gütergemeinschaft nicht gemäß § 2 Abs. 3 zur Konkursmasse gehört, sondern nur der Anteil des Gemeinschuldners an dem Gesamtgut, und daß in Ansehung dieses Anteils und des Anteils des verstorbenen Ehegatten, der mit dessen sonstigem Vermögen den Nachlaß bildet, außerhalb des Konkursverfahrens die Auseinandersetzung zwischen dem überlebenden Ehegatten, vertreten durch den Konkursverwalter (s. Anm. 4 § 16), und den Erben des verstorbenen Ehegatten stattfindet (§§ 1471 ff., 1482, 1484, 1943 BGB.); die Hälfte des nach Berichtigung der Gesamtgutsverbindlichkeiten übrigbleibenden Aktivums fällt in die Konkursmasse (§§ 1, 16, 51 KO.). Begr. 12.

5. **Prozesse:**

a) über die Teilungsmasse.

Zur Zeit der Eröffnung anhängige Anfechtungsprozesse: § 13 AnfG.

10. (8.) Rechtsstreitigkeiten über das zur Konkursmasse gehörige Vermögen[1], welche zur Zeit der Eröffnung des Verfahrens für den Gemeinschuldner[2] anhängig sind[3], können in der Lage, in welcher sie sich befinden, von dem Konkursverwalter aufgenommen werden[4]. Wird die Aufnahme verzögert, so kommen die Bestimmungen des § 239 der Zivilprozeßordnung zur entsprechenden Anwendung[5].

Lehnt der Verwalter die Aufnahme des Rechtsstreits ab[6], so kann sowohl der Gemeinschuldner[7] als der Gegner[8] denselben aufnehmen[9].

[1] **Das Verfahren**, das die **Konkursmasse betrifft** (§§ 1, 2), wird **unterbrochen**. § 240 ZPO. bestimmt:

> Im Falle der Eröffnung des Konkurses über das Vermögen einer Partei wird das Verfahren, wenn es die Konkursmasse betrifft, unterbrochen, bis dasselbe nach den für den Konkurs geltenden Bestimmungen aufgenommen oder das Konkursverfahren aufgehoben wird.

Wirkung der Unterbrechung: Die Unterbrechung tritt gemäß § 246 ZPO. auch dann ein, wenn der Gemeinschuldner durch einen Prozeßbevollmächtigten vertreten ist. Der Lauf einer jeden Frist hört auf. Die in Ansehung der Hauptsache vorgenommenen Prozeßhandlungen einer Partei mit Ausnahme derjenigen, welche die Aufnahme betreffen, sind gegenüber der anderen Partei unwirksam. § 249 ZPO. Darauf, ob der Prozeßgegner von der Konkurseröffnung Kenntnis erlangt hat oder nicht, kommt es nicht an. Gr. 60, 162, 513. Zu solchen unwirksamen Prozeßhandlungen gehören auch der Antrag auf Erlassung eines Urteils (z. B. Versäumnisurteils) und die Zustellung des letzteren. Nicht aber das Urteil selbst. Dieses kann nur mittels der im Gesetze vorgesehenen Rechtsmittel beseitigt werden. RG. 45, 324, Gr. 51, 1072, 60, 162, 514, OLG. 19, 135, 202. Ist durch das den Gemeinschuldner persönlich als Partei behandelnde Urteil eine ungünstige Entscheidung gegen den Gemeinschuldner erlassen, so kann zur Beseitigung eines solchen Urteils nicht nur der Konkursverwalter das Verfahren (gemäß § 250 ZPO.) aufnehmen, die Zustellung des Urteils bewirken und dann das Rechtsmittel einlegen, sondern auch der Gemeinschuldner ist zur Einlegung des Rechtsmittel befugt. RG. 64, 364, Gr. 60, 515. Auch das Kostenfestsetzungsverfahren wird unterbrochen; eine Beschwerde gegen den Beschluß ist vor erfolgter Aufnahme unzulässig. Gr. 44, 1169, JW. 92, 204[2], 00, 124[3]. Auf den Eintritt der vorgenannten Wirkungen kann jedoch ausdrücklich oder stillschweigend (§ 295 ZPO.) verzichtet werden. RG. 51, 94, JW. 07, 713[24] (a. M. OLG. 19, 202). — **Voraussetzung der Unterbrechung** ist im Falle der Geltendmachung eines Anspruchs **gegen den nachmaligen Gemeinschuldner** (§ 12 KO.), daß der Gläubiger aus der Konkursmasse Befriedigung sucht. JW. 93,

351[34], 94, 172[7], 96, 373[21], auch RG. 25, 17, vgl. Anm. 2 § 12. Dies ist z. B. **nicht der Fall:** wenn der Gläubiger den Prozeß gegen den Gemeinschuldner mit der Erklärung fortsetzt, daß er aus der Konkursmasse keine Befriedigung begehre, JW. 94, 172[7], OLG. 6, 396, auch RG. 25, 17, Gr. 31, 1124, 1125, vgl. Anm. 2 § 12; wenn es sich um einen nicht vermögensrechtlichen Anspruch handelt (wie z. B. bei Ehe- und Familienstandschaftssachen) oder wenn der in Anspruch genommene Vermögensgegenstand nicht zur Konkursmasse gehört (wie z. B. bei Klagen in bezug auf Firmenrecht, Patentstörung), JW. 93, 351[34], 96, 373[21], 02, 95[25]. Das gleiche gilt von einem Rechtsstreite, bei dem es sich um die Frage handelt, ob der Gemeinschuldner (z. B. eine Gesellschaft m. b. H.) seine Firma zu geschäftlichen Reklamen gebrauchen darf. JW. 02, 95[25], auch Anm. 3 § 1, Anm. 6 § 6. Ferner von einem Rechtsstreite wegen unberechtigter Titelführung des Gemeinschuldners. OLG. 11, 355. **Dagegen** wird in einem Prozeß gegen den nachmaligen Gemeinschuldner über den Anspruch auf Unterlassung im Sinne des § 4 Patentgesetzes, wenn der abzuwehrende Eingriff in Ausübung eines Lizenzrechts an einem jüngeren, von dem Klagepatent abhängigen Patent erfolgt, das Verfahren durch die Konkurseröffnung unterbrochen, weil mit der dem Unterlassungsanspruch entsprechenden Verurteilung zugleich festgestellt würde, daß die Konkursmasse nur noch ein durch den Schutzbereich des Klagepatents beschränktes Lizenzrecht an dem jüngeren Patent habe, und somit das Prozeßverfahren im Sinne des § 240 ZPO. die Konkursmasse betrifft. RG. 89, 114. — Ist **von dem nachmaligen Gemeinschuldner** ein Anspruch geltend gemacht worden (§ 10 KO.), so ist Voraussetzung für die Unterbrechung, daß es sich um eine Rechtsstreitigkeit über das zur Konkursmasse gehörige Vermögen handelt. Dies ist z. B. **nicht der Fall**, wenn der nachmalige Gemeinschuldner beim Patentamt eine Klage auf Vernichtung des einem andern erteilten Patents wegen Nichtpatentfähigkeit erhoben hat (der Gemeinschuldner kann trotz der Konkurseröffnung den Rechtsstreit fortsetzen). JW. 93, 351[34]. **Dagegen** betrifft ein Prozeß, in welchem der Gemeinschuldner auf Grund eines Patents gemäß § 1 UnlWG. die Unterlassung der Anpreisung gewisser Waren verfolgt, die Konkursmasse. RG. 45, 374.

Vgl. im übrigen die Anm. 2, 3 § 1. — **Herrscht zwischen Verwalter und Gemeinschuldner Streit darüber, ob ein Prozeß die Konkursmasse betreffe,** so ist darüber in einem besonderen Prozesse zu entscheiden. Der Prozeßgegner kann in dem Prozesse selbst gegenüber dem aufnehmenden Gemeinschuldner bzw. gegenüber dem aufnehmenden Verwalter den Einwand erheben, daß der Prozeß die Konkursmasse betreffe bzw. nicht betreffe und daher dem Aufnehmenden die Legitimation fehle. RG. 45, 406, OLG. 4, 166 und Anm. 4. — Bei **Sonderkonkursen** beschränkt sich die Unterbrechung auf die diese betreffenden Prozesse. So z. B.: beim Nachlaßkonkurs auf Prozesse, die sich auf die Nachlaßmasse beziehen, OLG. 1, 446; beim Konkurs über das Gesellschaftsvermögen einer Handelsgesellschaft auf Prozesse über das Gesellschaftsvermögen, RG. 51, 96, und umgekehrt beim Konkurs über das Privatvermögen eines Handelsgesellschafters auf Prozesse über das Privatvermögen, RG. 34, 363. Bei ausländischem Konkurse tritt eine Unterbrechung des im Inland anhängigen Rechtsstreites nicht ein. § 237, RG. 16, 337. — Durch die **Aufhebung des Konkurses** wird das Verfahren nicht unterbrochen. RG. 47, 372, 58, 369, JW. 03, 4[7], OLG. 5, 89. — Der zufolge Unterbrechung des Verfahrens durch Konkurseröffnung eingetretene Stillstand des Prozesses läßt nicht eine durch Klagerhebung unterbrochene Verjährung gemäß § 211 Abs. 2 BGB. endigen und eine neue wieder beginnen; vielmehr endet die Unterbrechung erst und **kann eine neue Verjährung erst beginnen, wenn** die durch die Konkurseröffnung eingetretene **Unterbrechung des Verfahrens,** sei es durch Aufnahme des Rechtsstreits gemäß § 250 ZPO. durch den dazu Berechtigten oder durch Aufhebung des Konkurses, **aufgehört hat** und nun der Prozeß nicht weiter betrieben wird. RG. 72, 187, Gr. 61, 118.

[3] In der Regel ist in den Fällen des § 10 der Gemeinschuldner, für den der Rechtsstreit anhängig ist, **Kläger** (oder Widerkläger, JW. 08, 305[15]). Jedoch ist die **Parteirolle nicht ausschließlich maßgebend,** auch ist es nicht notwendig, daß die konkrete Gestaltung des Verfahrens für den Gemeinschuldner anhängig, z. B. das Rechtsmittel für den Gemeinschuldner eingelegt ist; sondern es kommt nur darauf an, ob der Gemeinschuldner in dem Rechtsstreit einen zur Vermehrung der

Teilungsmasse dienlichen Anspruch verfolgt. RG. 11, 398, 45, 374, 63, 366, 73, 277, JW. 10, 944[23], Gr. 60, 163, OLG. 10, 191. So findet § 10 auch Anwendung, wenn ein vom nachmaligen Gemeinschuldner erstrittenes Arresturteil vom Arrestbeklagten wegen Unrechtmäßigkeit des Arrestes mit der Berufung angefochten worden ist. OLG. 23, 298. Daher ist der **Verwalter zur Aufnahme** z. B. auch dann **befugt**, wenn der beklagte Gemeinschuldner eine Widerklage auf Leistung an ihn erstritten und der Kläger Berufung eingelegt hat, soweit diese die Widerklage betrifft. RG. 63, 364. Er kann in einem solchen Falle auch unter Erweiterung des Widerklaganspruchs Anschlußberufung einlegen. RG. 63, 366. Ferner gehören hierher Prozesse: in denen **gegen** den **Gemeinschuldner** auf Unterlassung der Behauptung, daß seine Ware vor anderen den Vorzug verdiene, geklagt worden ist, RG. 45, 374 (vgl. auch über eine Klage gegen den Gemeinschuldner auf Unterlassung des Eingriffs in das Klagepatent zufolge Ausübung eines Lizenzrechts an einem jüngeren Patent Anm. 1 hier); in denen der gegen den Gemeinschuldner eingeklagte Betrag vor der Konkurseröffnung auf Grund eines vorläufig vollstreckbaren Urteils beigetrieben oder vom nachmaligen Gemeinschuldner zur Abwendung der Zwangsvollstreckung gezahlt ist, insofern der Beklagte (Konkursverwalter) durch Aufhebung des Urteils Rückzahlung der beigetriebenen Summe (§ 717 ZPO.) zu erlangen sucht, RG. 11, 398, 45, 324, 85, 219, 86, 306, JW. 97, 562[4], OLG. 10, 191; in denen ein Gläubiger auf Grund eines gegen den Gemeinschuldner in erster Instanz erstrittenen Urteils vor Ausbruch des Konkurses eine Pfändung bewirkt hat, die zugleich mit dem Klaganspruch der Konkursverwalter durch Aufnahme und Einlegung der Berufung beseitigen will, JW. 10, 625[24], (944[23]), Gr. 55, 124, 60, 163; in denen ein Pfändungsgläubiger, der eine Forderung seines Schuldners hat pfänden lassen, auf Anerkennung der Unwirksamkeit der an den Gemeinschuldner erfolgten Abtretung der Forderung geklagt hat, RG. 73, 276. Auch findet § 10 Anwendung, wenn gegen den Gemeinschuldner als bestreitenden Konkursgläubiger in einem anderen Konkurse eine Feststellungsklage gemäß § 146 erhoben ist. RG. 16, 118. Dagegen ist ein vom Gemeinschuldner durch negative Feststellungsklage anhängig gemachter Rechtsstreit kein **Aktivprozeß** im Sinne des § 10. Die Aufnahme kann hier vielmehr nur vom Gegner nach Maßgabe der § 146 Abs. 3, § 144 Abs. 2 bewirkt werden. RG. 70, 371. — Ist der Rechtsstreit **gegen den Gemeinschuldner** anhängig (vgl. Anm. 7), so findet § 10 keine Anwendung; vielmehr hat der Konkursgläubiger gemäß §§ 12, 139 seine Forderung zur Konkursmasse anzumelden und, falls sie im Prüfungstermine bestritten wird, ist die Aufnahme gemäß §§ 144, 146 Abs. 3, 6 zu bewirken. RG. 63, 364, 86, 396. Dies gilt auch dann, wenn der Gläubiger mit seiner Klage abgewiesen und auf Widerklage des Gemeinschuldners verurteilt ist; jedoch nur hinsichtlich des Klaganspruchs, während der Rechtsstreit bezüglich der Widerklage nach § 10 Abs. 2 aufgenommen werden kann. RG. 63, 394. — Wegen Prozesse über Ansprüche betreffend **Aussonderung** (§ 43), **abgesonderte Befriedigung** (§ 4 Abs. 2) oder eine **Masseschuld** (§ 59) s. § 11.

[3] **Anhängig:** § 263 ZPO. — Erhebung der Klage: §§ 253, 281, 499, 500 Abs. 2, §§ 693, 696, 697 ZPO.; der Widerklage: § 281 ZPO.

[4] Der Verwalter ist auch noch dann, wenn der Gemeinschuldner den Klaganspruch nach der Rechtshängigkeit, aber vor der Konkurseröffnung abgetreten hat, zur Aufnahme befugt, da nach § 265 Abs. 2 ZPO. die Abtretung auf den Prozeß keinen Einfluß hat. RG. 66, 181. — **Die Aufnahme erfolgt** im amtsgerichtlichen Verfahren durch Einreichung einer Aufnahmeerklärung, die von Amts wegen zugestellt wird: § 496 ZPO., im landgerichtlichen Verfahren durch **Zustellung eines Schriftsatzes** auf Parteibetrieb: § 250 ZPO. Jedoch genügt es, wenn auch ohne Zustellung eines Schriftsatzes der Wille, den Prozeß fortzusetzen, bestimmt und unzweideutig im weiteren Verfahren zum Ausdrucke gekommen ist. RG. 51, 97, JW. 02, 270[7], 08, 305[15]. Mit der Zustellung eines Schriftsatzes kann zugleich Ladung zur Verhandlung der Sache verbunden werden, falls der Verwalter die Aufnahme verzögert. §§ 239, 242 ZPO. OLG. 37, 17. Erfolgt die Unterbrechung **nach der Verkündung, aber vor wirksamer Zustellung des Endurteils**, so ist vor das verkündende Gericht zu laden, und zwar lediglich zur Aufnahme. RG. 27, 358, auch 68, 251. Das gleiche hat jetzt (anders nach früherem Recht: RG. 27, 357,

40, 369, 58, 292, Gr. 34, 1159, 36, 470, 39, 1134) zu gelten, wenn die Unterbrechung zwar **nach der Zustellung des Urteils**, aber vor Einlegung eines Rechtsmittels eintritt, da die Aufnahme und die Einlegung des Rechtsmittels nach der Nov. z. ZPO. v. 5. 6. 05 und 1. 6. 09 nicht mehr gleichzeitig erfolgen kann, die Ladung zur Aufnahme vielmehr vorausgehen muß. Vgl. RG. 68, 252. — **Erscheint** im Termin **der Gegner** des aufnehmenden Verwalters **nicht**, so ist auf Antrag die Rechtfertigung der Aufnahme für zugestanden anzusehen und sofort Versäumnisurteil zur Sache gemäß §§ 330, 331 ZPO. zu erlassen. **Erscheint der** aufnehmende **Verwalter nicht**, so kann der Gegner, wenn er den Eintritt des Verwalters in den Rechtsstreit als gerechtfertigt anerkennt, Versäumnisurteil zur Sache beantragen, anderenfalls: Abweisung des Anspruchs des Verwalters auf Fortsetzung des Rechtsstreites im Wege des Versäumnisendurteils. **Erscheinen beide Teile** und besteht über die Aufnahme kein Streit, so kann ohne weiteres zur Hauptsache verhandelt werden. Herrscht aber Streit, namentlich darüber, ob der Konkursverwalter die Aufnahme ablehnt, sowie ob er zur Aufnahme befugt ist oder nicht, so handelt es sich um einen Zwischenstreit, über den zunächst Entscheidung zu treffen ist. Die Entscheidung, welche die Aufnahme ausspricht, ist, auch wenn sie durch besonderes Zwischenurteil erfolgt, nur mit dem in der Hauptsache ergehenden Urteil anfechtbar (§§ 303, 511, 512, 548 ZPO.). RG. 27, 350, 358, 34, 383, 54, 120, 86, 238. Wird die Aufnahmeberechtigung des Verwalters verneint, so ist der Antrag auf Aufnahme abzuweisen, und zwar durch Endurteil. RG. 11, 317, 27, 358, 32, 428, 34, 427, 45, 362, 86, 238, Gr. 42, 974, JW. 96, 347[9]. — Dem **Konkursverwalter** steht die **Aufnahme** nur in den Fällen der §§ 10 und 11, **nicht auch in** denen der **§ 144 Abs. 2, § 146 Abs. 3** zu. RG. 16, 361, 86, 396, JW. 94, 172[7], 96, 602[11], Anm. 8 § 146.

[5] **Verzögert wird die Aufnahme**, wenn der Verwalter ohne gesetzlichen Entschuldigungsgrund den Rechtsstreit nicht aufnimmt. Der Gegner kann den Konkursverwalter zur Aufnahme laden. Bezüglich des für die Aufnahme zuständigen Gerichts und des Verfahrens, wenn beide Teile erscheinen, gilt das gleiche wie von der Aufnahme durch den Verwalter. Vgl. Anm. 4. **Erscheint der Verwalter nicht**, so ist auf An-

trag die Aufnahmepflicht als zugestanden anzusehen und Versäumnisurteil in der Hauptsache gemäß §§ 330, 331 ZPO. zu erlassen. **Erscheint der ladende Gegner nicht**, so ist, wenn der Verwalter die Aufnahme erklärt, auf seinen Antrag Versäumnisurteil zur Sache zu erlassen, im Falle des Bestreitens der Aufnahmepflicht aber der Antrag des Gegners auf Aufnahme durch Versäumnisurteil abzuweisen. — Die Vorschrift des Satzes 2 gilt nicht für die in den §§ 11, 144, 146 geordneten Fälle. JW. 95, 83[6].

[6] Genehmigung des Gläubigerausschusses: § 133 Nr. 2. RG. 41, 134, 260. — Für die **Ablehnungserklärung** ist keine Form vorgeschrieben. RG. 73, 277, 79, 28, OLG. 10, 192. — Infolge der Ablehnungserklärung kann der Gemeinschuldner selbst den Rechtsstreit weiterführen, auch Berufung einlegen. RG. 79, 29, JW. 10, 624[25], OLG. 21, 170, 171, 32, 379. Dies gilt selbst dann, wenn der Konkursverwalter zunächst den Rechtsstreit aufgenommen, demnächst aber (z. B. nachdem die Klage in erster Instanz abgewiesen worden war) dem Gemeinschuldner gegenüber erklärt hatte, daß er diesem den Anspruch freigebe. In diesem Falle bedarf es auch nicht etwa der Zustimmung des Prozeßgegners zum Ausscheiden des Verwalters aus dem Prozeß und zur Fortführung des Prozesses: § 265 ZPO. findet keine Anwendung, da der Gemeinschuldner nicht als Rechtsnachfolger des Verwalters den Rechtsstreit übernimmt, sondern, weil er durch die Freigabeerklärung, die in Ansehung des Anspruchs die Bedeutung und Wirkung der Konkursbeendigung (vgl. Anm. 2 § 166) hat (§ 114), die ihm entzogene (§ 6) Verwaltungs- und Verfügungsbefugnis hinsichtlich des Anspruchs wiedererlangt. RG. 79, 27, 105, 314 (a. M. OLG. 25, 91, wonach der Gemeinschuldner nicht berechtigt sein soll, in einen vom Verwalter aufgenommenen Rechtsstreit, auch wenn der Verwalter den Rechtsstreit nicht fortsetzen zu wollen erklärt, ohne Zustimmung des Gegners einzutreten). Es ist sogar möglich, daß der Gemeinschuldner in einen erst vom Verwalter begonnenen Prozeß eintritt. OLG. 32, 379. Die **Ablehnung** (Freigabeerklärung) des Konkursverwalters hat überhaupt **nicht nur formale Bedeutung**, sondern enthält zugleich (ausgenommen die im § 17 geregelten Fälle eines zweiseitigen Vertrages, aus dem zur Zeit der

Konkurseröffnung noch für beide Teile Verpflichtungen bestehen, RG. 41, 135) den materiellen Erfolg, daß infolge der Ablehnung des Verwalters, den Rechtsstreit aufzunehmen, der streitige Anspruch nicht mehr zur Konkursmasse, sondern zum konkursfreien Vermögen des Gemeinschuldners gehört. RG. 41, 135, 79, 29, OLG. 15, 224, 21, 171, 32, 379. Jedoch folgt daraus nicht ohne weiteres stets die materielle Klageberechtigung des Gemeinschuldners. RG. 70, 370, JW. 92, 371[8]. Wenn z. B. der Gemeinschuldner als Käufer eines Grundstücks vor der Konkurseröffnung den Kaufvertrag wegen Betruges angefochten hat, steht ihm nach Ablehnung des Verwalters das Klagerecht fernerhin nur unter der Voraussetzung zu, daß ihn der Verwalter, insbesondere hinsichtlich des Grundstücks, in die Lage versetzt hat, seinerseits den durch die Anfechtung begründeten Rückgabeverpflichtungen nachzukommen. RG. 70, 368. Hat der Gemeinschuldner aus Wandlung auf Rückzahlung geklagt, der Verwalter diesen Anspruch gegen eine unstreitige Konkursforderung des Beklagten aufgerechnet, so kann nach Freigabe der Gemeinschuldner nur noch die Feststellung begehren, daß die Klageforderung durch Aufrechnung getilgt sei, mit dem Erfolge, daß er später nach Konkursende die inzwischen vom Verwalter anerkannte Gegenforderung nicht zu tilgen brauche. OLG. 32, 379.

[7] Hat der Gemeinschuldner in einem vor der Konkurseröffnung gegen ihn angestrengten Prozeß eine Gegenforderung zur **Aufrechnung** gestellt, ist er aber damit in erster Instanz **zurückgewiesen** worden, so liegt ein Fall des § 10 nicht vor; der Gemeinschuldner kann den nicht für ihn anhängigen Prozeß auch dann nicht weiterführen, wenn der Konkursverwalter die Gegenforderung für die Konkursmasse nicht in Anspruch nimmt. JW. 91, 273[10]. Vgl. Anm. 2 a. E.

[8] Durch Ladung des Gemeinschuldners zur Aufnahme.

[9] Was die **Kostenpflicht** anlangt, so ist in den Fällen des Abs. 2 die Konkursmasse am Ausfalle dieser Prozesse unbeteiligt, da der streitige Anspruch nicht mehr zur Konkursmasse, sondern zum konkursfreien Vermögen des Gemeinschuldners gehört. Anm. 6, OLG. 21, 170. Jedoch sind die bis zur Konkurseröffnung entstandenen Kosten eine durch das Unterliegen des Gemeinschuldners bedingte Konkursforderung. JW. 95,

504[2]. Hat dagegen der Verwalter den Prozeß aufgenommen (Abs. 1) und unterliegt er, so ist die Kostenlast eine Masseschuld gemäß § 59 Nr. 1, und zwar auch hinsichtlich der vor der Konkurseröffnung entstandenen Kosten. Anm. 1 § 59, OLG. 39, 39. Jedoch gilt dies nicht für die Kosten eines vor der Konkurseröffnung nebenhergelaufenen Arrestverfahrens, weil diese Kosten nicht zu denen des Hauptprozesses gehören. OLG. 39, 39. — Bewilligung des **Armenrechts** gemäß § 114 ZPO. kann der Verwalter nicht verlangen. RG. 33, 367. — Die **Unterbrechung endigt** außer durch Aufnahme während des Konkursverfahrens (Anm. 4) gemäß § 240 ZPO. (s. Anm. 1) **auch durch Aufhebung des Konkurses** (§§ 163, 190, 202—206 KO.). Es kann dann jede der bisherigen Parteien ohne Aufnahmeerklärung den Prozeß fortsetzen. RG. 45, 323, 47, 374, auch 27, 113, 31, 40, 32, 72, JW. 00, 296[11]. Der Gemeinschuldner insbesondere tritt ohne weiteres als nunmehr Verfügungsberechtigter in den Rechtsstreit ein. Gr. 48, 120, JW. 03, 4[7], W. 12, 176. Hinsichtlich der eine Nachtragsverteilung (§ 166) betreffenden Masseprozesse ist dagegen der Konkursverwalter auch nach Aufhebung des Konkurses legitimiert. RG. 28, 68, 32, 74. Über die Wirkungen der im Laufe eines vom Verwalter geführten Prozesses eintretenden Aufhebung des Konkurses vgl. im übrigen Anm. 2 § 166.

11. (9.) Rechtsstreitigkeiten, welche gegen den Gemeinschuldner anhängig und auf Aussonderung eines Gegenstandes aus der Konkursmasse[1] oder auf abgesonderte Befriedigung[2] gerichtet sind oder einen Anspruch betreffen, welcher als Masseschuld zu erachten ist[3], können sowohl von dem Konkursverwalter als von dem Gegner aufgenommen werden[4].

Erkennt der Verwalter den Anspruch sofort an, so fallen ihm die Prozeßkosten nicht zur Last[5].

[1] §§ 43—46. Z. B. der Gemeinschuldner ist zur Zeit der Konkurseröffnung auf Herausgabe einer angeblich dem Kläger gehörenden Sache gemäß § 985 BGB. verklagt. OLG. 19, 136. Auch eine gegen den Gemeinschuldner anhängige Klage auf

Löschung eines zu seinen Gunsten eingetragenen Warenzeichens, das ein für den Kläger schon früher eingetragenes Warenzeichen verletzen soll, ist auf Aussonderung im Sinne des § 11 gerichtet. Gr. 51, 1091 (JW. 07, 108[10]).

[2] §§ 47—52. Z. B. der Gemeinschuldner ist zur Zeit der Konkurseröffnung aus einer Hypothek auf Zahlung zur Vermeidung der Zwangsvollstreckung in das belastete Grundstück in Anspruch genommen. Vgl. Anm. 5. — Ein gegen den Gemeinschuldner anhängiger, auf abgesonderte Befriedigung gerichteter Rechtsstreit liegt auch vor, wenn der nachmalige Gemeinschuldner, nachdem er durch vorläufig vollstreckbares Urteil auf die Klage des Gläubigers verurteilt worden war, dem Gläubiger **zur Abwendung der Zwangsvollstreckung Sicherheit geleistet** hat, da er dadurch ein Pfandrecht und somit ein Absonderungsrecht für den Konkurs (§ 48) dem Gläubiger eingeräumt hat. RG. 12, 222, 85, 218. — **Auch Patentverletzungsklagen** gehören hierher. Sind weitere Verletzungen durch den Verwalter zu erwarten, so kann von ihm und gegen ihn aufgenommen werden; ist es seitens des Gemeinschuldners zu erwarten, so ist mit ihm der Prozeß fortzusetzen. OLG. 35, 281.

[3] Es kommen hier nur in Betracht Ansprüche auf Erfüllung aus der Konkursmasse auf Grund zweiseitiger Verträge des Gemeinschuldners im Sinne der §§ 17, 59 Nr. 2, da in den anderen Fällen einer Masseschuld ein vor der Konkurseröffnung gegen den Gemeinschuldner angestellter und gegen den Verwalter fortzuführender Prozeß nicht in Frage kommen kann. Mot. 45, JW. 00, 155[18].

[4] Unterbrechung: §§ 240, 249 ZPO., Gr. 51, 1092 (JW. 07, 108[10]). Die **Aufnahme erfolgt** im landgerichtlichen Verfahren durch Zustellung eines Schriftsatzes, Anm. 4 § 10, und zwar von seiten des Gegners durch Zustellung an den Konkursverwalter. Vgl. Anm. 3, 4 § 4, auch RG. 34, 410. Entsteht Streit über die Legitimation des Verwalters, so ist darüber zunächst durch Zwischenurteil zu entscheiden. Vgl. Anm. 4 § 10. Hat der Verwalter, nachdem der verurteilte Gemeinschuldner gegen das Urteil ein Rechtsmittel eingelegt hatte, nach Eröffnung des Konkurses die Aufnahme abgelehnt, aber den Anspruch nicht erfüllt und erscheint er nach Aufnahme

seitens des Gegners auf dessen Ladung im Termine nicht, so kann gegen ihn das Rechtsmittel durch Versäumnisurteil zurückgewiesen werden. Gr. 51, 1092 (JW. 07, 108[10]). — Die **Aufnahme durch oder gegen den Gemeinschuldner** persönlich ist **unzulässig**, wenn feststeht, daß es sich um Aussonderungs- oder Absonderungsansprüche oder um Masseschulden handelt. JW. 87, 41.

[6] Vgl. § 93 ZPO., Gr. 51, 1092 (JW. 07, 108[10]). — Die **bis zur Konkurseröffnung entstandenen Kosten**, zu denen der Gemeinschuldner Anlaß gegeben hat, sind Konkursforderung. JW. 95, 504[2], OLG. 10, 139, 15, 225, 27, 44, 35, 253 Anm. Auch **die späteren Kosten** können für den Kläger Konkursforderung sein. Abs. 2 will nur besagen, daß die Prozeßkosten, wenn der Verwalter den Anspruch anerkennt, nicht Masseschulden (§ 59 Nr. 1) sind. OLG. 15, 225, 226. Daher ist in dem Urteil, das gemäß Abs. 2 dem Kläger die Kosten auferlegt, dem Kläger vorzubehalten, die Kosten als Konkursforderung (im Falle eines abgesonderte Befriedigung gewährenden Anspruchs [z. B. aus einer Hypothek] auch mit der Möglichkeit einer abgesonderten Befriedigung nach Maßgabe materiellrechtlicher Vorschriften [z. B. § 1118 BGB.]) oder demnächst gegen den Gemeinschuldner persönlich geltend zu machen. OLG. 15, 225, 27, 44. — **Auf Klagen, die erst nach der Konkurseröffnung** von vornherein gegen den Verwalter erhoben sind (z. B. Hypothekenzinsklagen gegen ihn), bestimmt sich die Kostenlast, auch wenn der Verwalter den Anspruch anerkennt, nicht nach § 11 Abs. 2 KO., sondern nach § 93 ZPO. OLG. 15, 226. — **Erkennt** der Verwalter den Anspruch **nicht sofort an** und siegt der Gläubiger (Berechtigte) ob, so bildet der Kostenerstattungsanspruch bezüglich des ganzen Prozesses (wozu aber nicht ein vor Konkurseröffnung erledigtes Arrestverfahren gehört, OLG. 39, 39) eine Masseschuld (§ 59 Nr. 1). Vgl. hierüber Anm. 1 § 59.

b) Prozesse über die Schuldenmasse.

12. (10.) Konkursgläubiger können ihre Forderungen auf Sicherstellung oder Befriedigung aus der Konkursmasse nur nach Maßgabe der Vorschriften für das Konkursverfahren[1b] verfolgen[2].

1a Begriff der **Konkursgläubiger:** § 3 u. Anm. 1 ff. dort.

1b Durch Anmeldung: § 139. Unterbrechung anhängiger Prozesse: §§ 240, 249 ZPO. Vgl. hierüber Anm. 1 § 10. Aufnahme derselben erst nach Anmeldung und Prüfung (RG. 86, 237, OLG. 37, 117): gegen den Konkursverwalter: § 146 Abs. 3 KO.; gegen den Gemeinschuldner: gemäß § 144 Abs. 2 nur, wenn er die Forderung im Prüfungstermine bestritten hat, RG. 35, 82; gegen den Gegner des Widersprechenden: § 146 Abs. 6. Vgl. im übrigen Anm. 2, 3, 4 § 144, Anm. 8, 18 § 146. — Hat der Gläubiger auf Grund eines gegen den Gemeinschuldner in erster Instanz erlassenen vorläufig vollstreckbaren Urteils Zahlung erhalten, so braucht er, auch wenn vom Gegner (dem Konkursverwalter oder dem Gemeinschuldner, § 10 Abs. 1, 2) Berufung eingelegt und Rückzahlung des Erhaltenen beantragt ist, seine Forderung nicht anzumelden, vielmehr handelt es sich nur noch um einen für den Gemeinschuldner anhängigen Rechtsstreit im Sinne des § 10. RG. 11, 401, 85, 218, 86, 396, JW. 97, 562[4]; vgl. Anm. 2 § 10. Hat der Gläubiger bereits vor Eröffnung des Konkurses einen Schuldtitel mit Vollstreckungsklausel gegen den Gemeinschuldner erhalten, so kann er nicht die Umschreibung der Vollstreckungsklausel gegen den Verwalter beantragen, weil gegen diesen keine Vollstreckung im eigentlichen Sinne zulässig ist (§ 14 KO.). OLG. 37, 117. — Durch § 12 wird nur bestimmt, wie die Gläubiger ihre Forderungen prozessual zu verfolgen haben. Welchen Einfluß die Konkurseröffnung auf ihre Forderungen hat, bestimmt sich nach den §§ 3, 43, 48, 61 ff. Gr. 53, 1125.

2 Wollen sie die Konkursmasse nicht in Anspruch nehmen, so können sie **außerhalb des Konkursverfahrens den Prozeß gegen den Gemeinschuldner fortsetzen,** RG. 25, 17, 29, 73, Gr. 31, 1123, JW. 86, 229, bzw. gegen ihn **Klage erheben** (auch nur wegen eines Teils), RG. 86, 396, JW. 96, 698[10], 13, 752[24], oder gegen ihn einen Zahlungsbefehl und auch einen Vollstreckungsbefehl, wie ein vollstreckbares Urteil erwirken, OLG. 29, 151; nur vollstrecken selbst dürfen sie nach § 14 während des Konkurses gegen den Gemeinschuldner nicht. RG. 29, 74, 86, 397, OLG. 29, 151. Jedoch müssen sie ausdrücklich oder durch konkludente Handlungen zu erkennen geben, daß sie Be-

friedigung aus der Konkursmasse nicht begehren, RG. 29, 74, 86, 397, Gr. 31, 1122, JW. 94, 172[7], 13, 752[24], OLG. 11, 356, vgl. Anm. 1 § 10; auch kann der Gemeinschuldner, wenn dies nicht schon von seiten des Gläubigers geschehen ist, eine Einschränkung der Verurteilung dahin verlangen, daß erst nach der Beendigung des Konkurses er zu zahlen schuldig und Zwangsvollstreckung gegen ihn zulässig sei (§ 14), RG. 29, 74. So kann auch der Gläubiger, der infolge Versäumung der Ausschlußfrist des § 152 von der Berücksichtigung bei der Schlußverteilung (§ 161) ausgeschlossen ist, seinen Anspruch gegen den Gemeinschuldner im Klagewege verfolgen. JW. 13, 752[24]. Dies gilt nicht nur im gewöhnlichen Konkursverfahren, sondern auch im Nachlaßkonkurs. Der Nachlaßgläubiger kann gegen den Erben als den Gemeinschuldner zwar nicht auf eine gegenwärtige Leistung, auch nicht auf Bewilligung der Auszahlung des etwaigen Überschusses behufs seiner Befriedigung klagen, wohl aber gemäß §§ 1989, 1973 Abs. 2 BGB. mit dem Begehren der Befriedigung erst nach Beendigung des Konkurses und nur aus dem vorhandenen Konkursüberschusse. JW. 13, 752[24].

6. Veräußerungsverbot.

13. Ein gegen den Gemeinschuldner bestehendes Veräußerungsverbot der in den §§ 135, 136 des Bürgerlichen Gesetzbuchs bezeichneten Art[1] ist den Konkursgläubigern gegenüber unwirksam[2]; wirksam bleibt jedoch eine bei der Zwangsvollstreckung in das unbewegliche Vermögen erfolgte Beschlagnahme[3].

[1] D. i. ein **gesetzliches oder** ein **von einem Gericht** (z. B. im Wege der einstweiligen Verfügung, § 938 ZPO.) **oder** von einer anderen **Behörde** innerhalb ihrer Zuständigkeit **erlassenes Veräußerungsverbot zugunsten bestimmter Personen.** — Der Verwalter darf also trotz des Veräußerungsverbots, anders wie außerhalb des Konkurses (§§ 771, 772 ZPO.), die Sache auch gegenüber den geschützten Personen wirksam veräußern. Vgl. JW. 07, 703[4] (Verfügung des Konkursverwalters im Konkurse des Grundstückseigentümers über einen

Rangvorbehalt im Sinne des § 881 BGB. unter Nichtberücksichtigung einer für die Zulässigkeit der Verfügung bestimmten Bedingung). Dagegen bleibt das Verbot anderen Personen als den Konkursgläubigern, insbesondere dem Gemeinschuldner gegenüber in Kraft, namentlich wenn der Gemeinschuldner z. B. infolge Aufhebung des Konkurses wieder die Verfügungsbefugnis erlangt und die Sache vom Verwalter nicht veräußert ist.

[2] Weil das Konkursverfahren eine Gleichbehandlung aller Gläubiger fordert. Begr. 12. — Auch das im Grundbuch eines zur Konkursmasse gehörigen Grundstücks eingetragene Veräußerungsverbot ist den Konkursgläubigern gegenüber unwirksam. Vgl. JW. 07, 703[4], Anm. 4 § 106. Dagegen ist den Vormerkungen im § 24 Wirksamkeit auch gegenüber der Konkursmasse beigelegt.

[3] Ausnahme von Satz 1 mit Rücksicht darauf, daß die bei der Zwangsvollstreckung in das unbewegliche Vermögen erfolgende Beschlagnahme (§§ 20 ff., 146, 162 ZVG.) zugleich ein Recht auf abgesonderte Befriedigung gewährt (§ 10 Abs. 1 Nr. 5, § 162 ZVG. u. § 47 KO.). Begr. 12. Eine erst nach der Konkurseröffnung oder einem allgemeinen Veräußerungsverbot des § 106 erfolgte Beschlagnahme aber ist gemäß § 15 unwirksam.

7. Arreste und Zwangsvollstreckungen.

14. (11.) Während der Dauer des Konkursverfahrens[1] finden Arreste und Zwangsvollstreckungen[2] zugunsten einzelner Konkursgläubiger[3] weder in das zur Konkursmasse[4] gehörige, noch in das sonstige[5] Vermögen[6] des Gemeinschuldners statt[7].

In Ansehung der zur Konkursmasse gehörigen Grundstücke, sowie der für den Gemeinschuldner eingetragenen Rechte an Grundstücken oder an eingetragenen Rechten kann während der Dauer des Konkursverfahrens eine Vormerkung auf Grund einer einstweiligen Verfügung zugunsten einzelner Konkurs-

gläubiger nicht eingetragen werden. Das gleiche gilt von der Eintragung einer Vormerkung in Ansehung eines Schiffspfandrechts[8].

[1] Wegen Pfändungen **nach** Erlassung eines **allgemeinen Veräußerungsverbots** s. Anm. 4 § 106. — **Nach Aufhebung des Verfahrens** unbeschränktes Vorgehen der nicht befriedigten Konkursgläubiger und Zwangsvollstreckung gegen den Schuldner auf Grund der Tabelle (§ 164 Abs. 1, 2). — Auch die **gleichzeitige Verfolgung** eines Anspruchs **im Konkursverfahren** gegen den Konkursverwalter **und außerhalb desselben** gegen den Gemeinschuldner ist wegen der entweder durch die vorgängige Geltendmachung der Forderung im Konkurse oder durch die vorhergegangene Klagerhebung gegen den Gemeinschuldner herbeigeführten Rechtshängigkeit der Sache unstatthaft. JW. 92, 162[19]. Wegen Zulässigkeit einer Leistungs- oder Feststellungsklage gegen den Gemeinschuldner bei Nichtteilnahme des Gläubigers am Konkursverfahren mit der Einschränkung, daß erst nach beendigtem Konkursverfahren mit einer Zwangsvollstreckung begonnen werden dürfe, vgl. Anm. 2 § 12.

[2] **Sofern** der Arrest oder die **Zwangsvollstreckung**, auch solche aus einer **einstweiligen Verfügung** zur Sicherung künftiger Kapitalbeitreibung, OLG. 32, 285, bei der Eröffnung des Verfahrens **nicht schon** bis zur **Pfändung** gediehen war; in letzterem Falle hat der Gläubiger ein Pfandrecht erlangt (§§ 804, 930 ZPO.), ist also absonderungsberechtigt; mithin nimmt das Verfahren Fortgang: § 4 Abs. 2, § 49 Nr. 2, JW. 00, 182[9], OLG. 23, 226, auch RG. 86, 249, Anm. 3 a. E. Gleiches gilt auch dann, wenn zwar der Arrest nicht durch Pfändung vollzogen ist, aber der Schuldner zur Abwendung der Vollziehung Sicherheit bestellt hat, da an dieser dem Gläubiger ein Pfandrecht zusteht. RG. 56, 147. Auch dadurch, daß der Arrest durch vorläufig vollstreckbares Urteil aufgehoben wird, tritt das Arrestpfandrecht nicht ohne weiteres außer Kraft, vielmehr ist dazu erforderlich, daß der Schuldner gemäß §§ 775, 776, 928 bzw. § 109 ZPO. Schritte zur Aufhebung der erfolgten Vollstreckungsmaßregel bzw. zur Rückgabe der Sicherheit mit Erfolg vorgenommen hat. RG. 56, 148. Liegen gegenüber der ausgewirkten Arrestpfändung die Voraus-

setzungen der Anfechtung gemäß §§ 22 ff., 35 vor, so hat der Verwalter die Interessen der Konkursgläubiger durch Ausübung des Anfechtungsrechtes zu wahren. JW. 00, 182[9], auch RG. 20, 361. — Ein **Offenbarungseid** gemäß § 807 ZPO. kann während des Konkurses vom Gemeinschuldner nicht gefordert werden; nur einen Offenbarungseid nach § 125 KO. kann ein Konkursgläubiger verlangen. OLG. 23, 226, Anm. 6. Ein vor der Konkurseröffnung gegen den nachmaligen Gemeinschuldner wegen Nichtleistung eines Offenbarungseides erlassener Haftbeschluß (§ 901 ZPO.) ist während des Konkurses nicht vollstreckbar. OLG. 23, 226. Anderseits kann auf Beschwerde eine Entscheidung über seine Aufhebung oder Aufrechterhaltung auch erst nach Beendigung des Konkurses getroffen werden. OLG. 23, 226. Ist vom Pflichtteilsberechtigten gegen den Erben auf Inventarerrichtung und Leistung des Offenbarungseides geklagt und sodann Nachlaßkonkurs eröffnet, so wird das Verfahren unterbrochen; denn der Prozeß dient der Feststellung des Pflichtteils, also einer Konkursforderung (§ 226 KO.) und die genaue Feststellung der Nachlaßmasse, die der Prozeß verfolgt, ist amtswegige Aufgabe des Verwalters. Für den Offenbarungseid des Erben wäre danach kein Raum. OLG. 41, 267. Anders wenn der Gemeinschuldner aus einem Agenturverhältnis auf Auskunftserteilung verklagt ist; hier hat er allein zu erfüllen, da die Masse nicht betroffen wird. OLG. 35, 244. — Eine **Eintragung in das Grundbuch** im Wege der Zwangsvollstreckung oder der Arrestvollziehung (§§ 866, 867, 932 ZPO.) ist ebenfalls unzulässig, selbst wenn der Antrag auf Eintragung bereits vor der Konkurseröffnung dem Grundbuchrichter vorgelegen hat. Der öffentliche Glaube des Grundbuchs greift hier zugunsten des Antragstellers nicht, wie in den Fällen des § 15 Satz 2, Platz, da der Schutz des § 892 BGB. nur demjenigen gewährt wird, der ein Recht an einem Grundstück oder ein Recht an einem solchen Rechte durch Rechtsgeschäft erwirbt. Begr. 14, KGJ. 39, A 168, s. auch für früheres preußisches Recht RG. 14, 291, 26, 395, 28, 283, Gr. 36, 702. Dies gilt auch dann, wenn vor der Konkurseröffnung, weil dem gestellten Eintragungsantrage ein Hindernis entgegenstand, eine **Vormerkung gemäß § 18 Abs. 2 GBO.** vom Grundbuchamt eingetragen war, da eine solche Vormerkung nicht eine Vormerkung im Sinne des § 24 KO. ist und auch kein bedingtes dingliches Recht gewährt. KGJ. 39, A 167, auch RG. 55, 340, 62, 375. — Von der Konkurseröffnung an kann auch einer vor der Konkurseröffnung erfolgten **vorläufigen Privatpfändung einer Forderung** nicht mehr gemäß § 845 Abs. 2 ZPO. durch gerichtliche Pfändung endgültige Wirksamkeit verschafft werden. RG. 26, 426, 42, 366, JW. 07, 207[14]. Hinsichtlich der Wirksamkeit solcher Nachpfändung zwar vor der Konkurseröffnung, aber nach Bekanntmachung des allgemeinen Veräußerungsverbots s. Anm. 4 § 106, und hinsichtlich der zwar nach der Zahlungseinstellung aber vor der Konkurseröffnung erfolgten s. Anm. 4 § 29. — Solche **außerkonkursmäßige Akte, welche** sich nicht als Beginn der Zwangsvollstreckung darstellen, sondern **nur** die etwaige künftige **Zwangsvollstreckung vorbereiten**, wie Verurteilung des bestreitenden Gemeinschuldners (vgl. § 144 Abs. 2), Vollstreckbarkeitserklärung, Erteilung der Vollstreckungsklausel, können auch zugunsten einzelner Konkursgläubiger vorgenommen werden. RG. 29, 76, 35, 81.

[3] Mögen die **Konkursgläubiger** (§ 3) sich in den Konkurs eingelassen haben oder nicht. RG. 29, 74 u. Anm. 5 a. E. sowie Anm. 2 § 12. — Die **Aussonderungs-, Absonderungs- und Massegläubiger** (§§ 43 ff.; §§ 47 ff., 221, 236; §§ 27, 28, 57 ff., 224, 236) werden dagegen durch § 14 nicht betroffen; sie machen ihre Ansprüche ohne Rücksicht auf den Konkurs geltend. JW. 00, 182[9], W. 15, 62, OLG. 18, 414, 29, 245, 246, auch RG. 86, 240, 249. Es kann daher z. B.: auf Grund eines gegen den Gemeinschuldner bzw. den Verwalter gerichteten Urteils auf Herausgabe fremden Eigentums vom Kläger die Zwangsvollstreckung gegen den Verwalter betrieben werden; ein Gläubiger, der durch Arrestvollziehung ein Pfandrecht erlangt hat, auf Grund eines erst nach der Konkurseröffnung erzielten Vollstreckungstitels sich an das Pfand halten, JW. 00, 182[9], OLG. 18, 414, auch Anm. 2; ein Hypothekengläubiger, der seine abgesonderte Befriedigung gemäß § 4 Abs. 2 außerhalb des Konkursverfahrens verfolgt, auf Grund eines vollstreckbaren Titels, den er für seinen dinglichen Anspruch aus der Hypothek erlangt hat, die Zwangsversteigerung oder die Zwangsverwaltung des Pfandgrundstücks betreiben, JW. 15,

709[13] (RG. 86, 365), oder Gegenstände der Immobiliarmasse, auf die sich nach §§ 1120 ff. BGB. die Hypothek erstreckt (ausgenommen nach § 865 Abs. 2 ZPO. Zubehör des Grundstücks) im Wege der Mobiliarzwangsvollstreckung pfänden (z. B. Mietzinsen), W. 15, 62, OLG. 29, 245, 246, auch Anm. 1 § 4.

[4] §§ 1, 2 (zur **Konkursmasse** gehörige Gegenstände).

[5] An das **nach Eröffnung des Verfahrens** vom Gemeinschuldner **erworbene Vermögen** können sich während des Verfahrens nur die Gläubiger halten, deren Anspruch nach der Eröffnung entstanden ist. Zwangsvollstreckungen der Konkursgläubiger (§ 3) sollen auch in dieses konkursfreie Vermögen deswegen nicht statthaft sein, um dem Gemeinschuldner die Erwerbs- und Kreditfähigkeit wieder zu eröffnen und die neuen Gläubiger nicht der Konkurrenz der geschützten Konkursgläubiger preiszugeben. Mot. 51, 52, Gr. 53, 711, Anm. 2 § 12. — **Freiwillige Zahlung** desjenigen aber, was der Konkursgläubiger zu fordern hat, seitens des Gemeinschuldners aus dem nicht zur Konkursmasse gehörigen Vermögen (z. B. Rückzahlung eines Darlehns nach Erwerb einer Erbschaft, der bei der Gewährung des Darlehns als Bedingung für sofortige Rückzahlung gesetzt war), ist trotz des Konkurses wirksam. Sie kann jedoch der Anfechtung seitens eines anderen Gläubigers nach dem AnfG. (unten V) unterliegen. Gr. 53, 710 (JW. 08, 722[24]). Vgl. § 13 Abs. 5 AnfG. — Aufrechnung gegen später entstandene Forderungen: Bemerkung vor § 53. — Wollen **Konkursgläubiger** die **Konkursmasse nicht in Anspruch** nehmen, so können sie ihr Recht auch während des Konkurses gegen den Gemeinschuldner gerichtlich verfolgen und ein vollstreckbares Urteil oder einen Vollstreckungsbefehl gegen ihn erwirken. Vgl. hierüber Anm. 2 § 12. Aber die Vollstreckung selbst können sie gegen den Gemeinschuldner während des Konkurses auch in diesem Falle nicht betreiben. Anm. 2 § 12. — Hinsichtlich einer Ausnahme für den Fall der Freigabe eines Teils des Vermögens aus der deutschen Konkursbefangenschaft zugunsten der Masse eines gleichzeitigen ausländischen Konkursverfahrens vgl. Anm. 3 § 237.

[6] **Personalarrest** (Haft) auf Grund der §§ 888, 889, 890 ZPO. (zur Erzwingung von in dem Willen des Schuldners liegenden Handlungen, von Urteilsoffenbarungseiden, von

Duldungen und Unterlassungen) ist **statthaft; dagegen** auf Grund der §§ 807, 883, 901 ZPO. (Erzwingung der Leistung eines Vollstreckungsoffenbarungseides) **nicht**, statt dessen auf Grund von § 125 KO., § 901 ZPO. (Erzwingung des Offenbarungseides im Konkursverfahren), Anm. 2; ebensowenig auf Grund von § 918 ZPO. (persönlicher Sicherheitsarrest), statt dessen auf Grund von §§ 101, 106 KO. (wegen Nichterfüllung der Gesetzespflichten oder als Sicherheitsmaßregel).

[7] Die dem Verbot zuwider erfolgende **Zwangsvollstreckung** usw. ist nicht nur den Konkursgläubigern gegenüber, sondern **absolut wirkungslos**; auch der Gemeinschuldner kann sich darauf berufen. RG. 28, 283. Die **Aufhebung** der unzulässigen Zwangsvollstreckungsmaßregel kann hinsichtlich der Konkursmasse vom Verwalter, hinsichtlich des konkursfreien Vermögens vom Gemeinschuldner im Wege der Erinnerung gemäß § 766 ZPO. herbeigeführt werden. RG. 29, 76. Ist eine Sicherungshypothek im Wege der Zwangsvollstreckung (§§ 866, 867 ZPO.) oder der Arrestvollziehung (§ 932 ZPO.) dem Verbote zuwider in das Grundbuch eingetragen, so hat der Grundbuchrichter von Amts wegen oder auf Anregung des Verwalters bzw. des Gemeinschuldners (§§ 13, 71 Abs. 2 Satz 2 GBO.) einen Widerspruch gemäß § 54 Abs. 1 GBO. einzutragen. Vgl. RG. 48, 242, RJA. 3, 100, KGJ. 24, A 214, 27, A 138. — Anders § 237 (Zwangsvollstreckung in inländisches Vermögen bei ausländischem Konkurs). RG. 14, 407, 54, 194.

[8] Abs. 2 Zusatz der Nov. Es soll hier in gleicher Weise wie bei der Arrestvollziehung und Zwangsvollstreckung ein Sondervorgehen der Gläubiger durch **Eintragung einer Vormerkung auf Grund einstweiliger Verfügung** verhindert werden. Jedoch bezieht sich das Verbot **nur auf Gegenstände der Konkursmasse**, nicht, wie in den Fällen des Abs. 1, auf konkursfreie Vermögensstücke, insbesondere also nicht auf Grundstücke, die der Gemeinschuldner etwa erst nach der Konkurseröffnung erworben hat, so daß Zwangsvormerkungen gegenüber konkursfreien Grundstücken auch den einzelnen Konkursgläubigern nicht verwehrt sind. Begr. 13, RG. 68, 154. — Bezüglich der hier gemeinten einstweiligen Verfügungen auf Eintragung einer Vormerkung in Ansehung eines Grundstücks bzw. eines Schiffspfandrechts vgl. §§ 883, 885

BGB. u. §§ 895, 941, 942 ZPO., § 39 GBO. bzw. §§ 1259 ff. BGB., §§ 100 ff. FGG. — Die Frage, ob auf Grund einer vor oder auch erst nach der Konkurseröffnung vom Gemeinschuldner erklärten **Eintragungsbewilligung** (§ 885 BGB.) die Eintragung **einer Vormerkung** nach der Konkurseröffnung erfolgen darf, bestimmt sich nach den §§ 7, 15 (s. Anm. 2 § 7, Anm. 7, 10 § 15). — Eine **vor der Konkurseröffnung** bereits **eingetragene Vormerkung** behält gemäß § 24 ihre Wirksamkeit. Jedoch kann sie unter den Voraussetzungen der §§ 29 ff. vom Verwalter angefochten werden. RG. 68, 150.

IV. **Rechtserwerb ohne* Verfügung des Gemeinschuldners.**

* Vgl. Anm. 9 § 15.

15. (12.)[1] Rechte an den zur Konkursmasse gehörigen Gegenständen[2], sowie Vorzugsrechte[3] und Zurückbehaltungsrechte[4] in Ansehung solcher Gegenstände können nach der Eröffnung des Verfahrens[5] nicht mit Wirksamkeit gegenüber den Konkursgläubigern[6] erworben[7] werden[8], auch wenn[9] der Erwerb nicht auf einer Rechtshandlung des Gemeinschuldners beruht. Die Vorschriften der §§ 878, 892, 893 und des § 1260 Abs. 1 des Bürgerlichen Gesetzbuchs[10] bleiben unberührt[11].

[1] Im Satz 1 ist durch die Nov. an die Stelle von „Pfand- und Hypothekenrechte" gesetzt **„Rechte"**, um außer dem Erwerb von Pfand- und Hypothekenrechten auch den im früheren § 12 nicht aufgeführten Erwerb von sonstigen Rechten (z. B. Eigentumsrechte, Nießbrauch, Dienstbarkeiten, Reallasten, Vormerkungsrechte) an den zur Konkursmasse gehörigen Gegenständen zu treffen. Ferner ist die früher mit Rücksicht auf das Rheinische Recht erfolgte besondere Hervorhebung der **Eintragung** („oder eingetragen") in Anbetracht dessen, daß jetzt nach § 873 Abs. 1 BGB. ohne diese ein Recht an einem Grundstück überhaupt nicht entstehen kann, gestrichen. Begr. 13. Hinsichtlich der Übergangszeit vgl. Art. 189 EG.BGB., Art. VI EG.KOÄndG. (oben II), auch JW. 04, 403[1].

[2] §§ 1, 2. — Das **konkursfreie,** insbesondere nach der Konkurseröffnung erworbene **Vermögen** des Gemeinschuldners unterliegt, abgesehen von Zwangsvollstreckungen der Konkursgläubiger (§ 14), einer Erwerbsbeschränkung nicht.

[3] Vgl. § 49 Nr. 1.

[4] Vgl. Anm. 4 § 49.

[5] § 108. — Der Konkurseröffnung gleich steht ein vorher erlassenes **allgemeines Veräußerungsverbot** gemäß § 106. Anm. 4 § 106.

[6] Der **Erwerb** ist, auch abgesehen von den Ausnahmefällen des Satzes 2, nicht absolut gehindert, sondern **nur den Konkursgläubigern gegenüber** für **unwirksam** erklärt. Anderen als den Konkursgläubigern, namentlich dem Gemeinschuldner gegenüber ist er, obgleich er nach der Konkurseröffnung erfolgt ist, rechtswirksam. RG. 28, 283. Jedoch haben die Worte „gegenüber den Konkursgläubigern" in § 15 ebenso wie in § 7 (s. dort Anm. 2) die Bedeutung, daß die **Unwirksamkeit soweit** reicht, als das **Interesse der Konkursgläubiger es erheischt.** RG. 83, 189. Daher können insoweit **auch Dritte** sich auf die Unwirksamkeit des Erwerbes berufen, selbst wenn sie dabei ihr eigenes Interesse verfolgen. RG. 83, 189. So kann z. B., wenn der nachmalige Gemeinschuldner eine Forderung vor der Konkurseröffnung an zwei nacheinander übertragen und darauf der erste Zessionar die Forderung nach der Konkurseröffnung wieder dem Gemeinschuldner zurückübertragen hat, der Drittschuldner dem letzten Zessionar gegenüber geltend machen, daß dieser nicht nun etwa deswegen, weil die Abtretung an ihn dadurch, daß der abtretende Gemeinschuldner die Forderung von dem verfügungsberechtigten ersten Zessionar erworben habe, gemäß § 185 Abs. 2 BGB. wirksam geworden, der rechtmäßige Gläubiger der Forderung sei, da sein Erwerb sich erst nach der Konkurseröffnung vollzogen habe. RG. 83, 189. Wegen **Sperrung des Grundbuchs** über ein Grundstück des Gemeinschuldners gegen weitere Eintragungen und darüber, daß der Grundbuchrichter eine zum Rechtserwerb an einem Grundstück oder an einem ein Grundstück belastenden Rechte des Gemeinschuldners führende, auf Grund einer (vor der Konkurseröffnung erklärten) **rechtsgeschäftlichen Eintragungsbewilligung** (§ 873 BGB., § 19

GBO.) nach der Konkurseröffnung (insbesondere vom Berechtigten) beantragte (§ 13 GBO.) Eintragung deswegen abzulehnen hat, weil sie gemäß § 15 den Konkursgläubigern gegenüber unwirksam ist, vgl. Anm. 2 § 7. — Die im Wege der Vollziehung eines **Arrestes** oder einer einstweiligen Verfügung oder durch **Zwangsvollstreckung** in Gegenstände der Konkursmasse seitens einzelner Konkursgläubiger nach der Konkurseröffnung erworbenen Rechte sind gemäß § 14 allgemein unwirksam. Anm. 7, 8 § 14. Deshalb hat der Grundbuchrichter auch eine dem § 14 zuwider beantragte **Zwangseintragung** nicht vorzunehmen (s. Anm. 7 § 14).

7 § 15 macht **hinsichtlich** der **Unwirksamkeit des Erwerbs keinen Unterschied** mit Bezug auf den **Erwerbsgrund** oder den Umstand, der den Erwerb vermittelt. Gr. 56, 1073. Er begreift auch einen **Erwerb mittels Rechtshandlungen des Erwerbers**, selbst wenn diese auf einer vom Erwerber vor der Konkurseröffnung dem Gemeinschuldner gegenüber übernommenen Verpflichtung beruhen. Gr. 56, 1073. Daher kann z. B. ein Baugeldgeber eine Hypothek an dem Grundstück des Gemeinschuldners, die zwar für ihn bereits eingetragen, die aber wegen bisheriger Nichtentstehung der Forderung gemäß §§ 1163, 1177 BGB. dem Gemeinschuldner als Eigentümergrundschuld zusteht, nicht nach der Konkurseröffnung dadurch für sich rechtswirksam erwerben, daß er durch Zahlung des Baugeldes an den, dem der Gemeinschuldner vor der Konkurseröffnung den Anspruch auf Zahlung des Darlehns abgetreten hat (vgl. RG. 68, 355, Gr. 53, 415, 838), die Forderung zur Entstehung bringt. Gr. 56, 1069 (JW. 12, 402[24]). Es kann auch eine der **Genehmigung eines Dritten bedürfende Verfügung** (z. B. eine Verpfändung) des Gemeinschuldners nicht dadurch wirksam werden, daß nach der Konkurseröffnung die Genehmigung erteilt wird. RG. 37, 141. Ferner kann die vom Gemeinschuldner vor der Konkurseröffnung erklärte Verpfändung einer Forderung, die zur Rechtswirksamkeit noch der Anzeige des Gemeinschuldners an den Drittschuldner bedurfte (§ 1280 BGB.), nicht dadurch wirksam werden, daß die Anzeige nach der Konkurseröffnung erfolgt. RG. 79, 309 (richtiger ist die Anzeige als eine nach § 7 unwirksame Rechtshandlung des Gemeinschuldners zu erachten, s. Anm. 9 hier).

— Dagegen ist die **Übertragung bereits bestehender Rechte Dritter** (nicht des Gemeinschuldners) auch nach der **Konkurseröffnung** noch zulässig. RG. 34, 60, auch Gr. 35, 1023 (JW. 91, 216[59]). Allerdings kann der Konkursverwalter gegebenenfalls die Begründung des Rechts selbst nach Maßgabe der §§ 29 ff. auch gegenüber dem Erwerber anfechten; es kommt dann aber zu des letzteren Gunsten der § 40 Abs. 2 Nr. 1 zur Anwendung. RG. 34, 61. Der Indossatar eines vom nachmaligen Gemeinschuldner akzeptierten Wechsels kann Konkursgläubigerrechte (§ 3) aus dem Wechsel auch dann geltend machen, wenn ihm der **Wechsel erst nach der Konkurseröffnung indossiert** ist, und zwar, selbst wenn seinem Indossanten eine persönliche Einrede entgegenstand. RG. 84, 121. — Ferner wird auch die **Erweiterung eines bereits bestehenden Rechtes**, die sich nach der Konkurseröffnung **kraft Gesetzes** vollzieht, von § 15 nicht betroffen, z. B. nicht die Erweiterung eines Hypothekenrechtes durch Hinzutritt von nach § 1120 BGB. mithaftendem Zubehör. RG. 53, 353, 59, 369. — Weiter wird, wenn der **Erwerb** eines Rechtes nur noch **vom Eintritt einer** (rechtsgeschäftlich festgesetzten) **Bedingung abhängt**, das Recht, wie aus § 161 BGB. zu folgern ist, auch durch den erst nach der Konkurseröffnung erfolgenden Eintritt der Bedingung (des zukünftigen Ereignisses) wirksam erworben. Gr. 56, 1073 (JW. 12, 402[24]). — Um eine solche Bedingung handelt es sich aber nicht, wenn zum Erwerbe noch **ein gesetzlicher Entstehungstatbestand fehlt** (wenn z. B. eine Hypothek zwar für den Gläubiger auf ein Grundstück des Gemeinschuldners eingetragen, aber die Forderung noch nicht zur Entstehung gelangt ist, s. oben). Die Konkurseröffnung hindert den Erwerb, auch wenn der von mehreren allein noch fehlende Entstehungstatbestand demnächst verwirklicht wird. Gr. 56, 1073 (JW. 12, 402[24]). — Derjenige jedoch, dem der Gemeinschuldner vor der Konkurseröffnung einen **Blankowechsel** hingegeben hat, ist berechtigt, den Wechsel nach der Konkurseröffnung auszufüllen und ihn weiter zu begeben. RG. 33, 44, 58, 172, auch 84, 124. Desgl. ist der Pfandgläubiger, dem der Gemeinschuldner vor der Konkurseröffnung ein von ihm unterzeichnetes, aber **unausgefülltes Verpfändungsformular** übergeben hat, befugt, noch nach der Konkurseröffnung eine wirksame schriftliche Verpfändungserklärung durch Ausfüllung herzustellen. RG. 58, 169.

[8] Auch wenn der Erwerber in gutem Glauben war, insbesondere die Konkurseröffnung nicht kannte, findet ein wirksamer Rechtserwerb nicht statt (Ausnahme Satz 2). Dagegen steht demjenigen, der **von dem Erwerber** eine bewegliche Sache oder ein Pfandrecht daran **gutgläubig erlangt** hat (dem redlichen zweiten Erwerber), § 15 nicht entgegen (§§ 932, 1207 BGB.). RG. 87, 423.

[9] Durch die Schlußworte „auch wenn usw." wird klargestellt, daß hier **nur** der **Erwerb ohne Zutun des Gemeinschuldners** gemeint ist, wogegen die Fälle, in denen der Erwerb zufolge einer Rechtshandlung des Gemeinschuldners (durch dessen Zutun) erfolgt, bereits durch § 7 getroffen sind. Begr. 13, Gr. 56, 1073 (JW. 12, 402[24]). Vgl. darüber, ob und inwieweit ein Rechtserwerb auf Grund einer Verfügung (Rechtshandlung) des Gemeinschuldners nach der Konkurseröffnung Wirksamkeit hat, Anm. 2 § 7. — Auf Erwerb durch **Rechtshandlungen des Konkursverwalters** bezieht sich § 15 ebenfalls nicht. Die Rechtswirksamkeit solchen Erwerbes folgt aus §§ 6, 117. Gr. 53, 1125.

[10] Der Satz 2 enthält eine mit Rücksicht auf die Sicherheit des Rechtsverkehrs getroffene Beschränkung der Vorschrift des Satzes 1. Danach (§ 878 BGB.) bleibt eine Erklärung, durch welche der **Gemeinschuldner** in Gemäßheit der §§ 873, 875, 877 BGB. **eine Eintragung in das Grundbuch** (mag sie eine neue, endgültige Belastung oder eine Vormerkung, eine Löschung oder eine Inhaltsänderung eines eingetragenen Rechtes betreffen) **bewilligt** hat, auch den Konkursgläubigern gegenüber wirksam, sofern die Konkurseröffnung erst erfolgt, nachdem die Erklärung für den Gemeinschuldner **bindend geworden** (§ 873 Abs. 2, § 875 Abs. 2 BGB.) **und der Antrag auf Eintragung bei dem Grundbuchamte gestellt** worden ist (§ 878 BGB.; „der Berechtigte in der Verfügung beschränkt wird" ist hier gleich: „das Konkursverfahren über das Vermögen des die Eintragung Bewilligenden eröffnet wird"). Das gleiche tritt ein, wenn derjenige, zu dessen Gunsten die Erklärung abgegeben ist, zur Zeit der Stellung des Antrags auf Eintragung (sei es seitens des Berechtigten oder seitens

des Gemeinschuldners, § 13 GBO.) oder, sofern die nach § 873 BGB. erforderliche **Einigung** erst **später zustande kam,** zur Zeit der Einigung **von der Konkurseröffnung keine Kenntnis hatte, es** sei denn, daß die Konkurseröffnung bereits im Grundbuche gemäß § 113 KO. eingetragen ist (§ 892 **Abs.** 1, 2 **BGB.**). Begr. 13, RG. 51, 286, 81, 425, OLG. 15, 231. Wenn z. B. vor der Konkurseröffnung (oder der Kenntnis davon gemäß Vorstehendem) die Beteiligten sich über die Bestellung einer Briefhypothek geeinigt haben, der Gemeinschuldner als Grundstückseigentümer in der Form des § 29 GBO. die Eintragung der Hypothek mit der Erklärung der Berechtigung des Gläubigers, sich den Hypothekenbrief vom Grundbuchamt aushändigen zu lassen (§ 1117 BGB.), bewilligt hat und die Eintragungsbewilligung mit dem Antrag auf Eintragung dem Grundbuchamt eingereicht worden ist, so erwirbt der Gläubiger mit der Eintragung die Hypothek auch den Konkursgläubigern gegenüber rechtswirksam, selbst dann, wenn die Eintragung erst nach der Konkurseröffnung erfolgt. RG. 81, 425. Vgl. hinsichtlich des maßgebenden Zeitpunktes des guten Glaubens Anm. 3 § 7. — Der zitierte **§ 893 BGB.** bezieht sich auf Leistungen (z. B. Zinsenzahlung) sowie auf nicht unter § 892 BGB. fallende rechtsgeschäftliche Verfügungen in Ansehung eines im Grundbuch eingetragenen Rechts (z. B. Kündigung einer Hypothek), die in Unkenntnis der Konkurseröffnung erfolgt sind, und der zitierte **§ 1260 Abs. 1 BGB.** auf die Bestellung eines Schiffspfandrechts, auf welche die §§ 873, 878 BGB. entsprechende Anwendung finden. — Der **Konkursverwalter kann** aber einen **Rechtserwerb,** der nach §§ 892, 893 BGB., § 15 KO. trotz der Konkurseröffnung an sich gegenüber den Konkursgläubigern rechtsgültig ist, nach §§ 29 ff., wenn die Voraussetzungen dazu vorliegen, gemäß § 42 **anfechten,** da der gute Glaube an die Richtigkeit des Grundbuchs nur für die Gültigkeit einer Rechtshandlung oder eines rechtsgeschäftlichen Erwerbes Bedeutung hat und die Anfechtung sich gegen ein an sich rechtsgültiges Rechtsgeschäft richtet. Begr. 14, RG. 51, 287, 68, 153, OLG. 15, 231, vgl. Anm. 8 § 30, Anm. 1 § 42. Dies hat auch dann zu gelten, wenn es sich um einen nach der Konkurseröffnung durch Eintragung sich vollziehenden, gemäß § 878 BGB., § 15 Satz 2

KO. (s. oben) rechtswirksamen Erwerb handelt. Anm. 1 § 42. — **Eintragungen im Wege der Zwangsvollstreckung oder der Arrestvollziehung** nach der Konkurseröffnung betrifft Satz 2 nicht. Diese sind vielmehr, auch wenn der Antrag auf Eintragung schon vor der Konkurseröffnung gestellt war, gemäß § 14 unzulässig. Anm. 6 hier, Anm. 7 § 14. Hinsichtlich der Eintragung einer Vormerkung nach Konkurseröffnung s. Anm. 2 § 24. — Dem rechtsgeschäftlichen **Erwerb** hinsichtlich **beweglicher Sachen** ist der Schutz des guten Glaubens nicht gewährt. Anm. 9, vgl. Anm. 3 § 7. Vgl. aber hinsichtlich des redlichen Zweiterwerbs bei Weiterveräußerung nach der Konkurseröffnung Anm. 8.

[11] **Der frühere § 13:**

> Die Eröffnung des Konkursverfahrens hemmt nicht den Verlauf der Verjährung. Durch die Anmeldung einer Konkursforderung wird deren Verjährung unterbrochen.

ist durch die Nov. gestrichen, weil der Satz 1 dadurch gegenstandslos geworden ist, daß schon unter den in den §§ 202 ff. BGB. erschöpfend aufgeführten **Gründen einer Hemmung der Verjährung** die **Konkurseröffnung** nicht enthalten ist und weil die Vorschrift des Satzes 2 bereits in das BGB. (§ 209 Abs. 2 Nr. 2) übernommen ist. Begr. 14. — In letzterer Beziehung ist zu bemerken, daß die **Anmeldung einer Konkursforderung** den in der KO. (s. § 139) hinsichtlich der Bestimmtheit und Individualisierung der Ansprüche gestellten Anforderungen entsprechen muß, sonst unterbricht sie die Verjährung nicht. RG. 39, 37. — Die Unterbrechung durch Anmeldung betrifft nicht Massekosten, Masseschulden, Aussonderungsansprüche, Absonderungsansprüche, sondern nur Konkursforderungen (§ 12), da lediglich hinsichtlich dieser eine Anmeldung im technischen Sinne stattfindet. Gemäß § 214 BGB. dauert die Unterbrechung durch Anmeldung fort, bis der Konkurs durch Aufhebung (§§ 163, 190) oder Einstellung (§§ 202, 204, 205 KO.) beendigt ist, und gilt die Unterbrechung als nicht erfolgt, wenn die Anmeldung zurückgenommen wird. Über die Wirkung der Unterbrechung vgl. § 217 BGB. — Diese tritt nicht nur gegenüber dem Verwalter und der Konkursmasse, sondern auch gegenüber dem Gemeinschuldner ein. Die genannten Vorschriften des BGB. fallen unter § 25 KO., s. dort Anm. 3.

V. Gemeinschaft des Gemeinschuldners mit Dritten.

16. (14.) Befindet sich der Gemeinschuldner mit Dritten in einem Miteigentume, in einer Gesellschaft[1] oder in einer anderen Gemeinschaft[2], so erfolgt die Teilung oder sonstige Auseinandersetzung[3] außerhalb des Konkursverfahrens[4].

Eine Vereinbarung, durch welche bei einer Gemeinschaft nach Bruchteilen das Recht, die Aufhebung der Gemeinschaft zu verlangen, für immer oder auf Zeit ausgeschlossen oder eine Kündigungsfrist bestimmt worden ist, wirkt nicht gegen die Konkursmasse. Das gleiche gilt von einer Anordnung dieses Inhalts, die ein Erblasser für die Gemeinschaft seiner Erben getroffen hat[5].

[1] **Handelsgesellschaften** (§§ 105 ff., §§ 161 ff. HGB.) sowie die **Gesellschaften der §§ 705 ff. BGB., nicht rechtsfähiger Verein** (§ 54 BGB.). — Auch als stiller Gesellschafter (§§ 339, 340 HGB.): Gr. 29, 998, JW. 84, 270, vgl. auch JW. 85, 187, 86, 198, 88, 23 und wegen des Absonderungsrechts Anm. 1 § 51. Über die Auseinandersetzung mit dem stillen Gesellschafter, wenn der Komplementar der Gemeinschuldner ist, vgl. JW. 01, 404[22], auch Anm. 4.

[2] Z. B. in **Miterbengemeinschaft** (§§ 2032 ff. BGB.), Gr. 45, 622 (JW. 99, 539[24]), oder in **ehelicher Gütergemeinschaft** (§§ 1437 ff., 1471 ff. BGB.), RG. 8, 105. Jedoch gehört, wenn bei ehelicher allgemeiner Gütergemeinschaft (Errungenschafts- oder Fahrnisgemeinschaft) über das Vermögen des Ehemannes oder bei fortgesetzter Gütergemeinschaft über das Vermögen des überlebenden Ehegatten Konkurs eröffnet wird, das Gesamtgut gemäß § 2 Abs. 1 zur Konkursmasse, während, wenn über das Vermögen der Ehefrau bzw. der anteilsberechtigten Abkömmlinge Konkurs eröffnet wird, das Gesamtgut gemäß § 2 Abs. 2 von dem Konkurse nicht berührt wird. In beiden Fällen findet also eine Auseinandersetzung nicht statt. Nur im Falle der Konkurseröffnung nach Beendigung der Gütergemeinschaft, aber vor Vollzug der Teilung kommt § 16 zur Anwendung. Anm. 4 § 2. — War die **Gemeinschaft** bei der

Konkurseröffnung **bereits aufgelöst**, so sind rückständige Forderungen aus dem früheren Gemeinschaftsverhältnis zur **Konkursmasse** anzumelden. RG. 12, 337.

[3] **Aussonderung des Anteils** der Mitberechtigten: §§ 43, 46. **Absonderungsrecht der Mitberechtigten** an dem Anteil des Gemeinschuldners: § 51. — Ein **selbständiges Konkursverfahren über das gemeinschaftliche Vermögen** des Gemeinschuldners findet, auch wenn dieses Vermögen überschuldet ist, **nicht** statt, da das Konkursverfahren nach § 1 Abs. 1 nur das dem Gemeinschuldner (allein) gehörende Vermögen umfaßt. KB. 11. Im Falle der **ehelichen Gütergemeinschaft** aber können die Gesamtgutsgläubiger, wenn das Gesamtgut überschuldet ist, die Eröffnung des Konkurses über das Vermögen des Ehemannes beantragen und dann gehört nach § 2 das Gesamtgut zur Konkursmasse. Anm. 2, KB. 11.

[4] Danach wird **konkursrechtlich über die** Teilung oder sonstige **Auseinandersetzung** von Gemeinschaften **nichts festgesetzt**, vielmehr soll in dieser Beziehung alles genau so sein, wie es ohne Konkurs sein würde. RG. 51, 345. So findet die Auseinandersetzung statt bei der: Gesellschaft des BGB. gemäß §§ 731 ff.; Gemeinschaft nach Bruchteilen gemäß §§ 752 ff.; Erbengemeinschaft gemäß §§ 2042 ff. BGB.; offenen Handelsgesellschaft gemäß §§ 145 ff. HGB. — Nur **übt** nach § 6 Abs. 2 **bei der Auseinandersetzung der Konkursverwalter die Rechte des Gemeinschuldners aus.** RG. 40, 45, 42, 103. Hatte aber der Gemeinschuldner nach der rechtlichen Natur der betreffenden Gemeinschaft oder zufolge besonderer rechtsgeschäftlicher Festsetzungen trotz der Konkurseröffnung kein Recht auf Auseinandersetzung, so steht ein solches auch dem Konkursverwalter nicht zu. RG. 40, 45. Der Verwalter kann in solchem Falle nur den zur Konkursmasse gehörigen Anteil des Gemeinschuldners veräußern. Ausnahmen bezüglich der Gemeinschaft nach Bruchteilen und der Erbengemeinschaft: Abs. 2, s. Anm. 5. — Nur der bei der Auseinandersetzung nach Deckung der gemeinschaftlichen Schulden ermittelte **Nettoanteil** des gemeinschuldnerischen Teilhabers fließt **zur Konkursmasse**. RG. 8, 102, 26, 113, 42, 103, Gr. 45, 622 (JW. 99, 539[26]) u. Anm. 2, 5 § 51. Welche Rechte die anderen Gemeinschafter hinsichtlich des auf diese Weise ermittelten Anteils des Gemeinschuld-

ners haben, bestimmt sich nach § 51. — Die **Gläubigervorzugsrechte** des § 61 Nr. 1—5 gelten für die Auseinandersetzung **nicht.** Überhaupt gewährt § 16 den Gemeinschaftsgläubigern kein Recht auf vorzugsweise Befriedigung. KB. 10, RG. 42, 103.

[4] Der **Anteil** des teilhabenden Gemeinschuldners **bei der Gemeinschaft nach Bruchteilen** und bei der **Erbengemeinschaft** ist gemäß §§ 747, 749 BGB., § 857 ZPO. bzw. § 2033 BGB., § 859 ZPO. pfändbar und gehört daher gemäß § 1 KO. zur Konkursmasse; das dem Gemeinschuldner als Teilhaber dieser Gemeinschaften gemäß § 749 bzw. § 2042 BGB. an sich zustehende Recht auf Teilung wird durch die im Abs. 2 aufgeführten rechtsgeschäftlichen Festsetzungen ausgeschlossen bzw. beschränkt. Diese Festsetzungen sollen aber nach der von der Nov. hinzugefügten Ausnahmebestimmung (s. Anm. 4) des Abs. 2 gegen die Konkursmasse nicht wirken. Das entspricht den zum Schutze der Gläubiger eines Teilhabers der Gemeinschaft außerhalb des Konkursverfahrens gegebenen Vorschriften der § 751 Satz 2, § 2044 Abs. 1 BGB., wonach solche auf Ausschluß der Auseinandersetzung gerichtete Vereinbarungen bzw. Anordnungen die den Anteil eines Teilhabers pfändenden Gläubiger nicht binden. Begr. 15. Der Verwalter kann also trotz der den Gemeinschuldner selbst bindenden Festsetzungen die sofortige Auseinandersetzung verlangen.

Zweiter Titel.

Erfüllung der Rechtsgeschäfte.*

* Dieser Titel, insbesondere § 17, bezieht sich nicht auf solche Verträge, die einen Anspruch des Gemeinschuldners auf Leistung eines **nicht in die Konkursmasse fallenden** (z. B. nicht pfändbaren) Gegenstandes zum Inhalte haben, oder die **nur** durch den Gemeinschuldner **persönlich** (z. B. Herstellung eines Gemäldes) oder nur an ihn persönlich (z. B. Behandlung durch einen Arzt) erfüllt werden können. In den letzteren Fällen gehört die Vergütung für das vom Gemeinschuldner vor der Konkurseröffnung Geleistete zur Konkursmasse, für das nachher Geleistete nicht, bzw. steht dem Vertragsgegner ein Anspruch auf Vergütung gegen die Konkursmasse wegen des von

ihm vor der Konkurseröffnung an den Gemeinschuldner Geleisteten als Konkursforderung, wegen des nachher Geleisteten überhaupt nicht zu. Vgl. OLG. 19, 93. — Handelt es sich um ein **Untersagungsrecht**, das nur als gegen die Person des Verpflichteten gerichtet zu denken ist (z. B. Verbot der Veräußerung von Waren unter einem bestimmten Preise mit Festsetzung einer Vertragsstrafe), so wird es mit der Konkurseröffnung hinfällig, und eine Zuwiderhandlung des Konkursverwalters begründet weder eine Masseforderung (§ 59 Nr. 1) noch auch nur eine Konkursforderung. RG. 35, 28.

Zweiseitige Verträge im allgemeinen.

Wirkung des Konkurses über das Vermögen des Verlegers hinsichtlich Erfüllung eines Verlagsvertrages: §§ 36—38 RGes. über das **Verlagsrecht** vom 19. 6. 01 (RGBl. 217). — Über den Einfluß der Eröffnung des Konkurses über das Vermögen des **Rückversicherten** auf die Verpflichtung des Rückversicherers zur Zahlung der Rückversicherungssumme wegen eines vor dem Konkurs eingetretenen Schadensfalles vgl. RG. 55, 86.

17. (15.) Wenn ein zweiseitiger Vertrag[1] zur Zeit der Eröffnung des Konkursverfahrens von dem Gemeinschuldner und von dem anderen Teile nicht oder nicht vollständig erfüllt ist[2], so kann[3] der Konkursverwalter an Stelle des Gemeinschuldners den Vertrag erfüllen und die Erfüllung von dem anderen Teile verlangen[4].

Der Verwalter muß auf Erfordern des anderen Teils[5], auch wenn die Erfüllungszeit noch nicht eingetreten ist, demselben ohne Verzug erklären, ob er die Erfüllung verlangen will. Unterläßt er dies, so kann er auf der Erfüllung nicht bestehen.

[1] D. i. ein **gegenseitiger** auf Leistung und Gegenleistung gerichteter **Vertrag** im Sinne der §§ 320 ff. BGB. Gr. 53, 1124, RG. 100, 2. Dazu gehört auch: ein Werkvertrag im Sinne des § 651 BGB., RG. 40, 108; ein vom Gemeinschuldner

mit einer Stadtgemeinde geschlossener Vertrag auf Lieferung von Wasser und Gas, OLG. 27, 243; ein Gesellschaftsvertrag, jedoch nur insoweit, als durch ihn unmittelbar Rechte und Pflichten der Gesellschafter, namentlich in Ansehung der Beitragsleistungen, begründet sind, RG. 78, 303, 100, 3. Ferner ein Kommissionsvertrag, der, soweit die Tätigkeit des Kommissionärs in Betracht kommt, Geschäftsbesorgungen gegen Vergütung zum Gegenstande hat. Er wird ebensowenig, wie ein Agenturvertrag durch den Konkurs des Agenten, durch den Konkurs des Kommissionärs von selbst aufgelöst. Lehnt der Konkursverwalter im Konkurse des Kommissionärs die fernere Erfüllung des noch für längere Zeit geschlossenen Kommissionsvertrags ab, so kann der Kommittent gemäß §§ 17, 26 (s. Anm. 3a) Schadensersatz wegen Nichterfüllung verlangen. RG. 78, 91. Vgl. auch Anm. 4. — Dagegen findet § 17 **nicht** Anwendung auf **einseitige Verträge**, bei denen nur dem einen Vertragsteil eine Leistung obliegt, wie Darlehn, Schenkung, Bürgschaft. RG. 35, 28, 84, 232, Gr. 53, 841, 1124, JW. 86, 248 (hinsichtlich der Bürgschaft s. jedoch unten). So auch nicht auf die Abrede zwischen Grundstückseigentümer und Hypothekengläubiger, daß die von ersterem bezahlte und zur Eigentümergrundschuld gewordene Hypothek wiederum in eine Hypothek für andere Forderungen des Gläubigers umgewandelt werden solle. Gr. 53, 1121. Ferner findet bei Hingabe eines Darlehns gegen Pfandbestellung nach Rückzahlung des Darlehns hinsichtlich des Anspruchs auf Rückgabe des Pfandes § 17 keine Anwendung. RG. 35, 28. Vgl. dazu Gr. 53, 841, wonach ein Darlehnsversprechen gegen Übernahme der Verzinsung und Pfandbestellung regelmäßig nicht als gegenseitiger Vertrag im Sinne der §§ 320 ff. BGB. zu erachten ist. Weiter ist die Aktienzeichnung (§ 189 HGB.) bei der Gründung einer Aktiengesellschaft oder der Erhöhung ihres Grundkapitals einseitige Übernahme einer Verpflichtung, nicht ein zweiseitiger Vertrag im Sinne des § 17; Gewährung der Aktionärrechte und Lieferung der Aktien sind nicht Gegenleistungen für die Einlageverpflichtung, vielmehr werden die Aktionärrechte mit der Entstehung der Gesellschaft oder der Kapitalserhöhung (Eintragung in das Handelsregister) kraft Gesetzes erlangt und die Aktienurkunden, die auch erst nach voller Einzahlung des Zeichnungsbetrages herausverlangt werden können (nicht schon nach Einzahlung der Konkursdividende im Konkurse des Aktionärs, RG. 2, 264, 79, 175), dienen nur zur Legitimation. RG. 79, 176, 100, 3 (anders RG. 2, 262, die aufgegeben ist). Aufnahme in einen rechtsfähigen Verein stellt sich als Rechtsgeschäft des Personenrechts dar; soweit dabei schuldrechtliche Verpflichtungen des Mitglieds gegenüber dem Verein entstanden sind (z. B. auf Zahlung von Beiträgen, Strafen), beruhen sie auf einem einseitigen Schuldverhältnis des Mitglieds zum Verein, das nicht davon abhängig ist, daß der Verein das zur Erreichung des Vereinszwecks Erforderliche vornimmt. RG. 100, 2. — Indes auch **Gläubiger aus einseitigen Verpflichtungen** des Gemeinschuldners haben kein Recht auf (volle) Erfüllung aus der Konkursmasse und der Konkursverwalter würde im Falle der Erfüllung sich den Konkursgläubigern gegenüber verantwortlich machen. Vielmehr können solche Gläubiger, soweit ihnen nicht ein Aussonderungs- oder ein Absonderungsrecht zusteht, nach §§ 3, 43, 48, 61 ff. nur anteilige Befriedigung aus der Konkursmasse verlangen. Gr. 53, 1125. Auch auf Grund einer Aktienzeichnung (s. oben) kann die Aktiengesellschaft im Konkurse des Aktionärs nicht volle Einzahlung des Zeichnungsbetrages, sondern nur die Konkursdividende verlangen, wofür jedoch vorgängige Kaduzierung (Verlustigerklärung) der Aktionärrechte des säumigen Aktionärs gemäß § 219 HGB. nicht Voraussetzung ist. RG. 79, 174. — Handelt es sich um eine **Bürgschaft** des Gemeinschuldners **für die Verpflichtungen** des Hauptschuldners **aus einem** mit dem Gläubiger geschlossenen **zweiseitigen Vertrage** und beruft sich der Konkursverwalter darauf, daß dem Gläubiger eine Gegenleistung obliege, die er nicht an den Gemeinschuldner, sondern nur an den Hauptschuldner bewirken könne, so ist der Grundgedanke der §§ 17, 26, daß es im Konkurse bei der Nichterfüllung noch nicht vollständig erfüllter zweiseitiger Verträge in der Regel bleibt, zur Anwendung zu bringen und danach eine Konkursforderung auf Erfüllung der vertraglichen Verpflichtungen des Hauptschuldners gegen die Konkursmasse des Bürgen abzulehnen. RG. 84, 233.

[2] Beim **Verkauf unter Eigentumsvorbehalt** sowie, wenn

der **Eigentumsübergang** an irgendeine **andere Bedingung** geknüpft oder auch nur aufschiebend betagt ist, **hat der Verkäufer**, da er nach § 433 BGB. außer zur Übergabe auch zur Verschaffung des Eigentums an der verkauften Sache verpflichtet ist, **noch nicht vollständig erfüllt**, wenn die verkaufte Sache zwar von ihm übergeben worden ist, der Käufer aber zur Zeit der Konkurseröffnung Eigentum daran nicht erlangt hat. RG. 64, 204, 334, 85, 403, JW. 07, 315[18]. Wenn in einem solchen Falle der Verwalter die dem Gemeinschuldner verkauften Sachen (z. B. Maschinen) als vermeintlich zur Masse gehörig veräußert, so muß er, wenn er trotzdem die Erfüllung des Vertrages (also Zahlung des Kaufpreises als Masseschuld, vgl. Anm. 3) ablehnt, gemäß §§ 46, 59 Nr. 1, 3 den beim Weiterverkauf erzielten Erlös herausgeben. RG. 64, 338, JW. 07, 315[18]. — Hat der Gemeinschuldner sein von ihm verkauftes Grundstück dem Käufer zwar **übergeben**, aber noch **nicht aufgelassen**, so ist von ihm der Kaufvertrag wegen Fehlens der Eigentumsübertragung (§ 433 BGB.) nicht vollständig erfüllt. RG. 90, 222. Gleiches gilt, wenn der Gemeinschuldner nach Verkauf seines Grundstücks zwar die **Auflassung** vor einem Notar (auch soweit dieser landesrechtlich dafür zuständig ist) **erklärt** hat, aber der Antrag auf **Eintragung des Eigentumsübergangs** auf den Erwerber beim Grundbuchamt **noch nicht** gestellt, oder wenn er zwar die Auflassung vor dem Grundbuchamt erklärt hat, aber doch die Eintragung zur Zeit der Konkurseröffnung (z. B. weil der geforderte Kostenvorschuß nicht gezahlt wurde) noch nicht erfolgt ist. RG. 84, 235, 85, 402. Ist durch den Vertrag an den Gemeinschuldner eine Kohlenabbaugerechtigkeit unter dem Grundstück des anderen Vertragsteiles veräußert und dem Gemeinschuldner eine Grunddienstbarkeit zur Benutzung der Grundstücksoberfläche für die Kohlengewinnung eingeräumt, so ist der Vertrag von dem anderen Teil noch nicht vollständig erfüllt, wenn zwar die **Grunddienstbarkeit eingetragen**, dem Gemeinschuldner aber **erst ein Teil** der Grundstücksoberfläche zur Benutzung **übergeben** worden ist. RG. 66, 328. — **Hat ein Teil vollständig erfüllt**, so findet § 17 keine Anwendung und kann der erfüllende Teil vom anderen nur Erfüllung fordern, und zwar hat der Vertragsgegner des Gemeinschuldners nur eine **Konkursforderung**, die, wenn sie nicht auf Zahlung einer Geldsumme gerichtet ist (z. B. auf eine gegen vorherige Zahlung der Zessionsvaluta versprochene Abtretung einer Grundschuld), nach ihrem Schätzungswert in Geld zu befriedigen ist (§§ 26, 69). Mot. 67, 68, RG. 63, 231, W. 08, 272, auch RG. 35, 29, 85, 216, 86, 251. Erfüllung im Sinne des § 17 durch einen Vertragsteil hat auch dann stattgefunden, wenn der nachmalige Gemeinschuldner eine mit der Klage auf Erfüllung eines zweiseitigen Vertrages vom Vertragsgegner begehrte **Leistung**, zu der er **durch vorläufig vollstreckbares Urteil verurteilt** ist, **zur Abwendung der Zwangsvollstreckung entrichtet** hat. Daher kann, wenn der Gemeinschuldner gegen das Urteil Berufung eingelegt und nach demnächstiger Konkurseröffnung der Konkursverwalter den Rechtsstreit aufgenommen hat, der Verwalter nicht mehr die Erfüllung auf Grund des § 17 ablehnen. RG. 85, 218. — Wenn der **Gemeinschuldner auf Geltendmachung** eines Rechts gegen Entgelt **verzichtet** hat, kann der Berechtigte nicht auf Geltendmachung einer Interesseforderung als Konkursgläubiger verwiesen werden, vielmehr kann er von dem Konkursverwalter Vornahme derjenigen Handlungen verlangen, die zur Beseitigung des formalen Bestandes des Rechts erforderlich sind (z. B. Löschung einer Hypothek, auf die verzichtet ist). Gr. 44, 1214 (JW. 00, 525[17]), auch RG. 19, 59, 52, 5, Gr. 52, 1075, JW. 06, 424[9], W. 08, 237.

[3] Aus welchem Grunde die Erfüllung unterblieben ist, ist für die Anwendbarkeit des § 17 **ohne Bedeutung**, JW. 82, 91, insbesondere auch, ob die **Nichterfüllung verschuldet oder unverschuldet** ist, RG. 85, 404. — Der **Konkursverwalter** hat in jedem Falle, wenn noch von keinem Teil vollständig erfüllt ist, das **Wahlrecht**, ob er erfüllen will oder nicht.

a) **Wenn** er sich ausdrücklich oder stillschweigend für **Nichterfüllung** entscheidet (bis dahin besteht ein Schwebezustand, RG. 94, 207), so besteht für ihn der Vertrag für die Zukunft nicht und unterbleibt die weitere Erfüllung des Vertrages. RG. 56, 240, 90, 220, JW. 92, 15[16]. **Aber aufgehoben wird der Vertrag nicht; auch gewährt die Erklärung des Verwalters, den Vertrag nicht weiter zu erfüllen, dem anderen Teil kein Recht zum Rücktritt vom Vertrage (im Sinne des § 326**

BGB.). RG. 11, 49, 17, 80, 26, 94, 49, 192, 56, 239, 78, 94, 79, 211, 86, 250, 90, 220, JW. 94, 181[11], 95, 601[20], 00, 344[12], 07, 315[18], OLG. 23, 299, 300, 27, 251. Wenn freilich eine sog. kassatorische Klausel für den Fall der Nichterfüllung seitens des einen Vertragsteiles dem Vertrage beigefügt ist, wird durch die genannte Erklärung des Verwalters der Vertrag auch für den andern Teil hinfällig. RG. 86, 251. Abgesehen von letzterem verwandelt sich der Anspruch des Vertragsgegners des Gemeinschuldners auf Erfüllung in eine **Konkursforderung** (§ 26) **auf Schadensersatz** wegen Nichterfüllung. RG. 11, 51, 17, 83, 22, 111, 64, 207, 73, 63, 78, 94, 79, 211, 86, 250, 90, 220, Gr. 53, 1125, JW. 88, 166[8], 00, 344[12], 12, 49[52], RG. 40, 109. Dieser Schadensersatzanspruch hat zwar einen anderen rechtlichen Tatbestand als der (endgültig erledigte, s. a. E. der Anm.) Erfüllungsanspruch (z. B. Kaufpreisforderung) zur Grundlage und verfolgt ein anderes Objekt. RG. 64, 207. Er beruht aber ebenfalls auf dem Vertrage und kann daher im Gerichtsstande des Vertrages (§ 29 ZPO.) geltend gemacht werden. JW. 94, 181[11]. Deshalb kann ferner die das Erfüllungsinteresse darstellende, bis zur ablehnenden Erklärung des Konkursverwalters verwirkte **Vertragsstrafe** wegen Nichterfüllung vom Vertragsgegner verlangt werden. RG. 49, 189, 94, 207, JW. 88, 166[8]. Auch kann dieser einen **Eigentumsvorbehalt** für den Fall der Nichterfüllung (§ 455 BGB.) geltend machen. JW. 94, 181[11], 07, 315[18], auch RG. 49, 189. Der ganze Vertrag wird umgewandelt; bei einem sog. Nochgeschäft ist bei der Schadenshöhe also auch der Anspruch auf Lieferung des Vielfachen zu beachten. RG. in OLG. 32, 367 Anm. (Gr. 59, 939). — Jedoch hat die Entscheidung für die Nichterfüllung seitens des Verwalters nicht ohne weiteres zur Folge, daß dem Vertragsgegner die gleichen Ansprüche gegeben sind, wie im Falle unberechtigten willkürlichen Verhaltens des (nachmaligen) Gemeinschuldners (z. B. einem Agenten der nach § 88 Abs. 2 HGB. trotz Nichtausführung des vermittelten Geschäftes zustehende Provisionsanspruch). RG. 63, 70. — Hat der Vertragsgegner **teilweise erfüllt**, so kann er nicht etwa das Geleistete zurückfordern, vielmehr nur Schadensersatz wegen Nichterfüllung als Konkursforderung beanspruchen. § 26, RG. 56, 241, 73, 63, 86, 251, 90, 220, JW.

95, 601[20]. Ist vom Gemeinschuldner teilweise erfüllt, so steht auch dem Verwalter das Rückforderungsrecht nicht zu. Desgl. behält, wenn von beiden Teilen teilweise erfüllt ist, jeder Teil die vom anderen empfangenen in sein Eigentum übergegangenen Leistungen. RG. 56, 241, 73, 63, 90, 220, JW. 07, 315[18], OLG. 10, 193, 19, 205, 23, 299, 300. So hat in dem vorerwähnten Falle des **Verkaufs an den Gemeinschuldner unter Eigentumsvorbehalt** (s. Anm. 2) der andere Teil, wenn er zwar wegen Nichtzahlung des Kaufpreises die unter Eigentumsvorbehalt übergebene Sache zurückfordert, er aber bei dem trotz Nichteintritts des Konkursverwalters nicht aufgehobenen Vertrage stehen bleibt, nicht die an ihn geleisteten Abschlagszahlungen zurückzuerstatten (vorbehaltlich eines Bereicherungsanspruches der Konkursmasse s. unten), während, wenn er wegen Zahlungsverzuges vom Vertrage zurücktritt, zwischen ihm und der Masse eine Auseinandersetzung gemäß §§ 346 ff. BGB. stattzufinden hat, bei welcher einerseits die ihm geleisteten Zahlungen, anderseits die während der Besitzzeit vom Gemeinschuldner gezogenen Nutzungen der Sache einander gegenüber zu stellen sind. JW. 07, 315[18]. War dem Gemeinschuldner in teilweiser Erfüllung des Vertrages ein **Grundstück übergeben,** aber nicht aufgelassen (s. Anm. 2), so behält der Verwalter zwar die vom Gemeinschuldner gezogenen Nutzungen, aber das nicht in das Eigentum des Gemeinschuldners übergegangene Grundstück muß er zurückgeben. RG. 56, 242. — Anderseits ist, wenn der Gemeinschuldner sein von ihm verkauftes **Grundstück dem Käufer übergeben,** aber noch nicht aufgelassen hat, der Konkursverwalter berechtigt, die Herausgabe des Grundstücks zu fordern; der Käufer kann gegenüber diesem Anspruch weder mit Erfolg geltend machen, daß er zufolge des Kaufvertrages Anspruch auf Übereignung (Auflassung) des Grundstücks habe, noch sich darauf berufen, daß ihm auf Grund des Kaufvertrages das Recht zum Besitze des Grundstücks zustehe, da in ersterer Hinsicht er nicht weitere Vertragserfüllung verlangen kann und in letzterer Hinsicht durch die Konkurseröffnung und durch die Erklärung des Konkursverwalters, nicht erfüllen zu wollen, eine neue Rechtslage hinsichtlich der Rechte und Pflichten aus dem Vertrage geschaffen ist. RG. 90, 218. Ferner hat die Konkursmasse, wenn der Gemeinschuldner einen erheblichen Teil der ihm obliegenden Leistung dem anderen Teile gewährt hat (z. B. im Falle teilweiser Ausführung eines vom Gemeinschuldner übernommenen Baues für den anderen Teil oder im Falle teilweiser Zahlung des Preises für gekaufte Sachen), ohne den entsprechenden Teil der Gegenleistung erhalten zu haben, gegen den anderen Teil, da die Ablehnung nicht die Aufhebung des Vertrages zur Folge hat, nicht bloß einen **Bereicherungsanspruch** auf den Mehrwert des Geleisteten (JW. 07, 315[18], OLG. 27, 251), sondern nach Maßgabe des entsprechend anzuwendenden § 325 Abs. 1 Satz 2 BGB. (Unmöglichkeit der weiteren Erfüllung infolge eines vom Schuldner zu vertretenden Umstandes) auch einen **Anspruch auf den den Leistungen des Gemeinschuldners entsprechenden Teil der** vertragsmäßigen **Gegenleistung.** RG. 73, 58. Jedoch kann der andere Teil mit einem etwaigen Schadensersatzanspruch hiergegen aufrechnen. RG. 73, 63. — Durch die **Ablehnung der Erfüllung** seitens des Verwalters wird das Rechtsverhältnis für alle Beteiligte **endgültig** dahin geregelt, daß ein **Anspruch auf Erfüllung** des Vertrages **nicht mehr** gegeben ist. RG. 41, 134, 79, 211, 90, 220, s. oben. Auch der Gemeinschuldner kann für seine Person nicht mehr auf Erfüllung bestehen, mag er Käufer oder Verkäufer sein. RG. 41, 134, OLG. 32, 367. Der **Konkursverwalter** darf mit Wirkung für den Vertragsgegner dem Gemeinschuldner nicht gestatten, die etwaigen Ansprüche aus dem zweiseitigen Vertrage für seine eigene Rechnung zu verfolgen. JW. 92, 371[8]. Die Ablehnung hat auch Wirkung gegenüber einem Zessionar des Gemeinschuldners. OLG. 19, 205. Für den Vertragsgegner ist die Umwandlung des Erfüllungsanspruchs in einen Schadensersatzanspruch, die infolge der Ablehnung eintritt (s. oben), mit Wirkung über das Konkursverfahren hinaus endgültig; er kann auch nach Beendigung des Konkursverfahrens (z. B. durch Zwangsvergleich) den Schadensersatzanspruch (und nur diesen, nicht den Erfüllungsanspruch) gegen den bisherigen Gemeinschuldner geltend machen. RG. 79, 209, JW. 12, 495[3], vgl. Anm. 1b § 193.

b) **Verlangt der Konkursverwalter Erfüllung,** so muß er selbst aus der Masse erfüllen (z. B. bei einem vom Verkäufer noch nicht vollständig erfüllten [s. Anm. 2] Kauf den vertragsmäßigen Kaufpreis an den Verkäufer zahlen oder, wenn der Gemeinschuldner der Verkäufer war, die Kaufsache liefern). § 59 Nr. 2, RG. 55, 267, 64, 338, 66, 328, 77, 439, 84, 234, JW. 93, 384[12], RG. 40, 109, OLG. 27, 254, vgl. Anm. 2, § 59 Anm. 2. Es soll damit der Unbilligkeit vorgebeugt werden, die sich daraus ergeben würde, daß der Verwalter einerseits nicht verpflichtet ist, die persönlichen Verbindlichkeiten des Gemeinschuldners (voll) zu erfüllen, anderseits aber berechtigt wäre, die Forderung des Gemeinschuldners zur Geltung zu bringen. RG. 84, 234. Der Verwalter muß daher in gleicher Weise wie der Gemeinschuldner erfüllen (z. B. gegebenenfalls vorleisten oder Leistung und Gegenleistung Zug um Zug erfüllen) und kann vom Gegner Erfüllung nur so verlangen wie der Gemeinschuldner, insbesondere stehen dem Gegner die gleichen Einwendungen (z. B. des Irrtums, Betruges, Simulation, Vertragsstrafe für verspätete Lieferung) wie gegenüber dem Gemeinschuldner zu. Mot. 68, 69, RG. 11, 51, 33, 49, 63, 362, 77, 439, 84, 234 OLG. 4, 169, auch OLG. 27, 254 (bezüglich des Einwandes der Aufrechnung s. Anm. 2 § 55). Jedoch gilt dies nur hinsichtlich der Leistungen aus ein und demselben Vertrage; Leistungen, die dem Gemeinschuldner aus einem anderen Vertrage obliegen, braucht der Konkursverwalter auch dann nicht zur erfüllen, wenn die Verträge in rechtlichem Zusammenhange miteinander stehen, vielmehr kann der Gegner deswegen nur eine Konkursforderung (§ 3) geltend machen (nicht auch ein Zurückbehaltungsrecht gemäß § 273 BGB., s. Anm. 12 § 49). RG. 77, 439. — Bei **Lieferungsverträgen** muß der Konkursverwalter in diesem Falle (vgl. über ein Verhalten des Verwalters, aus dem das Verlangen der Erfüllung nach den Umständen zu entnehmen war, RG. 85, 221, 98, 136), auch wenn die Erfüllung dieser Verträge auf beiden Seiten teilbar ist, die vom Gemeinschuldner übernommenen Verpflichtungen ebenso erfüllen, wie es dem Gemeinschuldner obgelegen hätte, wenn er nicht in Konkurs verfallen wäre, d. h. sowohl bezüglich der vor als bezüglich der nach der Konkurseröffnung fällig gewordenen Teile als Masseschuld (§ 59 Nr. 2). War z. B. der Gemeinschuldner Käufer sukzessiver Lieferungen (welchem Falle gleichzustellen ist, wenn der Gemeinschuldner mit einer Stadtgemeinde Verträge über Lieferung von Wasser und Gas für unbestimmte Zeit geschlossen hatte, OLG. 27, 244), so kann der Konkursverwalter weitere Lieferungen nur dann verlangen, wenn er auch die vor der Konkurseröffnung geschehenen Lieferungen als Masseschuld voll bezahlt, RG. 39, 58, 51, 281, 62, 201, 85, 222, 98, 137, JW. 04, 392[28], 06, 104[2], 105[3], Gr. 56, 1075, OLG. 27, 243, selbst wenn er bei seinem Verlangen der Erfüllung des Vertrages sich hinsichtlich dieser Rechtsfolge im Irrtum befand, RG. 62, 201, 85, 223, 98, 138, JW. 06, 104[2], 105[3], OLG. 27, 255, und auch wenn sowohl der Verwalter wie der Verkäufer bei den entscheidenden Verhandlungen des Willens und der Meinung gewesen sind, nur für die noch zu liefernde Ware solle eine Masseschuld begründet werden und volle Bezahlung des Preises erfolgen, RG. 98, 137, es sei denn, daß ein nach letzterer Richtung gehender Wille von beiden Teilen erklärt worden ist, mithin ein Vertragsschluß stattgefunden hat, RG. 98, 137, oder daß der Verwalter sich in dem tatsächlichen Irrtum befunden hat, die früheren Lieferungen seien bereits, insbesondere durch Zahlung der Kaufpreise, erledigt, und er wegen dieses Irrtums seine Erklärung gemäß § 119 BGB. rechtzeitig anficht, RG. 51, 281, 62, 201, 85, 223, JW. 06, 105[3], Gr. 56, 1076. Vgl. auch JW. 96, 638[15], OLG. 4, 169. Ergibt sich jedoch aus der Erklärung des Konkursverwalters unzweideutig und dem anderen Teil erkennbar der Wille, nur eine teilweise Erfüllung zu verlangen und zuzusichern in dem Sinne, daß er unter Ablehnung der Bezahlung der vor der Konkurseröffnung gemachten Lieferungen nur zur Bezahlung der noch ausstehenden, von ihm geforderten weiteren Lieferungen bereit sei, so ist zwar ein solches Verlangen unwirksam und kann von dem Vertragsgegner abgelehnt werden, es verpflichtet aber den Konkursverwalter nicht zur (vollen) Bezahlung der vor der Konkurseröffnung gemachten Lieferungen. Gr 56, 1076, OLG. 27, 245, vgl. auch OLG. 23, 301, 302. — Rechtsgültig **vor der Konkurseröffnung seitens Dritter erworbene Rechte** (z. B. zufolge: Abtretung des Gemeinschuldners, Pfändung im Wege der Zwangsvollstreckung) muß der Verwalter im Falle des Verlangens der Erfüllung gelten lassen, auch wenn er sie nicht gekannt hat. RG. 11, 49. Hat jedoch der Verwalter erst durch **Aufwendungen aus der Masse den Einwand des nicht erfüllten Vertrages, der einem vor der Konkurseröffnung von einem Dritten gepfändeten Anspruche des Gemeinschuldners** aus dem Vertrage entgegenstand, beseitigt (z. B. durch Fertigstellung eines vom Gemeinschuldner übernommenen Baus) so kann er dem Dritten, wenn dessen Anspruch an sich nur als Konkursforderung in Betracht kam, wegen Verbesserung des Anspruchs auf Kosten der Masse ungerechtfertigte Bereicherung entgegenhalten. RG. 63, 361. — Bei Ausübung des Wahlrechts braucht der Konkursverwalter nur das Interesse der Konkursmasse, nicht das Dritter (z. B. der Absonderungsberechtigten) wahrzunehmen. JW. 87, 207.

[4] Genehmigung des Gläubigerausschusses: § 133 Nr. 2. — Sind **dem Gemeinschuldner kommissionsweise Verkaufsaufträge erteilt** und diese zur Zeit der Konkurseröffnung noch nicht ausgeführt, so hat der Auftraggeber einen Aussonderungsanspruch hinsichtlich der dem Gemeinschuldner zwecks Ausführung der Aufträge hingegebenen Gegenstände. RG. 45, 80, auch Anm. 1 § 43. Anderseits tritt der Verwalter in die Pflichten des Gemeinschuldners aus dem Verkaufskommissionsverhältnis nicht ein, insbesondere nicht hinsichtlich Rechnungslegung über die Verkäufe, vielmehr hat der Vertragsgegner nur die in den §§ 43, 46 vorgesehenen Ansprüche auf Aussonderung, Abtretung und Herauszahlung des nach der Konkurseröffnung zur Masse Eingezogenen. JW. 01, 458[5]. Über Ansprüche **aus sonstigen Aufträgen** an den Gemeinschuldner vgl. Anm. 1 § 23.

[5] Das **„Erfordern"** des andern Teils und die **„Erklärung"** des Konkursverwalters sind keine Formalhandlungen; es genügt erkennbarer Wille (§ 133 BGB.). RG. 96, 295, OLG. 32, 368. Das **Erfordern des Vertragsgegners** des Gemeinschuldners ist nicht ein unerläßliches Erfordernis für den im Falle der Ablehnung der Erfüllung seitens des Verwalters geltend zu machenden (s. Anm. 3) Anspruch auf Schadensersatz wegen Nichterfüllung; auch **ohne solches Erfordern** kann der Verwalter die Wahl, den Vertrag zu erfüllen und Erfüllung zu verlangen, verlieren, sei es, weil er ohne solches Erfordern ausdrücklich erklärt hat, daß er den Vertrag nicht erfüllen wolle, oder weil sein Verhalten dies deutlich ergibt. RG. 22,

109, 96, 295. Unter Umständen kann auch aus einem bloßen Schweigen des Konkursverwalters seine wirksame Erklärung entnommen werden, daß er Erfüllung des Vertrags nicht verlange. RG. 96, 295 (s. aber auch RG. 85, 221). Andernfalls hat er das Wahlrecht bis zur Beendigung des Konkurses. RG. 40, 110.

Fixgeschäfte.

18. (16.) War die Lieferung von Waren, welche einen Markt- oder Börsenpreis haben[1], genau zu einer festbestimmten Zeit oder binnen einer festbestimmten Frist[2] bedungen[3], und tritt die Zeit oder der Ablauf der Frist erst nach der Eröffnung des Verfahrens ein, so kann nicht die Erfüllung verlangt, sondern nur eine Forderung wegen Nichterfüllung geltend gemacht werden[4].

Der Betrag dieser Forderung bestimmt sich durch den Unterschied zwischen dem Kaufpreise und demjenigen Markt- oder Börsenpreise, welcher an dem Orte der Erfüllung oder an dem für denselben maßgebenden Handelsplatze sich für die am zweiten Werktage nach der Eröffnung des Verfahrens mit der bedungenen Erfüllungszeit geschlossenen Geschäfte[5] ergibt[6].

Ist ein solcher Markt- oder Börsenpreis nicht zu ermitteln[7], so findet die Bestimmung des ersten Absatzes keine Anwendung.

[1] § 373 HGB.

[2] Fixgeschäft: § 376 HGB. — Lieferungsgeschäfte mit festen Abladungsterminen sind nicht Fixgeschäfte im Sinne des § 18, da mit der Abladung noch nicht die Lieferung erfüllt wird. OLG. 15, 227, 23, 302, 25, 326.

[3] Und die Ware noch nicht geliefert und angenommen. Überhaupt ist § 18 nur dann anwendbar, wenn das **Geschäft noch von jedem der beiden Kontrahenten ganz oder doch teil-**

weise zu erfüllen ist. Hat der Gemeinschuldner vollständig erfüllt, so kann der Verwalter auch vom Vertragsgegner Erfüllung verlangen. Ist von diesem vollständig erfüllt, so kann er seine Gegenforderung nur als Konkursgläubiger (§ 12) geltend machen. JW. 82, 91. — Auf Verträge, bei denen nur **Abladung**, nicht Lieferung **zu fester Zeit** bedungen ist, findet § 18 keine Anwendung. Anm. 2.

[4] Die für Fixgeschäfte gegebene Sondervorschrift des § 18 beruht auf der Erwägung, daß diese Geschäfte häufig nur ein Glied in der Kette gleichartiger Geschäfte bilden, daß die Beteiligten sich durch ein entsprechendes Gegengeschäft einzudecken pflegen und daß es deshalb die Sicherheit des Verkehrs erfordert, daß bei dem Ausbruche des Konkurses über den einen Beteiligten eine sofortige einheitliche Entscheidung über das Schicksal des Geschäfts getroffen werde, damit der andere Teil in der Lage sei, sich anderweit einzudecken, die durch den Konkursausbruch ihm erwachsenen Nachteile nach Möglichkeit abzuwenden oder zu vermindern. **Kraft Gesetzes** tritt darum mit der Konkurseröffnung die **Auflösung** des Lieferungsgeschäfts in ein Differenzgeschäft ein und verwandelt sich (anders wie im Falle des § 17, s. dort Anm. 3) ohne eine Maßnahme des Verwalters der Anspruch auf Erfüllung in eine Konkursforderung (§ 26) auf Schadensersatz wegen Nichterfüllung. Mot. 71, Gr. 59, 938. — Die Vorschriften des § 18 sind **zwingendes Recht** und finden trotz vorgängiger abweichender Vereinbarungen der Vertragschließenden Anwendung. OLG. 15, 227.

[5] D. h. für Fixgeschäfte mit gleicher Erfüllungszeit. Mot. 74.

[6] Die Forderung wegen Nichterfüllung ist also auf **Erstattung des abstrakten Schadens** gerichtet. Die Regelung ist getroffen, damit der Gegner sich anderweit eindecken könne. Ob er sich aber tatsächlich eindeckt oder nicht, und ob und welche Verluste er durch die anderweite Eindeckung möglicherweise noch erleiden kann, ist für die Anwendung des § 18 gleichgültig. Gr. 59, 938. Bei einem Verkauf von Aktien, lieferbar Ultimo eines Monats mit zweimal Noch nach Wahl des Verkäufers **(sog. Nochgeschäft)** d. h. mit der dem Verkäufer eingeräumten Befugnis, noch zweimal weitere Aktien in gleicher Art und Anzahl zu liefern, ist die Differenzforderung,

in die sich das ganze Geschäft auflöst (s. Anm. 4), nach § 18 Abs. 2 in der Weise zu berechnen, daß festzustellen ist der Markt- oder Börsenpreis, welcher am zweiten Werktage nach der Konkurseröffnung für den Kauf betreffender Aktien, lieferbar Ultimo jenes Monats mit zweimal Noch nach Wahl des Verkäufers besteht; der Unterschied zwischen diesem Preise und dem bedungenen Kaufpreis ergibt den Betrag der Schadensforderung. Gr. 59, 939.

[7] Sei es durch amtliche Kursfeststellungen oder durch Vernehmung von Sachverständigen. Mot. 74.

Miete und Pacht.

1. Gemeinschuldner ist Mieter.

a) Der Mietgegenstand ist ihm überlassen.

19. (17.)[1] War dem Gemeinschuldner ein von ihm gemieteter oder gepachteter Gegenstand vor der Eröffnung des Verfahrens überlassen, so kann sowohl der andere Teil als der Verwalter das Miet- oder Pachtverhältnis kündigen[2]. Die Kündigungsfrist ist, falls nicht eine kürzere Frist bedungen war, die gesetzliche[3]. Kündigt der Verwalter, so ist der andere Teil berechtigt, Ersatz des ihm durch die Aufhebung des Vertrags entstehenden Schadens zu verlangen[4].

[1] Die ersten zwei Sätze sind durch die Nov. an die Stelle des früheren § 17 Nr. 1 gesetzt, um die Fassung mit dem BGB. (vgl. § 571) in Übereinstimmung zu bringen. Begr. 15. Die Nr. 2 des früheren § 17 ist durch § 21 Abs. 3 ersetzt. Vgl. Anm. 6 § 21. — Vgl. auch § 26 Mieterschutzges. v. 1. 6. 23 (RGBl. I. 353).

[2] Diese Bestimmung ist mit Rücksicht auf die Konkursgläubiger insofern zwingender Natur, als das **Kündigungsrecht des Verwalters durch keine Privatvereinbarung ausgeschlossen oder** über das Gesetz hinaus **eingeschränkt** werden kann. RG. 56, 245, JW. 04, 559[22]. Dagegen ist eine in dem Miet- oder Pachtvertrage getroffene Vereinbarung wirksam, die dem Vermieter oder Verpächter für den Fall der Eröffnung des Konkurses über das Vermögen des Pächters das

Recht zur sofortigen **Auflösung** des Miet- oder Pachtverhältnisses gibt. RG. 56, 245. — Wegen des auf die Zeit nach der Konkurseröffnung bis zur Aufhebung des Vertrages entfallenden **Miet- und Pachtzinses** ist der Vermieter oder Verpächter Massegläubiger: § 59 Nr. 2; wegen des auf die Zeit vor der Eröffnung entfallenden ist er Konkursgläubiger, hat jedoch ein Absonderungsrecht: § 49 Nr. 2. — Über die Wirkungen der Rückgabe eines von dem Gemeinschuldner gepachteten Grundstücks an den Verpächter, wenn der Vertrag (z. B. wegen Geisteskrankheit des Gemeinschuldners) nichtig war, hinsichtlich der Verwendungen des Gemeinschuldners (aus dem Vermögen eines Dritten) vgl. RG. 51, 80.

[3] **Kündigungsfrist:** BGB. §§ 565, 580 (Miete), § 595 (Pacht). Z. B. muß bei der **Grundstücksmiete**, wenn nicht vertragsmäßig eine kürzere Frist festgesetzt ist, gemäß § 565 Abs. 1, 4 BGB. die Kündigung spätestens am dritten Werktage eines Kalendervierteljahrs zum Schlusse dieses Vierteljahrs erfolgen. — Die frühere Verweisung auf die ortsüblichen Fristen ist gestrichen, weil das BGB. die Kündigungsfristen sowohl bei Miete wie bei Pacht einheitlich geregelt hat. Begr. 15. — Die Kündigung braucht aber nicht zum ersten möglichen Termine nach der Konkurseröffnung zu erfolgen. JW. 04, 97[25].

[4] Damit ist das **Recht des anderen Teils auf Schadensersatz** (z. B. wegen Nichtvermietung oder billigerer Vermietung für die nicht ausgehaltene Vertragszeit) bei Kündigung des Verwalters zur Vermeidung von Zweifeln in Übereinstimmung mit der früheren Rechtsprechung des Reichsgerichts (RG. 7, 20, 11, 358, 18, 271) von der Nov. ausdrücklich anerkannt. Begr. 15. Voraussetzung ist, daß nicht etwa schon nach dem Mietvertrage die Kündigung zulässig war und nicht zugleich die vertragsmäßige Kündigungsfrist eingehalten ist; sonst kann der Ersatz eines Schadens nicht in Frage kommen. Begr. 15. Der Anspruch ist nicht eine Masseschuld (§ 59 Nr. 2), sondern gemäß § 26 Satz 2 eine Konkursforderung: Anm. 2 § 26. Auch gewährt er nicht Absonderungsrecht: § 49 Nr. 2. — Über den Umfang des Entschädigungsanspruchs mit Rücksicht auf die Vorschriften des § 65 s. Gr. 28, 1175, JW. 91, 392[23]. — Durch die Kündigung wird nur das Miet- oder Pachtverhältnis vor-

zeitig beendet, nicht wird der Vertrag als von vornherein nicht geltend aufgehoben. RG. 7, 20. — Wenn der **Vermieter oder Verpächter kündigt**, steht ihm ein Entschädigungsanspruch gegen die Konkursmasse nicht zu. § 26 ist in diesem Falle nicht anwendbar. Gr. 43, 1196 (JW. 98, 642[12]). — Über die Folgen der Kündigung des Mietvertrags durch den Verwalter im Verhältnisse zu einem **Untermieter** des Gemeinschuldners vgl. Anm. 2 § 21.

b) Der Mietgegenstand ist nicht überlassen.

20. (18.)[1] War dem Gemeinschuldner ein von ihm gemieteter oder gepachteter Gegenstand zur Zeit der Eröffnung des Verfahrens noch nicht überlassen, so kann der andere Teil von dem Vertrage zurücktreten[2].

Auf Erfordern des Verwalters muß der andere Teil demselben ohne Verzug erklären, ob er von dem Vertrage zurücktreten will. Unterläßt er dies[3], so kommen die Bestimmungen des § 17 zur Anwendung[4].

[1] Durch die Nov. ist die frühere Fassung des Abs. 1 mit dem BGB. in Übereinstimmung gebracht.

[2] Es ist also dem **Vermieter oder Verpächter** ein **einseitiges**, nach Abs. 2 unverzüglich auszuübendes gesetzliches **Rücktrittsrecht** (vgl. §§ 327, 346 ff. BGB.) gewährt. Mot. 82. Dieses Rücktrittsrecht, durch dessen Ausübung der Vertrag als von vornherein nicht geschlossen aufgehoben wird, besteht selbst dann, wenn der Gemeinschuldner schon vollständig erfüllt hat. Kein Teil hat einen Entschädigungsanspruch. Der Verwalter kann aber das vom Gemeinschuldner in Erwartung der Erfüllung Gezahlte zurückfordern. Mot. 82.

[3] Oder erklärt er, nicht zurücktreten zu wollen. Vgl. Anm. 5 § 17.

[4] Es erlischt also infolge der Unterlassung einer unverzüglichen Rücktrittserklärung das Rücktrittsrecht des Vermieters oder Verpächters und der **Verwalter hat nunmehr die Wahl**, ob er auf Erfüllung des Mietvertrages bestehen oder die Erfüllung ablehnen will; im ersteren Falle muß er den fort-

laufenden Mietzins als Masseschuld (§ 59 Nr. 2) entrichten, im letzteren Falle hat der Vermieter oder Verpächter einen Schadensersatzanspruch wegen Nichterfüllung als Konkursgläubiger (§ 26 Satz 2). Vgl. Anm. 3 § 17, Anm. 2 § 26.

2. Gemeinschuldner ist Vermieter.

a) Er hat den Mietgegenstand noch nicht überlassen.

Dann findet mangels einer besonderen Vorschrift **§ 17 Anwendung.** Der Verwalter hat das dort vorgesehene Wahlrecht. Verlangt er (weitere) Erfüllung des Mietvertrages vom Mieter, so muß er den Vertrag in gleicher Weise, wie es dem Gemeinschuldner oblag, erfüllen. Lehnt er die (weitere) Erfüllung ab, so steht dem Mieter wegen eines etwaigen Schadens eine Ersatzforderung als Konkursgläubiger (§§ 12, 26) zu. Vgl. Anm. 3 § 17, Anm. 2 § 26.

b) Er hat den Mietgegenstand bereits überlassen.

21. (17.) Hatte der Gemeinschuldner einen von ihm vermieteten oder verpachteten Gegenstand dem Mieter oder dem Pächter vor der Eröffnung des Verfahrens überlassen[1], so ist der Miet- oder Pachtvertrag auch der Konkursmasse gegenüber wirksam[2].

Im Falle der Vermietung oder der Verpachtung eines Grundstücks, sowie im Falle der Vermietung von Wohnräumen oder anderen Räumen[3] ist jedoch eine Verfügung, die der Gemeinschuldner vor der Eröffnung des Verfahrens über den auf die spätere Zeit entfallenden Miet- oder Pachtzins getroffen hat, insbesondere die Einziehung des Miet- oder Pachtzinses, der Konkursmasse gegenüber nur insoweit wirksam, als sich die Verfügung auf den Miet- oder Pachtzins für das zur Zeit der Eröffnung des Verfahrens laufende Kalendervierteljahr bezieht; erfolgt die Konkurseröffnung innerhalb des letzten halben Monats eines Kalendervierteljahrs, so ist die Verfügung auch insoweit wirksam, als sie sich auf den Miet- oder Pachtzins für das folgende Kalendervierteljahr bezieht[4]. Soweit die Entrichtung des Miet- oder Pachtzinses der Konkursmasse gegenüber wirksam ist, kann der Mieter oder der Pächter gegen die Miet- oder Pachtzinsforderung der Konkursmasse eine ihm gegen den Gemeinschuldner zustehende Forderung aufrechnen[5].

[6]Eine von dem Konkursverwalter vorgenommene freiwillige Veräußerung des von dem Gemeinschuldner vermieteten oder verpachteten Grundstücks wirkt, sofern das Grundstück dem Mieter oder dem Pächter vor der Eröffnung des Verfahrens überlassen war, auf das Miet- oder Pachtverhältnis wie eine Zwangsversteigerung. Die Vorschriften des § 57b des Gesetzes über die Zwangsversteigerung und die Zwangsverwaltung bleiben jedoch außer Betracht[7].

[1] Hinsichtlich des Falles, daß die **Übergabe noch nicht erfolgt** ist, s. Vorbem. a.

[2] Diese in Anlehnung an den § 152 Abs. 2 ZVG. getroffene Bestimmung der Nov. entspricht dem früheren Recht, wonach durch die **Konkurseröffnung** über das Vermögen des Vermieters der Fortbestand des Mietvertrages nicht beeinflußt wurde. Vgl. RG. 6, 105, 112, 33, 45, 49. Die Verpflichtung des Verwalters zur **Fortgewährung der Mietobjekte**, solange nicht der Vertrag durch **Ablauf** der Vertragszeit oder durch eine vertragsmäßige, jedem Teile zustehende Kündigung beendigt ist, ist eine **Masseschuld** (§ 59 Nr. 2); anderseits wird auch der Mieter oder Pächter die nach der Konkurseröffnung verfallenden **Miet- oder Pachtzinsen zur Masse schuldig**. Vgl. RG. 33, 49, 40, 124, 67, 374. — **Abs.** 1 findet auch, wenn der Gemeinschuldner, der von dem dritten Eigentümer seinerseits gemietet hat, **Untervermieter** ist, hinsichtlich des Untermieters

Anwendung, so daß der Untermietvertrag durch die Konkurseröffnung an sich nicht berührt wird. Wenn jedoch der Hauptmietvertrag durch Ausübung der Kündigungsbefugnis des § 19 beendigt oder durch einen Vertrag des Konkursverwalters mit dem Hauptvermieter aufgehoben wird, kann gemäß § 556 Abs. 3 BGB. der Hauptvermieter den Untermieter zur Räumung zwingen. Der Untermieter kann einen etwaigen Entschädigungsanspruch wegen der vorzeitigen Besitzentziehung nicht nach § 59 Nr. 1 oder 2 als Masseanspruch geltend machen, sondern, weil die Nichterfüllung des Untermietvertrages hierbei mittelbar eine Folge der Konkurseröffnung ist, gemäß § 26 nur als Konkursforderung. RG. 67, 372, JW. 10, 341[28].

[3] **Grundstücks- oder Räumevermietung:** §§ 535 ff., 566, 580, 581 ff. BGB. — Hat der Gemeinschuldner **andere Gegenstände** vor der Konkurseröffnung vermietet oder verpachtet, stände vor der Konkurseröffnung vermietet oder verpachtet, so sind seine Vorausverfügungen (z. B. Einziehung von Mietzinsen im voraus, Abtretung [§ 398], Bestellung eines Nießbrauchs [§ 1074], Bestellung eines Pfandrechts [§ 1279], Erlaß [§ 397 BGB.], auch Pfändung gegen den Gemeinschuldner im Wege der Zwangsvollstreckung) in Ansehung der auf die Zeit nach der Konkurseröffnung entfallenden Miet- oder Pachtzinsen den Konkursgläubigern gegenüber unbeschränkt wirksam, soweit nicht ein Anfechtungsrecht des Verwalters nach den §§ 29 ff. begründet ist. Begr. 17.

[4] Während nach früherem Recht die vor der Konkurseröffnung erfolgte Abtretung der nach derselben entstandenen Mietforderungen und die vor der Konkurseröffnung erfolgten Vorauszahlungen auf diese Mietforderungen der Konkursmasse gegenüber ohne Einschränkung für unwirksam erachtet wurden (RG. 6, 105 ff., 33, 45 ff.), ist durch die Nov. entsprechend der für den Fall der Beschlagnahme eines Grundstücks zugunsten eines Hypothekengläubigers gegebenen Vorschrift des § 1124 BGB. die **Vorausverfügung** (s. Anm. 3) **des Gemeinschuldners vor der Konkurseröffnung** nur insoweit für unwirksam erklärt, als sie sich auf den Miet- oder Pachtzins für die Zeit über das bei der Konkurseröffnung laufende und das folgende Kalendervierteljahr hinaus bezieht. Begr. 16. Durch Art. 3 des Ges. zur Einschränkung der Verfügungen über Miet- und Pachtzinsforderungen v. 8. 6. 15 (RGBl. 327)

sind, ebenso wie im § 1124 Abs. 2 BGB., hier im Abs. 2 Satz 1 die Worte „und das folgende (Kalendervierteljahr)" gestrichen und der Halbs. 2 hinzugefügt. Danach ist der Zeitraum, für welchen die vorbezeichneten Vorausverfügungen des Gemeinschuldners der Konkursmasse gegenüber nach der Konkurseröffnung wirksam bleiben, grundsätzlich auf das zur Zeit der Konkurseröffnung laufende Kalendervierteljahr (1. 1.—31. 3., 1. 4.—30. 6., 1. 7.—30. 9., 1. 10.—31. 12.) beschränkt. Erfolgt jedoch die Konkurseröffnung „innerhalb des letzten halben Monats", d. i. gemäß § 189 Abs. 1 BGB. innerhalb der letzten fünfzehn Tage (Begr. 11), eines Kalendervierteljahrs (also im März oder Dezember in den Tagen vom 17. bis zum 31., im Juni oder September in den Tagen vom 16. bis zum 30.), so sind die vor der Konkurseröffnung bewirkten Vorausverfügungen auch noch für das dem Eröffnungs-Kalendervierteljahr nachfolgende Kalendervierteljahr wirksam. Die letztere Ausnahme von der Regel ist namentlich mit Rücksicht darauf bestimmt, daß in gewissen Fällen, wie bei der Miete von Arbeiterwohnungen oder möblierten Zimmern, kürzere Zahlungstermine als vierteljährliche vereinbart zu werden pflegen und daß nicht selten Mieter schon einige Tage vor der Fälligkeit den Mietzins entrichten. Begr. 10, 11. Die Art. 4 und 5 des Gesetzes geben Übergangsbestimmungen hinsichtlich der Abänderung des Satzes 1 des Abs. 2. Vgl. dazu Begr. 12. — Jedoch kann der Konkursverwalter die Vorausverfügung, auch soweit sie an sich den Konkursgläubigern gegenüber wirksam ist, im Falle des Vorliegens der Voraussetzungen des § 30 Nr. 2 anfechten. OLG. 27, 252 (vgl. auch über die Anfechtbarkeit einer Vorausverfügung durch einen Hypothekengläubiger außerhalb des Konkurses RG. 86, 365, OLG. 26, 127, 145, Anm. 3 § 3 AnfGes., und darüber, daß ein Hypothekengläubiger, wenn ihm der Verwalter die Mietzinsen zur abgesonderten Befriedigung überläßt, auch während des Konkurses Vorausverfügungen unter den Voraussetzungen des AnfGes. anfechten kann, vgl. Anm. 4 § 4). Diese Anfechtbarkeit wird auch nicht dadurch ausgeschlossen, daß das Grundstück zwangsversteigert wird und die betreffenden Miet- oder Pachtzinsen sich auf die Zeit nach dem Zuschlag beziehen, da die Anfechtung nur zugunsten der Konkursmasse wirkt und die

Vorausverfügung, soweit sie dem Ersteher gegenüber an sich wirksam ist (s. Anm. 7), diesem gegenüber auch durch die Anfechtung nicht unwirksam wird derart, daß ihm nun die Miet- oder Pachtzinsen zufielen. OLG. 27, 252.

[5] Während nach früherem Recht, da der Mieter oder Pächter die in der Zeit nach der Konkurseröffnung verfallenden Miet- oder Pachtzinsraten zur Masse schuldig wird, nach § 55 Nr. 1 die **Aufrechnung** des Mieters oder Pächters mit einer Gegenforderung an den Gemeinschuldner gegenüber solchen Miet- oder Pachtforderungen allgemein unzulässig war (RG. 40, 124), ist sie entsprechend der für den Fall der Beschlagnahme eines Grundstücks zugunsten eines Hypothekengläubigers gegebenen Vorschrift des § 1125 BGB. von der Nov. insoweit für zulässig erklärt worden, als es sich um den Miet- oder Pachtzins für das laufende und das folgende Kalendervierteljahr handelt. Begr. 16, KB. 12. Vgl. auch § 575 BGB. Zufolge der Änderung des Satzes 1 des Abs. 2 durch das Ges. v. 8. 6. 15 (s. Anm. 4) ist der letztere Zeitraum für die Zulässigkeit der Aufrechnung eingeschränkt worden. Grundsätzlich kann jetzt nur noch gegenüber dem Miet- oder Pachtzins für das zur Zeit der Konkurseröffnung laufende Kalendervierteljahr aufgerechnet werden. Wenn aber die Konkurseröffnung innerhalb des letzten halben Monats (s. Anm. 4) eines Kalendervierteljahrs erfolgt, ist die Aufrechnung auch gegenüber dem Miet- oder Pachtzins für das dem Eröffnungs-Kalendervierteljahr nachfolgende Kalendervierteljahr zulässig.

[6] Der Abs. 3 ist von der Nov. an die Stelle des früheren § 17 Ziff. 2 gesetzt. Jedoch ist die Vorschrift nunmehr auf vermietete oder verpachtete Grundstücke beschränkt. Im Falle der freiwilligen Veräußerung vermieteter **beweglicher Sachen** durch den Konkursverwalter wird der Mieter gegenüber dem der Vertragszeit geschützt. — Vgl. z. Zt. § 1 Mieterschutzges. (Anm. 1 § 19).

[7] Die maßgebenden Bestimmungen enthielt früher § 57 ZVG. in Verbindung mit §§ 571, 572, 573 Satz 1, §§ 574, 575 BGB. Durch Art. 1 des Ges. v. 8. 6. 15 (s. Anm. 4) sind an die Stelle des früheren § 57 ZVG. gesetzt worden die §§ 57, 57a, 57b. Von diesen Bestimmungen findet jedoch hier nach dem durch Art. 3 des Gesetzes dem Abs. 3 (§ 21 KO.) hin-

zugefügten Satz 2 der § 57b ZVG. keine Anwendung. Die jetzigen §§ 57, 57a ZVG. lauten: **§ 57**: „Ist das Grundstück einem Mieter oder Pächter überlassen, so finden die Vorschriften der §§ 571, 572, des § 573 Satz 1 und der §§ 574, 575 BGB. nach Maßgabe der §§ 57a und 57b entsprechende Anwendung"; **§ 57a**: „Der Ersteher ist berechtigt, das Miet- oder Pachtverhältnis unter Einhaltung der gesetzlichen Frist zu kündigen. Die Kündigung ist ausgeschlossen, wenn sie nicht für den ersten Termin erfolgt, für den sie zulässig ist". Von den genannten Vorschriften des BGB. betreffen: **§ 571**: den Eintritt des Erwerbers eines vermieteten Grundstücks in die aus dem Mietverhältnis sich ergebenden Rechte und Verpflichtungen des Vermieters; **§ 572**: den Eintritt des Erwerbers in die durch eine etwaige Sicherheitsleistung des Mieters für den Vermieter begründeten Rechte; die durch Art. 2 des Ges. v. 8. 6. 15 entsprechend wie hier der Satz 1 des Abs. 2 geänderten **§ 573 Satz 1**, **§ 574**: die Wirksamkeit von Verfügungen des Vermieters über den Mietzins und von Rechtsgeschäften zwischen dem Vermieter und dem Mieter in Ansehung der Mietzinsforderung für die Zeit nach dem Eigentumsübergang auf den Erwerber; **§ 575**: die Zulässigkeit der Aufrechnung des Mieters gegenüber der Mietzinsforderung des Erwerbers mit einer ihm gegen den Vermieter zustehenden Forderung. — Da der Verwalter das Wahlrecht hat, ob er das vermietete oder verpachtete Grundstück freiwillig veräußern oder zur Zwangsversteigerung (§§ 172—174 ZVG.) bringen will (§§ 126, 134 Nr. 1, §§ 135, 136 KO.), so ist hier der **freiwillige Käufer** im Verhältnis zum Mieter oder Pächter **dem Ersteher gleichgestellt**. Er ist also namentlich, wie dieser, berechtigt, das Miet- oder Pachtverhältnis vor Ablauf der Vertragszeit unter Einhaltung der gesetzlichen Frist (s. Anm. 3 § 19) zu kündigen mit der Maßgabe, daß die Kündigung ausgeschlossen ist, wenn sie nicht für den ersten Termin erfolgt, für den sie zulässig ist. Vgl. RG. 67, 376. — Der auf Grund der §§ 126 und 21 Abs. 3 KO. in Verbindung mit §§ 57, 57a ZVG. entsetzte Mieter oder Pächter kann etwaige **Entschädigungsansprüche** wegen vorzeitiger Kündigung des Vertrages gemäß § 26 nur als Konkursforderung geltend machen. RG. 67, 376.

Dienstvertrag.*

* Auf den Dienstvertrag findet regelmäßig § 17 Anwendung. Besondere Vorschriften geben § 22 für die darin bezeichneten Dienstverhältnisse und die § 23 Abs. 2, § 27 für Geschäftsbesorgungsdienstverträge (§ 675 BGB.). Vgl. RG. 63, 73.

22. (19.) Ein in dem Haushalte, Wirtschaftsbetriebe oder Erwerbsgeschäfte des Gemeinschuldners angetretenes Dienstverhältnis[1] kann von jedem Teile gekündigt werden. [2]Die Kündigungsfrist ist, falls nicht eine kürzere Frist bedungen war, die gesetzliche[3].

[4]Kündigt der Verwalter, so ist der andere Teil berechtigt, Ersatz des ihm durch die Aufhebung des Dienstverhältnisses entstehenden Schadens zu verlangen[5].

[1] Nicht ein Vertragsverhältnis, das durch einen Auftrag (§ 662) oder einen Werkvertrag (§ 631 BGB.) begründet wird, noch ein solches Dienstvertragsverhältnis, das die Verrichtung einzelner in keinem gewollten Zusammenhange stehender Dienstleistungen zum Gegenstande hat. Sondern das Dienstvertragsverhältnis muß ein derartiges sein, daß der Dienstverpflichtete dem Gemeinschuldner **fortgesetzt, wenn auch nicht notwendig längere Zeit dauernd, gleichartige Dienste** zu leisten hat. Mot. 83. Unter dieser Voraussetzung kann es sich auch um Dienste handeln, deren Leistung an die Person des Gemeinschuldners oder seiner Angehörigen geknüpft ist. Prot. 18. Der Vorstand einer Aktiengesellschaft steht zu der Gesellschaft in einem solchen Dienstverhältnis. RG. 81, 337 (vgl. jedoch OLG. 27, 252, wo angenommen ist, daß der Geschäftsführer einer Gesellschaft m. b. H. nicht zu dieser in einem Dienstverhältnis im Sinne des § 22 stehe, sondern sein Vertrag mit der Gesellschaft ein Geschäftsbesorgungsvertrag der im § 675 BGB. erwähnten Art sei, der im Konkurse der Gesellschaft dem § 23 Abs. 2 unterliege; desgl. OLG. 32, 369, wo dargelegt ist, daß einer Prokura nicht notwendig ein Angestelltenverhältnis unterliege, falls ja, dieses aber unter § 23 Abs. 2

falle). Dagegen nicht der Aufsichtsrat. RG. 81, 337, vgl. Anm. 4 § 23. Ferner ist ein Agenturverhältnis nicht ein Dienstverhältnis im Sinne des § 22. Insbesondere wird seine Aufhebung durch den Konkurs nicht durch § 22, sondern durch § 23 Abs. 2 geregelt. RG. 63, 73, vgl. Anm. 4 § 23. Kündigt der Konkursverwalter den Liquidatoren einer Gesellschaft, so hat dies nur für ihr Verhältnis zur Masse Bedeutung. Im übrigen bleiben sie Liquidatoren und haben als solche die Rechte und Pflichten des Gemeinschuldners sowohl gegenüber dem Konkursverwalter wie auch sonst wahrzunehmen. OLG. 34, 364. — Vgl. § 61 Nr. 1 (Vorrecht wegen Lohn- usw. Forderungen).

[2] In der neuen Fassung des Satzes 2 durch die Nov. ist die frühere Verweisung auf die ortsübliche Kündigungsfrist gestrichen, da das BGB. in den §§ 621 ff. die Kündigungsfristen für die Dienstverträge erschöpfend festgesetzt hat. Begr. 17.

[3] §§ 621 ff. BGB. (s. Anm. 2). — Außerdem für: Handlungsgehilfen: § 66 HGB.; Gesellen, Gewerbegehilfen, Betriebsbeamte, Werkmeister Techniker, gewerbliche Arbeiter: §§ 122, 133a, 134 GewO. i. d. Fass. v. 26. 7. 00.

[4] Der von der Nov. hinzugefügte Abs. 2 entspricht dem neuen Satz 3 des § 19 und erkennt in Übereinstimmung mit der früheren Rechtsprechung (JW. 97, 468[30]) den **Entschädigungsanspruch des anderen Teils bei Kündigung des Verwalters** ausdrücklich an. Vgl. W. 12, 406. — Der andere Teil kann für die Zukunft Ersatz des ihm durch den Untergang des Gehalts- oder Provisionsanspruchs infolge Aufhebung des Vertrages entstandenen Schadens als einen unbedingten Anspruch im Konkurse liquidieren, vorbehaltlich des Abzugs bzw. der Rückzahlung des nachträglich durch eine andere Dienststellung erlangten Verdienstes. OLG. 10, 195, 11, 370. — Der Vergütungsanspruch des Dienstleistenden ist für die Zeit bis zur Konkurseröffnung Konkursforderung mit dem Vorrecht aus § 61 Nr. 1, für die Zeit von der Konkurseröffnung bis zum Ablauf der Kündigungsfrist Masseschuld im Sinne des § 59 Nr. 2 Halbs. 2. - RG. 55, 267, OLG. 11, 370. — Dadurch, daß der Verwalter nach der Konkurseröffnung die **Dienste** des Dienstverpflichteten zeitweise stillschwei-

gend **noch weiter** annimmt, tritt er nicht etwa in den Dienstvertrag in der Weise ein, daß er das Dienstverhältnis nur noch ebenso wie der Gemeinschuldner auflösen könnte. RG. 55, 265. — **Kündigt der andere Teil,** so hat kein Teil einen Entschädigungsanspruch. Vgl. JW. 98, 642[12].

[5] Macht ein **Handlungsgehilfe** einen solchen Entschädigungsanspruch geltend, so kann der Konkursverwalter dieser Klage mit dem Einwande begegnen, daß Gründe zur sofortigen Entlassung (§§ 70, 72 HGB.) vorgelegen hätten, mögen diese Gründe (z. B. Pflichtvernachlässigungen) auch bereits vor der Konkurseröffnung eingetreten gewesen sein. JW. 97, 468[30], vgl. jedoch W. 12, 406 (wenn der Gemeinschuldner oder sein gesetzlicher Vertreter unterlassen hat, wegen eines zur Kündigung ohne Einhaltung einer Kündigungsfrist berechtigenden wichtigen Grundes zu kündigen, kann darin ein Verzicht auf die Geltendmachung des Grundes gefunden werden, woran der Konkursverwalter gebunden ist). — Über Freiwerden des Angestellten von einem im Anstellungsvertrage festgesetzten **Konkurrenzverbot,** wenn in dem später durch Zwangsvergleich beendigten Konkurse des Prinzipals der Konkursverwalter den Vertrag kündigt, vgl. JW. 06, 762[11].

Auftrag, Geschäftsbesorgung.

23. [1]Ein von dem Gemeinschuldner erteilter Auftrag erlischt[1] durch die Eröffnung des Verfahrens, es sei denn, daß der Auftrag sich nicht auf das zur Konkursmasse gehörige Vermögen bezieht[2]. Erlischt der Auftrag, so finden die Vorschriften des § 672 Satz 2 und des § 674 des Bürgerlichen Gesetzbuchs entsprechende Anwendung[3].

Das gleiche gilt, wenn sich jemand durch einen Dienstvertrag oder einen Werkvertrag verpflichtet hat, ein ihm von dem Gemeinschuldner übertragenes Geschäft für diesen zu besorgen[4].

[1] Der Hauptzweck des § 23, auch in seinem sich lediglich dem § 675 BGB. anschließenden Abs. 2 (s. Anm. 4), ist, die

ordnungsmäßige Verwaltung und Verwertung der Masse durch den Konkursverwalter gemäß der allgemeinen Bestimmung des § 6 sicherzustellen und den Verwalter hierin nicht durch die Tätigkeit eines Dritten behindert sein zu lassen, den der Gemeinschuldner hinsichtlich eines zur Masse gehörigen Gegenstandes mit einem Auftrag oder einer Geschäftsbesorgung betraut hat. Deshalb soll das Auftragsverhältnis oder der Geschäftsbesorgungsvertrag erlöschen; der Dritte hat seine Tätigkeit einzustellen, er kann sie nicht für den Verwalter fortsetzen, wenn dieser ihn nicht neu bestellt. RG. 81, 336.

1a Auftrag: §§ 662 ff. BGB. Das **Auftragsverhältnis** wird durch die Konkurseröffnung derart **beendigt**, daß der Beauftragte verpflichtet ist, gemäß § 666 BGB. über das bisher Ausgeführte dem Verwalter Rechnung zu legen. RG. 56, 118. — Ist der **Gemeinschuldner der Beauftragte**, so hat der Konkurs keinen Einfluß auf das Auftragsverhältnis. Vgl. Anm. 4 § 17. Der Auftraggeber hat wegen seiner Ansprüche an den beauftragten Gemeinschuldner nur eine Konkursforderung. RG. 72, 198. Hat er aber vor der Konkurseröffnung die vom beauftragten Gemeinschuldner geschuldete Leistung ohne verbotene Eigenmacht (§ 858 BGB.) erlangt, so steht ihm, wenn er auf Drängen des Konkursverwalters an diesen die Leistung zurückgewährt hat, ein Masseanspruch wegen ungerechtfertigter Bereicherung gemäß § 59 Nr. 3 zu, sofern nicht § 814 BGB. entgegensteht. RG. 72, 198.

² Was der Beauftragte beweisen muß. JW. 21, 636[8]. In diesem Falle (vgl. Anm. 3 § 1) läßt der nur das Vermögen des Gemeinschuldners betreffende Konkurs das Auftragsverhältnis unberührt. — In OLG. 27, 260 ist aus § 86 ZPO. allgemein gefolgert, daß eine vom Gemeinschuldner erteilte Prozeßvollmacht nicht erlösche. Dies kann jedoch nur dann gelten, wenn, wie es in dem betreffenden Rechtsstreit auch der Fall war, das Verfahren (nach Unterbrechung durch den Konkurs) gegen den Gemeinschuldner selbst gemäß § 144 Abs. 2 fortgesetzt wird, indem hier die Prozeßvertretung nicht das zur Konkursmasse gehörige Vermögen betrifft (vgl. Anm. 2 § 144). Im übrigen ist, da die Erteilung einer Prozeßvollmacht Geschäftsbesorgung ist, die Prozeßvollmacht für ein Ver-

fahren, das sich auf die Konkursmasse bezieht, nach Abs. 2 in Verbindung mit § 168 BGB. durch den Konkurs erloschen.

3 D. h. der Beauftragte hat, wenn **mit dem Aufschube Gefahr verbunden** ist, die Besorgung des aufgetragenen Geschäfts fortzusetzen, bis der Konkursverwalter anderweit Fürsorge treffen kann; insoweit gilt dann der Auftrag als fortbestehend (§ 672 Satz 2 BGB.). Ferner gilt zugunsten des Beauftragten der durch die Konkurseröffnung erloschene Auftrag so lange als fortbestehend, **bis** der Beauftragte **von** dem **Erlöschen Kenntnis** erlangt oder das Erlöschen kennen muß (§ 674 BGB.). — Der **Anspruch auf Ersatz der** nach der Konkurseröffnung gemachten **Auslagen** (§ 670 BGB.) ist im ersteren Falle Masseschuld (§ 59 Nr. 2), im letzteren Falle Konkursforderung (§§ 3, 12): § 27. — In beiden Fällen dauert zugleich, wenn mit dem Auftrag etwa eine **Vollmacht** verbunden war, diese gemäß § 168 Satz 1 BGB. fort. Begr. 18, vgl. Anm. 2 § 27.

4 § 675 BGB. (s. Anm. 1). — Ein solcher **Geschäftsbesorgungsvertrag** ist z. B.: die dem Kommanditisten erteilte Prokura, OLG. 32, [360]; ein Agenturvertrag, RG. 63, [73], auch JW. 08, [1388]; ein Kommissionsvertrag (das Kommissionsverhältnis erlischt durch den Konkurs des Kommittenten ohne weiteres), RG. 71, [76]; 96, [296], 105, [128]; ein Vertrag zwischen einem Provinzbankier (dem nachmaligen Gemeinschuldner) und einem Zentralbankier, wodurch dieser es übernimmt, die Eintragung eines Auftraggebers des ersteren in das Staatsschuldbuch auf Grund Zeichnung zu einer Staatsanleihe zu veranlassen, RG. 82, [407]. Nicht dagegen ein Werkvertrag nach § 651 BGB. RG. 40, [108]. Das Amt des Aufsichtsrats einer Aktiengesellschaft oder einer Erwerbs- und Wirtschaftsgenossenschaft beruht an sich auf einem Dienstverhältnis, das eine Geschäftsbesorgung zum Gegenstande hat. Jedoch nach der besonderen Art der Tätigkeit des Aufsichtsrats, die der Konkursverwalter seinerseits auszuüben nicht in der Lage ist, und, da vielmehr der Aufsichtsrat Organ der Gesellschaft bzw. der Genossenschaft bleibt (s. Anm. 4 § 207), erlischt das Dienstverhältnis nicht. RG. 81, [336]. Vgl. anderseits Anm. 1 § 27: kein Anspruch auf Vergütung für diese Tätigkeit. Bezüglich der Erteilung einer Prozeßvollmacht vgl.

Anm. 2. — Nach Abs. 1 erlischt ein Vertrag im Sinne des Abs. 2 mit der Konkurseröffnung. Entschädigungsansprüche stehen der durch die Konkurseröffnung benachteiligten anderen Vertragspartei nicht zu, sondern nur Ersatzansprüche nach Maßgabe des § 27 (s. Anm. 3). RG. 63, 74, 71, 78, 82, 407. Soweit sie für die Tätigkeit vor der Konkurseröffnung eine Vergütung zu beanspruchen hat, kann sie nur eine Konkursforderung (§§ 3, 12) geltend machen, RG. 81, 334; auch kann sie die Erfüllung der von ihr geschuldeten Leistungen nicht nach § 320 BGB. bis zur Entrichtung jener Vergütung verweigern, RG. 105, 128. Der vom Gemeinschuldner beauftragte Rechtsanwalt hat seine Handakten herauszugeben und Auskunft zu erteilen. JW. 21, 636[3].

Vormerkung.

24[1]. Ist zur Sicherung eines Anspruchs auf Einräumung oder Aufhebung eines Rechts an einem Grundstücke des Gemeinschuldners oder an einem für den Gemeinschuldner eingetragenen Rechte oder zur Sicherung eines Anspruchs auf Änderung des Inhalts oder des Ranges eines solchen Rechts eine Vormerkung im Grundbuch eingetragen, so kann der Gläubiger von dem Konkursverwalter die Befriedigung seines Anspruchs verlangen[2]. Das gleiche gilt, wenn in Ansehung eines Schiffspfandrechts eine Vormerkung im Schiffsregister eingetragen ist[3].

[1] Durch diese Vorschrift der Nov. ist den darin bezeichneten Vormerkungen zur Sicherung von Ansprüchen auf Eintragung eintragungsfähiger Rechte oder Rechtsänderungen Wirksamkeit auch gegenüber der Konkursmasse beigelegt.

[2] Vgl. die entsprechenden Bestimmungen in den §§ 883, 888 Abs. 1 BGB. — Der Vormerkungsberechtigte kann also vom Verwalter unter denselben Voraussetzungen wie vom Gemeinschuldner die **definitive Eintragung** des betreffenden Rechts an dem Gemeinschuldnergrundstück oder an einem ein Grundstück belastenden Gemeinschuldnerrecht (oder einer Rang- oder

Inhaltsänderung oder auch einer Löschung), eventuell im Prozeßwege, **verlangen**. KGJ. 39, A 171. Ist ein etwaiger Rechtsstreit hierüber zur Zeit der Konkurseröffnung anhängig, so kommt § 11 zur Anwendung. — Erweitert aber werden den Vormerkungsberechtigten ihre durch die Vormerkung erlangten Rechte durch die Konkurseröffnung nicht. Wird das Nichtbestehen des gesicherten Anspruchs im Prozesse festgestellt oder sonst gewiß, so wird die Vormerkung ebenso hinfällig wie außerhalb des Konkursverfahrens. RG. 65, 262. — Es kommt nicht darauf an, ob die Vormerkung auf Grund einer Bewilligung des passiv beteiligten Gemeinschuldners (§ 885 BGB., § 19 GBO.) oder einer vorläufig vollstreckbaren Verurteilung zur Eintragung der Rechtsänderung (§ 895 ZPO.) oder einer einstweiligen Verfügung (§§ 941, 942 Abs. 2 ZPO., § 39 GBO.) eingetragen ist. Vgl. RG. 68, 150, KGJ. 39, A 170. — Voraussetzung aber ist, daß die Vormerkung zur **Sicherung eines** privatrechtlichen persönlichen **Anspruchs im Sinne des § 883 BGB.** dient. Daher fällt nicht unter § 24 KO. eine vom Grundbuchamte wegen eines gegen einen Eintragungsantrag bestehenden Hindernisses gemäß § 18 Abs. 2 GBO. von Amts wegen eingetragene Vormerkung, da diese nur zur Sicherung des aus dem dinglichen Rechtsakte sich ergebenden Rechtes des Antragstellers auf Eintragung dient. KGJ. 39, A 167, auch RG. 55, 340, 62, 375. — Voraussetzung ist ferner regelmäßig, daß die Vormerkung **zur Zeit der Konkurseröffnung** (§ 108, vgl. hinsichtlich Gleichstehens eines allgemeinen Veräußerungsverbots Anm. 4 § 106, Anm. 6 § 15) **bereits eingetragen** ist. Wenn jedoch die Eintragung der Vormerkung vom Gemeinschuldner schon vor der Konkurseröffnung gemäß § 878 BGB. bindend bewilligt (§ 885 BGB., § 19 GBO.) und auch der Eintragungsantrag (§ 13 GBO.) bereits vor der Konkurseröffnung dem Grundbuchamt eingereicht war, ist die nach der inzwischen erfolgten Konkurseröffnung vollzogene Eintragung wirksam. § 15 Satz 2 und Anm. 11 dazu. Dies gilt für eine Vormerkungseintragung auf Grund einstweiliger Verfügung gemäß § 14 nicht. Vgl. Anm. 10 § 15 a. E., Anm. 7 § 14. Aber auch die erstere an sich wirksame sowie eine schon vor der Konkurseröffnung eingetragene Vormerkung kann unter den Voraussetzungen der

§§ 29 ff. **vom Verwalter angefochten** werden. RG. 68, 150, vgl. Anm. 8 § 14. — Über Zulässigkeit der **Umschreibung einer Vormerkung** zur Sicherung des Anspruchs auf Eintragung einer Hypothek (z. B. aus § 648 BGB.) in eine Hypothek auf Grund einer vom Gemeinschuldner vor der Konkurseröffnung erklärten Umschreibungsbewilligung vgl. OLG. 19, 203. — Hinsichtlich des in der Wirkung gegenüber dem Konkursverwalter über eine Löschungsvormerkung (§ 1179 BGB.) hinausgehenden **Verzichts auf die künftige Eigentümergrundschuld** durch ein Abkommen des Eigentümers mit einem Hypothekengläubiger über die Stelle der Hypothek vgl. Gr. 44, 1214, JW. (00, 525[17]), 06, 424[9], 08, 200[15], Anm. 2 § 17.

[3] Vgl. §§ 1259 ff. BGB., §§ 103, 123 FGG., §§ 895, 941, 942 ZPO.

Besondere Bestimmungen.

25. (20.) Soweit rücksichtlich einzelner, durch die §§ 18 bis 24 nicht betroffener Rechtsverhältnisse[1] das bürgerliche Recht[2] besondere Bestimmungen[3] über die Wirkung der Eröffnung des Konkursverfahrens enthält, kommen diese Bestimmungen[4] zur Anwendung.

[1] Die auf **zweiseitigen Verträgen** (s. Anm. 1 § 17) beruhen. Die Bestimmungen über andere als zweiseitige Verträge und andere als Vertragsverhältnisse berührt § 17 ohnehin nicht. Mot. 85, Pr. 153—159, 202.

[2] An die Stelle von „die Reichsgesetze oder die Landesgesetze" von der Nov. gesetzt, um in Verbindung mit Art. 55 EG.BGB. klarzustellen, daß die besonderen landesgesetzlichen Bestimmungen neben dem Reichsrechte nur noch insoweit Geltung haben, als sie einem der Landesgesetzgebung vorbehaltenen Gebiete des bürgerlichen Rechtes angehören. Begr. 19.

[3] Das sind Vorschriften, die mit Rücksicht auf die besondere Natur gewisser einzelner Rechtsverhältnisse lediglich für diese, unabhängig von den allgemeinen Bestimmungen über die Wirkung der Konkurseröffnung auf Rechtsgeschäfte, getroffen sind. Pr. 156—160, 202. Vgl. auch RG. 3, 42, JW. 93, 169[44] sowie § 4 EG.KO. (oben I). — Solche **besonderen Vorschriften** über

die Wirkungen der Konkurseröffnung enthält das **BGB.** z. B. bezüglich: der Unterbrechung der Verjährung einer Konkursforderung: § 209 Abs. 2 Nr. 2, §§ 214, 217, s. Anm. 12 § 15; der Beendigung der ehelichen Verwaltungsgemeinschaft und der Errungenschaftsgemeinschaft durch Konkurs über das Vermögen des Ehemannes: §§ 1419, 1543, 1547; der Beendigung der Verwaltung des Kindesvermögens durch den Konkurs über das Vermögen des Inhabers der elterlichen Gewalt: §§ 1647, 1686. — **Besondere reichsgesetzliche Bestimmungen:** Handelsgesellschaften: § 131 Nr. 3, §§ 138, 143, 144, 161 Abs. 2, § 292 Nr. 3, § 330 HGB., s. dazu RG. 46, 79 (alle Minderungen, die nach Sondergesetzen an bürgerlichen und staatsbürgerlichen Rechten infolge der Konkurseröffnung gegenüber dem Gemeinschuldner [z. B. Unfähigkeit zum Geschworenenamt, s. Anm. 5 § 6] eintreten, greifen im Konkurse einer offenen Handelsgesellschaft auch gegenüber den einzelnen Gesellschaftern Platz); stille Gesellschaft: §§ 339, 341 HGB.; Gesellschaft m. b. H.: § 60 Nr. 4, § 63 RGes. v. 20. 4. 92 i. d. Fass. v. 20. 5. 98 (RGBl. 846), s. dazu RG. 77, 156 (nach Konkurseröffnung keine Neubegründung von Mitgliedschaftsrechten und Übernahme eines Geschäftsanteils zu einem bestimmten Betrag [z. B. anläßlich einer Erhöhung des Stammkapitals], die vorher noch nicht wirksam geworden [in dem genannten Falle z. B. wegen nicht erfolgter Eintragung des Kapitalerhöhungsbeschlusses zum Handelsregister], gänzlich hinfällig), 108, 20 (Nichterfüllung der Verpflichtung der einem Kartell als Mitglied angehörenden Gesellschaft zur Ablieferung ihrer Produktion); Genossenschaft: § 101 RGes. v. 1. 5. 89 i. d. Fass. v. 20. 5. 98 (RGBl. 810), s. dazu RG. 50, 130, 77, 156; Versicherungsverein auf Gegenseitigkeit: §§ 49, 53 Abs. 2 RGes. v. 12. 5. 01 (RGBl. 139); Seeversicherungsvertrag: § 898 HGB., vgl. dazu RG. 52, 405; Innungen, Innungsausschüsse, Innungsverbände: § 97 Abs. 4, § 102 Abs. 4, § 104 Abs. 1 GewO. i. d. Fass. v. 26. 7. 00 (RGBl. 871). Vgl. hierzu Anm. 4 § 16.

[4] Die besonderen Bestimmungen gelten namentlich **an Stelle des § 17.** RG. 77, 156, 108, 20. — Für die Frage der Rückforderung des Geleisteten sind die §§ 26, 43—46 ausschließlich maßgebend. Pr. 156—160, 202.

Wirkungen der Nichterfüllung oder des Erlöschens von Verträgen.

26. (21.)[1] Wenn infolge der Eröffnung des Konkursverfahrens die Nichterfüllung einer Verbindlichkeit oder die Aufhebung eines Rechtsverhältnisses des Gemeinschuldners eintritt[2], so ist der andere Teil nicht berechtigt, die Rückgabe seiner in das Eigentum des Gemeinschuldners übergegangenen Leistung[3] aus der Konkursmasse zu verlangen. Er[4] kann eine Forderung[5] wegen der Nichterfüllung[6] oder der Aufhebung nur als Konkursgläubiger geltend machen[7], soweit ihm nicht ein Anspruch auf abgesonderte Befriedigung zusteht.

[1] Die **Bedeutung des § 26** ist: Die durch den Konkurs eintretende Nichterfüllung hebt den Vertrag nicht auf, das an den Gemeinschuldner von dem andern Teile Geleistete bleibt im Vermögen und in der Masse des Gemeinschuldners, die Rückgabe der in das Eigentum des Gemeinschuldners übergegangenen Leistung kann nicht verlangt und eine etwaige Entschädigungsforderung wegen der Nichterfüllung nur als Konkursforderung geltend gemacht werden. RG. 17, 78, 67, 372, 73, 63, 86, 250. Vgl. Anm. 3 § 17. Daß die Nichterfüllung stets einen Anspruch des anderen Teiles zur Folge hat, bestimmt § 26 nicht. Vielmehr ist für die Frage, ob die Nichterfüllung oder die Aufhebung des Vertrages eine Forderung erzeugt, das bürgerliche Recht maßgebend (z. B. für die Frage, ob einem für mehrere Jahre bestellten Agenten ein Anspruch auf Schadensersatz zusteht, wenn ihm durch Eröffnung des Konkurses über das Vermögen des Geschäftsherrn die Gelegenheit zur Vermittelung weiterer Geschäfte entzogen worden ist). RG. 63, 73.

[2] Gleichviel, ob die **Nichterfüllung** einer Verbindlichkeit **oder** die **Aufhebung** eines Rechtsverhältnisses eine **unmittelbare** oder eine nur **mittelbare Folge der Konkurseröffnung** ist. RG. 67, 375, Gr. 60, 1036. Fälle mittelbarer Einwirkung sind z. B.: die Ablehnung der Vertragserfüllung durch den Konkursverwalter nach § 17, die vorzeitige Kündigung eines

Miet- oder Dienstvertrages nach §§ 19, 22, die zwangsweise erfolgende oder durch den Konkursverwalter freihändig bewirkte Veräußerung des vermieteten (verpachteten) Grundstücks mit nachfolgender Kündigung des Erwerbers gemäß § 21 Abs. 3. RG. 67, 375, 86, 250, Gr. 60, 1036 (vgl. aber z. Zt. § 1 Mieterschutzges. [Anm. 1 § 19]). Ferner auch, wenn der Gemeinschuldner als Mieter einen Untermietvertrag geschlossen hat und dem Untermieter nach Auflösung des Hauptmietvertrages zufolge Ausübung der Kündigungsbefugnis des § 19 oder nach Aufhebung des Hauptmietvertrages zufolge eines Vertrages des Konkursverwalters mit dem Hauptvermieter gemäß § 556 Abs. 3 BGB. der Besitz entzogen wird. RG. 67, 372, JW. 10, 341[25], Anm. 2 § 21. — Darauf kommt es nicht an, ob der Gemeinschuldner mit der Erfüllung **schon vor der Konkurseröffnung im Verzuge war oder nicht.** RG. 86, 250. Ebensowenig ist der Umstand entscheidend, ob zur Zeit der Konkurseröffnung bereits gegen den Gemeinschuldner Klage auf Auflösung des Vertrages erhoben worden war. Selbst der Umstand, daß bereits die gerichtliche Auflösung des Vertrages ausgesprochen worden ist, steht der Anwendung des § 26 nicht entgegen; es sei denn, daß das Urteil schon die Rechtskraft beschritten hat, in welchem Falle die Leistung bei Eröffnung des Verfahrens nicht mehr zum Vermögen des Gemeinschuldners, also auch nicht zur Konkursmasse gehört und daher ein Aussonderungsrecht gemäß § 43 besteht. RG. 17, 82. Über Anspruch auf Schadensersatz wegen Nichterfüllung auf Grund einer vom Gemeinschuldner **für die Verpflichtungen** des Hauptschuldners aus einem **zweiseitigen Vertrage** übernommenen **Bürgschaft** vgl. RG. 84, 235, 236, auch Anm. 1 § 17.

[3] D. i. **das Geleistete.** RG. 17, 81. — Dazu ist jeder zur Vertragserfüllung gegebene Vermögenswert zu rechnen (z. B. auch eine Prioritätsbewilligung). JW. 87, 289.

[4] Der Konkursverwalter nie; der andere Teil auch nur, sofern er die Kündigung oder Aufhebung nicht selbst herbeigeführt hat. Mot. 92, Anm. 3 § 17, Anm. 4 § 22. — Über die Frage, ob und inwieweit der Konkursmasse, wenn im Falle teilweiser Erfüllung eines Vertrages die **Teilleistung des Gemeinschuldners einen höheren Wert** hat als die Teilgegenleistung des anderen Teiles, trotz Ablehnung weiterer Er-

füllung seitens des Verwalters ein Anspruch gegen den anderen Teil zustehen kann, vgl. Anm. 3 § 17.

[5] Handelt es sich um eine **Geldforderung**, so erhält der Gläubiger die auf sie fallende Dividende statt der Erfüllung. Ist die Forderung **nicht auf** einen **Geldbetrag** gerichtet (z. B. auf Abtretung einer Grundschuld, zu der sich der Gemeinschuldner gegen Vorauszahlung der Zessionsvaluta verpflichtet hatte), so ist sie nach den Vorschriften der §§ 69 ff. in eine Geldforderung umzuwandeln und auf diese ebenfalls die Dividende zu berechnen. RG. 17, 81, 63, 231, Anm. 3 § 17, Anm. 1 § 69.

[6] Der **Entschädigungsanspruch** wegen der Nichterfüllung umfaßt auch den Ersatz des entgangenen Gewinns. JW. 90, 204[10]. — Auch können **Vertragsstrafen** gefordert werden, die für den Fall der Nichterfüllung ausbedungen waren, selbst wenn dieser Fall erst nach der Konkurseröffnung eingetreten ist. RG. 21, 6, 26, 92, 49, 189, JW. 88, 166[6], 00, 159[26], auch Anm. 3 § 3, Anm. 3 § 17. — Wegen Unzulässigkeit der **Aufrechnung** der Schadensersatzforderung mit einem Anspruch der Masse aus demselben Vertrage auf Rückzahlung des geleisteten Angeldes s. Anm. 2 § 55.

[7] Für die Geltendmachung des Entschädigungsanspruchs bedarf es einer **Aufforderung an den Verwalter** gemäß § 17 Abs. 2 **nicht**; es genügt, daß sein Wille, von der Vertragserfüllung Abstand zu nehmen, sei es aus ausdrücklichen Erklärungen, sei es aus seinem Verhalten, sich deutlich ergibt. RG. 22, 107, Anm. 5 § 17. — Aus § 26 Satz 2 folgt, daß die dort bezeichnete **Forderung** nach der Auffassung des Gesetzes **bereits zur Zeit der Konkurseröffnung vorhanden** war, da nach § 3 Konkursgläubiger nur derjenige persönliche Gläubiger ist, der einen zur Zeit der Eröffnung des Verfahrens begründeten Vermögensanspruch gegen den Gemeinschuldner hat. Gr. 60, 1037 (W. 16, 178), vgl. RG. 58, 11, 79, 129, Gr. 57, 1072, aber auch RG. 46, 98 in Anm. 4 § 54, Anm. 2, 3 § 55. — Daraus, daß Satz 2 die Forderung für eine Konkursforderung (§ 3) erklärt, ist nicht zu entnehmen, daß auch über die Aufrechenbarkeit der Forderung eine Bestimmung getroffen werden sollte. Gr. 60, 1037. Vgl. über die **Aufrechenbarkeit** Anm. 4 § 54.

27. Erlischt[1] ein von dem Gemeinschuldner erteilter Auftrag oder ein Dienst- oder Werkvertrag der im § 23 Abs. 2 bezeichneten Art infolge der Eröffnung des Verfahrens, so ist der andere Teil in Ansehung der nach der Eröffnung des Verfahrens entstandenen Ersatzansprüche im Falle des § 672 Satz 2 des Bürgerlichen Gesetzbuchs Massegläubiger[2], im Falle des § 674 des Bürgerlichen Gesetzbuchs Konkursgläubiger[3].

[1] Er erlischt nur, wenn er sich auf das zur Konkursmasse gehörige Vermögen bezieht. § 23 Satz 1, s. dort Anm. 2. — Der Aufsichtsrat einer Aktiengesellschaft, dessen Amt und Dienstverhältnis durch die Konkurseröffnung überhaupt nicht erlischt (s. Anm. 4 § 23), hat dennoch für die Tätigkeit, zu der er nach der Konkurseröffnung noch berechtigt und verpflichtet ist (s. Anm. 4 § 207), keine Vergütung zu beanspruchen, weil die Tätigkeit im Verhältnis zu den ihm bei Fortführung der Gesellschaftsgeschäfte sonst obliegenden Aufgaben nur eine geringfügige ist. RG. 81, 338, vgl. auch 68, 227.

[2] Danach ist dem von dem Gemeinschuldner Beauftragten (§ 662 BGB.) oder betrauten Geschäftsbesorger (§ 675 BGB.), der, **weil mit dem Aufschube Gefahr verbunden** gewesen ist, die **Besorgung des Geschäfts** bis zum Eingreifen des Konkursverwalters **fortgesetzt** hat, in Ansehung der durch seine Tätigkeit begründeten Ersatzansprüche die Stellung eines Massegläubigers (§ 59 Nr. 2) eingeräumt worden. Vgl. Anm. 3, 4 § 23, auch RG. 81, 339. — Ist mit dem Rechtsverhältnis eine Vollmacht verbunden, so sind in diesem Falle die auf Grund derselben vorgenommenen Handlungen auch der Konkursmasse gegenüber wirksam. Begr. 19, vgl. Anm. 3 § 23.

[3] D. i.: wenn der **Beauftragte** (§ 662 BGB.) oder betraute Geschäftsbesorger (§ 675 BGB.) **ohne Kenntnis von** dem infolge der Konkurseröffnung eingetretenen **Erlöschen des Auftrages** die Geschäftsbesorgung, zwar ohne daß ein Fall der Dringlichkeit (Anm. 2) vorliegt, aber doch in gutem Glauben fortgesetzt hat, sollen ihm zwar auch, wie in dem Falle der Anm. 2, Ersatzansprüche aus den von ihm noch besorgten Geschäften zustehen, jedoch nicht als Massegläubiger, sondern nur als

Konkursgläubiger (§§ 3, 12). Begr. 19, vgl. Anm. 3, 4 § 23. — **Im übrigen** steht wegen Erlöschens des Auftrages bezw. des Dienst- oder Werkvertrages zufolge der Konkurseröffnung dem anderen Teil ein **Anspruch auf Entschädigung**, insbesondere auf Ersatz des entgehenden Verdienstes (z. B. weiterer Agenturprovision) **nicht** zu. RG. 63, 74, Anm. 4 § 23. Wegen der Vergütung, die er etwa für die Tätigkeit vor der Konkurseröffnung zu beanspruchen hatte, kann er nur eine Konkursforderung (§§ 3, 12) geltend machen. RG. 81, 334, Anm. 4 § 23.

28. Wird eine nach § 705 des Bürgerlichen Gesetzbuchs eingegangene Gesellschaft durch die Eröffnung des Konkursverfahrens über das Vermögen eines Gesellschafters aufgelöst[1], so ist der geschäftsführende Gesellschafter[2] in Ansehung der Ansprüche, welche ihm aus der einstweiligen Fortführung der Geschäfte nach § 728 Satz 2 des Bürgerlichen Gesetzbuchs zustehen, Massegläubiger[3], in Ansehung der ihm nach § 729 des Bürgerlichen Gesetzbuchs[4] zustehenden Ansprüche, unbeschadet der Bestimmung des § 51[5], Konkursgläubiger.

[1] § 728 Satz 1 BGB.

[2] D. i. im Falle des § 728 Satz 2 BGB. (Anm. 3) jeder Gesellschafter, der die Geschäfte fortführt, im Falle des § 729 BGB. (Anm. 4) derjenige Gesellschafter, dem durch den Gesellschaftsvertrag die Befugnis zur Geschäftsführung übertragen ist.

[3] Danach ist demjenigen **Gesellschafter, der, weil mit dem Aufschube Gefahr verbunden** gewesen ist, die **Geschäfte** so lange **fortgeführt hat**, bis der Konkursverwalter in Gemeinschaft mit den übrigen Gesellschaftern anderweit hat Fürsorge treffen können, in Ansehung der ihm aus dieser Geschäftsführung gegen den Gemeinschuldner erwachsenden Ansprüche (§§ 670, 713 BGB.) die Stellung eines Massegläubigers (§ 59 Nr. 2) gewährt. Begr. 20. Vgl. Anm. 2 § 27.

[4] D. i.: wenn der **geschäftsführende Gesellschafter** (s. Anm. 2), bis er von der Auflösung Kenntnis erlangt hat oder die Auflösung hat kennen müssen, **die Geschäfte,** zwar ohne daß ein Fall der Dringlichkeit (Anm. 3) vorliegt, aber doch **in gutem Glauben fortgeführt** hat, sollen ihm zwar auch, wie in dem Falle der Anm. 3, Ersatzansprüche aus dieser Geschäftsführung zustehen, jedoch nur als Konkursgläubiger. Begr. 20. Vgl. Anm. 3 § 27.

[5] D. i.: der geschäftsführende Gesellschafter hat wegen der ihm nach § 729 BGB. zustehenden, als Konkursforderungen geltenden Ansprüche das **Recht auf abgesonderte Befriedigung** aus dem bei der Auseinandersetzung wegen des Gesellschaftsvermögens ermittelten Anteile des Gemeinschuldners.

Dritter Titel.

Anfechtung*.

* **Vor** dem Inkrafttreten der KO. vorgenommene Rechtshandlungen: § 9 EG.KO. (oben I). Vgl. auch Art. VI EG. KOÄndG. (oben II).

Anfechtung **außerhalb des Konkurses:** AnfG. (unten V).

Anfechtung der Rückgewähr der **Einlage des stillen Gesellschafters** oder des Erlasses seines Anteils an dem Verluste auf Grund einer in dem letzten Jahre vor der Konkurseröffnung zwischen dem Inhaber des Handelsgeschäfts (Gemeinschuldner) und dem stillen Gesellschafter getroffenen Vereinbarung durch den Konkursverwalter: § 342 HGB., § 3 Abs. 1 EG.KO. (oben I). Unter Rückgewähr ist auch eine Sicherung (Pfandbestellung, Sicherungsübereignung) zu verstehen. RG. 84, 435. Ist die Sicherung aber schon im Gesellschaftsvertrage versprochen oder sonst vor Leistung der Einlage ausbedungen worden, so ist die in Erfüllung der Vereinbarung erfolgte Sicherungsleistung, auch wenn die Vereinbarung in dem letzten Jahre vor der Konkurseröffnung stattgefunden hat, nicht nach § 342 HGB., §§ 29 ff. KO. im Konkurse des Inhabers des Handelsgeschäfts anfechtbar, da in solchem Falle eine Einlage überhaupt nur unter der Bedingung der Sicherung geleistet werden sollte. RG. 84, 434.

I. Zulässigkeit.

1. Allgemein geltende Vorschriften.

29. (22.) Rechtshandlungen[1], welche vor der Eröffnung des Konkursverfahrens vorgenommen sind[2], können als den Konkursgläubigern gegenüber[3] unwirksam[4] nach Maßgabe der folgenden Bestimmungen angefochten[5] werden[6].

[1] **Rechtshandlung bedeutet** ein positives (JW. 92, 273[17]), das Vermögen um einen bereits erworbenen Bestandteil verminderndes (RG. 22, 44) oder mit neuen Verbindlichkeiten belastendes Tun, gleichviel, ob es **vertragsmäßig oder einseitig** erfolgt (Gr. 41, 1027, JW. 97, 86[27], 99, 540[27]), und ob es sich um rechtsgeschäftliche Verfügungen, wie Veräußerung, Belastung, Erlaß, Verzicht, Schuldtilgung, Aufrechnung (OLG. 35, 248), Kündigung handelt oder um obligatorische Verträge, wie Kauf, Miete, Darlehn, Bürgschaft (JW. 93, 138[18], 99, 540[27]); ein Unterlassen nur, wenn es von dem Gesetz einer bestimmten positiven Handlung gleichgestellt wird, z. B. § 331 Abs. 1 ZPO. (Zugeständnis als Folge der Versäumnis), RG. 6, 367. Vgl. Anm. 10 § 30, auch Anm. 1 § 3 AnfG. Eine Rechtshandlung, durch die lediglich eine Sache, die zufolge nichtigen Kaufs und **nichtiger Eigentumsübertragung** in den Besitz des Gemeinschuldners gelangt war, an den Verkäufer (und Eigentümer) zurückgewährt wird, ist nicht anfechtbar. RG. 70, 56. — Daß durch das Verhalten die Vergrößerung des Vermögens um einen **möglichen Erwerb ausgeschlossen** wird, genügt nicht. Mot. 115, 116, Pr. 21, 22, JW. 90, 237[12]. Hinsichtlich der **Ausschlagung von Erbschaften und Vermächtnissen** war früher zu unterscheiden, ob zum Erwerbe der Antritt der Erbschaft erforderlich war (Gem. Recht), oder ob der Erwerb sich kraft Gesetzes vollzog (Preuß. und Französ. Recht); im letzteren Falle war überhaupt nur der Konkursverwalter zur Ausschlagung befugt, im ersteren Falle war ein Verzicht vor der Antrittserklärung nicht anfechtbar, sofern nicht in dem Verzicht selbst (z. B. in Verbindung mit Übertragung der Erbschaft auf einen anderen) ein Erbantritt zu finden war. Gr. 26, 829, 34, 1192, JW. 88, 330[10], auch RG.

28, 135, 67, 431. Nach dem jetzigen § 9 steht aber die **Ausschlagung** von angefallenen Erbschaften und Vermächtnissen nur dem Gemeinschuldner zu, und zwar mit der Wirkung, daß sie sich nicht als Verzicht auf ein bereits erworbenes Recht, sondern als Nichtannahme eines angetragenen Rechts darstellt (vgl. § 1953 Abs. 1, § 2180 Abs. 3 BGB.); es ist daher die Anfechtung ausgeschlossen. RG. 54, 289, OLG. 4, 175, Anm. 1 § 9, auch Anm. 2 § 7 AnfG. (unten V), RG. 67, 431, 84, 347 (ebenso hinsichtlich Anfechtung außerhalb des Konkurses). Dies gilt auch von der **Entsagung** eines bereits angefallenen, aber durch Investitur noch nicht übernommenen **preußischrechtlichen Lehns** (vgl. Art. 59 EG.BGB., § 5 EG.KO., Art. 89 PrAG.BGB., §§ 643 ff. I 18 PrALR.), auf das § 9 entsprechend anzuwenden ist (s. Anm. 1 § 9). RG. 84, 347 (ebenso hinsichtlich Anfechtung außerhalb des Konkurses). Als (unanfechtbarer) Verzicht auf einen möglichen Erwerb eines Vermögenswertes ist es auch anzusehen, wenn der nachmalige Gemeinschuldner als Arzt seine **ärztliche Praxis** (die an sich keinen dem Zugriff der Gläubiger unterliegenden Vermögensbestandteil darstellt, s. unten u. Anm. 3 § 1) an einen andern Arzt verkauft, aber die Zahlung des Kaufpreises an einen Dritten bedungen hat. Gr. 58, 1109. — Dagegen kann die **Abtretung eines aufschiebend bedingten Anspruchs** (z. B. auf Gewährung eines Darlehns, bedingt durch Eintragung einer Hypothek an erster Stelle und Aufführung eines Neubaues auf dem Grundstück des Versprechensempfängers) der Anfechtung unterliegen, wobei als Zeitpunkt der Vornahme der anfechtbaren Rechtshandlung die Zeit der Abtretung, nicht etwa erst die Zeit des Eintritts der Bedingung anzusehen ist. Gr. 54, 1164, Anm. 8 § 30. Dies gilt auch, wenn das Bezugsrecht auf die nach dem Tode des Versicherungsnehmers zahlbare Lebensversicherungssumme, falls der Vertrag (nicht von Anfang an zugunsten eines Dritten, sondern) zu eigenen Gunsten des Versicherungsnehmers oder zugunsten seiner Erben oder ohne Benennung eines Bezugsberechtigten geschlossen ist, an einen Dritten abgetreten oder sonst einem Dritten zugewiesen wird. RG. 62, 46, 66, 158, Anm. 4 § 32. — Über Anfechtung der Veräußerung eines **Firmenrechts** s. Gr. 38, 1184; vgl. §§ 22, 23 HGB. (Veräußerung ohne das Handelsgeschäft überhaupt unzulässig).

— **Anfechtbare Rechtshandlungen** sind z. B. **auch:** Abrechnungen, selbst wenn sie nicht einen selbständigen Verpflichtungsgrund, sondern nur außergerichtliche Geständnisse enthalten, JW. 93, 138[18]; Auftrag des Gemeinschuldners an seinen Schuldner, den geschuldeten Betrag an seinen, des Gemeinschuldners, Gläubiger zu zahlen, JW. 99, 540[27], 01, 405[23]; Verminderung der Einlage des Kommanditisten einer in Konkurs geratenen Kommanditgesellschaft (z. B. zufolge Aufrechnungsabrede), soweit sie nicht schon nach § 172 Abs. 3 HGB. den Gläubigern gegenüber überhaupt unwirksam ist, RG. 37, 88; Bestellung einer Hypothek an einem zur Konkursmasse gezogenen Grundstück, wenn nach Lage des konkreten Falles dem Interesse der Konkursgläubiger durch die Anfechtung sicher gedient wird, JW. 93, 138[17]. **Dagegen** ist die Einsendung eines Betrages seitens des Gemeinschuldners an seinen Gläubiger im Auftrage und für Rechnung eines Dritten, der die Bürgschaft übernommen hat, behufs Ablösung der Bürgschaftsverpflichtung **keine** der Anfechtung unterliegende Rechtshandlung. JW. 00, 16[24]. Ebensowenig eine Zahlung an den Gläubiger des Gemeinschuldners auf dessen Anweisung seitens eines Dritten, der nicht Schuldner des Gemeinschuldners ist, sondern die Zahlung nur leistet, um selbst Gläubiger des Gemeinschuldners zu werden. JW. 01, 405[23]. Ist der zahlende Angewiesene Schuldner des Gemeinschuldners, so kann die Zahlung anfechtbar sein, aber nicht nach der Richtung, daß der Anfechtungsgegner durch die Anweisung eine sog. inkongruente Deckung im Sinne des § 30 Nr. 2 erlangt habe. Gr. 54, 1167, Anm. 14 § 30. — Anfechtbare **Rechtshandlungen,** die von dem Gemeinschuldner **in einem Prozeß** vorgenommen worden sind: Anm. 1 § 3 AnfG. — Die Rechtshandlungen müssen solche sein, **die von dem Gemeinschuldner oder ihm gegenüber vorgenommen** worden sind. Vgl. RG. 2, 374. Ob der Gemeinschuldner Inländer oder Ausländer ist, ist unerheblich. OLG. 32, 372. Ist eine Pfändung in das Vermögen einer offenen Handelsgesellschaft ausgebracht und hat der Gemeinschuldner dieses Vermögen, belastet mit dem Pfändungspfandrecht, erworben, so kann der Konkursverwalter des Erwerbers die Pfändung nicht anfechten, selbst wenn dieser Gesellschafter gewesen ist. JW. 97,

307[20]. Im Falle der liquidationslosen Verschmelzung von Aktiengesellschaften (§ 306 HGB.) ist, wenn die übernehmende Gesellschaft Vermögensstücke der übernommenen Gesellschaft an einen Gläubiger zur Sicherheit für Forderungen gegen sie übereignet und demnächst Konkurs über das Vermögen der übernehmenden und Sonderkonkurs über das Vermögen der übernommenen Gesellschaft eröffnet wird, hinsichtlich der Anfechtung der Übereignung die übernehmende Gesellschaft als die Gemeinschuldnerin zu erachten. RG. 84, 251. — Die Anfechtung findet auch dann statt, wenn der durch die Rechtshandlung weggegebene **Gegenstand einem Dritten gehört** hat, da dieser, wenn der Gegenstand nicht zurückverlangt würde, einen Anspruch auf Werterstattung gegen die Konkursmasse hätte. JW. 88, 289[12], OLG. 15, 234. Daher kann auch die Veräußerung einer dem Gemeinschuldner unter Eigentumsvorbehalt verkauften und übergebenen Sache der Anfechtung unterliegen. RG. 67, 20, Anm. 6 § 30. Hinsichtlich Anfechtung: der Befriedigung eines Ersatzanspruchs wegen widerrechtlich erfolgter Verfügung über eine dem Gläubiger gehörige Sache s. JW. 96, 4[15]; der Übertragung eines Anspruchs auf Leistung einer Sache an einen Dritten, so daß an diesen die Sache (z. B. das dem Gemeinschuldner verkaufte Grundstück) von dem Verpflichteten zu leisten ist, s. RG. 43, 83, JW. 00, 624[9]. — Sie ist nicht deshalb ausgeschlossen, weil die jetzigen Konkursgläubiger nicht schon zur Zeit der Rechtshandlung Gläubiger des Gemeinschuldners waren. RG. 13, 166, 15, 62, 26, 11. Allgemeines Erfordernis für die Anfechtung ist es auch nicht, daß das Vermögen des Gemeinschuldners schon zur Zeit der Rechtshandlung unzulänglich gewesen oder durch sie unzulänglich geworden ist. JW. 82, 143, auch 94, 57[10]. Doch ist **allgemeines Erfordernis**, daß die **Gläubiger** durch die Rechtshandlung **benachteiligt** sind, RG. 14, 313, 33, 122, 36, 163, 48, 151, 51, 45, 52, 229, 81, 144, JW. 99, 540[28], 04, 550[23], W. 19, 82, 168, daß also entweder ein Vermögensbestandteil aufgegeben, RG. 10, 8, 81, 145, JW. 14, 255[17], 19, 34[1], W. 15, 64, Gr. 36, 1131, oder die Passivmasse vergrößert ist, RG. 39, 166, 81, 145. Benachteiligung kann z. B. vorliegen, wenn eine offene Handelsgesellschaft aufgelöst ist, der spätere Gemeinschuldner das Geschäft übernahm, der andere seinen Anteil als Darlehn stehen ließ und dafür Maschinen zur Sicherung übereignet erhielt. JW. 19, 34[1]. **Benachteiligung liegt nicht vor:** wenn der Hypothekengläubiger, dessen Hypothek vom Käufer des dem nachmaligen Gemeinschuldner gehörig gewesenen Grundstücks vor Konkursausbruch übernommen worden ist, vom Käufer die Hypothek ausbezahlt erhält, da er ohnehin auf Grund seines dinglichen Hypothekenrechts Anspruch auf Befriedigung aus dem Grundstück hatte, W. 19, 168; wenn der nachmalige Gemeinschuldner als Arzt seine ärztliche Praxis verkauft hat, da diese kein Vermögensbestandteil des betreibenden Arztes ist, Gr. 58, 1108 (JW. 14, 210[26]), s. auch Anm. 3 § 1; wenn sich der Wert für den entäußerten Bestandteil in der Masse befindet, insbesondere bei Veräußerungen eine gleichwertige Gegenleistung an den Gemeinschuldner gelangt ist, RG. 10, 8, 27, 98, 29, 77, 51, 65, JW. 86, 14, 96, 127[28]; wenn der veräußerte Gegenstand wegen der darauf ruhenden Lasten kein Befriedigungsmittel für die Konkursgläubiger abgeben würde, RG. 21, 49, 39, 92, 64, 339, Gr. 36, 1131, JW. 94, 547[16], [17], 95, 83[6], Anm. 6 § 31. Auch unterliegt eine an sich anfechtbare Rechtshandlung der Anfechtung insoweit nicht, als sie einen die Gläubiger benachteiligenden Erfolg nicht gehabt hat oder als dieser Erfolg zur Zeit der Geltendmachung der Anfechtung wieder beseitigt war. RG. 14, 313, 15, 65, 27, 99, 29, 79, 48, 151, 51, 43, Gr. 33, 1105, 51, 1109, JW. 99, 540[28], 00, 16[24], 03, 51[22], W. 11, 354, 12, 469, 14, 162, Anm. 6 § 30. **Dem Erfordernis** der Benachteiligung wird **aber genügt,** wenn die Gesamtheit der Gläubiger benachteiligt ist, mag auch in Beziehung auf den einzelnen Gläubiger die Rechtshandlung für den Gemeinschuldner nach seiner Vermögenslage vor der Konkurseröffnung von Vorteil sein. RG. 10, 8, 53, 235, JW. 00, 651[10], OLG. 7, 267. Benachteiligung liegt also z. B. vor, wenn der Gemeinschuldner eine Hypothek bestellt, um mit dem Darlehnsbetrage einzelne Gläubiger zu befriedigen, von denen er Strafanzeige befürchtet. OLG. 35, 246. — Überhaupt **nichtige Rechtsgeschäfte** unterliegen nicht der Anfechtung gemäß §§ 29 ff., weil sie keine Rechtshandlungen sind. JW. 84, 271, 87, 96, 99, 438[21]. Das gleiche gilt nach § 117 BGB. von dem **Scheingeschäft.** Die Anfechtung richtet sich nur gegen an sich rechtsgültige Rechtshandlungen. JW. 87, 78, 96, auch RG. 4,

248, 68, 153, Gr. 24, 546, 1022, 27, 467. Jedoch kann der Konkursverwalter die auf das Vorliegen eines Scheingeschäfts gegründete Klage hilfsweise auch auf das Vorliegen eines Anfechtungsgrundes stützen. RG. 32, 230, 37, 103, 50, 121, 52, 335, Gr. 27, 1084. Auch besteht bei einem zum Schein vorgenommenen Geschäfte die Möglichkeit, daß sich rechtliche Wirkungen ergeben, die für die Gläubiger des Gemeinschuldners nachteilig sind und dem Konkursverwalter genügenden Grund zur Ausübung des Anfechtungsrechts bieten. Vermag der Verwalter die im Gesetz besonders bestimmten Voraussetzungen der Anfechtbarkeit einer Rechtshandlung nachzuweisen, so ist ihm in einem solchen Falle das Vorliegen eines Scheingeschäfts nicht hinderlich und nicht schädlich (z. B. wenn auf den Anfechtungsgegner vom Gemeinschuldner eine Grundschuld zwar zum Schein, aber doch in notarieller Urkunde und unter Übergabe des Grundschuldbriefes übertragen ist oder der Gemeinschuldner dem Anfechtungsgegner eine Hypothek zwar ohne Entgelt bestellt hat, aber die Hypothek für den Anfechtungsgegner eingetragen und der Hypothekenbrief ihm übergeben ist). JW. 11, 595[49], 14, 304[10]. Vgl. auch Anm. 5 § 1 AnfG.

[2] Wenn **nach der Konkurseröffnung** (§ 108), bedarf es keiner Anfechtung, da die Handlung den Konkursgläubigern gegenüber unwirksam ist: § 7. — Sind die vom Gemeinschuldner nach der Konkurseröffnung vorgenommenen Rechtshandlungen mit Rücksicht auf den öffentlichen Glauben des Grundbuchs ausnahmsweise den Konkursgläubigern gegenüber wirksam (§ 7 Abs. 1 Halbs. 2), so können sie, wenn die Voraussetzungen dafür gegeben sind, vom Verwalter angefochten werden: § 42, RG. 68, 154, 81, 425, vgl. Anm. 10 § 15, Anm. 1 § 42.

[3] Die von dem Konkursverwalter erstrittene **Unwirksamkeitserklärung** wirkt **nur zugunsten** der Konkursmasse und der **Konkursgläubiger**, nicht auch zugunsten eines mitinteressierten Dritten (z. B. eines Absonderungsberechtigten). RG. 20, 29, 25, 63, 30, 93, 52, 85, Gr. 36, 1113. So haben, wenn ein im Grundbuch eingetragenes Recht (Hypothek, Grundschuld 2c.) vom Verwalter angefochten wird, die nachfolgenden Berechtigten keinen Anspruch auf Beseitigung des Rechts. RG. 20, 29, 24, 96, 52, 86, Gr. 34, 893, 36, 1113. — **Unter** den bei der Rechts-

handlung **Beteiligten** bleibt jene trotz der Anfechtung in **Wirksamkeit,** insbesondere kann der Gemeinschuldner, wenn etwa der Konkurs durch Zwangsvergleich (§ 190) oder Einstellung (§§ 202, 204) beendigt wird, dem Vertragsgegner gegenüber nicht die Anfechtbarkeit geltend machen. RG. 7, 35, 30, 404, 31, 42, OLG. 1, 176, Anm. 4; vgl. auch Anm. 4 § 1 sowie § 13 Abs. 4 AnfG. Über die Einwirkung einer solchen Konkursbeendigung auf einen anhängigen Anfechtungsprozeß s. Anm. 2 § 37, Anm. 2 § 166, Anm. 2 § 190.

[4] Bis zur Ausübung der Anfechtung ist die Rechtshandlung gültig und wirksam; sie verliert durch die Anfechtung den Gläubigern gegenüber ihre Wirksamkeit auch nur für die Zukunft, während die Folgen, die sie bis dahin erzeugt hat, nicht rückwärts zusammenfallen. **Die Anfechtung hat nicht** eine auf die Vergangenheit sich erstreckende **dingliche Wirkung,** führt **nicht** (rückwirkend) **Richtigkeit** der Rechtshandlung (von Anfang an) herbei, sondern gibt **nur** einen **obligatorischen Anspruch** auf Rückgewähr. RG. 13, 6, 30, 404, 32, 24, 40, 5, 42, 365, 44, 32, 58, 107, OLG. 25, 327, 328, auch RG. 68, 153, JW. 04, 368[16], Gr. 49, 1097, OLG. 5, 422, Anm. 3; vgl. auch Anm. 4 § 1 AnfG. Deshalb wird eine außergerichtliche Vorpfändung (§ 845 ZPO.), die vor der Zahlungseinstellung und, soweit innerhalb 10 Tagen vorher, ohne Begünstigungsabsicht des Gemeinschuldners erfolgt ist, durch rechtzeitig (innerhalb 3 Wochen) nachfolgende gerichtliche Pfändung wirksam und unanfechtbar, selbst wenn die gerichtliche Pfändung erst nach der Zahlungseinstellung geschehen ist. RG. 42, 365. Anders jedoch, wenn die gerichtliche Pfändung erst nach der Konkurseröffnung erfolgt: Anm. 2 § 14.

[5] Die **Geltendmachung der Anfechtung** kann nur in einem Rechtsstreit, aber sowohl im Wege der **Klage** und **Widerklage** als auch der **Einrede** oder **Replik** erfolgen. RG. 19, 202, 58, 46, OLG. 25, 330, auch 52, 334, Anm. 2 § 41 KO., Anm. 6 § 1 AnfG. (unten V). Es bedarf nicht gerade der Erklärung der „Anfechtung“; es genügt, daß sie sich inhaltlich aus der Klage ergibt. OLG. 35, 248. Durch eine Erklärung **außerhalb eines Prozeßverfahrens** gegenüber dem Anfechtungsgegner kann die Anfechtung **nicht wirksam** geltend gemacht werden; die für die Anfechtung auf Grund der §§ 119, 120,

123 gegebene Vorschrift des § 143 BGB. („die **Anfechtung** erfolgt durch Erklärung gegenüber dem Anfechtungsgegner") findet auf die Konkurs(Gläubiger)anfechtung keine Anwendung, da durch die Konkursordnung (und das Anfechtungsgesetz) ein obligatorischer Rückgewähranspruch gegeben ist, der aus der anfechtbaren Handlung selbst, nicht aus der Anfechtung als einer rechtsgeschäftlichen Erklärung entspringt. RG. 58, 44, Gr. 49, 1092, JW. 04, 496[25], 06, 104[3], OLG. 25, 330, auch (für das Anfechtungsgesetz) RG. 52, 334, Anm. 2 § 41 KO., Anm. 6 § 1 AnfG. (unten V). Auch eine Anfechtungserklärung **in einem vorbereitenden Schriftsatz**, selbst wenn er dem Anfechtungsgegner zugestellt wird, **genügt nicht**, insbesondere auch nicht zur Wahrung der Ausschlußfrist des § 41, vielmehr kann die Geltendmachung nur in der mündlichen Verhandlung wirksam erfolgen. RG. 58, 44, JW. 12, 307[28] (anders für das AnfG. RG. 52, 334). — **Der Klagantrag** ist nicht auf Anfechtbarkeit, sondern auf Feststellung der Unwirksamkeit nach § 256 ZPO. zu richten, falls der Leistungsanspruch nicht sofort formuliert werden kann, JW. 08, 458[29], OLG. 35, 64, im übrigen sofort auf Rückgewähr des infolge des unwirksamen Geschäfts weggegebenen Gegenstandes gemäß § 37, Mot. 112, 113. Vgl. jedoch Anm. 3 § 9 AnfG. Letztere Klage ist immer eine Leistungs-, nie eine Feststellungsklage. JW. 96, 249[18]. — Über Zulässigkeit der **Einrede** der Anfechtung **noch in der Berufungsinstanz** vgl. Anm. 1 § 5 AnfG. (unten V). — Der Verwalter kann eine **Klage** auch **auf das Recht des Gemeinschuldners stützen** und dem dann vom Anfechtungsgegner aus der anfechtbaren Handlung entgegengestellten Einwande durch die **Replik der Anfechtung** begegnen. Mot. 112, 113 u. oben. — Durch Anerkennung des Saldos eines Kontokurrents und dessen Eintragung in die Tabelle wird der Verwalter nicht behindert, die einzelnen Geschäfte, auf die sich die Saldoposten beziehen, anzufechten. RG. 27, 91, JW. 93, 159[13]. Handelt es sich dagegen um ein zweiseitiges fortdauerndes Vertragsverhältnis und hat der **Verwalter durch sein Verhalten** zu erkennen gegeben, daß er in den Vertrag eintrete, so kann angenommen werden, daß er **sich des Anfechtungsrechts begeben** hat. JW. 97, 170[20]. Auch sonst kann aus Handlungen des Verwalters, namentlich aus Anerkenntnissen der betreffenden

Rechtserwerbe, ein rechtsverbindlicher Verzicht auf das Anfechtungsrecht entnommen werden. JW. 85, 7, Gr. 48, 415. — Der Verwalter kann das ihm zustehende **Anfechtungsrecht** (oder den durch Abgabe der Anfechtungserklärung entstandenen Anfechtungsanspruch, JW. 09, 657[8]) **nicht auf einen anderen** (sei es ein einzelner Konkursgläubiger oder der Gemeinschuldner nach Beendigung des Konkurses oder ein interessierter Dritter) **übertragen,** weil die Abtretung mit den Bestimmungen der KO. über den Zweck und die Wirkungen der Anfechtung nicht vereinbar ist. RG. 30, 72, 39, 13, JW. 09, 657[8], auch Anm. 2 § 36 und Anm. 6 § 1 AnfG. — Der **Einwand, die Konkurseröffnung hätte nicht stattfinden dürfen,** ist im Anfechtungsprozesse nicht zu beachten. JW. 99, 728[6]. — **Für** die **Anfechtungsklagen** ist der **Gerichtsstand** des § 29 ZPO. nicht begründet („Anfechtung" nicht gleich „Aufhebung" eines Vertrages). RG. 30, 402. Wegen des dinglichen Gerichtsstandes (§ 24 ZPO.) für Anfechtungsklagen auf Bewilligung der Löschung einer angefochtenen Hypothek s. RG. 52, 82. — Der Gerichtsstand der unerlaubten Handlung (§ 32 ZPO.) ist für Klagen aus § 30 Nr. 1, 2 oder § 32 nicht begründet (auch nicht für Klagen aus § 3 Nr. 3, 4 AnfG.), RG. 21, 420, JW. 88, 327[1], 15, 251[13], Gr. 38, 1200; dagegen wohl für Klagen aus § 31 Nr. 1 (auch aus § 3 Nr. 1, 2 AnfG.). RG. 21, 420, JW. 99, 606[2], auch RG. 48, 401, 50, 410, JW. 04, 368[36], OLG. 3, 53. Handelt es sich im letzteren Fall um Verkauf von Waren, so stellt sich sowohl der Abschluß des Kaufgeschäfts als auch die Absendung der Waren als die unerlaubte Handlung dar. JW. 99, 606[2]. — Klagen, welche die Anfechtung einer Pfändung bezwecken, müssen bei dem Gericht erhoben werden, in dessen Bezirk die Zwangsvollstreckung erfolgt ist (§ 771 ZPO.). Der Gerichtsstand ist ein ausschließlicher (§ 802 ZPO.), Vereinbarung eines anderen Gerichtsstandes ist unzulässig (§§ 12, 38, 39, 40 Abs. 2 ZPO.). Auf Befolgung dieser Vorschriften können die Parteien nicht wirksam verzichten (§ 295 ZPO.). Diese ausschließliche Zuständigkeit besteht auch dann, wenn das Pfandstück zwar verkauft, jedoch der Erlös bei einem Dritten zur Sicherstellung hinterlegt ist. RG. 18, 393, 30, 394, 40, 372, Gr. 38, 180, 492, 46, 1094, JW. 94, 122[18], 427[24], 95, 202[15], 01, 330[18], OLG. 29, 194 (vgl. jedoch

OLG. 20, 344, 29, 197, wo § 771 ZPO. auf die genannte Anfechtungsklage nicht für anwendbar erachtet wird, weil diese nicht wie die Widerspruchsklage aus § 771 ZPO. auf Feststellung vollkommener Ungültigkeit der Vollstreckung und auf Freigabe der gepfändeten Sachen zugunsten eines Dritten, sondern nur auf Freigabe zugunsten des Schuldnervermögens gerichtet sei). — Es liegt eine unzulässige **Änderung der Klage** (§§ 264, 268 ZPO.) vor, wenn eine Anfechtung, die in der Klage auf § 31 Nr. 1 gegründet ist, später auf § 30 oder § 32 gestützt wird und umgekehrt. RG. 22, 390, auch JW. 03, 46[6]. Dagegen nicht, wenn von einem Antrag auf Bewilligung der Löschung einer angefochtenen Hypothek zu einem Antrag auf Bewilligung der Zuweisung des Zwangsversteigerungserlöses des verpfändeten Grundstücks an die Konkursgläubiger übergegangen wird. RG. 52, 82. Über die Frage der Klagänderung im Verhältnis der Anfechtung nach Nr. 1 zu der nach Nr. 2 des § 30 vgl. Anm. 1 § 30. — Der **Wert des Streitgegenstandes** ist gemäß § 3 ZPO. nach freiem Ermessen zu schätzen. RG. 47, 375. Er bemißt sich nach dem Werte der Leistungen, deren Erlangung gemäß § 37 Ziel der Anfechtungsklage ist. JW. 99, 304[12]. Hieran ändert auch ein Antrag auf Feststellung der Anfechtbarkeit nichts, da diese nur eine Voraussetzung des Anspruchs auf die Leistungen ist. JW. 99, 304[12]. Über den Wert des Streitgegenstandes, wenn das zurückzugewährende Grundstück mit Hypotheken belastet war: RG. 34, 405, Gr. 45, 367. Vgl. auch AnfG. (unten V) § 1 Anm. 6 a. E.

[6] Die nach der KO. und dem AnfG. anfechtbaren Rechtsgeschäfte, insbesondere die fraudulösen Geschäfte des § 31 Nr. 1 KO. und des § 3 Nr. 1 AnfG., denen ein sonstiger Mangel nicht anhaftet, können **nicht** gemäß §§ 134, 138 BGB. wegen Verstoßes gegen die guten Sitten und gesetzliche Verbote **als nichtig angefochten** werden. RG. 69, 143, JW. 09, 697[33], 10, 38[61], auch 56, 230, Gr. 49, 351.

30. (23.) **Anfechtbar sind[1]:**

1. die nach der Zahlungseinstellung[2] oder dem Antrage auf Eröffnung des Verfahrens[3] von dem

Gemeinschuldner eingegangenen Rechtsgeschäfte[4], durch deren Eingehung[5] die Konkursgläubiger benachteiligt[6] werden, wenn dem anderen Teile[7] zu der Zeit[8], als er das Geschäft einging, die Zahlungseinstellung[2] oder der Eröffnungsantrag[3] bekannt[7,9] war; sowie die nach der Zahlungseinstellung[2] oder dem Eröffnungsantrage[3] erfolgten Rechtshandlungen[10], welche einem Konkursgläubiger[11] Sicherung oder Befriedigung[12] gewähren, wenn dem Gläubiger zu der Zeit, als die Handlung erfolgte, die Zahlungseinstellung[2] oder der Eröffnungsantrag[3] bekannt[7,9] war;

2. die nach der Zahlungseinstellung[2] oder dem Antrage auf Eröffnung des Verfahrens[3] oder in den letzten zehn Tagen[13] vor der Zahlungseinstellung[2] oder dem Eröffnungsantrage[3] erfolgten Rechtshandlungen[10], welche einem Konkursgläubiger[11] eine Sicherung oder Befriedigung gewähren, die er nicht oder nicht in der Art oder nicht zu der Zeit zu beanspruchen[14] hatte, sofern er nicht beweist[15], daß ihm[7] zur Zeit der Handlung weder die Zahlungseinstellung[2] und der Eröffnungsantrag[3], noch eine Absicht des Gemeinschuldners, ihn vor den übrigen Gläubigern zu begünstigen[16], bekannt[7,9] war.

[1] **Beschränkung:** § 33 (bezüglich der 6 Monate vor der Konkurseröffnung liegenden Rechtshandlungen). — **Gerichtsstand:** Anm. 5 § 29. — Eine **Klagänderung** liegt darin, daß der Kläger die Anfechtung zunächst auf § 30 Nr. 1 gestützt, demnächst (sei es auch nach Ablauf der Frist des § 41) sich auf § 30 Nr. 2 berufen hat, jedenfalls dann nicht, wenn die tatsächlichen Behauptungen der Klage von vornherein schon die

Voraussetzungen für die Anfechtung (z. B. einer Pfändung, s. Anm. 14) nach § 30 Nr. 2 ergeben. RG. 79, 390. Umgekehrt steht der Umstand, daß der Kläger zunächst nur den § 30 Nr. 2 angerufen hat, der demnächstigen Geltendmachung der Anfechtbarkeit nach § 30 Nr. 1 jedenfalls dann nicht entgegen, wenn die für diese Anfechtung erforderlichen Tatsachen bereits von vornherein vorgebracht waren. W. 11, 49. Über Klagänderung im Verhältnis einer Anfechtung nach § 30 zu einer solchen nach § 31 s. Anm. 5 § 29.

[3] **Begriff der Zahlungseinstellung**: Anm. 4 § 102. Vgl. auch § 199 (Tag der Zahlungseinstellung bei Wiederaufnahme des Verfahrens nach Aufhebung eines Zwangsvergleichs). — Auch im Nachlaßkonkurse sowie im Konkurse über das Gesamtgut bei ehelicher Gütergemeinschaft (§ 236) kommt es auf den Zeitpunkt der Zahlungseinstellung, nicht den der Überschuldung an. JW. 85, 92, 90, 83[15]. — Die Zahlungseinstellung des § 30 ist diejenige, die für die Konkurseröffnung maßgebend geworden ist. RG. 100, 65, JW. 16, 1118[8]. Im Falle des § 30 Nr. 2 muß die Rechtshandlung in zeitlichem Zusammenhange mit der Zahlungseinstellung stehen, wobei nicht an eine beliebige, wieder beseitigte **Zahlungseinstellung** zu denken ist, sondern nur an eine solche, **auf die die spätere Konkurseröffnung zurückzuführen** ist. RG. 69, 257. Im Falle des § 30 Nr. 1 unterliegt der Anfechtung nur eine Befriedigung oder Sicherung, die nach der für den Konkurs ursächlich gewordenen Zahlungseinstellung erfolgt ist. JW. 08, 342[20] (Bedeutung eines Moratoriums im Verhältnis zur Zahlungseinstellung). War über den Gemeinschuldner die Geschäftsaufsicht auf Grund der VO. über die Geschäftsaufsicht zur Abwendung des Konkurses v. 14. 12. 16 in d. Fass. v. 14. 6. 24 eingeleitet gewesen, so kommt es für die Frage, ob **Rechtshandlungen des Aufsichtsschuldners** oder **Sonderzugriffe eines Gläubigers**, die in zulässiger Weise **während** des **Aufsichtsverfahrens** vorgenommen worden sind, der Anfechtung in dem demnächst eröffneten Konkurse gemäß § 30 unterliegen, nicht auf die etwaige Zahlungseinstellung vor Einleitung der Geschäftsaufsicht oder auf die bei dieser festgestellten Zahlungsunfähigkeit an, RG. 100, 62, Gr. 65, 630 (W. 21, 132), sondern auf die **Zahlungseinstellung**, die etwa bereits **während des Aufsichts-**

verfahrens deswegen vorgelegen hat, weil der Aufsichtsschuldner schon die Forderungen der vom Verfahren nicht betroffenen Gläubiger, namentlich der sog. Neugläubiger, nicht zu befriedigen vermocht hat, **oder** die doch **nach Aufhebung** der Geschäftsaufsicht dadurch eingetreten ist, daß der Schuldner nun die erneut fällig gewordenen Forderungen der Altgläubiger und die noch fällig werdenden Forderungen der Neugläubiger nicht hat befriedigen können. RG. 100, 62.

[3] §§ 103—105. Vgl. auch § 106 (Veräußerungsverbot und sonstige vorläufige Sicherheitsmaßregeln). — **Unerheblich** ist nicht nur, aus welchen Beweggründen und zu welchen Zwecken der Eröffnungsantrag gestellt worden ist, sondern auch, **ob** der **Antrag** die **erforderliche Glaubhaftmachung** bereits in ausreichender Weise enthält oder ob und wann diese etwa nachträglich erbracht wird; zur Anfechtung reicht aus, daß der Konkursrichter den Antrag so, wie er vorliegt, zum Anlaß eines Vorgehens nimmt und in dessen Verlaufe den Konkurs eröffnet, mag er auch inzwischen dem Antragsteller Auflagen gemacht und seinerseits Ermittelungen angestellt haben. RG. 88, 237. — Der Einwand, daß die Zahlungsunfähigkeit erst nach dem Eröffnungsantrage und nach der angefochtenen Rechtshandlung eingetreten sei, ist unerheblich. RG. 36, 73.

[4] **„Rechtsgeschäfte"** sind im Gegensatz zu dem weiteren Begriff der „Rechtshandlungen" (s. Anm. 10) **nicht einseitige Handlungen** des Gemeinschuldners, wie einseitige Verzichte oder Erfüllungshandlungen, sondern Verträge des Gemeinschuldners mit einem anderen oder doch solche Handlungen des Gemeinschuldners, die von einem anderen genehmigt sind (zwei- und einseitige Verträge), insbesondere vertragsmäßige Entäußerungen. Z. B. Kauf über, Verkauf unter dem Wert, Darlehnsgewährung, Erlaßvertrag (§ 397 Abs. 1), negativer Schuldanerkennungsvertrag (§ 397 Abs. 2 BGB.), Eingehung einer Wechselverpflichtung. — Hierzu (nicht zu den Erfüllungshandlungen, s. Anm. 12) sind auch die zufolge eines Kreditvertrages, der eine **gegenseitige Kreditgewährung** zum Gegenstande hat, erfolgenden einzelnen Leistungen zu zählen. JW. 97, 368[6]. Rechtsgeschäfte, welche die **Herbeiführung einer Aufrechnung** bezwecken, können sowohl dann angefochten werden, wenn gewisse Gegenstände unmittelbar an

Zahlungs Statt hingegeben wurden, als auch dann, wenn ein wirklicher Verkauf beabsichtigt war, der Käufer aber den von ihm zu bezahlenden Kaufpreis zur Aufrechnung verwenden, also durch das abgeschlossene Geschäft mittelbar Befriedigung erlangen sollte. RG. 26, 85, JW. 95, 82[4]. Jedoch kann, wenn die Gegenforderung des Anfechtungsbeklagten zu Recht besteht, die bloße Aufrechnung mit dieser nicht angefochten werden, es sei denn, daß das die Gegenforderung begründende Rechtsgeschäft anfechtbar ist. JW. 95, 82[4]. — Daß durch das vom Gemeinschuldner eingegangene Rechtsgeschäft der **Vertragsgegner** einen **persönlichen Vorteil** erlangt, ist **nicht** unbedingtes **Erfordernis** der Anfechtung nach Nr. 1 Halbs. 1, wie überhaupt das Anfechtungsrecht eine Bereicherung des Anfechtungsgegners nur ausnahmsweise innerhalb der Tatbestände der sog. Schenkungsanfechtung (§ 37 Abs. 2) erfordert; so kann z. B. die Abtretung von Forderungen der Anfechtung auch dann unterliegen, wenn der Zessionar nur als Vertreter von Gläubigern des Gemeinschuldners die Forderungen einziehen und den Erlös an die Gläubiger abführen soll und wenn er selbst nicht Gläubiger des Gemeinschuldners ist. JW. 11, 107[44] (W. 11, 49). — **Leistungen eines Schuldners** des Gemeinschuldners, die an letzteren in Erfüllung bestehender Verbindlichkeiten geschehen, sind wegen Kenntnis von der Zahlungseinstellung nicht anfechtbar. Mot. 121, RG. 90, 72, OLG. 32, 373. Desgleichen nicht wirkliche **Bargeschäfte**, bei denen also Leistung und Gegenleistung Zug um Zug ausgetauscht werden. RG. 100, 64. Ebensowenig ein vom Gemeinschuldner seiner Bank gegebener Auftrag, aus seinem Guthaben an einen Dritten zu zahlen, denn die auftragsgemäß erfolgende Zahlung steht der Zahlung an ihn gleich; nur der Erwerb des Dritten kann angefochten werden. OLG. 32, 373. — Macht der nachmalige **Gemeinschuldner**, der einen **Gegenstand** an seinen Gläubiger **verpfändet** hat, **von** dem ihm nach § 1223 Abs. 2 BGB. zustehenden **Einlösungsrechte Gebrauch** und gibt der Gläubiger den Pfandgegenstand gegen Befriedigung wegen seiner durch das Pfand gesicherten Forderung an den nachmaligen Gemeinschuldner zurück, so stellt sich die Maßnahme des nachmaligen Gemeinschuldners nicht als ein von ihm eingegangenes Rechtsgeschäft im Sinne der Nr. 1 Halbs. 1 dar, sondern als eine aus freier Entschließung vorgenommene Rechtshandlung, welche die Anfechtung nach dieser Vorschrift nicht begründet. RG. 90, 72. — Vgl. auch Anm. 1 § 29 und Anm. 5 § 31, sowie JW. 82, 224.

[5] „**Durch die Eingehung**" der anzufechtenden Rechtsgeschäfte müssen die Konkursgläubiger **benachteiligt** worden sein, d. h. unmittelbar durch den Abschluß eines Vertrages, der dem Gemeinschuldner kein gleichwertiges Entgelt gewährt. RG. 29, 77, JW. 94, 546[14], 95, 127[7], Gr. 58, 1112. Es genügt daher zur Anfechtung nicht, wenn die Benachteiligung erst nach Eingehung des Geschäftes durch die späteren Schicksale der Gegenleistung, sei es durch Zufall (z. B. Untergang oder Verschlechterung der Gegenleistung bis zur Konkurseröffnung) oder durch Verfügungen des Gemeinschuldners (z. B. Verbrauch des baren Entgelts) eintritt. RG. 27, 99, 29, 78, 106, 167, JW. 95, 127[7], 97, 633[15], Gr. 58, 1112 (entgegen RG. 18, 123), OLG. 35, 246, s. auch RG. 33, 122. Deshalb liegt z. B., wenn (nach der Zahlungseinstellung) im Auftrage des nachmaligen Gemeinschuldners ein Gläubiger, der zur Sicherung seiner Forderungen ein Pfanddepot des Gemeinschuldners in Händen hatte, im Hinblick auf diese Deckung einen andern Gläubiger des Gemeinschuldners befriedigt, ein gegen den zahlenden Beauftragten anfechtbares Rechtsgeschäft nicht vor; es kann nur eine Anfechtbarkeit der Zahlung gegenüber dem begünstigten Gläubiger in Frage kommen. Gr. 58, 1110. Ferner liegt eine unmittelbare, durch die Eingehung eines Rechtsgeschäfts bewirkte Gläubigerbenachteiligung im Sinne der Nr. 1 Halbs. 1 nicht vor, wenn der nachmalige **Gemeinschuldner,** der einen Gegenstand seinem Gläubiger **verpfändet** hat, unter Gebrauchmachung von seinem Einlösungsrechte nach § 1223 Abs. 2 BGB. den **Gläubiger befriedigt** und dafür das **Pfand zurückerhält.** RG. 90, 73; s. a. Anm. 4.

[6] Über **Benachteiligung** vgl. Anm. 1 § 29 unter „allgemeines Erfordernis der Anfechtung, daß die Gläubiger durch die Rechtshandlung benachteiligt sind", und Anm. 6 § 31. Das Rechtsgeschäft **muß** den **Wert des** zur Befriedigung der Konkursgläubiger bestimmten **Vermögens verringert** haben, sei es durch die Höhe oder durch die Art des Entgelts. Mot. 117, 118, Pr. 21, RG. 24, 133, JW. 95, 127[7], W. 08, 547. Eine

Benachteiligung ist regelmäßig dann **nicht** anzunehmen, wenn eine gleichwertige Gegenleistung für den veräußerten Gegenstand an den Gemeinschuldner gelangt ist, RG. 27, 98, 29, 77, JW. 96, 175[28], Gr. 58, 1113, OLG. 32, 371 Anm., 35, 246 (anders [wenn Gegenleistung für den veräußerten Gegenstand in barem Gelde besteht] RG. 18, 123, auch 53, 234), oder der Konkursverwalter die entäußerte Sache auch nicht höher hätte verwerten können, JW. 93, 201[20], oder wenn der Erwerber den veräußerten Gegenstand oder den erlangten Kaufpreis in das Vermögen des Gemeinschuldners wieder zurückgegeben hat, RG. 37, 97, JW. 98, 664[25], oder wenn eine Hypothek, die sich sonst voraussichtlich nicht hätte verwerten lassen, für einen den Umständen nach nicht unangemessenen Geldbetrag veräußert worden ist, JW. 96, 175[28], oder wenn ein Gläubiger des nachmaligen Gemeinschuldners durch einen Dritten im Auftrage und für Rechnung des Gemeinschuldners, sei es auch gegen Abtretung der Forderung, befriedigt wird, RG. 48, 148, 81, 145. **Dagegen** liegt eine **Benachteiligung** der Konkursgläubiger vor: wenn in dem zuletzt genannten Falle der zahlende Dritte auf Grund eines mit dem Gemeinschuldner geschlossenen Kreditvertrags Sicherung für seinen Ersatzanspruch (z. B. an den ihm zu diesem Zweck im voraus übertragenen Außenständen des Gemeinschuldners) erlangte, RG. 81, 144, oder wenn als Gegenleistung für die Entäußerung (z. B. Abtretung einer Hypothek) die Befriedigung einzelner Gläubiger vereinbart ist, RG. 53, 234, JW. 94, 546[14], oder wenn zwar zum wirklichen Wert veräußert worden, aber der Wert nicht in die Masse geflossen, sondern vom Gemeinschuldner zur Befriedigung nur einzelner Gläubiger verwendet worden ist, LZ. 25, 870[17], oder wenn der Gemeinschuldner Forderungen mit der Abrede abgetreten hat, daß der Zessionar als Vertreter von Gläubigern, die dem Gemeinschuldner Stundung gewähren wollen, die Forderungsbeträge einziehen und den Erlös unter die vertretenen Gläubiger verteilen soll, W. 11, 49 (und zwar kann in einem solchen Falle der Anfechtungsanspruch gegen den Zessionar bestehen, auch wenn er selbst nicht Gläubiger des Gemeinschuldners ist, sofern ihm nur die vollen Gläubigerrechte an den Forderungen übertragen worden sind, s. Anm. 3 § 37), oder wenn der Gemeinschuldner die veräußerte Sache auf Grund Kaufvertrages unter Eigentumsvorbehalt seines Verkäufers erlangt hatte, da er durch Zahlung des noch schuldigen Kaufpreises das volle Eigentum hätte erwerben können, RG. 67, 20; ferner bei Verkauf auf Kredit an zweifelhafte Käufer, Annahme zweifelhafter Forderungen an Zahlungs Statt, JW. 83, 227. Auch ein Vergleich enthält eine Benachteiligung, wenn der Gemeinschuldner auf einen Teil seiner Forderung verzichtet hat. Gr. 41, 1106. — Woher der Schuldner die Mittel zu der Zahlung nahm, ist unerheblich, wenn er sie nur zur freien Verfügung erhalten hatte. OLG. 32, 371. — Benachteiligung durch mehrere Veräußerungen in einem Vertrage: JW. 97, 633[15], 98, 51[22]. Benachteiligung durch Begebung eines Wechsels: RG. 26, 74.

[7] **Handelt der „andere Teil" durch einen** gesetzlichen oder bevollmächtigten **Vertreter,** so ist nach § 166 Abs. 1 BGB. **dessen Kenntnis von der Zahlungseinstellung** usw. zur Begründung der Anfechtung nicht bloß genügend, wie früher (RG. 7, 37, JW. 87, 109, 89, 69[11]), sondern erforderlich. RG. 68, 376, 72, 133, Gr. 49, 1086, W. 19, 111, sowie OLG. 1, 52 f (Vertreter des Fiskus bei Anfechtung des Rechtserwerbs für diesen), 2, 98 (Konkursverwalter, nicht Gemeinschuldner bei anfechtbarem Rechtserwerb für die Konkursmasse). In den Fällen des § 30 Nr. 2 muß daher der Anfechtungsgegner den Gegenbeweis führen, daß sein Vertreter keine Kenntnis von der Begünstigungsabsicht des Gemeinschuldners gehabt hat. RG. 72, 133, W. 15, 274. Das **Wissen des Vertretenen** ist gemäß § 166 Abs. 2 BGB. nur dann genügend, wenn der Vertreter nach bestimmten Weisungen handelte. RG. 68, 377, Gr. 49, 1086, OLG. 30, 350. In diesem Falle ist es ausreichend, wenn auch nur einer von den beiden (Vertreter oder Vertretener) Kenntnis von der Zahlungseinstellung oder dem Eröffnungsantrage gehabt hat, und muß daher bei Anfechtung nach § 30 Nr. 2 der „andere Teil" beweisen, daß weder ihm noch seinem Vertreter die kritischen Momente bekannt gewesen sind. Gr. 49, 1086, auch RG. 68, 378, W. 15, 274, OLG. 30, 350. Dabei ist für die Kenntnis des Vertretenen der Zeitpunkt der Weisung der maßgebende. RG. 68, 377. — Ersteres gilt auch von der **Kenntnis des prozeßbevollmächtigten Rechtsanwalts**

(z. B. bei Erwirkung eines Vollstreckungspfandrechts). RG. 7, 37, JW. 97, 238[41], 02, 444[7], Gr. 49, 1086, OLG. 30, 350, auch W. 15, 274. Dagegen schadet die Kenntnis des mit einer Pfändung gegen den Gemeinschuldner beauftragten **Gerichtsvollziehers** dem Gläubiger nicht, da er nicht rechtsgeschäftlicher Vertreter des Gläubigers bei der Pfändung im Sinne des § 166 BGB. ist. RG. 9, 361, 16, 406, 90, 193, 95, 154, JW. 93, 21[31], 00, 74[11], 02, 273[18], 12, 306[27], Gr. 44, 1204, 58, 1113, W. 15, 274, OLG. 4, 178, 6, 364, vgl. auch RG. (VZS.) 82, 85. — Ist der „andere Teil" eine **offene Handelsgesellschaft** oder eine **juristische Person** (z. B. Aktiengesellschaft, Genossenschaft), so genügt zur Anfechtung die Kenntnis eines der Gesellschafter bzw. eines der mehreren gesetzlichen Vertreter (Vorstandsmitglieder). JW. 85, 127, 86, 148, 87, 191, 89, 154, 11, 778[47], Gr. 29, 703. — Handelt der **Vertreter ohne Vertretungsmacht**, so findet § 166 Abs. 1 BGB. ebenfalls Anwendung. Aber auch § 166 Abs. 2, und zwar in der Weise, daß, wenn der Vertretene die Rechtshandlung genehmigt, mit Rücksicht auf §§ 177, 184 die Genehmigung als eine bestimmte Weisung anzusehen ist, so daß im Falle des § 30 Nr. 2 der Vertretene seine Nichtkenntnis im Zeitpunkte der Genehmigung beweisen muß. RG. 68, 377.

[8] Vollzieht sich der **anzufechtende Rechtserwerb** (z. B. eine Hypothekbestellung, die Übertragung einer Buchhypothek [§ 1154 Abs. 3 BGB.]) gemäß § 873 BGB. erst **durch die Eintragung in das Grundbuch**, so ist (hinsichtlich der Kenntnis des andern Teils von dem Eröffnungsantrage oder der Zahlungseinstellung) nicht der Tag, an dem die Eintragung bewilligt oder der Eintragungsantrag vom Eigentümer gestellt oder die Eintragung vom Grundbuchrichter verfügt worden ist, sondern der **Zeitpunkt der Eintragung entscheidend**, weil hierdurch erst die benachteiligende Vermögensverschiebung sich vollzieht. RG. 51, 284, 68, 150, 375, 81, 426, OLG. 15, 231; vgl. (für früheres Recht) RG. 9, 69, Gr. 38, 1200, 41, 1025, JW. 96, 150[24], 97, 86[27], 98, 52[26]. Die Frage, ob der Rechtserwerb nach sonstigem Recht (vgl. §§ 7, 15 KO., §§ 878, 892 BGB.) den Konkursgläubigern gegenüber Wirksamkeit hat, kommt für den genannten maßgebenden Zeitpunkt, wie überhaupt für die Zulässigkeit der Anfechtung nicht in Betracht. RG. 51, 284, 68,

153, 81, 426, vgl. Anm. 10 § 15. Erfolgt die (dingliche) Einigung über den Erwerb eines eingetragenen Rechtes ausnahmsweise erst nach der Eintragung, so ist der Zeitpunkt der Einigung maßgebend. — Überhaupt ist, wenn **zum Erwerbe eines Rechts mehrere Rechtsakte** erforderlich sind, es genügend, wenn **der letzte Rechtsakt** in die kritische Zeit fällt. Z. B.: die Eintragung: bei einer Zwangshypothek (§§ 866, 867, 932 ZPO.), bei einer Vormerkung auf Grund einstweiliger Verfügung (§ 855 BGB., §§ 935 ff. ZPO.); die Übergabe: bei Pfandbestellung nach erfolgter Einigung der Beteiligten (§ 1205 Abs. 1 BGB.), des Briefes bei Übertragung einer Briefhypothek (§ 1117 BGB.); die Zustellung: des Pfändungsbeschlusses an den Drittschuldner bei Pfändung einer Forderung (§ 829 Abs. 3 ZPO.). Im Falle einer Anfechtung der Verpfändung einer Forderung ist gemäß § 1280 BGB. entscheidend der Zeitpunkt, in welchem der Gläubiger den Schuldner von der Verpfändung benachrichtigt. JW. 02, 185[21]. — Durch **Vorpfändung** (außergerichtliche Ankündigung der Pfändung) einer Forderung **gemäß § 845 Abs. 1 ZPO.** erlangt der Gläubiger nach § 845 Abs. 2 ZPO. ein durch fristgerechte gerichtliche Pfändung bedingtes Pfandrecht an der Forderung. Ist die Bedingung erfüllt, so ist die Vorpfändung, und nicht die nachfolgende Pfändung, die rechtsändernde Handlung, wodurch dem Schuldnervermögen ein Vermögenswert entzogen wird. Deshalb müssen, wenn diese nachteilige Wirkung gegenüber den Konkursgläubigern durch Anfechtung beseitigt werden soll, die Voraussetzungen für die Anfechtung zur Zeit der Vorpfändung vorliegen und muß diese angefochten werden; die Anfechtung der Pfändung ergreift nicht ohne weiteres die Vorpfändung. RG. 42, 365, 83, 332 (a. M. OLG. 26, 401). — Im Falle der Anfechtung der **Abtretung eines aufschiebend bedingten Anspruchs** (s. Anm. 1 § 29) ist der Zeitpunkt der Abtretung, nicht der des Eintritts der Bedingung maßgebend. Gr. 54, 1164. — Ist ein **Rechtsakt durch einen anderen ersetzt** in der Weise, daß der erstere die Grundlage des letzteren bildet, so kann auch der erstere Rechtsakt anfechtbar sein. Dies ist z. B. dann, wenn die Pfändung einer Forderung vom Pfändungsgläubiger als Gegenleistung für die vom nachmaligen Gemeinschuldner erklärte Abtretung der Forderung aufgehoben worden ist, bezüglich der Pfändung ebenso der Fall, wie ein Pfändungspfandrecht auch noch anfechtbar sein kann, wenn es seine Erledigung dadurch gefunden hat, daß die Pfandsache versteigert worden und der Erlös dem Anfechtungsgegner zugeflossen ist. W. 17, 225.

[9] Ging dem Konkurse eine **Geschäftsaufsicht** nach VO. v. 14. 12. 16 in der Fass. v. 14. 6. 24 voraus, so können Rechtshandlungen des Schuldners, des Gläubigers oder der Aufsichtsperson aus diesem Zeitabschnitt ebenso wie die in dieser Zeit ausnahmsweise zulässigen Vollstreckungen **nicht** deshalb **angefochten werden,** weil die Zahlungseinstellung bekannt war; denn das Aufsichtsverfahren will ja gerade den zahlungsunfähigen Schuldner stützen. OLG. 42, 71. — **Kennenmüssen** oder ein bloßes Glauben, Vermuten **genügt nicht.** RG. 95, 153, JW. 95, 505[10], 96, 34[3], 19, 826[10], Gr. 49, 1088, 58, 1118. Auch nicht: die Überzeugung, daß möglicherweise Zahlungseinstellung vorliege, Gr. 58, 1118; die Überzeugung von einer bevorstehenden Zahlungseinstellung (z. B. genügt es nicht, wenn der Anfechtungsbeklagte voraussieht, daß die von ihm vorgenommene Pfändung des Warenlagers des Schuldners wegen einer großen Forderung die Zahlungseinstellung zur Folge haben werde; noch bei der bevorstehenden Pfändung [die demnächst vom Konkursverwalter angefochten ist] konnte ein nicht voraussehbares, die Zahlungseinstellung abwendendes Ereignis eintreten, das dem Schuldner Hilfe gewährte), RG. 95, 153. — Anderseits ist unumstößliche Gewißheit nicht erforderlich. RG. 37, 286, JW. 94, 593[16], auch 02, 24[17]. Die **Kenntnis der Tatsachen** aber, aus denen das Gericht das Vorhandensein einer Zahlungseinstellung entnimmt, steht nicht ohne weiteres der Kenntnis der Zahlungseinstellung seitens des Anfechtungsgegners gleich. Vielmehr muß die **subjektive Beurteilung** dieser Tatsachen seitens **des anderen Teils** für die Frage, ob er die erfolgte Zahlungseinstellung erkannt hat (nicht bloß hätte erkennen können), mit erwogen werden, also, ob er zufolge der ihm bekannt gewordenen Tatsachen gewußt hat, daß eine durch andauernde Zahlungsunfähigkeit verursachte allgemeine Zahlungseinstellung stattgehabt habe. RG. 23, 112, Gr. 49, 1088, 58, 1118, W. 12, 50 (vgl. jedoch JW. 95, 226[15]). Die bloße Tatsache, daß der

Schuldner dem betreffenden Gläubiger erklärt hat, nicht mehr zahlen zu können, genügt zur Annahme der Kenntnis der erfolgten Zahlungseinstellung nicht, wenn der Gläubiger die ihm gewordene Mitteilung nicht als der Sachlage entsprechend und nicht als ernst gemeint angesehen hat. Gr. 53, 1127. Erforderlich ist jedoch nicht die Kenntnis der rechtlichen Bedeutung der Zahlungseinstellung im Hinblick auf die Anfechtbarkeit der betreffenden Rechtshandlung. W. 10, 395. — Die Kenntnis muß sich aber auf eine **schon vorhandene** Zahlungseinstellung beziehen; die Kenntnis davon, daß eine Zahlungseinstellung, sei es auch unmittelbar, bevorstehe, genügt nicht. Gr. 58, 1118, RG. 95, 153 (s. oben). — Zum **Beweise der Kenntnis** kann dem Anfechtungsgegner der **Eid zugeschoben** werden, RG. 3, 432, 10, 323, 15, 369, 43, 392, 51, 412, insbesondere auch über Kenntnis der Zahlungseinstellung, da zum Wesen der letzteren die Erkennbarkeit, das Heraustreten in die äußere Erscheinung (s. Anm. 4 § 102) gehört, RG. 51, 414, Gr. 58, 1118. Die letztere Kenntnis kann zwar besonders aus dem Verhalten des Gemeinschuldners und seiner Gläubiger erlangt werden. Aber auch aus anderen Erkenntnisquellen, z. B. durch Mitteilungen unbeteiligter Dritter. Deshalb ist, wenn der Eid über die Kenntnis der Zahlungseinstellung allgemein zugeschoben ist, der Eid auch allgemein zu fassen, nicht über einzelne jener besonderen Erkenntnisquellen. Gr. 58, 1118. Liegt eine Zahlungseinstellung oder ein Eröffnungsantrag nicht vor, so kann auch von einer Kenntnis dieser Tatsachen nicht die Rede sein. Es müssen daher zunächst diese Tatsachen erwiesen sein, bevor eine Kenntnis davon in Frage kommen kann. Deshalb genügt eine Eideszuschiebung über die Kenntnis ohne zuvorigen Nachweis jener Tatsachen nicht. Gr. 35, 1162, JW. 93, 138[18]. Da jedoch der Anfechtungsgegner Rechtsnachfolger des Gemeinschuldners ist, RG. 9, 85, 15, 370, 43, 392, JW. 93, 427[15], 03, 344[7], kann auch der **Beweis der Zahlungseinstellung selbst** gemäß § 445 ZPO. **durch Eideszuschiebung** an den Anfechtungsgegner darüber, daß der Gemeinschuldner zu einer bestimmten Zeit seine Zahlungen eingestellt habe, erbracht werden. RG. 51, 414, vgl. Anm. 3 § 31 (anders RG. 3, 399). Wenn Bedenken bestehen, ob von dem Anfechtungsgegner nach Lage der Verhältnisse eine genügende sichere Beurteilung, daß und wann eine Zahlungseinstellung des Gemeinschuldners stattgefunden habe, verlangt werden könne, so ist die Begriffsbestimmung der Zahlungseinstellung in die einzelnen Merkmale (s. Anm. 4 § 102) aufzulösen und sind diese Merkmale in die Eidesformel aufzunehmen. RG. 51, 414. Ferner kann der Anfechtungsgegner (im Falle der Anfechtung nach Nr. 2) zum Nachweise seiner Nichtkenntnis der Zahlungseinstellung dem Verwalter den Eid zuschieben, weil dieser zwar nicht als Vertreter, wohl aber als Rechtsnachfolger des Gemeinschuldners das Anfechtungsrecht ausübt. RG. 53, 8 (anders OLG. 4, 178). — Unerheblich ist, ob der Anfechtungsgegner geglaubt hat, der spätere Gemeinschuldner werde seine **Zahlungen wieder aufnehmen**, JW. 16, 1118[8], oder er habe sie bereits wieder aufgenommen, OLG. 32, 371.

[10] **Begriff** und einzelne **Fälle der „Rechtshandlungen"**: Anm. 1 § 29. — Es ist hinsichtlich der Anfechtbarkeit ohne Einfluß, ob die Rechtshandlungen **vertragsmäßig oder einseitig** (freiwillig), ob sie mit oder ohne oder selbst gegen den Willen des Gemeinschuldners erfolgt sind. Gr. 41, 1027, JW. 97, 86[17]. **Auch** eine Aufrechnung des Gläubigers ist deshalb anfechtbar. OLG. 35, 248. **Auch** die durch Hilfe des Gerichts oder des Gerichtsvollziehers (**Zwangsvollstreckung, Arrest**) erzwungenen Leistungen oder Sicherungen unterliegen der Anfechtung, § 35 u. Anm. 1 dazu, soweit es sich zunächst um Anfechtung nach **§ 30 Nr. 2** handelt, Anm. 14 hier. Allerdings sind Vollstreckungshandlungen (Pfändungen) regelmäßig **nicht** als vom Schuldner ausgehende Rechtshandlungen **im Sinne des § 30 Nr. 1** Halbs. 2 (sowie des **§ 31 Nr. 1**) anzusehen, wenn sie auf einseitigen Antrag des Gläubigers erfolgen. **Wohl aber**, wenn das Vorgehen des Gläubigers **auf einer Vereinbarung** zwischen ihm und dem Schuldner beruht, die mit dem ihm bekannten Bewußtsein des Schuldners getroffen worden ist, seine übrigen Gläubiger dadurch zu benachteiligen. W. 18, 197, auch 16, 299. Über die Anfechtbarkeit der Gewährung prozessualer Vorteile vgl. Gr. 49, 117. — Besteht die Rechtshandlung in einem Rechtsgeschäft, so ist zwar **nicht**, wie in den Fällen des Halbsatzes 1 § 30 Nr. 1, **erforderlich, daß** die Konkursgläubiger **schon durch die „Eingehung"** des Rechts-

geschäfts **benachteiligt** werden; wohl aber muß auch hier das allgemeine Erfordernis der Anfechtbarkeit, die Benachteiligung der Konkursgläubiger durch die Rechtshandlung überhaupt, vorliegen. JW. 99, 540[28] u. Anm. 1 § 29 a. E. — Ein **Zahlungsauftrag** oder eine **Anweisung** zur Zahlung ist keine anfechtbare Rechtshandlung, da durch sie die Gläubiger nicht benachteiligt werden; wohl aber kann die in Ausführung des Auftrags bzw. der Anweisung geleistete Zahlung anfechtbar sein. Anm. 11. — Über die Anfechtbarkeit einer nach der Zahlungseinstellung seitens des Gemeinschuldners zum Zwecke der Honorierung seiner Zahlungsanweisung bewirkten Leistung an Geld und Wertpapieren s. RG. 45, 110.

[11] **Konkursgläubiger** ist nicht der **Aussonderungsberechtigte** (§ 43; vgl. Anm. 1 § 3). Ihm gegenüber ist Anfechtung nicht möglich. OLG. 32, 374. — Hat ein **Mandatar des Gemeinschuldners** (z. B. derjenige, der einen vom Gemeinschuldner gezogenen Wechsel aus Gefälligkeit akzeptiert hat) oder ein Bürge des Gemeinschuldners aus Mitteln des letzteren Zahlung an den Gläubiger geleistet, so unterliegt die Zahlung nicht der Anfechtung gegen den Mandatar bzw. den Bürgen, sondern nur der Anfechtung gegen den die Zahlung empfangenden Gläubiger. RG. 35, 26, JW. 99, 144[18], W. 15, 64. Dies gilt jedoch nicht, wenn eine Zahlung vom Gemeinschuldner an einen Andern geleistet ist, der aus eigenen Mitteln einen Gläubiger des Gemeinschuldners befriedigt hat, nachdem ihm dieser die Erstattung des Gezahlten zugesagt hatte; dann ist der Andere, nicht der befriedigte Gläubiger der „andere Teil", gegen den die Anfechtung zu richten ist. W. 15, 64. Wenn aber der Gemeinschuldner einen **Zahlungsauftrag** (oder eine **Anweisung auf Schuld** [§ 787 BGB.]) erteilt hat und dieser Auftrag zugunsten eines Gläubigers, welcher Konkursgläubiger sein würde, ausgeführt ist, so kann nicht der Zahlungsauftrag (die Anweisung) als solcher angefochten werden, da durch diesen die Gläubiger nicht benachteiligt werden, wohl jedoch die Befriedigung gegenüber dem Zahlungsempfänger, sofern sie unmittelbar oder mittelbar aus Mitteln des Gemeinschuldners erfolgt und dadurch die Aktivmasse verringert ist. RG. 35, 26, 46, 101, 48, 149, JW. 99, 144[18], 540[27]; OLG. 32, 373. Hat der Gemeinschuldner dagegen eine **An-**

weisung auf Kredit (z. B. Darlehn oder Vorschuß auf künftige Geschäfte) erteilt und der Angewiesene aus eigenen Mitteln zufolge dieser Anweisung einen Konkursgläubiger befriedigt, so ist die Befriedigung nur dann und nur insoweit anfechtbar, als durch das Entstehen der Forderung des zahlenden Angewiesenen gegen den Gemeinschuldner die Passivmasse etwa vergrößert ist. RG. 48, 150, Gr. 54, 1167, 58, 1110, Anm. 5, 14. — Auf die Anfechtung von Rechtshandlungen des Schuldners, über den das Geschäftsaufsichtsverfahren nach der VO. v. 14. 12. 16 in der Fass. v. 14. 6. 24 eingeleitet ist, während dieses Verfahrens finden die Vorschriften über die Anfechtung im Konkurse, insbesondere auch § 30 Nr. 2, nicht, auch nicht entsprechende Anwendung. JW. 25, 2391[17].

[12] Hier kommt es nicht, wie im Falle der Nr. 2, darauf an, ob der Gläubiger die ihm gewährte Sicherung oder Befriedigung zu beanspruchen hatte oder nicht. JW. 92, 311[18]. — Ein besonderer Beweis der Benachteiligung braucht in diesen Fällen nicht erbracht zu werden. JW. 97, 84[24], 386[10]. Vgl. aber Anm. 10. — § 30 Nr. 1 Satz 2 betrifft nur die **Sicherung oder Befriedigung eines bereits begründeten Anspruchs**, ist daher nicht anwendbar auf eine Rechtshandlung, durch die der Gemeinschuldner für empfangenes Geld gleichzeitig oder gar im voraus Sicherung oder Befriedigung gewährt. Eine solche Rechtshandlung kann dagegen, sofern sie rechtsgeschäftlich erfolgt ist, nach Satz 1 der Anfechtung unterliegen. RG. 29, 78, JW. 90, 192[6]. — **Befriedigung** ist jede Erfüllung einer Verbindlichkeit, auch die Hinterlegung zum Zwecke der Erfüllung (§§ 372 ff. BGB.). Ferner die Hingabe an Zahlungs Statt. JW. 96, 5[16]. Daher ist die Hingabe eines sog. Kundenwechsels (Wechselakzept auf Warenschuld gegenüber dem Gemeinschuldner) an einen Gläubiger unter Erteilung der Befugnis, den Erlös auf seine Forderung an den Gemeinschuldner zu verrechnen, als Befriedigung anfechtbar, JW. 96, 5[16], es sei denn, daß der Gläubiger bei Empfangnahme des Wechsels in gutem Glauben war, in welchem Falle die später erlangte Kenntnis von der Zahlungseinstellung usw. ihm nicht schadet, JW. 92, 273[17], oder daß der Gläubiger die Befriedigung in dieser Art zwar nicht verlangen konnte, aber vom Schuldner anzunehmen verpflichtet war. RG. 71, 89. Über

Anfechtbarkeit einer Befriedigung, die auf Grund Zahlungsauftrags oder Anweisung des Gemeinschuldners durch einen Dritten erfolgt, s. Anm. 11. Dagegen liegt eine einfache Befriedigung eines Konkursgläubigers im Sinne der Nr. 1 Halbs. 2 **nicht** vor, wenn der nachmalige **Gemeinschuldner**, der einen Gegenstand seinem Gläubiger **verpfändet** hat, unter Gebrauchmachung von seinem Einlösungsrechte nach § 1223 Abs. 2 BGB. die **fällige Schuld** an den Gläubiger **bezahlt** und dafür von diesem das **Pfand zurückerhält**, denn es handelt sich um ein auf pfandrechtlichem Gebiete liegendes Rechtsgeschäft, bei dem der nachmalige Gemeinschuldner als Verpfänder und der Pfandgläubiger als Absonderungsberechtigter (§ 47) beteiligt ist. RG. 90, 71. — Hauptfälle der **Sicherung** sind die Verpfändung, die Hinterlegung zum Zwecke der Sicherheitsleistung (§§ 232 ff. BGB.), die Bewilligung einer Vormerkung (§§ 883, 884 BGB.), die Erteilung einer vollstreckbaren Urkunde. Anm. 14, JW. 86, 91. Wegen Anfechtung der im Wege des gerichtlichen Zwanges (Pfändung, Vollziehung eines Arrestes, Eintragung einer Sicherungshypothek) erlangten Sicherung s. Anm. 1 § 35 und hier Anm. 14. — Wenn die Befriedigung an einen **Gläubiger** erfolgt, der im Konkurse nicht Konkursgläubiger, sondern **Aussonderungs- oder Absonderungsberechtigter** sein, und also durch die wirksame Anfechtung der Befriedigung das Aussonderungs- oder Absonderungsrecht des Gläubigers an einem in die Konkursmasse gelangten Vermögensstück nur wieder aufleben würde, ist die Anfechtung ausgeschlossen. JW. 97, 386[10], 02, 273[17], Gr. 46, 1111. — Besondere Vorschriften für einzelne Deckungsgeschäfte: Wechselzahlung: § 34; Verschaffung der Möglichkeit der Aufrechnung: § 55 Nr. 3.

[13] Der **Tag der Zahlungseinstellung oder des Eröffnungsantrages** wird nicht mitgerechnet, so daß, wenn z. B. die Zahlungseinstellung am 20. 5. erfolgt ist, eine am 10. 5. vorgenommene Rechtshandlung (nach Nr. 2) noch anfechtbar ist. § 187 BGB., RG. 26, 5.

[14] Sog. **inkongruente Deckung**, die nicht rechtlich und klagbar verlangt werden konnte: wenn also ein Anspruch auf die betreffende Befriedigung oder die gewährte Sicherung weder auf Grund eines Rechtsgeschäfts noch auf Grund richterlicher

Anordnung noch auf Grund besonderer gesetzlicher Bestimmung bestand. Vgl. JW. 86, 74, 95, 44[17], Gr. 54, 1167, RG. 78, 334, W. 19, 111. Jedoch ist als eine Sicherung oder Befriedigung, die der Gläubiger zu beanspruchen hat, auch eine solche anzusehen, **zu deren Annahme** er dem Schuldner gegenüber **verpflichtet** ist, wie im Falle einer Wahlschuld mit Wahlrecht des Schuldners (§ 262 BGB.) oder einer sog. facultas alternativa (z. B. wenn der Gläubiger nur Barzahlung zu fordern hatte, der Schuldner aber berechtigt war, sich durch Hingabe von Kundenwechseln von seiner Verpflichtung zu befreien). RG. 71, 89. Vorausgesetzt wird ferner im § 30 Nr. 2, daß die Lage des Gläubigers durch die gewährte Sicherung oder durch die Art der Befriedigung in irgendeiner Beziehung sich günstiger gestaltet. Dies ist nicht der Fall, wenn ein Schuldner des Gemeinschuldners auf dessen Anweisung an den Gläubiger des Gemeinschuldners Zahlung leistet, ohne daß der Angewiesene zuvor durch Annahme der Anweisung gemäß § 784 BGB. neuer Schuldner des Anweisungsempfängers geworden war. Gr. 54, 1167, Anm. 1 § 29, Anm. 11 hier. Vgl. auch RG. 77, 242 (Befriedigung eines Hypothekengläubigers durch den Grundstückseigentümer aus dem durch Verkauf des für die Hypothek haftenden Grundstückszubehörs erzielten Preise). Hat der nachmalige Gemeinschuldner bei Empfang eines Darlehns sich verpflichtet, auf Verlangen des Gläubigers diesem zur Sicherstellung der Darlehnsforderung bestimmte Sachen zu übereignen, und findet demnächst die Sicherungsübereignung der Sachen statt, so kann diese, da der Gläubiger sie zu beanspruchen hatte, nicht nach § 30 Nr. 2 angefochten werden, vielmehr kann nur eine Anfechtung nach § 30 Nr. 1 in Frage kommen. W. 16, 43. — **Nicht zu beanspruchende Befriedigung** z. B.: Zahlung vor Verfall oder Eintritt der Bedingung, JW. 98, 52[24]; Erfüllung einer (z. B. wegen Formmangels) nicht klagbaren Forderung, JW. 95, 44[17], Gr. 39, 434; Hingabe an Zahlungs Statt, JW. 98, 52[23], insbesondere von Tratten oder Akzepten, JW. 92, 273[17], 96, 5[16], Gr. 26, 1188, auch RG. 45, 26, 28; Übernahme von Wechselverpflichtungen, JW. 82, 91 (vgl. jedoch Anm. 12 und dort JW. 92, 273[17]); Vereinbarung, wonach der Gemeinschuldner seinem Gläubiger behufs Befriedigung eine Forderung an seinen Schuldner überweist und dieser in Anrechnung auf seine Schuld die Schuld des Gemeinschuldners an den Gläubiger übernimmt, RG. 46, 101; Aufrechnung mit einer erworbenen Gegenforderung, die sonst nur konkursmäßig gedeckt wäre, OLG. 35, 248; Einräumung einer Forderung behufs Aufrechnung, RG. 26, 85, JW. 95, 82[4], 98, 53[27]; Gestattung der Verrechnung einer Zahlung auf eine Gegenforderung, RG. 40, 170; Rückgabe des Kaufgegenstandes zum Ausgleich der Kaufpreisforderung, RG. 31, 134, sofern nicht ein Verfolgungsrecht (§ 44) besteht, RG. 31, 136. — **Nicht zu beanspruchende Sicherung** z. B.: Einräumung eines Zurückbehaltungsrechts, eines Pfandrechts, Bestellung einer nicht versprochenen Hypothek, sei es auch für schon bestehende und fällige Forderungen, Mot. 127—129, JW. 99, 97[33], auch RG. 45, 26, 28, und selbst wenn gegen Bestellung der Sicherheit für eine alte Schuld neuer Kredit gewährt wird, W. 19, 111; fiduziarische Sicherungsübereignung, JW. 09, 734[33], Gr. 54, 626 (Begriff solcher Übereignung: Anm. 1 § 43); auch die auf Grund eines Arrestbefehls erwirkte Sicherung, RG. 2, 375, 3, 396, 6, 368, 55, 321, 78, 334, selbst wenn ein allgemeiner Anspruch auf Sicherung bestand, RG. 39, 123; desgleichen die **durch Pfändung im Wege der Zwangsvollstreckung** erlangte Sicherheit, RG. 10, 33, 23, 113, 25, 40, 40, 91, 55, 322, 79, 391, 95, 152, Gr. 40, 1150, 54, 1157, JW. 93, 21[32], W. 18, 197, OLG. 4, 178, selbst wenn sich der Gemeinschuldner in einer vollstreckbaren Urkunde dieser Zwangsvollstreckung unterworfen hat, JW. 93, 78[16], 06, 234[20], sowie das durch **Vorpfändung** (außergerichtliche Ankündigung der Pfändung) **einer Forderung** gemäß § 845 ZPO., wenn ihr die gerichtliche Pfändung fristgerecht nachgefolgt ist, erlangte Pfandrecht, s. Anm. 8. Dies gilt auch von der im Wege der Zwangsvollstreckung erfolgten Eintragung einer Sicherungshypothek im Grundbuch (§§ 866, 867, 932 ZPO.). RG. 32, 66. Auch wenn die Vollstreckung durch Versteigerung vor der Konkurseröffnung zur Bezahlung an den Gläubiger geführt hat, kommt es lediglich auf die Anfechtbarkeit der vorausgegangenen Pfändung an. RG. 9, 101, 14, 81, 17, 26, 23, 112, 40, 91 (anders RG. 7, 37). Hat aber der Gemeinschuldner, bevor es zur Versteigerung der Pfandstücke gekommen ist, freiwillig Zahlung geleistet und dadurch das Pfändungspfandrecht zum Erlöschen gebracht, so kann die Zahlung nicht nach § 30 Nr. 2, sondern nur nach § 30 Nr. 1 Satz 2 angefochten werden. JW. 91, 250[13], auch 96, 75[33]. — Die innerhalb der zehntägigen Frist erfolgte Pfändung von barem Geld unterliegt der Anfechtung nach § 30 Nr. 2 in keinem Falle; sie kann nur nach § 30 Nr. 1 angefochten werden. §§ 814, 815 Abs. 3 ZPO., Gr. 26, 835, JW. 84, 49. — Der **in den Art. 26, 29 WO. vorgesehene Anspruch auf Sicherstellung** besteht nur so lange, als nicht Zahlung gefordert werden kann; erlangt ein Wechselgläubiger erst nach der Fälligkeit des Wechsels Sicherstellung, so kann er nicht mit Erfolg geltend machen, daß er einen klagbaren Anspruch darauf gehabt habe. RG. 39, 122, JW. 89, 229[16]. — Über Anfechtung der Bestellung einer Sicherheit (z. B. Hypothek) für mehrere Forderungen, wenn der Gläubiger für eine Forderung oder deren einen Teil ein Recht auf Sicherstellung hatte, s. JW. 99, 228[20]. — Strafbarkeit: § 241.

[15] An den **Beweis** sind sehr strenge Anforderungen zu stellen. OLG. 35, 247. — Stützt sich der Anfechtende a) darauf, daß die **Rechtshandlung nach der Zahlungseinstellung oder dem Eröffnungsantrage** vorgenommen sei, so muß er zunächst **nachweisen**, daß die Zahlungseinstellung oder der Eröffnungsantrag der Rechtshandlung vorhergegangen ist; demnächst liegt der Beweis der Nichtkenntnis (s. unten) dem Anfechtungsbeklagten ob. Soll b) die **Rechtshandlung in den letzten zehn Tagen vor der Zahlungseinstellung oder dem Eröffnungsantrage** vorgenommen sein, so muß der Anfechtende beweisen, daß der Rechtshandlung die Zahlungseinstellung oder der Eröffnungsantrag innerhalb der zehn Tage nachgefolgt ist. Demnächst hat der Anfechtungsbeklagte den Beweis der Nichtkenntnis der Begünstigungsabsicht des Gemeinschuldners zu führen; ein Beweis der Nichtkenntnis einer etwa zur Zeit der Rechtshandlung bereits erfolgten Zahlungseinstellung (im Falle: in den letzten Tagen vor dem Eröffnungsantrage) liegt ihm nicht ob. RG. 3, 398, 4, 436, 40, 90, JW. 91, 133[11], 10, 761[31], W. 08, 85. Im ersteren Falle a) muß der Anfechtungsbeklagte sowohl hinsichtlich der Zahlungseinstellung oder des Eröffnungsantrages als auch hinsichtlich der Begünstigungsabsicht des Gemeinschuldners die vermutete Kenntnis widerlegen; gelingt ihm der Beweis zwar nach der einen, nicht aber auch

nach der anderen Richtung, so ist die Anfechtung gleichwohl begründet. RG. 69, 255, 78, 334. — Der Einwand, daß die Zahlungseinstellung erst nach dem Eröffnungsantrag und der Rechtshandlung erfolgt sei, findet nicht statt. RG. 36, 73.

[16] Die **Absicht der Begünstigung** schließt in der Regel die Absicht der Benachteiligung anderer Gläubiger ein. Jedoch genügt es nicht, wenn die Befriedigung eines Gläubigers mit dem Bewußtsein erfolgt ist, daß für die anderen Gläubiger nicht genug übrig bleibe. Gr. 36, 1138, JW. 96, 357[15], 11, 490[19]. Anderseits kann die Begünstigungsabsicht auch dann vorhanden sein, wenn der Gemeinschuldner das Bewußtsein hatte, daß kein anderer eine Benachteiligung erleide, weil genügende Mittel vorhanden seien. RG. 11, 177, Gr. 33, 127. Freilich kann sie auch ausgeschlossen sein, wenn der Gemeinschuldner die Überzeugung hat, daß sein Vermögen zur prompten Befriedigung aller seiner Gläubiger völlig ausreichend sei. JW. 99, 97[33], 11, 490[19]. — Besteht die Rechtshandlung in einer Pfändung, so steht der Umstand, daß eine solche der Regel nach ohne Mitwirkung und Zutun des Schuldners erfolgt, der Anfechtung nicht ohne weiteres entgegen, vielmehr muß auch in diesem Falle der Gläubiger seine Nichtkenntnis von einer Begünstigungsabsicht des Schuldners dartun. RG. 3, 399, 6, 369, 40, 91. Jedoch läßt sich mit Rücksicht auf die leidende Stellung, welche ein gepfändeter Schuldner einnimmt, in Ermangelung irgendwelcher Verdachtsmomente für ein obwaltendes Einverständnis zwischen Schuldner und Gläubiger ohne weiteres die Feststellung rechtfertigen, daß eine Begünstigungsabsicht des Gemeinschuldners nicht bestanden habe und deshalb auch dem Gläubiger eine solche Absicht nicht bekannt gewesen sein könne. JW. 93, 201[21].

31. (24.) Anfechtbar sind[1]:

1. Rechtshandlungen[2], welche der Gemeinschuldner in der dem anderen Teile[2a] bekannten[3] Absicht[4], seine Gläubiger[5] zu benachteiligen[6], vorgenommen hat;
2. die in dem letzten Jahre[7] vor der Eröffnung des

Verfahrens geschlossenen, entgeltlichen[8] Verträge[9] des Gemeinschuldners[10]

mit seinem Ehegatten, vor oder während der Ehe,

mit seinen oder seines Ehegatten[11] Verwandten[12] in auf- und absteigender Linie,

mit seinen oder seines Ehegatten[11] voll- und halbbürtigen Geschwistern, oder mit dem Ehegatten[11] einer dieser Personen,

sofern durch den Abschluß[13] des Vertrages die Gläubiger des Gemeinschuldners benachteiligt[14] werden und der andere Teil[2a] nicht beweist[15], daß ihm zur Zeit des Vertragsabschlusses eine Absicht des Gemeinschuldners, die Gläubiger zu benachteiligen[14], nicht bekannt war.

[1] **Gerichtsstand:** Anm. 5 § 29. — Über unzulässige **Klageänderung,** wenn eine Anfechtung, die in der Klage auf § 31 Nr. 1 begründet ist, später auf § 30 oder § 32 gestützt wird oder umgekehrt, s. Anm. 5 § 29.

[2] Der **Begriff der „Rechtshandlung"** ist im weitesten Sinne zu nehmen; er umfaßt jede Handlung von rechtlicher Wirkung, jeden auf dem Willen des Gemeinschuldners beruhenden Akt, der geeignet ist, unmittelbar oder in seiner Folge zu benachteiligen. JW. 89, 20[13]. Vgl. im übrigen Anm. 1 § 29, Anm. 10 § 30. Wenn im Falle liquidationsloser **Verschmelzung von Aktiengesellschaften** gemäß § 306 HGB. die übernehmende Gesellschaft **Vermögensstücke der übernommenen Gesellschaft** an einen Gläubiger zur Sicherheit für Forderungen gegen sie **übereignet** und demnächst Konkurs über das Vermögen der übernehmenden und Sonderkonkurs über das Vermögen der übernommenen Gesellschaft eröffnet wird, kann der Verwalter im Sonderkonkurs die Übereignung bei Vorliegen der Voraussetzungen des § 31 Nr. 1 anfechten, wobei im Sinne dieser Vorschrift als Gemeinschuldner die übernehmende Gesellschaft und als benachteiligte Gläubiger die Gläubiger der über-

nommenen Gesellschaft zu erachten sind. RG. 84, 251. Eine anfechtbare Rechtshandlung des Gemeinschuldners kann auch vorliegen, wenn er dem anderen Teil durch eine **gutgläubige Mittelsperson** eine Zuwendung macht (z. B. wenn er einem Grundstückseigentümer ein Darlehn gewährt mit der Abrede, das empfangene Geld an den anderen Teil zu dessen Befriedigung wegen seiner noch nicht fälligen Hypothek zu zahlen). Gr. 53, 1129. — Unter Umständen auch ein passives Verhalten des Gemeinschuldners gegenüber einem Arrestantrage. Gr. 30, 869. — Jedoch **Pfändungsakte** gegen den Gemeinschuldner können nicht nach § 31 angefochten werden, weil freiwillige Rechtshandlungen des Gemeinschuldners oder eines Vertreters vorausgesetzt werden, JW. 90, 1601⁰, 98, 12³⁰, sondern nur nach § 30 Nr. 2, s. dort Anm. 14. Wenn jedoch im Einverständnis mit dem Schuldner zur Deckung seiner Schuld dem Gläubiger ein vollstreckbarer Schuldtitel verschafft und von ihm daraufhin eine Pfändung bewirkt wird, oder wenn das Vorgehen des Gläubigers auf einer Vereinbarung zwischen ihm und dem Schuldner beruht, die mit dem ihm bekannten Bewußtsein des Schuldners getroffen worden ist, seine übrigen Gläubiger dadurch zu benachteiligen, kann hierin eine nach Nr. 1 § 31 anfechtbare Rechtshandlung gefunden werden. W. 18, 197, OLG. 26, 401, auch Anm. 10 § 30, W. 16, 299. — **Entgeltliche Verfügungen** können sowohl aus Nr. 1 (als Rechtshandlungen) als auch aus Nr. 2 (als entgeltliche Verträge) anfechtbar sein. JW. 89, 433. Dies gilt auch, wenn der Gemeinschuldner als Erbe in Gemeinschaft mit den anderen Miterben an seine Kinder zu ihrer Befriedigung wegen ihrer Ansprüche aus einem Vermächtnis eine zum Nachlaß gehörende gegen ihn selbst bestehende Forderung abtritt, wodurch die Kinder in seinem späteren Konkurse gemäß § 61 Nr. 5 ein Vorrecht (s. Anm. 17 § 61) erlangen. W. 10, 488.

2a Über den Fall, daß der **andere Teil** durch einen Vertreter handelt, vgl. Anm. 7 § 30, und über die Frage, wer der andere Teil ist, wenn aus dem Vermögen des Gemeinschuldners ein Anderer an einen Dritten leistet, vgl. Anm. 11 § 30.

3 **Begriff der Kenntnis**: Anm. 9 § 30. — Eideszuschiebung zum **Beweise der Kenntnis** ist zulässig: Anm. 9 § 30. Jedoch hat die Kenntnis des anderen Teils zur notwendigen Voraus-

setzung, daß die Absicht des Gemeinschuldners überhaupt bestanden hat und daß sie erwiesen ist. Ist letzterer Beweis nicht geführt, so ist die Klage ohne weiteres abzuweisen und es bedarf einer Erörterung der Behauptungen über die Kenntnis des anderen Teils nicht. RG. 3, 399, 43, 392, JW. 98, 480[18], auch JW. 93, 96[12], 97, 419[12], 98, 483[23], 99 425[8], 488[18], 527[20], 01, 305[6]. Daher genügt die Eideszuschiebung über die Kenntnis der Benachteiligungsabsicht des Gemeinschuldners allein nicht zum Nachweise des Vorhandenseins der Absicht selbst. RG. 43, 392. Jedoch ist zum **Beweise der Absicht** auch die Eideszuschiebung an den Anfechtungsbeklagten zulässig, da dieser, gleichviel, ob das auf ihn übergegangene Recht bei dem übertragenden Gemeinschuldner bereits in derselben Gestalt vorhanden war oder ob es neu konstituiert wurde, Rechtsnachfolger des Gemeinschuldners im Sinne des § 445 ZPO. ist. RG. 15, 368, 43, 392, JW. 39, 427[15], 03, 344[7], vgl. Anm. 9 § 30 (anders Gr. 31, 1127). Vgl. auch Anm. 2 § 3 AnfG. (unten V). — Handelte **für den Erwerber** ein gesetzlicher oder bevollmächtigter **Vertreter**, so kommt es auf die Kenntnis des letzteren an. Anm. 7 § 30.

[4] Der Konkursverwalter muß die **Benachteiligungsabsicht beweisen.** Durch den Nachweis des Vorhandenseins der Benachteiligung allein wird dieser Beweis nicht geführt. RG. 13, 298, JW. 97, 85[26]. — **Regelmäßig genügt** das **Bewußtsein** eines die Gläubiger benachteiligenden Erfolges, sofern dessen Eintritt nach dem gewöhnlichen Laufe der Dinge zu erwarten ist; der Zweck der Rechtshandlung braucht die Benachteiligung nicht zu sein. RG. 9, 75, 11, 175, 23, 14, JW. 94, 547[16], 95, 127[8], 19, 244[12], Gr. 56, 1079, W. 19, 111. Auch das Bewußtsein des Eintritts der schädigenden Wirkung für einen bestimmten, als möglich vorausgesehenen Fall (z. B. der vorhandenen Überschuldung) genügt, wenn diese Wirkung, sei es auch nur **eventuell**, gewollt war. RG. 24, 26, JW. 13, 439[19], 17, 718[15]. So z. B. wenn der nachmalige Gemeinschuldner: bei Vornahme der Rechtshandlung die Absicht gehabt hat, nur einzelne Gläubiger zu befriedigen, und er sich der Möglichkeit bewußt gewesen ist, zur Befriedigung der anderen Gläubiger nicht imstande zu sein, LZ. 25, 870[17]; die Benachteiligung der Gläubiger als notwendige Folge der an einen Kreditgeber zur

Sicherheit bewirkten Übereignung seines Warenlagers für den Fall, daß es ihm nicht gelang, den zu besorgenden Ausbruch des Konkurses zu verhüten, erkannt und für diesen naheliegenden Fall jene Folge seines Handelns gleichfalls gewollt hat, Gr. 56, 1079. Auch ist die Annahme einer Benachteiligungsabsicht nicht ausgeschlossen, wenn der Schuldner meint, daß ihm gegen die Forderung des anfechtenden Gläubigers Einreden zustehen. Gr. 36, 1146. Das Bewußtsein der Verletzung eines Vertragsrechtes ist aber nicht gleich dem Bewußtsein des benachteiligenden Erfolges im obigen Sinne. JW. 98, 480[18]. Nimmt der Gemeinschuldner ein Hypothekendarlehn auf, um einzelne Gläubiger zu befriedigen, die mit Strafanzeige drohen, so schädigt er zwar die andern Gläubiger, er beabsichtigt aber nur seine Sicherung vor Strafverfolgung. OLG. 35, 246. — Bestand eine **Rechtspflicht zur Vornahme der Handlung,** so genügt das Bewußtsein des benachteiligenden Erfolges nicht, vielmehr muß der Wille, zu benachteiligen, festgestellt werden. JW. 95, 127[8], W. 08, 345. Insbesondere ist, wenn der Gemeinschuldner einen einzelnen Gläubiger befriedigt und dieser nur das erhält, was er zu fordern hatte, in der Regel das bloße Bewußtsein des Schuldners, daß seinen übrigen Gläubigern Vollstreckungsobjekte entzogen und sie dadurch geschädigt werden, zur Anfechtung nicht genügend, vielmehr müssen **in der Regel besondere Umstände, aus denen** sich eine **fraudulose Absicht ergibt,** hinzutreten, um in einem solchen Falle eine Anfechtung aus § 31 Nr. 1 gerechtfertigt erscheinen zu lassen. Aus diesen besonderen Umständen muß namentlich hervorgehen, daß der Schuldner bei Vornahme der Rechtshandlung nicht sowohl durch die Absicht geleitet war, seiner Verpflichtung nachzukommen, als vielmehr durch die Absicht, den anderen Gläubigern die diesen zustehende Befriedigung zu entziehen und sie hierdurch zu benachteiligen. RG. 20, 180, 23, 9, 38, 103, 57, 163, JW. 91, 511[11], 92, 312[14], 336[21], 429[8], 93, 385[15], 94, 280[9], 96, 175[29], 357[15], 97, 111[23], 308[22], 00, 854[8], 01, 9[13], 81[10], 02, 25[17], Gr. 36, 1136, 45, 1176, 46, 676. Insbesondere genügt bei den Erfüllungshandlungen zur Annahme der Fraudulosität nicht allein das Bewußtsein der Unzulänglichkeit der Mittel des Gemeinschuldners zur Befriedigung aller Gläubiger. JW. 01, 9[13]. — Dies gilt jedoch nicht, wenn die

Verbindlichkeit des Schuldners nicht rechtswirksam und ihre Erfüllung (z. B. wegen Formmangels) nicht erzwingbar ist. Gr. 39, 434 (JW. 95, 44[17]), s. auch Anm. 6. — Ferner trifft dies nicht zu, wenn es sich nicht handelt um **„reine" Erfüllungsgeschäfte**, d. h. solche Geschäfte, durch die der Gläubiger gerade nur dasjenige erhält, was er zu fordern hat (z. B. durch Geldzahlung, Lieferung geschuldeter Sachen, Bestellung geschuldeter Sicherheit), sondern um **Deckungsgeschäfte anderer Art**, d. h. solche Geschäfte, wodurch der Schuldner dem Gläubiger im Einverständnis mit diesem eine an sich nicht geschuldete Leistung macht, durch die nach der Absicht beider Teile die Tilgung einer bestehenden Verpflichtung erfolgen oder gesichert werden soll, wie Hingabe an Zahlungs Statt, Pfand- oder Hypothekbestellung, Abtretung oder Veräußerung von Vermögensstücken zum Zwecke der Befriedigung. RG. 6, 46, 9, 102, 45, 28, JW. 98, 664[23], 02, 590[18], 593[18], Gr. 36, 1137 (dagegen ist das gleiche angenommen auch für andere Deckungsgeschäfte, insbesondere für die Anfechtung nach § 3 Nr. 1, 2 AnfG. in: RG. 27, 130 [Hingabe an Zahlungs Statt], 33, 124 [Veräußerung zum Zwecke der Befriedigung], JW. 93, 352[35], 95, 329[23], 96, 75[36] [Forderungsabtretung, Veräußerung zum Zwecke der Befriedigung], 96, 670[7], 97, 150[19], 466[25], 98, 52[25], 480[18] [Pfand- und Hypothekbestellung]). — Aber **auch hinsichtlich „reiner" Erfüllungsgeschäfte** ist es **nicht ein allgemeingültiger Rechtsgrundsatz** oder auch nur eine allgemeine, den Richter bindende Beweisregel, daß zur Feststellung der Benachteiligungsabsicht das Bewußtsein des Schuldners, durch Leistung der geschuldeten Befriedigung oder Sicherung die übrigen Gläubiger zu benachteiligen, nicht ausreiche und der anfechtende Verwalter besondere Umstände dartun müsse, aus denen sich ergebe, daß der Wille des Gemeinschuldners und des Anfechtungsbeklagten nicht auf Erfüllung einer begründeten Verbindlichkeit, sondern darauf gerichtet gewesen sei, den Gläubigern betrüglicherweise Gegenstände zu entziehen. Vielmehr handelt es sich auch hierbei lediglich um eine nach der konkreten Sachlage zu beurteilende Tatfrage. Gr. 46, 1115, JW. 02, 590[18], 593[18], 14, 255[17], W. 15, 64, vgl. RG. 51, 77. — Wegen Anfechtung der Rückgewähr oder Sicherstellung von Heiratsgut s. Anm. 6 § 32. — Der **Konkursverwalter muß** (abgesehen von den Erfüllungsgeschäften, s. oben) **das Vorhandensein** der **Absicht des Gemeinschuldners und die Kenntnis des anderen Teils** zur Begründung der Klage **behaupten** und **beweisen.** RG. 26, 1, 2, 5. Über diesen Beweis durch Eideszuschiebung an den Anfechtungsbeklagten s. Anm. 3 hier, Anm. 9 § 30. — Hat für den **Gemeinschuldner ein Vertreter** gehandelt, so kommt es auf die **Absicht des** letzteren an. § 166 BGB., JW. 96, 321[11], JW. 97, 466[25], W. 19, 111. Vgl. auch Anm. 6 § 3 AnfG. — Das Vorhandensein der Absicht genügt zur Anfechtung nicht, wenn sie nicht oder ohne Erfolg betätigt ist. Gr. 31, 1119, JW. 85, 355.

[5] Die Benachteiligungsabsicht braucht nicht die **Gesamtheit der Gläubiger** zu treffen, auch nicht notwendig die Gläubiger, die es schon zur Zeit der Rechtshandlung waren. Mot. 130, JW. 86, 14, auch RG. 13, 166.

[6] Über **Benachteiligung** vgl. Anm. 1 § 29 unter „allgemeines Erfordernis der Anfechtung, daß die Gläubiger durch die Rechtshandlung benachteiligt sind", sowie Anm. 6 § 30. Eine Benachteiligung liegt vor, sofern eine Gestaltung der Vermögenslage geschaffen ist, welche die Befugnis der Gläubiger, sich zwangsweise zu befriedigen, beeinträchtigt, sei es durch Vereitelung oder durch Erschwerung ihrer Befriedigung, insbesondere die Aktivmasse vermindert oder die Passivmasse vergrößert ist. RG. 10, 8, 18, 123, 22, 49, 24, 134, 33, 122, Gr. 36, 1146, W. 15, 64. Daher auch im Falle: der Bezahlung einer bestehenden (aber noch nicht fälligen) Schuld, W. 15, 64; der Hingabe an Zahlungs Statt, RG. 6, 46, 13, 298 (JW. 85, 28), Gr. 27, 158; der Übertragung einer Wechselforderung durch Indossament, RG. 58, 146; der Vermehrung der Passivmasse, Übernahme von Schulden, RG. 27, 133; der Bestellung eines Pfandes für eine vorher eingegangene Verbindlichkeit, selbst wenn bei deren Eingehung die Pfandbestellung versprochen war, oder sonst ein Anspruch auf Sicherstellung der Forderung bestand, RG. 16, 27, JW. 88, 70, Gr. 35, 1165; der Erfüllung eines nicht rechtsverbindlichen mündlichen Vertrages, Gr 39, 434 (JW. 95, 44[17]) (s. auch Anm. 4 hier und Anm. 14 § 30); der Veräußerung eines Grundstücks unter Eintragung eines Altenteils für den veräußernden Schuldner und Überweisung des Kaufgeldes an die Kinder, JW. 92, 301[9], auch RG. 106,

166. — Die Anfechtbarkeit ist selbst dann nicht ausgeschlossen, wenn der Anfechtungsbeklagte auch ohne die Rechtshandlung dasselbe erlangt haben würde, JW. 89, 20[18], sowie wenn zur Zeit der Vornahme der Rechtshandlung noch andere Zugriffsobjekte vorhanden waren, JW. 00, 651[10]. Dagegen liegt eine Benachteiligung nicht vor, wenn der veräußerte Gegenstand wegen der darauf ruhenden Lasten kein Befriedigungsmittel für die Konkursgläubiger abgeben würde. RG. 15, 62, 21, 95, JW. 86, 317, 87, 475, 89, 208, Anm. 1 § 29. — **Maßgebend für die Frage der Benachteiligung ist der Zeitpunkt der Konkurseröffnung.** Die Anfechtung ist daher nicht ausgeschlossen, wenn das Entgelt zwar zur Zeit des Abschlusses dem Werte entsprach, es aber aus irgendeinem Grunde, sei es durch Zufall oder durch spätere Verfügungen des Gemeinschuldners, demnächst nicht zur Masse gelangt ist und überhaupt die Konkursmasse ohne das Dazwischentreten der angefochtenen Rechtshandlung sich für die Konkursgläubiger günstiger gestaltet haben würde. RG. 33, 122. Anders im Falle des § 30 Nr. 1, s. Anm. 5 § 30, und im Falle des § 31 Nr. 2, s. Anm. 13. — Vgl. über fernere besonders liegende Fälle der Benachteiligung Anm. 5 § 3 AnfG.

[7] Keine Verjährungs-, sondern eine **Präklusivfrist.** Die Bestimmungen der §§ 202 ff. BGB. über Hemmung und Unterbrechung der Verjährung sind daher nicht anwendbar. RG. 17, 71, 27, 285. — Wird ein obligatorischer Vertrag angefochten, so muß der Abschluß des Vertrages innerhalb des Anfechtungsjahres erfolgt sein. Wenn sich aber die Anfechtung gegen einen dinglichen Vertrag (die Erfüllung eines obligatorischen Vertrages) richtet, genügt es, daß der letzte Akt dieses Vertrages (Eintragung, Übergabe usw., s. Anm. 8 § 30), insbesondere bei einer Hypothekbestellung die Grundbucheintragung, in die kritische Zeit fällt. JW. 98, 52[26]. Vgl. auch Anm. 7, 9 § 3 AnfG. — Berechnung der Frist: § 187 Abs. 1, § 188 BGB. Ist z. B. der Konkurs am 31. 3. 02 eröffnet, so ist ein Vertrag nach Nr. 2 nur anfechtbar, wenn er am 31. 3. 01 oder später abgeschlossen ist.

[8] **Alle Verträge, die nicht unter den Begriff der „unentgeltlichen Verfügungen" (§ 32 Nr. 1) fallen,** RG. 9, 100, 29, 299, JW. 98, 223[17], und zwar sowohl obligatorische Rechts-

geschäfte, wie Kaufverträge, als auch dingliche Verträge (§§ 873, 925, 929, 1205 BGB.), vgl. RG. 29, 299, JW. 98, 223[17], 12, 307[28]. Dazu gehören z. B.: Erbteilungsverträge, JW. 88, 383, 89, 20[13] (vgl. aber auch Anm. 17 § 3 AnfG. [unten V] a. E.); Pacht- und Mietverträge, JW. 99, 540[29]; Leibrentenverträge, Gr. 31, 1120; Pfand- und Hypothekenbestellungen, RG. 6, 85, 29, 299, JW. 83, 113, 92, 274[19], 96, 132[14], 670[7], 97, 150[19], 466[25], 98, 52[25], 223[17], 480[18], 664[23], 12, 307[28]; die ohne besonderes Entgelt erfolgende Bewilligung einer vollstreckbaren Urkunde für eine schon bestehende Forderung, RG. 6, 85, 9, 101; Eingehung einer Wechselverpflichtung, es sei denn, daß damit eine entsprechende Vermehrung der Aktivmasse oder der Wegfall eines anderen, gleich hohen Passivums verbunden ist, RG. 26, 75; Schuldanerkenntnis (§ 781 BGB.), RG. 12, 66; Erfüllung durch Hingabe an Zahlungs Statt, JW. 97, 170[21]; die Eintragung einer Sicherungshypothek auf Grund eines vollstreckbaren Urteils (§ 866 ZPO.), wenn der Anfechtungsbeklagte und der Gemeinschuldner übereingekommen waren, daß das Prozeßverfahren nur zum Zwecke der Hypothekenbestellung für die Ansprüche des Anfechtungsbeklagten eingeschlagen werden sollte, JW. 98, 52[23]. Ferner auch **„reine" Erfüllungsgeschäfte** (s. Anm. 4), RG. 27, 134, 29, 300, 38, 103, 51, 76, Gr. 46, 676, W. 15, 64; so z. B.: zur Tilgung einer Zahlungsverbindlichkeit geleistete, vom Gläubiger angenommene Zahlung, W. 10, 69, 15, 64; Rückgewähr des Heiratsguts, Anm. 6 § 32; Gewährung der Ausstattung seitens der dazu verpflichteten Person (§§ 1620 ff. BGB.), JW. 97, 187[4]. Jedoch genügt hier der Anfechtungsgegner in der Regel seiner Beweispflicht, wenn er nachweist, durch die Handlung sei lediglich die Erfüllung einer außerhalb der einjährigen Frist begründeten Verbindlichkeit bezweckt, Anm. 4, 15, JW. 98, 64[24], 02, 78[9], Gr. 46, 676, mit der Maßgabe, daß dem Konkursverwalter in der Regel der Gegenbeweis gemäß § 31 Nr. 1 zusteht, es habe nach Lage besonderer Umstände trotzdem die Benachteiligungsabsicht des Gemeinschuldners und die Kenntnis des Anfechtungsgegners davon vorgelegen, RG. 26, 3, 27, 130, 38, 102, JW. 95, 44[17], 329[23], 97, 170[21], 570[30], 98, 224[17], 66[24], Gr. 46, 676, 47, 427. — Letzteres gilt aber nicht für **Deckungsgeschäfte anderer Art** (s. Anm. 4), insbesondere nicht für **Hypothekenbestellungen** zum **Zwecke** der **Sicherung** oder **Abtretung von Forderungen zum Zwecke der Befriedigung ohne besondere vertragsmäßige oder gesetzliche Verpflichtung.** RG. 45, 28, JW. 98, 664[22], 02, 95[26], 590[13], 593[18], W. 09, 379 (anders RG. 27, 131, JW. 93, 352[55], 95, 329[23], 96, 75[36], 670[7], 97, 150[19], 466[25], 98, 52[25], 480[18]). — **Auch hinsichtlich „reiner" Erfüllungsgeschäfte** ist es **nicht ein allgemein gültiger Rechtsgrundsatz** oder auch nur eine allgemeine, den Richter bindende Beweisregel, **daß** durch den Nachweis des Vorhandenseins eines reinen Erfüllungsgeschäftes die gesetzliche **Vermutung** des § 31 Nr. 2 **widerlegt** und nunmehr dem anfechtenden Verwalter der Beweis der Benachteiligungsabsicht des Gemeinschuldners und ihrer Kenntnis auf seiten des Anfechtungsgegners aufgebürdet werde. Vielmehr wird der Richter nur nach allgemeinen Erfahrungssätzen aus dem beregten Nachweis für den Regelfall die Überzeugung von dem Nichtbestehen einer Benachteiligungsabsicht oder doch von einer Nichtkenntnis des Anfechtungsgegners davon gewinnen, so daß ihm das Gegenteil in der Regel durch besondere Umstände nachzuweisen sein wird. Grundsätzlich hat jedoch der Anfechtungsgegner auch in diesen Fällen den Beweis der Nichtkenntnis der Benachteiligungsabsicht zu führen. RG. 51, 76, JW. 02, 95[26], 546[14], 03, 296[24]; vgl. JW. 02, 590[13], 593[18]. — Eine **Pfändung** im Wege der Zwangsvollstreckung ist (abgesehen von arglistigem Einverständnisse, s. oben) kein entgeltlicher Vertrag. JW. 98, 12[30]. — Zur Entgeltlichkeit ist nicht erforderlich, daß die Erlangung einer Gegenleistung den Beweggrund zu der Verfügung abgegeben hat, vielmehr genügt es, wenn nur tatsächlich eine Gegenleistung erfolgt ist. JW. 93, 294[4].

[9] Nicht bloß obligatorische, sondern auch dingliche. Anm. 8.

[10] Auch wenn der Vertrag von dem gesetzlichen **Vertreter** des **Gemeinschuldners** geschlossen ist. RG. 12, 69. Ist der Gemeinschuldner eine offene Handelsgesellschaft, so genügt es zur Anwendung des § 31 Nr. 2, wenn eines der dort bezeichneten Verwandtschaftsverhältnisse auch nur zu einem der Gesellschafter besteht. W. 15, 64.

[11] Die betreffende **Ehe braucht**, soweit es sich um Verträge mit Verwandten des Ehegatten handelt, zur Zeit des Ver-

tragsschlusses **nicht mehr bestanden zu haben,** wie aus Art. 33 EG.BGB. folgt. Z. B. kann auf Grund des § 31 Nr. 2 angefochten werden ein Vertrag des Gemeinschuldners mit Geschwistern seiner zur Zeit des Vertragsschlusses bereits verstorbenen (oder für tot erklärten oder geschiedenen) Ehefrau. RG. 63, 93. Dagegen ist § 31 Nr. 2 auf Verträge mit Ehegatten von Verwandten (also mit Verschwägerten) des Ehegatten des Gemeinschuldners nur dann anwendbar, wenn die beiden Ehen zur Zeit des Vertragsschlusses noch bestehen. RG. 63, 96. Vgl. auch Anm. 11 § 3 AnfG. (unten V).

[12] §§ 1589, 1590 BGB. Vgl. Art. 33 EG.BGB. — Ist der Gemeinschuldner eine offene Handelsgesellschaft, so genügt es, wenn einer der Teilhaber mit dem Anfechtungsgegner in dem betreffenden Verwandtschaftsverhältnis steht. RG. 43, 104.

[13] **Allein die Zeit des Abschlusses** und die Verhältnisse, wie sie damals lagen, kommen für die Frage der Benachteiligung in Betracht. Gr. 27, 157, JW. 97, 633[16], 00, 716[7], auch RG. 106, 167. Vgl. auch Anm. 5 § 30. Anders im Falle des § 31 Nr. 1, s. Anm. 6. — Insolvenz zur Zeit des Vertragsabschlusses ist auch hier nicht erforderlich. Gr. 27, 158.

[14] Eine **Benachteiligung** liegt **nicht** vor, wenn für das Entäußerte eine gleichwertige Gegenleistung, sei es auch in barem Gelde, in das Vermögen des Gemeinschuldners gelangt ist. JW. 95, 127[7], 00, 716[7], auch Anm. 6 § 30. Eine Anfechtung findet in solchen Fällen nur dann statt, wenn die besonderen Qualifikationen des § 31 Nr. 1 (s. Anm. 6) oder des § 30 Nr. 1 Satz 2 und Nr. 2 vorliegen. JW. 00, 716[7]. Vgl. im übrigen Anm. 6.

[15] Diesen **Beweis der Nichtkenntnis der Benachteiligungsabsicht** kann der Anfechtungsbeklagte mittelbar auch dadurch erbringen, daß er nachweist, es habe zur Zeit des Vertragsschlusses auch der Gemeinschuldner eine Absicht der Benachteiligung nicht gehabt. JW. 01, 123[11]. Vgl. wegen Führung dieses Beweises ferner Anm. 15, 16 § 3 AnfG. und weiter wegen der Beweislast im Falle der Anfechtung von „reinen“ Erfüllungsgeschäften und von anderen Deckungsgeschäften Anm. 4, 8 hier sowie Anm. 15 § 3 AnfG. — Im Falle der **Übertragung einer Wechselforderung** seitens des Gemeinschuldners durch Indossament hat der Anfechtungsbeklagte ein dieser

Wechselbegebung zugrunde liegendes, die Annahme einer Benachteiligung der Gläubiger des Gemeinschuldners ausschließendes Rechtsgeschäft aufzudecken und zu beweisen, aus dem sich namentlich ergeben würde, daß durch die Wechselbegebung wegen einer entsprechenden Vermehrung des Aktivvermögens des Gemeinschuldners oder wegen Beseitigung einer mindestens gleich hohen Schuld desselben in Wirklichkeit keine Benachteiligung der Gläubiger bewirkt worden ist. RG. 58, 141. — Hat der Gemeinschuldner den Vertrag abgeschlossen, als er unter Geschäftsaufsicht nach der VO. vom 14. 12. 16 in der Fass. v. 14. 6. 24 stand, so wird dadurch, daß die Aufsichtsperson dem Vertrage zugestimmt hat, weder die Anfechtung ausgeschlossen noch grundsätzlich die Beweislast hinsichtlich der Kenntnis der Benachteiligungsabsicht umgekehrt. RG. 106, 165.

32. (25.) Anfechtbar sind[1]:

1. die in dem letzten Jahre[2] vor der Eröffnung des Verfahrens von dem Gemeinschuldner vorgenommenen[3] unentgeltlichen Verfügungen[4], sofern nicht dieselben gebräuchliche Gelegenheitsgeschenke[5] zum Gegenstande hatten;
2. die in den letzten zwei Jahren[2] vor der Eröffnung des Konkurses von dem Gemeinschuldner vorgenommenen[3] unentgeltlichen Verfügungen[4],[5] zugunsten seines Ehegatten[6],[7].

[1] Gerichtsstand: Anm. 6 § 29. [2] Vgl. Anm. 7 § 31.

[3] § 108. — **Maßgebend** ist der **Zeitpunkt**, in dem die Verfügung Wirksamkeit gegen die Gläubiger erlangt. RG. 9, 69. Die Ausstellung eines Prolongationswechsels auf Grund eines früher fällig gewesenen Urwechsels ist keine selbständige Zuwendung. Daher kommt es für die Frage, ob eine Wechselhingabe als unentgeltliche Verfügung anfechtbar ist, auf die Umstände an, unter denen der Urwechsel hingegeben wurde, und ist hinsichtlich der Anfechtungsfrist der Zeitpunkt der Ausstellung des Urwechsels, nicht des Prolongationswechsels maßgebend, RG. 77, 51.

[4] **Unentgeltliche Verfügungen** sind nicht bloß Schenkungen, die begrifflich eine Bereicherung des Beschenkten voraussetzen (RG. 62, 386), sondern alle Zuwendungen aus dem Vermögen des Schuldners, für die nach der Absicht sowohl des Verfügenden als auch des Empfängers ein Entgelt nicht gegeben werden soll, RG. 62, 44, 92, 228, JW. 89, 68[7], 02, 218[22], 13, 608[23], OLG. 27, 259, auch RG. 10, 86, 80, 217 und Anm. 8 § 31, sowie Anm. 17 § 3 AnfG. (unten V), oder wenn das Entgelt wertlos ist, RG. 50, 136, 62, 45. So, wenn der Gemeinschuldner ohne Verpflichtung hierzu eine fremde Schuld bezahlt, er zwar Abtretung der Forderung von dem befriedigten Gläubiger erhält, aber die Forderung wertlos ist. RG. 51, 415, auch 38, 8. Auch **verdeckte Schenkungen.** JW. 96, 175[30]. — Jedoch macht der Umstand allein, daß die Gegenleistung nicht völlig dem Werte der Leistung entspricht, die Verfügung noch nicht zu einer unentgeltlichen, vielmehr kommt es darauf an, ob **nach dem Willen der Vertragschließenden** die Gegenleistung für die Sache eine vollständige sein sollte oder nicht. JW. 97, 570[29], W. 09, 53. Eine unentgeltliche Verfügung liegt daher im Falle tatsächlicher Verschiedenheit des Wertes von Leistung und Gegenleistung dann nicht vor, wenn die Beteiligten die eine Leistung gegen die andere ihrer Ansicht nach gleichwertige auszutauschen beabsichtigten. W. 09, 53. Überhaupt ist Unentgeltlichkeit der Verfügung nicht lediglich nach der objektiven Gestaltung der Sachlage zu bestimmen, sondern es ist **auch auf die Willensmeinung der Vertragschließenden Rücksicht zu nehmen.** RG. 30, 36, 62, 44, Gr. 59, 522. Daher ist z. B. eine Sicherungsübereignung des Gemeinschuldners an seinen vermeintlichen Gläubiger keine unentgeltliche Verfügung, wenn die gesicherte Forderung zwar tatsächlich nicht bestand, aber der Gemeinschuldner sie irrtümlich für bestehend gehalten und sie erkannt hat. Gr. 59, 522. Sind sich aber die Vertragschließenden des Nichtbestehens der Forderung bewußt gewesen, so enthält die Sicherungsübereignung eine unentgeltliche Verfügung. Gr. 59, 521. — Die Unentgeltlichkeit setzt ferner **nicht notwendig** eine **Bereicherung** des Empfängers, sondern nur eine Verminderung des Vermögens des Leistenden voraus (z. B. Zahlung oder Übernahme einer fremden Schuld, sofern eine Gegenleistung nicht gewährt,

auch die Schuld nicht durch die Zahlung erworben werden sollte). RG. 10, 87, 38, 7, 92, 228, JW. 92, 164[21]. So ist eine unentgeltliche Verfügung: die freigebige Zuwendung an eine Person, welche die ihr überlassenen Werte zufolge Abrede restlos zur Erreichung eines bestimmten Zweckes aufwenden muß (z. B. zur Befriedigung von Gläubigern des freigebig Übereignenden), RG. 92, 228; die Sicherung einer fremden Verbindlichkeit durch Pfandbestellung oder Bürgschaft, ohne Verpflichtung hierzu und ohne Erlangung eines Vermögensvorteils, JW. 13, 608[23]. — Jedoch ist hierbei der Begriff des Entgelts nicht in dem formalrechtlichen Sinne aufzufassen. Es kann auch schon ein wirtschaftlicher Vorteil, ein eigenes wirtschaftliches Interesse ausreichen, um der Sicherheitsbestellung den Charakter der Unentgeltlichkeit zu nehmen (so z. B. ist die von der Ehefrau, der späteren Gemeinschuldnerin, nach dem Tode des Ehemannes für dessen Schuld geleistete Bürgschaft keine unentgeltliche Verfügung, wenn die Ehefrau bezweckte, den Nachlaß des Mannes zusammen mit ihrem Vermögen zur Bestreitung des Lebensunterhalts der Familie behalten zu können). JW. 13, 608[23]. — Der Gegenwert für eine Verfügung kann ferner auch in einer Schuldbefreiung, einer dem Gläubiger gewährten Stundung, in einer Kreditgewährung, auch in einer Leistung des Empfängers an einen Dritten, bestehen. JW. 13, 608[23], OLG. 27, 259. So ist es **keine unentgeltliche Verfügung:** wenn derjenige, zu dessen Gunsten eine Bürgschaft übernommen wird, als Gegenleistung hierfür einem anderen Kredit gewähren soll, JW. 89, 68[7]; wenn Bürgschaft für eine Schadensersatzforderung wegen Unterschlagung gegen die Verpflichtung des Gläubigers, Strafanzeige gegen den Hauptschuldner zu unterlassen, übernommen wird, OLG. 27, 258; wenn der Gemeinschuldner Gelder gegen die Verpflichtung zur Verwendung zu einem bestimmten Zweck erhalten und sie durch die angefochtene Rechtshandlung zu dem Zweck verwendet hat, JW. 02, 397[28]; wenn eine sichere und vollwertige Forderung von einem Dritten bezahlt wird, RG. 29, 1; wenn der Gemeinschuldner die Schuld eines anderen bezahlt, zu deren Bezahlung er diesem gegenüber verpflichtet ist, RG. 50, 137, 51, 416, JW. 02, 171[23]; wenn er für seine bestehende Schuld freiwillig ein Pfand bestellt, RG. 6, 85, 9,

100, oder sie anerkennt, RG. 62, 45; wenn ein Wechsel zahlungshalber oder an Zahlungs Statt oder zur Sicherung für eine fällige Forderung hingegeben wird, JW. 97, 633[16], oder auf Grund eines zwischen dem Gemeinschuldner und dem Wechselinhaber geschlossenen Vertrages, wonach in Austausch gegen die Wechselunterschriften des Gemeinschuldners der Wechselinhaber dem Wechselindossanten Vermögensvorteile zukommen ließ, RG. 77, 50; wenn eine noch nicht fällige Schuld vorzeitig getilgt wird, JW. 88, 103[22]; wenn eine Leistungsverpflichtung besteht, sei diese auch nicht durch Klage geltend zu machen (z. B. Gewährung einer angemessenen Ausstattung: § 1624 BGB. [im Gegensatz von Aussteuer: § 1620 BGB., auf welche ein Rechtsanspruch besteht, JW. 02, 218[22]] seitens der Eltern). Gr. 41, 1108 (JW. 97, 189[14]), vgl. jedoch RG. 80, 218 (unentschieden gelassen). Über die Frage der Anfechtbarkeit der Hingabe eines Prolongationswechsels auf Grund des Urwechsels vgl. Anm. 3. — Auch ein **Lebensversicherungsvertrag zugunsten eines Dritten** ist, wenn Konkurs über den Nachlaß des verstorbenen Versicherungsnehmers eröffnet wird, nicht als unentgeltliche Verfügung gegen den Dritten anfechtbar, da durch den Vertrag aus dem der Verteilung an die Konkursgläubiger unterliegenden Vermögen des Versicherungsnehmers nichts fortgegeben ist. RG. 51, 403, auch 62, 47, Gr. 49, 1088 (JW. 04, 495[24]). Ferner kann die unentgeltliche Zuwendung einer lebenslänglichen Rente, die in einem Vertrage zugunsten eines in einer letztwilligen Verfügung noch zu benennenden und demnächst benannten Dritten bedungen und nach dem Tode des Zuwendenden zu entrichten ist, von dem Verwalter im Konkurse über den Nachlaß des Zuwendenden nicht angefochten werden, da eine Zuwendung aus dem Nachlasse nicht vorliegt. Gr. 51, 209 (JW. 06, 383[10]). Dagegen liegt eine anfechtbare unentgeltliche Verfügung vor, wenn nachträglich der Anspruch auf die Versicherungssumme an einen Dritten unentgeltlich abgetreten, Gr. 31, 1119, JW. 02, 259[17], auch RG. 66, 158, Anm. 1 § 29, oder die Police unentgeltlich auf einen Dritten umgeschrieben wird, RG. 62, 46. Auch ist im Falle der Lebensversicherung des Ehemanns zugunsten seiner Ehefrau die Zahlung der Jahresprämien als eine unentgeltliche Verfügung des Ehemanns zugunsten der

Ehefrau anzusehen, so daß der Verwalter im Konkurse über den Nachlaß des Ehemanns von der Ehefrau, welche die Versicherungssumme gezahlt erhalten hat, die Rückgewähr der zwei letzten Jahresprämien im Wege der Anfechtung auf Grund § 32 Nr. 2 verlangen kann. Gr. 49, 1088 (JW. 04, 495[24]). — Daß das Geschenk unmittelbar von dem die Sache dem Schenker Verkaufenden an den Beschenkten geliefert worden ist, ist unerheblich. OLG. 42, 72 und Anm. 1 § 37. — Die Frage, ob eine unentgeltliche Verfügung vorliegt, ist nach den Verhältnissen zur **Zeit des Vertragsschlusses** zu beurteilen; spätere Veränderungen kommen nicht in Betracht. RG. 50, 136.

[5] **Gebräuchliche Gelegenheitsgeschenke** sind Tauf-, Konfirmations-, Verlobungs-, Hochzeits-, Geburts(Namens)tags- und Weihnachtsgeschenke. OLG. 42, 72 Anm. Wenn aber die unentgeltliche Verfügung tatsächlich als Geschenk **ohne Rücksicht auf die** betreffende **Gelegenheit** gewollt ist, ist sie anfechtbar. Gr. 36, 1192, OLG. 42, 72. So z. B.: wenn das Geschenk einer Geliebten gegeben wird, um sie zur Fortsetzung des Verhältnisses zu bestimmen, oder anderseits, um sie abzufinden, mag es auch gerade zu Weihnachten oder zum Geburtstag sein, OLG. 42, 72; wenn der Großvater in der Form eines Patengeschenks eine Zuwendung zur Sicherung standesmäßigen Unterhalts und der Ausbildung seines Patenkindes macht. OLG. 42, 72 Anm. — In Nr. 2 ist nicht wie in Nr. 1 die Ausnahme bezüglich der Gelegenheitsgeschenke enthalten. Daraus ist zu schließen, daß **nach Nr. 2 auch Gelegenheitsgeschenke** an den Ehegatten der Anfechtung unterliegen können. OLG. 19, 208.

[6] Unentgeltliche Verfügungen, die der Gemeinschuldner **vor der Eheschließung** zugunsten seines späteren Ehegatten vorgenommen hat, sind (anders wie nach § 31 Nr. 2: „vor oder während der Ehe") **nicht** nach § 32 Nr. 2 anfechtbar. RG. 76, 5 (s. hiergegen JW. 11, 930).

[7] **Der frühere Schlußsatz:**

sowie eine innerhalb dieses Zeitraums von ihm bewirkte Sicherstellung oder Rückgewähr eines Heiratsguts oder des gesetzlich in seine Verwaltung gekommenen Vermögens seiner Ehefrau, sofern er nicht zu der Sicherstellung oder Rückgewähr durch das Gesetz oder durch einen vor diesem Zeitraum geschlossenen Vertrag verpflichtet war

ist durch die Nov. gestrichen, weil mit Rücksicht auf die in den §§ 1391, 1418 Abs. 1 Nr. 1 BGB. der Ehefrau gewährte weitgehende Berechtigung zum Verlangen nach Sicherheitsleistung oder zur Klage auf Aufhebung der Verwaltung und Nutznießung bei Bestehenbleiben der bisherigen Vorschrift sich der Widerspruch ergeben würde, daß eine Rückgewähr oder Sicherstellung z. Zt. einer günstigen Vermögenslage des Ehemannes ohne weiteres angefochten werden könnte, während eine bei ungünstiger Vermögenslage des Ehemannes bewirkte Rückgewähr oder Sicherstellung der Anfechtung entzogen bliebe. Es ist deshalb das in Frage stehende Anfechtungsrecht vollständig aufgehoben. Begr. 21, vgl. RG. 57, 83. Jedoch bleibt die **Rückgewähr oder Sicherstellung des eingebrachten Guts nach den allgemeinen Vorschriften** der §§ 30, 31 Nr. 1, 2 und § 32 **anfechtbar.** RG. 57, 86, Gr. 45, 1180, JW. 01, 385, 02, 424[28], 06, 139[13], auch 98, 664[26]. Diese Anfechtbarkeit ist allerdings, wenn ein Recht auf Rückgewähr oder Sicherstellung besteht (vgl. hierüber RG. 57, 162), nicht nach § 31 Nr. 2, sondern nur bei betrüglicher Kollusion gemäß § 31 Nr. 1 oder bei Vorliegen der Voraussetzungen des § 30 gegeben. Vgl. RG. 15, 19, 16, 29, 31, 123, 57, 163, auch JW. 93, 427[14], 02, 424[28], 06, 139[13], und Anm. 15 § 31. In letzterer Hinsicht ist zu bemerken, daß in dem Recht auf Rückgewähr (§§ 1418, 1421 BGB.) an sich noch nicht das Recht auf Sicherheitsleistung (§ 1391 BGB.) als das Minus enthalten ist. RG. 7, 111, 15, 19. Anderseits kann in der Rückgewähr auch eine nach § 32 anfechtbare unentgeltliche Verfügung liegen (z. B. wenn der Mann Verwaltung und Nutznießung am eingebrachten Gut der Frau für die Zukunft zu deren Gunsten ohne Gewährung einer Gegenleistung aufgibt). RG. 57, 81. — Eine Verpflichtung zur Rückgewähr kann übrigens nicht nur nach den Gesetzen über eheliches Güterrecht begründet sein, sondern auch nach allgemeinen Rechtsgrundsätzen (z. B. wenn der Gemeinschuldner die Einwilligung in die Ehe und die Hergabe der Mitgift durch Betrug veranlaßt hat). JW. 01, 517[6], [7].

33. (26.) Rechtshandlungen, welche früher als sechs Monate[1] vor der Eröffnung des Verfahrens erfolgt sind, können aus dem Grunde einer Kenntnis der Zahlungseinstellung[2] nicht angefochten werden.

[1] Die **Zahlungseinstellung kann mehr** als 6 Monate vor der Konkurseröffnung **zurückliegen.** RG. 6, 110, 69, 255. Insbesondere ist auch im Falle des § 30 Nr. 2 die Anfechtung einer innerhalb der Frist nach der Zahlungseinstellung erfolgten Rechtshandlung nicht deswegen ausgeschlossen, weil von der Zahlungseinstellung bis zur Konkurseröffnung mehr als sechs Monate verflossen sind. RG. 69, 254. — Auf die **Berechnung** findet § 222 Abs. 2 ZPO. trotz der Vorschrift des § 72 KO. nicht Anwendung, da es sich dort um eine prozessualische Frist, hier um eine dem materiellen Recht angehörende Fristbestimmung handelt. Daher erfolgt die Berechnung der Frist nach §§ 186 ff. BGB. Ist z. B. der Konkurs am 28. 2. 23 eröffnet, so darf gemäß § 187 Abs. 1, § 188 Abs. 2, 3 BGB. die Rechtshandlung nicht früher als am 31. 8. 22 vorgenommen sein. Jedoch findet die mit § 222 Abs. 2 ZPO. übereinstimmende Vorschrift des § 193 BGB. keine Anwendung, weil sie nur für die Fälle gilt, in denen es sich um eine Willenserklärung oder Leistung handelt. Danach wird die von der Rechtshandlung ab gerechnete sechsmonatige Frist nicht um einen Tag verlängert, wenn der letzte Tag ein Sonntag oder Feiertag ist. RG. 17, 329. Vgl. auch Anm. 7 § 31. — Durch die Anordnung einer **Geschäftsaufsicht** nach der VO. v. 8. 8. 14., an die sich demnächst das Konkursverfahren anschloß, wurde der Lauf der Frist aus § 33 **nicht gehemmt.** JW. 16, 1545[2]. § 75 der jetzigen GeschAufsVO. v. 14. 12. 16 in d. Fass. v. 14. 6. 24 aber bestimmt, daß, soweit die Anfechtbarkeit von Rechtshandlungen davon abhängt, daß sie innerhalb bestimmter Fristen vor der Eröffnung des Konkurses, vor dem Eröffnungsantrag, vor der Zahlungseinstellung oder vor der Anfechtung vorgenommen sind, bei der Berechnung der Fristen die Zeit nicht mitgerechnet wird, während deren die Geschäftsaufsicht besteht.

[2] Nicht nur in den Fällen des § 30 Nr. 1, sondern **auch in den Fällen des § 30 Nr. 2,** wiewohl hier die Kenntnis der Zahlungseinstellung vom Anfechtungskläger nicht nachgewiesen zu werden braucht. RG. 25, 86. — Nur der Anfechtungs-

grund der Kenntnis der Zahlungseinstellung wird hinsichtlich einer über sechs Monate zurückliegenden Rechtshandlung ausgeschlossen. Dagegen im Falle des § 30 Nr. 2 **nicht auch** der Anfechtungsgrund der **Kenntnis der Begünstigungsabsicht** des Gemeinschuldners. RG. 69, 256. Die Anfechtungsgründe aus §§ 31, 32 kommen nicht in Betracht. Im **Falle des § 31 Nr.** 1 (Kenntnis der auf die Benachteiligung der Gläubiger gerichteten Absicht des Gemeinschuldners) ist nach § 41 Abs. 1 Satz 2 die Anfechtung erst nach 30 Jahren ausgeschlossen. RG. 69, 256.

2. Besondere Vorschriften.

a) Wechselzahlungen.

34. (27.) Wechselzahlungen des Gemeinschuldners können auf Grund des § 30 Nr. 1 von dem Empfänger nicht zurückgefordert werden, wenn nach Wechselrecht der Empfänger bei Verlust des Wechselanspruchs gegen andere Wechselverpflichtete zur Annahme der Zahlung verbunden war[1].

Die gezahlte Wechselsumme muß von dem letzten Wechselregreßschuldner[2] oder, falls derselbe den Wechsel für Rechnung eines Dritten begeben hatte, von diesem erstattet werden, wenn dem letzten Wechselregreßschuldner oder dem Dritten zu der Zeit, als er den Wechsel begab oder begeben ließ, einer der im § 30 Nr. 1 erwähnten Umstände bekannt war[3].

[1] D. i. wenn der Empfänger zur Sicherung eines ihm gegen andere, aus demselben Wechsel verpflichtete Personen zustehenden Anspruchs im Falle der Nichtzahlung hätte Protest mangels Zahlung erheben müssen. Vgl. Art. 41, 43, 98, 99 WO. — Hat der Wechselinhaber den Wechsel **rechtzeitig protestieren** lassen und dann nachträglich von dem Gemeinschuldner Zahlung erhalten, so ist Abs. 1 nicht anwendbar, weil infolge der Protesterhebung ein Verlust des Wechselanspruchs gegen den Wechselregreßschuldner nicht zu befürchten ist. An-

derseits findet Abs. 1 auch dann keine **Anwendung**, **wenn der** Wechselinhaber die Protesterhebung unterlassen, **aber demnächst nach Versäumung der Protestfrist** vom Gemeinschuldner **doch Zahlung erhalten** hat, weil der Wechselregreßanspruch zur Zeit der Zahlung schon überhaupt verloren war. RG. 40, 43. — Ist die **Empfangnahme der Wechselzahlung** des Gemeinschuldners zur Erhaltung des Wechselanspruchs **nicht notwendig**, so ist die Wechselzahlung (Anfechtung der Eingehung einer Wechselverpflichtung: Anm. 14 § 30, Anm. 8 § 31) nach §§ 30, 31, 32 anfechtbar. Aber auch **im Falle der notwendigen Empfangnahme** ist nur die Anfechtung nach § 30 Nr. 1 (Fall 2), nicht die nach § 30 Nr. 2 oder nach §§ 31, 32 ausgeschlossen.

[2] D. i. derjenige, auf den der Regreß in letzter Linie zurückgekommen wäre, wenn der Gemeinschuldner nicht gezahlt hätte und Protest mangels Zahlung erhoben wäre.

[3] Abs. 2 findet nur in denjenigen Fällen Anwendung, in denen Abs. 1 zutrifft. Die **Bedeutung der Vorschrift des Abs. 2** ist: weil in den Fällen des Abs. 1 das Anfechtungsrecht dem Empfänger der Wechselzahlung gegenüber versagt, soll der letzte Wechselregreßschuldner (bzw. der Dritte, für dessen Rechnung der Wechsel begeben worden ist) der Konkursmasse die von dem Gemeinschuldner gezahlte Wechselsumme zurückerstatten, sofern ihm zur Zeit der Wechselbegebung einer der im § 30 Nr. 1 erwähnten Umstände bekannt war. Dadurch soll verhütet werden, daß ein Gläubiger des Gemeinschuldners dadurch, daß er auf den Gemeinschuldner einen Wechsel zieht, diesen verkauft und dann den Gemeinschuldner die Wechselsumme an den Käufer zahlen läßt, sich auf Umwegen, wiewohl er von der Zahlungseinstellung oder dem Eröffnungsantrage Kenntnis hat, eine unanfechtbare Befriedigung seiner Forderung verschafft. Mot. 140. Die Vorschrift trifft daher nicht zu, wenn die Zahlung gegenüber dem Empfänger selbst nach § 30 Nr. 1 angefochten werden darf. In diesem Falle hat der **Konkursverwalter nicht neben dem Anfechtungsrecht gegenüber dem Empfänger noch den** in Abs. 2 vorgesehenen **Erstattungsanspruch** gegen den Wechselregreßschuldner (bzw. den Dritten). RG. 40, 41.

b) Vollstreckbare Schuldtitel.

35. (28.) **Die Anfechtung wird dadurch nicht ausgeschlossen, daß für die anzufechtende Rechtshandlung[1] ein vollstreckbarer Schuldtitel[2] erlangt, oder daß dieselbe durch Zwangsvollstreckung oder durch Vollziehung eines Arrestes[3] erwirkt worden ist[4].**

[1] Dazu gehört hinsichtlich der Anfechtbarkeit aus § 30 auch die durch Zwangsvollstreckung oder Arrestvollziehung erwirkte **Pfändung:** Anm. 10, 14 § 30, auch Anm. 1 § 6 AnfG. Auch die **Vorpfändung** (außergerichtliche Ankündigung der Pfändung) **einer Forderung** gemäß § 845 ZPO., wenn ihr die gerichtliche Pfändung fristgerecht nachgefolgt ist. RG. 42, 365, 83, 332, vgl. hierüber Anm. 8 § 30. — Hat der Gemeinschuldner bei der Pfändung nicht mitgewirkt, so ist ihm eine Absicht, die Gläubiger zu benachteiligen, in der Regel nicht beizumessen. Spätere Beteiligung bei der Aushändigung des Pfandes ist unerheblich. JW. 90, 160[10]; vgl. Anm. 10, 14 § 30, Anm. 2 § 31. — Über die Frage der Zuständigkeit und der Anwendung des § 771 ZPO. bei Anfechtung von Pfändungen s. Anm. 6 § 29.

[2] **Vollstreckbare Schuldtitel sind** hauptsächlich rechtskräftige oder vorläufig vollstreckbare Endurteile (§ 726 ZPO.), Vollstreckungsbefehle (§§ 699, 700 ZPO.) und die im § 794 ZPO. aufgeführten Schuldtitel (vgl. RG. 9, 100). Ferner: Arrestbefehle und einstweilige Verfügungen (§§ 929, 936 ZPO.), vgl. RG. 55, 321, 78, 334; Schiedsgerichts-Vollstreckungsbeschlüsse (§ 1042 ZPO.); Zuschlagsbeschluß im Zwangsversteigerungsverfahren (§ 132 Abs. 2 ZVG.); Auszug aus der Konkurstabelle (§§ 164, 194 KO.); Entscheidungen der Gewerbe- und Kaufmannsgerichte (§ 57 GewGG. v. 29. 9. 01, § 16 KaufmGG. v. 6. 7. 04 [beide geändert durch die Ges. v. 12. 5., 29. 10. 20, 27. 11. 22, 6. 6. 24]). — Der **Schuldtitel** bleibt ebenso wie die Rechtshandlung trotz der Anfechtung an sich **gültig** und unter den Beteiligten, insbesondere gegenüber dem Gemeinschuldner wirksam. Anm. 4 § 29, JW. 87, 234.

[3] §§ 803, 829, 866, 928 ZPO. Vgl. Anm. 1. Nicht der Arrestbeschluß als solcher, sondern seine Vollziehung ist die

anfechtbare Rechtshandlung. Ist die Vollziehung vor der Zustellung erfolgt, so bleibt doch der Tag der Vollziehung maßgebend und es kommt nicht (§ 14 KO.) auf den Tag der Zustellung an. OLG. 32, 372. Vgl. Anm. 4.

[4] Einer besonderen Anfechtung des vollstreckbaren Titels bedarf es nicht. Mot. 143, 144. Überhaupt ist **Gegenstand der Anfechtung entweder der Vollstreckungsakt** (z. B. Pfändung) **oder**, wenn eine anfechtbare Rechtshandlung vorausgegangen und nur durch den Schuldtitel verstärkt ist, diese **Rechtshandlung, nicht der Schuldtitel.** Anm. 14 § 30, Gr. 50, 1125 (JW. 06, 234[20]). So ist, wenn von den Beteiligten eine erdichtete Forderung konstituiert und demnächst für diese ein vollstreckbarer Schuldtitel erlangt ist, jene Konstituierung anfechtbar. Gr. 50, 1125 (JW. 06, 234[20]). Es unterliegt aber auch ein betrügliches Übereinkommen, das nur die Schaffung eines vollstreckbaren Titels zum Inhalte hat, in Verbindung mit dessen prozessualer Geltendmachung, der Anfechtung, soweit die Voraussetzungen der §§ 30—32 gegeben sind. Gr. 50, 1122ff. (JW. 06, 234[20]).

3. Legitimation zur Anfechtung.

36. (29.) Das Anfechtungsrecht wird von dem Verwalter[1] ausgeübt[2].

[1] Rechte und Pflichten des Verwalters: §§ 78—86. Genehmigung des etwaigen Gläubigerausschusses: § 133 Nr. 2, § 135. — **Nicht von den einzelnen Gläubigern:** Mot. 145, 146, RG. 30, 74, OLG. 21, 172; doch sind die Gläubiger (nicht auch die Mitglieder des Gläubigerausschusses als solche, RG. 36, 367) zur Nebenintervention (§§ 66 ff. ZPO.) berechtigt, Pr. 26, JW. 89, 203[1], 91, 273[11]. Nach Beendigung des Verfahrens können sie Anfechtungsrechte geltend machen, deren Ausübung der Verwalter absichtlich unterlassen hat. § 13 Abs. 4 AnfG., § 166 Abs. 2 KO. Vgl. RG. 35, 80. — Der **Absonderungsberechtigte** als solcher kann zwar nicht auf Grund der KO., wohl aber nach dem AnfG. trotz der Konkurseröffnung Rechtshandlungen des Gemeinschuldners anfechten. RG. 16, 36, OLG. 35, 249, Anm. 4 § 4 (a. M. OLG. 25, 327, wonach, wenn ein Gläubiger vor der Konkurseröffnung Sachen gepfändet hat, die der nachmalige Gemeinschuldner an einen

Dritten veräußert hatte, er gegenüber der **Widerspruchsklage** des Dritten nicht zur **Anfechtung** des **Veräußerungsvertrages** im Wege der Einrede berechtigt sein soll, weil nur dem Konkursverwalter das Anfechtungsrecht zustehe. Derselbe Fall ist in OLG. 35, 249 umgekehrt entschieden). Desgleichen derjenige, der **erst nach Konkurseröffnung Gläubiger** des Gemeinschuldners geworden ist. — **Übernahme anhängiger Anfechtungsprozesse** durch den Verwalter: § 13 Abs. 1 AnfG. Vgl. auch Anm. 4 § 29. Auch wenn ein einzelner Gläubiger bereits vor der Konkurseröffnung ein rechtskräftiges Anfechtungsurteil erstritten hat, steht die weitere Verfolgung des Anfechtungsrechts (hier auf Grund des Urteils) dem Verwalter zu. RG. 30, 70, 32, 104, auch OLG. 21, 172. — Der **Konkursverwalter handelt** bei Ausübung des Anfechtungsrechts **nicht als gesetzlicher Vertreter** des Gemeinschuldners, auch nicht als der der Gläubiger, **sondern** tritt aktiv wie passiv **kraft eigener Befugnis** auf, so zwar, daß seine Akte auf die Rechte und Verbindlichkeiten des Gemeinschuldners rechtlich einwirken, daß also insbesondere die von ihm durch eine erfolgreiche Anfechtung erlangten Objekte als Masseteile Eigentum des Gemeinschuldners mit der Bestimmung der Befriedigung der Gläubiger werden. RG. 52, 333, auch OLG. 21, 172. Daher können sowohl die **Gläubiger** als auch der **Gemeinschuldner** in Anfechtungsprozessen als **Zeugen** vernommen werden. RG. 29, 29.

[5] Durch **gerichtliche Geltendmachung** im Wege der Klage, der Einrede oder auch der Replik, nicht durch außergerichtliche Erklärung: Anm. 5 § 29. — **Übertragung** auf andere ist unzulässig. RG. 30, 75, 39, 13, auch Anm. 5 § 29 und Anm. 6 § 1 AnfG. — Durch **Verzicht** des Verwalters, der auch durch konkludente Handlungen (z. B. Anerkennung einer anfechtbaren Forderung) erklärt werden kann, wird das Anfechtungsrecht beseitigt. JW. 85, 7, 97, 170[20], auch Anm. 5 § 29. — Mit **Beendigung des Konkursverfahrens** erlischt das Anfechtungsrecht des Verwalters. RG. 31, 40, 52, 333, Gr. 39, 1091, JW. 95, 185[16], OLG. 6, 367, 25, 330, auch Anm. 2 § 166, Anm. 2 § 190. Ist ein anhängiger Anfechtungsprozeß bei Beendigung des Konkursverfahrens (z. B. durch Zwangsvergleich) noch nicht zur Entscheidung gelangt, so ist der Pro-

zeß in der Hauptsache gegenstandslos geworden und weder vom Gemeinschuldner noch vom Anfechtungsbeklagten fortsetzbar. RG. 52, 330, OLG. 23, 212, 304, 25, 339. Jedoch ist der Gemeinschuldner befugt, behufs Entscheidung über die **Kosten**, die als bedingte Masseschuld ihn eventuell treffen, den Prozeß fortzuführen, RG. 52, 330, OLG. 25, 339; ebenso ist der Anfechtungsbeklagte wegen der Kosten zur Fortführung des Prozesses befugt, aber nur gegen den Gemeinschuldner, nicht gegen den Verwalter, OLG. 23, 304, Anm. 2 § 190.

II. Wirkung.

37. (30.) Was durch die anfechtbare Handlung aus dem Vermögen des Gemeinschuldners veräußert, weggegeben oder aufgegeben ist[1], muß zur Konkursmasse[2] zurückgewährt werden[3].

Der gutgläubige Empfänger einer unentgeltlichen Leistung hat dieselbe nur so weit zurückzugewähren[4], als er durch sie bereichert ist[5].

[1] Über die Frage, **ob** die Anfechtung die **Rechtshandlung nichtig** macht oder zwischen den Beteiligten bestehen läßt und ob sie **dingliche Wirkung** hat oder nur obligatorische, vgl. Anm. 3, 4, § 29. — Für den **Umfang der Rückgewährpflicht** ist lediglich § 37 maßgebend, nicht auch auf Grund von Art. VI EG.KOÄndG. (oben II) landesgesetzliche Vorschriften oder das sonstige bürgerliche Recht. RG. 24, 143, 44, 95, JW. 89, 109[13], 91, 252[17], 99, 770[11]. Der Umfang bestimmt sich nach dem Maße des Verlustes für die Konkursmasse, nicht der Bereicherung für den Erwerber, RG. 28, 135, JW. 88, 178. **Grundsatz** ist, daß alles zurückgewährt werden muß, was infolge der angefochtenen Rechtshandlung aus dem Vermögen des Gemeinschuldners herausgekommen ist, RG. 24, 143, 145, 44, 92, aber auch nur das, RG. 16, 26, 27, 23, 36, 164. Ist die Zuwendung noch **in Natur** vorhanden, so ist sie in dem Zustande **zurückzugewähren**, wie wenn ihre Weggabe aus dem Vermögen des Gemeinschuldners nicht stattgefunden hätte. JW. 87, 273, 88, 178. — Auf den **guten oder bösen Glauben** des Anfechtungsgegners kommt es, abgesehen vom Falle des Abs. 2, nicht an. RG. 24, 141. Er muß die durch sein Zutun veranlaßten Ver-

schlechterungen vergüten, JW. 87, 273, sowie den Zuwachs, welchen die Sache oder das Kapital an **Zinsen, Früchten** usw. dem Gemeinschuldner bzw. der Masse voraussichtlich gewährt haben würde, wenn sie nicht aus dem Vermögen des Gemeinschuldners herausgekommen wären, herausgeben bzw. ersetzen. RG. 24, 145, JW. 89, 109[13], OLG. 15, 235, 25, 329 (anders bei der Rückgewähr gemäß § 7 AnfG., s. Anm. 4 dort). In diesen Grenzen hat z. B., wenn ein vom nachmaligen Gemeinschuldner geschlossener Pachtvertrag über ein Grundstück angefochten ist, der Pächter als Anfechtungsgegner die gezogenen Früchte und Nutzungen in Natur oder in Geldwert (unter Abzug des gezahlten Pachtzinses) herauszugeben. OLG. 25, 329. Der anfechtende Konkursverwalter kann auch vom Anfechtungsgegner zwar nicht Rechnungslegung (s. Anm. 3), wohl aber zur Vorbereitung des Rückgewähranspruchs **Auskunfterteilung** verlangen. JW. 98, 360[35], OLG. 25, 328, 32, 375. Jedoch können, wenn es sich um Rückgewähr einer Geldleistung (Zahlung) handelt, Zinsen nicht beansprucht werden, wenn es nach der Vermögenslage des Gemeinschuldners zur Zeit der Leistung ausgeschlossen war, daß die Geldsumme für den Gemeinschuldner oder später für die Masse Zinsen getragen hätte, Gr. 38, 1184 (JW. 94, 518[12]). Die Höhe der, abgesehen hiervon, bei Geldersatzforderungen zu beanspruchenden Zinsen beträgt, auch wenn die angefochtene Rechtshandlung sich als ein beiderseitiges Handelsgeschäft darstellt, nicht (gemäß § 352 HGB.) 5, sondern (gemäß §§ 246, 288 BGB.) 4%. RG. 96, 57, JW. 94, 316[13], 02, 273[19]. — **Werterhöhungen** und Verbesserungen der veräußerten Gegenstände schließen die Rückgewährpflicht nicht aus. JW. 96, 321[10]. — Eine (z. B. im Wege des Vergleichs oder Schulderlasses) **aufgegebene Forderung** ist wieder in derjenigen rechtlichen Beschaffenheit, in der sie sich zur Zeit des Vergleichsabschlusses befand, herzustellen. Gr. 41, 1107 (JW. 96, 695[26]), auch JW. 88, 69. Daher setzt sich eine etwaige Frist für ihre Geltendmachung nunmehr erst wieder fort. Ist die Forderung fällig und unbedingt, so kann statt auf Restitution sogleich auf Zahlung geklagt werden. Gr. 41, 1107 (JW. 96, 695[26]). Der Zessionar einer vom Gemeinschuldner **zedierten Forderung** hat diese zurückzuübertragen, und, wenn die Forderung bereits eingezogen ist, den eingezogenen Betrag zur Konkursmasse zurückzugewähren. RG. 48, 149, Gr. 32, 1157, JW. (88, 178), 10, 761[31], W. 08, 348. Hat der Gemeinschuldner akzeptierte Wechsel veräußert, so müssen die Wechsel zurückgegeben werden. Ist die Zahlung bereits geleistet, so muß Rückzahlung erfolgen. JW. 94, 209[23]. — Bei Anfechtung einer auf dem Grundstück des Gemeinschuldners **eingetragenen Hypothek** ist der Konkursmasse gegenüber das Grundstück als von der Hypothek befreit anzusehen, RG. 30, 90, 52, 85, JW. 09, 142[26], gleichviel ob der Anfechtungsgegner etwas zu fordern hatte oder nicht, JW. 98, 247[10]. Es kann hierbei zur Rückgewähr genügen, daß der anfechtungsbeklagte Erwerber eine Verzichtserklärung abgibt, KGJ. 39, A 228, oder in der Weise den Gläubigern gegenüber zurücktritt, daß er sie im Zwangsversteigerungsverfahren an seine Stelle treten läßt, RG. 52, 85, KGJ. 39, A 228; je nach den Umständen möglich ist aber auch, daß eine Bewilligung der Löschung der Hypothek seitens des Erwerbers notwendig ist, RG. 52, 85, oder doch (z. B. wenn keine nachstehenden Hypotheken vorhanden sind) für die Interessen der Konkursgläubiger genügt, JW. 09, 142[26], KGJ. 39, A 228. Ist das Grundstück zwangsversteigert, so ist der auf die Hypothek entfallende Teil des Kaufgeldes der Konkursmasse zuzuweisen. RG. 52, 83, 337, JW. 89, 109[11]. — Hatte der Gemeinschuldner nicht Eigentum (Gläubigerrecht) an einer Sache (Forderung, Hypothek), sondern nur einen **obligatorischen Anspruch auf Übereignung** (Übertragung), ist aber auf seine (der Anfechtung unterliegende) Anweisung oder Zession die Übereignung (Übertragung) an den Anfechtungsbeklagten erfolgt, so ist von diesem das Erlangte, wiewohl es aus dem „Vermögen" des Gemeinschuldners nicht herausgekommen ist, doch an die Konkursmasse (zurück)zugewähren. Gr. 46, 394, auch RG. 43, 83, 48, 148; OLG. 42, 72 (a. M. 32, 374). — **Soweit durch die Rückgewähr aber die Konkursmasse bereichert werden würde**, ist der Anfechtungsbeklagte gemäß § 59 Nr. 3 zur Rückgewähr nicht verpflichtet, vielmehr ist ihm insoweit eine Aufrechnung oder Zurückbehaltung gestattet. RG. 16, 26, JW. 96, 249[18]. Auch darf die Anfechtung nicht dazu führen, daß dem Anfechtungskläger (Verwalter) neue Befriedigungsobjekte beschafft oder die an dem zurückzugewährenden Objekte bestehenden und ihm vorgehenden Rechte beseitigt werden. RG. 20, 157, 160. Daher **leben** bei der Rückgewähr die **untergegangenen eigenen Rechte des Erwerbers wieder auf** und für die von ihm aus eigenen Mitteln beseitigten Rechte Dritter (z. B. gelöschte Hypotheken, beseitigte Pfandrechte) kann er Ersatzforderungen geltend machen. JW. 02, 95[27]. — Über Rückgewähr einzelner der veräußerten Gegenstände vgl. JW. 98, 51[22]. — Die **Weiterveräußerung** der Sache seitens des Empfängers beseitigt dessen Rückgewährpflicht nicht, RG. 27, 23, 106, 167, Gr. 37, 1191, auch RG. 34, 404, selbst wenn die Veräußerung schon vor der Konkurseröffnung stattgefunden hat, OLG. 10, 221. Vielmehr kann auch in diesem Falle Naturalrestitution mit Vorbehalt des Schadensersatzes, wenn dem Urteil demnächst nicht genügt wird, beansprucht werden. OLG. 10, 222. Auf Verlangen des Verwalters muß aber der Empfänger, wenn die Rückgabe in Natur infolge Veräußerung der Sache oder Abtretung der Forderung ihm nicht mehr möglich ist, den zur Zeit der Veräußerung bestandenen wirklichen **Wert vergüten**, RG. 30, 88, auch 106, 167 (nur Verbesserungen, die der Anfechtungsgegner zwischenzeitlich aus eigenen Mitteln vorgenommen hat, kommen in Abzug), und zwar letzteren auch dann, wenn der beim Weiterverkauf erzielte Erlös dahinter zurückgeblieben ist, RG. 30, 89, sowie ohne Rücksicht darauf, ob etwa neben ihm auch sein Rechtsnachfolger nach Maßgabe des § 40 von der Konkursmasse in Anspruch genommen werden kann, JW. 93, 308[14]. **Auch sonst** ist, **wenn Rückgewähr in Natur nicht möglich** ist, **Ersatz in Geld** zu leisten. RG. 9, 72, 10, 10, 58, 107, 62, 49. So hat derjenige, für den eine Forderung des Gemeinschuldners gepfändet und zur Einziehung überwiesen ist, bei erfolgreicher Anfechtung der Pfändung statt Rückgewähr der Forderung frei von dem Pfandrechte den Geldbetrag der Forderung zu zahlen, wenn er die Aufrechnung mit einer dem Drittschuldner ihm gegenüber zustehenden Gegenforderung (wirksam) erklärt hat und dadurch die Forderung erloschen ist. RG. 58, 105. Auf alle Fälle aber darf hier der Geldzahlungsanspruch nicht als Hauptantrag, und der Herausgabeanspruch als Eventualantrag gefaßt werden. JW. 16, 845[17]. Ein **Anspruch auf Erstattung des** durch Weiterveräußerung über jenen Wert hinaus erzielten **Gewinnes** besteht nicht. RG.

27, 23. Herausgabe der mit dem Erlöse erlangten Sachen kann nicht beansprucht werden. Gr. 36, 1192. **Beruht die Unmöglichkeit** der Rückgewähr darauf, daß die Sachen (die z. B. an die Ehefrau des Gemeinschuldners von diesem veräußert waren) zugunsten von Gläubigern des Gemeinschuldners versteigert sind, so besteht ein Anspruch auf Ersatz des Wertes der Sachen gegen den Anfechtungsbeklagten nicht. Gr. 49, 128. — Sind durch einen Vertrag **mehrere Gegenstände** für einen einheitlichen Preis weggegeben worden, so ist der Vertrag nur hinsichtlich derjenigen Gegenstände anfechtbar, in Ansehung deren die Gläubiger benachteiligt sind. RG. 21, 98. Ist der Verkauf eines **Warenlagers** angefochten, so ist der Klagantrag auf Herausgabe der einzelnen Waren, soweit sie noch vorhanden sind, zu richten, nicht auch auf Herausgabe der für die veräußerten Waren neu angeschafften; vielmehr kann für die veräußerten nur Ersatz des Wertes in Geld verlangt werden. JW. 08, 458[29] (W. 08, 347). Über Unzulässigkeit der Anfechtung einer Veräußerung eines **gewerblichen Unternehmens** als eines Ganzen vgl. RG. 70, 226. — Anfechtung einer Faustpfandbestellung des Gemeinschuldners an einer ihm vom Eigentümer zum Zwecke der Verpfändung geliehenen Sache: RG. 36, 161. — Vgl. hinsichtlich des Umfanges der Rückgewähr ferner Anm. 2, 4 § 7 AnfG.

[3] Die **zurückgewährten Gegenstände werden Masseteile,** also Eigentum des Gemeinschuldners, mit der Bestimmung, zur Befriedigung der Gläubiger zu dienen. RG. 52, 333. Nach RG. 56, 143 hat jedoch der Anfechtungsgegner im Falle der Anfechtung einer **Grundstücksveräußerung** nicht das Grundstück zurückaufzulassen, sondern (ebenso wie bei der Anfechtung auf Grund des AnfG.) nur zu dulden, daß für die Konkursmasse die Zwangsversteigerung so stattfindet, wie wenn der Gemeinschuldner als Eigentümer eingetragen wäre. Hat ferner der Gemeinschuldner eine von ihm **unter Eigentumsvorbehalt** seines Verkäufers **erworbene Sache veräußert,** so soll nach RG. 67, 22 der gutgläubige Käufer, gegen den die Veräußerung angefochten wird, nicht zur Rückübertragung des Eigentums, sondern nur zur Duldung der Verwertung des Kaufgegenstandes für die Konkursmasse verpflichtet sein. — Wenn eine **Hypothek** mit Erfolg vom Konkursverwalter angefochten

ist, so kommt dies nur der Konkursmasse, **nicht** auch dem **nachstehenden Hypothekengläubiger**, welcher Anfechtungsklage nicht erhoben hat, **zugute**. RG. 20, 29, Gr. 34, 893. Der Konkursverwalter ist indessen, falls nicht besondere Interessen entgegenstehen, Löschung zu verlangen befugt. Anm. 1.

3 **Zurückzugewähren** vom **Empfänger**; von dritten Erwerbern nur unter den Voraussetzungen des § 40. — Empfänger der Leistung, gegen den ein Anfechtungsanspruch nach § 30 Abs. 1 Satz 1 bestehen kann, ist auch der Zessionar von Forderungen, die er als Vertreter von Gläubigern, die dem Gemeinschuldner Stundung gewähren wollen, einziehen und deren Erlöse er unter die betreffenden Gläubiger verteilen soll, mag er auch selbst nicht Gläubiger des Gemeinschuldners sein, sofern ihm nur das volle Gläubigerrecht an den Forderungen vom Gemeinschuldner übertragen worden ist. JW. 11, 107[44] (W. 11, 49). — Von **mehreren Teilnehmern** an einer anfechtbaren Rechtshandlung haftet jeder nur nach dem Verhältnisse seiner rechtlichen Beteiligung an dem Geschäfte dem Gemeinschuldner gegenüber. RG. 24, 143. — Ist auch der **Anfechtungsgegner im Konkurse**, so ist der Anspruch der anfechtungsberechtigten Konkursmasse auf Rückgewähr gemäß §§ 3, 138 ff. als Konkursforderung in dem anderen Konkurse geltend zu machen. Vgl. OLG. 15, 235 (wo jedoch angenommen wird, daß im Falle der Anfechtung eines Pfandrechts, eines Pfändungspfandrechts oder eines sonstigen Absonderungsrechtes eine Anmeldung des Rückgewähranspruchs zum Konkursverfahren nicht denkbar sei; vgl. aber § 69). — Eine **Verpflichtung zur Rechnungslegung** liegt dem Anfechtungsgegner nicht ob. OLG. 2, 265, 25, 328 (a. M. 32, 375). Vgl. aber über Auskunfterteilung Anm. 1. — **Schadensersatz** (§ 249 BGB.) kann nicht verlangt werden, sofern nicht im Einzelfall die Merkmale einer unerlaubten Handlung (§§ 823, 826 BGB.) vorliegen. RG. 74, 226.

4 Vgl. über **unentgeltliche Leistung** Anm. 4 § 32. — Handelt es sich um eine unentgeltliche Verfügung (im Sinne des § 32), die darin besteht, daß der Empfänger die ihm freigebig übereigneten Werte zufolge Abrede der Beteiligten restlos zur Befriedigung von Gläubigern des Übereignenden aufwenden soll, so kommt ihm die Bestimmung des § 37 Abs. 2

zugute und erlischt danach seine Rückgewährpflicht, wenn er vor Erhebung des Rückgewähranspruchs gutgläubig die ihm zugeführte Leistung bestimmungsgemäß an Gläubiger des Übereignenden ausgeantwortet hat. RG. 92, 228. Ihn trifft aber die **Beweislast für die Gutgläubigkeit**, also dafür, daß er hinsichtlich des Nichtvorliegens einer anfechtbaren Rechtshandlung in gutem Glauben war. RG. 92, 229. — Abs. 2 setzt, abgesehen von der Gutgläubigkeit, voraus, daß die **Rückgewähr** zufolge einer Anfechtung **auf Grund des** § 32 zu erfolgen hat. In den Fällen der §§ 30, 31 ist die Verpflichtung zur Rückgewähr des unentgeltlich Weggegebenen oder Aufgegebenen nicht auf das Maß der Bereicherung beschränkt. Mot. 148.

[5] Eine **Bereicherung** ist darin nicht zu finden, daß durch eine unentgeltliche Zuwendung seitens des Gemeinschuldners eine Forderung des Empfängers an einen Dritten getilgt worden ist, es sei denn, daß die bezahlte Forderung eine materiell unsichere oder rechtlich zweifelhafte gewesen ist. RG. 29, 1. — Kann die weggegebene Sache, was grundsätzlich zu geschehen hat, vom Erwerber **nicht mehr in Natur zurückgegeben** werden (z. B. weil sie veräußert oder untergegangen ist), so hat der Erwerber, sofern und soweit er einen Ersatz erlangt hat und er dadurch auch bereichert ist, den **Wert in Geld** zu erstatten (§ 818 Abs. 2, 3 BGB.). — Hat der Erwerber zufolge Anfechtung außerhalb des Konkurses bereits gemäß § 7 AnfG. Rückgewähr geleistet, so braucht er an die Konkursmasse nicht noch einmal zurückzugewähren. OLG. 4, 176.

38. (31.) Die Gegenleistung ist aus der Konkursmasse zu erstatten[1], soweit sie sich in derselben befindet[2], oder soweit die Masse[3] um ihren Wert bereichert ist[4]. Darüber hinaus kann ein Anspruch[5] nur als Konkursforderung geltend gemacht werden.

[1] **Dem Vertragsgenossen** des Gemeinschuldners. Anm. 3 § 40.

[2] Das Rückerstattungsrecht ist nämlich ebenso wie das Anfechtungsrecht ein obligatorisches. Daher steht dem Anfechtungsgegner wegen der **in der Masse befindlichen Gegenleistung** ein Anspruch auf Aussonderung (§ 43) nicht zu.

RG. 13, 5, 7. — § 818 Abs. 1 BGB. Masseanspruch: § 59 Nr. 1. — Ist dem Gemeinschuldner, der durch angefochtene Rechtshandlung einen Hypothekengläubiger an Stelle des Grundstückseigentümers befriedigt hat, von letzterem eine (nachstehende) Hypothek für die Ersatzforderung bestellt worden, so kann der anfechtungsbeklagte Hypothekengläubiger vom Konkursverwalter Abtretung der letzteren Hypothek verlangen. Gr. 53, 1132.

[3] **Nicht der Gemeinschuldner.** Mot. 149. Vgl. § 45.

[4] **Bereicherung der Masse:** RG. 16, 25, JW. 96, 249[18], s. auch Anm. 5 § 37. — § 818 Abs. 2, 3 BGB. Masseanspruch: § 59 Nr. 3. — Erst nach erfolgter Rückgewähr ist die Masse bereichert. Daher kann der Anfechtungsgegner nicht der Anfechtungsklage den Einwand entgegensetzen, daß er die Gegenleistung noch nicht zurückerhalten habe. RG. 16, 23. — Er hat aber ein **Zurückbehaltungsrecht** (§ 273 BGB.) wegen Erstattung der Gegenleistung. JW. 96, 249[18].

[5] Wenn er nach bürgerlichem Recht besteht; z. B., wenn der Gemeinschuldner das als Gegenleistung erhaltene bare Geld verbraucht hat, gemäß § 812 Abs. 1 Satz 2 BGB.

39. (32.) Wenn der Empfänger einer anfechtbaren Leistung das Empfangene zurückgewährt, so tritt seine Forderung[1] wieder in Kraft[2].

[1] Als Konkursforderung. Mot. 150.

[2] Mit den früheren Beschränkungen (§§ 65, 66, 67), Nebenrechten (vgl. § 62 Nr. 3) und Sicherungsrechten. Daher auch mit dem für die Forderung bestellten Pfandrecht, sofern dieses Recht nicht selbst angefochten ist. Vgl. RG. 3, 208, 20, 157. — Bei teilweiser Zurückgewährung auch nur teilweise.

III. Anfechtung gegen Rechtsnachfolger.

40. (33.) Die gegen den Erblasser begründete Anfechtung findet gegen den Erben[1] statt.

Gegen einen anderen Rechtsnachfolger[2] desjenigen, welchem gegenüber die anfechtbare Handlung vorgenommen ist, findet die gegen den letzteren begründete Anfechtung statt[3]:

1. wenn ihm zur Zeit seines Erwerbes die Umstände, welche die Anfechtbarkeit des Erwerbes seines Rechtsvorgängers begründen, bekannt waren[4];
2. wenn er zu den im § 31 Nr. 2 genannten Personen[5] gehört, es sei denn, daß ihm zur Zeit seines Erwerbes die Umstände, welche die Anfechtbarkeit des Erwerbes seines Rechtsvorgängers begründen, unbekannt waren[6];
3. wenn ihm das Erlangte unentgeltlich zugewendet worden ist[7].

Im Falle des Abs. 2 Nr. 3 findet auf die Haftung des Rechtsnachfolgers die Bestimmung des § 37 Abs. 2 Anwendung[8].

[1] **Auch gegen** einen **sonstigen Universalrechtsnachfolger** in die Verbindlichkeiten des Vertragsgegners des Gemeinschuldners. Vgl. BGB. §§ 45, 46 (aufgelöster Verein), 419 (Vermögensübernahme), 1438, 1459 (Eintritt ehelicher Gütergemeinschaft), 2371 ff. (Erbschaftskauf), HGB. §§ 25 (Übernahme eines kaufmännischen Geschäfts), 303 ff. (Veräußerung des ganzen Vermögens einer Aktiengesellschaft).

[2] D. i. derjenige, der das durch die angefochtene Rechtshandlung aus dem Vermögen des Gemeinschuldners Weggegebene von dem ersten Empfänger oder dessen Nachmanne durch **Sondernachfolge** (zufolge rechtsgeschäftlicher Verfügung [z. B. Übereignung, Abtretung] oder behördlicher Anordnung [z. B. Überweisung an Zahlungs Statt] oder nach Gesetz [z. B. der Ehemann, der nach dem gesetzlichen Ehegüterstandsrecht den Ertrag eines an seine Ehefrau vom Gemeinschuldner veräußerten nutzbaren Gegenstandes für sich zieht]) erworben hat. RG. 80, 4. Vgl. RG. 40, 339 (Ersteher in der Zwangsversteigerung), 45, 372 (Assignatar, wenn die Anweisung zum

Zwecke der Tilgung seiner Forderung gegen den Anweisenden erfolgt ist). — Rechtsnachfolger ist auch, wer ein **Recht an der veräußerten Sache erlangt** hat (z. B. Hypothek, Pfandrecht, Dienstbarkeit, Altenteil). RG. 9, 87, 15, 369, 25, 412, JW. 97, 346[20]. Ferner derjenige, dem der Erwerber eines der Anfechtung unterliegenden Pfändungspfandrechts dieses mit der Forderung gegen den Gemeinschuldner abgetreten hat. RG. 32, 24, OLG. 19, 208. Vgl. auch Anm. 1 § 11 AnfG. Als Rechtsnachfolger im Sinne dieser Vorschrift ist weiter auch anzusehen, wer den **unmittelbaren Besitz** erlangt hat und dadurch die Vollstreckung hindert. OLG. 35, 271 Anm. 1. — Jedoch ist nur derjenige Rechtsnachfolger im Sinne des § 40, der in die Rechtsstellung des ersten Erwerbers eingetreten ist, nicht derjenige, der selbständige, von diesem **unabhängige Rechte** durch den Erwerb **erlangt** hat. JW. 88, 132[29]. Daher ist der **Indossatar** im Sinne dieser Vorschrift nicht Rechtsnachfolger des Indossanten eines Wechsels. JW. 88, 132[29], vgl. aber RG. 47, 70. — Hat derjenige, an den der Gemeinschuldner veräußert und der dann an einen Dritten weiter veräußert hat, im Einverständnisse aller Beteiligten **nur als Strohmann** dienen sollen, so ist der Dritte nicht als Rechtsnachfolger des ersten (scheinbaren) Erwerbers, sondern als unmittelbarer Vertragsgenosse des Gemeinschuldners anzusehen. W. 08, 346. — § 40 Abs. 2 betrifft nur solche Fälle, in denen der **Anfechtungsgegner** sein **Recht lediglich auf Rechtsnachfolge** stützt. Beruht der Erwerb eines Forderungsrechts gegen den Gemeinschuldner auf zwei verschiedenen Geschäften, von denen das eine mit einem früheren Forderungsinhaber, das andere mit dem Schuldner selbst geschlossen wurde, so kommt für die Frage der Anfechtbarkeit allein der letztere Vertrag (hinsichtlich dessen § 40 Abs. 2 keine Bedeutung hat) in Betracht. RG. 77, 51. — Auf die Anfechtung einer **Zwangshypothek**, die auf Grund der außerhalb des Konkursverfahrens durchgeführten Anfechtung der von dem späteren Gemeinschuldner vorgenommenen Veräußerung seines Grundstücks **gegen den Erwerber** erlangt ist, kommt nicht § 40, sondern gemäß § 13 Abs. 3 AnfG. § 30 Nr. 1 KO. zur Anwendung. RG. 39, 83. Über Anfechtung einer **von** dem **Zedenten** einer vollstreckbaren Forderung **erwirkten Pfändung** gegenüber dem Zessionar, der das Pfand vor der Konkurseröffnung hat versteigern lassen, s. JW. 93, 542[22]. — Rechtsvorgänger und Rechtsnachfolger haften für die Rückgewähr als **Gesamtschuldner** (§ 421 BGB.); sie können als Streitgenossen gemeinschaftlich verklagt werden. Gr. 27, 1140 (JW. 86, 348). — Für die Frage der Anfechtbarkeit gegenüber dem Rechtsnachfolger macht es keinen Unterschied, ob die **Rechtsübertragung vor oder nach der Konkurseröffnung** stattgefunden hat. Auch im Falle der (zweiten) Übertragung erst nach der Konkurseröffnung ist der (zweite) Erwerber Rechtsnachfolger und kann die gegenüber dem ersten Erwerber anfechtbare Handlung nur unter den im § 40 Abs. 2 bestimmten Voraussetzungen ihm (dem zweiten Erwerber) gegenüber angefochten werden. RG. 34, 59.

[3] **Erste Voraussetzung** für alle Arten der Anfechtung gegen den Rechtsnachfolger nach § 40 Abs. 2 Nr. 1, 2 oder 3 ist, **daß** die **Anfechtung gegen den Ersterwerber begründet** ist, sei es nach § 30 oder nach § 31 oder nach § 32. Diese erste Voraussetzung **muß stets in dem Anfechtungsprozesse gegen den Rechtsnachfolger** vom Konkursverwalter **nachgewiesen werden,** auch dann, wenn in einem etwaigen früheren oder gleichzeitigen Anfechtungsprozeß gegen den Ersterwerber der Nachweis bereits erbracht und der Ersterwerber rechtskräftig verurteilt worden ist, und selbst wenn der Erwerb des Rechtsnachfolgers erst stattgefunden hat, nachdem der Anfechtungsanspruch gegen den Ersterwerber rechtshängig gemacht worden war. Vgl. hierüber Anm. 3 § 11 AnfG. — **Es kommt nicht darauf an, aus welchem** der **Anfechtungsgründe nach §§ 30 bis 32** die Anfechtung gegen den Vertragsgenossen des Gemeinschuldners begründet ist (s. Anm. 4). Der Anfechtungsgrund gegen diesen (z. B. § 31 Nr. 1) kann ein anderer als gegen den Rechtsnachfolger (z. B. § 40 Nr. 2) sein. — Der Anfechtende hat in diesem Falle ein **doppeltes Klagerecht**: gegen den ursprünglichen Empfänger auf Werterſatz (Anm. 1 § 37) und gegen dessen Rechtsnachfolger auf Rückgewähr des Weggegebenen. Gr. 36, 464. Wegen Verbindung beider Ansprüche vgl. RG. 27, 23, Anm. 2 a. E. — Der Rechtsnachfolger hat die seinem Rechtsurheber gegebene Gegenleistung von diesem zurückzufordern. Ob er dessen Rechte gegen die Masse (insbesondere hinsichtlich der in der Masse befindlichen Gegen-

leistung: § 38) ohne Zession ausüben kann, bestimmt sich nach bürgerlichem Recht. Mot. 153. Nach BGB. hat er diese Befugnis ohne Zession nicht, da ein Fall der Übertragung kraft Gesetzes gemäß § 412 BGB. nicht vorliegt. Die etwa in Betracht kommenden §§ 426, 840 BGB. treffen auf das Rechtsverhältnis zwischen dem Anfechtungsbeklagten und seinem Rechtsurheber nicht zu. Vgl. auch Anm. 2 § 11 AnfG.

[4] Nach dem **früheren Wortlaut:**

> bekannt war, daß der Gemeinschuldner die Rechtshandlung in der Absicht vorgenommen hatte, seine Gläubiger zu benachteiligen;

war in Nr. 1, abweichend von Nr. 2, die Anfechtung gegen den Rechtsnachfolger auf den Fall beschränkt, daß die Handlung von dem Gemeinschuldner in der Absicht, seine Gläubiger zu benachteiligen, vorgenommen war (§ 31 Nr. 1), während die sonstigen Anfechtungsgründe, insbesondere die des § 30, unberücksichtigt blieben, selbst wenn die Anfechtung gegen seinen Rechtsurheber aus einem solchen anderen Grunde der §§ 30—32 begründet war. Mot. 152, RG. 32, 23. Durch die Nov. ist in dieser Hinsicht der Unterschied zwischen Nr. 1 u. 2 beseitigt; nunmehr findet, wie in den Fällen der Nr. 2 (s. Mot. 153), so **auch in den Fällen der Nr. 1**, die **Anfechtung aus allen Anfechtungsgründen der §§ 30—32** statt; die **Verschiedenheit** zwischen Nr. 1 und 2 besteht **nur noch in der Verteilung der Beweislast.** Begr. 22, RG. 74, 183, vgl. Anm. 4 § 11 AnfG. Im Falle Nr. 1 muß der Konkursverwalter beweisen, daß die ursprüngliche Handlung des Gemeinschuldners gegenüber dem ersten Empfänger einen der Tatbestände der §§ 30—32 erfüllte (s. Anm. 3) und daß ferner der Erwerb durch den Rechtsnachfolger in Kenntnis der die Anfechtung begründenden Umstände erfolgte; im Falle Nr. 2 muß der Rechtsnachfolger seine Unkenntnis beweisen. Wird also die Klage gegen den Nachmann gestützt **1. auf § 40 Nr. 1**, so muß, wenn die Anfechtbarkeit gegen den Vertragsgenossen des Gemeinschuldners begründet wird, **a) auf § 31 Nr. 1**, der Verwalter beweisen, daß der Vertragsgenosse Kenntnis von der Benachteiligungsabsicht des Gemeinschuldners gehabt, und ferner, daß der anfechtungsbeklagte Nachmann diese Kenntnis gekannt hat, RG. 74, 182, **b) auf § 30 Nr. 2 oder § 31 Nr. 2,** so braucht der Verwalter hinsichtlich der Anfechtbarkeit gegen den Vertragsgenossen nur den Beweis zu liefern, der ihm bei Anfechtung gegen den Vertragsgenossen obliegen würde (z. B. Zahlungseinstellung in kritischer Zeit, Benachteiligung) (s. Anm. 3), während der in diesem Falle von dem Vertragsgenossen zu führende Beweis der Nichtkenntnis des Vertragsgenossen (von der Zahlungseinstellung bzw. der Benachteiligungsabsicht des Gemeinschuldners) von dem anfechtungsbeklagten Nachmanne zu erbringen ist, anderseits aber es bei dem gemäß dem Falle zu a vom Verwalter zu führenden Nachweise der Kenntnis des Nachmannes verbleibt, **2. auf § 40 Nr. 2**, so fällt für den Verwalter dieser letztere Beweis in beiden Fällen zu 1 a und b fort und muß der Nachmann die Nichtkenntnis der die Anfechtung gegen den Vertragsgenossen des Gemeinschuldners zu begründen geeigneten Umstände beweisen. Begr. 22. Vgl. auch Anm. 3 § 11 AnfG. — Im übrigen soll durch die neue Fassung, die sowohl Nr. 1 als auch Nr. 2 erhalten hat, klargestellt werden, daß der **gutgläubige Erwerb** eines Sondernachfolgers die **Anfechtung gegen spätere Sondernachfolger ausschließt.** Begr. 22.

[5] Es kommt auf sein **Verwandtschaftsverhältnis zum Gemeinschuldner,** nicht zu seinem Rechtsvorgänger an. RG. 19, 203, JW. 97, 346[20]. Vgl. auch Anm. 11, 12 § 31, sowie Anm. 5 § 11 AnfG.

[6] Durch die Nov. an die Stelle der **früheren Fassung:**

> und nicht beweist, daß er zur Zeit seines Erwerbes von den Umständen, welche die Anfechtung gegen den Rechtsvorgänger begründen, keine Kenntnis hatte.

aus dem in Anm. 4 erörterten Grunde gesetzt.

[7] Die Nr. 3 sowie Abs. 3 sind durch die Nov. entsprechend den Grundsätzen der § 816 Abs. 1 Satz 2, § 822 BGB. hinzugefügt. — Der Konkursverwalter muß **nachweisen,** daß die ursprüngliche **Handlung** gegenüber dem ersten Erwerber aus einem der Gründe der §§ 30—32 **anfechtbar war** (s. Anm. 3) **und** daß der Anfechtungsgegner von dem ersten Erwerber das Erlangte **unentgeltlich erworben** hat; nicht aber braucht er eine Kenntnis des Anfechtungsgegners im Sinne der Nr. 1 zu beweisen. Begr. 22.

[3] D. i.: wenn der Rechtsnachfolger beim Erwerbe der unentgeltlichen Zuwendung des Rechtsvorgängers in gutem Glauben war, so beschränkt sich seine Haftung auf die Herausgabe der **Bereicherung.** Begr. 22.

IV. Zeitliche Beschränkung.

41. (34.)[1] Die Anfechtung[2] kann nur binnen Jahresfrist[3] seit der Eröffnung des Verfahrens erfolgen. Auf den Lauf der Frist finden die für die Verjährung geltenden Vorschriften des § 203 Abs. 2 und des § 207 des Bürgerlichen Gesetzbuchs entsprechende Anwendung[1]. Die Anfechtung nach § 31 Nr. 1 ist ausgeschlossen, wenn seit der Vornahme der Handlung dreißig Jahre verstrichen sind[1].

Ist durch die anfechtbare Handlung eine Verpflichtung des Gemeinschuldners zu einer Leistung begründet, so kann der Konkursverwalter die Leistung verweigern, auch wenn die Anfechtung nach Abs. 1 ausgeschlossen ist[4].

[1] Durch die Nov. ist die **frühere Fassung:**

> Das Anfechtungsrecht verjährt in einem Jahre seit der Eröffnung des Verfahrens.

im Abs. 1 Satz 1 geändert, weil nach dem BGB. nur Ansprüche der Verjährung unterliegen, das Anfechtungsrecht aber von den Gesetzesredaktoren als ein Anspruch im Sinne des § 194 Abs. 1 BGB. nicht angesehen wurde. Es ist deshalb entsprechend dem § 124 Abs. 1 BGB. (Anfechtung einer Willenserklärung wegen Täuschung oder Drohung) **an die Stelle der** früheren **Verjährungsfrist** eine **Ausschlußfrist gesetzt.** Jedoch ist im Satz 2, übereinstimmend mit § 124 Abs. 2 Satz 2 BGB., bestimmt, daß die für die Verjährung geltenden Vorschriften des § 203 Abs. 2 (Hemmung der Verjährung bei Verhinderung der Rechtsverfolgung durch höhere Gewalt) und des § 207 BGB. (Aufschub der Vollendung der Verjährung eines zu einem Nachlasse gehörenden oder sich gegen einen

Nachlaß richtenden Anspruchs) Anwendung finden. Der Satz 3 entspricht dem § 124 Abs. 3 BGB. Begr. 23. Bei der letzteren 30jährigen Frist handelt es sich um eine rückwärts abgesteckte Frist, in der die betreffende Rechtshandlung liegen muß, wenn ein Anfechtungsrecht überhaupt entstehen soll, während Satz 1 lediglich eine zeitliche Schranke für die Geltendmachung des an sich entstandenen Anfechtungsrechts setzt. OLG. 25, 330. Im übrigen finden die Vorschriften des BGB. über die Verjährung auf die Ausschlußfrist keine Anwendung. RG. 79, 27, 88, 295, OLG. 25, 330, 35, 251. Deshalb ist z. B., wenn der Kläger (Konkursverwalter) binnen 6 Monaten nach Abweisung einer erfolglos erhobenen Anfechtungsklage von neuem geklagt hat, nicht schon durch die Vorklage die Anfechtungsfrist nach Anhalt der Vorschriften des § 212 BGB. für gewahrt zu erachten. RG. 88, 296, OLG. 35, 251, vgl. auch Anm. 3.

[3] Das **Anfechtungsrecht** kann **nur gerichtlich** durch Klage, Widerklage, Einrede oder Replik, die auf Verwirklichung des aus der anfechtbaren Handlung abgeleiteten Rückgewähranspruchs (§ 37) gerichtet sind, **geltend gemacht** und erhalten werden; **nicht außergerichtlich** durch Erklärung des Konkursverwalters gegenüber dem Anfechtungsgegner, so daß durch eine solche Erklärung die Anfechtungsfrist nicht gewahrt wird. RG. 19, 202, 52, 334, 58, 46, 62, 199, 79, 25, 95, 225, Gr. 49, 1092, JW. 04, 496[21], OLG. 25, 330, Anm. 5 § 29. Auch **nicht** durch Erklärung **in einem** dem Gegner während eines Prozesses zugestellten **Schriftsatze** wird die Ausschlußfrist gewahrt, vielmehr ist Vortrag in der mündlichen Verhandlung erforderlich. RG. 58, 44 (anders RG. 52, 334), Anm. 5 § 29. Auch eine Erklärung des wegen einer Forderung des Anfechtungsgegners verklagten Konkursverwalters in der mündlichen Verhandlung lediglich dahin, daß er die betreffende Zuwendung anfechte, oder, daß er sich wegen Anfechtung der Zuwendung eine Widerklage vorbehalte, genügt nicht, mag auch demnächst (nach Ablauf der Frist) eine Widerklage erhoben werden. RG. 79, 25. Dagegen ist eine Einrede im vorbezeichneten Sinne die Geltendmachung der Aufrechnung mit dem Rückgewähranspruch. RG. 79, 26. Jedoch gilt auch dies nicht, wenn die Aufrechnung unter Bestreiten der Klageforderung nur

eventuell geltend gemacht wird, d. h. nur für den **Fall**, daß die Klageforderung wider Erwarten vom Gericht als begründet erachtet werden sollte, und der vorausgesetzte Eventualfall nicht eintritt, insbesondere das Gericht die Klage als unbegründet abweist, mag auch demnächst (nach Ablauf der Frist) eine Widerklage wegen des Rückgewähranspruchs erhoben werden. RG. 79, [24]. — Gegen **Verzögerung** der gerichtlichen **Geltendmachung** der aus der erfolgten Anfechtung sich ergebenden Ansprüche kann der Anfechtungsgegner sich durch Erhebung der negativen Feststellungsklage (§ 256 ZPO.) schützen. KB. 13, 14. — Ist **mit der Klage lediglich** eine Zahlung **angefochten**, die der Anfechtungsbeklagte von einem Dritten auf Weisung des Gemeinschuldners empfangen habe, so wird durch sie die **Frist für** die **spätere Anfechtung** der Pfändung einer Forderung des Gemeinschuldners an den Dritten, auf Grund deren nach der Behauptung des Anfechtungsbeklagten die Zahlung an ihn geleistet sein soll, **nicht gewahrt.** JW. 12, 250[22]. Vgl. auch Anm. 1 § 30 (Klagänderung). Durch rechtzeitige Klage auf Anfechtung der Abtretung einer Forderung wird nicht die Frist gewahrt für eine im Laufe des Rechtsstreits erklärte Anfechtung der Abtretung einer anderen Forderung, auch wenn beide Abtretungen in der nämlichen Urkunde erfolgt sind. W. 17, [225].

[8] Beginn der Frist am Tage der Konkurseröffnung (§ 108). Berechnung nach § 187 Abs. 1, § 188 BGB. Vgl. Anm. 1 § 33 sowie Anm. 7 § 31. — Da die Frist keine Verjährungsfrist, sondern eine Ausschlußfrist ist (Anm. 1), ist ihre Nichteinhaltung von Amts wegen zu beachten und unabhängig von einem etwaigen Zugeständnis des Anfechtungsbeklagten ihre Wahrung von Amts wegen festzustellen. RG. 90, [86], OLG. 25, [330]. Zur Wahrung der Frist durch Klage des Konkursverwalters ist erforderlich, daß sich die Klage als geeignet erweist, zu einer sachlichen Entscheidung über den Anfechtungsanspruch zu führen. Daher wird durch eine **Klage,** die den Prozeßvoraussetzungen nicht genügt, insbesondere **bei einem unzuständigen Gericht** erhoben ist, die Frist nicht gewahrt. RG. 88, [296] (vgl. aber auch W. 17, [8]). Wird, nachdem zuerst eine bei einem unzuständigen Gericht erhobene Klage wegen Unzuständigkeit abgewiesen worden ist, der Anfechtungsanspruch

von neuem und diesmal durch Klage bei dem zuständigen Gericht geltend gemacht, so ist für die Frage der Rechtzeitigkeit der Anspruchserhebung lediglich der Zeitpunkt entscheidend, in dem die neue Klage rechtshängig geworden ist. RG. 88, 296, OLG. 35, 251. Es muß eine **rechtswirksame Erhebung der Klage** vorliegen. Ob dies der Fall ist, ist lediglich nach dem Prozeßrechte zu entscheiden. RG. 90, 86. Hat eine rechtzeitig erfolgte, an irgendeinem Mangel leidende und deshalb an sich der Wirksamkeit entbehrende Klagerhebung auf Grund prozeßrechtlicher Vorschriften nachträglich mit rückwirkender Kraft die gleiche Wirksamkeit erlangt, als sei sie niemals mit dem Mangel behaftet gewesen (z. B. wenn die Klage der nicht vertretungsberechtigten Mutter des Anfechtungsbeklagten zugestellt, aber der von der Mutter bestellte Prozeßbevollmächtigte für den Anfechtungsbeklagten aufgetreten ist und später der vertretungsberechtigte Pfleger die Prozeßführung genehmigt hat), so ist die Frist als gewahrt zu erachten. RG. 90, 86.

[4] Der von der Nov. hinzugefügte Abs. 2 entspricht den §§ 821, 853, 2083, 2345 BGB. Dadurch ist dem Konkursverwalter die Möglichkeit der **Geltendmachung** des an sich bereits erloschenen Anfechtungsrechts **im Wege der Einrede** (z. B. gegenüber einer Klage auf Erfüllung eines anfechtbar gewesenen Vertrages) gegeben. RG. 56, 315, 84, 227. Nach RG. 56, 313, OLG. 10, 222, 15, 240, 19, 209, 32, 376β betrifft die Vorschrift nur den Fall, daß der Gemeinschuldner eine anfechtbar begründete persönliche Schuldverbindlichkeit noch nicht erfüllt hat, kann dagegen einem dinglichen Anspruche des Eigentümers oder Pfandgläubigers auf Herausgabe der übereigneten bzw. verpfändeten Sachen (§§ 985, 1227 BGB.) nicht ein Einwand aus Abs. 2 deswegen entgegengestellt werden, weil die den Erwerb des Eigentums bzw. Pfandrechts vermittelnde Rechtshandlung anfechtbar gewesen sein soll. Jedoch ist in RG. 62, 197, OLG. 32, 376α angenommen, daß dem Verwalter die Einrede der Anfechtung noch gegen j e d e n Anspruch zusteht, durch den der Anfechtungsgegner auf Grund der anfechtbaren Handlung von der Konkursmasse etwas verlangt, z. B. auch gegen einen Aussonderungsanspruch in den Fällen, wenn eine Sache zwar übereignet aber noch nicht tat-

sächlich übergeben war, der Erwerber nur den mittelbaren Besitz nach §§ 930, 868 erhalten hatte, der Gemeinschuldner aber unmittelbarer Besitzer geblieben war (vgl. hiergegen OLG. 19, 209). Ferner ist in RG. 84, 225, OLG. 32, 378 der § 41 Abs. 2 auch für anwendbar erklärt, wenn zwischen der angefochtenen Handlung und der Leistungspflicht ein bloß mittelbarer Zusammenhang besteht und wenn die Leistungspflicht nicht schon von vornherein in der Person des Gemeinschuldners, sondern erst nach der Konkurseröffnung infolge des Hinzukommens einer Verwaltungsmaßregel des Konkursverwalters in dessen Person entstanden ist (so z. B. wenn ein Gläubiger, welcher Sachen des Gemeinschuldners gepfändet hat und an den eine Forderung des Gemeinschuldners abgetreten worden ist, nach der Konkurseröffnung mit dem Konkursverwalter, der die Pfändung und die Abtretung auf Grund des § 30 anfechten zu wollen erklärt hat, übereingekommen ist, daß der erzielte Erlös und der vom Drittschuldner gezahlte Betrag vom Konkursverwalter als Streitmasse hinterlegt werden solle, und darauf der Konkursverwalter gegenüber der Klage auf Auszahlung der Hinterlegungssumme die Einrede der vorbezeichneten Anfechtung erhebt). Weiter ist in RG. 95, 224 unter Bezugnahme auf obige RG. 62, 197, 84, 225 ausgesprochen, § 41 Abs. 2 **beschränke sich nicht auf rein persönliche Ansprüche,** sei vielmehr ausdehnend auszulegen und **auch** auf solche **Ansprüche** anzuwenden, die **aus einem dinglichen Rechte,** sei es auch nur mittelbar, durch Versteigerung und Hinterlegung erwachsen seien, daher seien der anfechtungsweise im Verteilungstermin der Zwangsversteigerung eines Grundstücks des Gemeinschuldners vom Konkursverwalter erhobene Widerspruch gegen eine Hypothek und die anschließende Widerspruchsklage als Verweigerung einer Leistung des Gemeinschuldners im Sinne des § 41 Abs. 2 aufzufassen, so daß sie an die Anfechtungsfrist des § 41 Abs. 1 nicht gebunden seien. — Nach früherem Recht erlosch mit dem Ablauf der Verjährungsfrist das Anfechtungsrecht gänzlich. Dies gilt auch weiter für ein vor 1. 1. 00 eröffnetes Konkursverfahren gemäß Art. V EG.KOÄndG. (oben II). RG. 54, 422.

V. **Rechtshandlungen nach Eröffnung des Verfahrens.**

42. Die Vorschriften über die Anfechtung der vor der Eröffnung des Verfahrens vorgenommenen Rechtshandlungen gelten auch für die Anfechtung von Rechtshandlungen, die nach der Eröffnung des Verfahrens vorgenommen worden sind, sofern diese nach den §§ 892, 893 des Bürgerlichen Gesetzbuchs den Konkursgläubigern gegenüber wirksam sind[1]. Die Frist für die Ausübung des Anfechtungsrechts beginnt mit der Vornahme der Rechtshandlung[2].

[1] Nach dieser Bestimmung der Nov. gelten die Vorschriften der §§ 29 ff. auch für die Anfechtung solcher **Rechtshandlungen**, die **nach der Konkurseröffnung** vorgenommen werden, gleichwohl aber vermöge der Bestimmungen der §§ 892, 893 BGB. über den öffentlichen Glauben des Grundbuchs und gemäß § 7 Abs. 1 Halbs. 2 oder § 15 Satz 2 KO. den Konkursgläubigern gegenüber wirksam sind. Vgl. Anm. 3 § 7, Anm. 10 § 15, RG. 68, 154, 81, 426, OLG. 15, 231. Nach § 15 Satz 2 KO., § 878 BGB. ist auch ein durch Eintragung nach der Konkurseröffnung vollzogener Erwerb (z. B. einer Hypothek) den Konkursgläubigern gegenüber dann rechtswirksam, wenn vor der Konkurseröffnung die vom Gemeinschuldner erklärte Eintragungsbewilligung für ihn bindend geworden (§ 873 Abs. 2 BGB.) und der Antrag auf Eintragung bei dem Grundbuchamte gestellt war. Wiewohl § 42 den § 878 BGB. nicht erwähnt, ist doch als gesetzgeberischer Wille anzunehmen, daß auch ein solcher Erwerb nach Maßgabe der §§ 29 ff. der Anfechtung unterliegt. RG. 81, 424, OLG. 15, 231. — Ein Rechtserwerb nicht durch Rechtsgeschäft, sondern durch **Vollstreckungsakt** gehört nicht hierher. Er fällt unter § 14. OLG. 15, 232. — Durch § 42 wird zugleich außer Zweifel gestellt, daß ein **vor der Konkurseröffnung vollzogener Erwerb** durch den Glauben des Grundbuchs nicht gegen Anfechtung nach §§ 29 ff. geschützt ist. RG. 51, 287, OLG. 15, 233. Über Anfechtbarkeit eines durch Eintragung in das Grundbuch vor der Konkurseröffnung vollzogenen Rechtserwerbs, wenn der Erwerber bei

der Eintragung **Kenntnis** von der bereits erfolgten Zahlungseinstellung gehabt hat, gemäß § 30 Nr. 1 f. RG. 51, 284, OLG. 15, 233.

³ Nicht, wie nach § 41, bereits mit der Eröffnung des Verfahrens.

Vierter Titel.

Aussonderung*.

* Die Vorschriften über das **Aussonderungsrecht** sind **öffentlich-rechtlicher Natur.** Die Parteien können über die gesetzlichen Voraussetzungen der Aussonderung nicht paktieren. So kann z. B. der Verwalter auf die Einreden aus den §§ 46, 59 Nr. 3 nicht verzichten. RG. 41, 2.

Der Aussonderungsanspruch ist **unabhängig vom Konkursverfahren** gegen den Konkursverwalter durchzuführen. Anm. 4 § 4, Anm. 4 § 43.

Einen besonderen **Gerichtsstand für Aussonderungsklagen** enthält die KO. nicht. Der Gerichtsstand bestimmt sich nach den außerhalb des Konkursverfahrens geltenden Gesetzen, insbesondere den §§ 13 ff. ZPO. In der Regel ist der Gerichtsstand des Ortes begründet, wo sich die beklagte Konkursmasse befindet, nicht etwa der aus § 29 ZPO. (Erfüllung eines Vertrages). RG. 31, 392. Handelt es sich aber um eine Rückforderung aus einem Vertrage, dessen Erfüllung der Verwalter verweigert (z. B. des zum Eigentum vorbehaltenen Kaufgegenstandes bei Nichtzahlung des Kaufpreises), so regelt sich der Gerichtsstand nach dem Vertrage. Auch gelten in dieser Hinsicht Abmachungen im Vertrage, insbesondere bezüglich des Erfüllungsortes. JW. 94, 181¹¹, OLG. 13, 78.

Da die Aussonderungsklage auf Herausgabe aus der Konkursmasse nicht eine Klage nach § 771 ZPO. ist, sind Anordnungen nach §§ 769, 771 ZPO. nicht zulässig. Wohl aber eine **einstweilige Verfügung** gemäß §§ 935 ff. ZPO., z. B. dahin, daß der Konkursverwalter die eingeklagten Gegenstände bis zur Entscheidung des Rechtsstreits nicht veräußern dürfe. OLG. 27, 183.

Die Aussonderung erfolgt **nur gegen Erfüllung der** dem Gemeinschuldner oder der Masse in Beziehung auf die zurückgeforderte Sache nach bürgerlichem Recht zustehenden **Gegenforderung.** Mot. 157, Gr. 46, 680, auch OLG. 29, 384 (Fall der Verpfändung einer Sache an den Gemeinschuldner für dessen Forderung).

Der **Anspruch** des **Aussonderungsberechtigten** ist nicht auf Gestattung der Entnahme des Gegenstandes aus der Masse beschränkt, vielmehr kann vom Verwalter die Herausgabe verlangt werden, da er Besitz und Verwaltung der Sache hat. JW. 95, 43[16], 167[18], Gr. 46, 679. Hat aber ein Dritter auf Grund eines ihm angeblich vom Gemeinschuldner eingeräumten Rechts (z. B. wenn der Gemeinschuldner eine ihm verpfändete Sache an den Dritten weiterverpfändet hat) die Sache im tatsächlichen Besitz, so hat der Verwalter nicht die Verpflichtung, sich Besitz von dem Dritten zu verschaffen, um die Sache dem Aussonderungsberechtigten auszuhändigen. JW. 95, 167[19], 98, 160[24], OLG. 29, 384. Dagegen ist der Gemeinschuldner zum Zwecke der Herausgabe verpflichtet, das dem Dritten (z. B. durch widerrechtliche Verpfändung) an der Sache eingeräumte Recht zu beseitigen. JW. 96, 4[15]. Auch besteht ein Aussonderungsrecht insofern, als der Eigentümer der Sache vom Konkursverwalter Abtretung des dem Gemeinschuldner als mittelbarem Besitzer zustehenden Herausgabeanspruchs gegen den Dritten als unmittelbaren Besitzer verlangen kann. OLG. 29, 384. — Hat der **Verwalter die Sache verkauft** und ist dann der Konkurs aufgehoben, so hat der Eigentümer, auch wenn er sein Aussonderungsrecht im Konkurse nicht geltend gemacht hat, regelmäßig noch einen Wertersatzanspruch gegen den Gemeinschuldner. Hat er aber erfahren, daß der Verwalter trotz Widerspruchs des Gemeinschuldners die Sachen verkaufen wolle, und hat er trotzdem seinen Aussonderungsanspruch nicht geltend gemacht, so hat er gegen den Gemeinschuldner nur einen Anspruch in Höhe des Erlöses, der zur Befriedigung der Gläubiger verwendet worden ist. JW. 90, 373[10].

Mitwirkung des Gläubigerausschusses: § 133 Nr. 2.

43. (35.) **Die Ansprüche auf Aussonderung eines dem Gemeinschuldner nicht gehörigen[1] Gegenstandes[2] aus der Konkursmasse auf Grund eines dinglichen**

oder persönlichen Rechts[3] bestimmen sich nach den außerhalb des Konkursverfahrens geltenden Gesetzen[4].

[1] Vorausgesetzt wird ein Recht, auf Grund dessen die Herausgabe eines Gegenstandes als eines **dem Gemeinschuldner nicht gehörigen** verlangt werden kann. RG. 13, 6, 40, 6. Dies sind Rechte z. B. nach BGB. §§ 985 (Herausgabeanspruch des Eigentümers), 556, 604, 697 (Rückgabeanspruch des Vermieters, Verleihers, Deponenten). RG. 63, 307, auch 40, 6, 77, 109, Gr. 46, 679. Nicht hierher gehören daher obligatorische **Ansprüche auf Leistung oder Verschaffung** einer Sache (z. B. zufolge Kaufs); wegen dieser Ansprüche kann nur eine Konkursforderung (§ 69) geltend gemacht werden. Vgl. RG. 35, 79, 66, 390, 77, 110, 94, 64, OLG. 4, 381. Deshalb ist, wenn eine Sache dem Gemeinschuldner verkauft und übereignet worden ist, ein Aussonderungsanspruch nicht schon deswegen gegeben, weil das Kaufgeschäft nichtig (z. B. wegen Irrtums, Betruges angefochten) ist; denn es besteht dann gemäß §§ 812 ff. BGB. für den Verkäufer lediglich ein obligatorischer Bereicherungsanspruch auf Herausgabe und Verschaffung des Eigentums an der Kaufsache, der in Geld umgesetzt (§ 69 KO.) als Konkursforderung anzumelden ist. RG. 66, 385, 70, 55, 94, 194. Nur wenn auch das Übereignungsgeschäft, der dingliche Vertrag, nichtig ist, hat der Verkäufer ein Aussonderungsrecht. RG. 66, 385, 70, 55. Weiter steht, wenn im Falle einer auf Bestellung des nachmaligen Gemeinschuldners vor der Konkurseröffnung für den Gläubiger eingetragenen Briefhypothek der Hypothekenbrief dem Gläubiger noch nicht übergeben ist, dem Gläubiger (der die Valuta für die Hypothek bereits hingegeben hat) ein Aussonderungsanspruch auf Herausgabe des Hypothekenbriefs nicht zu, weil dem Gemeinschuldner rechtlich (§ 1163 Abs. 2 BGB.) noch die Hypothek und daher (§ 952 BGB.) auch der Hypothekenbrief gehört; vielmehr kann er nur eine nach § 69 zu berechnende Geldforderung als Konkursforderung (§ 3) wegen seines schuldrechtlichen Anspruchs auf Verschaffung der Hypothek geltend machen. RG. 77, 106. Desgleichen kann der Zeichner von Aktien, wenn vor der Konkurseröffnung über das Vermögen der Aktiengesellschaft Aktienurkunden noch gar nicht ausgefertigt worden sind, nach § 69

nicht einen Verschaffungsanspruch geltend machen und daher nicht fordern, daß der Konkursverwalter Aktien ausfertigt und ihm übereignet. RG. 94, 64, auch Anm. 2. — Ferner sind die §§ 43 ff. nicht anwendbar, wenn eine **Veräußerung des** (im Besitz gebliebenen) **Gemeinschuldners** durch einen bloßen Scheinvertrag oder sonst **nichtigen Vertrag** erfolgt ist, da dann die veräußerten Gegenstände dem Gemeinschuldner nach wie vor gehören. Vgl. JW. 97, 386[10]. So ist auch die Abtretung aller Forderungen des Abtretenden (des nachmaligen Gemeinschuldners), der gegenwärtigen und der zukünftigen, mit der Abmachung, daß der Abtretende die Forderungen für sich geltend zu machen berechtigt bleiben solle, als nichtig zu erachten, weil einesteils, wenn auch die Abtretbarkeit künftiger Forderungen überhaupt zu bejahen ist (RG. 55, 334, 402, 58, 72, 67, 168, 75, 225), der Gegenstand der Abtretung hier zu unbestimmt ist und anderntei1s der Vorbehalt der Verfügung über die Forderungen sich mit einer ernstlichen Rechtsabtretung nicht verträgt. JW. 14, 830[6]. — Wohl aber besteht ein Aussonderungsrecht hinsichtlich der **dem Gemeinschuldner unter Eigentumsvorbehalt veräußerten** Gegenstände, JW. 06, 417[2] (RG. 63, 307), JW. 07, 315[18], OLG. 10, 198, 199, 11, 357, 15, 235, 19, 210, sofern sie nicht etwa als wesentliche Bestandteile (§ 93 BGB.) eines Grundstücks des Gemeinschuldners tatsächlich dessen Eigentum geworden sind, RG. 63, 307 (JW. 06, 417[2]), OLG. 19, 210 (s. auch unten über den Fall der Enteignung solcher Gegenstände vor der Konkurseröffnung). Ferner besteht ein Aussonderungsrecht an Sachen, die der nachmalige **Gemeinschuldner** seinem Gläubiger **zur Sicherheit übereignet,** aber auf Grund besonderen Rechtsverhältnisses (z. B. Verwahrungsvertrag, Kommissionsvertrag) im Besitz behalten hat. RG. 91, 15, OLG. 26, 48 (über Anwendung des § 64 in solchem Falle s. dort Anm. 1). Weiter ist ein Aussonderungsrecht gegeben für denjenigen, dem gegenüber der Gemeinschuldner den Gegenstand nach den zur Zeit der Konkurseröffnung zwischen ihnen obwaltenden Rechtsverhältnissen als den seinigen zu besitzen nicht berechtigt gewesen ist, mag er auch formell (z. B. zufolge Vorliegens eines **fiduziarischen Rechtsgeschäfts,** eines sog. Treuhandverhältnisses) Eigentümer dieses Gegenstandes geworden sein. RG. 44, 1, 45,

80, 69, 198, 79, 122, 84, 217, 91, 14, 94, 307, JW. 90, 373[11], 19, 107[10], W. 21, 130, auch RG. 19, 60, 35, 79, 46, 165, Gr. 37, 119, 59, 145, JW. 01, 252, OLG. 11, 359 (s. aber unten über den Fall der Veräußerung solcher Gegenstände durch den nachmaligen Gemeinschuldner). Ein solches Treuhandverhältnis liegt z. B. auch vor: wenn auf Grund einer zwischen Bauhandwerkern, die auf dem Grundstücke des Bauherrn einen Bau begonnen hatten, dem Bauherrn und dem Gemeinschuldner getroffenen Vereinbarung eine Hypothek, die zur Sicherung der Bauhandwerker nach Verhältnis ihrer Forderungen dienen sollte, auf den Namen des Gemeinschuldners eingetragen worden ist, RG. 79, 122, 84, 218; wenn dem nachmaligen Gemeinschuldner, der als Geschäftsführer in eine Gesellschaft m. b. H. eintrat, eine Anzahl Geschäftsanteile der Gesellschaft verkauft und übertragen worden sind mit der Vereinbarung, daß das Eigentum an den Geschäftsanteilen erst dann auf den Gemeinschuldner übergehen sollte, wenn dieser den festgesetzten Kaufpreis bezahlt habe oder eine bestimmte Anzahl von Jahren zur Zufriedenheit der Gesellschaft deren Geschäftsführer geblieben wäre (bei Ausfall der Bedingung besteht ein Aussonderungsanspruch), Gr. 59, 142. Ferner hat derjenige ein Aussonderungsrecht, der eine Forderung formell an den Gemeinschuldner zediert, jedoch mit ihm die Abrede getroffen hat, daß er nur auf seine, des Zedenten, Kosten die Forderung einziehen solle. RG. 31, 392, JW. 90, 373[11], 06, 104[2]. Weiter auch derjenige, der dem Gemeinschuldner den Auftrag zum Verkauf eines Gegenstandes erteilt und ihm diesen formell zum Eigentum übertragen hat. RG. 45, 80, auch Anm. 2 § 23. Nach den vorbezeichneten Richtungen liegen aber sog. fiduziarische Rechtsgeschäfte nur dann vor, wenn der andere Teil (Treugeber) dem Gemeinschuldner (Treuhänder) ein Vermögensstück zwar rechtlich übereignet hat, jedoch zu dem vereinbarten Zwecke, daß der Gemeinschuldner wohl das übertragene Recht im eigenen Namen ausüben, aber nicht zu seinem Vorteil gebrauchen und der Vermögenswert wirtschaftlich das Vermögen des Gemeinschuldners nicht vermehren soll. Gr. 54, 626, 66, 591, RG. 84, 217, 91, 16, 92, 342, 94, 307, JW. 15, 927[16]. Hat dagegen der Gemeinschuldner ein Vermögensstück nicht von dem andern Teil, dem es nicht gehört hat, zur

Erreichung eines Zweckes der vorbezeichneten Art, sondern lediglich in eigenem Namen, sei es auch mit den Mitteln des anderen Teils und in dessen Auftrage (sog. stille Stellvertretung), von einem Dritten erworben, so hat er nicht fiduziarisches, sondern uneingeschränktes Eigentum erlangt und ist er höchstens nur schuldrechtlich (persönlich) verpflichtet, das Vermögensstück an den anderen Teil weiter zu übereignen, so daß für diesen ein Aussonderungsanspruch nicht besteht (so z. B. nicht: wenn der Gemeinschuldner ein Grundstück im Auftrage und mit Mitteln des andern Teils von einem Dritten in eigenem Namen käuflich erworben hat, mag auch der Andere die Auflassung als Bevollmächtigter entgegengenommen haben; wenn der andere Teil einem Grundstückseigentümer Geldbeträge zwecks Erwerbs einer zu bestellenden Hypothek hingegeben, der Grundstückseigentümer aber die Hypothek für den Gemeinschuldner bestellt und dieser die Hypothek angenommen hat). Gr. 54, 626, 66, 590, RG. 84, 217, JW. 15, 927[16], W. 21, 130, OLG. 19, 211, auch RG. 92, 342. Der andere Teil kann diesen etwaigen schuldrechtlichen Anspruch auf Übereignung nur als gewöhnliche Konkursforderung gemäß §§ 3, 12, 69, 139 ff. gegen die Konkursmasse geltend machen. JW. 15, 927[16], Gr. 66, 591. Hat ferner der nachmalige Gemeinschuldner Sachen, die sich in seinem **Treuhandeigentum** befanden, **an einen Dritten veräußert** und den Kaufpreis vereinnahmt, so bestand ein auf das Treuhandverhältnis zurückzuführender Anspruch des Treugebers von dinglicher Art nicht mehr; der **Treugeber** konnte auf Grund des Treuhandverhältnisses vielmehr nur noch schuldrechtliche Ansprüche geltend machen, die ihm im späteren Konkurse des Treuhänders die Stellung eines **einfachen Konkursgläubigers** (§ 3) ohne Vorrecht vor den anderen Konkursgläubigern zuweisen. RG. 94, 307, vgl. Anm. 2 § 46. Auch in den Fällen einer **Verkaufskommission**, in denen der Kommittent Eigentümer des Kommissionsgutes, solange es der Kommissionär in Händen hatte, geblieben war, ist der Kommittent im Konkurse des Kommissionärs auf eine bloße Konkursforderung angewiesen, wenn der **Kommissionär vor seinem Konkurse das Kommissionsgut veräußert** und den Preis eingezogen hat. RG. 94, 308, vgl. Anm. 2 § 46. Weiter ist, wenn dem nachmaligen Gemeinschuldner eine bewegliche Sache, die **ihm unter Eigentumsvorbehalt verkauft** und übergeben war, (z. B. auf Grund des Kriegsleistungsgesetzes) **enteignet** und ihm als dem vermeintlichen Eigentümer die **Entschädigungssumme** von der Behörde **ausgezahlt** worden ist, im späteren Konkurse für den wahren Eigentümer ein Aussonderungsanspruch bezüglich der Entschädigungssumme nicht gegeben; die Rechtsregel des dinglichen Ersatzes (der Surrogation) findet auch hier keine Anwendung. RG. 94, 20. In allen diesen Fällen kann sogar die Abführung des Erlöses vom Verwalter angefochten werden. JW. 19, 107[10]. — Hat der Gemeinschuldner einen sog. **Kundenwechsel** mit der Ermächtigung hingegeben, die dem Wechsel zugrunde liegende Warenforderung einzuziehen, und sich dabei verpflichtet, diese Forderung nicht selbst einzuziehen oder anderen Personen zu zedieren, so findet gegen den Konkursverwalter, der die Warenforderung der Abrede zuwider zur Konkursmasse eingezogen hat, nicht ein Aussonderungsanspruch, sondern höchstens ein Masseanspruch gemäß § 59 Nr. 1 statt. RG. 39, 373. — Dagegen ist an **Dividendenscheinen,** die vor Feststellung der Dividenden der nachmalige Gemeinschuldner (Bankier) zur künftigen Gutschrift der demnächst zu erhebenden Dividenden für den Übergebenden erhalten hat, ein Aussonderungsrecht gegeben. OLG. 22, 43. — Der Konkursverwalter kann gegenüber einer auf die Übereignung der Sache seitens des Gemeinschuldners gestützten Klage auf Herausgabe einwenden, daß der Kläger doch nicht Eigentümer geworden sei, weil schon **vorher** ein **anderer** das **Eigentum** daran **erworben** habe. W. 10, 489.

[2] **Gegenstände** sind nicht bloß körperliche Sachen, sondern auch Rechte und Persönlichkeitsrechte, wie Urheberrechte (vgl. §§ 42, 46, 52 UrhGes. v. 19. 6. 01 [RGBl. 227]). Mot. 188, RG. 35, 56. Es ist daher ein Aussonderungsanspruch gegeben, wenn der Gemeinschuldner ein auf eine photographische Platte fixiertes Bild widerrechtlich in seine Gewalt gebracht hat, sei es auch, daß die Platte ihm gehört. RG. 45, 172. Ferner ist, wenn jemand behauptet, ihm sei vor der Konkurseröffnung **von dem Gemeinschuldner** eine diesem gegen einen Dritten zustehende **Forderung abgetreten** worden, deren Gläubigerschaft aber der Konkursverwalter für die Masse in Anspruch nehme,

ein Aussonderungsanspruch gegeben, der im Wege der Feststellungsklage **auf Bestehen des Gläubigerrechts des Zessionars** gegen den Verwalter verfolgt werden kann. RG. 98, 145. Auch hat der **Kommittent im Konkursverfahren des Kommissionärs** gemäß § 392 Abs. 2 HGB. bezüglich solcher auf sein Rechtsverhältnis zum Gemeinschuldner Bezug habenden Forderungen, die bei der Konkurseröffnung von dem Drittschuldner noch nicht bezahlt sind, ein Aussonderungsrecht. (Anders wenn der Gemeinschuldner als Mandatar in eigenem Namen eine Forderung erworben hat, zu deren Übertragung an den Mandanten eine Zession erforderlich ist.) RG. 40, 87. Auch sonst stehen bei der Verkaufskommission dem Kommittenten die in den §§ 43, 46 vorgesehenen Ansprüche auf Aussonderung. Abtretung sowie Herauszahlung des nach der Konkurseröffnung zur Masse Eingezogenen zu. JW. 01, 458[5], auch RG. 35, 56, 57 (hinsichtlich des von dem Kommissionär vor seinem Konkurse Eingezogenen s. RG. 94, 308 in Anm. 1 hier, Anm. 2 § 46). Ferner sind die **Forderungen des Spediteurs gegen den Frachtführer** im Verhältnis des Versenders einerseits und des Spediteurs und seiner Gläubiger anderseits als Forderungen des Versenders anzusehen, so daß der Versender im Konkurse des Spediteurs dessen Forderungen gegen den Frachtführer im Wege der Aussonderung für sich beanspruchen kann. RG. 92, 11. — Sind Aktienurkunden in der Konkursmasse einer Aktiengesellschaft vorhanden, so steht dem Zeichner, da er als Aktionär Eigentümer der Urkunden ist und die Masse sie für ihn aufbewahrt, ein Aussonderungsanspruch auf die Urkunden gegen den Konkursverwalter zu (sind allerdings die Aktienurkunden vor der Konkurseröffnung noch gar nicht ausgefertigt, so kann der Zeichner als Konkursgläubiger nach § 69 einen Verschaffungsanspruch nicht geltend machen und daher nicht fordern, daß der Konkursverwalter Aktien ausfertigt und ihm übereignet). RG. 94, 64. Auch bezüglich der Schecks, die in die Hände des bevollmächtigten Gemeinschuldners gelangt und für Rechnung des Auftraggebers in Verwahrung genommen sind, besteht ein Aussonderungsrecht. RG. 41, 1. — Betrifft der Aussonderungsanspruch Geld (regelmäßig ist solches kein Gegenstand der Aussonderung, RG. 94, 194), so ist der Klagantrag nicht schlechthin auf Zahlung einer

Geldsumme zu richten, sondern auf Herausgabe einzelner bestimmter Geldstücke oder Scheine. RG. 94, 24.

[3] **Aussonderungsrechte** können **nicht nur** durch Eigentumsansprüche (§ 985 BGB.) und andere **dingliche Rechte,** z. B. Nießbrauch oder sonstige Dienstbarkeiten (§§ 1018—1093 BGB.) an einem dem Gemeinschuldner gehörenden Grundstücke, sondern **auch** durch **obligatorische Rechte** (schuldrechtliche Ansprüche auf Herausgabe eines dem Gemeinschuldner von dem Dritten ohne Übereignung überlassenen Gegenstandes), wie sie Hinterlegungs-, Leih- oder Mietverträge, Auftrag ergeben, hier gleichviel, ob die herausverlangten Gegenstände dem Anspruchserheber gehören oder nicht, begründet werden. RG. 40, 6, 63, 307, 84, 215, OLG. 11, 359, auch RG. 41, 1. — Jedoch muß das Recht darauf beruhen, daß bestimmte **Gegenstände** als **nicht zur Masse gehörig** ausgesondert werden können. RG. 13, 6, 40, 6, Anm. 1. Dies trifft nicht zu, wenn ein Gläubiger (oder der Konkursverwalter) dessen, der an den Gemeinschuldner Vermögensstücke übertragen hat, dies Rechtsgeschäft auf Grund des AnfG. (oder der §§ 29 ff.) angefochten hat und aus den Vermögensstücken Befriedigung sucht. RG. 13, 6, 40, 6. Wohl aber ist, wenn im Falle einer liquidationslosen Verschmelzung von Aktiengesellschaften gemäß § 306 HGB. der Konkurs über das Vermögen der übernehmenden Gesellschaft eröffnet wird, für die Gläubiger der übernommenen Gesellschaft auf das übernommene Vermögen ein die übrigen Gläubiger der übernehmenden Gesellschaft ausschließendes Aussonderungsrecht gegeben. RG. 71, 380 (s. jedoch RG. 84, 248, wo dahingestellt gelassen ist, ob nicht den Gläubigern der übernommenen Gesellschaft nur ein Absonderungsrecht gemäß § 47 zusteht). — Ferner sind Aussonderungsansprüche die (negatorisch) auf **Beseitigung eines** von vornherein nicht bestandenen oder später hinfällig gewordenen **Rechts** des Gemeinschuldners **an einer Sache** des Anspruchserhebers (Dienstbarkeit, Pfandrecht, Hypothek) gerichteten Ansprüche (z. B.: auf Löschung einer Hypothek, die der Gemeinschuldner als Verwalter des betreffenden Grundstücks für sich widerrechtlich hat eintragen lassen; auf Bewilligung der Grundbuchberichtigung gemäß § 894 BGB. hinsichtlich einer für den Gemeinschuldner eingetragenen, aber wegen Nichtent-

stehung oder Tilgung der gesicherten Forderung rechtlich gemäß § 1163 BGB. dem Grundstückseigentümer zustehenden Hypothek und Herausgabe des gemäß § 952 BGB. dem Grundstückseigentümer gehörenden Hypothekenbriefs). RG. 44, 2, 60, 251, 86, 240, JW. 96, 380[35]. — **Dem** auf den Überrest eingesetzten **Nacherben**, dem erst während des **Konkurses des Vorerben** die Erbschaft erworben war, stand ein Recht auf Aussonderung der in der Konkursmasse vorhandenen Nachlaßgegenstände früher nach gem. Recht und Preuß. ALR. nicht zu. RG. 36, 123. Vgl. jedoch jetzt §§ 2137, 2138, 2139 BGB., auch Anm. 5 § 1 KO. — Aussonderung des **eingebrachten Gutes der Ehefrau** im Konkurse des Ehemannes: §§ 1419, 1421 BGB. Vgl. RG. 35, 78, Anm. 4 § 2.

[4] **Nach** den **allgemeinen Bestimmungen**: die von diesen abweichenden, für den Konkurs geltenden landesrechtlichen Sonderbestimmungen sind aufgehoben. § 4 EG.KO. (oben I), Mot. 158. Auch die bezüglich der formellen Geltendmachung des Aussonderungsrechts; der Verwalter kann z. B. nicht vom Konkursgericht im Aufsichtswege zur Herausgabe angehalten werden. JW. 83, 123. Es gibt dem Aussonderungsberechtigten gegenüber keine Konkursanfechtung. OLG. 32, 374. — Der **Klagantrag** gegen den Verwalter kann nicht bloß auf Gestattung der Entnahme, sondern auch auf ein positives Leisten, insbesondere ein Herausgeben, gerichtet sein. Vorbem. vor § 43. Erklärt der Verwalter, daß er die Sache, hinsichtlich deren ein Aussonderungsrecht geltend gemacht wird, aus der Konkursmasse freigebe, so ist für eine Klage des Dritten auf Herausgabe nicht er, sondern der Gemeinschuldner der rechte Beklagte, es sei denn, daß der Verwalter trotz der Freigabeerklärung die Durchführung der Rechte des Dritten hindert. OLG. 25, 330, Anm. 4 § 6. — Die Aussonderungsklage ist nicht ein nur vorläufiger Rechtsbehelf, sondern eine dingliche oder persönliche Klage auf endgültige Ausscheidung und Herausgabe einer Sache aus der Konkursmasse. Gr. 46, 677. Jedoch ist Sicherung des Anspruchs durch **einstweilige Verfügung** zulässig. Gr. 46, 679. — Der Konkursverwalter ist nicht berechtigt, die Herausgabe von Sachen, die auf einem dem Gemeinschuldner gehörigen Grundstücke sich befinden, aber nicht im Eigentum des Gemeinschuldners stehen (z. B. weil sie vom

Gemeinschuldner an einen Andern veräußert und an diesen zum Eigentum übertragen worden sind, ohne daß ihre Entfernung vom Grundstück stattgefunden hat), an den aussonderungsberechtigten Eigentümer deswegen zu verweigern, weil die Sachen gemäß § 1121 BGB. absonderungsberechtigten Hypothekengläubigern noch haften. RG. 99, 210. — Gibt der Konkursverwalter eine Sache, die einem Dritten gehört (z. B. unter Eigentumsvorbehalt von dem Dritten an den Gemeinschuldner veräußert war), an einen Andern, den er irrtümlich (z. B. weil er die Sache als einen Teil des Gutsinventars erachtete, das der Gemeinschuldner vor Erlangung der Sache an den Andern zur Sicherheit übereignet hatte) für den Eigentümer hält, lediglich zur Erfüllung dessen Aussonderungsanspruchs heraus, so erwirbt der Andere weder nach § 933 noch nach §§ 929, 930 BGB. Eigentum an der Sache. RG. 81, 141.

Verfolgungsklage*.

* **Verfolgungsrecht** ist das Recht des Verkäufers, die Eigentums- und Besitzübertragung an der abgesendeten Ware im Falle des Konkurses rückgängig zu machen. RG. 32, 20. Es wird dadurch eine Obligation erzeugt, die sich zwar an ein vorhandenes Vertragsverhältnis anknüpft, aber doch ihrem Wesen nach nicht auf diesem Vertragsverhältnisse, sondern unmittelbar auf dem Gesetze beruht. RG. 41, 334. Über **Auslandsrecht** vgl. JW. 16, 868[5], OLG. 34, 6.

44. (36.) Der Verkäufer oder Einkaufskommissionär[1] kann Waren, welche von einem anderen Orte an den Gemeinschuldner abgesendet[2] und von dem Gemeinschuldner noch nicht vollständig bezahlt sind, zurückfordern[3], sofern nicht dieselben schon vor der Eröffnung des Verfahrens[4] an dem Orte der Ablieferung[5] angekommen und in den Gewahrsam[6] des Gemeinschuldners oder einer anderen Person für ihn[7] gelangt sind[8].

Die Bestimmungen des § 17 finden Anwendung[9].

[1] § 383 HGB. — Das Gesetz will dem **Verkäufer** bzw. **Einkaufskommissionär**, der oder dessen Beauftragter vor Empfang des Kaufpreises mit der Lieferung beginnt, indem er die Ware auf den Transport gibt, Schutz gewähren. Er soll die Ware wieder an sich nicht nehmen dürfen, solange die **Reise nicht beendet** und die **Ware nicht am kontraktlichen Ablieferungsorte vom Käufer** oder dessen Vertreter **in Gewahrsam** genommen ist. JW. 99, 165[14]. Auf den Zeitpunkt des Eigentumsüberganges kommt es nicht an. JW. 99, 165[14].

[2] **Abgesendet von dem Verkäufer** bzw. Einkaufskommissionär oder in dessen Auftrage: nicht auch, wenn im Auftrage des Käufers. RG. 27, 87, s. auch Anm. 5. Im übrigen ist es nicht von Belang, ob der Vertrag mit der den Transport führenden Person von dem Verkäufer oder dem Käufer abgeschlossen oder ob durch Leute des einen oder des anderen die Beförderung bewirkt wird. RG. 6, 60, JW. 99, 165[14]. — „**Abgesendet" ist die Ware** immer schon dann, wenn sie aus der tatsächlichen Verfügungsgewalt des Verkäufers entfernt ist, um dem Käufer zuzugehen. Daher z. B. auch, wenn die Ware zwar den Absendungsort noch nicht verlassen hat, aber sich bereits im Gewahrsam des vom Verkäufer mit der Versendung beauftragten Spediteurs befindet. RG. 73, 145. — Auf **Platzgeschäfte** aber hat § 44 keine Anwendung. RG. 33, 25, JW. 10, 394[17]. Findet sich der auswärtige Käufer oder sein Vertreter (z. B. ein bevollmächtigter Spediteur) am Wohn- oder Niederlassungsorte des Verkäufers ein und nimmt er dort die verkaufte Ware in Empfang, so wird dadurch aus dem ursprünglichen Distanzgeschäft ein Platzgeschäft, mag auch die Versendung demnächst an den Wohn- oder Niederlassungsort des Käufers erfolgen. JW. 10, 394[17].

[3] Der **Eigentumsübergang** gilt in diesem Falle rechtlich **als ungeschehen**. Mot. 168, Pr. 33, auch RG. 8, 84. — Die **Klage** geht **gegen den Inhaber**, in der Regel also gegen den Konkursverwalter, auf Rückübertragung des Besitzes und des Eigentums an der abgesandten Ware. RG. 32, 20. — Die vertragsmäßig vom Käufer zu tragenden **Kosten der Lieferung** hat der Verkäufer nicht zu erstatten. Mot. 168, 169. — Wenn die Voraussetzungen des § 44 vorliegen, wird das Rückforderungsrecht auch durch eine vor der Konkurseröffnung von dem

Gemeinschuldner vorgenommene **Weiterveräußerung** nicht ausgeschlossen. Der Verkäufer kann sich wegen der Rückgabe auch an den dritten Erwerber der Ware halten. Ob dieser gegen den Verkäufer Eigentumsrechte geltend machen kann, richtet sich danach, wieweit das bürgerliche Recht denjenigen schützt, der Waren vom Nichteigentümer erworben hat, insbesondere also, ob der **Erwerb in gutem Glauben** erfolgt ist (§§ 932 bis 935, 1207 BGB., §§ 366, 367, 647 HGB.). Mot. 170, RG. 32, 20, auch 8, 84. Dasselbe gilt von Pfandrechten dritter Personen. Mot. 170. Danach kann der Verkäufer sein Verfolgungsrecht nur unter **Respektierung der Rechte** geltend machen, die **für Dritte** von dem Käufer auf Grund der ihm von dem Verkäufer selbst eingeräumten Dispositionsbefugnis über die Ware begründet wurden, sofern diese Rechte in gutem Glauben erworben sind. RG. 8, 84, 32, 20. Dieser gute Glaube wird durch das Wissen, daß der Kaufpreis nicht bezahlt sei, nicht in Frage gestellt. Daher geht der Verkäufer seines Verfolgungsrechtes in der Regel verlustig, wenn der Käufer (Gemeinschuldner) auf Grund des ihm erteilten Orderkonnossements (§ 647 HGB.) über die abgeladene und schwimmende Ware verfügt hat. RG. 32, 20. — Dagegen konnte früher nach Art. 313, 314 des alten HGB. die Rückgabe der Ware wegen eines dem Inhaber gegen den Käufer zustehenden **kaufmännischen Zurückbehaltungsrechts** nicht verweigert werden. RG. 8, 84. Dies gilt trotz der neuen Bestimmung des Abs. 2 des § 369 HGB. v. 10. 5. 97 (Einem Dritten gegenüber besteht das Zurückbehaltungsrecht insoweit, als dem Dritten die Einwendungen gegen den Anspruch des Schuldners auf Herausgabe des Gegenstandes entgegengesetzt werden können) auch ferner, insbesondere bezüglich der Ansprüche der Spediteure und Frachtführer an den Gemeinschuldner, da das Recht des Verkäufers schon und noch bestand, als das Zurückbehaltungsrecht zur Entstehung gelangte. — Hat der Verkäufer zwar die Ware einem Spediteur mit dem Auftrag übersandt, sie zur Verfügung des Käufers (Gemeinschuldners) zu halten, und hat dieser auch bereits Anweisung zur Verladung erteilt, die Ware aber ist noch nicht abgegangen, so steht, wenn ein **Gläubiger** des Käufers dessen **Anspruch gegen den Spediteur auf Herausgabe pfändet**, diese Pfändung dem Rückforderungsrecht des Verkäufers nicht entgegen, sofern letzteres vor der Pfändung ausgeübt ist. JW. 98, 486[31]. — Nach Ausstellung von Orderkonnossementen kann der Ablader, auch wenn er als Verkäufer an sich nach § 44 verfolgungsberechtigt ist, gemäß § 659 Abs. 1 HGB. von dem Schiffer nur dann die Auslieferung der noch nicht am Bestimmungsort angelangten Güter an sich verlangen, wenn dem Schiffer die sämtlichen Konnossementsexemplare zurückgegeben werden. Handelt der Schiffer dem zuwider, so bleibt er gemäß § 659 Abs. 3 HGB. dem rechtmäßigen Konnossementsinhaber verpflichtet. RG. 98, 338.

[4] Hier ist **nicht** der Zeitpunkt der **Zahlungseinstellung** oder des **Eröffnungsantrages** maßgebend. RG. 31, 137. — Ist die Ware noch vor der Konkurseröffnung abgeliefert worden, so besteht das Rückforderungsrecht des Verkäufers nicht, mag die Ablieferung vor oder erst nach der Zahlungseinstellung oder dem Eröffnungsantrage stattgefunden haben. RG. 31, 137. Die trotzdem erfolgte Rücklieferung kann auf Grund des § 30 angefochten werden. RG. 31, 137.

[5] Das ist der vertragsmäßig für die **Ablieferung** bestimmte Ort, der mit dem Erfüllungsort nicht identisch zu sein braucht. JW. 85, 283. — Die Rückforderung wird nicht dadurch ausgeschlossen, daß zwar der Gewahrsam auf einen Vertreter des Käufers (Gemeinschuldners) übergegangen ist, aber nicht am Ablieferungsorte, sondern noch während des Transports. JW. 99, 165[14]. Selbst eine bei einer Unterbrechung der Reise eintretende Lagerung der Ware für den Käufer ist bedeutungslos, es sei denn, daß das ursprüngliche Reiseziel aufgegeben und die Ware an diesem anderen Orte abgeliefert und in Empfang genommen ist, JW. 99, 165[14], oder daß der Verkäufer, der die Ware von einem anderen zu beziehen hatte, dem Käufer seinen Anspruch gegen den anderen übertragen und der Käufer sodann den anderen mit der Zusendung der Ware beauftragt hat, RG. 27, 84.

[6] Die **tatsächliche Gewalt**, durch die der Besitz im Sinne der §§ 854 ff. BGB. erlangt wird. RG. 8, 87. Durch **Übergabe des Frachtbriefes** nach Ankunft der Ware am Ablieferungsort seitens des Frachtführers erlangt der Empfänger noch **nicht** den Gewahrsam; die §§ 433, 435 HGB. betreffen nur das Rechtsverhältnis zwischen Frachtführer, Absender

und Empfänger, nicht die Frage des Besitzes. Die Rückforderung ist also noch zulässig, es sei denn, daß der Frachtführer zufolge besonderer Vereinbarung die Ware für den Empfänger in Gewahrsam genommen hat, denn an sich ist der Frachtführer Vertreter des Absenders. RG. 27, 85, OLG. 19, 212, 34, 182. Einflußlos ist es auch, wenn der Gemeinschuldner vor der Konkurseröffnung ein auf Order lautendes Konnossement übergeben erhalten hat. JW. 99, 165[14].

[7] Als Besitzdiener (§ 855 BGB.), Verwahrer, Lagerhalter usw. Auch die Übergabe an den Einkaufskommissionär oder Pfandgläubiger des Gemeinschuldners steht der Übergabe an diesen selbst gleich, so daß die Rückforderung ausgeschlossen ist. Mot. 167. Unter Umständen auch die Übergabe an den Spediteur des Gemeinschuldners. OLG. 19, 212. Vgl. aber auch Anm. 6.

[8] Ob der **Gemeinschuldner** die Waren für eigene oder **für fremde Rechnung innehaben** will, ist belanglos. Daher besteht das Verfolgungsrecht auch dann nicht, wenn der Gemeinschuldner die entgegengenommenen Waren sogleich zur Verfügung des Absenders stellt. RG. 8, 88, vgl. 31, 134.

[9] D. h. der **Konkursverwalter** kann von seinem **Wahlrechte nach § 17** Gebrauch machen und beiderseitige Erfüllung des Vertrages verlangen; dadurch wird das Rückforderungsrecht ausgeschlossen.

Aussonderungsanspruch der Ehefrau*.

* **Zweck der Vorschrift** des § 45 ist: die Gläubiger des Mannes sollen gegen die Gefahren einer absichtlichen, fahrlässigen oder (zufolge Vermischung des Vermögens von Mann und Frau) unvermeidlichen Täuschung rechtlich geschützt werden. Mot. 177.

45. (37.) Die Ehefrau des Gemeinschuldners[1] kann Gegenstände, welche sie während der Ehe erworben hat[2], nur in Anspruch nehmen[3], wenn sie beweist[4], daß dieselben nicht mit Mitteln des Gemeinschuldners erworben sind.

[1] Ehemännlicher Nießbrauch: Anm. 6 § 1. Nach § 1419

BGB. endigt beim gesetzlichen Güterstande die Verwaltung und Nutznießung des Mannes am eingebrachten Gute mit der Rechtskraft des Konkurseröffnungsbeschlusses.

[2] Und **die ihr nach bürgerlichem Recht gehören.** Mot. 176, 180, Anm. 4 § 2 a. E. Vgl. für gesetzliches Güterrecht: BGB. § 1363 Abs. 2, § 1367 (Erwerb der Frau durch ihre Arbeit oder durch den selbständigen Betrieb eines Erwerbsgeschäfts), 1369 (Erwerb von Todes wegen oder durch unentgeltliche Zuwendungen), 1370 (Erwerb durch Rechtsakte, die sich auf das Vorbehaltsgut beziehen); für das vertragsmäßige Güterrecht der allgemeinen Gütergemeinschaft: BGB. §§ 1439, 1440 Abs. 2, §§ 1369, 1370 (Sondergut, Vorbehaltsgut). — **Statt des ursprünglichen Gegenstandes** kann der an dessen Stelle erworbene beansprucht werden; jedoch kann eine bloße Ersatzforderung nur als Konkursforderung geltend gemacht werden. JW. 93, 428[17]. — Was die Ehefrau **von dem Ehemanne selbst durch** gültiges **Rechtsgeschäft** erwirbt, erwirbt sie nicht mit dessen Mitteln; derartige Rechtsgeschäfte werden daher von der Bestimmung des § 45 nicht getroffen. RG. 14, 21. — Dies gilt auch für Schenkungen des Mannes (abgesehen von der Anfechtbarkeit s. Anm. 3). Mot. 180. — Für das Recht der Ehefrau auf Aussonderung der **vor Eingehung der Ehe erworbenen** Gegenstände bestehen konkursrechtliche Beschränkungen nicht. Vgl. aber hinsichtlich der Beweislast §§ 1362, 1438, 1527, 1549 BGB.

[3] Sofern nicht die Anfechtung durchgreift. § 31 Nr. 2, § 32 Nr. 2. — Unbeschadet der **nach bürgerlichem Recht** zu begründenden, außerhalb des Konkursverfahrens auszuübenden **Befugnis** der Gläubiger, sich **wegen der Schulden des Mannes an das Sondervermögen der Frau zu halten.** Mot. 183. Jedoch können beim gesetzlichen Güterstande die Gläubiger des Mannes weder aus dem Vorbehaltsgute (§ 1365 BGB.) noch aus dem eingebrachten Gute (§ 1410 BGB.) der Ehefrau Befriedigung verlangen (vgl. für früheres Recht JW. 98, 508[28]), während beim vertragsmäßigen Güterstande der allgemeinen Gütergemeinschaft nach § 2 KO. das Gesamtgut überhaupt zur Konkursmasse des Mannes gehört. Vgl. auch Anm. 2, 3 § 16.

[4] Diesen **Beweis** hat sie **auch** bezüglich der ausschließlich **zu ihrem persönlichen Gebrauche bestimmten Sachen,** insbesondere

Kleider, Schmucksachen und Arbeitsgeräte, die sie während der Ehe erworben hat, zu führen, wiewohl nach § 1362 Abs. 2 BGB. (auch im Verhältnisse zu den Gläubigern) die Vermutung gilt, daß diese Sachen ihr gehören. Hinsichtlich **anderer beweglicher Sachen**, die sich im Besitze eines der Ehegatten oder beider befinden, begründet schon § 1362 Abs. 1 BGB. die **Vermutung für das Eigentum des Mannes.** Die Ehefrau muß also hier **zunächst**, wie allgemein gegenüber den Gläubigern des Mannes auch außerhalb des Konkurses, diese Vermutung **widerlegen** (vgl. Anm. 2 a. E.) und dann weiter beweisen, daß sie nicht mit Mitteln des Mannes die betreffenden Sachen erworben hat. — Dabei ist zu bemerken, daß Mittel des Mannes z. B. auch Nutzungen des eingebrachten Gutes sind, die gemäß 1383 BGB. der Mann erwirbt. — Über das Verhältnis der Vermutung des § 1362 Abs. 1 BGB. zu der des § 45 KO. vgl. im übrigen Gr. 47, 913.

Ersatzaussonderung.

46. (38.) Sind Gegenstände, deren Aussonderung aus der Konkursmasse hätte beansprucht werden können, vor der Eröffnung des Verfahrens von dem Gemeinschuldner oder nach der Eröffnung des Verfahrens von dem Verwalter veräußert worden[1], so ist der Aussonderungsberechtigte befugt, die Abtretung des Rechts auf die Gegenleistung, soweit diese noch aussteht[2], zu verlangen. Er kann die Gegenleistung aus der Masse[3] beanspruchen, soweit[4] sie nach der Eröffnung des Verfahrens[2] zu derselben eingezogen worden ist.

[1] **Veräußerte Gegenstände** sind nicht bloß entäußerte (d. i. durch Einigung und Übergabe in das Eigentum eines anderen übergegangene, nicht: bloß obligatorisch veräußerte, noch im Besitze des Gemeinschuldners befindliche) körperliche Sachen, sondern auch übertragene Rechte. Anm. 2 § 43. — **Als Veräußerung** ist auch eine im Wege einer **Zwangsmaßnahme** (Zwangsvollstreckung, Enteignung) erfolgte anzusehen. RG. 94, 25. Ferner fallen unter Veräußerung im Sinne des § 46

alle wirtschaftlich gleichwertigen Vorgänge. RG. 98, 148. So auch die **Einziehung einer fremden Forderung** durch den Konkursverwalter. In diesem Falle ist die Hingabe des Geldes oder **die** sonstige **Leistung**, die **behufs Tilgung** der Schuld gegeben und angenommen wurde, im Sinne des § 46 **als Gegenleistung** gegen die gleichzeitig gewährte Schuldbefreiung aufzufassen. RG. 98, 148. Dabei ist nicht Voraussetzung, daß durch die Leistung an den Konkursverwalter die Schuld wirklich getilgt wird, also, wenn z. B. die Forderung deswegen eine fremde ist, weil sie der Gemeinschuldner vor der Konkurseröffnung an einen anderen abgetreten hat, nicht, daß die Leistung gemäß § 407 BGB. gegenüber dem neuen Gläubiger wirksam ist. RG. 98, 148.

[2] Hatte der Gemeinschuldner bereits **vor der Konkurseröffnung die Gegenleistung eingezogen**, so steht dem Eigentümer wegen seiner Ersatzansprüche nur eine einfache Konkursforderung (§ 3) zu. Dies gilt auch, wenn der nachmalige Gemeinschuldner Sachen, die sich in seinem **Treuhandeigentum** befanden, **vor** der **Konkurseröffnung** an einen Dritten **veräußert** und den **Kaufpreis vereinnahmt** hat, hinsichtlich der dem Treugeber auf Grund des Treuhandverhältnisses im Konkurse zustehenden Ansprüche, sowie im Falle **der Verkaufskommission**, wenn der **Kommissionär vor** seinem **Konkurse** das **Kommissionsgut veräußert** und den **Preis eingezogen** hat, hinsichtlich der dem Kommittenten im Konkurse zustehenden Forderung. RG. 94, 307, 308, Anm. 1 § 43. Ist der Erlös bereits an den Treuhandgeber abgeführt, so kann sogar der Verwalter die Zahlung anfechten. JW. 19, 107[10]. Gleiches gilt ferner, wenn dem nachmaligen Gemeinschuldner bewegliche **Sachen**, die ihm **unter Eigentumsvorbehalt** verkauft und übergeben waren (z. B. auf Grund des Kriegsleistungsgesetzes), **enteignet** (s. Anm. 1) und ihm als dem vermeintlichen Eigentümer die **Entschädigungsbeträge von der** Behörde vor der Konkurseröffnung **ausgezahlt** worden sind, hinsichtlich der dem wahren Eigentümer im Konkurse wegen der einbezogenen Entschädigungsbeträge zustehenden Ansprüche. RG. 94, 25.

[3] Ist der **eingezogene Gegenstand** noch unterscheidbar in der Masse vorhanden, so kann als Ersatzaussonderung **Her-**

ausgabe des Gegenstandes verlangt werden. Anderenfalls besteht **Masseanspruch** gemäß § 59 Nr. 1 oder 3. RG. 41, 2, JW. 09, 424[30], W. 21, 130. Dies gilt auch dann, wenn an den Konkursverwalter **auf eine Forderung**, die einem anderen als dem Gemeinschuldner gehört, **vom Schuldner geleistet** worden ist (s. Anm. 1), mit der Maßgabe, daß, falls es sich um eine Geldzahlung handelt, ein Leistungsanspruch des wahren Gläubigers der Forderung auf Herausgabe nur gegeben ist, wenn sich die gezahlten Beträge noch unterscheidbar in der Konkursmasse befinden, RG. 98, 149, während im Falle der Vermischung des Geldes mit sonstigen Beständen der Konkursmasse nur ein Masseanspruch nach § 59 Nr. 1 oder 3 in Betracht kommt, RG. 98, 150. Wenn im Falle des Verkaufs unter **Eigentumsvorbehalt** der Verwalter die dem Gemeinschuldner **übergebene Sache** als vermeintlich zur Masse gehörig **veräußert** hat, er aber trotzdem die Erfüllung des Kaufvertrages gemäß § 17 ablehnt, so steht dem Verkäufer gemäß § 59 Nr. 1, 3 ein Anspruch auf Herausgabe des Erlöses zu. RG. 64, 338, auch JW. 09, 485[5], Anm. 2, 3 § 17, Anm. 2, 5 § 59. — Ist eine zur Zeit der Konkurseröffnung noch nicht bezahlte **Forderung des in Konkurs geratenen Verkaufskommissionärs**, deren Abtretung der Kommittent nach § 392 Abs. 2 HGB., § 43 KO. hätte verlangen können, vom Verwalter eingezogen worden, so muß dem Kommittenten der Gegenwert herausgezahlt werden. RG. 40, 87.

[4] Von dem Betrage der zur Konkursmasse geflossenen Gegenleistung sind **Kosten und Auslagen in Abzug** zu bringen, welche die Gegenleistung erhöhen. JW. 99, 96[22]. Hat der Gemeinschuldner eine Sache, die ihm unter Eigentumsvorbehalt verkauft war, **zu** einem **höheren Preise weiterverkauft**, ohne den Kaufpreis bezahlt zu haben, so steht dem (ersten) Verkäufer die Ersatzaussonderung an der vom Gemeinschuldner erzielten Kaufpreisforderung nur in Höhe des mit dem Gemeinschuldner vereinbarten Kaufpreises zu. OLG. 27, 253. — Besteht an dem Gegenstande der Aussonderung ein **Pfandrecht eines Dritten** (z. B. das Pfandrecht des Verpächters an Inventarstücken, die von dem pachtenden Gemeinschuldner vor der Konkurseröffnung an den Aussonderung Beanspruchenden veräußert waren), so hat der Dritte, wenn der Verwalter den

Gegenstand veräußert, gemäß § 49 Abs. 1 Nr. 2, § 127 das Recht auf vorzugsweise Befriedigung aus dem Erlöse. JW. 09, 424[30]. — Ist für die Gegenstände und weitere Leistungen ein **Gesamtpreis** gezahlt, so hat der Aussonderungskläger nachzuweisen, wieviel von dem Preise auf die Gegenstände, deren Aussonderung hätte beansprucht werden können, entfällt. RG. 8, 204, JW. 98, 480[16].

Fünfter Titel.

Absonderung*.

* Vor dem Inkrafttreten der KO. entstandene Ansprüche: §§ 11—13 EG.KO. (oben I).

Die Absonderung betrifft im Gegensatz zur Aussonderung Gegenstände, die dem Gemeinschuldner gehören. Vgl. auch Anm. 2 § 43.

Das **Absonderungsrecht** muß in der Regel **schon zur Zeit der Konkurseröffnung** bestehen. Während des Konkurses kann es nur mit dem Willen des Konkursverwalters oder, wenn einer der Ausnahmefälle aus § 15 Satz 2 (Rechtserwerb in gutem Glauben) vorliegt, an Massegegenständen begründet werden. RG. 53, 353. Im ersteren Falle jedoch braucht die Rechtshandlung des Verwalters nicht unmittelbar auf Gewährung des Absonderungsrechts gerichtet zu sein. So z. B. werden Gegenstände, die der Verwalter einem Grundstück als Zubehör zuschlägt, der Hypothekenhaftung gemäß § 1120 BGB. unterworfen. RG. 53, 353.

Die **abgesonderte Befriedigung** erfolgt **außerhalb des Konkursverfahrens.** § 4 Abs. 2, Anm. 4 § 4. Dem **Konkursverwalter** liegt die Wahrnehmung der Interessen der Absonderungsberechtigten nicht ob. RG. 23, 59, Gr. 45, 1182, JW. 99, 491[21], auch Anm. 3 § 82. Vielmehr erfolgt die Geltendmachung der Absonderungsrechte ihm gegenüber. Anm. 3, 4 § 4. Dabei hat er die **Interessen der Konkursgläubiger zu wahren.** RG. 52, 140, JW. 15, 1033[34]. Er ist daher im Interesse der Konkursgläubiger z. B. berechtigt, zur Geltung zu bringen, daß Gegenstände, die in Verfolgung eines Absonderungsrechts hinsichtlich eines Grundstücks als von der durch den Absonderungsberechtigten ausgebrachten Beschlagnahme umfaßt und zur abgesonderten Befriedigung dienend (§§ 1120 ff. BGB., § 47 KO.; z. B. als Zubehör) in Anspruch genommen werden, nicht der abgesonderten Befriedigung unterlägen (z. B. nicht Zubehör seien). JW. 15, 1033[34] (a. M. OLG. 15, 33). Hierbei handelt es sich nicht um eine Erinnerung gegen die Art und Weise der Zwangsvollstreckung im Sinne des § 766 ZPO., sondern um die Feststellung, daß das geltend gemachte Recht auf abgesonderte Befriedigung die betreffenden Gegenstände nicht umfaßt, diese vielmehr gemäß § 3 zur gemeinschaftlichen Befriedigung der Konkursgläubiger dienen. Daher ist eine Klage auf Feststellung gemäß § 256 ZPO. unter den dort bestimmten Voraussetzungen zulässig. Diese Klage ist im Falle der Zwangsversteigerung gegen den betreibenden Gläubiger zu richten. Im Falle der Zwangsverwaltung ist der Zwangsverwalter der rechte Beklagte, wenigstens dann, wenn er dem Konkursverwalter gegenüber den Standpunkt vertreten hat, daß die Gegenstände zur Zwangsverwaltungsmasse gehörten. JW. 15, 1033[34]. — Vgl. auch §§ 126, 127: Recht des Verwalters zur Verwertung von Absonderungsgegenständen; § 133 Nr. 2: Genehmigung des Gläubigerausschusses; §§ 118—120: Verpflichtung der Absonderungsberechtigten zur Anzeige und Vorzeigung.

Geltendmachung der Forderung im Konkurse: § 64; ohne laufende Zinsen: § 63 Nr. 1. Betagte oder bedingte Forderung: §§ 65 ff. Wirkung der Konkurseröffnung in letzterem Falle bei Nichtbestehen einer persönlichen Forderung gegen den Gemeinschuldner (z. B. dieser hat eine ihm gehörige Sache für die Forderung gegen einen Dritten verpfändet): RG. 3, 356.

Nach § 193 Satz 2 Halbs. 2 werden die dort genannten Absonderungsrechte **durch einen Zwangsvergleich grundsätzlich nicht berührt.** Mitbestimmen zum ganzen Betrage der Forderung im Zwangsvergleichsverfahren, sowie die vorbehaltlose Annahme der Zwangsvergleichsquote seitens eines Absonderungsberechtigten, der seine Forderung zum Konkurse angemeldet hat, enthält nicht ohne weiteres den **Verzicht auf die abgesonderte Befriedigung.** Vielmehr ist in dieser Hinsicht entscheidend, ob der Wille des die ganze Forderung anmeldenden bzw. im Zwangsvergleichsverfahren mitstimmenden oder die Zahlung der Zwangsvergleichsquote annehmenden Gläubigers auf seine Befriedigung als Konkursgläubiger mit Aufgabe seines Sonderrechts gegangen ist. Dies ist im Einzelfalle zu prüfen. Verzicht angenommen in: RG. 1, 183, 16, 68, auch RG. 77, 403 (Hypothekvormerkung hinfällig, wenn der Gläubiger einem Zwangsvergleichsvorschlag, wonach die Konkursgläubiger einen Teil ihrer Forderung in bar Geld erhalten, auf den Rest aber verzichten sollten, vorbehaltlos zugestimmt hat), Gr. 54, 1173 (Anmeldung und Verfolgung der ganzen Forderung unter Verschweigung des Besitzes eines die abgesonderte Befriedigung gestattenden Gegenstandes); verneint in: RG. 37, 13, Gr. 35, 1167, 44, 729, JW. 91, 10[27], 96, 35[26], 00, 344[13], 06, 205[27], OLG. 25, 331, auch RG. 64, 425. S. hierüber ferner Anm. 3 § 64, Anm. 5 § 193. Vgl. dagegen JW. 93, 502[15] (II. ZS.), wo angenommen ist, es folge aus der Anmeldung der ganzen Forderung als Ausfallforderung und der vorbehaltlosen Annahme der Zwangsvergleichsquote von selbst die Tilgung der ganzen Forderung und damit das Erlöschen des zur Sicherheit derselben dienenden Pfandrechts. — Der **Gläubiger einer** auf einem Grundstück des Gemeinschuldners eingetragenen **Hypothek verzichtet** dadurch, daß er **dem Konkursverwalter**, der die von dem nachmaligen Gemeinschuldner vorgenommene Veräußerung von Zubehörstücken angefochten hat, **in** dem **Anfechtungsprozesse Streithilfe** leistet, **nicht auf** das ihm bezüglich der Zubehörstücke zustehende **Absonderungsrecht** (§§ 1120, 1121 BGB.), da der Anspruch des Gläubigers aus dem Absonderungsrecht ein ganz anderer als der Anfechtungsanspruch des Konkursverwalters ist. RG. 16, 36, 70, 100, 89. — Über Geltendmachung eines Absonderungsrechts durch **Mitschuldner** des Gemeinschuldners auf Grund eines für den **bedingten Ersatzanspruch** bestellten **Pfandrechts** vgl. Anm. 1 § 67.

Unbewegliches Vermögen.

47. (39.)[1] **Zur abgesonderten Befriedigung dienen die Gegenstände, welche der Zwangsvollstreckung in das unbewegliche Vermögen[2] unterliegen[3], für diejenigen, welchen ein Recht auf Befriedigung aus denselben[4] zusteht[5].**

[1] Die neue Fassung durch die Nov. schließt sich an § 864 Abs. 1 ZPO. und § 10 ZVG. an. Vgl. Anm. 4 (Immobiliarmasse und Rechte auf Befriedigung aus der Immobiliarmasse).

[2] Die **Zwangsvollstreckung in das unbewegliche Vermögen**, die sich früher (§ 757 ZPO.) nach Landesrecht richtete und sich jetzt nach den Vorschriften des ZVG. regelt, erfolgt im Konkurse so, wie sie außerhalb des Konkurses bewirkt wird. Gr. 35, 1023 (JW. 91, 216[59]). — Der Verwalter kann sie betreiben: § 126. Er ist auch zum Widerspruche gegen Liquidate der Gläubiger befugt, und zwar nicht nur dann, wenn der Gemeinschuldner die betreffende Hebung für sich hätte in Anspruch nehmen können, sondern auch dann, wenn die Konkursmasse aus besonderen Gründen ein rechtliches Interesse daran hat, daß nicht der Liquidant, sondern ein anderer, der sich vielleicht sonst als persönlicher Gläubiger an die Konkursmasse halten würde, die Hebung ausgefolgt erhält. JW. 01, 287[3].

[3] Und zur Konkursmasse gehören. RG. 74, 233.

[4] Der **Umfang der Immobiliarmasse**, sowie der Umfang und die Rangordnung der **aus ihr zu berichtigenden Ansprüche** sind in den §§ 864, 865 ZPO. und in den §§ 10, 155 ZVG. in Verbindung mit den §§ 1120, 93—99 BGB. bestimmt. Ein Recht auf Befriedigung aus der Immobiliarmasse gewähren (nach § 10 Nr. 4 ZVG.) namentlich Reallasten, Hypotheken, Grundschulden, Rentenschulden (§§ 1105, 1113, 1191, 1199 BGB.). Nach § 10 Nr. 4, § 48 ZVG. auch eine Vormerkung (§ 883 BGB.) zur Sicherung des Anspruchs auf Einräumung einer Hypothek (z. B. einer Sicherungshypothek für Forderungen des Unternehmers eines Bauwerks gemäß § 648 BGB.) mit der Maßgabe, daß das Recht auf Befriedigung aus dem mit der Hypothekvormerkung belasteten Grundstücke durch das Bestehen des gesicherten Anspruchs bedingt ist. RG. 78, [75]; vgl. § 24. Hinsichtlich der Zwangsversteigerung von Schiffen s. §§ 162 ff. ZVG., hinsichtlich des Umfangs und der Rangordnung der Schiffsgläubigerforderungen für die Seefahrt s. §§ 754—777 HGB. und für die Binnenschiffahrt §§ 102—116 BinnenschiffGes. v. 15. 6. 95 in der Fass. v. 20. 5. 98 (RGBl. 868), hinsichtlich der Zwangsversteigerung von Bahneinheiten s. §§ 23, 34, 40 ff. preuß. Ges. über die Bahneinheiten v. 8. 7. 02 (GS. 237).

⁵ Hat der Konkursverwalter **Zubehör eines Grundstücks** (§§ 97, 98 BGB.), bevor der Hypothekengläubiger durch Einleitung der Zwangsversteigerung oder Zwangsverwaltung die Beschlagnahme ausgebracht hat (§§ 20 ff., 146, 148 ZVG.), **veräußert und fortgeschafft**, so ist das hypothekarische Recht an dem Zubehör (§ 1120) erloschen (§§ 1121, 1122 BGB.); dem Hypothekengläubiger steht auch an dem durch die Veräußerung erzielten Erlös ein Absonderungsrecht nicht zu. Auch hat er nicht einen Masseanspruch gemäß § 59 Nr. 3, da der Verwalter nach §§ 6, 117 (ebenso wie es der Grundstückseigentümer sein würde, wenn nicht gegen ihn der Konkurs eröffnet wäre) zur Veräußerung berechtigt war und den Erlös mit Recht an die Konkursmasse abgeführt hat. Auf die Kenntnis des Verwalters von dem Hypothekenrechte kommt es hierbei nicht an, da dieses Recht allein die pfandfreie Veräußerung nicht hinderte. Vgl. RG. 25, 18, Anm. 1 § 4. Gleiches gilt, wenn der Verwalter, bevor der Hypothekengläubiger eine Beschlagnahme ausgebracht hat, **Miet- oder Pachtzinsen** oder die **Versicherungssumme** für verbranntes Zubehör **eingezogen** hat (§§ 1123, 1124 Abs. 1, § 1129 BGB.). Anm. 1 § 4, RG. 64, 30. Nach RG. 42, 85 jedoch sollte (für preuß. Recht) im Falle des Verkaufs von Zubehör der Hypothekengläubiger, wenn er sein Absonderungsrecht bereits vor dem Verkauf, sei es im Wege des Widerspruchs gegen diesen, sei es durch Erhebung des Anspruchs auf vorzugsweise Befriedigung aus dem Erlöse, dem Konkursverwalter gegenüber geltend gemacht habe, abgesonderte Befriedigung aus dem Erlöse beanspruchen können. Dies ist in RG. 69, 92, JW. 08, 561¹⁷, Gr. 56, 1080 mit Rücksicht auf das Pfändungsverbot im § 865 Abs. 2 ZPO. und, weil die Veräußerung durch den Verwalter (gemäß § 127, der jedoch nur Pfandrechte und die diesen gleichgestellte Rechte betrifft) einer Verwertung im Wege der Zwangsvollstreckung für einen persönlichen Gläubiger gleichzustellen sei, dahin ausgedehnt, daß der Hypothekengläubiger auch ohne vorherige Erhebung eines Widerspruchs Anspruch auf den Erlös habe. Vgl. bezüglich des Anspruchs absonderungsberechtigter Pfandgläubiger auf den vom Konkursverwalter erzielten Erlös Anm. 5 § 127. Jedenfalls ist für den Hypothekengläubiger, wenn der Verwalter **nicht in ordnungs-**

mäßiger Fortführung der bisherigen **Bewirtschaftungsweise**, sondern z. B. nachdem diese aufgegeben ist, Zubehör veräußert, ein Masseanspruch wegen rechtloser Bereicherung aus § 59 Nr. 3 gegeben. RG. 69, 91, JW. 08, 561[27], Gr. 56, 1082. Dieser Anspruch kann von dem ihm zugrunde liegenden hypothekarischen Rechte derart getrennt werden, daß die Abtretung der Hypothek nicht auch notwendig den (persönlichen) Anspruch mit umfaßt (namentlich indem der sein Hypothekenrecht übertragende Gläubiger bei der Abtretung sich ausdrücklich einen solchen Anspruch auf den Erlös von Zubehörstücken vorbehält). Gr. 56, 1083. Der Anspruch geht auch nicht dadurch unter, daß die Hypothek zufolge Durchführung der eingeleiteten Zwangsversteigerung des belasteten Grundstücks (auf Ersuchen des Vollstreckungsrichters) gelöscht wird, soweit nicht der Gläubiger aus der Versteigerung des Grundstücks Befriedigung erhält. Gr. 56, 1083.

Bewegliches Vermögen.

48. (40.) Gläubiger, welche an einem zur Konkursmasse gehörigen Gegenstand[1] ein durch Rechtsgeschäft bestelltes Pfandrecht[2] haben[3], können aus den ihnen verpfändeten Gegenständen abgesonderte Befriedigung wegen ihrer Pfandforderung[4] verlangen[5], zunächst wegen der Kosten[4], dann wegen der Zinsen[4], zuletzt wegen des Kapitals[4],[6].

[1] Von der Nov. an die Stelle von:

an einer beweglichen körperlichen Sache, an einer Forderung oder an einem anderen Vermögensrechte des Gemeinschuldners

gesetzt, weil nach § 90 BGB. unter „Sachen" nur körperliche Gegenstände verstanden werden und um die früher einzeln aufgeführten Vermögensstücke und -rechte durch das Wort „Gegenstand" in Kürze zusammenzufassen. Begr. 24, KB. 15. — Vgl. über „zur Konkursmasse gehörig" Anm. 2, 3, 4 § 1, auch RG. 74, 233. — Nicht unter § 48 fallen solche beweglichen Gegenstände, die als zur Immobiliarmasse gehörig der

Zwangsvollstreckung in das unbewegliche Vermögen unterliegen. Anm. 4 § 47.

[2] Das frühere Wort „Faustpfandrecht" ist von der Nov. durch den vom BGB. (vgl. §§ 1205, 1257) gebrauchten Ausdruck „durch Rechtsgeschäft bestelltes Pfandrecht" ersetzt.

[3] **Bestellung eines Pfandrechts:** an beweglichen Sachen: §§ 1205, 1206 BGB. (Einigung über die Pfandbestellung und Übergabe oder Einräumung des Mitbesitzes), §§ 424, 450, 647 HGB. (Übergabe der Lagerscheine, Ladescheine, Konnossemente); an Schiffen: § 1260 BGB. (Eintragung); an Rechten, insbesondere Forderungen: §§ 1274, 1280, 1205, 1206 BGB. (Verpfändungserklärung und Anzeige an den Schuldner, vgl. RG. 51, 86, 71, 324 [Anspruch aus einem Lebensversicherungsvertrag], 68, 278 [Sparkassenguthaben], 85, 431 [Grundschuld]). Die erforderliche (JW. 08, 681[13]) **Einigung** über die Pfandbestellung, die aber der Übergabe auch nachfolgen kann (JW. 05, 290[15]), bedarf nicht einer Form, auch nicht (vgl. § 766 BGB.), wenn das Pfand für fremde Schuld bestellt wird. OLG. 5, 323. Die **Pfandübergabe** an den Pfandgläubiger muß in der Weise geschehen, daß das Besitzverhältnis Dritten **erkennbar** ist. RG. 52, 391, 66, 362. Hierzu genügt aber bei Bestellung des Pfandrechts an einer **Gesamtheit von beweglichen Sachen** (z. B. einem Warenlager), daß (nach § 1205 BGB.) dem Gläubiger (z. B. durch Aushändigung der Schlüssel, die ausschließliche Verfügungsgewalt über die Räume verschafft wird, in denen die Sachen lagern, oder doch (nach § 1206 BGB.) der Mitbesitz in der Weise, daß eine Verfügung nur durch Zusammenwirken des Pfandgläubigers und des Pfandschuldners möglich ist. RG. 53, 221, 66, 258, 67, 421, 85, 438, Gr. 48, 955, OLG. 2, 334, 8, 195, 12, 136. Über Entstehung des Pfandrechts an Ersatzstücken in diesen Fällen vgl. RG. 67, 423. Die Pfandbestellung an einer Sache, die **ein anderer für den Pfandbesteller in Verwahrung** hat (§ 868 BGB.), kann gemäß § 1205 Abs. 2, § 870 BGB. in der Weise erfolgen, daß der Pfandbesteller den Anspruch auf Herausgabe der Sache an den Pfandgläubiger abtritt. RG. 52, 388, 85, 434. (Anders nach früherem Recht. RG. 43, 70.) — Auch derjenige, der einen **Pfandgläubiger** wegen seiner Forderung **befriedigt**, erlangt nach §§ 774, 412, 401 BGB. ein

Pfandrecht mit Absonderungsrecht. RG. 67, 214, 70, 405, JW. 02, 45[18]. — Vgl. über Pfandbestellung: **durch fiduziarische Übereignung zum Zwecke** der **Sicherung:** RG. 57, 175, 59, 146, 61, 432, 62, 126, JW. 02, Beil. Nr. 259, auch RG. 13, 300, 24, 45, 26, 182; an einem **Handelsgeschäft:** RG. 68, 51; an dem Eigentums- und Verlagsrecht einer **Zeitschrift:** RG. 68, 49; an **Inhaberpapieren:** RG. 68, 130. — Vgl. bezüglich der Förmlichkeiten und der Notwendigkeit der Besitzübertragung, insbesondere bei Forderungen, **nach früherem Recht** RG. 29, 26, JW. 97, 111[21] und die früheren §§ 14, 15, 16 EG.KO. (oben I, Anm. 4 § 13). Pfandrechte, die vor 1. 1. 00 bestanden, bleiben gemäß Art. 184 EG.BGB. mit dem bisherigen Inhalt und Range bestehen, selbst wenn sie den Erfordernissen des BGB. für die Bestellung eines Pfandrechts nicht genügen, und sie gewähren ein Absonderungsrecht im letzteren Falle auch dann, wenn die Konkurseröffnung erst nach 1. 1. 00 erfolgt. RG. 52, 392.

[4] **Pfandforderungen** einschließlich **Zinsen, Vertragsstrafen, Kosten** sowie Ausgaben für bewirkte **Verwendungen** auf die Pfandsache (§§ 292, 994 ff.; 1216 BGB.): § 1210 BGB. Insbesondere Rangordnung: **Kosten:** § 1210 Abs. 2 BGB. (Kündigungs-, Rechtsverfolgungs-, Pfandverkaufskosten); **Zinsen:** sowohl gesetzliche (§§ 288 f., 291 BGB., § 352 HGB., vgl. JW. 02, 186[24] [Verzugszinsen nur 4%, wenn die Forderung erst zu einer Zeit fällig wird, wo der Gemeinschuldner infolge Konkurseröffnung bereits die Kaufmannseigenschaft verloren hatte]) wie rechtsgeschäftliche und sowohl laufende (auch die, welche nach § 63 als Konkursforderungen seit Konkurseröffnung nicht geltend gemacht werden können) als auch rückständige; **Kapital:** § 1228 Abs. 2 BGB. (Geldbetrag der Hauptforderung). — Das Recht, die Pfandsache wegen anderer, nur persönlicher Forderungen zurückzubehalten, ist aufgehoben. Mot. 206. Aber § 49 Nr. 4 (Zurückbehaltungsrecht nach HGB.).

[5] Der Verwalter kann die Verwertung betreiben: § 127.

[6] **Kollisionen** zwischen **mehreren Pfandrechten** sind nach bürgerlichem Recht zu entscheiden. Mot. 218—220. Vgl. § 1208 in Verbindung mit den §§ 932, 935, 936 BGB., sowie § 1290 BGB. und bezüglich mehrerer Pfandrechte an Schiffen

§ 777 HGB., §§ 106—109 BinnenschiffGes. v. 15. 6. 95 i. d. Fass. v. 20. 5. 98 (RGBl. 868). Vgl. auch RG. 54, 68 (Verpfändung von Sachen, die dem mittelbaren Besitzer gehören, durch den unmittelbaren Besitzer).

49. (41.)[1] Den im § 48 bezeichneten Pfandgläubigern stehen gleich[2]:

1. die Reichskasse, die Staatskassen und die Gemeinden, sowie die Amts-, Kreis- und Provinzialverbände wegen öffentlicher Abgaben, in Ansehung[3] der zurückgehaltenen oder in Beschlag genommenen zoll- und steuerpflichtigen Sachen[4];
2. diejenigen, welche an gewissen Gegenständen ein gesetzliches[5] oder ein durch Pfändung erlangtes[6] Pfandrecht[7] haben; das dem Vermieter und dem Verpächter nach den §§ 559, 581, 585 des Bürgerlichen Gesetzbuchs zustehende Pfandrecht kann in Ansehung[3] des Miet- oder Pachtzinses für eine frühere Zeit als das letzte Jahr vor der Eröffnung des Verfahrens[8], sowie in Ansehung[3] des dem Vermieter oder dem Verpächter infolge der Kündigung des Verwalters entstehenden Entschädigungsanspruchs[9]) nicht geltend gemacht werden; das Pfandrecht des Verpächters eines landwirtschaftlichen Grundstücks unterliegt in Ansehung[3] des Pachtzinses der Beschränkung nicht[10];
3. diejenigen, welche etwas zum Nutzen einer Sache verwendet haben, wegen des den noch vorhandenen Vorteil nicht übersteigenden Betrags ihrer Forderung aus der Verwendung, in Ansehung[3] der zurückbehaltenen Sache[11];
4. diejenigen, welchen nach dem Handelsgesetz-

buche in Ansehung[3] gewisser Gegenstände ein Zurückbehaltungsrecht zusteht[12].

Die im Abs. 1 Nr. 1 bezeichneten Rechte gehen den im Abs. 1 Nr. 2—4 und den im § 48 bezeichneten Rechten vor[13].

[1] Der § 41 lautete vor der Nov.:

Den Faustpfandgläubigern stehen gleich:

1. die Reichskasse, die Staatskassen und die Gemeinden, sowie die Amts-, Kreis- und Provinzialverbände wegen öffentlicher Abgaben, in Ansehung der zurückgehaltenen oder in Beschlag genommenen zoll- und steuerpflichtigen Sachen;
2. Verpächter wegen des laufenden und des rückständigen Zinses, sowie wegen anderer Forderungen aus dem Pachtverhältnisse, in Ansehung der Früchte des Grundstücks und der eingebrachten Sachen, sofern die Früchte oder Sachen sich noch auf dem Grundstücke befinden;
3. Pächter in Ansehung des in ihrem Gewahrsam befindlichen Inventars wegen der Forderungen für dieses;
4. Vermieter in Ansehung der eingebrachten Sachen, sofern die Sachen sich noch auf dem Grundstücke befinden, wegen des laufenden und des für das letzte Jahr vor der Eröffnung des Verfahrens rückständigen Zinses, sowie wegen anderer Forderungen aus dem Mietverhältnisse, jedoch mit der Einschränkung, daß dem Vermieter, soweit er eine solche Forderung infolge der Kündigung des Verwalters (§ 17 Nr. 1) geltend machen kann, wegen dieser Forderung der Anspruch auf abgesonderte Befriedigung nicht zusteht;
5. Gastwirte wegen ihrer Forderungen für Wohnung und Bewirtung des Gastes, in Ansehung der von demselben eingebrachten, von ihnen zurückbehaltenen Sachen;
6. Künstler, Werkmeister, Handwerker und Arbeiter wegen ihrer Forderungen für Arbeit und Auslagen, in Ansehung der von ihnen gefertigten oder ausgebesserten, noch in ihrem Gewahrsam befindlichen Sachen;
7. diejenigen, welche etwas zum Nutzen einer Sache verwendet haben, wegen des, den noch vorhandenen Vor-

teil nicht übersteigenden Betrages ihrer Forderung aus der Verwendung, in Ansehung der zurückbehaltenen Sache;

8. diejenigen, denen nach dem Handelsgesetzbuche an gewissen Gegenständen ein Pfandrecht oder Zurückbehaltungsrecht zusteht, in Ansehung dieser Gegenstände;

9. diejenigen, welche durch Pfändung ein Pfandrecht erlangt haben, in Ansehung der gepfändeten Gegenstände.

Wegen der Ersetzung der Worte: „Den Faustpfandgläubigern stehen gleich" durch: „den im § 48 bezeichneten Pfandgläubigern stehen gleich", s. Anm. 2 § 48. — Die neue Nr. 2 umfaßt die früher in den Nr. 2 bis 6 enthaltenen Absonderungsrechte, die vom BGB. durchweg als gesetzliche Pfandrechte gestaltet sind: Pfandrecht des Vermieters (Verpächters) an den eingebrachten Sachen des Mieters (Pächters) (§§ 559, 581 Abs. 2); Pfandrecht des Verpächters eines landwirtschaftlichen Grundstücks an den Früchten, den landwirtschaftlichen Erzeugnissen, dem Inventar (§ 585); Pfandrecht des Pächters an dem Inventar (§ 590); Pfandrecht des Unternehmers eines Werkvertrages (§ 647); Pfandrecht des Gastwirts an den eingebrachten Sachen des Gastes (§ 704). Ferner umfaßt sie aus der früheren Nr. 8 die gesetzlichen Pfandrechte des HGB. (s. Anm. 5) und weiter das durch Pfändung erlangte Pfandrecht der früheren Nr. 9.

[2] Vgl. auch § 157 RGes. über den **Versicherungsvertrag** v. 30. 5. 08 (RGBl. 263), wonach im Falle der Haftpflichtversicherung der geschädigte (verletzte) Dritte wegen des ihm gegen den Versicherungsnehmer zustehenden Schadensersatzanspruchs im Konkurse des Versicherungsnehmers abgesonderte Befriedigung aus der Entschädigungsforderung des Gemeinschuldners gegen den Versicherer verlangen kann, und dazu RG. 87, 87. Dieses Absonderungsrecht ist jedoch nach Analogie des auf einem Pfandrechte beruhenden Absonderungsrechts in der Weise zu behandeln, daß der (verletzte) Dritte, soweit seine Haftpflichtforderung fällig geworden ist, in entsprechender Anwendung des § 1282 BGB. zur unmittelbaren Einziehung der seinem Schuldner (dem Gemeinschuldner) gegen die Versicherungsgesellschaft (den Versicherer) zustehenden Entschädigungsforderung als berechtigt anzusehen ist. RG. 93,

212. Was den Umfang des gegen die Versicherungsgesellschaft zu richtenden Anspruchs betrifft, so gelten die die Umrechnung und Umwandlung von betagten, hinsichtlich des Geldbetrags ungewissen und wiederkehrenden Forderungen betreffenden §§ 65, 69, 70 KO. an sich nur für Konkursforderungen (§ 3), nicht für Absonderungsrechte (§ 4). Wenn jedoch die Haftpflichtforderung gegen den Gemeinschuldner von dem (verletzten) Dritten unter Ankündigung des Absonderungsrechts in voller vermeintlich bestehender Höhe im Konkurse angemeldet und nach Maßgabe jener Vorschriften (z. B. auf einen Abfindungskapitalbetrag) sei es durch Anerkenntnis des Konkursverwalters oder durch rechtskräftiges Urteil gegen ihn festgestellt ist, so darf der (verletzte) Dritte auch von der Versicherungsgesellschaft den festgestellten Betrag fordern. RG. 93, 212. — § 49 behandelt nur das **Verhältnis der Gläubiger untereinander** im Konkurse. RG. 6, 303. Vgl. jedoch § 804 Abs. 2, § 930 ZPO. (Pfändungspfandrecht nur im Verhältnis zu anderen Gläubigern gleichstehend einem Faustpfandrecht) und dazu RG. 61, 335, OLG. 19, 27.

[3] Mit „**in Ansehung der**" soll ausgedrückt werden, daß die Gleichstellung der betreffenden Gläubiger mit denjenigen, denen durch Rechtsgeschäft ein Pfandrecht bestellt ist, auf bestimmte Objekte beschränkt ist. RG. 39, 74.

[4] Vgl. §§ 14, 100 Vereinszollges. v. 1. 7. 69 (BGBl. 317), §§ 101, 348, 349, 351 Reichsabgabenordnung v. 13. 12. 19 (RGBl. 1993). — Das Recht des Fiskus an der zurückgehaltenen oder beschlagnahmten Sache, worauf ein **vom Gemeinschuldner zu entrichtender Zoll** nach § 14 Vereinszollges. ruht, steht gleich einem gesetzlichen Pfandrecht. Bezahlt daher derjenige, dem die Sache rechtsgeschäftlich verpfändet ist, die Zollschuld, so erwirbt er gemäß §§ 1249, 1257, 268 Abs. 3, §§ 401, 412 BGB. den Zollanspruch gegen den Gemeinschuldner mit dem Vorrechte des Fiskus aus § 61 Nr. 2 sowie das Absonderungsrecht aus § 49 Nr. 1. RG. 67, 214, 70, 405. — Über den Begriff „**öffentliche Abgaben**" vgl. Anm. 9 § 61.

[5] **Gesetzliche Pfandrechte: nach BGB.**: Hinterlegung von Geld zur Sicherheitsleistung (§§ 232, 233, vgl. RG. 12, 222, 39, 108 und §§ 108, 713 ZPO.); des Vermieters, Verpäch-

ters, Pächters (§§ 559, 581 Abs. 2, §§ 585, 590); des Werkvertragsunternehmers (§ 647); des Gastwirts (§ 704), s. Anm. 1. Ferner **nach HGB.**: des Kommissionärs (§ 397); des Spediteurs (§ 410); des Lagerhalters (§ 421), aber lediglich wegen der Lagerkosten, während wegen seiner übrigen Forderungen nur ein Zurückbehaltungsrecht besteht, s. Anm. 12; des Frachtführers (§§ 440, 441); des Verfrachters im Seehandel (§§ 623, 674); des Bodmereigläubigers (§§ 679, 691, 759); der Vergütungsberechtigten bei der großen Haverei (§§ 725, 731); der Gläubiger für Bergungs- und Hilfekosten (§ 751 HGB. und §§ 20, 21 StrandungsOrdn. v. 17. 5. 74 [RGBl. 73, 1902 S. 1]); der Schiffsgläubiger (§§ 754, 755, 758, 760); des Seeversicherungsnehmers (§ 888). Weiter nach §§ 89, 97, 103 BinnenschiffGes. v. 15. 6. 95 in der Fass. v. 20. 5. 98 (RGBl. 868); und nach §§ 22, 28 FlößereiGes. v. 15. 6. 95 (RGBl. 346). — Dem **Verkaufskommissionär** steht an dem nach der Konkurseröffnung über das Vermögen des Kommittenten in seinen Besitz gelangten Kommissionsgute ein Absonderungsrecht zur Befriedigung seiner vor der Konkurseröffnung erworbenen Kommissionsforderungen nicht zu. RG. 71, 76. Er kann, wenn er wegen Beschädigung von Kommissionsgut auf dem Transport einen Entschädigungsanspruch gegen den Transportunternehmer hat, wegen einer Provisionsforderung gegen den Kommittenten nicht ein Pfandrecht (Absonderungsrecht) an diesem Entschädigungsanspruch geltend machen. RG. 105, 126. Über die Rechte des **Kommittenten** im Konkurse des Kommissionärs bei einem Kommissionsgeschäft über den **Einkauf von Wertpapieren** vgl. Art. III VO. über die Aufbewahrung fremder Wertpapiere v. 21. 11. 23 (RGBl.I 1119). — Bei der dem **Besitzer** durch **§ 1003 BGB.** unter bestimmten Voraussetzungen gewährten Befugnis, Befriedigung aus der Sache nach den Vorschriften über den Pfandverkauf, bei einem Grundstücke nach den Vorschriften über die Zwangsvollstreckung in das unbewegliche Vermögen zu suchen, handelt es sich lediglich um eine besondere Art der Durchführung des persönlichen Anspruchs. RG. 71, 429, Anm. 11.

[6] **Zwangsvollstreckung:** a) gerichtliche: §§ 804, 930, ZPO.; §§ 325, 480 StPO.; b) im Verwaltungswege: §§ 316 ff.

RAbgabenordn. v. 13. 12. 19; Preußen: § 5 AG.ZPO. Fass. v. 6. 10. 99; Ver. v. 15. 11. 99 (Fass. v. 30. 1. 23, 16. 3. 26). Die administrative vorläufige Beschlagnahme gemäß § 146 RBeamtengeſ. v. 18. 5. 07 wegen eines Defektes gegen einen demnächst in Konkurs verfallenen Beamten gewährt dem Fiskus nicht Absonderungsrecht, sondern erst die Vollziehung des ordentlichen Defektenbeschlusses nach § 143 Ges. OLG. 19, 213. **Privatpfändung:** Art. 89 EG.BGB.; Preußen: Art. 89 AG.BGB., §§ 69 ff. FeldForstpolGes. v. 1. 4. 80, § 33 FeldpolOrdn. v. 1. 11. 47. — Die **Pfändung** muß **rechtswirksam** erfolgt sein. Vgl. bezüglich: der Früchte auf dem Halm §§ 810, 824 ZPO., §§ 21, 148 ZVG.; des Zubehörs eines Grundstücks § 865 ZPO. Sind Sachen gepfändet, die dem Gemeinschuldner nicht gehören, so ist die Pfändung unwirksam, auch wenn Gerichtsvollzieher und Gläubiger glaubten, die Sachen gehörten dem Gemeinschuldner. RG. 26, 103, 40, 290, 60, 72, JW. 95, 239[8], OLG. 2, 219, 4, 329. Die Pfändung muß ferner jedem Dritten erkennbar sein. Fehlt eine solche Erkennbarkeit, so ist die Pfändung ungültig. RG. 32, 316, Gr. 36, 718, 41, 1188, 44, 1195, JW. 94, 455[8], 95, 506[11], 97, 134[17], 02, 501[10], 502[11], 03, 320[7], 10, 116[23], OLG. 14, 209. Jedoch wird ein wirksam begründetes Pfandrecht durch Beseitigung, Verschwinden oder Unkenntlichwerden der Pfandzeichen noch nicht hinfällig, es sei denn, daß Dritte ein das Pfandrecht ausschließendes dingliches Recht an der Pfandsache in gutem Glauben erwerben (§§ 932, 936, 1207, 1208 BGB., § 366 HGB.). RG. 35, 336, RG. 6, 227, 16, 273, 18, 165, RG. 57, 323, Gr. 44, 1200, JW. 95, 42[11]. — Über den Vorrang des Pfandrechts des Vermieters gegenüber dem Pfändungspfandrecht an den eingebrachten Sachen vgl. Anm. 7. — Hat der **Konkursverwalter die Pfandsache gemäß § 127 versilbern lassen,** so hat das Absonderungsrecht des Pfändungsgläubigers nicht einen Anspruch auf Erlangung des Pfandbesitzes am Erlöse, sondern nur einen solchen auf rangmäßige Befriedigung, also, wenn eine Geldforderung in Frage steht, auf Zahlung zum Inhalte. Gr. 41, 1189, JW. 97, 135[19], 09, 424[20], auch Anm. 3, 4 § 46.

[7] Vgl. Anm. 1, 5, 6. — Das Pfandrecht des **Gastwirts**

(§ 704 BGB.) ist nicht davon abhängig, daß von Sachen in besondrer Weise Besitz ergriffen worden ist; es genügt, daß sie in das Gasthofsgrundstück eingebracht und dort verblieben sind. RG. 1, 83. — Das Pfandrecht des **Vermieters** (Verpächters) erstreckt sich nach §§ 559, 581 Abs. 2 BGB. auf die eingebrachten pfändbaren, körperlichen (RG. 10, 40, 20, 135) **Sachen nur des Mieters** (Pächters), also nicht auf Sachen der Ehefrau, der Kinder, der Untermieter usw. Der Vermieter hat daher im Konkurse des Mieters kein Absonderungsrecht an den eingebrachten Sachen der letzteren. RG. 35, 201, 36, 32, RG. 60, 73, 80, 62, OLG. 3, 28, 16, 429; vgl. RG. 13, 41. Dies gilt auch dann, wenn der Vermieter in dem Glauben ist, daß die Sachen dem Mieter gehören. § 1207 BGB. findet keine Anwendung; § 1257 BGB. erklärt nur die Vorschriften über das rechtsgeschäftlich bestellte Pfandrecht, nicht die über die rechtsgeschäftliche Bestellung des Pfandes, auf das gesetzliche Pfandrecht für anwendbar. OLG. 2, 80, 3, 28, 4, 329. — Unter den **„eingebrachten Sachen"** sind alle dem Mietzweck (Pachtzweck) entsprechend, wenn auch nur vorübergehend, auf dem Grundstücke befindlichen Sachen zu verstehen. Mot. 209. — Nach § 560 BGB. besteht das Pfandrecht nicht, wenn die Sachen vor der Konkurseröffnung **von dem Grundstück entfernt** sind, es sei denn, daß die Entfernung ohne Wissen oder unter Widerspruch des Vermieters (Verpächters) erfolgt ist. Nicht befugt zum Widerspruch ist aber der Vermieter bei einer Entfernung im regelmäßigen Geschäftsbetrieb oder bei offenbar ausreichender Sicherheit der verbleibenden Sachen. RG. 71, 418, 74, 247. (Ebenso in letzterer Hinsicht nach früherem Recht: RG. 8, 100.) Die Fortschaffung aus den vermieteten Räumen hebt das Recht keinesfalls auf, wenn die Sachen auf dem Grundstücke geblieben sind. RG. 10, 323, OLG. 16, 431. (Vgl. ferner über die Wirkung der vom Konkursverwalter ohne Widerspruch des Vermieters betriebenen Fortschaffung nach früherem Recht RG. 13, 257, 14, 1, RG. 1, 429, 3, 58.) Durch Veräußerung des Grundstücks, auf das die Sachen des Mieters eingebracht sind, wird das Pfandrecht des Vermieters nicht aufgehoben. OLG. 9, 296. — Auf die **der Pfändung nicht unterworfenen Sachen** (§§ 811 ff. ZPO.) erstreckt sich das

Pfandrecht im allgemeinen nicht (§ 559 Satz 3 BGB.). RG. 72, 181. Eine Ausnahme davon gilt für die Pacht eines landwirtschaftlichen Grundstücks. Nach § 585 BGB. erstreckt sich hier das Pfandrecht auch auf die nach § 811 Nr. 4 ZPO. der Pfändung nicht unterworfenen Sachen (erforderliches Wirtschaftsgerät und -vieh, nötiger Dünger, zur Fortführung der Wirtschaft erforderliche Erzeugnisse). Außerdem ist bei dieser Pacht das Pfandrecht auch insofern umfassender, als es sich auf die Früchte des Grundstücks, die nach § 956 BGB. mit der Trennung Eigentum des Pächters werden, miterstreckt: § 585 BGB. Zu den Früchten gehört bei einem landwirtschaftlichen Grundstück mit Brennereibetrieb auch der in dem Betriebe gewonnene Spiritus. JW. 93, 508[34]. Dagegen gehören die aus dem Betriebe einer gepachteten Mühle gewonnenen Vorteile nicht dazu, da die Mühle kein landwirtschaftliches Grundstück ist. RG. 40, 27. — Hat der **Konkursverwalter** von dem ihm **nach § 127** zustehenden Rechte, die dem Pfandrecht unterliegenden Gegenstände zu **verwerten**, Gebrauch gemacht, was der Vermieter (Verpächter) nicht hindern kann, so steht diesem an dem Erlöse ein Absonderungsrecht zu. Vgl. RG. 14, 1, 33, 116, OLG. 9, 296. Vgl. auch Anm. 4 § 47. — Ein **durch Pfändung erlangtes Pfandrecht an den eingebrachten Sachen** (s. Anm. 6) steht dem Pfandrecht des Vermieters nach, es sei denn, daß die Sachen zur Zeit der Einbringung bereits gepfändet und auch mit den nach § 808 Abs. 2 ZPO. zur Erkennbarmachung der Pfändung erforderlichen Zeichen versehen waren. RG. 25, 284, 288, auch 51, 186. — Ein **Zurückbehaltungsrecht** an den dem Pfandrecht unterliegenden Sachen hat der Vermieter (Verpächter) insofern, als er die Entfernung der Sachen auch ohne Anrufen des Gerichts verhindern und wenn der Mieter auszieht, die Sachen in seinen Besitz nehmen kann. § 561 Abs. 1 BGB. Vgl. RG. 35, 150, 37, 118 und hinsichtlich des Zurückbehaltungsrechts nach dem früheren Recht in Preußen: Ges. v. 12. 6. 94 (GS. 113). — Das Pfandrecht besteht für die **Forderungen aus dem „Miet-, Pachtverhältnis"**. Dazu gehört nicht die Forderung auf Leistung einer vertragsmäßigen Pachtkaution. JW. 88, 289[11]. **Auch** nicht die Forderung aus einem Darlehn, das der Verpächter dem

Pächter als Betriebskapital gegeben hat. RG. 37, 88. Ferner nicht die Vergütung eines Zimmermieters für ein tägliches Frühstück. RG. 20, 417. Weiter im Falle der Verpflichtung des Mieters zur Bierentnahme nicht die Forderungen des Vermieters aus Bierlieferungen. JW. 05, 19[16]. Überhaupt begründen die in einem Miet- oder Pachtvertrag ausgemachten **Nebenleistungen** nur dann ein Absonderungsrecht, wenn sie mit dem Wesen dieser Verträge oder mit der Bemessung des Zinses in Zusammenhang stehen (z. B. nicht die Vergütung für Lieferung der zum Fabrikbetriebe des Mieters erforderlichen Dampfkraft). Gr 26, 996. Vgl. OLG. 9, 296, 27, 155 (Wassergeld, Müllabfuhr, Glasversicherung, Kanalabgabe). Daher besteht das Pfandrecht für einen von dem Pächter für die Überlassung des Inventars zum Eigentum zu zahlenden Übernahmepreis nur dann, wenn die fragliche Übereinkunft in einem materiellen notwendigen Zusammenhange mit dem eigentlichen Pachtvertrage steht. Die bloße Willkür der Kontrahenten, das rein äußerliche Zusammenfassen eines weiteren Vertrages mit einem Pacht- oder Mietvertrage, begründen für sich allein noch kein Absonderungsrecht für die weiteren Forderungen aus dem verbundenen Vertrage. RG. 38, 66. — Auch dem **Pächter** steht ein Pfandrecht zu, und zwar an den in seinen Besitz gelangten, dem Verpächter gehörigen Inventarstücken für die Forderungen, die sich auf dieses mitgepachtete Inventar beziehen. § 590 BGB.

[8] Nach § 559 Satz 2 BGB. besteht das **Pfandrecht des Vermieters** (Verpächters) außerhalb des Konkursverfahrens, außer für den Miet-, Pachtzins des laufenden und des folgenden Jahres, auch für sämtliche rückständige Miet-, Pachtzinsforderungen. RG. 54, 301, OLG. 3, 236, 7, 13. In letzterer Hinsicht ist im Konkursverfahren (übereinstimmend mit dem früheren Recht; § 41 Nr. 4, s. Anm. 1) das Pfandrecht auf den **Rückstand für das letzte Jahr** vor der Eröffnung des Verfahrens beschränkt. Vgl. Anm. 2 § 19 und § 59 Nr. 2, sowie Anm. 10. Nach früherem preuß. Recht (ALR. § 395 I 21) bestand das Pfandrecht für den Miet-, Pachtzins für die ganze Dauer des Vertrages, nicht bloß für das laufende und das folgende Miet-, Pachtjahr. RG. 13, 253. — Rückständiger Zins ist der bereits vor der Eröffnung des Konkurs-

verfahrens fällig gewesene, jedoch noch nicht getilgte Zins. Der Zeitraum von einem Jahr ist nicht von dem letzten, der Eröffnung des Konkursverfahrens vorhergehenden Fälligkeitstage, sondern unmittelbar von dem Zeitpunkte der Eröffnung des Konkursverfahrens an rückwärts zu rechnen. RG. 34, 100.

[9] Vgl. Anm. 4 § 19 und § 559 Satz 2 BGB. — Diese **Ausschließung des Entschädigungsanspruchs des Verpächters vom Absonderungsrecht** ist durch die Nov. neu eingeführt; hinsichtlich des Vermieters entspricht sie dem früheren Recht: RGes., betr. Abänd. des § 41 KO., v. 9. 5. 94 (RGBl. 439). Bezüglich des Pfandrechts des Verpächters wegen dieses Anspruchs nach früherem Recht vgl. RG. 7, 20, Gr. 28, 1175. — Für Entschädigungsansprüche, die einen solchen Schaden betreffen, der zur Zeit der ersten Geltendmachung des Pfandrechts noch nicht eingetreten ist, sondern erst künftig möglicherweise entstehen wird, besteht gemäß § 559 Satz 2 BGB. ein Absonderungsrecht selbst dann nicht, wenn die Ansprüche nicht infolge der Kündigung des Verwalters entstanden sind. Vgl. RG. 54, 301.

[10] Diese Ausnahme entspricht dem § 585 BGB., wonach das **Pfandrecht** des **Verpächters eines landwirtschaftlichen Grundstücks** für den gesamten Pachtzins geltend gemacht werden kann, also sowohl für sämtliche bis zur Beendigung des Pachtvertrages laufende (vgl. dagegen Anm. 8, aber für früheres Recht RG. 13, 253), als auch für sämtliche rückständige Pachtzinsen.

[11] **Nr. 3** übereinstimmend mit der früheren Nr. 7 (s. Anm. 1). Diese Bestimmung ist, wiewohl in Nr. 2 die gesetzlichen Pfandrechte allgemein den durch Rechtsgeschäft bestellten (s. Anm. 2 § 48) gleichgestellt sind, beibehalten, weil **der Besitzer** einer fremden Sache wegen seines Anspruchs auf **Ersatz** der von ihm gemachten **Verwendungen nach § 1000 BGB.** nur ein Zurückbehaltungsrecht, nicht ein gesetzliches Pfandrecht hat, so daß er sich durch Verkauf ohne gerichtliches Verfahren, wie beim Pfandverkauf (§§ 1228 ff. BGB.), nicht befriedigen, sondern nur, wenn der Verwalter die Sache verwertet, vorzugsweise Befriedigung aus dem Erlöse verlangen

kann (§§ 117, 127 KO.), und weil es sich auch bei der dem Besitzer durch § 1003 BGB. unter bestimmten Voraussetzungen gewährten Befugnis, Befriedigung aus der Sache nach den Vorschriften über den Pfandverkauf zu suchen, lediglich um eine besondere Art der Durchführung des persönlichen Anspruchs handelt. Begr. 25, RG. 71, 429, Anm. 5. Fälle derartiger Verwendungsansprüche: §§ 102, 292, 304, 347, 450, 500, 538, 547, 592, 601, 670, 675, 683, 693, 850, 972, 994 ff., 1049, 1057, 1216, 2022 in Verbindung mit §§ 273, 1000 BGB. Besteht der Besitz (z. B. zufolge Veräußerung der Sache) zur Zeit der Konkurseröffnung nicht mehr, so ist ein Absonderungsrecht wegen des Verwendungsanspruchs nicht gegeben. LZ. 24, 639[10].

[12] Die **Nr. 4** gibt, unter Weglassung der in die Nr. 2 übertragenen gesetzlichen Pfandrechte des HGB., den Inhalt der früheren Nr. 8 wieder (s. Anm. 1). — **Zurückbehaltungsrechte nach HGB.** stehen zu: einem Kaufmann gegen einen anderen Kaufmann an dessen in seinem Besitz befindlichen beweglichen Sachen oder Wertpapieren (nicht an Sachen, die jener aus seinen Beständen zu leisten hat, RG. 77, 439) wegen Forderungen aus beiderseitigen Handelsgeschäften, §§ 369 bis 371, vgl. JW. 99, 327[26]; einem Gläubiger für Bergungs- und Hilfekosten in Seenot (§ 751). Vgl. auch § 888 HGB. (Seeversicherungsnehmer an der Police) und Anm. 5. — Unterschied zwischen Pfandrecht und kaufmännischem Zurückbehaltungsrecht: Anm. 3 § 44. — Bloße **Beweis- oder Legitimationspapiere** (z. B. Lebensversicherungspolicen, auch Grundschuld-, Hypothekenbriefe, s. § 952 Abs. 2, §§ 1116, 1117, 1154, 1155 BGB.) sind nicht als bewegliche Sachen oder Wertpapiere im Sinne des § 369 HGB. anzusehen, vielmehr gehören dazu nur solche Urkunden, welche Träger der Forderung sind und denen ein selbständig realisierbarer Vermögenswert zukommt. An jenen besteht daher ein Zurückbehaltungsrecht mit der Wirkung des § 49 Nr. 4 nicht. RG. 15, 59, 20, 133, 29, 301, 51, 86, 66, 26, 68, 282, Gr. 53, 1126. Dies auch dann nicht, wenn das Zurückbehaltungsrecht vertragsmäßig eingeräumt ist, da die Absonderungsrechte des § 49 nicht durch Vertrag erweitert werden können. RG. 20, 133, 29, 301, 68, 282, Gr. 53, 1126. — Das Zurückbehaltungs-

recht des HGB. ist eingeschränkter als das des § 273 BGB. Im Konkurse können Zurückbehaltungsrechte nicht schon auf § 273 BGB. gestützt werden, sondern nur im Rahmen des § 49 KO. Wirksamkeit beanspruchen. RG. 77, 438, LZ. 24, 639[10]. **Zurückbehaltungsrechten**, bei denen die **Voraussetzungen des § 49 nicht** vorliegen, ist überhaupt im Konkursverfahren die **Berücksichtigung zu versagen**. RG. 15, 59, 20, 136, 29, 302, 77, 438, W. 24, 180. So hat auch der Rechtsanwalt des Gemeinschuldners kein Zurückbehaltungsrecht an seinen Handakten bis zur Zahlung seines Honorars oder der späteren Konkursquote. JW. 21, 636[3].

[14] Durch die neue Bestimmung der Nov. im Abs. 2 ist den unter Nr. 1 aufgeführten Ansprüchen (in Übereinstimmung mit den früheren Vorschriften einzelner Landesgesetze, so Preußen: § 6 Ges. v. 6. 3. 79) der Vorrang gegenüber allen anderen Absonderungsberechtigten der §§ 48, 49 gewährt, weil die Zoll- und Steuerpflicht jeden trifft, dem ein Recht an der Sache zusteht. Begr. 24. Vgl. auch Art. III EG.KOÄndG. (oben II), wonach § 49 Abs. 2 auch außerhalb des Konkurses Anwendung findet, und dazu Anm. 1 dort sowie RG. 67, 219. — Im übrigen bestimmt sich im Falle der **Konkurrenz mehrerer Absonderungsrechte** das Rangverhältnis nach dem bürgerlichen Recht. Anm. 6 § 48. Bezüglich des Rangverhältnisses gesetzlicher Pfandrechte enthalten die §§ 443, 771, 776, 777 HGB., §§ 104, 106 ff., 116 BinnenschiffG., § 29 FlößereiG. besondere Vorschriften.

Ausländisches Absonderungsrecht.

50. (42.) Wer nach der Eröffnung des Konkursverfahrens oder mit Kenntnis des Eröffnungsantrages oder der Zahlungseinstellung eine Konkursforderung dem im Auslande wohnenden Inhaber eines zur Konkursmasse gehörigen Gegenstandes oder in der Absicht, daß dieser die Forderung erwerbe, einer Mittelsperson abtritt, ist verpflichtet, zur Konkursmasse den Betrag zu ersetzen, welcher derselben dadurch entgeht, daß der

Inhaber für die Forderung nach dem Rechte des Auslandes entgegen den Bestimmungen dieses Gesetzes[1] ein Absonderungsrecht an dem Gegenstande ausübt[2]. Die Vorschrift des § 33 findet entsprechende Anwendung.

[1] Falls also das ausländische Konkursrecht eine Absonderung gestattet, während die deutsche KO. eine solche nicht gewähren würde. Es soll für diesen Fall verhindert werden, daß durch eine solche Zession einer Konkursforderung nach Konkurseröffnung usw. die Konkursmasse geschädigt wird.

[2] D. i. die Differenz zwischen dem Werte der Sache und dem Betrage, der bei der Anmeldung der Forderung im Konkurse auf dieselbe entfallen wäre.

Nachlaßgläubiger*.

* **Der frühere § 43:**

Hat der Gemeinschuldner vor der Eröffnung des Konkursverfahrens eine Erbschaft erworben, so können die Nachlaßgläubiger und Vermächtnisnehmer abgesonderte Befriedigung aus den bei der Eröffnung vorhandenen Nachlaßgegenständen verlangen, soweit ihnen ein Absonderungsanspruch nach den Bestimmungen der Landesgesetze zusteht.

ist durch die Nov. in Wegfall gebracht. — Früher traf das Absonderungsrecht, wenn ohne Vorbehalt angetreten war, die in der Konkursmasse noch vorhandenen, nach bürgerlichem Recht als Teile des Nachlasses zu betrachtenden Nachlaßgegenstände als einzelne Sachen, nicht die Erbschaft als Inbegriff: über den überschuldeten Nachlaß konnte ein Konkursverfahren nur eröffnet werden, wenn der Erbe fehlte oder nur als Benefizialerbe haftete. Mot. 233. Der Nachlaßgläubiger war aber nicht verpflichtet, die Absonderung zu fordern. Die Geltendmachung der Rechtswohltat seitens des Konkursverwalters führte nicht dazu, daß die Klage auf Feststellung der zum Konkurse des Erben angemeldeten Forderung abgewiesen wurde. Vielmehr konnte der Konkursverwalter, wenn von dem Absonderungsrecht kein Gebrauch gemacht wurde, auch ohne die Absonderung der Erbschaft von dem eigentümlichen Vermögen des Erben zu bewirken, die dem

Gemeinschuldner zustehende Rechtswohltat des Inventars geltend machen, hatte aber in diesem Falle den Betrag nachzuweisen, auf welchen die Haftung der Konkursmasse zu beschränken war. Ein Streit hierüber war im Feststellungsverfahren zu erledigen. RG. 24, 63. Die Gläubiger des erbenden Gemeinschuldners hatten kein Absonderungsrecht. Mot. 223. — **Jetzt** ist das den **Nachlaßgläubigern** nach Maßgabe der Landesgesetze [s. Preußen: §§ 500 ff. I, 16 ALR., Art. 878 ff. code civil; Sachsen: §§ 2334 ff. Sächs. BGB.; Bayern: Art. 87 Ges. v. 23. 2. 79 (GVBl. 63); Württemberg: Art. 8 Ges. v. 18. 8. 79 (RegBl. 208)] zustehende Absonderungsrecht als solches vom BGB. beseitigt. Dafür ist den Nachlaßgläubigern, zu denen nach § 1967 Abs. 2 BGB. auch die Vermächtnisnehmer gehören, das **Recht** gewährt, sich durch den Antrag **auf** Anordnung der **Nachlaßverwaltung** oder auf Eröffnung des **Nachlaßkonkurses** den Gläubigern des Erben gegenüber die abgesonderte Befriedigung aus dem Nachlasse zu sichern (§ 1981 Abs. 2, § 1984 Abs. 2, § 1985 Abs. 1 BGB.). Vgl. § 217 Abs. 1, §§ 219, 234 KO.

Gemeinschaftsteilhaber.

51. (44.) Wer sich mit dem Gemeinschuldner in einem Miteigentume, in einer Gesellschaft oder in einer anderen Gemeinschaft befindet[1], kann wegen der auf ein solches Verhältnis sich gründenden Forderungen[2] abgesonderte Befriedigung aus dem bei der Teilung oder sonstigen Auseinandersetzung[3] ermittelten[4] Anteile[5] des Gemeinschuldners verlangen.

[1] Vgl. Anm. 1, 2, 3, 4 § 16. Auf **andere Gemeinschaftsgläubiger als Mitteilhaber** findet § 51 keine Anwendung. RG. 42, 103, Anm. 3. — Bei der **stillen Gesellschaft** (s. Anm. 1 § 16) findet zwar nach § 340 HGB. eine Auseinandersetzung statt. Jedoch hat der stille Gesellschafter kein Absonderungsrecht wegen seiner Forderungen bezüglich der Einlage, vielmehr kann er diese nur als Konkursgläubiger anmelden. Mot. 225, § 341 HGB., Gr. 29, 998, JW. 84, 270,

271, 272[16], 05, 719[10]. Desgleichen der **Kommanditist**, der als Prokurist gegen festes Gehalt angestellt ist. OLG. 32, 369. Auch die **Gewerkschaft** hat nicht ein Absonderungsrecht am Kuxe des Gewerken wegen rückständiger Zubußen. RG. 3, 274, 287. Ebensowenig eine **eingetragene Genossenschaft** wegen ihrer Forderungen gegen den einzelnen Genossenschafter. RG. 26, 110, 113.

[2] Eine **Forderung gründet sich** nur dann **auf die Gemeinschaft, wenn** diese den Inhalt der Forderung dahin beeinflußt, daß letztere **selbst in das Gemeinschaftsverhältnis** insofern **eintritt**, als sie bei der Auseinandersetzung mit berücksichtigt werden muß, den Anteil des Gläubigers vermehrt, den des Schuldners vermindert. RG. 78, 274, Gr. 59, 148. Dies ist z. B. nicht der Fall bei einer Schadensersatzforderung des Grundstücksmiteigentümers, der den Anteil am Grundstück von dem anderen Miteigentümer käuflich erworben hatte, deswegen, weil er beim Kaufabschluß arglistig getäuscht worden sei; denn die Forderung steht dem Schadensersatzberechtigten nicht vermöge seiner Zugehörigkeit zur Gemeinschaft gegen den anderen Gemeinschafter zu. Gr. 59, 146. — **Nur** der nach Deckung der Gemeinschaftsschulden verbleibende **Nettoanteil des Teilhabers** an einer Gemeinschaft soll **zur Konkursmasse** fließen. Bis zur durchgeführten Auseinandersetzung bleiben die Gemeinschaftsverhältnisse vom Konkurse des Teilhabers unberührt. RG. 8, 104, 26, 113, 42, 105, Gr. 45, 623 (JW. 99, 539[26]). Daher ist den Mitteilhabern auch für die **persönlichen Forderungen**, die ihnen zum Zweck der erforderlichen Ausgleichung **auf Grund des Gemeinschaftsverhältnisses** gegen den in Konkurs geratenen Teilhaber erwachsen (so für Regreßforderungen infolge Heranziehung zur Zahlung von Schulden der Gemeinschaft, für Ersatzforderungen wegen Verwendungen zu Gemeinschaftszwecken, für Schadensersatzforderungen wegen pflichtwidrigen Verhaltens eines Teilhabers [vgl. § 708 BGB.] und Ähnl.), ein Absonderungsrecht in betreff des Gemeinschaftsanteils des Gemeinschuldners gewährt, falls sie nämlich bei der Auseinandersetzung nicht befriedigt worden sind. RG. 26, 110, 67, 158, vgl. § 756 BGB., auch RG. 92, 344. Dagegen können darunter nicht die Forderungen verstanden werden, die

darauf beruhen, daß der Gemeinschuldner mit der Gesellschaft usw. in einem Geschäftsverkehr gestanden hat. Hier nur Aufrechnungsbefugnis, insbesondere gegenüber dem sich bei der Auseinandersetzung ergebenden Geschäftsguthaben des Gemeinschuldners. RG. 26, 110.

[3] Vgl. Anm. 4 § 16. — Die **Teilung oder sonstige Auseinandersetzung erfolgt** außerhalb des Konkursverfahrens (§ 16) in der Regel zwischen dem Gemeinschuldner (vertreten durch den Konkursverwalter) und den anderen Mitberechtigten. RG. 42, 103, 67, 157, Gr. 45, 622, JW. 99, 539[26]. Dabei ist **unter „sonstiger Auseinandersetzung"** in erster Linie eine objektive Aufhebung der Gemeinschaft **zu verstehen**, die sich nicht durch Teilung des gemeinschaftlichen Gegenstandes in Natur (§ 752 BGB.), sondern auf andere Weise, insbesondere durch Veräußerung des Gegenstandes und Teilung des Erlöses (§ 753 BGB.) vollzieht. RG. 67, 157. Jedoch ist ein Fall der „sonstigen Auseinandersetzung" auch dann anzunehmen, wenn die Gemeinschaft subjektiv zwischen den bisherigen Teilhabern dadurch aufgehoben wird, daß der Konkursverwalter den dem Gemeinschuldner an dem gemeinschaftlichen Gegenstande zustehenden Anteil veräußert und der Erwerber an die Stelle des Gemeinschuldners als Teilhaber tritt, da auch in diesem Falle bis zum Zeitpunkte der Veräußerung Ausgleichungsansprüche oder sonstige Forderungen aus der Gemeinschaft entstanden sein können, die, unbeschadet der Möglichkeit, sie gegenüber dem neuen Teilhaber geltend zu machen (§ 755 Abs. 2, § 756 Satz 2, § 1010 Abs. 2 BGB.), eine Abrechnung zwischen dem in der Gemeinschaft verbleibenden und dem aus ihr scheidenden Teilhaber erfordern. Der erstere kann also wegen solcher Forderungen abgesonderte Befriedigung aus dem durch die Veräußerung des Anteils des Gemeinschuldners erzielten Erlöse verlangen. RG. 67, 156. — **Dritte Gemeinschaftsgläubiger** sind bei dieser Auseinandersetzung nicht beteiligt. Anm. 1. Der gemeinschuldnerische Teilhaber hat zwar die Befugnis, bei der Auseinandersetzung zunächst die Schulden zu tilgen. Die dritten Gemeinschaftsgläubiger haben aber kein Recht, vorab aus dem Gemeinschaftsvermögen befriedigt zu werden, vielmehr können die Teilhaber solche Gemeinschaftsschulden lediglich unter sich ver-

rechnen, ohne die Gläubiger zu befriedigen. RG. 42, 103. Die Gemeinschaftsgläubiger sind jedoch berechtigt, vor erfolgter Auseinandersetzung gegen den Konkursverwalter als Vertreter des gemeinschuldnerischen Teilhabers und gegen die übrigen Mitglieder der Gemeinschaft zu klagen, und sind nicht gezwungen, ihre Forderungen, soweit sie die Gemeinschaft betreffen, durch Anmeldung im Konkursverfahren geltend zu machen. Gr. 45, 622 (JW. 99, 539[26]).

[4] Nach Tilgung der Gemeinschaftsschulden verbleibenden. Mot. 225, RG. 26, 113, s. Anm. 2.

[5] **Nicht aus** der gemeinschaftlichen **Vermögensmasse als Ganzem,** auch nicht aus den Anteilsrechten des Gemeinschuldners an den einzelnen gemeinschaftlichen Vermögensstücken. RG. 42, 105, Gr. 45, 622 (JW. 99, 539[26]). — **Veräußert der Konkursverwalter** mit Zustimmung des anderen Gemeinschafters den gemeinschaftlichen Gegenstand, so tritt (vgl. § 127) hinsichtlich des Rechtes des anderen auf abgesonderte Befriedigung der **Erlös an die Stelle des Gegenstandes.** RG. 67, 158. — **Bis zur Auseinandersetzung** ist an sich das in dem ideellen Anteil des Gemeinschuldners steckende Vermögen zur Konkursmasse zu rechnen. Der Gemeinschuldner verliert das Verfügungsrecht darüber; es wird fortab durch den Konkursverwalter ausgeübt. Dieser kann das Anteilsrecht auch veräußern und den Erlös zur Befriedigung der Konkursgläubiger verwenden. Gr. 45, 622 (JW. 99, 539[26]). Jedoch steht auch in diesem Falle dem anderen Gemeinschafter das Recht auf abgesonderte Befriedigung aus dem Erlöse zu. RG. 67, 156, Anm. 3.

Lehn- usw. Gläubiger.

52. (45.) Die Befriedigung der Lehen-, Stammguts- oder Familienfideikommiß-Gläubiger erfolgt abgesondert[1] aus dem Lehen, Stammgute oder Familienfideikommisse nach den Vorschriften der Landesgesetze[2].

[1] D. i. vor den Allodialgläubigern des Lehn- usw. Besitzers.

[2] Vgl. § 5 EG.KO. (oben I), Art. 59, 60 EG.BGB., § 2 EG.GVG., § 15 Nr. 4 EG.ZPO.

Sechster Titel.

Aufrechnung*.

* Vor dem Inkrafttreten der KO. erworbene Forderungen: § 10 EG.KO. (oben I).

Die **Aufrechnung** wird **wie** eine **abgesonderte Befriedigung** des Gläubigers aus seiner Schuld an die Konkursmasse behandelt. Mot. 219. JW. 92, 363[8], Anm. 2 § 53.

Das Recht zur Aufrechnung in vollem Betrage steht dem Gläubiger einer an sich zur Aufrechnung geeigneten Forderung als Deckungs- und Absonderungsrecht zu und er kann dieses Recht dem Konkursverwalter gegenüber **gerichtlich und außergerichtlich** ausüben. Eine Tätigkeit des Gläubigers vor dem Konkursgericht oder gegenüber den Konkursgläubigern ist nicht erforderlich. JW. 92, 363[8].

Die Aufrechnung seitens eines **Gesamtschuldners** im Konkurse des Gläubigers bewirkt die Tilgung der Gesamtschuld auch für die Mitschuldner, und zwar in Höhe der ganzen Forderung des Gesamtschuldners, nicht nur in Höhe der Konkursdividende. RG. 11, 121, JW. 99, 134. Vgl. § 422 BGB.

Die Aufrechnung **gegen Forderungen des Gemeinschuldners**, die **nach der Konkurseröffnung entstanden** sind, ist den Konkursgläubigern nicht verwehrt. RG. 26, 67, OLG. 15, 238. Eine schon **vor der Konkurseröffnung** gegenüber dem Gemeinschuldner **zulässige Aufrechnung** bleibt auch nach der Konkurseröffnung zulässig. RG. 31, 81, 87, 80, 407, OLG. 10, 214. Darüber, daß die Befugnis zu einer solchen Aufrechnung auch noch nach Beendigung des Konkursverfahrens durch Zwangsvergleich ausgeübt werden kann, vgl. Anm. 2 § 53. Jedoch kann das **Rechtsgeschäft**, auf Grund dessen die aufrechenbare Forderung entstanden ist, unter den Voraussetzungen der §§ 30 ff. **angefochten** werden. RG. 26, 81, Anm. 4 § 30.

Die **§§ 53—56** enthalten, soweit sie die Aufrechnung ausschließen, **zwingendes Recht**. Mot. 228, RG. 33, 48. Sie regeln aber nur die Aufrechnungsbefugnis, die ein **Konkursgläubiger** in Anspruch nimmt. Von ihr gilt im Falle der **Aufhebung** des Konkurses durch Zwangsvergleich, daß sie durch diesen nicht berührt wird und nach Zustandekommen des

Zwangsvergleichs ohne Beschränkung auf die Vergleichsquote noch ausgeübt werden kann (s. Anm. 2 § 53). **Die Aufrechnung, die nach Aufhebung des Konkurses der ehemalige Gemeinschuldner** vornehmen will, beurteilt sich dagegen hinsichtlich ihrer Zulässigkeit nach den allgemeinen Vorschriften in §§ 387 ff. BGB. Daher kann, wenn der Konkurs durch Zwangsvergleich beendigt ist, der ehemalige Gemeinschuldner von der Forderung eines Konkursgläubigers in ihrem ursprünglichen Bestand (unverkürzt durch den Zwangsvergleich) im Wege der Aufrechnung nur diejenigen Gegenforderungen in Abzug bringen, die der Forderung schon beim Eintritt der Rechtskraft des den Zwangsvergleich bestätigenden Beschlusses (§§ 184, 189) aufrechenbar gegenüberstanden. JW. 15, 1029[12] (RG. 87, 83), vgl. auch OLG. 32, 387.

53. (46.) Soweit ein Gläubiger zu einer Aufrechnung befugt ist[1], braucht er seine Forderung im Konkursverfahren nicht geltend zu machen[2],[3].

[1] **Befugt nach bürgerlichem Recht** (§§ 387 ff. BGB.) **und den §§ 54 ff. KO.** JW. 07, 275[39], 24, 715[8]. Der Gläubiger des Gemeinschuldners kann, sofern nicht einer der Ausnahmefälle des § 55 vorliegt, seine Forderung ebenso zur Aufrechnung stellen, wie wenn über das Vermögen des Gemeinschuldners nicht der Konkurs eröffnet ist. JW. 14, 196[13] (Gr. 58, 1039). So kann z. B. der Eigentümer eines Grundstücks gegenüber dem vom Konkursverwalter (§ 6) geltend gemachten dinglichen Anspruch aus einer für den Gemeinschuldner eingetragenen Hypothek oder Grundschuld mit einer ihm gegen den Gemeinschuldner zustehenden persönlichen Forderung ebenso aufrechnen, wie nach §§ 1142, 1192 BGB. außerhalb des Konkurses. JW. 10, 704[6], 14, 196[13] (Gr. 58, 1038, W. 10, 272), auch RG. 86, 235. Besteht hiernach ein Aufrechnungsrecht gegen Ansprüche der Konkursmasse, so wird die Befugnis dazu auch dadurch nicht ausgeschlossen, daß die Geltendmachung der betreffenden Forderung im Konkurse nicht zulässig ist (vgl. § 63). JW. 07, 275[39]. Vgl. Anm. 2 (Fortdauer der Zulässigkeit der Aufrechnung auch nach Beendigung des Konkursverfahrens durch Zwangsvergleich). — Gemäß

§ 387 BGB. in Verbindung mit § 55 KO. müssen **rechtsbeständige Forderungen** im Zeitpunkte der Konkurseröffnung sich gegenüberstehen. RG. 53, 329. Daß sie in diesem Zeitpunkte bereits fällig und auf einen Geldbetrag gerichtet sind, ist, abweichend von § 387 BGB., für die Aufrechnung im Konkurse nach § 54 KO. nicht erforderlich. RG. 58, 11, 79, 131, JW. 24, 715[8], Anm. 1 § 54. — Aufrechnen darf regelmäßig **nur** der **Schuldner** mit **seinen** Gegenforderungen an den **Gläubiger. Ausnahmsweise** Befugnis zur Aufrechnung: a) eines **Nichtschuldners:** §§ 268, 1142, 1150, 1223, 1224, 1249 BGB. (Ablösungsberechtigte, Pfandeigentümer); b) mit **Forderungen an einen anderen:** § 406 BGB. (gegenüber Zessionar); der Privatschuldner eines Gesellschafters darf mit einer Forderung an die Gesellschaft aufrechnen, RG. 31, 82, 41, 27, JW. 93, 355[42]; c) **gegen Forderungen eines anderen:** der Kommanditist einer in Konkurs geratenen Kommanditgesellschaft kann (nach §§ 161 ff., 171, 172 HGB.) gegen den Anspruch auf Zahlung der Einlage seine schon vor der Konkurseröffnung gegen die Gesellschaft bestandene Forderung aufrechnen, Gr. 49, 976, jedoch nur, sofern und soweit dafür, daß die Gesellschaft Schuldnerin des Kommanditisten wurde, ein Vermögensvorteil (z. B. im Falle einer Darlehnsschuld der dargeliehene Geldbetrag, im Falle einer Kaufpreisschuld der Wert des Kaufgegenstandes) ihr zugeflossen ist, RG. 63, 265. Dagegen ist **unzulässig** die **Aufrechnung: mit der Forderung eines Dritten** (§ 387 BGB.) selbst dann, wenn der aufrechnende Schuldner über die Forderung zu verfügen befugt ist oder der Dritte (z. B. die Ehefrau des Schuldners) gemäß § 185 BGB. die Zustimmung zu der Aufrechnung erteilt, RG. 78, 383, es sei denn, daß in der letzteren Zustimmung eine rechtswirksame Abtretung der Forderung (die vor der Konkurseröffnung erfolgt ist und also nicht unter § 55 Nr. 2 fällt) zu finden ist, RG. 78, 384, oder daß es sich nicht um eine nur einseitige Aufrechnung durch den Schuldner (im Sinne der §§ 387 ff. BGB.), sondern um einen Aufrechnungsvertrag zwischen Schuldner und Gläubiger handelt, RG. 72, 377, 78, 384, W. 12, 66; zwischen Gesellschaftsforderung und Privatforderung des Gesellschaftsschuldners gegen einen einzelnen Gesellschafter, § 719 Abs. 2 BGB.; zwischen der Verpflichtung des Kommanditisten einer in Konkurs geratenen Kommanditgesellschaft zur Einzahlung der Einlage und seiner Forderung aus einer für die Gesellschaft an einen Konkursgläubiger geleisteten Zahlung, RG. 37, 87, 137, es sei denn, daß bereits vor der Konkurseröffnung die Verpflichtung zu dieser Zahlung begründet war (wenn z. B. der Kommanditist vor der Konkurseröffnung Bürgschaft für die Gesellschaft übernommen hat und ihm durch Zahlung auf Grund der Bürgschaft nach der Konkurseröffnung eine Regreßforderung entstanden ist), RG. 37, 137, JW. 07, 275[29], Anm. 5 § 209; zwischen der Verpflichtung des Aktionärs einer in Konkurs geratenen Aktiengesellschaft zur Einzahlung der Aktienkapitaleinlage und einer Forderung an die Gesellschaft, § 221 HGB., vgl. auch RG. 6, 69, 37, 87; bei Genossenschaften: §§ 22, 105 RGes. v. 1. 5. 89 i. d. Fass. v. 20. 5. 98 (RGBl. 810); bei Stammeinlagen für Gesellschaften mit b. H.: § 19 RGes. v. 20. 4. 92 i. d. Fass. v. 20. 5. 98 (RGBl. 846), vgl. JW. 06, 364[28]; Warenkredit gewerblicher Arbeiter: § 118 GewOrdn. i. d. Fass. v. 26. 7. 00 (RGBl. 871); bei Krankenkassen- und Hilfskassenunterstützungen, bei Ansprüchen aus Unfall-, Invaliden- und Hinterbliebenen-Versicherung: früher § 56 Krankenversicherungsges. (RGBl. 1892 S. 448), jetzt §§ 223, 622, 955, 1117, 1324, 1372 Reichsversicherungsordn. v. 17. 7. 1911 (s. Anm. 2c § 1), und früher Art. 8 RGes. v. 1. 6. 84 (RGBl. 54), jetzt aufgehoben durch Ges., betr. Aufhebung des Hilfskassengesetzes, v. 20. 12. 1911 (RGBl. 985). — Im Konkurse des Gläubigers ist **der Bürge** berechtigt, auch gegen den Willen des Verwalters eine ihm selbst (bezüglich einer aufrechenbaren Gegenforderung des Hauptschuldners s. § 770 Abs. 2 BGB.) gegen den Gemeinschuldner zustehende Forderung zur Aufrechnung zu stellen mit der Wirkung, daß die Forderung des Gemeinschuldners gegen den Hauptschuldner auf ihn übergeht. RG. 53, 403. — Über Unzulässigkeit der Aufrechnung mit einer Forderung gegen den **Gemeinschuldner**, der als **Vorerbe** Gläubiger des Aufrechnenden ist, vgl. Anm. 2 § 128.

[2] Die Aufrechnung (soweit sie zulässig ist, s. Anm. 1) erfolgt **außerhalb des Konkursverfahrens.** Die Aufrechnungsbefugnis, die dem Gläubiger das Recht gewährt, sich aus der

zur Konkursmasse gehörigen Forderung des Gemeinschuldners wegen seiner eigenen Forderung unter Ausschließung der übrigen Konkursgläubiger zu befriedigen, wie ein Absonderungsberechtigter (vgl. Vorbem. und § 4 Abs. 2), und die Ausübung dieser Befugnis sind der Einwirkung des Konkursverfahrens entzogen. RG. 80, 409, 86, 235, JW. 07, 275[39], 15, 1029[32], 24, 715[8]. Daher wird, wenn bereits vor der Konkurseröffnung die Aufrechnung nach bürgerlichem Recht (§§ 387 ff. BGB.) zulässig war, die Befugnis zur Aufrechnung durch einen Zwangsvergleich nicht beeinträchtigt; vielmehr kann der zur Aufrechnung befugte Konkursgläubiger seine Befugnis auch nach Beendigung des Konkursverfahrens durch den Zwangsvergleich ausüben, und zwar ohne Beschränkung auf die Zwangsvergleichsquote und gleichviel, ob er die Befugnis durch Erklärung des Aufrechnungswillens vor Beendigung des Konkursverfahrens oder vor dem Zustandekommen des Zwangsvergleichs bereits ausgeübt hat oder nicht. RG. 80, 409, JW. 13, 929[18], 15, 1029[32], OLG. 10, 214 (a. M. OLG. 15, 237 insofern, als dies nur dann gelten soll, wenn die Aufrechnung bereits vor dem Zwangsvergleich erklärt worden ist). Aber auch, wenn die Gegenforderung eine aufschiebend bedingte (vgl. Anm. 4 § 54) war und deswegen vor der Konkurseröffnung die Aufrechnungsbefugnis nach bürgerlichem Recht noch nicht bestand, wird, falls demnächst die Bedingung eingetreten ist, die Aufrechnungsbefugnis zum vollen Betrage der Gegenforderung, weil durch die Konkurseröffnung gemäß § 54 Abs. 1 die Aufrechnung auch mit der aufschiebend bedingten Gegenforderung zulässig wurde, durch einen Zwangsvergleich nicht berührt, gleichviel, ob die Bedingung vor oder erst nach dem Abschlusse des Zwangsvergleichs eingetreten und ob während des Konkursverfahrens von der nach § 54 zulässigen Aufrechnung Gebrauch gemacht worden ist oder nicht, RG. 80, 413, es sei denn, daß der Konkursverwalter Zahlung der Forderung des Gemeinschuldners, bevor die Bedingung für die Gegenforderung eingetreten ist, verlangt und darauf der Schuldner der Forderung an den Verwalter gezahlt hat, ohne seinerseits gemäß § 54 Abs. 3 Sicherstellung für den ihm mit Eintritt der Bedingung entstehenden Anspruch auf Rückzahlung des Gezahlten zu verlangen,

RG. 80, 414, vgl. Anm. 5 § 54. — Darüber, ob ein Verzicht auf Aufrechnung wirksam bleibt, wenn der Aufrechnungsgegner demnächst in Konkurs gerät, vgl. RG. 60, 356.

[3] Der Gläubiger „braucht" nur die Forderung im Konkurse nicht geltend zu machen. Deshalb geht ihm die Aufrechnungsbefugnis durch **Anmeldung** und Feststellung seiner Forderung im Konkurse oder durch Einklagung der Forderung nicht verloren. RG. 26, 116, OLG. 10, 216, 32, 374.

54. (47.) Die Aufrechnung wird nicht dadurch ausgeschlossen, daß zur Zeit der Eröffnung des Verfahrens die aufzurechnenden Forderungen oder die eine von ihnen noch betagt oder noch bedingt war, oder die Forderung des Gläubigers nicht auf einen Geldbetrag gerichtet war[1].

Eine betagte Forderung des Gläubigers[2] ist zum Zwecke der Aufrechnung nach der Vorschrift des § 65[3] zu berechnen.

Zum Zwecke der Aufrechnung einer aufschiebend bedingten[4] Forderung bei dem Eintritte der Bedingung[5] kann der Gläubiger Sicherstellung[6] insoweit[7] verlangen, als die Forderung der von ihm einzuzahlenden Schuld gleichkommt[8].

Eine nicht auf Geld gerichtete Forderung des Gläubigers ist zum Zwecke der Aufrechnung nach den Vorschriften der §§ 69, 70 zu berechnen[9].

[1] Der § 54 enthält gegenüber § 387 BGB. bezüglich der Erfordernisse der Fälligkeit und der Gleichartigkeit der Forderungen eine **Erweiterung des Aufrechnungsrechts des Gläubigers** für den Konkurs aus Billigkeitsgründen. Gemäß Abs. 4 insbesondere soll die Aufrechnung des Gläubigers nicht daran scheitern, daß seine Forderung nicht auf einen Geldbetrag gerichtet war, als das Konkursverfahren eröffnet wurde; eine solche Forderung ist dann zum Zwecke der Aufrechnung nach §§ 69, 70 zu berechnen. RG. 58, 11, 79, 131, JW. 24, 715[8],

Anm. 1 § 53. — Die Vorschriften des § 54 betreffen **aber** nur die **Aufrechnungsbefugnis des Gläubigers, nicht auch die des Verwalters.** Letztere richtet sich lediglich nach bürgerlichem Recht. RG. 79, 131. Überhaupt wird durch die Vorschriften an den Erfordernissen der Aufrechenbarkeit (§§ 387 ff. BGB., § 55 KO.) **im übrigen nichts geändert.** RG. 79, 131. Daher muß die **Forderung des Gemeinschuldners,** da die Ausnahme des § 54 Abs. 1 Schlußsatz sich nur auf die Forderung des Gläubigers bezieht, zur Zeit der Konkurseröffnung **auf einen Geldbetrag gerichtet** sein. JW. 12, 635[5]. Jedoch genügt es nach § 54 Abs. 1 Halbs. 1, wenn die Forderung des Gemeinschuldners damals schon als eine bedingte Geldforderung bestand und nach der Konkurseröffnung die Bedingung eingetreten ist. JW. 12, 635[5].

[2] Eine **betagte Schuld** des Gläubigers, die nach § 65 Abs. 1 als fällig gilt, wird voll berechnet. Mot. 223, RG. 68, 342.

[3] Und des § 70. — Es ist also eine **betagte** unverzinsliche **Forderung** des Gläubigers um den Zwischenzins zu kürzen: § 65 Abs. 2, vgl. RG. 68, 342.

[4] **Auflösend bedingte** Forderungen können (gemäß § 66) aufgerechnet werden wie unbedingte. RG. 68, 342. — Als **aufschiebend bedingte** Forderungen sind nicht nur solche anzusehen, die zufolge rechtsgeschäftlicher Bestimmung von einem Ereignis abhängen sollen, sondern auch gesetzlich bedingte Ansprüche (wie z. B. Regreßansprüche von Bürgen und Mitschuldnern des Gemeinschuldners). RG. 58, 11, JW. 07, 275[39], Gr. 60, 1036, OLG. 32, 378, 35, 251. Auch demjenigen, der vor der Konkurseröffnung einen vom nachmaligen Gemeinschuldner akzeptierten Wechsel erworben und weiter indossiert hatte, steht eine durch Einlösung des Wechsels im Regreßwege aufschiebend bedingte Forderung gegen den Gemeinschuldner zu. Wenn er nach der Konkurseröffnung den Wechsel einlöst, erwirbt er nicht eine Forderung an den Gemeinschuldner im Sinne des § 55 Nr. 2, sondern tritt die Bedingung für die Forderung ein. RG. 80, 413. Soll die Kaufpreisforderung für ein Grundstück, das der Käufer nur zum Eigenbesitz übertragen erhalten hat, weil das Aufgebot gegen einen anderen, der als Eigentümer eingetragen ist, ge-

mäß § 927 BGB., §§ 977 ff. ZPO. noch nicht erfolgt ist, gezahlt werden, nachdem auf Grund des zu betreibenden Aufgebotsverfahrens der Eigentumswechsel auf den Käufer eingetragen werden kann, so ist die Forderung nicht eine betagte, sondern eine aufschiebend bedingte, so daß § 54 Abs. 3 Anwendung findet. W. 17, 271. Ferner sind als aufschiebend bedingte im Sinne des § 54 und nicht als erst nach der Eröffnung des Konkursverfahrens erworbene Forderungen im Sinne des § 55 Nr. 2 anzusehen die **Schadensersatzforderungen nach § 26** wegen der infolge der Konkurseröffnung eingetretenen Nichterfüllung einer Verbindlichkeit oder Aufhebung eines Rechtsverhältnisses des Gemeinschuldners (z. B. die Schadensforderung des Pächters, die darauf gegründet wird, daß das ihm von dem Gemeinschuldner vor der Konkurseröffnung verpachtete und überlassene Grundstück infolge des Konkurses zwangsweise versteigert und daß ihm von dem Erwerber das Pachtverhältnis gekündigt worden ist). Gr. 60, 1035 (W. 16, 178), vgl. RG. 58, 11, 79, 129, Gr. 57, 1072, aber auch RG. 46, 98 in Anm. 2, 3 § 55. Darüber, daß die an die Stelle des Erfüllungsanspruchs gemäß §§ 17, 26 tretende **Schadensersatzforderung wegen Nichterfüllung** eines zweiseitigen Vertrages durch den Konkursverwalter sowie die an Stelle des Erfüllungsanspruchs wegen Verzuges des Verkäufers vom Verwalter im Konkurse des Käufers oder von einem Zessionar des Verwalters gemäß § 326 BGB. geltend gemachte Schadensersatzforderung eine aufschiebend bedingte im Sinne des § 54, nicht eine erst nach der Konkurseröffnung erworbene im Sinne der Nr. 1 u. 2 § 55 ist, vgl. Anm. 2, 3 § 55. Vgl. ferner RG. 52, 408 hinsichtlich eines Anspruchs auf die Kosten einer Deckungsversicherung gemäß §§ 789, 898 HGB. Eine **lebenslängliche Leibrente** ist mit Rücksicht auf die Gewißheit ihrer zeitlichen Beschränkung und auf die bloße Unbestimmtheit des Endtermins nicht als eine Mehrheit aufschiebend bedingter Ansprüche, sondern als ein einheitliches betagtes und auflösend bedingtes Forderungsrecht aufzufassen. Daher kann der Leibrentenberechtigte gemäß § 54 Abs. 1, 2, § 65 Abs. 1, §§ 66, 69 sofort mit dem gesamten kapitalisierten Betrage der Rente aufrechnen. RG. 68, 340. Hatte der Gemeinschuldner eine Sache verpfändet, so stand ihm als be-

dingt bereits damals ein gesetzlicher Anspruch auf den Übererlös beim Pfandverkauf zu. Gegenüber dem Anspruch des **Verwalters auf Herausgabe dieses erst im Konkurs erzielten Übererlöses ist deshalb entgegen § 55 KO. Aufrechnung mit anderen Konkursansprüchen des Gläubigers zulässig. OLG. 35, 251.**

[5] **Vor Eintritt der Bedingung** kann **nicht** aufgerechnet werden. RG. 68, 342, W. 17, 271. Der Gläubiger der aufschiebend bedingten Gegenforderung muß also auf Verlangen des Konkursverwalters **seine Schuld,** wenn sie vorher schon fällig ist, zur Konkursmasse **einzahlen. Jedoch** kann er vom Verwalter Zug um Zug gegen die Zahlung aus der Masse in Höhe seiner Forderung **Sicherheit dafür** verlangen, daß er den gezahlten Betrag in Höhe seiner künftig bei dem demnächstigen etwaigen Eintritte der Bedingung zur Aufrechnung kommenden Forderung **zurückerhält.** RG. 68, 342, 80, 414, W. 17, 271. Zahlt er die Schuld, ohne die Sicherheit zu verlangen, so ist allerdings die Schuld endgültig getilgt und ist eine Aufrechnung gegen sie mit der bedingten Gegenforderung auch nach Eintritt der Bedingung nicht mehr möglich. RG. 80, 415. Die Folge davon ist z. B., daß, wenn der Konkurs demnächst durch Zwangsvergleich beendigt wird, die nunmehr der Aufrechnungsbefugnis entkleidete Gegenforderung der Herabminderung durch den Zwangsvergleich unterliegt. RG. 80, 415. Verlangt aber der Konkursverwalter Zahlung der Forderung des Gemeinschuldners nicht, so bleibt die Befugnis des Schuldners, mit seiner aufschiebend bedingten Gegenforderung an den Gemeinschuldner nach Eintritt der Bedingung zum vollen Betrage aufzurechnen, durch den Abschluß eines Zwangsvergleichs unberührt. Vgl. hierüber Anm. 2 § 53.

[6] Gemäß § 232 BGB.

[7] Anders: § 67; vgl. Anm. 3 dort.

[8] Jedoch fließen gemäß § 171 die bei den Abschlagsverteilungen zur Sicherstellung hinterlegten Beträge zur Konkursmasse zurück, wenn die bedingten Forderungen wegen **zu entfernter Möglichkeit des Eintritts** der Bedingungen keinen gegenwärtigen Vermögenswert haben. — Von den Wirkungen eines Zwangsvergleichs werden gemäß § 193 auch diese bedingten Forderungen ergriffen. KB. 16; vgl. Anm. 5.

[9] Forderung und Gegenforderung dürfen **nicht** ihrem Wesen nach **ungleichartig** sein. RG. 6, 69, 46, 100. Vgl. jedoch RG. 68, 343 (wonach § 54 sich wie auf betagte und bedingte, so auch auf ungleichartige und illiquide Forderungen beziehen soll). Ungleichartig aber sind sie nicht nur dann, wenn die Sachen, auf die sie sich beziehen, verschiedene sind, sondern auch, wenn dieselben zu einem von beiden Seiten anerkannten verschiedenen Zweck geleistet werden. So kann der Aktionär einer in Konkurs befindlichen Aktiengesellschaft gegenüber der Klage des Konkursverwalters auf Volleinzahlung der Aktien nicht eine Forderung gegen die Gesellschaft zur Aufrechnung stellen. RG. 6, 69, 72. — Nach §§ 387, 1142 Abs. 2, § 1192 BGB. kann der Grundstückseigentümer auch mit einer persönlichen Forderung gegen eine zur Konkursmasse gehörende **Hypothek** oder **Grundschuld** des Gemeinschuldners aufrechnen. Anm. 1 § 53.

55. (48.) **Eine Aufrechnung im Konkursverfahren ist unzulässig[1]:**

1. **wenn jemand vor oder nach der Eröffnung des Verfahrens eine Forderung an den Gemeinschuldner erworben hat und nach der Eröffnung etwas zur Masse schuldig geworden ist[2];**
2. **wenn jemand dem Gemeinschuldner vor der Eröffnung des Verfahrens etwas schuldig war und nach derselben eine Forderung an den Gemeinschuldner erworben hat[3], auch wenn diese Forderung vor der Eröffnung für einen anderen Gläubiger entstanden war;**
3. **wenn jemand vor der Eröffnung des Verfahrens dem Gemeinschuldner etwas schuldig war und eine Forderung an den Gemeinschuldner durch ein Rechtsgeschäft mit demselben oder durch Rechtsabtretung oder Befriedigung eines Gläubigers[4] erworben hat, falls ihm zur Zeit des**

Erwerbes bekannt war, daß der Gemeinschuldner seine Zahlungen eingestellt hatte, oder daß die Eröffnung des Verfahrens beantragt war[5]. Die Vorschrift des § 33 findet entsprechende Anwendung[6].

Die Aufrechnung ist zulässig, wenn der Erwerber zur Übernahme der Forderung oder zur Befriedigung des Gläubigers verpflichtet war und zu der Zeit, als er die Verpflichtung einging, weder von der Zahlungseinstellung noch von dem Eröffnungsantrage Kenntnis hatte[7].

[1] § 55 **beschränkt** das **Aufrechnungsrecht** im Konkurse **hinsichtlich des Erfordernisses der Gegenseitigkeit** der aufzurechnenden Forderungen insofern, als das Vorhandensein der Gegenseitigkeit zur Zeit der Aufrechnung nicht genügt, sondern die Gegenseitigkeit schon zur Zeit der Konkurseröffnung (Nr. 1, 2) bzw. der Zahlungseinstellung oder des Eröffnungsantrages (Nr. 3) vorhanden gewesen sein muß. Während in den §§ 53, 54 der Grundsatz aufgestellt und zur Durchführung gebracht ist, daß ein konkursrechtlich gültig erworbenes Aufrechnungsrecht, wenn auch die Aufrechnung noch nicht vollzogen, d. h. die Aufrechnungserklärung noch nicht rechtswirksam abgegeben werden kann, doch im Konkurse einen Anspruch auf Deckung durch Abgabe der Aufrechnungserklärung verleiht, stellt § 55 die Fälle zusammen, in denen die wirksame Entstehung eines Aufrechnungsrechts (einer Aufrechnungslage) zugunsten eines einzelnen entweder durch den Eintritt des Konkurses (Nr. 1, 2) oder durch den schon mit Einstellung der Zahlungen oder Stellung des Konkursantrags entstehenden Konkursanspruch aller Gläubiger (Nr. 3) ausgeschlossen wird. RG. 85, 40. Deshalb haben die Worte „im Konkursverfahren" nicht lediglich die Bedeutung zeitlichen Ausschlusses wirksamer Aufrechnungserklärung während des Konkursverfahrens, sondern, namentlich für den Fall der Nr. 3, auch die Bedeutung des Ausschlusses der Wirkungen einer Aufrechnungserklärung für die Dauer des Konkursverfahrens.

RG. 85, 40, s. Anm. 5 (Folge dieser Auffassung hinsichtlich Anwendung der Nr. 3). — Eine den **Vorschriften** des § 55, die **zwingend** sind, zuwiderlaufende vertragsmäßige Einräumung des Aufrechnungsrechts ist unwirksam. RG. 33, 45, JW. 11, 770[36], auch RG. 40, 124, Vorbem. vor § 53.

[3] Die **Unzulässigkeit der Aufrechnung** hat ihren Grund **hinsichtlich der vor der Konkurseröffnung entstandenen Forderungen** des Masseschuldners an den Gemeinschuldner darin, daß alle Konkursgläubiger gleich zu behandeln sind, und **hinsichtlich der nachher entstandenen** darin, daß für sie die Masse nach § 3 nicht haftet. Mot. 234. Daher kann der Pächter oder **Mieter** nicht gegen die in der Zeit nach der Konkurseröffnung verfallenden Miet- oder Pachtzinsraten mit Gegenforderungen (z. B. auf Rückgabe der Sicherheitsleistung oder auf Entschädigung wegen vorzeitiger Kündigung) aufrechnen. RG. 1, 347, 33, 45, 40, 124 (vgl. jedoch § 21 Abs. 2: Aufrechnung zulässig gegenüber dem Miet- oder Pachtzins für das zur Zeit der Konkurseröffnung laufende [ausnahmsweise auch: folgende] Kalendervierteljahr). Hat ein von dem Gemeinschuldner vor der Konkurseröffnung **Beauftragter** nach der Konkurseröffnung in Ausführung des Auftrages etwas für Rechnung der Masse erlangt (z. B. eine Zahlung einkassiert), so kann er gegen den Anspruch der Masse auf Herausgabe nicht mit einer Forderung an den Gemeinschuldner aufrechnen, mag die Forderung auch aus demselben rechtlichen Verhältnis entstanden sein. RG. 53, 330, auch Gr. 57, 1075 (JW. 13, 338[26]). Unzulässig ist auch die Aufrechnung gegen ein vom Konkursverwalter, sei es auch zufolge eines **Darlehnsversprechens**, gewährtes Darlehn. JW. 86, 248. Ferner die Aufrechnung der nach § 26 als Konkursforderung geltend zu machenden **Schadensersatzforderung wegen Nichterfüllung** eines Vertrages seitens des Konkursverwalters mit der Masseforderung auf Rückzahlung des zufolge desselben Vertrages geleisteten Angeldes. RG. 46, 98, 100; vgl. jedoch dazu RG. 58, 11, 79, 132, Gr. 57, 1075, 60, 1037 (JW. 13, 338[26]) in Anm. 4 § 54. Auch kann der **Hypothekengläubiger**, der nach der Konkurseröffnung den bei der Versteigerung des belasteten Grundstücks auf die für ihn eingetragene Hypothek entfallenen Versteigerungserlös in

Empfang genommen hatte, wiewohl die Hypothek zufolge Zahlung Eigentümergrundschuld des Gemeinschuldners geworden war, gegenüber dem Bereicherungsanspruche des Konkursverwalters nicht mit einer anderen Forderung an den Gemeinschuldner aufrechnen. Gr. 53, 1126. Dagegen wird, wenn eine Sache dem Gemeinschuldner unter **Vorbehalt des Eigentums** verkauft ist und der Verwalter die Erfüllung ablehnt, der Anspruch der Masse auf Rückzahlung des Geleisteten ohne weiteres um den an die Stelle des Vindikationsanspruchs aus dem Vorbehalt des Eigentums tretenden Interesseanspruch des Verkäufers gekürzt. RG. 46, 98, 99. Ferner kann eine vor der Konkurseröffnung gegen den nachmaligen Gemeinschuldner erlangte Forderung von dem Gläubiger aufgerechnet werden gegenüber einer Forderung der Konkursmasse, die dadurch entstanden ist, daß der Gläubiger seine Lieferungsfrist aus einem **vor der Konkurseröffnung** abgeschlossenen **Kaufvertrage** nicht erfüllt und der **Konkursverwalter Schadensersatz wegen Nichterfüllung** begehrt, und zwar deshalb, weil der Anspruch als ein bedingter auf Grund des Kaufvertrages bereits vor der Konkurseröffnung entstanden und daher nach § 54 aufrechenbar ist. RG. 79, 129, OLG. 23, 303 (vgl. RG. 58, 11 in Anm. 3, anderseits die obige RG. 46, 100). Desgleichen kann gegenüber dem, an den der **Anspruch aus einem Kaufvertrag vom Verwalter** im Konkurse des Käufers **abgetreten** worden ist, der Verkäufer, gegen den wegen Verzuges der Zessionar gemäß § 326 BGB. an Stelle der Lieferung eine Schadensersatzforderung geltend macht, mit einer vor der Konkurseröffnung entstandenen Gegenforderung aufrechnen. Gr. 57, 1072 (JW. 13, 338[26]). Zulässig ist auch die Aufrechnung mit einer vor der Konkurseröffnung gegen den Gemeinschuldner entstandenen Forderung gegenüber einer **Kaufpreisforderung der Masse aus** einem **vor** der **Konkurseröffnung** geschlossenen **Kaufvertrage, den** der **Verwalter** erst durch Lieferung der Kaufsache **erfüllt** hat, da die Kaufpreisforderung bereits vor dem Konkurse durch den Kaufvertrag (§ 433 BGB.) entstanden war. OLG. 27, 254. Weiter kann der Gläubiger mit einer **Forderung der Masse aus** einem von ihm mit dem Gemeinschuldner geschlossenen **Werkvertrage** aufrechnen, den der Gemeinschuldner vor der **Konkurseröffnung erst zum Teil erfüllt** hatte und den der Gläubiger deswegen gemäß § 649 BGB. nach der Konkurseröffnung gekündigt hat. JW. 11, 770[16]. — Die Aufrechnung der **nach der Konkurseröffnung** entstandenen **Schulden an den Gemeinschuldner** mit den nachher entstandenen Forderungen gegen denselben, sowie von **Schulden an die Masse** mit Forderungen gegen diese wird durch Nr. 1 nicht beschränkt und ihre Zulässigkeit bestimmt sich nach bürgerlichem Recht (§§ 387 ff. BGB.).

[3] **Gleichviel, ob** die Forderung des Schuldners des Gemeinschuldners erst nach der Konkurseröffnung **entstanden oder** ob sie zwar vorher entstanden, aber erst nachher **(durch Sonder- oder Gesamtrechtsnachfolge** [z. B. auch als Erbe]) **auf den Schuldner gediehen ist.** RG. 51, 396. Grund der Unzulässigkeit der Aufrechnung ist hinsichtlich der ersteren Forderungen, daß für sie die Masse nach § 3 nicht haftet, hinsichtlich der letzteren, daß die Ausplünderung der Masse durch frivolen Aufkauf von Passivforderungen verhindert werden soll. Mot. 235, RG. 51, 395, OLG. 21, 174. — Mit **Masseschulden** wird aufgerechnet: § 59. — Nicht ist erst nach der Konkurseröffnung eine Forderung an den Gemeinschuldner „erworben" und ist deshalb auch zulässig (vgl. § 54 Abs. 1) die Aufrechnung mit einer nach der Konkurseröffnung endgültig erlangten Forderung, wenn diese schon vor der Konkurseröffnung **für den Aufrechnenden aufschiebend bedingt entstanden** (s. Anm. 4 § 54) war. RG. 80, 415, JW. 96, 374[28], Anm. 5 § 54. Daher auch zulässig die Aufrechnung mit einer an die Stelle des Erfüllungsanspruchs gemäß §§ 17, 26, tretenden **Schadensersatzforderung wegen Nichterfüllung eines zweiseitigen Vertrages** durch den Konkursverwalter. RG. 58, 11, OLG. 23, 303, auch RG. 79, 132, Gr. 57, 1074, Anm. 4 § 54 (anders RG. 46, 100, s. dazu aber RG. 79, 132, Gr. 57, 1075, 60, 1037 in Anm. 4 § 54). Zulässig ist ferner bei einem **Gesamtschuldverhältnis** die Aufrechnung mit einer Forderung, die der Schuldner von seinem Mitschuldner nach Eröffnung des Verfahrens im Wege der Abtretung erworben hat, wenn der abtretende Mitschuldner der Konkursmasse gegenüber schon zur Aufrechnung befugt war. RG. 11, 119, JW. 99, 134. Desgleichen kann der Gläubiger, wenn in seiner Per-

son **Forderung und Schuld** schon zur Zeit der Konkurseröffnung **vereinigt** waren, er darauf nach der Konkurseröffnung die Forderung zwar abgetreten hat, aber nicht in der Weise, daß der Zessionar die Forderung dauernd behalten soll, sondern in der Absicht und mit dem Rechtsanspruch auf Wiedererwerbung (wie z. B. im Falle der cessio in securitatem), und ihm demnächst die Forderung wieder zurückübertragen worden ist, mit dieser so nach der Konkurseröffnung (wieder) erlangten Forderung aufrechnen. RG. 51, 394.

[4] **Durch Befriedigung eines Gläubigers erworben** z. B. in den Fällen BGB. §§ 426 (zahlender Gesamtschuldner), 774 (Bürge), 268, 1143, 1150, 1225, 1249 (Ablösungsberechtigter). — Auch durch die **im Auftrage des Gemeinschuldners** erfolgte Befriedigung eines Gläubigers wegen einer fälligen Schuld (z. B. Zahlung der fälligen Zinsen einer auf dem Grundstück des Gemeinschuldners eingetragenen Hypothek), selbst wenn der Auftrag zur Zahlung seitens des Gemeinschuldners schon vor der Zahlungseinstellung oder dem Antrag auf Eröffnung des Konkurses erteilt worden war, sofern nur bei der Zahlung die betreffende Tatsache dem Zahlenden bekannt war. RG. 38, 33.

[5] Der **Zweck des Gesetzes** ist, zu verhindern, daß der Schuldner des nachmaligen Gemeinschuldners sein Schuldverhältnis durch den (zufolge der bekannt gewordenen Zahlungseinstellung oder Beantragung der Konkurseröffnung möglich gewordenen) Erwerb mit geringen Opfern von Forderungen gegen diesen und nunmehrige Aufrechnung zum Nachteil der Konkursgläubiger erledigt. Mot. 236, RG. 85, 41. Daher ist aus den einleitenden Worten „eine Aufrechnung im Konkursverfahren" nicht zu entnehmen (s. Anm. 1), es sei Voraussetzung für die Anwendung der Nr. 3, daß die Aufrechnung erst nach der Konkurseröffnung erklärt wird; vielmehr ist, falls die sonstigen Erfordernisse der Nr. 3, insbesondere der dort bezeichnete böse Glaube zur Zeit des Erwerbes der Gegenforderung, vorliegen, die **Wirkung** der Aufrechnung **auch** dann **ausgeschlossen,** wenn die **Aufrechnung** schon **vor** der **Konkurseröffnung erklärt** worden ist. RG. 85, 39. Dagegen findet die Nr. 3 nicht Anwendung und ist die Aufrechnung zulässig, wenn jemand **nach der Zahlungs-**

einstellung des Gemeinschuldners und in Kenntnis hiervon eine **Forderung** gegen den Gemeinschuldner erlangt **und** ihm erst **dann etwas schuldig** wird. In diesem Falle kann nur das Rechtsgeschäft, auf Grund dessen der Gläubiger des Gemeinschuldners etwas schuldig geworden ist (z. B. Kaufgeschäft), gemäß § 30 angefochten werden. Mot. 237, RG. 26, 81, vgl. auch 85, 39, Anm. 4 § 30, sowie JW. 15, 251[11], wonach für eine solche Anfechtungsklage, wie auch sonst für Anfechtungsklagen nach § 30 (s. Anm. 5 § 29), der Gerichtsstand der unerlaubten Handlung (§ 32 ZPO.) nicht gilt. — Erwerb durch **Erbfolge** fällt **nicht** unter Nr. 3. Mot. 238.

6 D. h. die Aufrechnung ist nur dann unzulässig, wenn die Forderung im Laufe der letzten sechs Monate vor der Konkurseröffnung erworben ist.

7 Die Vorschriften der **Nr. 2, 3** finden auch zugunsten desjenigen Anwendung, dem der **Konkursverwalter** die **Forderung des Gemeinschuldners** behufs Verwertung für die Masse **abgetreten** hat. OLG. 21, 174.

56. (49.) Die Bestimmung des § 50 findet entsprechende Anwendung auf den Fall, daß ein im Auslande wohnender Schuldner nach dem Rechte des Auslandes eine nach § 55 unzulässige Aufrechnung mit der ihm abgetretenen Konkursforderung vornimmt[1].

1 Vgl. Anm. 1 § 50. — Der Zedent ist also der Masse gegenüber zum Ersatze gemäß § 50 verpflichtet, wenn durch die nach der Konkurseröffnung usw. bewirkte Abtretung an den Ausländer eine nach deutschem Recht unzulässige Aufrechnung ermöglicht wird.

Siebenter Titel.

Massegläubiger*.

* Vgl. §§ 133, 172, 191 (Mitwirkung des Gläubigerausschusses bei Anerkenntnis, Endzeitpunkt der Geltendmachung, Berichtigung und Sicherstellung von Masseansprüchen). — Die Unterscheidung zwischen **Massekosten und**

Masseschulden ist von Bedeutung, wenn die Masse zur Deckung beider nicht ausreicht; es gehen dann gemäß § 60 die Masseschulden den Massekosten vor. RG. 53, 193. — **Schuldner** der Masseverbindlichkeiten (Massekosten, Masseschulden) ist **der Gemeinschuldner**, den diese Verbindlichkeiten als bisherige Masseschulden auch nach **Aufhebung des Konkurses** treffen, RG. 2, 24, 27, 113, 52, 332, OLG. 25, 336, und zwar in der Weise, daß seine Haftung gegenständlich auf die Bestandteile der bisherigen Konkursmasse, die ihm nach Aufhebung des Konkurses ausgeantwortet worden sind, beschränkt ist, OLG. 25, 336. So haftet z. B. der frühere Gemeinschuldner auch für die Honorarforderung seines Konkursverwalters. OLG. 25, 336.

57. (50.) Aus der Konkursmasse sind die Massekosten und Masseschulden vorweg[1] zu berichtigen[2].

[1] Unabhängig vom Gange der Verteilung im Konkursverfahren. Mot. 248. — Die **Aussonderungs- und die Absonderungsberechtigten** aber **gehen** bezüglich der der Aussonderung bzw. dem Absonderungsrecht unterliegenden Gegenstände den Massegläubigern **vor.** RG. 33, 116, 53, 193, JW. 90, 151[5]. — Massegläubiger, denen Absonderungsrechte zustehen: RG. 14, 3.

[2] Die **Vorschriften über Geltendmachung und Prüfung von Konkursforderungen** (§§ 12, 14, 61—70, 138—171) finden auf Masseverbindlichkeiten **keine Anwendung.** RG. 61, 261. Der **Konkursverwalter** hat nach § 6 die Masseverbindlichkeiten in tatsächlicher und rechtlicher Beziehung selbständig zu **prüfen** und ist nach § 82 den Gläubigern in dieser Hinsicht verantwortlich. Auch einen Rechtsirrtum hat er zu vertreten, soweit ihn nicht besondere Umstände entschuldigen. JW. 00, 73[8], auch Anm. 2 § 82. Die Massegläubiger können gegen ihn während des Konkurses ihre Ansprüche auch gerichtlich verfolgen und sich im Vollstreckungswege Sicherung oder Befriedigung verschaffen. RG. 61, 261, OLG. 4, 162. — Auch im Falle des **Zwangsvergleichs** hat er nach § 191 für die Befriedigung bzw. Sicherstellung der Masseansprüche Sorge zu tragen. RG. 2, 24. Jedoch werden Massegläubiger gemäß § 193 von

einem Zwangsvergleich nicht betroffen. — Sind Massegläubiger **vor Aufhebung des Konkurses nicht befriedigt** worden, so können sie nach dem Konkurse den bisherigen Gemeinschuldner in Anspruch nehmen. Vgl. hierüber die Vorbem. — Hat der Verwalter eine **Konkursforderung irrtümlich als Masseforderung befriedigt**, so kann er gemäß §§ 812 ff. BGB. den die Konkursdividende übersteigenden Betrag wegen ungerechtfertigter Bereicherung zur Masse zurückverlangen. RG. 60, 419. — Hat der Gläubiger eine Forderung zunächst als Konkursforderung eingeklagt, so liegt, wenn er demnächst behauptet, Massegläubiger zu sein (z. B. weil der Verwalter Erfüllung des dem Anspruche zugrunde liegenden gegenseitigen Vertrages zur Masse verlangt habe, §§ 17, 59 Nr. 2), nur eine Erweiterung des Klagantrags im Sinne des § 268 Nr. 2 ZPO., nicht eine Klagänderung vor. RG. 32, 1, JW. 03, 178[16]. — Ist **bei Beendigung des Konkurses** durch Zwangsvergleich oder Einstellung des Verfahrens oder Ausschüttung der Masse noch ein **Rechtsstreit** über den Anspruch eines Massegläubigers **anhängig**, so scheidet der Verwalter aus und tritt der Gemeinschuldner ohne Aufnahme in den Rechtsstreit ein. RG. 27, 113, 32, 72, JW. 00, 296[11]. Vgl. jedoch Anm. 2 § 166.

Massekosten.

58. (51.) Massekosten sind:

1. die gerichtlichen Kosten für das gemeinschaftliche Verfahren[1];
2. die Ausgaben für die Verwaltung[2], Verwertung und Verteilung der Masse[3];
3. die dem Gemeinschuldner und dessen Familie bewilligte Unterstützung[4].

[1] **Gebühren** gemäß §§ 41, 42, 45, 48 und, falls die Kosten der Beschwerde dem Verwalter zur Last fallen, § 47 und **Auslagen** gemäß §§ 71—73 GKG. (Fass. v. 21. 12. 22). KGJ. 36, [illegible] 48. Nicht Kosten des „gemeinschaftlichen Verfahrens" sind die Gebühren in den Fällen GKG. §§ 41 (wenn der Konkursantrag erfolglos war), 44 (besonderer Prüfungstermin). — Zu den Massekosten gehören auch die Kosten eines

über ein **Absonderungsrecht** geführten, gegen den Konkursverwalter entschiedenen **Prozesses**. JW. 90, 151[6].

[2] Insbesondere nach §§ 85, 91 (**Vergütung des Verwalters**, der Mitglieder des Gläubigerausschusses). RG. 43, 62, 58, 193, 61, 261, W. 16, 184, OLG. 25, 337. Überhaupt Kosten einer im Interesse der Gläubiger eingesetzten Verwaltung. W. 16, 184. Auch, wenn über den nachmaligen Gemeinschuldner die Geschäftsaufsicht nach der VO. v. 8. 8. 14 (14. 12. 16, 14. 6. 24) eingeleitet war und dann, weil keine Aussicht bestand, daß die Zahlungsunfähigkeit behoben werden konnte, der Konkurs eröffnet worden ist, die Gebühren und Auslagen der Aufsichtspersonen. W. 16, 184 (JW. 16, 1021[10]), JW. 16, 978 (a. M. JW. 16, 976[6]). — Ferner die auf Massegrundstücken lastenden **öffentlichen und gemeinen Abgaben**, wie Grundsteuern, Leistungen zu Wegebauten, Kirchen- und Pfarrbauten, Deichlasten, Schulabgaben, Ortsarmenabgaben, sofern sie Leistungen für die Zeit des Verfahrens betreffen. Mot. 243. Im Konkurse eines **Gewerken** können die zum Betriebe des Bergwerks ausgeschriebenen **Zubußen** nur dann als Massekosten geltend gemacht werden, wenn sie für den in die Zeit nach der Konkurseröffnung fallenden Betrieb erforderlich sind und zur Verwendung kommen. RG. 17, 174. Mit der gleichen zeitlichen Beschränkung auch nur die von den **Berufsgenossenschaften** gemäß den Unfallversicherungsgesetzen (s. Anm. 2 § 1) umgelegten **Beiträge**. Die sich auf den Geschäftsbetrieb des Gemeinschuldners vor der Konkurseröffnung beziehenden Beiträge sind als Konkursforderungen mit dem Vorzugsrecht aus § 61 Nr. 3 geltend zu machen, auch wenn die Feststellung ihres Betrages erst nach der Konkurseröffnung erfolgt ist. RG. 30, 6, auch Anm. 11 § 61.

[3] Die Kosten der abgesonderten Befriedigung nur im Falle der §§ 126, 127 (Betreiben der Verwertung der Absonderungsgegenstände durch den Verwalter). Mot. 242.

[4] § 129 Abs. 1, § 132 Abs. 1.

Masseschulden*.

* Vgl. § 224 (erweiterter Kreis der Masseschulden für den Nachlaßkonkurs).

59. (52.) Masseschulden sind:

1. die **Ansprüche welche aus Geschäften oder Handlungen des Konkursverwalters entstehen**[1];
2. die **Ansprüche aus zweiseitigen Verträgen**[2], **deren Erfüllung zur Konkursmasse verlangt wird**[3] **oder für die Zeit nach der Eröffnung des Verfahrens erfolgen muß**[4];
3. die **Ansprüche aus einer rechtlosen Bereicherung der Masse**[5].

[1] Unter Umständen auch aus **Unterlassungen** des Verwalters, wo er zu handeln verpflichtet war. OLG. 32, 405. Vor allem aber **Ansprüche aus Rechtsgeschäften des Verwalters**, wie Kaufverträgen, Aufnahme eines Darlehns für die Masse, RG. 53, 192, sofern er nicht durch Abschluß solcher Rechtsgeschäfte seine Befugnisse überschreitet. RG. 53, 193 (s. unten und Anm. 6 § 6). — Ferner auch die **Kosten der** von dem Konkursverwalter oder gegen diesen geführten oder aufgenommenen, zuungunsten der Konkursmasse entschiedenen **Prozesse**. §§ 10, 11, 146, RG. 52, 332, 60, 32, OLG. 23, 118 (vgl. jedoch Anm. 5 § 11). Dabei macht es keinen Unterschied, ob die Prozeßkosten vor der Konkurseröffnung und vor dem Eintritte des Konkursverwalters in den zur Zeit der Konkurseröffnung anhängigen Prozeß oder später entstanden sind, RG. 52, 332, JW. 94, 56[9], 95, 226[14], 96, 103[8], 11, 114[51], (W. 11, 145), OLG. 10, 201, 202, 11, 362, 19, 214, 23, 118, 27, 169, 259, sofern nicht besondere Umstände eine solche Unterscheidung rechtfertigen und das Urteil dies zum Ausdruck bringt, JW. 94, 56[9]. So hat die Konkursmasse, wenn in einem anhängigen Rechtsstreite zunächst zwar nur der Gemeinschuldner ein Rechtsmittel eingelegt, der Verwalter aber demnächst die Prozeßführung durch Aufnahme des Verfahrens genehmigt hat, bei Zurückweisung des Rechtsmittels die Kosten desselben als eine Masseschuld zu tragen. JW. 96, 103[8]. Auch sind in vollem Umfange Masseschulden die Gebühren des Anwalts, der in einem Prozesse zunächst den Gemeinschuldner und dann nach Aufnahme des Rechtsstreits durch den Verwalter diesen vertreten hat. OLG. 9, 166. Hat aber

der Verwalter die vom Gläubiger vor dem Konkurse gegen den Gemeinschuldner eingeklagte Forderung zunächst bestritten und den Gläubiger dadurch zur Aufnahme des Rechtsstreits gemäß § 146 Abs. 3 veranlaßt, alsdann jedoch den Widerspruch zurückgenommen, die Berichtigung der Tabelle herbeigeführt und die Kosten der Aufnahme dem Gläubiger bezahlt, so kann dieser ihn nicht noch in den Prozeß hineinziehen, um die vor dem Konkurs entstandenen Kosten als Masseschulden ersetzt zu erhalten. OLG. 11, 362 (vgl. jedoch OLG. 27, 169: hat einmal der Verwalter durch Bestreiten der Forderung die Aufnahme des Rechtsstreits seitens des Gläubigers veranlaßt, so sind, auch wenn der Verwalter die Forderung demnächst anerkennt, der Masse die gesamten Kosten als Masseschuld zur Last zu legen). War der Rechtsstreit gegen den nachmaligen Gemeinschuldner vor der Konkurseröffnung in der Hauptsache erledigt, so muß der Kläger nach der Konkurseröffnung seinen Anspruch auf Kostenerstattung als gewöhnliche Konkursforderung anmelden und, wenn er vom Verwalter bestritten wird, den Rechtsstreit wegen des Kostenbetrags mit dem Antrag auf dessen Feststellung aufnehmen; Masseschuld, wenn der Verwalter unterliegt, sind nur die weiteren Kosten des Rechtsstreits. OLG. 23, 117. Über nachträgliche Festsetzung der bereits durch Urteil als Konkursforderung festgestellten Prozeßkosten als Masseschuld vgl. OLG. 19, 214. — Ähnlich wie der Eintritt des Verwalters in einen anhängigen Prozeß mit der Folge der Tragung der Kosten durch die Masse ist die **Übernahme einer persönlichen Schuld des Gemeinschuldners durch den Verwalter** als Schuld der Masse gemäß §§ 414 ff. BGB. Sie ist zulässig, weil der Verwalter nicht allein den Gemeinschuldner, sondern vornehmlich die Konkursmasse vertritt und daher Identität zwischen Schuldner und Übernehmer nicht vorliegt, und ist ein Geschäft im Sinne § 59 Nr. 1 (z. B. wenn der Verwalter in dem von ihm gemäß § 126 KO., §§ 172 ff. ZVG. betriebenen Verfahren der Zwangsversteigerung eines dem Gemeinschuldner gehörigen Grundstücks dieses für die Masse selbst ersteht und die in das geringste Gebot fallenden Hypotheken, deren persönlicher Schuldner der Gemeinschuldner ist, gemäß § 53 ZVG., § 416

BGB. übernimmt). JW. 11, 114[51] (W. 11, 145). — Keine Masseschuld dagegen, wenn der Verwalter **Zubehörstücke** eines Grundstücks **veräußert** und sie dadurch dem Pfandrecht der Hypothekengläubiger entzogen hat, da der Verwalter, sofern nicht von den Hypothekengläubigern eine Beschlagnahme ausgebracht ist, den Erlös der Zubehörstücke mit Recht zur Konkursmasse genommen hat. JW. 90, 54[29], Anm. 4 § 47. — Masseschuld ist aber der Schadensersatz dafür, daß der Verwalter unter vorsätzlicher oder fahrlässiger Nichtachtung des fremden Rechtes fremde Gegenstände als zur Konkursmasse gehörig verkauft hat (s. Anm. 3 § 46), wie eine jede **Entschädigungsforderung für eine** vom Verwalter **rechtswidrig** oder fahrlässig begangene **Handlung.** RG. 2, 265, 269, Gr. 31, 397 (JW. 87, 14), OLG. 11, 360, 32, 388. Vgl. RG. 19, 59, 52, 5, Gr. 44, 1214, 52, 1075, JW. 06, 424[9], W. 08, 237 (Ausnutzung einer Eigentümergrundschuld seitens des Verwalters, auf die der Gemeinschuldner einem nachstehenden Hypothekengläubiger gegenüber verzichtet hatte). Dies gilt auch, wenn der Verwalter die dem Gemeinschuldner unter Eigentumsvorbehalt verkauften Sachen als vermeintlich zur Masse gehörig weiterveräußert und demnächst trotzdem die Erfüllung des Kaufvertrages gemäß § 17 ablehnt. Er muß dann (§§ 46, 59 Nr. 1, 3) den Erlös an den Verkäufer herausgeben. RG. 64, 338, vgl. Anm. 2 § 17. Ferner haftet die Masse für den Schaden, wenn der Konkursverwalter wissentlich oder grob fahrlässig das bestehende Patent eines anderen verletzt (was aber nicht ohne weiteres schon deswegen anzunehmen ist, weil der Gemeinschuldner die dem andern geschützte Erfindung einmal vor der Konkurseröffnung wissentlich oder grob fahrlässig in Benutzung genommen hatte). JW. 07, 58[22]. Hat der Verwalter durch Unachtsamkeit einen Schaden an einem zur Masse gehörigen Hause verursacht, so haftet die Masse neben dem Verwalter dem geschädigten Hypothekengläubiger. OLG. 32, 389. — Überhaupt findet die Rechtsbeständigkeit der Handlungen des Verwalters für die Masse in ihrer **Zweckmäßigkeit keine Grenze,** mag er sich auch bei einer gegen den Zweck der Verwaltung verstoßenden Handlung dem Gemeinschuldner oder den Gläubigern verantwortlich machen. RG. 53, 192. — **Voraussetzung** für die Verbindlichkeit der Masse aber ist, **daß der Verwalter nicht Rechte ausübt, die ihm** nach den besonderen Bestimmungen der KO. **nicht zustehen,** und daß er die Masse nur so verwendet, daß dieselbe für die in Betracht kommenden Gläubiger gemäß den Bestimmungen der KO. verteilt wird (z. B. sind keine verbindlichen Masseschulden: Schenkungen des Verwalters, Zahlung an einen Gläubiger unter gesetzwidriger Bevorzugung, eine ebensolche Forderungsanerkennung gegenüber einem Gläubiger, die Vereinbarung eines Zurückbehaltungsrechts zwischen einem früheren und einem nachfolgenden Verwalter wegen der Vergütung und der Auslagen des ersteren). RG. 53, 193, JW. 04, 241[22], 05, 389[8], auch RG. 23, 62, 29, 82, JW. 93, 428[18], Anm. 6 § 6. — Ferner muß der Anspruch erst **durch die Handlung** des Verwalters **entstanden** sein. Daher genügt ein Anerkenntnis oder das Unterbleiben der Befriedigung einer bestehenden Forderung seitens des Verwalters nicht. JW. 90, 114[13], OLG. 32, 405 (Nichteinlösung eines Wechsels, für das der im Innenverhältnis nicht zahlungspflichtige Aussteller nun eintreten muß). Vgl. auch JW. 95, 127[9] (Entschädigungsanspruch des Vorstandsmitgliedes einer eingetragenen Genossenschaft wegen Enthebung von dem Amte zufolge der Konkurseröffnung kein durch die Handlung des Verwalters entstandener Anspruch). — **Entschädigungsansprüche wegen Nichterfüllung** oder Aufhebung eines Rechtsverhältnisses durch den Verwalter (§§ 19, 21, 22) sind nach der Ausnahmevorschrift des § 26 Satz 2 nicht Masseschulden, sondern nur Konkursforderungen. RG. 17, 78, 63, 73, 67, 372, Anm. 1, 2 § 26. — Auch die Gläubiger, deren **Ansprüche** auf Rechtshandlungen des Schuldners beruhen, die dieser **während** eines **Geschäftsaufsichtsverfahrens** nach der VO. v. 14. 12. 16 i. d. Fass. v. 14. 6. 24 mit Zustimmung der Aufsichtsperson vorgenommen hat oder ohne solche Zustimmung vornehmen durfte, sind, wiewohl sie nach § 13 Nr. 1, § 5 der VO. in dem Verfahren bei der Befriedigung an der den Masseschulden des Konkurses entsprechenden Stelle zu berücksichtigen sind, im später eröffneten Konkursverfahren doch nicht Massegläubiger nach § 59 Nr. 1 KO. JW. 25, 2383[6].

[2] D. i. **aus zweiseitigen Verträgen des Gemeinschuldners** aus der Zeit vor der Konkurseröffnung. Hinsichtlich der An-

sprüche aus Verträgen des Verwalters während des Konkurses vgl. Anm. 1. — Verlangt der Verwalter bei noch **nicht oder nicht vollständig erfüllten zweiseitigen Verträgen** gemäß § 17 Erfüllung, so kann der andere Teil die noch rückständige Gegenleistung als Masseschuld gemäß § 59 Nr. 2 geltend machen (z. B. bei einem von ihm vor Konkurseintritt noch nicht vollständig erfüllten Verkauf die vertragsmäßige Kaufpreisforderung). RG. 55, 267, 64, 338, 66, 328, 98, 137, JW. 93, 384[12], W. 11, 145, vgl. Anm. 3 § 17. Insbesondere sind die Ansprüche des Vermieters, des Verpächters, des Dienstverpflichteten, des Geschäftsbesorgers wegen Vergütung und Schadensersatz, die infolge und in der Zeit der Fortsetzung der Miet-, Pacht-, Dienst-, Geschäftsbesorgungsverträge während des Konkurses entstehen, Masseschulden. RG. 55, 267, OLG. 4, 163, Anm. 3 § 17. Ist die Mietsache nach Ablauf der Mietzeit oder nach Kündigung im Konkurse zurückzugeben und befindet sie sich dann nicht in ordnungsmäßigem Zustande, so ist die Wiederherstellung Masseschuld. JW. 18, 146[6], OLG. 35, 253. Dies findet nicht Anwendung auf Gewährleistungs- und ähnliche Ansprüche aus der vom Gemeinschuldner geleisteten Erfüllung. Mot. 245, RG. 32, 3. Wohl aber ist, wenn nach eingetretenem Konkurse des Verkäufers eines Grundstücks der Verwalter Erfüllung des Kaufvertrages verlangt, der dem Käufer nach dem Vertrage zustehende Anspruch auf Herbeiführung der Löschung einer auf dem Grundstück eingetragenen Hypothek Masseschuld. OLG. 10, 203.

[3] §§ 17, 20 Abs. 2, § 44 Abs. 2. — Will der Verwalter die Erfüllung nicht: § 26 Satz 2, Anm. 1 a. E. (Entschädigungsforderung nur als Konkursforderung).

[4] **Für die Zeit nach der Konkurseröffnung zu erfüllen** kraft Gesetzes auch **ohne Verlangen des Verwalters:** §§ 19, 21, 22, 25, 27, 28. Vgl. Anm. 2, 4 § 19 u. Anm. 2 § 21, RG. 32, 3, OLG. 10, 203. — Keine Masseschuld ist der Anspruch des **Pächters auf Rückgabe der Kaution** im Konkurse des Verpächters. JW. 89, 155, auch RG. 1, 347. Ist ferner eine dem Gemeinschuldner vermietete Sache, weil sie mit dem Grundstücke des Gemeinschuldners verbunden worden ist, dem Pfandrecht der Hypothekengläubiger unterworfen, so kann der **Vermieter** wegen des seinem **Anspruch auf Rückgabe** entgegen-

stehenden Pfandrechts nur eine Entschädigungsforderung als Konkursforderung geltend machen. JW. 95, 431[6]. — Dagegen sind **Ansprüche auf Leistungen an Gesellschaften und Gemeinschaften**, deren Teilhaber der Gemeinschuldner gewesen ist (z. B. auf Zahlung der Beiträge an eine Gewerkschaft, auf Leistung der Einzahlung auf Aktien), Masseansprüche, vorausgesetzt, daß der Verwalter das Gesellschafts- oder Gemeinschaftsverhältnis fortgesetzt hat. RG. 2, 262, 264, auch 17, 174, 175.

[5] Hierher gehören nur Ansprüche aus solchen **rechtlosen Bereicherungen, die der Masse selbst**, d. h. dem bei Konkurseröffnung vorhandenen Vermögen, unmittelbar **zugeflossen sind**; aus einer rechtlosen Bereicherung, die schon beim Gemeinschuldner eingetreten ist (z. B. wenn bereits dem Gemeinschuldner eine Sache auf Grund eines Kaufgeschäfts, das nichtig ist, [rechtswirksam] übereignet ist oder wenn der nachmalige Gemeinschuldner als Treuhänder eine in seinem Treuhandseigentum befindlich gewesene Sache oder als Kommissionär Kommissionsgut veräußert und den Kaufpreis eingezogen hat oder wenn jemand vom späteren Gemeinschuldner ausgestellte Wechsel mit seinem Giro versehen hat und sie nun einlösen muß), kann nur eine Konkursforderung entstehen. RG. 66, 390, 94, 25, 308, JW. 00, 155[18], OLG. 32, 405. **Solche Ansprüche** sind z. B.: der Anspruch eines Gläubigers, der seine Anmeldung zum **Verteilungsverfahren** in einem Sonder-Zwangsvollstreckungsverfahren **versäumt** hat, auf Herausgabe des vom Konkursverwalter zur Masse gezogenen Erlösüberschusses, RG. 39, 380; der Anspruch des **Verpächters** auf Herausgabe des Erlöses, wenn sein Bevollmächtigter (z. B. Gerichtsvollzieher) die unter das Pfandrecht des Verpächters fallenden Sachen vor der Konkurseröffnung hat veräußern lassen und dann den von dem Käufer nach der Konkurseröffnung über das Vermögen des Pächters gezahlten Kaufpreis an den Verwalter abgeliefert hat, JW. 91, 143[43]; der Anspruch des Verkäufers, dessen **unter Eigentumsvorbehalt verkaufte Sache** der Verwalter als vermeintlich zur Masse gehörig weiter veräußert hat, auf Herausgabe des Erlöses, wenn der Verwalter gemäß § 17 die Erfüllung des Kaufvertrages ablehnt, RG. 64, 338, Anm. 2 hier, Anm. 2, 3 § 17,

Anm. 3 § 46; der Anspruch des wahren Gläubigers einer **Forderung**, die der Konkursverwalter als zur Konkursmasse gehörig **eingezogen** hat, Anm. 3 § 46 (s. unten). Vgl. auch §§ 7 Abs. 2 (Rückgewähr der Gegenleistung bei unwirksamen Rechtshandlungen des Gemeinschuldners nach der Konkurseröffnung), 38 (Rückgewähr der Gegenleistung nach erfolgreicher Anfechtung einer Rechtshandlung des Gemeinschuldners, s. Anm. 3 § 38), 46 (Anspruch des Aussonderungsberechtigten auf die zur Masse eingezogene Gegenleistung für einen veräußerten Aussonderungsgegenstand), 147 (Ersatz der Prozeßkosten einzelner Gläubiger, die zum Vorteil der Masse einen Prozeß geführt haben). — Ob und inwieweit ein Anspruch aus rechtloser Bereicherung der Masse für den Hypothekengläubiger gegeben ist, wenn der Verwalter vor der Beschlagnahme **Zubehör** des Grundstücks **veräußert** und fortgeschafft, Miet- oder Pachtzinsen oder die Versicherungssumme für verbranntes Zubehör eingezogen hat, vgl. Anm. 4 § 47. — Wenn dem Gemeinschuldner ein **gedeckter Zahlungsauftrag** erteilt ist, er aber, bevor er den Zahlungsauftrag endgültig ausgeführt hat, in Konkurs verfällt, so ist der Auftraggeber hinsichtlich Rückforderung des Geleisteten weder Aussonderungsberechtigter noch Massegläubiger, sondern nur Konkursgläubiger. Vgl. RG. 54, 329, OLG. 3, 56.

60. (53.) Sobald sich herausstellt[1], daß die Konkursmasse zur vollständigen Befriedigung aller Massegläubiger nicht ausreicht, tritt eine verhältnismäßige Befriedigung derselben in der Weise ein, daß zunächst die Masseschulden, dann die Massekosten, von diesen zuerst die baren Auslagen und zuletzt die dem Gemeinschuldner und dessen Familie bewilligte Unterstützung zu berichtigen sind[2].

[1] **Bis dahin** kann jeder Massegläubiger seinen Anspruch gegen den Verwalter auch gerichtlich geltend machen und sich durch Zwangsvollstreckung in Massegegenstände ohne Rücksicht auf die anderen Gläubiger volle Sicherung oder Befriedigung verschaffen. Anm. 2 § 57, OLG. 19, 215. — **Festgestellt** wird

die **Unzulänglichkeit** der Masse durch den Verwalter und, wenn Streit darüber unter den Beteiligten entsteht, durch Entscheidung des Prozeßgerichts. RG. 61, 262, OLG. 10, 204, 19, 215. — Dagegen ist **in** einem **Rechtsstreit** zwischen einem Konkursgläubiger und dem Verwalter **über** das Bestehen eines **Masseanspruchs** nicht zugleich auch eine Feststellung darüber zu treffen, ob die Masse zur Befriedigung aller Massegläubiger unzulänglich ist und daher der Gläubiger nur in Höhe einer Quote Befriedigung aus der Masse erlangen kann. RG. 66, 326.

[2] Vgl. über die **Rangordnung** der Gläubiger bei unzureichender Masse JW. 91, 10[26]. — Was ein **Massegläubiger**, nachdem sich die Unzulänglichkeit der Masse herausgestellt hat, aus der Masse **dem § 60 zuwider**, sei es im Wege der Sicherstellung oder der Befriedigung, **erhalten** hat, kann der Verwalter wegen ungerechtfertigter Bereicherung zur Masse zurückfordern. RG. 61, 259. — Ein **gerichtliches Verteilungsverfahren** findet **nicht** statt, vielmehr ist es lediglich Sache des Verwalters, die vorhandenen Massegläubiger, soweit die Masse reicht, zu befriedigen. JW. 90, 151[5]. Dies gilt auch dann, wenn ein Absonderungsberechtigter gemäß § 127 zunächst aus dem Erlöse zu befriedigen ist und nur der Rest zu verteilen bleibt. JW. 90, 151[5]. — Geltendmachung der Ansprüche der Massegläubiger **nach Beendigung des Konkurses**: Anm. 2 § 166, Anm. 1 § 191.

Achter Titel.

Konkursgläubiger*.

* Gilt auch für die vor dem Inkrafttreten der KO. entstandenen Forderungen. RG. 17, 41.

Besondere, auch den nach § 61 Nr. 1—5 bevorrechtigten Konkursforderungen vorgehende **Vorrechte:** der Schuldverschreibungsgläubiger im Konkurs einer Hypothekenbank: § 35 Hypothekenbankges. v. 13. 7. 99 (RGBl. 375); der Versicherten im Konkurs einer Lebensversicherungsanstalt: § 61 RGes. über die privaten Versicherungsunternehmungen v. 12. 5. 01 (RGBl. 139).

I. Rangordnung.

1. Hauptforderungen.

61. (54.) Die Konkursforderungen[1] werden nach folgender Rangordnung[2], bei gleichem Range nach Verhältnis ihrer Beträge, berichtigt[3]:

1[4]. die für das letzte Jahr vor der Eröffnung des Verfahrens[5] oder dem Ableben des Gemeinschuldners rückständigen[6] Forderungen an Lohn, Kostgeld oder anderen Dienstbezügen der Personen, welche sich dem Gemeinschuldner für dessen Haushalt, Wirtschaftsbetrieb oder Erwerbsgeschäft zur Leistung von Diensten[7] verdungen hatten[8];

2. die Forderungen der Reichskasse, der Staatskassen[9a] und der Gemeinden, sowie der Amts-, Kreis- und Provinzialverbände wegen öffentlicher Abgaben[9b], welche im letzten Jahre vor der Eröffnung des Verfahrens[5] fällig geworden sind[10] oder nach § 65 als fällig gelten; es macht hierbei keinen Unterschied, ob der Steuererheber die Abgabe bereits vorschußweise zur Kasse entrichtet hat;

3. die Forderungen der Kirchen und Schulen, der öffentlichen Verbände[11] und der öffentlichen, zur Annahme der Versicherung verpflichteten Feuerversicherungsanstalten wegen der nach Gesetz oder Verfassung zu entrichtenden Abgaben und Leistungen aus dem letzten Jahre[12] vor der Eröffnung des Verfahrens[13];

4. die Forderungen der Ärzte[14], Wundärzte, Tierärzte[15], Apotheker, Hebammen und Kranken-

pfleger wegen Kur- und Pflegekosten aus dem letzten Jahre[6] vor der Eröffnung des Verfahrens, insoweit der Betrag der Forderungen den Betrag der taxmäßigen Gebührnisse nicht übersteigt;

5. die Forderungen der Kinder, der Mündel[16] und der Pflegebefohlenen des Gemeinschuldners in Ansehung ihres gesetzlich der Verwaltung desselben unterworfenen Vermögens[17]; das Vorrecht steht ihnen nicht zu, wenn die Forderung nicht binnen zwei Jahren nach Beendigung der Vermögensverwaltung gerichtlich geltend gemacht und bis zur Eröffnung des Verfahrens verfolgt worden ist[18];
6. alle übrigen Konkursforderungen.

[1] Allgemeiner **Begriff der Konkursgläubiger:** § 3; Einschränkungen: §§ 63, 236; Erweiterungen: §§ 27, 28, 226. — Konkursgläubiger ist nicht der vor der Konkurseröffnung unter Vorbehalt befriedigte Gläubiger, ebensowenig derjenige, der auf Grund vorläufig vollstreckbaren Urteils den Forderungsbetrag im Wege der Zwangsvollstreckung beigetrieben oder zur Abwendung der Zwangsvollstreckung gezahlt erhalten hat, selbst wenn der Schuldner gegen das ihn verurteilende Erkenntnis Berufung eingelegt und der Konkursverwalter nach der Konkurseröffnung das Verfahren aufgenommen hat. RG. 39, 106.

[2] Für die **Rangordnung** sind die am Orte des Konkursgerichts geltenden **Rechtsnormen** auch dann maßgebend, wenn die Forderung auf ausländischem Recht beruht. RG. 1, 322, JW. 91, 10[26], OLG. 25, 333. — Die Vorrechte des § 61 Nr. 1 bis 5 sind nicht unbedingt an die Person des ursprünglichen Inhabers gebunden, sondern können im Falle des **Überganges** der Forderungen **auf andere Personen** mit übergehen. § 401 Abs. 2, § 412 BGB., RG. 3, 38, 67, 214, 70, 405, OLG. 25, 333, auch JW. 91, 416[24]. — Das mit einer der in ein

Kontokorrent aufgenommenen Forderungen verbundene Vorrecht gilt nicht für die Saldoforderung, weil in dem Saldoanerkenntnis eine Novation liegt. RG. 3, 17. Vgl. jedoch § 356 HGB. (Fortbestand von Sicherungen und solidarischen Mithaftungen).

[3] **Die §§ 12, 14** (Geltendmachung, Unzulässigkeit der Einzelvollstreckung) **finden** auch auf die nach § 61 Nr. 1—5 bevorrechtigten Konkursforderungen **Anwendung**. — Der Konkursverwalter hat auch die **Vorrechte** nicht von Amts wegen, sondern nur auf Antrag zu berücksichtigen. RG. 20, 412. Sie sind besonders **anzumelden**: §§ 139, 140, 142 Abs. 2. Von den Wirkungen eines Zwangsvergleichs werden sie aber nicht berührt: §§ 173, 181, 191, 193. — Wirkung der Anmeldung mehrerer Forderungen von gleichem Range seitens eines und desselben Gläubigers: JW. 95, 507[13]. — Ist eine Forderung ohne Vorrecht angemeldet und in der Tabelle als unstreitig festgestellt, so kann nicht mehr die Anmeldung eines Vorrechts für diese Forderung auf Grund desselben oder eines anderen Rechtsgrundes nachgeholt werden. RG. 20, 412, 38, 419.

[4] Ferner **rückständige Beiträge**: früher zu den Krankenkassen: § 55 Abs. 2, §§ 65, 72, 73 Krankenversicherungsgesetz (RGBl. v. 1892 S. 448), zur Invalidenversicherung: § 168 RGes. v. 19. 7. 99, jetzt nach § 28 Abs. 3 Reichsversicherungsordn. v. 15. 12. 24 (s. Anm. 1c § 1) an die Träger der Reichsversicherung (§ 3: für die Krankenversicherung die Krankenkassen, für die Unfallversicherung die Berufsgenossenschaften, für die Invaliden- und Hinterbliebenenversicherung die Versicherungsanstalten), s. Anm. 6; zur Angestelltenversicherung: § 199 Abs. 3 RGes. v. 20. 12. 11, jetzt § 212 Abs. 3 Fass. v. 28. 5. 24; für Innungskrankenkassen: § 90 GewO. i. d. Fass. v. 26. 7. 00.

[5] Ging dem Konkurse eine **Geschäftsaufsicht** (VO. v. 8. 8. 14, 14. 12. 16, 14. 6. 24) voraus, so ist das Jahr von der Einleitung der Geschäftsaufsicht zu rechnen. JW. 21, 1241[19]. — Die auf die Zeit **nach der Eröffnung** des Verfahrens entfallenden Forderungen sind **Masseschulden**: §§ 22, 59 Nr. 2.

[6] Nr. 1 und 4 beziehen sich nur auf die im letzten Jahr entstandenen Forderungen ohne Rücksicht auf ihren Fälligkeitstermin, Nr. 2 und 3 dagegen auf die im letzten Jahre

fällig gewordenen (bzw. als fällig geltenden) Forderungen, einerlei, wann sie entstanden sind, und in Nr. 5 ist das Vorzugsrecht durch gerichtliche Geltendmachung (binnen zwei Jahren nach Beendigung der Vermögensverwaltung) bedingt. RG. 22, 142, 102, 72. Auch das durch § 28 Abs. 3 RVO. den **Versicherungsträgern** gewährte **Vorrecht nach Nr. 1** für ihre Forderungen an rückständigen Beiträgen (Anm. 4) erstreckt sich **nur auf die im letzten Jahr** vor der Konkurseröffnung **entstandenen Beitragsforderungen**, nicht schlechthin auf alle Rückstände ohne jede zeitliche Begrenzung und ohne daß es darauf ankommt, daß die Forderungen bereits fällig und in diesem Sinne rückständig sind. Die **Beitragsforderungen** einer **Berufsgenossenschaft** insbesondere, die darauf beruhen, daß die Berufsgenossenschaft den Postanstalten durch deren Vorschüsse ersatzpflichtig wird, gelangen im Zeitpunkte der Leistung jedes einzelnen Vorschusses, in dem die Ersatzpflicht der Berufsgenossenschaft entsteht, mit dieser Ersatzpflicht in Höhe des verhältnismäßigen Tilgungsanspruchs der Berufsgenossenschaft gegen jedes einzelne Genossenschaftsmitglied rechtlich zur Entstehung, während, abweichend von dieser für das Vorrecht maßgebenden Entstehung, die Fälligkeit erst eintritt, wenn der Beitrag des Mitglieds berechnet und nach Zustellung eines Auszugs aus der Heberolle und einer Zahlungsaufforderung an das Mitglied eine zweiwöchige Frist verstrichen ist. RG. 22, 139, 30, 6, 102, 71, OLG. 32, 384. Läßt sich die Höhe der bis zum Tage der Konkurseröffnung entstandenen Beitragsforderungen zunächst nicht genau bestimmen, so kann der Schätzungswert nach § 69 zum **Konkurse** angemeldet werden. RG. 102, 75.

[7] Während früher die Verdingung „zu dauerndem Dienste" Erfordernis war (vgl. RG. 38, 113), ist durch die Nov. nach dem Vorgange des § 10 Abs. 1 Nr. 2 ZVG. das Vorrecht auch für den Fall gewährt, daß es sich nicht um einen dauernden Dienst handelt. Begr. 26.

[8] Das Vorrecht ist **nicht** an das Moment der **persönlichen Abhängigkeit** und Unterwerfung durch einen Dienstvertrag im engeren Sinne geknüpft. RG. 27, 226, 38, 113, 62, 231, OLG. 10, 205, 15, 241. Es steht daher auch dem Fuhrmann, der sich zur Leistung von Geschäftsfuhren für eine Fabrik des Ge-

meinschuldners verpflichtet hat, für Fuhrlohn zu, auch wenn er noch für andere Fuhren geleistet hat. RG. 38, [113]. Ferner: einem Fabrikarbeiter, Gesellen, Handlungsgehilfen, Filialleiter, Provisionsreisenden, Wirtschaftsbeamten, Gärtner, Förster, Schreiber, Sekretär, Mot. 226, auch RG. 27, [226], 62, [231], Gr. 24, [526], OLG. 10, [205], 11, [370], 29, [6]; in der Regel einem Ziegelmeister, der die Herstellung von Ziegeln übernimmt, OLG. 15, [43], 29, [4], auch wenn Stücklohn vereinbart ist, OLG. 29, [4]; dem selbständig mit eigenenen Leuten arbeitenden Tischler, der in der Fabrik des Gemeinschuldners zu arbeiten hatte, OLG. 32, [383]; sowie dem Direktor einer Aktiengesellschaft hinsichtlich seiner Dienstbezüge, OLG. 19, [215], 32, [384]. Weiter einem gewerblichen Lohnarbeiter des Gemeinschuldners, auch wenn er die Arbeit in seiner Behausung verrichtet und nach Stücklohn bezahlt erhält. OLG. 11, [361]. Ob der Angestellte auch Gewinnanteil erhält, ist unerheblich. OLG. 32, [384]. — Das Vorrecht besteht auch, wenn nicht der Dienende selbst, sondern ein Dritter, durch dessen Vermittlung die Verdingung stattgefunden, den Lohn usw. von dem Gemeinschuldner zu fordern hat: RG. 4, [424], 27, [226], auch OLG. 10, [205]. — § 61 Nr. 1 **setzt aber voraus**, daß durch einen **Dienstvertrag im Sinne des § 611 BGB.** der Dienstverpflichtete zur Leistung von Diensten verpflichtet und die Vergütung für die Leistung dieser Dienste festgesetzt ist. RG. 62, [229], JW. 06, [315²⁴], OLG. 15, [241], 19, [216], [217]. Daher steht den Provisionsansprüchen der Handelsagenten ein Vorrecht nicht zu. RG. 62, [229], JW. 06, [315²⁴], OLG. 10, [205]. Ebensowenig: den Provisionsforderungen des Direktors einer Aktiengesellschaft, OLG. 19, [215]; den Gebührenforderungen der Rechtsanwälte für Prozeßführung, OLG. 10, [206]; den Ansprüchen eines Bücherrevisors aus der Besorgung der Revision der Handelsbücher des Gemeinschuldners, OLG. 19, [217]; den Ansprüchen eines Arbeitskolonnenführers, der mit anderen Arbeitsgenossen die Herstellung von Bauarbeiten übernommen hat, OLG. 21, [174]; den Ansprüchen des Kommanditisten, der sich als Prokurist hat eintragen lassen und aus diesem Vertragsverhältnis einen bedungenen Lohn fordert, OLG. 32, [369]; dem Geschäftsführer einer Gesellschaft m. b. H., deren Anteile er großenteils besitzt, OLG. 32, [381].

9a Nur den **deutschen Reichs- und Staatskassen** steht das Vorrecht zu, nicht auch, wiewohl sonst ausländische Gläubiger den inländischen nach § 5 (s. dort Anm. 2) gleichstehen, ausländischen Staatskassen, auch wenn ihnen in Konkursverfahren der betreffenden Staaten ein Vorrecht zustehen würde, da kein Staat über die Grenzen seiner Gebietshoheit hinaus sein Einziehungsrecht ausüben darf. OLG. 25, 333.

9b Vgl. § 49 Nr. 1 (Absonderungsrecht). — Der Ausdruck **„öffentliche Abgaben"** hat hier eine eingeschränktere Bedeutung, als im § 70 Abs. 3 GVG. RG. 21, 47, 83, 208. Es sind darunter nur Steuern (z. B. auch Stempelsteuern, RG. 85, 341) und andere denselben gleichstehende Abgaben zu verstehen. RG. 21, 49, 28, 87, 83, 208. Nicht Gebühren der Behörden d. h. besondere Entgelte für bestimmte staatliche oder gemeindliche Leistungen an einzelne Staats- oder Gemeindeangehörige oder einzelne Klassen von solchen nach gewissen Sätzen (z. B. Gerichtskosten, Straßenreinigungskosten, Wasserleitungskosten, Kanalisationsgebühren einer Stadtgemeinde). RG. 21, 47, 28, 87, 83, 206, OLG. 32, 386. Insbesondere darf eine Analogie zu § 10 Nr. 3 ZVG. nicht gezogen werden. OLG. 33, 161. Aber ein nach § 14 Vereinszollges. auf einer Ware ruhender **Zollanspruch** gehört auch hierher. RG. 67, 216, JW. 09, 281[10]. Bezahlt derjenige, dem die Ware verpfändet ist, die vom Gemeinschuldner zu entrichtende Zollschuld, so erwirbt er, da das dem Fiskus nach § 49 Nr. 1 zustehende Absonderungsrecht einem gesetzlichen Pfandrecht gleichzustellen ist, nach §§ 1249, 1257, 268 Abs. 3, §§ 401, 412 BGB. den Zollanspruch des Fiskus mit dem Vorrecht aus § 61 Nr. 2 und zugleich das Absonderungsrecht aus § 49 Nr. 1. RG. 67, 214, 70, 405, OLG. 25, 333, § 49 Anm. 4. — Liegen die Voraussetzungen vor, unter denen ein Notar nach reichsrechtlichen oder nach landesrechtlichen Stempelsteuergesetzen für den **Stempel** zu aufgenommenen Urkunden dem Fiskus haftet, so hat **im Konkurse des Notars** der Fiskus wegen der Steuerforderung ein Vorrecht, auch dann, wenn der Notar den Stempelbetrag von den Beteiligten eingezogen, aber den Stempel nicht verwendet, sondern den Betrag unterschlagen hat. RG. 85, 341.

10 Einerlei, wann sie entstanden sind. Vgl. Anm. 6. —

Durch Kreditgewährung wird zwar die Fälligkeit hinausgeschoben. Tritt aber danach der Zeitpunkt der Fälligkeit nach der Konkurseröffnung ein, so gilt doch nach § 65 Abs. 1 die Forderung als sofort fällige. JW. 91, 416[24].

[11] Z. B. Deichverbände, Wassergenossenschaften, Waldgenossenschaften. — Ferner gehören dazu auch die Berufsgenossenschaften, Knappschaftsvereine, Innungen, Gewerbe-, Landwirtschafts-, Anwalts-, Ärztekammern wegen ihrer Umlageforderungen gegen die in Konkurs geratenen Mitglieder. RG. 22, 139, 30, 6, 63, 195, auch Anm. 2 § 58 und JW. 00, 713. Durch § 28 Abs. 3 Reichsversicherungsordn. v. 19. 7. 1911 (RGBl. 509) ist aber den rückständigen Beitragsforderungen aller Träger der Reichsversicherung (§ 3: für die Krankenversicherung die Krankenkassen, für die Unfallversicherung die Berufsgenossenschaften, für die Invaliden- und Hinterbliebenenversicherung die Versicherungsanstalten) sogar das Vorrecht aus Nr. 1 § 61 KO. besonders beigelegt; ebenso den rückständigen Beiträgen zur Angestelltenversicherung: § 199 Abs. 3 RGes. v. 20. 12. 11, jetzt § 212 Abs. 3 Fass. v. 28. 5. 24; s. Anm. 4.

[12] Das sind die in dem letzten Jahr fällig gewordenen (rückständigen) oder nach § 65 als fällig geltenden Forderungen. Der Zeitpunkt der Entstehung der Forderungen ist nicht maßgebend. RG. 22, 139, auch Anm. 6.

[13] Immobiliarabgaben, sofern die Immobilien zur Konkursmasse gehören: § 47 Anm. 4 (Absonderungsrecht). — Die laufenden Abgaben und Leistungen sind Massekosten: § 58 Nr. 2.

[14] § 29 GewO. i. d. Fass. v. 26. 7. 00 (RGBl. 871).

[15] Die „Tierärzte" sind von der Nov. hinzugefügt.

[16] Nach früherem Recht wurden mit dem Ausdrucke „Pflegebefohlene" sowohl die unter Vormundschaft als auch die unter Pflegschaft stehenden Personen getroffen. Das BGB. bedient sich dieses Ausdrucks nur zur Bezeichnung der Personen, für die eine Pflegschaft angeordnet ist (§§ 1909 ff., 1960 ff., 1975). Deshalb sind von der Nov. zu den „Pflegebefohlenen" die „Mündel" (BGB. §§ 1773 ff. [minderjährige], 1896 ff., 1906 ff. [volljährige]) hinzugefügt. Begr. 26.

[17] Auch in Ansehung der ihnen gegen den Gemeinschuldner zustehenden **Ersatzansprüche** für nicht mehr vorhandene

Vermögensstücke, deren Verlust er durch **pflichtwidrige Verwaltung** verschuldet hat (z. B. nach §§ 1627, 1664 BGB.). RG. 3, 294, 11, 63, 17, 42, 45, 156, W. 09, 420. Ferner auch in Ansehung **solcher Forderungen** gegen den Vater usw., die **erst durch Abtretung oder Erbgang** (z. B. Muttererbteil) oder sonst **auf die Kinder** usw. **übergegangen** sind. RG. 17, 43, 39, 70, 45, 156, Gr. 46, 1116, 49, 1098, W. 10, 488, 11, 464. Dagegen besteht das Vorrecht nicht, wenn der Gemeinschuldner die **Verwaltung** sich **angemaßt** hatte oder wenn ihm aus **freien** Stücken die Verwaltung **anvertraut** war oder ein Erblasser oder Schenkgeber dem Vater usw. die Nutznießung oder Verwaltung bestellt hat, die ihm ohne eine solche Verfügung nicht zustehen würde. RG. 42, 21. Bestand aber ein gesetzliches Recht des Gemeinschuldners auf Nutznießung oder Verwaltung, so wird das Vorrecht der Kinder nicht dadurch berührt, daß die Verwaltung daneben noch freiwillig durch Verfügung unter Lebenden oder von Todes wegen dem Vater in die Hand gegeben wird. RG. 42, 21. Ferner nicht dadurch, daß für die Vornahme eines mit dem Vorrechtsanspruch im Zusamenhange stehenden Rechtsgeschäfts namens der Kinder zugunsten des Vaters ein **Pfleger bestellt** war. OLG. 10, 210. Dasselbe gilt, wenn der auf gerichtliche Anordnung zum Pfleger der Pflegebefohlenen bestellte Gemeinschuldner bereits in einem Testament zum Pfleger des Nachlasses, aus dem das Vermögen der Pflegebefohlenen bestand, ernannt war: mit der Verpflichtung des Gemeinschuldners als Pfleger ist das Vermögen der Pflegebefohlenen gesetzlich der Verwaltung des Gemeinschuldners unterworfen worden. RG. 45, 156. Anders JW. 92, 274[18], wonach, wenn dem Gemeinschuldner für sein Verwaltungsrecht außer dem gesetzlichen Rechtsgrunde der väterlichen Gewalt noch der zweite eines testamentarischen Vermächtnisses zur Seite stand und dies Vermächtnis angenommen ist, den Kindern das Vorrecht nicht zustehen soll. — Das **Vorrecht** besteht nur gegenüber demjenigen, dem die gesetzliche Verwaltung zustand. Die Kinder konnten daher nach früherem Recht das Vorrecht nur im Konkurse des Vaters, nicht auch zugleich im Konkurse über das zur Gütergemeinschaft gehörige Vermögen der Ehefrau des Vaters geltend machen. RG. 11, 64. Nach jetzigem Recht (§ 2; s. dort Anm. 1) gehört aber im Falle des Konkurses über das Vermögen des Ehemannes das ganze Gesamtgut zu dieser Konkursmasse.

[18] Übergangsbestimmungen: §§ 12, 13 EG.KO. (oben I).

2. Nebenansprüche.

62. (55.) Mit der Kapitalsforderung werden an derselben Stelle angesetzt:

1. die Kosten, welche dem Gläubiger vor der Eröffnung des Verfahrens erwachsen sind[1];
2. die Vertragsstrafen[2];
3. die bis zur Eröffnung des Verfahrens[3] aufgelaufenen Zinsen[4].

[1] Z. B. **Kosten der Kündigung, der Rechtsverfolgung,** der Zwangsvollstreckung. Mot. 269. Die Feststellung des Anspruchs auf Erstattung von Prozeßkosten kann durch Aufnahme des Prozesses gemäß § 146 Abs. 3 betrieben werden. Mot. 269, auch Anm. 1 § 59.

[2] Vgl. §§ 339—346 BGB., § 348 HGB., § 4 RGes. über die Abzahlungsgeschäfte v. 16. 5. 94 (RGBl. 450). — Auch diejenigen **Vertragsstrafen** gehören hierher, die erst nach der Konkurseröffnung dadurch verfallen, daß der Verwalter die Erfüllung eines noch nicht erfüllten gegenseitigen Vertrages gemäß §§ 17, 20 Abs. 2 ablehnt oder gemäß §§ 19, 22 Abs. 2 ein Vertragsverhältnis vorzeitig auflöst. RG. 21, 6, 26, 92, 49, 192, JW. 99, 160[26], auch Anm. 6 § 26.

[3] Seit der Konkurseröffnung laufende: § 63 Nr. 1.

[4] Bedungene und gesetzliche (§§ 246, 288 BGB., §§ 352 ff. HGB., Art. 50, 81 WO.).

II. Ausschluß vom Konkurs.

63. (56.) Im Konkursverfahren[1] können nicht geltend gemacht werden:

1. die seit der Eröffnung des Verfahrens laufenden Zinsen[2];
2. die Kosten, welche den einzelnen Gläubigern

durch ihre Teilnahme an dem Verfahren erwachsen[3];

3. Geldstrafen[4];

4. Forderungen aus einer Freigebigkeit des Gemeinschuldners[5] unter Lebenden oder von Todes wegen.

[1] „**Im Konkursverfahren" bedeutet:** mit Wirkung für das auf anteilige Befriedigung der Konkursgläubiger (§ 3) gerichtete Verfahren. RG. 9, 153, 92, 192, Gr. 58, 1117. Bei der **abgesonderten Befriedigung** (§§ 4, 47 ff.) können die betreffenden Forderungen geltend gemacht werden. JW. 88, 196[4], RG. 92, 186. Desgleichen gegen den Gemeinschuldner, soweit es sich um Vermögen handelt, das **nicht zur Konkursmasse** gehört (Anm. 2, 3, 4 § 1, Anm. 4 § 6), auch während des Konkurses, JW 87, 115[16], RG. 92, 186, und ferner **nach Beendigung des Konkurses,** soweit ein Schuldverhältnis dann noch besteht, unbeschränkt (§ 164), RG. 15, 117, 92, 186. Vgl. auch hinsichtlich **Mitschuldner** Anm. 2. — Über Zulässigkeit der **Aufrechnung** der nach § 63 im Konkursverfahren nicht geltend zu machenden Forderungen gegen **Ansprüche** der Konkursmasse vgl. JW. 07, 275[39] in Anm. 1 § 53. Darüber, ob und inwieweit diese Forderungen von einem **Zwangsvergleiche** betroffen werden, vgl. Anm. 1, 5 § 193.

[2] Die **Zinsverpflichtung besteht** aber auch hinsichtlich der seit der Eröffnung des Verfahrens laufenden Zinsen an sich **weiter.** RG. 9, 153, 92, 186. Wie sie bei abgesonderter Befriedigung, gegenüber konkursfreiem Vermögen und nach Beendigung des Konkurses gegen den Gemeinschuldner geltend gemacht werden kann (s. Anm. 1), so sind auch diejenigen, die **neben dem Gemeinschuldner für die Schuld haften** (z. B. Gesamtschuldner, Bürgen), zur Entrichtung der genannten Zinsen verpflichtet. RG. 9, 154, 92, 192. So im Konkurse einer offenen Handelsgesellschaft (§§ 207 ff. KO.) die einzelnen Gesellschafter gemäß § 128 HGB. (sofern nicht auch über ihr Privatvermögen Konkurs eröffnet ist, § 212 KO.). RG. 15, 117, 92, 192. Gleiches ist in RG. 9, 149, 15, 115 für den Fall des Konkurses über eine eingetragene Genossenschaft hinsicht-

lich der Genossen auf Grund des Genossenschaftsges. in der Fass. v. 4. 7. 68 u. des § 197 KO. a. F. angenommen worden. Dies kann jedoch nach dem Genossenschaftsges. in der Fass. v. 20. 5. 98 (RGBl. 810) nicht mehr gelten, da danach gemäß § 122 Abs. 1, § 141 die einzelnen Genossen den Konkursgläubigern nur für den Ausfall verhaftet sind, den diese an ihren bei der Schlußverteilung (§ 161 KO.) berücksichtigten Forderungen erleiden, und die seit der Eröffnung des Konkurses über die Genossenschaft laufenden Zinsen nach § 61 Nr. 1 KO. bei der Schlußverteilung nicht berücksichtigt werden. — Hatten sich für eine Schuld mehrere verbürgt und ist ein Mitbürge in Konkurs gefallen, so kann der Gläubiger laufende Zinsen nicht anmelden. Zahlt aber ein anderer Mitbürge sie, so kann er die Ausgleichssumme (§ 426 BGB.) anmelden, weil es in seiner Person nicht mehr Zinsen sind, sondern eine seit Eingehung der Mitbürgschaft bedingt bestehende Hauptschuld. OLG. 42, 73, vgl. Anm. 3 § 3 (wonach ein solcher Ausgleichungsanspruch eine selbständige Konkursforderung ist).

[3] §§ 53—62 GO. f. RA. Vgl. auch § 142 Abs. 3 (Kosten eines besonderen Prüfungstermins).

[4] Wohl aber Bußen (§§ 188, 231 StGB.), weil sie nicht Kriminal-, Disziplinar- oder Ordnungsstrafen, sondern private Genugtuung für einen Schaden sind (RG. 12, 223, 15, 352, 24, 307, 31, 334), sowie Vertragsstrafen. RG. 49, 192.

[5] Wenn es **rechtsgeschäftliche Forderungen** sind (nicht z. B. zu hohe Einschätzung der gesetzlichen Steuerverbindlichkeit seitens des Steuerpflichtigen selbst). RG. 14, 118. Es muß ferner eine **Freigebigkeit des Gemeinschuldners selbst** vorliegen. Vermächtnisnehmer z. B. können an dem Konkurse über das Vermögen des unbeschränkt haftenden Erben teilnehmen, da ihr Anspruch nicht auf einer Freigebigkeit des Gemeinschuldners, sondern des Erblassers desselben beruht. RG. 43, 236, vgl. § 234. Über Ausstattungsversprechen als Schenkung vgl. RG. 49, 371, JW. 03 Beil. 129[290]. — Ist das Schenkungsversprechen schon erfüllt (z. B. durch Hingabe eines Wechsels), so findet ein Einwand aus § 63 nicht mehr statt. JW. 86, 274[23]. Jedoch kann noch die Schenkung, insbesondere nach Maßgabe des § 32, angefochten werden.

III. Besondere Arten.

64. (57.) Ein Gläubiger, welcher abgesonderte Befriedigung beansprucht[1], kann die Forderung, wenn der Gemeinschuldner auch persönlich für sie haftet[1a], zur Konkursmasse geltend machen, aus derselben aber nur für den Betrag[2] verhältnismäßige Befriedigung verlangen, zu welchem er auf abgesonderte Befriedigung verzichtet[3], oder mit welchem er bei der letzteren ausgefallen ist[4].

[1] §§ 47—49, 51, 52. — § 64 betrifft nur Beschränkungen des Anspruchs eines Konkursgläubigers auf **Befriedigung aus der Konkursmasse** zufolge eines für den Gläubiger zugleich bestehenden **Absonderungsrechts an einem zur Konkursmasse gehörenden Gegenstande.** RG. 7, 90, 74, 233, 234, 92, 192, Gr. 54, 1174. **Gehört** das Grundstück, an dem zur Sicherung der Forderung ein hypothekarisches Recht bestellt ist, oder der Gegenstand, der für die Forderung verpfändet ist, nicht dem Gemeinschuldner, also nicht zur Konkursmasse, sondern **einem Dritten**, so liegt der Fall eines Absonderungsrechts überhaupt nicht vor und findet daher § 64 keine Anwendung. RG. 7, 90, 74, 234, Gr. 54, 1174. Ferner ist der Gläubiger, wenn ihm **für** seine **Forderung** gegen den Gemeinschuldner **auch noch ein Dritter haftet**, durch ein für ihn an einem Gegenstande der Konkursmasse bestehendes Absonderungsrecht in keiner Weise in der Geltendmachung seiner Forderung gegen den dritten Mitschuldner beschränkt. RG. 92, 192. So z. B. kann der Gläubiger einer offenen Handelsgesellschaft, über deren Vermögen der Konkurs eröffnet ist, die nach § 128 HGB. für die Verbindlichkeiten der Gesellschaft als Gesamtschuldner haftenden Gesellschafter (über deren Privatvermögen nicht auch der Konkurs eröffnet ist, vgl. § 212) auch während des Konkurses der Gesellschaft wegen seiner Forderung in deren ganzer Höhe persönlich in Anspruch nehmen, selbst wenn ihm auf Grund einer zur Sicherung seiner Forderung auf einem Grundstück der Gesellschaft eingetragenen Hypothek das Recht auf abgesonderte Befriedigung aus diesem zur Konkursmasse gehörigen Grundstück zusteht, er aber weder auf

das Absonderungsrecht verzichtet noch es ausgeübt hat. RG. 92, 192. — Dagegen gilt § 64 entsprechend auch hinsichtlich des Gläubigers, dem Sachen oder Rechte zur **Sicherstellung übereignet** sind und der, wenn der Zweck der Sicherstellung (z. B. wegen Erlöschens der gesicherten Forderung durch Tilgung oder in anderer Weise) erreicht worden, zur Rückübertragung des fiduziarischen Eigentums verpflichtet ist. Der Gläubiger kann also nicht gleichzeitig sein Eigentumsrecht an den zur Sicherheit übereigneten Gegenständen und die gesicherte Forderung im Konkurse geltend machen. RG. 24, 46, 91, 15, Gr. 54, 1172 (JW. 10, 29⁵³), OLG. 15, 238, 26, 49. Gleiches gilt, wenn Gegenstand eines Treuhandverhältnisses zwischen dem nachmaligen Gemeinschuldner und dem Treuhänder ein Grundstück ist, das im Grundbuch auf den Namen des Treuhänders eingetragen worden ist (vgl. Anm. 1 § 43), und von einem Dritten eine an diesem Grundstück erworbene Hypothek zur abgesonderten Befriedigung geltend gemacht, zugleich aber die durch die Hypothek gesicherte Forderung gegen den Gemeinschuldner als Konkursforderung zum Konkurse angemeldet wird. RG. 91, 15. Im Falle der Sicherungsabtretung einer Forderung des Gemeinschuldners (z. B. aus einer Erbschaft) ist, wenn der Zessionar seine Rechte aus der Abtretung wiederum zur Sicherung an einen Dritten abgetreten hat, der sein und zugleich auch des Gemeinschuldners Gläubiger ist (z. B. aus Wechseln, die vom Gemeinschuldner akzeptiert und vom ersten Zessionar als Aussteller an den zweiten Zessionar giriert sind), als die Forderung, von deren Fortbestand die Fortdauer der Sicherungsabtretung abhängt, mit Rücksicht auf § 64 die Forderung des zweiten Zessionars gegen den Gemeinschuldner anzusehen. Gr. 54, 1172 (JW. 10, 29⁵³). — Hat aber der Gemeinschuldner eine **fremde Sache**, gleichviel ob befugt oder widerrechtlich, seinem Gläubiger **verpfändet**, so ist dieser nicht als Absonderungsberechtigter im Sinne des § 64 zu behandeln und er kann wegen des ganzen Betrages seiner Forderung die Konkursdividende verlangen, RG. 7, 88, 22, 325, 59, 367, OLG. 15, 239, und daneben, wenn er in gutem Glauben war und ein gültiges Pfandrecht erlangt hatte, für den Ausfall, den er im Konkurs erleidet, sich an sein Pfand halten, RG.

59, 368, OLG. 15, 239. Dies auch dann, wenn während des Konkursverfahrens der Verwalter sich für die Masse das Eigentum an der Pfandsache von dem Dritten übertragen läßt. RG. 59, 367. Vgl. auch darüber, daß der Gläubiger einer Handelsgesellschaft, dem ein persönlich haftender Gesellschafter Privatvermögen verpfändet hat, im Konkurse der Gesellschaft seine Forderung voll liquidieren kann, Anm. 5 § 212. — Dagegen findet § 64 auf denjenigen Konkursgläubiger Anwendung, der redlicherweise einen **Massegegenstand von** einem **Nichtberechtigten** verpfändet erhalten hat. JW. 01, 82[12].

[1a] Anders z. B. bei Hypothek für fremde Schuld. Vgl. RG. 86, 248.

[2] Der absonderungsberechtigte Gläubiger muß grundsätzlich **zunächst Befriedigung aus dem Absonderungsgegenstand** suchen, ehe er für den Rest die Masse in Anspruch nehmen kann, Mot. 273, RG. 16, 70, 78, 75, Gr. 54, 1174, es sei denn, daß das Pfandrecht nicht von dem Gemeinschuldner, sondern von einem Dritten bestellt worden ist, Anm. 1, auch JW. 10, 950[14]. Jedoch kann die Forderung von vornherein als **Ausfallforderung** zum vollen Betrage angemeldet werden, ohne daß schon zur Zeit der Anmeldung oder Feststellung auf das besondere Deckungsobjekt verzichtet zu werden oder der Ausfall festzustehen braucht. RG. 22, 153, 26, 112, W. 18, 56, auch RG. 64, 427, OLG. 25, 332. Vgl. § 153. Vgl. aber auch Anm. 3 darüber, daß in der **vorbehaltlosen Anmeldung** ein Verzicht auf das Absonderungsrecht gefunden werden kann. — Ein Streit über die Natur der Forderung als bloßer Ausfallforderung gehört zum Feststellungsverfahren. RG. 26, 110. — Die Feststellung beschränkt sich nicht auf den ungedeckten Ausfall, sondern ist für die ganze Forderung wirksam. RG. 22, 153. Vgl. §§ 164, 194. — Stimmrecht in der Gläubigerversammlung: § 96. — Durch einen **Zwangsvergleich** wird das Absonderungsrecht nicht berührt: § 193 Satz 2. Wohl aber die **persönliche Forderung** selbst, die durch ein Pfandrecht, eine Hypothek oder ein sonst eine abgesonderte Befriedigung gewährendes Recht gesichert ist (und nicht zu den bevorrechtigten Konkursforderungen gehört). Anm. 5 § 193. Auf sie trifft auch im Falle des Zwangsvergleichs § 64 zu. Der absonde-

rungsberechtigte Gläubiger kann also die Zwangsvergleichsquote von der persönlichen Forderung nur insoweit verlangen, als er nachweist, daß er auf die abgesonderte Befriedigung verzichtet hat oder damit ausgefallen ist. Anm. 4 hier, Anm. 5 § 193. Sucht der Gläubiger wegen eines Teiles seiner Forderung Befriedigung aus der Masse, während er wegen des andern Teils an den Gegenstand des Absonderungsrechtes sich halten zu wollen erklärt, so wird durch einen Zwangsvergleich nur der erstere, nicht auch der letztere Teil der Forderung berührt. RG. 64, 428. Vgl. jedoch hinsichtlich zulässiger Annahme eines Verzichts auf das Absonderungsrecht wegen Teilnahme am Zwangsvergleich Anm. 3 hier und Anm. 5 § 193.

[3] Der Gläubiger ist befugt, darüber zu bestimmen, zu welchem Teile seiner Forderung er aus dem Gegenstande des Absonderungsrechts, und zu welchem er als Konkursgläubiger aus der Masse Befriedigung suchen will. **Ein Verzicht auf abgesonderte Befriedigung** aus ersterem Gegenstande, sei es in ganzer Höhe oder hinsichtlich eines Teiles der Forderung, kann auch aus schlüssigem Verhalten, insbesondere dem Verwalter gegenüber, sich ergeben. RG. 64, 427, 77, 403. So kann z. B. der Absonderungsberechtigte, der im Konkursverfahren erklärt hat, für einen Teil seiner Forderung aus dem Absonderungsrecht und für den als Ausfall bezeichneten Rest aus der Konkursmasse Befriedigung suchen zu wollen, nach Abschluß eines Zwangsvergleichs und Aufhebung des Konkurses, und nachdem er die Vergleichsquote ohne Vorbehalt angenommen hat, aus dem Gegenstande des Absonderungsrechtes nur wegen des ersteren Teiles seiner Forderung sich befriedigen. RG. 64, 425. Ferner kann in der vorbehaltlosen Anmeldung und Verfolgung der gesicherten Forderung in voller Höhe unter Verschweigung des Besitzes eines die abgesonderte Befriedigung gestattenden Gegenstandes ein Verzicht auf abgesonderte Befriedigung aus dem Gegenstande gefunden werden. Gr. 54, 1173 (JW. 10, 29[53]), auch W. 18, 56. Dagegen enthält nicht schon die bloße Einlassung auf den Konkurs einen Verzicht auf abgesonderte Befriedigung. RG. 16, 36, 70. Nicht auch Mitstimmen zum ganzen Betrage der Forderung im Zwangsvergleichsverfahren, noch vorbehalt-

lose Annahme der Zwangsvergleichsquote, sofern nicht die im Einzelfalle zu prüfenden Umstände die Absicht des Verzichts erkennen lassen. Vgl. hierüber Vorbem. vor § 47 u. Anm. 5 § 193.

[4] **Die in § 64 bestimmten Bedingungen** (Verzicht auf das Absonderungsrecht oder Ausfall) für die Geltendmachung des Rechts auf Befriedigung aus dem der abgesonderten Befriedigung nicht unterliegenden Vermögen des Gemeinschuldners werden auch **durch einen Zwangsvergleich nicht beseitigt.** Nicht etwa kann der absonderungsberechtigte Gläubiger nach Beendigung des Konkursverfahrens durch Zwangsvergleich von dem bisherigen Gemeinschuldner unbedingt Zahlung der Zwangsvergleichsquote von seiner ganzen Forderung beanspruchen und wegen des weiteren Betrages der Forderung Befriedigung aus dem mit dem Absonderungsrechte belasteten Gegenstande suchen. Er kann zwar, da nach § 193 Satz 2 das Absonderungsrecht durch den Zwangsvergleich nicht berührt wird, auf Grund des Rechtes aus dem mit diesem belasteten Gegenstande in voller Höhe seiner Forderung Befriedigung suchen. Aber er kann erst dann Zahlung der Zwangsvergleichsquote verlangen und ihretwegen Befriedigung aus dem sonstigen Vermögen des früheren Gemeinschuldners (§ 194) suchen, wenn er auf das fragliche Recht verzichtet hatte oder beim Nachsuchen der Befriedigung aus dem für das Recht haftenden Gegenstande ausgefallen war. RG. 5, 396, 6, 66, 78, 75, 92, 184 in Anm. 5 § 193. Über die Frage, ob und unter welchen Voraussetzungen der frühere Gemeinschuldner die Zwangsvergleichsquoten, die er vor Eintritt der genannten Bedingungen an den Absonderungsberechtigten gezahlt hat, wegen grundloser Bereicherung (§§ 812, 814 BGB.) zurückfordern kann, vgl. RG. 78, 71. — Durch den Beweis, daß der Wert des Pfandgegenstandes eine gewisse Höhe nicht überschreite, und durch eine darauf gegründete **Vermutung,** daß **bei Veräußerung** des Pfandes ein **Ausfall** zu einem gewissen Betrag **eintreten werde,** kann das Erfordernis des Nachweises eines wirklichen Ausfalls nicht ersetzt werden. RG. 64, 427, 92, 191. — **Abreden** zwischen Gläubiger und Schuldner, durch die dem ersteren ein weitergehendes Recht eingeräumt wird (z. B. daß eine dem Gläu-

biger sicherungshalber abgetretene Forderung dem Gläubiger für den Fall und in Höhe eines etwaigen Ausfalls seiner Forderung gegen den Gemeinschuldner zur Befriedigung dienen soll), sind im Konkurse **ohne Wirkung.** RG. 6, 67, 24, 47, Gr. 54, 1173 (JW. 10, 29[52]). — Bei den **Abschlagsverteilungen** wird die Dividende nach dem mutmaßlichen Ausfalle berechnet, jedoch dem Gläubiger nicht ausgezahlt, sondern für ihn zurückbehalten (§ 168 Nr. 3), bis er seinen Ausfall nachweist oder auf das Absonderungsrecht verzichtet (§§ 153, 155). Bei der endgültigen **Schlußverteilung** wird die Forderung nur in Höhe des nachgewiesenen Ausfalls oder im Falle eines endgültigen Verzichts auf abgesonderte Befriedigung berücksichtigt (§ 156). RG. 86, 249, JW. 84, 89.

65. (58.) Betagte Forderungen gelten als fällig[1].

Eine betagte unverzinsliche Forderung vermindert sich auf den Betrag, welcher mit Hinzurechnung der gesetzlichen Zinsen desselben für die Zeit von der Eröffnung des Verfahrens bis zur Fälligkeit[2] dem vollen Betrage der Forderung gleichkommt[3].

[1] **Nur im Konkursverfahren,** nicht auch außerhalb desselben, daher z. B. nicht gegenüber Mitverpflichteten (z. B. Bürgen, Gesamtschuldner). Pr. 86, RG. 3, 357, 86, 249, 88, 375, OLG. 6, 365. Auch betrifft die Bestimmung nur **Konkursforderungen** (§ 3). Betagte Absonderungsrechte (§§ 47 ff.), z. B. Grundschuld, Hypothek, werden durch die Konkurseröffnung nicht fällig, da nach § 4 die abgesonderte Befriedigung unabhängig vom Konkursverfahren erfolgt. Insbesondere ist bezüglich einer Hypothek aus § 65 nicht zu folgern, daß die gesicherte Forderung und damit auch die Hypothek fällig werde. RG. 86, 247, 93, 213. Vgl. auch wegen der ähnlichen Vorschrift im Zwangsversteigerungsverfahren § 111 ZVG. — **Aufrechnung** mit betagten Forderungen: § 54 Abs. 2. — Unter **„betagten" Forderungen** sind auch diejenigen zu verstehen, deren Entstehung (nicht bloß rechtliche Geltendmachung) durch einen Anfangstermin hinausgeschoben ist. JW. 02, Beil. 191. Auch eine lebenslängliche Leibrente ist mit Rücksicht auf die Gewißheit ihrer zeitlichen

Beschränkung und auf die **bloße Unbestimmtheit des Endtermins als ein einheitliches betagtes** (und auflösend bedingtes, § 66) Forderungsrecht aufzufassen. RG. 68, 342.

[2] Bei unbestimmtem Verfalltag: § 69. Pr. 55. Daher findet auf eine Leibrente, deren Zeitdauer von dem Tode des Berechtigten abhängt, nicht § 65 Abs. 2, sondern § 69 Anwendung. RG. 68, 342.

[3] Nach § 272 BGB. ist der Schuldner, wenn er eine unverzinsliche Schuld vor der Fälligkeit bezahlt, zu einem Abzuge wegen der **Zwischenzinsen** nicht berechtigt. Hiervon enthält Abs. 2 eine **Ausnahme**. Der danach abzuziehende Zwischenzins wird in der Weise festgestellt, daß von dem als liquidationsfähig vorgestellten Betrage x, der zusammen mit dem Zwischenzinse gleich dem ganzen Betrage der Forderung ist, die gesetzlichen Zinsen (4% gemäß § 246 BGB., bei beiderseitigen Handelsgeschäften gemäß § 352 HGB. 5%, bei Wechselschulden gemäß Art. 50, 51 WO. [OLG. 1, 259] 6%, z. Zt. jedoch nach RGes. v. 3. 7. 25 [RGBl. I 93] 2% über dem Reichsbankdiskontsatz, sofern sie höher sind) für die Zeit von der Konkurseröffnung bis zum Fälligkeitstage berechnet werden. Es ergibt sich dann der zu liquidierende Betrag x z. B. bei einer Forderung von 1000, einem gesetzlichen Zinssatz von 4% und bei 120 Tagen bis zur Fälligkeit aus folgender Gleichung: $1000 - \frac{x \cdot 4 \cdot 120}{100 \cdot 365} = x$. — Über Anwendung der Vorschriften des § 65 bei Entschädigungsforderungen wegen Aufkündigung eines Pachtvertrages infolge der Konkurseröffnung (§ 19) s. Gr. 28, 1175, JW. 91, 302[23].

66. (59.) **Forderungen unter auflösender Bedingung[1] werden wie unbedingte[2] geltend gemacht[3].**

[1] Ein einheitliches (betagtes und) **auflösend bedingtes Forderungsrecht** ist auch eine lebenslängliche Rente. Nach § 69 kann daher der gesamte kapitalisierte Betrag der Rente gefordert werden. RG. 68, 342.

[2] Bei Verteilungen: § 168 Nr. 4. — Aufrechnung: Anm. 4 § 54. — Vgl. über die Behandlung im Zwangsversteigerungsverfahren §§ 48, 50, 119 ZVG.

[3] Ob der Verwalter wegen etwaiger Rückzahlung Sicher-

heitsleistung fordern kann, bestimmt sich nach bürgerlichem Recht. Mot. 279. — **Tritt die Bedingung** im Laufe des Konkursverfahrens **ein**, so kann der Verwalter nunmehr das Nichtbestehen der Forderung geltend machen (z. B. durch Bestreiten im Prüfungstermin) und, wenn er schon etwas auf die Forderung gezahlt hat, den geleisteten Betrag (gemäß § 812 Abs. 1 Satz 2 BGB.) zurückfordern. Vgl. RG. 21, 331.

67. (60.) Forderungen unter aufschiebender Bedingung[1] berechtigen nur[2] zu einer Sicherung[3].

[1] Gleichviel ob die **aufschiebende Bedingung** auf Rechtsgeschäft oder Rechtssatz beruht. RG. 58, 11, JW. 04, 97[26]. Voraussetzung aber ist, daß **das Recht des Gläubigers**, eine bestimmte Leistung zu fordern, nur noch **von** dem **ungewissen** Eintritt einer **künftigen Tatsache abhängt.** RG. 85, 212. Soll **auch der Inhalt der Leistung erst durch die Tatsache bestimmt** werden, ohne daß vorher aus der Natur des Rechtsverhältnisses sich auch nur irgendwelche oberen und unteren Grenzen der Leistung ergeben, so besteht ein Forderungsrecht nach § 241 BGB. überhaupt noch nicht, wenn auch schon der Grund zu einem künftigen Forderungsrecht gelegt ist. Daher ist z. B. der Anspruch einer Genossenschaft m. b. H. gegen den Gemeinschuldner als ihr Mitglied auf Leistung von Nachschlüssen, bevor ein Fehlbetrag im Vermögen der Genossenschaft entstanden ist, nicht eine aufschiebend bedingte Forderung, sondern überhaupt noch nicht zur Entstehung gelangt. RG. 85, 209. Dagegen ist eine aufschiebend bedingte Forderung im Sinne des § 67 der **Anspruch** des Gläubigers **gegen** den **Gemeinschuldner auf Grund** einer von ihm übernommenen **Ausfallbürgschaft.** RG. 69, 416, 85, 212. Aber das **Recht des Gläubigers aus einer sog. Kreditbürgschaft,** die ihm die Befugnis verschafft, durch tatsächliche Gewährung des beanspruchten Kredits die Hauptschuld und damit die Bürgschaftsverpflichtung zur Existenz zu bringen, sofern nicht der Bürge vorher nach Verlauf eines angemessenen Zeitraumes die Bürgschaft kündigt, ist vor erfolgter Kreditgewährung noch kein bedingter Vermögensanspruch im Sinne des § 67. JW. 11, 447[12]. — Dagegen fällt unter § 67 der Anspruch des **Bürgen oder Mitschuldners** des Gemeinschuldners auf Ersatz dessen, was er nach der Konkurseröffnung wird zahlen müssen. Der

Mitverpflichtete kann also wegen dieses Eventualanspruchs Sicherung verlangen (s. Anm. 3) und hat Stimmberechtigung nach Maßgabe des § 96 (s. Anm. 2). RG. 9, 75, 14, 172, 42, 36. **Beteiligt sich aber der Gläubiger selbst am Konkurse,** so kann der Mitverpflichtete nicht noch daneben seinen Eventualanspruch (z. B. der Indossant eines vom Gemeinschuldner akzeptierten Wechsels nicht noch seinen durch Einlösung des Wechsels an den Wechselinhaber bedingten Regreßanspruch) im Konkurse geltend machen (mit der Wirkung der Sicherung der darauf entfallenden Konkursdividende durch Zurückhaltung s. Anm. 3) oder, wenn er eine Teilzahlung an den Gläubiger nach der Konkurseröffnung geleistet, insbesondere den Ausfall des Gläubigers im Konkurse gedeckt hat, für diesen Teilbetrag Entrichtung der Dividende verlangen; denn der Gläubiger erhält gemäß § 68 für seine ganze zur Zeit der Konkurseröffnung bestehende Forderung ohne Rücksicht auf spätere Teilzahlungen Mitverpflichteter die Konkursdividende aus der Masse und diese braucht die Konkursdividende für dieselbe Forderung nicht noch einmal (nunmehr an den Regreß nehmenden Mitverpflichteten) zu zahlen, RG. 9, 75, (VZS.) 14, 172, 32, 87, 37, 3, 42, 37, 72, 290, 83, 402, 85, 57, Gr. 50, 1121, JW. 94, 16[33], 00, 184[11], 03, 245[28], OLG. 32, 386; vgl. jedoch auch RG. 59, 372 (anders: RG. 7, 80, 8, 291), es sei denn, daß die Dividende höher ist als der Restanspruch des Gläubigers; auf den überschießenden Betrag kann sich natürlich der Bürge am Konkurse beteiligen, OLG. 32, 386. Dies gilt selbst dann, wenn sich der Bürge noch auf ein besonderes Garantieversprechen des Gemeinschuldners berufen kann. OLG. 32, 386. Ebenso wird, wenn der Gemeinschuldner aus einem Wechsel dem Wechselinhaber als Akzeptant verpflichtet ist und zugleich bedingt demjenigen gegenüber, der Deckung des Wechsels eingesandt hatte, durch einmalige Leistung der Konkursdividende die Forderung gegen die Konkursmasse getilgt. JW. 95, 16[33], auch RG. 85, 57. — Hat aber der **Mitverpflichtete den Gläubiger vor der Konkurseröffnung voll befriedigt,** so ist er allein Konkursgläubiger. RG. 54, 318. Hat er an den Gläubiger **vor der Konkurseröffnung eine Teilzahlung** geleistet (z. B. auch der Bürge, der für die ganze Schuld in Höhe der Teilzahlung Bürgschaft geleistet hat), so kann der Gläubiger nur den Restbetrag im Konkurse liquidieren, während hinsichtlich des gezahlten Teilbetrages der Mitverpflichtete als Konkursgläubiger am Konkurse teilnehmen kann, und zwar wie sonst ein Gläubiger einer unbedingten Konkursforderung. Bezüglich des Bürgen insbesondere ist aus § 774 Abs. 1 Satz 2 BGB., wonach der, soweit der Bürge den Gläubiger befriedigt, gemäß § 774 Abs. 1 Satz 1 eintretende Übergang der Forderung auf den Bürgen nicht zum Nachteile des Gläubigers geltend gemacht werden kann, auch nicht zu entnehmen, daß dem Bürgen die Dividendenberechtigung wegen der auf ihn übergegangenen Teilforderung bis zur vollen Befriedigung des Gläubigers versagt bliebe. RG. 83, 401, auch JW. 97, 400[8] (vgl. aber das Urteil des Berufungsgerichts in RG. 94, 87, wodurch die Forderung des Bürgen, auf den zufolge Zahlung ein Teilbetrag der Forderung des Gläubigers übergegangen war, zur Konkursmasse mit der Maßgabe festgestellt worden ist, daß die Forderung des Bürgen an der Konkursmasse nur insoweit teilnehme, als dadurch der Gläubiger wegen seiner in ganzer Höhe angemeldeten und festgestellten Forderung nicht benachteiligt werde). — Ist dem **Mitschuldner** zur Sicherung seines eventuellen Ersatzanspruchs (z. B. dem Indossanten eines vom Gemeinschuldner akzeptierten Wechsels zur Sicherung seines durch Einlösung des Wechsels bedingten Regreßanspruchs) ein Pfandrecht vom nachmaligen Gemeinschuldner bestellt, so ist er dadurch, daß der Gläubiger seine Forderung gegen den Gemeinschuldner zum Konkurse anmeldet, nicht behindert, gegenüber der Masse sein **Absonderungsrecht** (§§ 48, 4) **wegen des bedingten Ersatzanspruchs** geltend zu machen, soweit nicht etwa der Pfanderlös den Anspruch übersteigt. RG. 85, 58. — Wird ein Ersatz- oder Befreiungsanspruch eines Mitverpflichteten erst nach Beendigung des Konkurses oder unabhängig vom Konkursverfahren gegen den Gemeinschuldner geltend gemacht, so findet § 67 keine Anwendung. JW. 85, 268. — Vgl. auch RG. 59, 56, JW. 06, 364[7], OLG. 10, 195 u. Anm. 3 § 3 (durch Vertragsverletzung **bedingter Anspruch** auf das **Erfüllungsinteresse** oder auf eine Vertragsstrafe). — Eine Forderung ist nicht um deswillen eine bedingte im Sinne des § 67, weil der **Gläubiger** eine **Gegen-**

leistung zu bewirken hat. Wenn die Forderung fällig ist, kann bei Bestreiten des Konkursverwalters auf ihre Feststellung Zug um Zug gegen die Gegenleistung geklagt werden. RG. 84, 231. — Eine lebenslängliche **Leibrente** ist nicht eine Mehrheit aufschiebend bedingter Ansprüche. Vgl. hierüber Anm. 4 § 54. — Ein **auf zwei verschiedenen Rechtsgründen beruhender Anspruch** gegen den nämlichen Schuldner, der außerhalb des Konkurses durch einmalige Zahlung getilgt werden kann (z. B. Verpflichtung aus einem zur Verwertung gegebenen Wechsel und aus erhaltenem Vorschuß darauf), ist im Konkurse keiner doppelten Liquidierung fähig. OLG. 42, 74.

[2] Die **Berücksichtigung aufschiebend bedingter Forderungen** (vgl. Anm. 3 § 3) ist eine **Ausnahme** von der Regel, daß die Konkursmasse nur zur Befriedigung derjenigen persönlichen Gläubiger dienen soll, die einen zur Zeit der Konkurseröffnung begründeten Anspruch an den Gemeinschuldner haben. RG. 69, 421. — Stimmberechtigung in der Gläubigerversammlung: § 96. — Von einem Zwangsvergleich werden auch diese Forderungen gemäß § 193 betroffen. JW. 06, 36[47].

[3] Anders bei der **Aufrechnung:** § 54 Abs. 3. Vgl. dort Anm. 4, 5 § 54. — Die **Sicherung** erfolgt gemäß §§ 154, 156, 168 Nr. 2, § 169 (durch Zurückbehaltung bei den Abschlagsverteilungen und Hinterlegung bei der Schlußverteilung). — **Tritt die Bedingung ein,** so werden dem Gläubiger die zurückbehaltenen oder hinterlegten Anteile nunmehr ausgezahlt. Fällt die Bedingung aus, so werden diese Anteile für die Schlußverteilung (§ 156) oder die Nachtragsverteilung (§ 166) frei.

68. (61.) Wird über das Vermögen mehrerer oder einer von mehreren Personen, welche nebeneinander für dieselbe Leistung auf das Ganze haften[1], das Konkursverfahren eröffnet, so kann der Gläubiger bis zu seiner vollen Befriedigung[2] in jedem Verfahren den Betrag geltend machen, den er zur Zeit der Eröffnung des Verfahrens zu fordern hatte[3].

[1] Gleichviel ob **Haftung der Mehreren auf das Ganze** auf Grund des Vertrages oder unmittelbar nach dem Gesetze.

Vgl. §§ 421, 830, 840, 2058 BGB., RG. 11, 19, 74, 233, JW. 90, 411[9]. **Auch mehrere Wechselverpflichtete.** RG. 11, 19, JW. 90, 411[9], OLG. 25, 332, 335. — **Nicht bloß für den Ausfall.** Mot. 288. Haftet ein Bürge nicht (gemäß besonderer Vereinbarung) bloß für den Ausfall, so findet im Falle des Konkurses über sein und des Hauptschuldners Vermögen § 68 ebenfalls Anwendung (§ 773 Nr. 1, 3 BGB.), auch wenn die Bürgschaft für die Forderung nur bis zu einem bestimmten Betrage übernommen ist. RG. 8, 291, OLG. 25, 335.

[2] Darüber, daß **neben dem Gläubiger,** der für seine volle Forderung anteilsmäßige Befriedigung aus der Masse erhält, **nicht auch noch der Mitverpflichtete,** der wegen Zahlung **nach** der Konkurseröffnung Regreßansprüche geltend macht, die **Konkursdividende beanspruchen** kann, daß aber, wenn die Schuld von dem Mitverpflichteten zum Teil **vor** der Konkurseröffnung bezahlt ist, die Konkursdividende, insoweit als der Mitverpflichtete den Gläubiger befriedigt hat, dem ersteren, im übrigen dem letzteren zusteht, s. Anm. 1 § 67. — **Teilzahlungen** (oder sonstige Teiltilgungen, z. B. durch Aufrechnung), die nach der Konkurseröffnung **von einem Mitverpflichteten oder** aus dessen **Konkursmasse** geleistet werden, gelten für die Berechnung dessen, was der Gläubiger aus der Konkursmasse fordern darf, so lange als nicht geschehen, bis der Gläubiger seine volle Befriedigung erhalten hat. RG. 9, 77, 74, 233, JW. 90, 419[9], OLG. 25, 332, 335, Anm. 1 § 67. Dies gilt auch dann, wenn der Mitverpflichtete (z. B. ein Bürge, der durch Annahme eines vom Gemeinschuldner ausgestellten Wechsels Bürgschaft geleistet hat, s. Anm. 1) nur in Höhe eines Teilbetrages der Schuld haftet und er diesen Teilbetrag nach der Konkurseröffnung an den Gläubiger gezahlt hat. OLG. 25, 335. — Über den Fall der **Konkurseröffnung** sowohl über das Vermögen einer Handelsgesellschaft wie auch über das Vermögen eines persönlich haftenden Gesellschafters vgl. 212 und Anm. 3 dazu.

[3] Steht dem Gläubiger in dem Konkurse eines Gesamtschuldners ein **Absonderungsrecht zu,** so kann er gemäß § 64 in diesem Verfahren nur den bei der Absonderung erlittenen Ausfall geltend machen. Pr. 57, RG. 52, 171. Ist **aber in** einem solchen Falle gleichzeitig **über das Vermögen des Mit-**

schuldners Konkurs eröffnet, so greift für diesen Konkurs § 68 Platz und kann der Gläubiger hier, ohne Rücksicht auf das für den anderen Konkurs bestehende Absonderungsrecht und auf die nach der Konkurseröffnung aus der Absonderung oder aus der anderen Konkursmasse geleisteten Teilzahlungen, den ganzen zur Zeit der Konkurseröffnung bestehenden Betrag der Forderung liquidieren. RG. 52, 169, JW. 10, 950[34], vgl. Anm. 5 § 212 (wenn im Falle des Konkurses über das Vermögen einer Handelsgesellschaft und auch über das Vermögen eines persönlich haftenden Gesellschafters ein diesem gehöriger Gegenstand für eine Gesellschaftsschuld verpfändet ist). — Ob die **Konkursmasse** des einen gegen den anderen Verpflichteten oder dessen Konkursmasse ein **Rückgriffsrecht** oder ein Recht auf Befreiung von Zahlung der Konkursdividende hat, bestimmt sich nach dem Rechtsverhältnis unter den Mitverpflichteten (§§ 426, 774 BGB., Art. 25, 29, 41 WO.). JW. 00, 184[11], 03, 245[28], OLG. 25, 332. Mehr als die tatsächlich an den Gläubiger gezahlte Dividende kann, auch wenn ein Rückgriffsrecht besteht und in dem anderen Konkurse geltend gemacht werden kann (s. Anm. 1 § 67), in keinem Falle erstattet verlangt werden. JW. 00, 184[11], 03, 245[28]. — Hat ein anderer für den Gemeinschuldner ein Darlehn aufgenommen, dieses sodann dem Gemeinschuldner gewährt und letzterer für jenes Darlehn die Bürgschaft übernommen, so hat nur der erste Darlehnsgläubiger einen Anspruch auf Konkursdividende. RG. 42, 35.

69. (62.) Forderungen, welche nicht auf einen Geldbetrag gerichtet sind[1], oder deren Geldbetrag unbestimmt oder ungewiß[2] oder nicht in Reichswährung[3] festgesetzt ist, sind nach ihrem Schätzungswerte[4] in Reichswährung[5] geltend zu machen[6].

[1] Als **nicht auf einen Geldbetrag gerichtet** kommen besonders in Betracht Forderungen auf Leistung bestimmter Gegenstände, z. B. aus Kauf oder Tausch. So auch auf Abtretung einer Grundschuld, zu der sich der Gemeinschuldner gegen Entgelt verpflichtet hat. RG. 63, 231. Ferner ein Anspruch: auf Wandelung und Rücknahme eines verkauften Grundstücks

wegen Mängel, RG. 65, 132; auf Rechnungslegung über Geschäfte oder Geschäftsbesorgungen des Gemeinschuldners, OLG. 25, 336; des Zeichners von Aktien, die vor der Konkurseröffnung über das Vermögen der Aktiengesellschaft noch nicht ausgefertigt worden sind, auf Verschaffung der Aktienurkunden, RG. 94, 64. Nach JW. 98, 160[24] auch Forderungen aus der Leihe von Wertpapieren, die sich nicht im Besitze des Verwalters befinden. Weiter: ein Anspruch des bisherigen Gläubigers der durch Zahlung zur Eigentümergrundschuld des Gemeinschuldners gewordenen Hypothek auf Umwandlung der Grundschuld wiederum in eine Hypothek für eine andere Forderung des Gläubigers, Gr. 53, 1125; im Falle einer auf Bestellung des nachmaligen Gemeinschuldners vor der Konkurseröffnung für den Gläubiger eingetragenen, aber wegen Fehlens der Übergabe des Hypothekenbriefes gemäß § 1163 Abs. 2 BGB. rechtlich noch dem Gemeinschuldner zustehenden Briefhypothek der Anspruch des Gläubigers (der die Valuta für die Hypothek bereits hingegeben hat) auf Verschaffung der Hypothek, RG. 77, 110. Auch der Anspruch des Gläubigers auf Vorrangseinräumung für seine Hypothek vor einer des Gemeinschuldners. Hier ist der Wert in keinem Fall höher als die Hypothek des Gläubigers. OLG. 32, 387. Vgl. dagegen hinsichtlich Ansprüche aus der vom nachmaligen Gemeinschuldner als Grundstückseigentümer übernommenen Verpflichtung zur Löschung von als Grundschulden ihm zufallenden Hypotheken oder aus der vom Gemeinschuldner übernommenen Verpflichtung zur Vorrangseinräumung Anm. 1 § 3.

[2] Eine Forderung, deren **Geldbetrag unbestimmt oder ungewiß**, ist auch eine lebenslängliche Leibrente. Es kann daher der gesamte kapitalisierte Betrag der Rente (gemäß § 65 Abs. 1, § 66) gefordert werden. RG. 68, 342. Hierher gehört auch die Schadensersatzforderung eines Handlungsgehilfen wegen eines im Betriebe des Gemeinschuldners erlittenen Unfalles gemäß § 62 HGB., soweit sie dem Geschädigten erst in Zukunft erwachsende Nachteile umfaßt. RG. 87, 85, auch Anm. 9 § 3.

[3] §§ 1, 9 Münzges. v. 1. 6. 09 in d. Fass. v. 30. 8. 24.

[4] **Schätzungswert** zur Zeit der Eröffnung des Verfahrens. Pr. 58. Beispiel § 18 Abs. 2. Vgl. auch OLG. 32, 387.

[5] Der Gläubiger hat **bei der Anmeldung** den **Schätzungswert** der Forderung **anzugeben.** Wird die Höhe der Schätzung bestritten, so ist darüber gemäß § 146 zu entscheiden. RG. 24, 62, auch 65, 132. — Die Umwandlung der Höhe der Ansprüche in den Schätzungswert **bezieht sich nur auf den Konkurs.** Die Höhe der Haftung von Mitschuldnern und Pfändern (wegen deren ein Recht auf abgesonderte Befriedigung besteht) wird dadurch nicht berührt. Vgl. §§ 4, 68, RG. 74, 233, 93, 213; vgl. aber OLG. 32, 387. Wird ein Zwangsvergleich geschlossen, so ermäßigt sich auch der Wertbetrag der umgewandelten Individualleistung. OLG. 32, 387. Der ehemalige Gemeinschuldner kann dieser ermäßigten Summe gegenüber mit Geldansprüchen aufrechnen. OLG. 32, 387, vgl. auch Vorbem. vor § 53.

70. (63.) Wiederkehrende Hebungen zu einem bestimmten Betrage und von einer bestimmten Zeitdauer[1] werden unter Abrechnung der Zwischenzinsen[2] (§ 65) durch Zusammenzählung der einzelnen Hebungen kapitalisiert. Der Gesamtbetrag darf den zum gesetzlichen Zinssatze[3] kapitalisierten Betrag derselben nicht übersteigen[4].

[1] Bei unbestimmtem Betrage oder unbestimmter Zeitdauer: § 69. — Die bei der Konkurseröffnung schon fälligen Hebungen kommen nicht in Betracht.

[2] Vgl. Anm. 3 § 65. [3] § 246 BGB., § 352 HGB.

[4] Die Vorschriften des § 70 **beziehen sich nur auf Konkursforderungen** (§ 3), für welche die anteilmäßige Befriedigung aus der Konkursmasse ermöglicht werden soll, nicht auch auf solche Forderungen, für welche Absonderungsrechte (§§ 47 ff.) bestehen (§ 4). RG. 93, 213.

Zweites Buch.

Konkursverfahren.

Erster Titel.

Allgemeine Bestimmungen.

Konkursstatistik: früher Bundesratsbeschl. v. 26. 11. 94, dann v. 7. 11. 12, jetzt VO. 24. 12. 24 (RMBl. 437). Dazu Preußen: früher Verf. v. 10. 12. 94, dann v. 18. 12. 12, jetzt v. 16. 1. 25 (JMBl. 34).

Konkursgericht.

71. (64.) Für das Konkursverfahren ist das Amtsgericht[1] ausschließlich zuständig, bei welchem der Gemeinschuldner seine gewerbliche Niederlassung oder in Ermangelung einer solchen[2] seinen allgemeinen Gerichtsstand[3] hat[4].

Sind mehrere Gerichte zuständig[5], so schließt dasjenige, bei welchem zuerst die Eröffnung des Verfahrens beantragt worden ist, die übrigen aus.

[1] In **Konsularsachen** der Konsul: § 7 RGes. über die Konsulargerichtsbarkeit v. 7. 4. 00 (RGBl. 213); vgl. ferner § 2 Anordn., betr. die Konsulargerichtsbarkeit über Schutzgenossen, v. 27. 10. 00 (ZBl. 574), Dienstanw. zur Ausf. d. Ges. über die Konsulargerichtsbarkeit, v. 27. 10. 00 (ZBl. 92) u. Bek., betr. die Orte, an denen sich mit Gerichtsbarkeit ausgestattete Konsularbeamte befinden, v. 4. 3. 12 (PrJMBl. 92). — Die Wirksamkeit des in den früheren Schutzgebieten eröffneten Konkurses (§ 2 SchutzgebietsG. v. 10. 9. 00 [RGBl. 812]) war nicht auf das Gebiet des Konkursgerichts beschränkt (z. B. hatte die Feststellung zur Tabelle unter den Beteiligten auch außerhalb des Schutzgebietes wie die Feststellung vor einem inländischen Konkursgericht Wirkung).

OLG. 13, 154. — Durch den Friedensvertrag v. 28. 6. 19 (RGBl. 687) ist die Konsulargerichtsbarkeit in mehreren Staaten aufgehoben. Wegen der Überleitung s. RGes. v. 1. 7. 21 (RGBl. 805).

[2] Zusatz der Nov., damit, wenn der Gemeinschuldner seine gewerbliche Niederlassung an einem von dem Wohnsitz verschiedenen Orte hat, das Konkursverfahren nicht an einem von dem Orte der Niederlassung entfernten Amtsgericht eröffnet zu werden braucht. KB. 17. — **„Gewerbliche Niederlassung"**: § 21 ZPO. Eine „Niederlassung" erfordert eine Geschäftsstelle, der dem Hauptetablissement gegenüber Selbständigkeit zusteht und die nicht bloß in Ausnahmefällen und in Sachen untergeordneter Bedeutung selbständig handeln kann. RG. 50, 396, JW. 97, 381[1], 99, 2[4], OLG. 9, 50, 19, 51. — Die Vorschriften des § 238 sind durch die Änderung nicht berührt. KB. 18.

[3] §§ 13—19 ZPO. — Nachlaß: § 214. — Es kommt auf den allgemeinen Gerichtsstand zur **Zeit des Eingangs des Eröffnungsantrages** (nicht des Erlasses des Eröffnungsbeschlusses) an. Verlegt der Gemeinschuldner nach diesem Zeitpunkt seinen Wohnsitz, so bleibt das Gericht zuständig. OLG. 19, 218. Wird der bei einem (z. B. wegen inzwischen erfolgter Verlegung des Wohnsitzes des Gemeinschuldners) unzuständigen Gericht eingereichte Eröffnungsantrag an das zuständige Gericht weitergegeben, so gilt der Antrag als bei diesem Gericht gestellt. OLG. 19, 218.

[4] Bestimmung durch das höhere Gericht: § 36 ZPO.

[5] Z. B. wenn der Gemeinschuldner Niederlassungen in verschiedenen Orten oder seinen Wohnsitz an mehreren Orten hat. § 7 Abs. 2 BGB.

72. (65.) **Die Vorschriften der Zivilprozeßordnung[1] finden, soweit nicht aus den Bestimmungen dieses Gesetzes sich Abweichungen ergeben, auf das Konkursverfahren entsprechende Anwendung.**

[1] Z. B. **§ 36 ZPO.** (Bestimmung des Gerichtsstandes durch das höhere Gericht, wenn gegen Gesamtschuldner zugleich Konkurs beantragt werden soll. Nicht aber, wenn der eine Konkurs schon schwebt). OLG. 42, 75 Anm. 1. Weiter **§ 319 ZPO.** (Berichtigung offenbarer Schreibfehler). OLG.

35, 262. Auch § 80. (Vorlegung schriftlicher, notfalls beglaubigter Vollmacht) findet Anwendung. Da jedoch nach § 80 Abs. 2 nur auf Antrag des Gegners Beglaubigung der Vollmacht angeordnet werden kann, Gegnerschaft aber erst entsteht, wenn im Prüfungstermin ein Gläubiger die Forderung eines andern bestreitet, so kann in früheren Terminen solch ein Antrag nicht gestellt werden. Vgl. OLG. 41, 251. Ferner ist anzuwenden **§ 299 ZPO.** (Nicht nur der Verwalter, sondern auch jeder Konkursgläubiger hat Anspruch auf Abschrift der Tabelle). OLG. 32, 407 (a. M. OLG. 32, 406). Auf das **Beschwerdeverfahren** (vgl. § 73 Abs. 3) findet auch die Vorschrift des **§ 99 ZPO.** (Unzulässigkeit der Beschwerde nur über den Kostenpunkt) Anwendung. JW. 94, 359[4]. Weiter **§ 568 Abs. 2 ZPO.** über selbständigen Beschwerdegrund für die weitere Beschwerde. OLG. 32, 398. Ferner **§ 568 Abs. 3 ZPO.**, wonach jetzt (Art. II EntlG. v. 8. 7. 22 [RGBl. I 569]) Entscheidungen der Landgerichte in betreff der Prozeßkosten keiner weiteren Beschwerde mehr unterliegen. Zu den Kosten des Konkursverfahrens, welche von dieser Vorschrift sonach betroffen werden, gehören nicht nur die gerichtlichen Kosten für das gemeinschaftliche Verfahren, sondern auch die Ausgaben für die Verwaltung der Masse (§ 58 Nr. 2), somit (s. Anm. 1 § 85) auch die Gebühren und Auslagen des Verwalters. OLG. 31, 65. Anwendbar ist auch **§ 766 ZPO.** (z. B. wenn der Gemeinschuldner dem Konkursverwalter die Herausgabe von Sachen, weil sie gemäß § 811 ZPO. unentbehrlich seien und daher gemäß § 1 KO. nicht zur Konkursmasse gehören, verweigert und der Konkursverwalter auf Grund einer vollstreckbaren Ausfertigung des Eröffnungsbeschlusses sich im Wege der Zwangsvollstreckung in den Besitz der Sache gesetzt hat). RG. 37, 398, Anm. 1 § 1 a. E. Über die Nichtanwendbarkeit des § 222 ZPO. auf die Fristen des Anfechtungsrechts vgl. Anm. 1 § 33. — Ein **Rechtshilfeersuchen** gemäß § 157 GVG. um Abhaltung des Prüfungstermins ist unzulässig. OLG. 42, 76.

73. (66.) **Die Entscheidungen im Konkursverfahren können ohne vorgängige mündliche Verhandlung erfolgen[1].**

Die Zustellung geschieht von Amts wegen[2].

Gegen die Entscheidungen im Konkursverfahren findet, soweit dieses Gesetz nicht ein anderes bestimmt[3], die sofortige Beschwerde[4] statt[5].

[1] Die **Beteiligten sind** mündlich oder schriftlich **zu hören** in den Fällen der §§ 84 (Ordnungsstrafe gegen den Verwalter), 95 (Stimmrecht einer streitigen Forderung), 105 (Antrag eines Gläubigers auf Konkurseröffnung), 121 Abs. 2 (Aushändigung der für den Gemeinschuldner eingehenden Postsendungen an den Verwalter), 127 Abs. 2 (Verwertung verpfändeter Gegenstände), 203 (Einstellung des Verfahrens), 208, 210 (Antrag auf Konkurseröffnung über das Vermögen von Handelsgesellschaften), 217 (Antrag auf Konkurseröffnung über einen Nachlaß); mündlich in dem Falle des § 184 (Bestätigung eines Zwangsvergleichs).

[2] §§ 208—213 ZPO. — Auch wenn die Entscheidung im Falle angeordneter mündlicher Verhandlung gemäß § 329 Abs. 1 ZPO., § 72 KO. verkündet ist. Pr. 60. Anders: § 329 Abs. 3 ZPO. — **Keine förmliche Zustellung:** §§ 93 Abs. 2 (Berufung der Gläubigerversammlung), 182 Abs. 2 (Termin zur Wiederholung der Abstimmung über einen Zwangsvergleich), 184, 185, 189 (Bestätigung eines Zwangsvergleichs und Beschwerde dagegen).

[3] Nur Entscheidungen des Gerichts sind anfechtbar, **nicht Beschlüsse der Gläubigerversammlungen.** Ist solcher Beschluß nichtig, so kann Aufhebung durch das Gericht beantragt werden; im übrigen gilt § 99 KO. OLG. 35, 254. — Die **„Feststellung"** einer Forderung **im Prüfungstermin** ist **keine Entscheidung,** sondern nur Beurkundung. Gegen die Ablehnung einer Fehlerberichtigung findet deshalb trotz § 319 Abs. 3 ZPO. nach § 73 Abs. 3 KO. sofortige Beschwerde und sofortige weitere Beschwerde statt. OLG. 35, 262. — **Anfechtung** ist **ausgeschlossen:** § 95 Abs. 3, § 96 Abs. 2 (Entscheidungen über Stimmrecht), 163 (Aufhebung des Konkursverfahrens nach Schlußverteilung), 189 Abs. 3 (Entscheidung auf die Beschwerde betr. einen Zwangsvergleich), 190 (Aufhebung des Konkursverfahrens zufolge rechtskräftigen Zwangsvergleichs).

[4] § 577 ZPO. Vgl. auch Anm. 1 § 72 KO. (Anwendung

des § 99 und des § 568 Abs. 3 ZPO. bei Entscheidungen, welche die Kosten betreffen). — Die **Notfrist beginnt mit der** Zustellung des Bescheides. § 577 Abs. 2 ZPO. **Ausnahme:** mit der Niederlegung auf der Gerichtsschreiberei: § 158 (Anordnung der Berichtigung des Verzeichnisses bei einer Abschlagsverteilung); mit der Verkündung: § 189 (Beschwerde gegen die Entscheidung betr. einen Zwangsvergleich). — **Einlegung** der Beschwerde: § 569 Abs. 1, 2 ZPO **Vollstreckbarkeit** der Entscheidungen: § 794 Nr. 3 ZPO., aber auch § 74 KO. — **Gebühren:** des Gerichts §§ 47, 38 GKG., des Anwalts ($^3/_{10}$) §§ 41, 58, 59 GO. f. RA. — Vgl. auch für **Konsularsachen** §§ 10, 14, 19, 44 RGes. über die Konsulargerichtsbarkeit v. 7. 4. 00 (RGBl. 213). Vgl. ferner Anordn., betr. das Zwangsverfahren wegen Beitreibung der Gerichtskosten in den Konsulargerichtsbezirken, v. 27. 10. 00 (ZBl. 576). — Beschlüsse nach § 18 RGes. v. 4. 12. 99/14. 5. 14 sind nach § 19 FGG. mit der einfachen Beschwerde anzufechten. OLG. 35, 96.

[5] **Weitere Beschwerde:** § 568 Abs. 2, 3 ZPO. (neuer und selbständiger Beschwerdegrund, in betreff der Kosten des Verfahrens keine weitere Beschwerde). Zulässig auch, wenn die erste Beschwerde von einem anderen als dem jetzigen Beschwerdeführer eingelegt war. JW. 03, 180[28]. Eine dritte Beschwerde an das Reichsgericht findet nicht statt: § 567 Abs. 2 ZPO. — Überhaupt keine weitere Beschwerde: § 189 Abs. 3 (Entscheidung des Beschwerdegerichts betr. einen Zwangsvergleich). — Das **Beschwerderecht** steht grundsätzlich jedem zu, dessen rechtliche Interessen im einzelnen Falle durch die Entscheidung beeinträchtigt werden, also dem Verwalter, dem Gemeinschuldner, dem Konkursgläubiger. JW. 95, 329[20], Gr. 42, 1129. Zum Konkursgläubiger wird ein Gläubiger aber erst mit der Anmeldung seiner Forderung, vorher hat er kein Beschwerderecht. OLG. 32, 396. Nicht beschwerdeberechtigt ist ferner der Gläubigerausschuß zur Wahrung der Interessen der Konkursgläubiger. JW. 95, 329[20], auch Anm. 1 § 88. Im Konkurseröffnungsverfahren sind nur der Antragsteller und der Gemeinschuldner beschwerdeberechtigt. OLG. 32, 396.

74. Die Entscheidung des Beschwerdegerichts wird erst mit der Rechtskraft wirksam. Das Beschwerde-

gericht kann jedoch die sofortige Wirksamkeit der Entscheidung anordnen[1].

[1] Mit Rücksicht auf die Möglichkeit einer wiederholten Abänderung und die tiefeinschneidende Wirkung der Entscheidungen (z. B. über die Konkurseröffnung, auch §§ 1419, 1543, 1647 BGB.) ist durch die Nov. die Wirksamkeit der Entscheidung des Beschwerdegerichts an ihre **formelle Rechtskraft** mit der Maßgabe gebunden, daß das Beschwerdegericht in geeigneten Fällen die sofortige Wirksamkeit anordnen kann. KB. 18. Vgl. die gleiche Vorschrift im § 26 FGG. — Hat das Beschwerdegericht auf die Beschwerde eines die Eröffnung des Konkursverfahrens beantragenden Gläubigers über die Ablehnung seines Antrages zwar die Konkurseröffnung beschlossen, aber nicht die sofortige Wirksamkeit der Entscheidung angeordnet, sondern die weiteren Anordnungen dem Konkursgericht übertragen, so ist die Zurücknahme des Antrages durch den Gläubiger noch zulässig. OLG. 5, 215, 25, 336, vgl. auch Anm. 2 § 103. — Über die **materielle Rechtskraft** der Beschlüsse, insbesondere darüber, ob sie den späteren Richter binden (z. B. im Falle der Festsetzung der Vergütung des Verwalters gemäß § 85) s. RG. 27, 402.

75. (67.) **Das Konkursgericht kann zur Aufklärung aller das Verfahren betreffenden Verhältnisse die erforderlichen Ermittelungen, insbesondere die Vernehmung[1] von Zeugen und Sachverständigen[2] anordnen[3].**

[1] Der Gemeinschuldner hat gemäß § 72 KO., § 357 ZPO. das Recht zur Anwesenheit in den Terminen zur Vernehmung der Zeugen und Sachverständigen. OLG. 19, 222.

[2] §§ 373 ff., 402 ff. ZPO.

[3] **Fernere Rechte und Pflichten:** §§ 73 Abs. 2 (Zustellung von Entscheidungen), 76 Abs. 2 (Bekanntmachungen), 78 (Ernennung des Konkursverwalters), 80 (Versagung der Ernennung des gerichtlichen Verwalters), 81 (Bekanntmachung des Namens des Verwalters), 83 (Aufsicht über den Verwalter), 84 (Ordnungsstrafen gegen den Verwalter), 85 (Festsetzung der Vergütung des Verwalters), 87 (Bestellung eines Gläubiger-

ausschusses), 91 (Festsetzung der Vergütung der Gläubigerausschußmitglieder), 92 (Widerruf der Bestellung zum Mitgliede des Gläubigerausschusses), 93, 94 (Berufung und Leitung der Gläubigerversammlung), 95, 96 (Entscheidung über Stimmrecht), 99 (Untersagung der Ausführung des Beschlusses einer Gläubigerversammlung), 100 (Anweisung an den Gemeinschuldner, der Gläubigerversammlung Auskunft zu geben), 101 (Vorführung oder Haft gegen den Gemeinschuldner), 97, 107 (Entscheidung über den Antrag auf Konkurseröffnung), 106 (vorläufige Sicherheitsmaßregeln), 110—112 (Eröffnungsbeschluß und dessen Bekanntmachung), 121 (Anordnung bezüglich der für den Gemeinschuldner eingehenden Postsendungen), 123 (Gestattung der Unterlassung der Masseaufzeichnung), 129 (Genehmigung der Gewährung notdürftigen Unterhalts an den Gemeinschuldner), 135 (vorläufige Untersagung gewisser Rechtshandlungen des Verwalters), 139, 140 (Entgegennahme der Forderungsanmeldungen), 145 (Feststellung der Ergebnisse des Prüfungstermins), 158 (Entscheidungen über Einwendungen bei Abschlagsverteilungen), 160 (Aussetzung einer Abschlagsverteilung), 161 (Genehmigung der Schlußverteilung), 162 (Bestimmung des Schlußtermins), 163 (Aufhebung des Verfahrens), 166 (Anordnung einer Nachtragsverteilung), 169 (Anordnung der Hinterlegung zurückbehaltener oder nicht abgehobener Beträge), 170 (Ermächtigung von gesonderten Zahlungen auf bevorrechtigte Forderungen), 176, 179, 180, 182, 184, 190, 197, 198 (Tätigkeit im Zwangsvergleichsverfahren), 202, 203, 204 (Einstellung des Verfahrens). — Das Konkursgericht ist auch zur Entgegennahme eidesstattlicher Versicherungen zuständig, auch wenn deren Abgabe unaufgefordert erfolgte und an sich sachlich nicht geboten war; so z. B. zur Entgegennahme einer eidesstattlichen Versicherung des Gemeinschuldners, durch die der Wahl eines bestimmten Konkursgläubigers zum Mitgliede des Gläubigerausschusses (§ 87 Abs. 2) entgegengewirkt werden soll. RG. 49, 75.

76. (68.) **Die öffentlichen Bekanntmachungen**[1] **erfolgen durch mindestens einmalige Einrückung in das zur Veröffentlichung amtlicher Bekanntmachungen des**

Gerichts bestimmte Blatt[2]; die Einrückung kann auszugsweise geschehen. Die Bekanntmachung gilt als bewirkt mit dem Ablaufe des zweiten Tages nach der Ausgabe des die Einrückung oder die erste Einrückung enthaltenden Blattes[3].

Das Gericht kann weitere Bekanntmachungen anordnen.

Die öffentliche Bekanntmachung gilt als Zustellung an alle Beteiligten, auch wenn dieses Gesetz neben ihr eine besondere Zustellung vorschreibt[4].

[1] **Deren Fälle:** §§ 81 (Name des Verwalters), 93, 98 (Berufung der Gläubigerversammlung und Gegenstand ihrer Beschlußfassung), 106 (vorläufige Sicherheitsmaßregeln), 111 (Eröffnungsbeschluß), 151 (Summe der Forderungen und Massebestand vor einer Verteilung), 163 (Aufhebungsbeschluß nach Schlußverteilung), 179 (Zwangsvergleichstermin), 190 (Aufhebungsbeschluß zufolge Zwangsvergleichs), 198 (Wiederaufnahme des Verfahrens), 203, 205 (Einstellung des Verfahrens).

[2] Bayern: Bekanntm. v. 4. 8. 79 (GVBl. 48); Württemberg: Art. 2 Ges. v. 18. 8. 79 (RegBl. 208) i. d. Fass. d. Art. 283 Ziff. 43 AG.BGB. usw., v. 28. 7. 99 (RegBl. 423, 527); Baden: Ver. v. 26. 6. 79 (GVBl. 318). — Ferner auszugsweise im **Reichsanzeiger** in den Fällen der §§ 111 (Eröffnungsbeschluß), 163 (Aufhebung des Verfahrens nach Schlußverteilung), 190 (Aufhebung des Verfahrens zufolge Zwangsvergleichs), 198 (Wiederaufnahme des Verfahrens), 205 (Einstellungsbeschluß). — Wegen der öffentlichen Bekanntmachung in **Konsularsachen** vgl. § 29 RGes. über die Konsulargerichtsbarkeit, v. 7. 4. 00 (RGBl. 213) u. dazu Dienstanw. z. Ausf. dies. Ges., v. 27. 10. 00 (ZBl. 577).

[3] In Preußen ist die (erste) Einrückung in den öffentlichen Anzeiger des Regierungsamtsblattes maßgebend, nicht die etwa auch erfolgte Einrückung in Lokalblättern oder im Reichsanzeiger. Verf. v. 5. 9. 82, OLG. 19, 202.

[4] Die Zustellung durch öffentliche Bekanntmachung wirkt für alle Beteiligten einheitlich. JW. 89, 139[7].

77. (69.) Wenn neben der öffentlichen Bekanntmachung eine besondere Zustellung vorgeschrieben ist[1], so kann dieselbe durch Aufgabe zur Post[2] bewirkt werden. Einer Beglaubigung der Abschrift des zuzustellenden Schriftstücks[3] bedarf es nicht.

Die dem Verwalter obliegenden Mitteilungen[4] können unmittelbar und ohne besondere Form geschehen.

[1] §§ 111 (Eröffnungsbeschluß), 179 (Zwangsvergleichstermin).

[2] §§ 175, 213 ZPO.

[3] §§ 170, 210 ZPO. Wohl aber der Zustellungsurkunde: § 190 ZPO. Pr. 61.

[4] §§ 135 (Mitteilung an den Gemeinschuldner vor der Beschlußfassung des Gläubigerausschusses oder der Gläubigerversammlung über gewisse Angelegenheiten), 159 (Mitteilung des Prozentsatzes einer Abschlagsverteilung an die Gläubiger). — Jedoch § 151 (Summe der Forderungen und Massebestand vor einer Verteilung öffentlich bekannt zu machen).

Konkursverwalter.

78. (70.) Der Konkursverwalter[1] wird von dem Gerichte ernannt[2].

Das Gericht kann demselben die Leistung einer Sicherheit[3] auferlegen[4].

[1] § 6 Abs. 2 (Verwaltungs- u. Verfügungsrecht des Verwalters). — Nach § 34 Nr. 6 StGB. i. d. Fass. d. Art. 34 Z. I EG.BGB. Verlust des **Amts** durch Aberkennung der bürgerlichen Ehrenrechte. RG. 29, 86. Der Verwalter bekleidet aber nicht ein öffentliches Amt im Sinne der §§ 33, 34 Nr. 3 StGB. Er ist auch nicht Beamter im Sinne des § 359 StGB. sowie des § 839 BGB. Vgl. RG. 34, 29, 52, 140. — Vgl. ferner Anm. 6 § 6 u. Anm. 2 § 81 (Rechte und Pflichten des Verwalters).

[2] § 110 Abs. 1. Eine besondere Verpflichtung findet nicht statt. Mot. 305. Sachsen: Ver. v. 26. 3. 95 (JMBl. 17).

— Die Ernennung eines nahen **Verwandten** oder Verschwägerten des Gemeinschuldners ist nicht ausgeschlossen. KB. 19. Jedoch § 80 (Wahl eines anderen Verwalters seitens der Gläubiger, falls sie mit Ernennung nicht einverstanden sind). — Im Falle der rechtlichen oder tatsächlichen **Verhinderung** kann ein besonderer Verwalter für die betreffende Angelegenheit ernannt werden. Vgl. jedoch RG. 49, 128 (ein Notar, der Konkursverwalter ist, ist rechtlich nicht verhindert, einseitige Erklärungen an die Konkursmasse zu beurkunden). — Vgl Preußen: Verf. v. 12. 11. 97 (JMBl. 288) (Vorschläge geeigneter Personen durch die Handelskammern) u. v. 27. 3. 01 (JMBl. 83) (Auswahl bei ländlichen Konkursen), v. 17. 11. 17 (JMBl. 367) (Rechtsanwälte).

[3] § 108 ZPO.

[4] Pflicht zur Annahme: Württemberg: Art. 1 Ges. v. 18. 8. 79 (RegBl. 208).

79. (71.) Wenn die Verwaltung verschiedene Geschäftszweige umfaßt, so können mehrere Konkursverwalter ernannt werden. Jeder von ihnen ist in seiner Geschäftsführung selbständig.

80. (72.) In der auf die Ernennung eines Verwalters folgenden Gläubigerversammlung[1] können die Konkursgläubiger statt des Ernannten eine andere Person wählen. Das Gericht kann die Ernennung des Gewählten versagen[2].

[1] § 110.

[2] Ohne die Verpflichtung zur Angabe von Gründen. Mot. 303, Pr. 62. — Eine nochmalige Wahl findet in diesem Falle nicht statt. Pr. 62. — Gegen die Entscheidung (Ernennung oder deren Versagung) steht dem Gemeinschuldner und dem einzelnen Konkursgläubiger die sofortige **Beschwerde** gemäß § 73 Abs. 3 zu, dagegen nicht dem gewählten oder dem vorläufigen Verwalter. Daß der vom Gericht ernannte Verwalter geeignet war, daß der neue sich erst einarbeiten muß und daß Mehrkosten entstehen, ist kein Versagungsgrund. OLG. 35, 255 Anm.

81. (73.) Der Name des Verwalters ist öffentlich bekannt zu machen[1].

Dem Verwalter ist eine urkundliche Bescheinigung seiner Ernennung zu erteilen. Er hat dieselbe bei der Beendigung seines Amts dem Gerichte zurückzureichen[2].

[1] § 76.

[2] **Rechte und Pflichten des Verwalters:** §§ 6 Abs. 2 (Verwaltungs- und Verfügungsrecht), 10, 11 (Aufnahme von Rechtsstreitigkeiten), 17 (Erfüllung zweiseitiger Verträge), 19, 20, 21, 22, 23 (Kündigung oder Fortsetzung von Miet- oder Pachtverhältnissen, von Dienstverhältnissen, von Auftragverhältnissen), 36 (Anfechtungsrecht), 82—86 (Sorgfalt, Aufsicht und Ordnungsstrafen des Konkursgerichts, Vergütung, Schlußrechnung), 88 (Überwachung durch den Gläubigerausschuß), 93 (Antrag auf Berufung der Gläubigerversammlung), 95, 96 (Widerspruch gegen Stimmrecht angemeldeter Konkurs- oder Ausfall- oder bedingter Forderungen), 99 (Antrag auf Untersagung der Ausführung eines Beschlusses der Gläubigerversammlung), 100 (Erfordern einer Auskunft vom Gemeinschuldner), 117 (Verwaltung und Verwertung der Teilungsmasse), 120 (Verlangen der Vorzeigung einer Absonderungssache), 121 (Empfangnahme von Postsendungen an den Gemeinschuldner), 122 (Siegelung), 123 (Aufzeichnung der Konkursgegenstände), 124 (Inventar und Bilanz), 125 (Ladung des Gemeinschuldners zum Offenbarungseid), 126 (Betreiben der Zwangsverwaltung und Zwangsversteigerung unbeweglicher Gegenstände), 127 (Verwertung von Absonderungsgegenständen), 129 (Gewährung notdürftigen Unterhalts an den Gemeinschuldner), 131 (Bericht über die Sachlage in der ersten Gläubigerversammlung), 133, 134, 135 (Einholung der Genehmigung der Gläubigerversammlung oder des Gläubigerausschusses in gewissen Angelegenheiten und Mitteilung an den Gemeinschuldner vor der Beschlußfassung), 137 (Mitzeichnung von Hinterlegungsquittungen und Anweisungen des Verwalters), 144 (Widerspruch im Prüfungstermine), 150 bis 154, 157 (Pflichten bei Verteilungen im allgemeinen), 159 (Bestimmung und Mitteilung des Prozentsatzes bei Abschlagsverteilungen), 161, 162 (Schlußverteilung und Schlußrechnung, s.

RG. 87, 152), 166 (Nachtragsverteilung), 167 (Vollzug der Verteilungen), 169 (Hinterlegung der zurückbehaltenen Beträge), 170 (besondere Zahlungen auf bevorrechtigte Forderungen), 171 (Behandlung der hinterlegten Beträge für einen bedingt zur Aufrechnung befugten Gläubiger), 172 (Nichtberücksichtigung nicht rechtzeitig bekannt gegebener Masseansprüche), 176 (Antrag auf Zurückweisung eines Zwangsvergleichsvorschlages), 184 (Äußerung über Beseitigung eines Zwangsvergleichs), 191 (Berichtigung und Sicherstellung von Masseansprüchen und bevorrechtigten Konkursforderungen nach Beseitigung eines Zwangsvergleichs). — Vgl. im übrigen hinsichtlich der Rechtsstellung des Konkursverwalters und der ihm zustehenden Befugnisse Anm. 6 § 6.

82. (74.)[1] Der Verwalter ist für die Erfüllung der ihm obliegenden Pflichten[2] allen Beteiligten[3] verantwortlich[4].

[1] Durch die Nov. ist die **frühere Vorschrift:**

Der Verwalter hat die Sorgfalt eines ordentlichen Hausvaters anzuwenden.

mit § 154 Satz 1 ZVG. betr. die Verantwortlichkeit des Verwalters bei der Zwangsverwaltung in Einklang gebracht.

[2] Vgl. Anm. 2 § 81 u. Anm. 6 § 6 (Rechte und Pflichten des Verwalters). — Der **Verwalter haftet** für den Schaden, der durch eine von ihm getroffene Maßnahme entstanden ist, dem betreffenden Beteiligten (s. Anm. 3) nur, wenn ihm ein Verschulden im Sinne des § 276 BGB. zur Last fällt. RG. 89, 238. Jedoch haftet er **für jede Fahrlässigkeit.** Auch ein Rechtsirrtum ist von ihm regelmäßig zu vertreten; jedoch ist seine Entschuldbarkeit zufolge Vorliegens besonderer Umstände nicht ausgeschlossen. Gr. 44, 1224, 45, 1182 (JW. 99, 491[25], 00, 73[8]), auch RG. 27, 113, 36, 94, 39, 100. Die Pflichtverletzung kann auch in einer Unterlassung bestehen, z. B.: Verschweigen einer Eigenschaft, die den Wert des zu versteigernden Grundstücks erhöht; Unterlassung gehöriger Information des Prozeßbevollmächtigten, wodurch der für die Konkursmasse ungünstige Ausgang eines Prozesses verursacht ist; Unterlassung der Vollstreckung eines Urteils, die den Verlust der Urteils-

summe für die **Konkursmasse** herbeigeführt hat, RG. 34, 26, 78, 187; Unterlassung der Verhinderung eines Rohrbruchs, wodurch ein Hypothekengläubiger geschädigt wird, OLG. 32, 389. — Jedoch wird durch den Nachweis allein, daß eine Handlung des Verwalters der Konkursmasse nachteilig ist, noch nicht der Nachweis einer Fahrlässigkeit erbracht. JW. 96, 34[23]. — Anderseits wird der Verwalter durch Genehmigung einer Verwaltungshandlung seitens des Gläubigerausschusses nicht von der Haftung für Versehen befreit. OLG. 19, 223. — Der **Ersatzanspruch** gegen den Verwalter ist **nicht** ein Anspruch aus **unerlaubter Handlung** (§ 823 BGB.), sondern ein Anspruch wegen Pflichtverletzung aus § 82 KO. **Er verjährt** daher nicht (gemäß § 852 BGB.) in drei, sondern erst in dreißig Jahren. RG. 78, 190.

[3] **Beteiligter** ist nicht jeder, der durch die Handlung des Verwalters benachteiligt ist, auch nicht jeder Dritte, zu dem der Verwalter kraft der Verwaltung in rechtliche Beziehung tritt, sondern nur ein am Konkursverfahren Beteiligter. RG. 74, 260. Dazu gehören aber nicht nur einzelne Konkursgläubiger (z. B. wenn sie vom Verwalter in das von ihm gemäß § 162 aufzustellende Schlußverzeichnis versehentlich nicht aufgenommen worden sind, s. Anm. 2 § 162, RG. 87, 152, OLG. 19, 223, sowie Massegläubiger, RG. 36, 93, 39, 94, sondern auch Aus- und Absonderungsberechtigte, RG. 34, 29, OLG. 1, 440, 15, 240, 32, 389, letztere insbesondere soweit es sich um die unsachgemäße Veräußerung der ihrem Absonderungsrecht unterworfenen Sachen handelt, Gr. 63, 346. Ferner auch der Zwangsvergleichsbürge, selbst vor Bestätigung des Zwangsvergleichs. RG. 74, 258 (a. M. OLG. 21, 176). — Soll ein der Konkursmasse durch Verschulden des Verwalters entstandener Schaden ersetzt verlangt werden, so ist bei Fortdauer des Konkursverfahrens nicht der Gemeinschuldner oder ein Konkursgläubiger oder ein Massegläubiger, sondern nur ein nötigenfalls zu ernennender **anderer Verwalter** zur Klage berechtigt. Gr. 31, 1129, RG. 78, 188, 89, 240, Gr. 63, 348. — Ist der Konkurs durch Zwangsvergleich beendigt, so ist gemäß § 192 der **frühere Gemeinschuldner** zur Geltendmachung solcher Ersatzansprüche gegen den früheren Konkursverwalter berechtigt, ohne daß ihm entgegengesetzt werden kann, er habe keinen

Schaden erlitten, weil, auch wenn das der Konkursmasse durch die Pflichtwidrigkeit des Verwalters Entzogene sich tatsächlich in der Masse befunden hätte, es doch nicht ihm, sondern den Konkursgläubigern, deren Forderungen jetzt über die Zwangsvergleichsquote hinaus erloschen seien, zugute gekommen wäre. RG. 78, 189. Über die Fragen, ob der Konkursverwalter dem Gemeinschuldner, nachdem der Konkurs durch Befriedigung aller Gläubiger beendigt worden, schadensersatzpflichtig ist, wenn er trotz Angebots einer baren Summe seitens eines Verwandten des Gemeinschuldners dessen Warenlager versteigert, wenn er eine Auskunft über den Stand der Konkursmasse dem Gemeinschuldner zunächst verweigert und dann unrichtig erteilt hat, wenn er auf einen die Interessen der Gläubiger nicht verletzenden Zwangsvergleichsvorschlag nicht eingegangen ist, vgl. W. 15, 65. — Ging dem Konkurse eine **Geschäftsaufsicht** (VO. v. 14. 12. 16, 8. 2. u. 14. 6. 24) voraus und ist durch Verschulden der Aufsichtsperson Vermögen des Gemeinschuldners der Masse entzogen, so gehört auch dieser Ersatzanspruch zur Masse und ist vom Verwalter geltend zu machen. JW. 17, 226[15].

[4] Ein Vertrag, durch den sich der Konkursverwalter vom Gemeinschuldner unter Ausnutzung des Abhängigkeitsverhältnisses zu ihm eine besondere Belohnung für gewisse zu ergreifende Maßnahmen versprechen läßt, ist als gegen die guten Sitten verstoßend (§ 138 BGB.) nichtig. OLG. 27, 255.

83. (75.) Der Verwalter steht unter der Aufsicht[1] des Konkursgerichts[2].

[1] Die Aufsicht beschränkt sich auf die Befugnis, zu prüfen, ob die Handlungen oder Unterlassungen des Verwalters nicht pflichtwidrig sind. Ihre **Zweckmäßigkeit** unterliegt **nicht** der Kontrolle des Gerichts. Mot. 306, RG. 29, 83.

[2] Dem **einzelnen Gläubiger** steht ein **Klagerecht** auf Vornahme gewisser Verwaltungsmaßregeln oder auf Entschädigung der Konkursmasse wegen Unterlassung von solchen **nicht** zu. Gr. 31, 1129, auch Anm. 3 § 82. Er ist auch nicht berechtigt, beim Konkursgericht die Erlassung eines entsprechenden Befehls gegen den Verwalter zu beantragen. JW. 00, 132. Ferner steht ihm ein Recht zur **Beschwerde** über die Ablehnung seines Antrags, gegen den Verwalter wegen Pflichtwidrigkeit einzu-

schreiten, **nicht** zu. OLG. 19, 219. Auch der **Gemeinschuldner** hat ein solches Beschwerderecht nicht. OLG. 15, 244.

84. (76.) **Das Gericht kann gegen den Verwalter Ordnungsstrafen bis zu zweihundert Mark festsetzen[1]. Es kann denselben vor der auf seine Ernennung folgenden Gläubigerversammlung[2] von Amts wegen, später nur auf Antrag[2a] der Gläubigerversammlung oder des Gläubigerausschusses seines Amts entlassen.**

Vor der Entscheidung ist der Verwalter zu hören[3].

[1] Wegen Pflichtwidrigkeit: Anm. 1 § 83. — Die Festsetzung ist eine vollstreckbare Entscheidung im Sinne des § 794 Nr. 3 ZPO. — Nach Art. II Abs. 1, 2 VermögensstrafenVO. v. 6. 2. 24 u. § 1 Abs. 1 VO. v. 12. 12. 24 kann jetzt eine Strafe von 1—1000 RM. festgesetzt werden.

[2] §§ 80, 110. [2a] Das Konkursgericht ist an den Antrag nicht gebunden, sondern hat auch hier über die Frage der Entlassung nach pflichtmäßigem Ermessen zu entscheiden. OLG. 23, 305. — Auch noch nach Aufhebung des Konkurses kann das Gericht (auf Antrag der Gläubigerversammlung oder des Gläubigerausschusses) den Verwalter seines Amtes entlassen und zur Prüfung der Geschäfte, die mit einer erforderlichen Nachtragsverteilung (§ 166) zusammenhängen, durch einen neuen Verwalter ersetzen. OLG. 23, 305.

[3] Schriftlich oder mündlich. — Gegen die Straffestsetzung oder die Entlassung steht dem Verwalter, gegen die Ablehnung des Antrags der Gläubigerschaft auf Entlassung des Verwalters dem Gläubigerausschuß und der Gläubigerversammlung die sofortige **Beschwerde** nach § 73 Abs. 3 zu. Nicht auch jedem einzelnen Gläubiger. OLG. 15, 246, auch 23, 305.

85. (77.) **Der Verwalter hat Anspruch auf Erstattung angemessener barer Auslagen und auf Vergütung für seine Geschäftsführung[1]. Die Festsetzung der Auslagen und der Vergütung erfolgt durch das Konkursgericht[2].**

Die Landesjustizverwaltung kann für die dem Ver-

walter zu gewährende Vergütung allgemeine Anordnungen treffen[2].

[1] Um das Zustandekommen eines **Zwangsvergleichs** hat sich der Verwalter nicht zu bemühen. Deshalb ist er dafür nicht aus der Masse zu entschädigen. Ob der Gemeinschuldner ihn zu entlohnen hat, hängt von den Abreden ab. OLG 42, 75 Anm. 2.

[2] In dem **Festsetzungsbeschlusse** sind mit Rücksicht auf § 60 Vergütung und Auslagen getrennt festzusetzen. OLG. 19, 220. Die festgesetzte Vergütung gehört zu den Massekosten: § 58 Nr. 2, OLG. 25, 337, 31, 65. Über Haftung des bisherigen Gemeinschuldners nach Aufhebung des Konkurses für die Vergütung vgl. Vorbem. vor § 57. Gegen den Staat steht dem Verwalter, auch soweit er mit seiner Vergütungsforderung bei der Verteilung der Masse ausgefallen ist, ein Anspruch nicht zu. RG. 43, 62. — Eine **Einigung** des Verwalters mit den Gläubigern oder mit dem Gemeinschuldner über die Vergütung ist in bezug auf die Konkursmasse **ohne Wirkung.** Mot. 307, Gr. 50, 1127. Vgl. RG. 53, 190 (Einräumung eines Zurückbehaltungsrechts für die Vergütung des früheren Verwalters seitens des nachfolgenden Verwalters ist unwirksam). Auch kann eine Vergütung über den vom Gerichte festgesetzten Betrag hinaus nicht durch Vereinbarung des Verwalters mit dem Gemeinschuldner beim Abschluß eines Zwangsvergleichs rechtswirksam festgesetzt werden. Gr. 50, 1126. Über die Richtigkeit eines Vertrages des Verwalters mit dem Gemeinschuldner über Gewährung einer besonderen Belohnung für gewisse zu ergreifende Maßnahmen vgl. Anm. 4 § 82. Ein zum Verwalter bestellter Rechtsanwalt hat keinen Anspruch auf die Korrespondenzgebühr oder auf Reisekosten nach der GebO. f. RA. OLG. 32, 392. — Gegen die Festsetzung der Vergütung steht dem Verwalter und dem Gemeinschuldner die sofortige **Beschwerde** gemäß § 73 Abs. 3 zu. OLG. 15, 245. Nicht aber dem Gläubigerausschuß oder einem Mitgliede desselben. OLG. 19, 220. Die Beschwerde ist trotz genehmigter Schlußrechnung (§ 86) zulässig. OLG. 32, 393. Über die Anwendung des § 568 Abs. 3 ZPO. auf die weitere Beschwerde vgl. Anm. 1 § 72.

[3] Vgl. § 14 EG.ZVG. — Grundsätze über die Bemessung der Vergütung in Württemberg: JMBl. 1900 S. 144.

86. (78.) Der Verwalter hat bei der Beendigung seines Amts einer Gläubigerversammlung Schlußrechnung zu legen[1]. Die Rechnung muß mit den Belegen und, wenn ein Gläubigerausschuß bestellt ist, mit dessen Bemerkungen spätestens drei Tage vor dem Termine auf der Gerichtsschreiberei zur Einsicht der Beteiligten niedergelegt werden. Der Gemeinschuldner, jeder Konkursgläubiger und der nachfolgende Verwalter sind berechtigt, Einwendungen gegen die Rechnung zu erheben. Soweit in dem Termine Einwendungen nicht erhoben werden, gilt die Rechnung als anerkannt[2].

[1] Die **Beendigung des Amtes**, bei der die Rechenschaftsablage des Verwalters erfolgen muß, kann während des Konkurses infolge der Ernennung eines anderen Verwalters oder am Ende des Konkurses aus Anlaß seiner Einstellung oder Aufhebung eintreten; letzterenfalls ist die Rechnung spätestens im Schlußtermin (§ 162) zu legen. RG. 87, 153. Die **Schlußrechnung** hat es lediglich mit der Person des Verwalters zu tun. Sie ist dazu bestimmt, seine Verwaltungstätigkeit darzulegen, und ihre Anerkennung (s. Anm. 2) bewirkt, auch wenn ihn ein Verschulden trifft (s. Anm. 2, 3 § 82), seine endgültige Befreiung von allen aus der Amtsführung gegen ihn entstandenen Ansprüchen der Beteiligten im Rahmen der Rechenschaftsablage, abgesehen von der Haftung aus vorsätzlich begangener unerlaubter Handlung. RG. 87, 153. Die Rechnung hat vollständig zu sein. Es ist unzulässig, daß der Verwalter sich in dem Schriftstücke nur erbietet, einzelnen Gläubigern auf besonderes Verlangen im Termin Auskunft zu geben. JW. 18, 235[4]. — **Erzwingung** der Rechnungslegung durch Ordnungsstrafen: § 84.

[2] **Einwendungen** können von den Beteiligten, d. i. den Konkursgläubigern, dem Gemeinschuldner und dem etwaigen nachfolgenden Verwalter (s. Anm. 1), erhoben werden. Ge-

schieht dies **nicht**, so **erlöschen**, weil die Rechnung dann als anerkannt gilt (s. Anm. 1), **alle** gegen den Verwalter aus der Verwaltungstätigkeit zu erhebenden **Ansprüche**. RG. 87, 153. Dies muß auch dann gelten, wenn die Schlußrechnung unvollständig war (Anm. 1). Es ist Sache jedes Beteiligten, sich vor oder spätestens im Schlußtermin die Rechnung anzusehen und sofort seine Einwendungen vorzubringen. JW. 18, 235[4], OLG. 35, 255. — Eine stillschweigende Genehmigung billigt aber nur die Handlungen des Verwalters, sie schneidet nicht die Beschwerde gegen die Festsetzung des Verwalterhonorars ab, auch wenn dieses in die Schlußrechnung eingestellt war. OLG. 32, 393. — Die **Erledigung von Streitigkeiten** erfolgt im Prozeßwege. Mot. 308. — **Vollstreckung** eines Urteils auf Rechnungslegung und Eidesleistung: §§ 888, 889 ZPO., RG. 7, 358, 8, 336. — Darüber, daß die Bestimmung des Satzes 4 auf das vom Verwalter nach § 162 aufzustellende **Schlußverzeichnis** keine Anwendung findet, vgl. Anm. 2 § 162.

Gläubigerausschuß.

87. (79.) **Vor der ersten Gläubigerversammlung[1] kann das Gericht aus der Zahl der Gläubiger oder der Vertreter von Gläubigern einen Gläubigerausschuß bestellen[2].**

Die Gläubigerversammlung hat über die Bestellung eines Gläubigerausschusses zu beschließen. Die Mitglieder des Gläubigerausschusses sind von der Gläubigerversammlung zu wählen[3]. Zu Mitgliedern können Gläubiger[4] oder andere Personen gewählt werden.

[1] § 110. [2] Dessen Tätigkeit endet stets mit der ersten Gläubigerversammlung. — Gegen die Bestellung steht allen Beteiligten die sofortige Beschwerde gemäß § 73 Abs. 3 zu. — Bestellt werden **muß** ein Gläubigerausschuß im Genossenschaftskonkurs: § 103 GenG.

[3] Stimmenzählung: §§ 94, 97. — Eine gerichtliche Bestätigung der Gewählten findet nicht statt.

[4] Ein in den Gläubigerausschuß gewählter Konkursgläubiger kann, auch wenn er seine Forderung verkauft hat,

fernerhin Mitglied des Gläubigerausschusses verbleiben. RG. 30, 25.

88. (80.) **Die Mitglieder des Gläubigerausschusses[1] haben den Verwalter bei seiner Geschäftsführung zu unterstützen und zu überwachen. Dieselben können sich von dem Gange der Geschäfte unterrichten, die Bücher und Schriften des Verwalters einsehen und den Bestand seiner Kasse untersuchen[2].**

Der Gläubigerausschuß ist berechtigt, von dem Verwalter Berichterstattung über die Lage der Sache und die Geschäftsführung zu verlangen[3]. Er ist verpflichtet, die Untersuchung der Kasse des Verwalters wenigstens einmal in jedem Monate[4] durch ein Mitglied vornehmen zu lassen[5].

[1] Auch der **Gläubigerausschuß** hat die **rechtliche Stellung** und Funktion eines von den Gläubigern unabhängigen selbständigen gesetzlichen Hilfsorgans der Konkursverwaltung, welches Recht und Pflicht nicht aus einem Mandat der Gläubiger, sondern unmittelbar aus dem Gesetz entnimmt. RG. 31, 119, 122, RG. 39, 384. Er hat nur diejenigen Funktionen, die ihm das Gesetz zuweist. Daher steht ihm ein selbständiges Beschwerderecht nicht zu. JW. 95, 329[20]. — Die **einzelnen Mitglieder** des Ausschusses sind nicht berechtigt, die Funktionen des Ausschusses selbständig auszuüben. JW. 00, 132[10]. Auch können sie nicht in den die Konkursmasse betreffenden Prozessen als Nebenintervenienten des Konkursverwalters auftreten. RG. 36, 367 u. Anm. 1 § 36. Ferner sind sie auch nicht als Vertreter des Gemeinschuldners tätig. Daher steht ihnen in späteren Prozessen des Gemeinschuldners ein Recht zur Verweigerung des Zeugnisses über Verhandlungen des Gläubigerausschusses gemäß § 383 Nr. 5 ZPO. nicht zu. Gr. 43, 509.

[2] In der Verpflichtung, den Verwalter in seiner Geschäftsführung zu **überwachen**, ist die Verpflichtung enthalten, sich über die Abschätzung der beweglichen Aktivmasse und die beabsichtigte Art ihrer Verwertung Kenntnis zu verschaffen. KB.

21, 114. — Über **Schadensersatzpflicht** der Mitglieder des Gläubigerausschusses gegenüber der Konkursmasse bei Verletzung ihrer Überwachungspflicht (z. B. wenn der Verwalter eingezogene Gelder unterschlägt) vgl. RG. 63, 133.

[3] Berichterstattung in der Gläubigerversammlung: §§ 131, 132 Abs. 2.

[4] Daraus folgt nicht, daß den einzelnen Mitgliedern des Ausschusses die Erfüllung ihrer Pflicht, die Geschäftsführung des Verwalters zu überwachen, in der Weise hinauszuschieben nachgelassen ist, daß mit den ersten Akten der Überwachung bis zum Ablauf eines Monats nach der Bestellung des Ausschusses gewartet werden dürfte. RG. 63, 137.

[5] Fernere **Rechte und Pflichten:** §§ 84 (Antrag auf Entlassung des Verwalters), 86 (Bemerkungen zur Schlußrechnung), 93 (Antrag auf Berufung der Gläubigerversammlung), 100 (Erfordern einer Auskunft vom Gemeinschuldner), 123 (Antrag auf Gestattung der Unterlassung einer Masseaufzeichnung), 129 (Genehmigung der Gewährung notdürftigen Unterhalts an den Gemeinschuldner, Beschlußfassung über die Schließung oder die Fortführung des Geschäfts und über die Hinterlegung von Geldern usw.), 133, 134 (Genehmigung gewisser Rechtshandlungen des Verwalters), 137 (Mitzeichnung von Hinterlegungsquittungen und Anweisungen des Verwalters), 150 (Genehmigung zu einer Verteilung), 159 (Bestimmung des Prozentsatzes einer Abschlagsverteilung), 176 (Antrag auf Zurückweisung eines Zwangsvergleichsvorschlages), 177 (Erklärung über Vergleichsvorschlag), 180 (Antrag auf Verbindung des Vergleichstermins mit dem Prüfungstermine), 184 (Äußerung über Bestätigung des Zwangsvergleichs). — Die Ausschußmitglieder dürfen sich für ihre Tätigkeit, insbesondere die Ausübung des Stimmrechts in der Ausschußsitzung, nicht Vorteile versprechen lassen; ein darauf gerichteter Vertrag ist nichtig. RG. 30, 24.

89. (81.) [1]Die Mitglieder des Gläubigerausschusses sind für die Erfüllung der ihnen obliegenden Pflichten[2] allen Beteiligten verantwortlich[3].

[1] Durch die Nov. an die Stelle der früheren Vorschrift:

Die Mitglieder des Gläubigerausschusses haben die Sorgfalt eines ordentlichen Hausvaters anzuwenden.

gesetzt. Vgl. Anm. 1 § 82. — Durch die neue Fassung („allen Beteiligten") wird klargestellt, daß die Ausschußmitglieder nicht nur den Konkursgläubigern, sondern auch dem Gemeinschuldner, den Aus- und Absonderungsberechtigten sowie den Massegläubigern wegen des diesen durch vorsätzliche oder fahrlässige Verletzung ihrer Obliegenheiten zugefügten Schadens ersatzpflichtig sind. Vgl. Anm. 3 § 82.

[2] Vgl. Anm. 5 § 88.

[3] Mehrere von ihnen bei Vorliegen einer unerlaubten Handlung als **Gesamtschuldner:** §§ 830, 840 BGB., vgl. Gr. 32, 1159. — **Klagen wegen Schädigung der Masse** zufolge vernachlässigter Sorgfalt sind während des Konkurses nicht von der Gläubigerversammlung oder dem Gemeinschuldner, sondern vom Konkursverwalter anzustellen, RG. 20, 108, Gr. 31, 1129; nach Beendigung des Konkurses durch Zwangsvergleich vom Gemeinschuldner, RG. 31, 120. — Die Nichterfüllung der Pflichten ist nicht bloß Verletzung einer Vertragspflicht gegenüber den Gläubigern, sondern außerkontraktliches Verschulden. RG. 31, 122.

90. (82.) Ein Beschluß des Gläubigerausschusses ist gültig, wenn die Mehrheit der Mitglieder an der Beschlußfassung teilgenommen hat, und der Beschluß mit absoluter Mehrheit der abgegebenen Stimmen gefaßt ist[1].

[1] Bei Stimmengleichheit ist der Antrag abgelehnt. Mot. 313. Jedes Mitglied hat eine Stimme. Vgl. dagegen § 94 (Abstimmung in der Gläubigerversammlung). — Soll vertragsmäßig die Genehmigung des Gläubigerausschusses erfolgen, so ist, wenn der Gegenkontrahent diese Bedingung als erfüllt anerkannt hat, es ohne Einfluß, daß die Vorschrift des § 90 nicht beobachtet worden ist. JW. 93, 487[10].

91. (83.) Die Mitglieder des Gläubigerausschusses haben Anspruch auf Erstattung angemessener barer

Auslagen und auf Vergütung für ihre Geschäftsführung[1]. Die Festsetzung der Auslagen und der Vergütung erfolgt nach Anhörung der Gläubigerversammlung durch das Konkursgericht[2].

Die Landesjustizverwaltung kann für die den Mitgliedern des Gläubigerausschusses zu gewährende Vergütung allgemeine Anordnungen treffen[3].

[1] Gehört zu den Massekosten: § 58 Nr. 2.

[2] Durch die Nov. an die Stelle der früheren Vorschrift:

> In Ermangelung einer Einigung mit der Gläubigerversammlung erfolgt die Festsetzung der Auslagen und der Vergütung durch das Konkursgericht.

gesetzt. Die Festsetzung soll ebenso wie im Falle des § 85 (Vergütung des Verwalters) stets durch das Konkursgericht erfolgen. Eine **Einigung** mit der Gläubigerversammlung ist nunmehr unwirksam. Vgl. Anm. 5 § 88. — Ausgeschlossen ist durch § 91 nicht, daß, wenn ein Rechtsanwalt zum Gläubigerausschuß gehört, er in seiner Eigenschaft als Anwalt mit der Erledigung bestimmter Geschäfte vom Konkursverwalter und dem Gläubigerausschuß beauftragt wird, dafür Gebühren nach der GO.f.RA. berechnet und nötigenfalls die Gebühren im Prozeßwege gegen die Konkursmasse geltend macht. OLG. 23, 306. — Das hier (abweichend von § 85) aufgestellte Erfordernis der Anhörung der Gläubigerversammlung ist nur dahin zu verstehen, daß den Gläubigern in einer Versammlung Gelegenheit zur Äußerung gegeben werden soll. Daher ist, wenn in dem dazu bestimmten Termine (z. B. auch im Schlußtermine, § 162) kein Gläubiger erscheint, die Anberaumung eines neuen Termins nicht erforderlich. Begr. 26, 27. — Der Beschluß setzt ein noch anhängiges Konkursverfahren voraus. Wird also der Beschluß verkündet und unmittelbar darauf das Konkursverfahren aufgehoben, so ist die **Beschwerde** des Ausschußmitgliedes wegen erfolgter Abstriche unzulässig. OLG. 32, 394.

[3] Vgl. Anm. 2 § 85.

92. (84.) Die durch das Gericht[1] erfolgte Bestellung zum Mitgliede des Gläubigerausschusses kann von dem Gerichte, die durch die Gläubigerversammlung[2] erfolgte Bestellung zum Mitgliede des Gläubigerausschusses durch Beschluß der Gläubigerversammlung widerrufen werden.

[1] § 87 Abs. 1. [2] § 87 Abs. 2.

Gläubigerversammlung.

93. (85.) Über die Berufung der Gläubigerversammlung[1] beschließt das Gericht. Die Berufung muß erfolgen, wenn sie von dem Verwalter, dem Gläubigerausschusse oder von mindestens fünf Konkursgläubigern, deren Forderungen nach der Schätzung des Gerichts den fünften Teil der Schuldenmasse erreichen, beantragt wird[2].

Die Berufung muß öffentlich bekannt gemacht werden[3]. Der öffentlichen Bekanntmachung bedarf es nicht, wenn in einer Gläubigerversammlung eine Vertagung der Verhandlung[4] angeordnet wird.

[1] **Rechte und Pflichten** derselben: §§ 80 (Wahl eines anderen Verwalters), 84 (Antrag auf Entlassung des Verwalters), 87 (Beschlußfassung über die Bestellung und Wahl der Mitglieder eines Gläubigerausschusses), 91 (Äußerung über die den Mitgliedern des Gläubigerausschusses zu gewährende Vergütung), 92 (Widerruf der Wahl zum Mitgliede eines Gläubigerausschusses), 132 (Beschlußfassung über Unterstützung des Gemeinschuldners, Schließung oder Fortführung des Geschäfts, Hinterlegung oder Anlegung von Geldern usw., Berichterstattung und Rechnungslegung des Verwalters), 134 (Genehmigung gewisser Rechtshandlungen des Verwalters), 137 (Beschlußfassung über Zeichnung von Hinterlegungsquittungen und Anweisungen), 162 (Beschlußfassung im Schlußtermin über die nicht verwertbaren Vermögensstücke),

182 (Genehmigung eines Zwangsvergleichsvorschlages). — Befugnisse einzelner Gläubiger in der Gläubigerversammlung: §§ 86 (Erhebung von Einwendungen gegen die Schlußrechnung), 99 (Antrag auf Untersagung der Ausführung eines Beschlusses der Gläubigerversammlung), 142 (Widerspruch gegen Prüfung der verspätet angemeldeten Forderungen), 144 (Widerspruch gegen angemeldete Forderungen im Prüfungstermin); auch §§ 93 Satz 2 (Berufung einer Gläubigerversammlung auf Antrag von fünf Gläubigern), 125 (Ladung des Gemeinschuldners zur Leistung des Offenbarungseides), 188 (Antrag auf Verwerfung eines Zwangsvergleichs). — Vgl. § 18 RGes. betr. die gemeinsamen Rechte der Besitzer von Schuldverschreibungen, v. 4. 12. 99 (RGBl. 691) (Versammlung der Besitzer von Schuldverschreibungen im Konkurse des Ausstellers).

[2] **Außerdem** ist sie vorgeschrieben in den §§ 86 (Abnahme der Schlußrechnung des Verwalters, die mit Belegen und den Bemerkungen des Gläubigerausschusses vor dem Termin auf der Gerichtsschreiberei niedergelegt werden muß), 110 (Anberaumung des ersten Termins zur Wahl eines anderen Verwalters und Bestellung eines Gläubigerausschusses), 162 (Anberaumung eines Schlußtermins), 179 (Anberaumung eines Termins zur Verhandlung über einen Vergleichsvorschlag). — Gegen die Berufung steht allen Beteiligten die sofortige Beschwerde gemäß § 73 Abs. 3 zu.

[3] § 76. Desgleichen die Tagesordnung: § 98.

[4] Unter gleichzeitiger Anberaumung eines neuen Termins. Pr. 68.

94. (86.) Die Gläubigerversammlung findet unter der Leitung des Gerichts statt[1].

Die Beschlüsse der Gläubigerversammlung werden mit absoluter Mehrheit der Stimmen[2] gefaßt[3]. Für die Wahl der Mitglieder des Gläubigerausschusses genügt relative Mehrheit der Stimmen.

Die Stimmenmehrheit ist nach den Forderungsbeträgen[4] zu berechnen. Bei Gleichheit der Summen entscheidet die Zahl der Gläubiger.

[1] Nicht öffentlich. Pr. 68, 69.

[2] Der selbst oder durch legitimierte Vertreter erschienenen Gläubiger: § 97. — Vgl. auch § 243 (Strafbarkeit des Stimmkaufs).

[3] Anders beim Zwangsvergleich: § 182 Nr. 2.

[4] Vgl. § 95. — Einschließlich der Nebenforderungen des § 62. Einerlei, ob sie bevorrechtigt sind oder nicht. Pr. 68.

95. (87.) Zur Teilnahme an den Abstimmungen berechtigen die festgestellten[1] Konkursforderungen[2]. In Ansehung einer streitig gebliebenen Forderung wird bei der Prüfung mit den Parteien erörtert, ob und zu welchem Betrage ein bleibendes[3] Stimmrecht für dieselbe zu gewähren ist. In Ermangelung einer Einigung entscheidet das Konkursgericht. Das Gericht kann die Entscheidung auf den weiteren Antrag einer Partei abändern.

Ob und zu welchem Betrage nicht geprüfte Konkursforderungen zum Stimmen in einer Gläubigerversammlung berechtigen[4], entscheidet auf den Widerspruch eines Konkursgläubigers oder des Verwalters das Gericht[5].

Eine Anfechtung der Entscheidungen findet nicht statt.

[1] Vgl. § 144. [2] Vgl. § 3. Die Schadensersatzforderung eines Handlungsgehilfen wegen eines im Betriebe des Gemeinschuldners erlittenen Unfalles gemäß § 62 HGB. auch soweit, als sie die dem Geschädigten erst in Zukunft erwachsenden Nachteile umfaßt. RG. 87, 85, auch Anm. 9 § 3, Anm. 2 § 69. — Die Ansprüche der Absonderungsberechtigten nur gemäß § 64. Vgl. § 96.

[3] D. h. dem Gläubiger steht das Stimmrecht auch in allen folgenden Versammlungen zu, bis über das Bestehen der bestrittenen Forderung gemäß § 147 entschieden ist.

[4] Nicht (wie im Falle des § 95 Abs. 1 Satz 2, vgl. Anm. 3) bleibendes Stimmrecht. Mot. 315.

[5] Erfolgt kein Widerspruch in einer Gläubigerversammlung, so ist die ungeprüfte Forderung vorläufig zum vollen Betrage stimmberechtigt.

96. (88.) Ob und zu welchem Betrage Forderungen, für welche abgesonderte Befriedigung beansprucht wird, in Ansehung ihres mutmaßlichen Ausfalls[1], sowie Konkursforderungen unter aufschiebender Bedingung[2] zum Stimmen in einer Gläubigerversammlung berechtigen[3], entscheidet auf den Widerspruch[4] eines Konkursgläubigers oder des Verwalters das Gericht.

Eine Anfechtung der Entscheidung findet nicht statt.

[1] § 64. — Den mutmaßlichen Ausfall muß der Absonderungsberechtigte angeben.

[2] § 67. — Auflösend bedingten Forderungen steht gemäß § 66 volles Stimmrecht zu.

[3] Anm. 4 § 95 (nicht bleibendes Stimmrecht).

[4] Erfolgt kein Widerspruch in der Gläubigerversammlung, so sind die Forderungen vorläufig in voller Höhe des angegebenen mutmaßlichen Ausfalles bzw. des angemeldeten Betrages stimmberechtigt.

97. (89.) Gezählt werden nur die Stimmen der in der Gläubigerversammlung erschienenen Gläubiger[1]. Die nicht erschienenen Gläubiger sind an die Beschlüsse gebunden.

[1] Abweichung beim Zwangsvergleich: § 182 Nr. 2. — Die Gläubiger können auch durch legitimierte Bevollmächtigte sich an der Abstimmung beteiligen.

98. (90.) Der Gegenstand, über welchen in der Gläubigerversammlung ein Beschluß gefaßt werden soll, muß bei der Berufung derselben öffentlich bekannt gemacht werden[1].

[1] § 76. — Beschlüsse über andere Gegenstände als die in der Bekanntmachung bezeichneten sind nichtig. Mot. 314. — Soll vertragsmäßig die Genehmigung der Gläubigerversammlung erfolgen, so ist, wenn der Gegenkontrahent diese Bedingung als erfüllt anerkannt hat, es ohne Einfluß, daß die Vorschrift des § 98 nicht beobachtet worden ist. JW. 93, 487[10].

99. (91.) Das Gericht hat die Ausführung eines von der Gläubigerversammlung gefaßten Beschlusses auf den in der Gläubigerversammlung[1] gestellten Antrag des Verwalters oder eines überstimmten Gläubigers zu untersagen[2], wenn der Beschluß dem gemeinsamen Interesse der Konkursgläubiger widerspricht[3].

[1] D. i. in derselben Gläubigerversammlung. Mot. 317.

[2] Eine Untersagung der Ausführung eines Beschlusses steht auch dann zur Frage, wenn die Aufhebung eines auf eine Unterlassung (z. B. der Fortsetzung des Verfahrens bis zum Tode eines Dritten, nach dessen Ableben der Gemeinschuldner eine Erbschaft erlangen soll) gerichteten Beschlusses begehrt wird. OLG. 21, 176.

[3] Gegen die Zurückweisung des Antrags steht dem Antragsteller, gegen die Untersagung der Ausführung dem Verwalter und jedem einzelnen Konkursgläubiger die sofortige Beschwerde gemäß § 73 Abs. 3 zu. OLG. 35, 254. Ist der gefaßte Beschluß nichtig, so kann seine Aufhebung beantragt werden. OLG. 35, 254.

Gemeinschuldner.

100. (92.) Der Gemeinschuldner[1] ist verpflichtet, dem Verwalter, dem Gläubigerausschusse und auf Anordnung des Gerichts[2] der Gläubigerversammlung über alle das Verfahren betreffenden Verhältnisse Auskunft zu geben[3].

[1] Er ist zu hören: § 105 (vor Eröffnung des Konkurses); fernere **Rechte und Pflichten:** §§ 6—8 (Verlust der Befugnis zur Verfügung über die Konkursmasse), 86 (Erhebung von Einwendungen gegen die Schlußrechnung), 101 (Richt-

entfernung ohne gerichtliche Erlaubnis, Vorführung und Inhaftnahme wegen Pflichtwidrigkeit oder zur Sicherung der Masse), 103, 104 (Antrag auf Konkurseröffnung und dessen Erfordernisse), 109 (sofortige Beschwerde gegen Eröffnungsbeschluß), 121 (Einsicht in die Postsendungen), 123 (Mitwirkung bei Aufzeichnung der Teilungsmasse), 125 (Leistung des Offenbarungseides), 135 (Recht auf Mitteilung des Verwalters von gewissen beabsichtigten Maßregeln und Antrag auf vorläufige Untersagung), 141 (Erklärung über die angemeldeten Forderungen im Prüfungstermine), 160 (Antrag auf Aussetzung einer Abschlagsverteilung wegen Zwangsvergleichsvorschlags), 173, 180, 182, 189, 192 (Herbeiführung eines Zwangsvergleichs und dessen Wirkungen), 202, 206 (Antrag auf Einstellung des Verfahrens bei Zustimmung der bekannten Gläubiger und Wirkung der Einstellung).

[2] Die von der Gläubigerversammlung zu beantragen ist (§ 94) und gegen deren Ablehnung dem Verwalter und jedem einzelnen Konkursgläubiger gemäß § 73 Abs. 3 die sofortige **Beschwerde** zusteht.

[3] Auch über Aus- und Absonderungsrechte, Masseansprüche sowie die zur Begründung der Anfechtung von Rechtshandlungen geeigneten Tatsachen. — Für die Masse zu arbeiten ist er nicht verpflichtet. Mot. 318, 351.

101. (93.) Der Gemeinschuldner darf sich von seinem Wohnorte nur mit Erlaubnis des Gerichts entfernen.

Das Gericht kann die zwangsweise Vorführung[1] und nach Anhörung des Gemeinschuldners die Haft[2] desselben anordnen, wenn er die ihm von dem Gesetze auferlegten Pflichten[3] nicht erfüllt, oder wenn es zur Sicherung der Masse notwendig erscheint[4].

[1] § 380 Abs. 2 ZPO.

[2] §§ 904—910, 912, 913, 933 ZPO. — Die Kosten der Haft sind Massekosten. § 58 Nr. 1.

[3] § 100. — Auch wenn der Gemeinschuldner seinen Wohnsitz ohne Erlaubnis des Gerichts verlegt (Abs. 1), setzt er sich den Zwangsmaßregeln des Abs. 2 aus. Jedoch ist die Wohnsitzverlegung nicht unwirksam. OLG. 19, 225.

[4] Insbesondere wenn die Besorgnis der Beseitigung von Vermögensstücken oder der Einziehung von Forderungen besteht. Mot. 318. — Gegen die Anordnung steht dem Gemeinschuldner und dem Verwalter, gegen die Ablehnung dem Antragsteller gemäß § 73 Abs. 3 die sofortige **Beschwerde** zu.

Zweiter Titel.

Eröffnungsverfahren.

Gebühren des Anwalts (2/10 bzw. 5/10): § 54 GO. f. RA.

Zulässigkeit.

102. (94.) Die Eröffnung des Konkursverfahrens setzt die Zahlungsunfähigkeit[1] des Gemeinschuldners voraus[2].

Zahlungsunfähigkeit ist insbesondere[3] anzunehmen, wenn Zahlungseinstellung[4] erfolgt ist.

[1] D. i. die **im allgemeinen vorliegende**, und zwar voraussichtlich dauernde **Unfähigkeit, die Mittel** zur Bezahlung fälliger Geldschulden **herbeizuschaffen**, RG. 22, 47, 50, 41, unabhängig davon, ob der Gemeinschuldner sich im Zustande wirklicher Überschuldung (Vermögensunzulänglichkeit) befindet, Mot. 319, 320, Gr. 32, 1163, JW. 88, 167[9]. Eine völlige Entblößung von allen Mitteln und das Fehlen jeder Aussicht auf weitere Einnahmen ist zum Begriffe der Zahlungsunfähigkeit nicht erforderlich. RG. 50, 41. — Eine **Überschuldung** allein genügt anderseits **nicht**. JW. 05, 157[47]. Es sollen namentlich junge, in ihrem Kapital schwache, in ihrem Kredit aber starke Unternehmungen sowie die an sich soliden Geschäfte, deren Vermögenswerte nur zufolge allgemeiner wirtschaftlicher Krisen und Stockungen (Kriegsgefahr, politische Unruhen) sich vermindert haben, an Fortführung des Betriebes trotz vorliegender Überschuldung nicht gehindert sein. **KB.** 23, 24. — **Anders:** §§ 207, 209 (bei Aktiengesellschaften, Kommanditgesellschaften auf Aktien, juristischen Personen, nicht rechtsfähigen Vereinen findet das Konkursverfahren auch im Falle

der Überschuldung statt), 215, 236 (die **Konkurseröffnung** über einen Nachlaß oder über das Gesamtgut einer fortgesetzten Gütergemeinschaft setzt Überschuldung voraus). Vgl. § 63 GmbHG. v. 20. 4. 92 i. d. Fass. v. 20. 5. 98 (RGBl. 846), § 98 GenG. v. 1. 5. 89 i. d. Fass. v. 20. 5. 98 (RGBl. 810).

[2] Zur Zeit der Prüfung des Eröffnungsantrages. RG. 36, 74. — Das Vorhandensein von mehr als **einem** Konkursgläubiger ist nicht Bedingung für die Eröffnung. RG. 11, 42, RG. 39, 326, 41, 314, JW. 83, 90[23].

[3] Fernere **Anzeichen der Zahlungsunfähigkeit**: Zugeständnis derselben durch den Schuldner, Beiseiteschaffung oder unwirtschaftliche Veräußerung von Vermögensstücken, Schließung des Geschäfts, heimliche Entfernung ohne genügende Vertretung und dgl. Mot. 107, 323, JW. 84, 92, Gr. 26, 832. — Zur Widerlegung der behaupteten Zahlungseinstellung ist der Beweis zulässig, daß Zahlungsunfähigkeit nicht vorgelegen habe. RG. 3, 94.

[4] **Zahlungseinstellung** ist die erkennbar a) gewordene Tatsache der Nichterfüllung fälliger b) Geldschulden in der Allgemeinheit wegen eines nicht bloß vorübergehenden c), sondern voraussichtlich dauernden Mangels an Zahlungsmitteln. RG. 14, 221, RG. 6, 96, 111, 21, 23, 50, 41, 51, 413, 100, 65, Gr. 44, 1216, 56, 352, JW. 95, 226[15], 01, 753[10], 05, 157[47], 08, 48[26], 10, 622[20], 11, 490[19], 12, 306[27], 16, 1118[8], W. 15, 63.

a) **Erkennbarkeit**: Einer Erklärung seitens des Schuldners bedarf es nicht. Jedoch muß die Zahlungsunfähigkeit in einer solchen Weise in die äußere Erscheinung getreten sein, daß sie, wenn auch nicht jedem, so doch innerhalb der beteiligten Geschäftskreise erkennbar geworden ist. RG. 51, 414, Gr. 44, 1216, JW. 92, 238[12], 98, 508[30], 01, 653[10], 753[10], W. 17, 96, 23, 24. Die Verpfändung von Waren, deren Hingabe an Zahlungs Statt, besonders deren Abgabe unter dem Selbstkostenpreise, können zwar Anzeichen der Zahlungsunfähigkeit sein, aber, da diese Veräußerungen regelmäßig dazu bestimmt sind, den Eintritt der Zahlungseinstellung hintanzuhalten, so kann aus ihnen allein eine Zahlungseinstellung noch nicht entnommen werden. JW. 93, 562[21]. Wohl aber, wenn der Schuldner Vermögensstücke beiseite schafft und sich dadurch die Mittel zur Erfüllung seiner Verbindlichkeiten entzieht. Gr. 49, 1085.

Ferner hat die Zahlungsunfähigkeit regelmäßig einen genügenden äußeren Ausdruck erlangt, wenn der Schuldner zur Zahlung fälliger Verbindlichkeiten vergeblich aufgefordert worden ist. JW. 89, 171[14], 91, 250[14], 98, 508[30]. Liegt Zahlungsunfähigkeit vor und ist sie in die äußere Erscheinung getreten, so muß Zahlungseinstellung angenommen werden, auch wenn der Schuldner erklärt, er werde sich bemühen, Geld zu schaffen. W. 17, 96.

b) **Aufhören der Erfüllung fälliger Geldschulden in der Allgemeinheit:** Ob diese Voraussetzung vorliegt, ist nach den konkreten Verhältnissen mit Rücksicht auf die Anschauungen des Verkehrslebens zu entscheiden. Unter Umständen kann schon die Unterlassung einer einzigen fälligen Zahlung zur Annahme der Zahlungseinstellung genügen (z. B. wenn ein Großkaufmann ein Wechselakzept nicht einlöst oder wenn der Gemeinschuldner einem Hauptgläubiger Zahlung nicht leistet oder einem Gläubiger erklärt, er könne nicht mehr zahlen). RG. 6, 96, 50, 42, RG. 41, 314, Gr. 51, 1094, JW. 92, 238[12], 99, 770[10], 01, 653[10], 753[10], 02, 96[29], 11, 490[19]. Es kann sogar genügen, daß überhaupt nur e i n e Forderung bestand, die aber eingefordert sein muß. JW. 08, 48[26], OLG. 32, 370. Ferner ist eine vom Schuldner an seine Gläubiger gerichtete Erklärung, aus der sich der Vermögenszusammenbruch ergibt, zur Annahme der Zahlungseinstellung genügend. OLG. 27, 257, 258. Jedoch genügt nicht schon das bloße Vorliegen einer Erklärung des Schuldners, nicht mehr zahlen zu können; vielmehr muß eine solche Erklärung sich auch in Übereinstimmung mit dem sonstigen tatsächlichen Verhalten des Schuldners befinden. Gr. 53, 1128. In der Regel genügt auch **nicht ein bloß vereinzeltes Unterbleiben fälliger Zahlungen.** RG. 6, 95, JW. 95, 226[15], Gr. 56, 352, OLG. 3, 54. Selbst mehrfache Wechselproteste sowie Klagen und Pfändungen sind nicht unbedingt genügend. JW. 97, 238[41], 00, 132[9], 08, 459[30], 10, 29[52], 622[20], Gr. 56, 351, OLG. 10, 219. Jedoch wird dadurch, daß der Gemeinschuldner (insbesondere zur Aufrechterhaltung seines Geschäftsbetriebes) noch einzelne Zahlungen leistet, die Annahme der Zahlungseinstellung nicht ausgeschlossen. JW. 96, 357[14], 11, 108[45], 724[33]. Die Nichtzahlung muß aber auf dem **Nichtkönnen** beruhen. Sie ist daher bedeutungslos, wenn der

Schuldner, obgleich er konnte, dennoch nicht zahlte, weil er nicht wollte, oder wenn er von den Gläubigern nicht bedrängt, ihm vielmehr Stundung bewilligt wurde. JW. 91, 250[14], 95, 479[12], 98, 508[30], 01, 753[10], 04, 454[11], 05, 29[12], 12, 306[27], Gr. 56, 352, auch RG. 50, 41, 51, 413, RG. 41, 314, Gr. 49, 1085. Wegen vorhandenen **Kredits** aber kann beim Mangel flüssiger Zahlungsmittel eine Zahlungseinstellung nur dann verneint werden, wenn die Gewährung des Kredits in bestimmter Aussicht steht und ferner dieser Kredit so beschaffen ist, daß mit seiner Hilfe die Erfüllung oder doch Stundung der fälligen Verbindlichkeiten herbeigeführt werden kann. JW. 02, 546[18], W. 17, 96. Auch ist zum Begriffe der Zahlungseinstellung nicht erforderlich, daß der Schuldner ausdrücklich oder stillschweigend den **Entschluß** gefaßt hat, **nicht mehr zu zahlen.** Gr. 49, 116, JW. 11, 490[19], 724[33], 19, 826[9], W. 17, 96. Vielmehr kann, wenn die sonstigen Voraussetzungen gegeben sind, Zahlungseinstellung auch eines Schuldners vorliegen, der nicht willensfähig ist und auch keinen Willensvertreter hat, Gr. 49, 116, OLG. 10, 218, und auch entgegen seinem Willen (z. B. im Falle seiner Verhaftung), JW. 11, 490[19]. In der Nichterfüllung eines auf **andere Leistungen als Geld** gerichteten Anspruchs (z. B. auf Sicherheitsleistung durch Hinterlegung oder Verpfändung von Mobilien) kann eine Zahlungseinstellung nicht liegen. Gr. 51, 1093. Eintritt des kalendermäßig bestimmten Zeitpunktes der Fälligkeit einer Geldschuld setzt zwar den Schuldner gemäß § 284 Abs. 2 BGB. auch ohne Mahnung in Verzug, reicht aber für sich allein zur Annahme der Zahlungseinstellung nicht aus, vielmehr setzt diese **Zahlungsbegehren** des Gläubigers voraus. JW. 08, 48[26].

c) **Dauernder Mangel an Zahlungsmitteln:** Nicht bloße Zahlungsstockungen, die nach Auffassung des Verkehrslebens nur in einem vorübergehenden Mangel bereiter Mittel ihren Grund haben. RG. 50, 42, JW. 98, 12[29], 10, 29[52], 11, 90[19], 12, 306[27], Gr. 56, 352. Solange der Schuldner trotz Überschuldung doch zufolge Ausnutzung seines Kredits seinen Verpflichtungen noch nachkommt, ist eine Zahlungseinstellung noch nicht eingetreten. JW. 98, 12[29], Gr. 56, 352, OLG. 10, 219. Hat aber der Schuldner **keine bereiten Mittel** zur Erfüllung seiner fälligen Verbindlichkeiten, so ist Zahlungseinstellung anzunehmen. RG. 41, 314, Gr. 41, 1105. Eine vom Drittschuldner bestrittene Forderung ist in dieser Hinsicht kein bereites Zahlungsmittel. Gr. 41, 1105. Ferner schließt die bloße nicht verwirklichte Möglichkeit, daß der Schuldner sich durch Verwertung seiner Aktiva Mittel zur Befriedigung der Gläubiger verschaffen werde, die Annahme der Zahlungseinstellung nicht aus. OLG. 27, 258. — Ob jedoch der Schuldner, der noch Zahlungen leistet, die Mittel dazu auf redlichem oder unredlichem Wege erlangt hat, bleibt für die Frage der Zahlungseinstellung ohne Belang. JW. 01, 653[11], 11, 490[19]. Jedoch kann aus der Unmöglichkeit, sich noch weiter Geld rechtswidrig zu verschaffen, die Zahlungseinstellung zu entnehmen sein. JW. 11, 490[19], auch OLG. 32, 370. — Über die im Hinblick auf die Anfechtbarkeit von Rechtshandlungen des Gemeinschuldners gemäß § 30 nach vorstehenden Gesichtspunkten zu prüfende Frage der erfolgten Zahlungseinstellung einer Aktiengesellschaft, die im Auslande ihre Hauptniederlassung und im Inlande eine Zweigniederlassung hat und über deren inländisches Vermögen gemäß § 238 der Konkurs eröffnet ist, vgl. W. 15, 63, auch Anm. 8 § 238.

Die Zahlungseinstellung kann **nachträglich wieder beseitigt** werden (z. B. wenn der Schuldner unter Änderung des früher kundgegebenen Willens die Leistung von Zahlungen in der Allgemeinheit wieder aufgenommen hat oder wenn es dem Schuldner, über den auf Grund der VO. über die Geschäftsaufsicht zur Abwendung des Konkurses v. 14. 12. 16 i. d. Fass. v. 14. 6. 24 die Geschäftsaufsicht eingeleitet war, während des Aufsichtsverfahrens gelungen ist, die fälligen Forderungen der von dem Verfahren nicht betroffenen Gläubiger, der sog. Neugläubiger, zu befriedigen). RG. 100, 65, JW. 92, 238[12], 21, 1241[19]. Dies gilt aber nicht, wenn die Zahlung nur zur Begünstigung eines Gläubigers oder zu nicht sehr bedeutenden Beträgen erfolgt ist. JW. 92, 238[12]. Auch bloße nachträgliche Zahlung einzelner Schulden (z. B. solcher, wegen deren Zwangsvollstreckung betrieben wird), beseitigt die Zahlungseinstellung nicht wieder. RG. 6, 97, Gr. 40, 1149. Hat eine Bank ihre geschlossenen Kassen wieder eröffnet, muß sie sie aber bald erneut schließen, so hat ihre Zahlungsunfähigkeit nicht aufgehört. JW. 16, 1118[6]. — Hat nach einer früheren Zahlungseinstellung und Geschäftsauflösung der Schuldner die Zahlungen noch nicht wieder aufgenommen, so kann von einer neuen Zahlungseinstellung nicht die Rede sein. JW. 96, 514[9].

Antrag.

103. (95.) Das Verfahren kann nur auf Antrag eröffnet werden[1].

Zu dem Antrage ist der Gemeinschuldner und jeder[2] Konkursgläubiger berechtigt[3].

[1] Gerichtsgebühr für das Eröffnungsverfahren ($^1/_2$): § 41 GKG.

[2] Auch bevorrechtigte, sowie bedingte oder betagte. Mot. 326. Ferner Absonderungsberechtigte. Pr. 73. — Ein Vertrag, durch den der Gläubiger auf den Konkurseröffnungsantrag verzichtet, ist wirksam. OLG. 19, 225.

[3] **Verpflichtung zur** Stellung des **Antrags auf Konkurseröffnung:** §§ 42, 48, 53, 86, 89 BGB. (Vorstandsmitglieder und Liquidatoren einer juristischen Person im Falle der Überschuldung); §§ 1980, 1985 BGB. (Erbe oder Nachlaßverwalter im Falle der Überschuldung eines Nachlasses); §§ 240, 241, 298, 315, 320, 325 HGB., §§ 43, 64, 71, 84 GmbHG., §§ 34, 99, 118, 140, 148 GenG. (Vorstandsmitglieder bzw. persönlich haftende Gesellschafter bzw. Geschäftsführer oder Liquidatoren einer Aktiengesellschaft, einer Kommanditgesellschaft auf Aktien, einer Gesellschaft m. b. H., einer Genossenschaft im Falle der Zahlungsunfähigkeit oder Überschuldung der Gesellschaft bzw. Genossenschaft). Vgl. auch § 68 PrivVersUntG. v. 12. 5. 01 (RGBl. 139). Über die Haftung für Schaden sowie die Strafbarkeit im Falle pflichtwidriger Nichtstellung des Antrags vgl. Anm. 2 § 208. Wegen Überschuldung durch Valuta- und Goldschulden vgl. VO. 28. 4. 20 (unten vor § 207). — Der Antrag kann jedenfalls **noch** bis zur Eröffnung des Konkursverfahrens **zurückgenommen** werden mit der Wirkung, daß er als nicht gestellt gilt. RG. 44, 52, auch OLG. 5, 215. Über Zulässigkeit der Zurücknahme auch noch dann, wenn das Beschwerdegericht auf Beschwerde des antragstellenden Gläubigers zwar die Konkurseröffnung beschlossen, aber nicht die sofortige

Wirksamkeit der Entscheidung angeordnet hat, vgl. Anm. 1 § 74. — Wird der Antrag des Gläubigers **abgewiesen**, so hat der Schuldner keinen Anspruch auf Kostenerstattung. OLG. 32, 395 Anm. — Nach § 46 der Beitreibungsordnung für das Verwaltungszwangsverfahren v. 23. 6. 23 (RMBl. 595) darf wegen Steuern und Abgaben, die an das Reich geschuldet werden, die Vollstreckungsabteilung (Finanzamt) nur mit Genehmigung des Landesfinanzamts die Eröffnung des Konkursverfahrens beantragen.

104. (96.) Beantragt der Gemeinschuldner die Eröffnung des Verfahrens[1], so hat er ein Verzeichnis der Gläubiger und Schuldner, sowie eine Übersicht der Vermögensmasse bei Stellung des Antrags einzureichen oder, wenn dies nicht tunlich ist, ohne Verzug nachzuliefern[2].

[1] Schriftlich oder zu Protokoll des Gerichtsschreibers: §§ 78, 79 ZPO. Mot. 328. — Gerichtsgebühr (1/2): §§ 41, 42 Abs. 3 GKG.

[2] Dem Antrage kann **ohne weiteren Nachweis der Zahlungsunfähigkeit** stattgegeben werden. Pr. 74—76. **Anders:** § 208 Abs. 2, § 210 Abs. 2, §§ 213, 217 Abs. 2 KO., § 63 GmbHG., §§ 100, 118 GenG. (bei den sich auf Handelsgesellschaften, juristische Personen, einen Nachlaß, Gesellschaften m. b. H. oder Genossenschaften beziehenden Anträgen der Gemeinschuldner ist die Zahlungsunfähigkeit bzw. Überschuldung unter gewissen Umständen glaubhaft zu machen). — In der Vermögensaufstellung sind Aus- und Absonderungsgegenstände als solche kenntlich zu machen und bei zweifelhaften Forderungen die wahrscheinlichen Werte anzugeben. Mot. 329.

105. (97.) Der Antrag eines Gläubigers auf Eröffnung des Verfahrens ist zuzulassen[1], wenn die Forderung des Gläubigers und die Zahlungsunfähigkeit des Gemeinschuldners glaubhaft[2] gemacht werden[3].

Wird der Antrag zugelassen, so hat das Gericht den Schuldner zu hören[4] und, sofern dieser nicht seine Zahlungsunfähigkeit oder Zahlungseinstellung einräumt, die erforderlichen Ermittelungen anzuordnen[4].

Die Anhörung des Schuldners kann unterbleiben, wenn sie eine öffentliche Zustellung[5] oder eine Zustellung im Auslande[6] erfordert; in diesem Falle ist, soweit tunlich, ein Vertreter oder Angehöriger des Schuldners zu hören[7].

[1] Damit aber dem Antrage stattgegeben werde, ist ferner erforderlich, daß das Gericht die Überzeugung von der Zahlungsunfähigkeit erlangt. Pr. 74—76. Ermittelungsrecht des Gerichts: § 75.

[2] § 294 ZPO.

[3] Gebühr des Gerichts für das gesamte Eröffnungsverfahren (1/2): § 41 GKG. — Sofortige Beschwerde gegen die Versagung: § 109. — Wird der Antrag zugelassen, so bedarf es einer besonderen Entscheidung hierüber nicht, vielmehr ist ohne weiteres nach Abs. 2, 3 zu verfahren. Gelangt das Gericht nach der Sachuntersuchung nunmehr zu der Überzeugung, daß eine Zahlungsunfähigkeit (bzw. eine Überschuldung in den Fällen, in denen eine solche zur Konkurseröffnung erforderlich ist) nicht vorliegt, so ist der Antrag als unbegründet zurückzuweisen.

[4] Schriftlich oder mündlich.

[5] §§ 203 ff. ZPO.

[6] §§ 199 ff. ZPO.

[7] Über die Frage, ob und bis zu welchem Zeitpunkte der Eröffnungsantrag zurückgenommen werden kann, vgl. Anm. 2 § 103.

Vorläufige Sicherheitsmaßregeln.

106. (98.) Das Gericht[1] kann die zwangsweise Vorführung und die Haft des Schuldners anordnen.[1a] Dasselbe kann alle zur Sicherung der Masse dienenden einstweiligen Anordnungen treffen[2]. Es kann insbesondere ein allgemeines Veräußerungsverbot[3] an den Schuldner erlassen[4].

Bei der Abweisung des Eröffnungsantrags sind die angeordneten Sicherheitsmaßregeln aufzuheben[1a], [5].

[1] Keine besondere Gerichtsgebühr. § 41 GKG. umfaßt das ganze Eröffnungsverfahren.

[1a] Anm. 1, 2 § 101.

[2] Z. B. Siegelung des Vermögens, Veräußerungsverbot bezüglich einzelner Gegenstände des Schuldners.

[3] Das vor Eröffnung des Konkurses (s. Anm. 5) erlassene **allgemeine Veräußerungsverbot** ist ein gerichtliches Veräußerungsverbot im Sinne der §§ 136, 135 BGB., § 772 ZPO. Verbotswidrige Verfügungen über die künftige Konkursmasse sind danach allen Konkursgläubigern, aber auch nur diesen gegenüber unwirksam. Vgl. Anm. 1 ff. § 7. Die Grundsätze über den Schutz des rechtsgeschäftlichen Erwerbs in gutem Glauben (§§ 892 f., 932 ff., 1032, 1138, 1155, 1207, 1244 BGB.) gelten hier, anders wie nach § 7 Abs. 1, allgemein und ohne Ausnahme, insbesondere auch hinsichtlich beweglicher Sachen. Vorbehaltlich jedoch der Anfechtung der rechtsgeschäftlichen Verfügungen nach Maßgabe der §§ 30 ff., wenn die Voraussetzungen dafür vorliegen. Pr. 77. Wegen der zwangsweisen Verfügungen zufolge Zwangsvollstreckung oder Arrestvollziehung vgl. Anm. 4. — Das Verbot enthält, auch wenn es veröffentlicht ist (§ 76), für sich allein noch keine Beschlagnahme im Sinne des § 137 StGB. RG. 20, 247. Auch ist es nicht als eine Zwangsvollstreckung im Sinne des § 288 StGB. aufzufassen. JW. 90, 188[16].

[4] Durch die Nov. ist der **frühere Abs. 1 Satz 4:**

> Wird das Verbot öffentlich bekanntgemacht, so findet auf Pfand- und Hypothekenrechte, welche im Wege der Zwangsvollstreckung oder des Arrestes nach der Bekanntmachung des Verbots erworben oder eingetragen worden sind, die Bestimmung des § 12 entsprechende Anwendung.

gestrichen. Nach früherem Recht wurde mit Rücksicht auf den öffentlichen Glauben des Grundbuchs das Veräußerungsverbot auch gegenüber dem Gläubiger, der im Wege der Zwangsvollstreckung oder des Arrestes die Eintragung einer Hypothek betrieb, erst mit der öffentlichen Bekanntmachung (§ 78) wirksam. Die vor dieser in gutem Glauben erfolgte Eintragung war gültig. Dasselbe galt von dem Erwerbe von Pfandrechten im Wege der Zwangsvollstreckung oder des Arrestes. Insoweit stand der Erwerb eines Pfand- oder Hypothekenrechts auf diesem Wege dem rechtsgeschäftlichen Erwerbe gleich. Dagegen waren die nach der öffentlichen Bekanntmachung im Wege der Zwangsvollstreckung oder des Arrestes erlangten Pfand- oder Hypothekenrechte unwirksam, indem hier die Bekanntmachung der Kenntnis des Verbots gleichgestellt war. **Nach den §§ 135, 136, 892 BGB.** aber kann derjenige, der im Wege der **Zwangsvollstreckung** oder des **Arrestes** ein Recht **erwirbt,** sich gegenüber einem gerichtlichen Veräußerungsverbot überhaupt **nicht auf seinen guten Glauben berufen.** Deshalb ist die frühere obige Vorschrift beseitigt. Es können nunmehr nach Erlassung des Veräußerungsverbots, auch wenn eine öffentliche Bekanntmachung desselben noch nicht erfolgt ist, sowie auch wenn der Gläubiger sich in gutem Glauben befindet, Pfand- oder Hypothekenrechte im Wege der Zwangsvollstreckung oder des Arrestes oder der Vollziehung einer einstweiligen Verfügung (§§ 804, 930, 932, 936 ZPO.) nicht mehr rechtswirksam erworben werden. Begr. 28, KB. 25, OLG. 23, 307. Dies gilt auch von anderen Rechten, die an sich auf dem bezeichneten Wege erworben werden könnten, so z. B. von dem mit der Beschlagnahme eines Grundstücks nach dem § 10 Nr. 5 ZVG. für den antragstellenden oder beitretenden Gläubiger (§§ 20, 27 ZVG.) verbundenen Vorzugsrecht. Begr. 28. — Auch wenn schon vorher eine Ankündigung (**vorläufige Privatpfändung**) gemäß § 845 ZPO. erfolgt ist, kann nach Erlassung des Veräußerungsverbots eine (gerichtliche) Pfändung nicht mehr erfolgen. RG. 26, 426, 42, 366. Vgl. auch Anm. 1, 2 § 14. — Die Fälle, in denen sich der **Erwerb nach** Maßgabe der **§§ 894, 897 ZPO.** (Verurteilung des Gemeinschuldners zur Abgabe einer Willenserklärung, zur Übertragung des Eigentums oder zur Bestellung eines Rechts an einer beweglichen Sache, zur Bestellung einer Hypothek usw., zur Abtretung oder Belastung einer Hypothekenforderung usw.) vollzieht, werden durch die Änderung nicht getroffen, vielmehr bleibt hier der gutgläubige Erwerber trotz der öffentlichen Bekanntmachung des Veräußerungsverbots geschützt (s. § 898 ZPO.). Begr. 28.

4a Die Aufhebung kann auch vor der Entscheidung über den Eröffnungsantrag erfolgen, z. B. weil die Gefährdung der Konkursgläubiger weggefallen ist.

5 Die Vorschriften des § 106 beziehen sich lediglich auf die Zeit von Stellung des Antrags auf Konkurseröffnung bis zum Erlasse der Entscheidung darüber. JW. 25, 2383[7]. Daher ist das Konkursgericht als solches nicht berechtigt, auf Grund des § 106 in bereits bei Erlassung eines allgemeinen Veräußerungsverbots vollzogene Zwangsvollstreckungen einzugreifen, insbesondere die Einstellung der Zwangsvollstreckungen anzuordnen. JW. 25, 2383[7]. Im Falle einer vor dem Veräußerungsverbot erfolgten Pfändung kann, wenn diese vom Konkursverwalter angefochten werden soll, die Zwangsvollstreckung nur durch das Prozeßgericht gemäß §§ 771, 769 Abs. 1 ZPO. eingestellt werden sowie in dringenden Fällen durch das Vollstreckungsgericht (§ 764 ZPO.) gemäß § 769 Abs. 2 ZPO. unter Bestimmung einer Frist, innerhalb welcher die Entscheidung des Prozeßgerichts beizubringen ist. JW. 25, 2383[7].

Unzulänglichkeit der Masse.

107. (99.) Die Abweisung des Eröffnungsantrags[1] kann erfolgen, wenn nach dem Ermessen des Gerichts eine den Kosten des Verfahrens entsprechende Konkursmasse[2] nicht vorhanden ist[3]. Die Abweisung unterbleibt, wenn ein zur Deckung der im § 58 Nr. 1, 2 bezeichneten Massekosten ausreichender Geldbetrag vorgeschossen wird[4].

[5]Das Gericht hat ein Verzeichnis derjenigen Schuldner zu führen, bezüglich deren der Eröffnungsantrag auf Grund der Vorschrift[6] des Abs. 1 Satz 1 abgewiesen worden ist. Die Einsicht des Verzeichnisses ist jedem gestattet. Nach dem Ablaufe von fünf Jahren seit der Abweisung des Eröffnungsantrags ist die Eintragung in dem Verzeichnisse dadurch zu löschen, daß der Name unkenntlich gemacht wird.

[1] Sie erfolgt stets durch förmlichen **Beschluß**. — Die Kosten, auch die der vorläufigen Sicherheitsmaßregeln (§ 106), trägt der Antragsteller. Mot. 331. — Gebühr des Gerichts (1/2): §§ 41, 43 GKG. — Gegen die **Anordnung eines Auslagenvorschusses** steht dem die Konkurseröffnung beantragenden Gläubiger gemäß § 567 ZPO., § 72 KO. die Beschwerde zu. OLG. 19, 221. Dagegen hat der Gemeinschuldner, wenn auf Beschwerde der Vorschuß herabgesetzt wird, kein Recht zur (weiteren) Beschwerde hierüber. OLG. 19, 220.

[2] Die mit **Absonderungsrechten** beschwerten Sachen werden nur hinzugerechnet, soweit ein Überschuß zu erwarten ist. § 4, Mot. 332. Erschöpfen die Rechte auf abgesonderte Befriedigung die Masse in dem Maße, daß keine genügende Masse mehr übrig bleibt, so kann die Eröffnung abgelehnt werden. JW. 97, 188[12]. — Die für den Fall der Eröffnung vorhandenen **Anfechtungsrechte** sind als Aktiva anzusehen. Ist anzunehmen, daß zufolge eines Anfechtungsprozesses eine den Kosten des Verfahrens entsprechende Konkursmasse vorhanden sein wird, so ist das Verfahren zu eröffnen. JW. 98, 74[27].

[3] Vgl. § 198 (Wiederaufnahme des Verfahrens nach Aufhebung eines Zwangsvergleichs, wenn genügende Masse vorhanden ist). — Einstellung des eröffneten Verfahrens, sobald sich ergibt, daß keine ausreichende Masse vorhanden ist: § 204.

[4] Satz 2 ist von der Nov. im Interesse der Gläubiger hinzugefügt, weil sich häufig zu der Zeit, zu welcher über den Eröffnungsantrag zu entscheiden ist, der Stand der Masse noch nicht genügend übersehen läßt. — Die Vorschußleistung stellt sich als ein durch Vorauszahlung zu bewirkendes Einstehen für fremde Verbindlichkeiten dar. Für den Antrag auf Konkurseröffnung hat der Antragsteller nach § 78 GKG. außerdem die Gebühr nach § 41 GKG. (1/2) zu entrichten; eine Anrechnung dieser Gebühr auf den gezahlten Vorschuß findet, wiewohl der Antragsteller Anspruch auf ihre Erstattung als Massekosten nach § 58 Nr. 1 hat, nicht statt. JW. 25, 1551[8].

[5] Der (neue) Abs. 2 (Nov.) schließt sich dem § 915 ZPO. (Verzeichnis derjenigen Personen, die vor dem Vollstreckungsgericht den Offenbarungseid geleistet haben oder gegen die wegen Verweigerung der Eidesleistung Haft angeordnet ist) an. Es soll durch eine solche Liste denjenigen, die Kredit

geben wollen, die Möglichkeit gegeben werden, sich über die Kreditwürdigkeit des Kreditsuchenden zu vergewissern. KB. 26.

[6] Lediglich zufolge dieser Vorschrift. Es wird ein im übrigen begründeter Eröffnungsantrag vorausgesetzt. KB. 26.

Eröffnungsbeschluß.

108. (100.) Der Eröffnungsbeschluß hat die Stunde der Eröffnung anzugeben.

Ist dies versäumt worden, so gilt als Zeitpunkt der Eröffnung die Mittagsstunde[1] des Tages, an welchem der Beschluß erlassen ist[2].

[1] Weil diese die Durchschnittsmitte der üblichen Geschäftsstunden ist. Mot. 332. — Vgl. RGes. v. 12. 3. 93 (RGBl. 93) und 31. 7. 95 (RGBl. 426) (mitteleuropäische Zeit).

[2] Vermutung bei Rechtshandlungen des Gemeinschuldners: § 7 Abs. 3.

109. (101.) Die sofortige Beschwerde[1] steht gegen den Eröffnungsbeschluß nur dem Gemeinschuldner[2], gegen den abweisenden Beschluß nur demjenigen zu, welcher den Eröffnungsantrag gestellt hat[3].

[1] Anm. 4, 5 § 73. — Gerichtsgebühr (1): §§ 47, 38 Abs. 1 GKG.

[2] Hatte der Gemeinschuldner selbst den Eröffnungsantrag gestellt, so ist er durch die Eröffnung nicht beschwert und kann sie nicht anfechten. So anscheinend auch OLG. 32, 396. — Bei einem Konkurs über das **Gesellschaftsvermögen** einer offenen Handelsgesellschaft oder einer Kommanditgesellschaft steht jedem persönlich haftenden Gesellschafter die Beschwerde zu. JW. 95, 454[7]. — Erachtet das Beschwerdegericht die **Beschwerde** für **begründet** (z. B. weil Zahlungsunfähigkeit nicht vorliegt), so hebt es den Eröffnungsbeschluß auf. Die mit der Konkurseröffnung verbundenen Rechtsfolgen treten dann rückwirkend außer Kraft. Jedoch bleiben die in der Zwischenzeit vom Verwalter vorgenommenen Rechtsgeschäfte rechtswirksam, namentlich auch gegenüber dem Gemeinschuldner. Vgl. RG. 36, 94.

Zeitpunkt des Wirksamwerdens der Entscheidung: § 74 (erst mit der Rechtskraft des Beschlusses).

[3] Dasselbe gilt für die **weitere Beschwerde.** OLG. 32, 396. — Fühlt sich ein nicht antragstellender Gläubiger durch die Nichteröffnung beschwert, so muß er einen eigenen Konkursantrag stellen. — Gibt das Beschwerdegericht der Beschwerde statt, so kann es gemäß § 575 ZPO. den Eröffnungsbeschluß selbst erlassen oder die Anordnung dem Konkursgericht übertragen. Die weiteren Maßnahmen nach § 110 hat es dem Konkursgericht zu überlassen. Vgl. Anm. 1 § 74.

110. (102.) Bei der Eröffnung des Konkursverfahrens ernennt das Gericht den Konkursverwalter[1], verordnet einen nicht über einen Monat[2] hinauszusetzenden Termin zur Beschlußfassung über die Wahl eines anderen Verwalters[3], sowie über die Bestellung eines Gläubigerausschusses[4], erläßt den offenen Arrest[5] und bestimmt die Anmeldefrist[6] und den allgemeinen Prüfungstermin[7].

Das Gericht kann die Termine verbinden, wenn die Konkursmasse von geringerem Betrage oder der Kreis der Konkursgläubiger von geringerem Umfange ist[8], oder wenn der Gemeinschuldner einen Zwangsvergleichsvorschlag eingereicht hat[9].

[1] § 78. [2] In Konsularsachen in der Regel nicht über zwei Monate, ausnahmsweise bis zu drei Monaten. § 47 Abs. 1, 2 RGes. über die Konsulargerichtsbarkeit, v. 7. 4. 00 (RGBl. 213). [3] § 80. [4] Bestellt geeignetenfalls sofort einen solchen: § 87. — Fernere Tagesordnung der ersten Gläubigerversammlung: §§ 131, 132 (Bericht des Verwalters, Bewilligung einer Unterstützung für den Gemeinschuldner, Beschlußfassung über Schließung oder Fortführung des Geschäfts, über Hinterlegung oder Anlegung von Geldern usw., über Rechnungslegungsfrist des Verwalters).
[5] §§ 118, 119. [6] § 138.
[7] §§ 138—141.

[8] Alsdann darf der Termin frühestens (jetzt) nach drei (früher nach vier) Wochen angesetzt werden. Vgl. § 138 u. Anm. 1 dazu.

[9] Durch diesen Zusatz der Nov. ist die Möglichkeit eröffnet, nach Maßgabe des § 180 den Vergleichstermin mit den beiden anderen Terminen zu vereinigen; dies wird namentlich dann im Interesse aller Beteiligten liegen, wenn der Zwangsvergleichsvorschlag Aussicht auf Annahme hat. Begr. 29.

111. (103.) Der Gerichtsschreiber hat die Formel des Eröffnungsbeschlusses, den offenen Arrest, die Anmeldefrist und die Termine sofort öffentlich bekannt zu machen[1].

Die Bekanntmachung ist, unbeschadet der Vorschriften des § 76 Abs. 1, auszugsweise in den Deutschen Reichsanzeiger[2] einzurücken.

An die ihrem Wohnorte nach bekannten Gläubiger[3] und Schuldner des Gemeinschuldners erfolgt besondere Zustellung[4].

[1] § 76. Preußen: § 34 Geschäftsordn. f. die Gerichtsschreibereien d. Amtsgerichte v. 18. 2. 14 (JMBl. 193). — Mitteilung an die Staatsanwaltschaft: Preußen: § 12 AG. v. 6. 3. 79 (GS. 109). — Benachrichtigung der Börsen: Preußen: Verf. v. 24. 3. 98 (JMBl. 77). Mitteilung an den zuständigen Regierungspräsidenten bei Bankunternehmen und eingetragenen Kreditgenossenschaften: Preußen: Verf. v. 7. 11. 25 (JMBl. 398).

[2] Wegen der Bekanntmachung in Konsularsachen vgl. § 29 RGes. über die Konsulargerichtsbarkeit, v. 7. 4. 00 (RGBl. 213) u. dazu Dienstanw. z. Ausf. dies. Ges. v. 27. 10. 00 (ZBl. 577).

[3] Bei unfallversicherungspflichtigen Betrieben auch die Berufsgenossenschaften: Preußen: Verf. v. 23. 11. 01 (JMBl. 267).

[4] Durch Aufgabe zur Post: § 77.

112. (104.) Der Gerichtsschreiber hat unter Bezeichnung des Konkursverwalters beglaubigte Abschriften der Formel des Eröffnungsbeschlusses den Behörden für die Führung des Handels-[1] oder Genossenschaftsregisters[2] oder ähnlicher Register[3] und[4] der Dienstbehörde des Gemeinschuldners mitzuteilen[5].

[1] §§ 8 ff., 32 HGB., § 125 FGG. Preußen: § 32 Nr. 7 Verf. v. 7. 11. 99 (JMBl. 313). Vgl. auch § 7 GmbHG. v. 20. 4. 92 i. d. Fass. v. 20. 5. 98 (RGBl. 894). Der frühere § 64 Abs. 3 dieses Ges., wonach die Eröffnung des Konkurses über die Gesellschaft von Amts wegen in das Handelsregister einzutragen war, ist gemäß Art. 11, XVII EG.HGB. v. 10. 5. 97 durch den die Eintragung von Amts wegen hinsichtlich der Kaufleute allgemein (also nach § 6 HGB. auch hinsichtlich der Handelsgesellschaften, als welche nach § 13 zit. Ges. auch die Gesellschaften m. b. H. gelten) anordnenden § 32 HGB. ersetzt. Vgl. ferner §§ 16, 30, 49, 53 PrivVersUntG. v. 12. 5. 01 (RGBl. 139).

[2] §§ 10, 102 GenG. v. 1. 5. 89 i. d. Fass. v. 20. 5. 98 (RGBl. 810). Preußen: Art. 3 Nr. 7 Verf. v. 8. 11. 99 (JMBl. 334). Vgl. § 147 FGG.

[3] Eintragung der Konkurseröffnung: über einen Verein in das Vereinsregister: §§ 55, 75 BGB., vgl. § 159 FGG., Bek. v. 12. 11. 98 (ZBl. 438); in das Güterrechtsregister: §§ 1558 ff. BGB., vgl. § 161 FGG.; in das Schiffsregister: §§ 4 ff. RGes., betr. das Flaggenrecht der Kauffahrteischiffe, v. 22. 6. 99 (RGBl. 319) u. §§ 119 ff. BinnenschiffahrtsG. v. 15. 6. 95 i. d. Fass. v. 20. 5. 98 (RGBl. 868).

[4] Post- und Telegraphenanstalten: § 121.

[5] Ebenso bei Aufhebung: §§ 163, 190; Einstellung: § 205; Wiederaufnahme des Verfahrens: § 198. Vgl. auch bezüglich Eintragung der Aufhebung des Eröffnungsbeschlusses (§ 116, nicht auch der Beschlüsse nach §§ 163, 205) beim Konkurse über einen Verein: § 75 BGB.

113. (106.)[1] Ein von dem Konkursgericht in Gemäßheit des § 106 erlassenes allgemeines Veräußerungsverbot[2], sowie die Eröffnung des Konkursverfahrens[3] ist in das Grundbuch einzutragen:

1. bei denjenigen Grundstücken[4], als deren Eigentümer der Gemeinschuldner im Grundbuch eingetragen ist;
2. bei den für den Gemeinschuldner eingetragenen Rechten an Grundstücken oder an eingetragenen Rechten, wenn nach der Art des Rechts und den obwaltenden Umständen bei Unterlassung der Eintragung eine Beeinträchtigung der Konkursgläubiger zu besorgen ist[5].

Das Konkursgericht hat[6], soweit ihm solche Grundstücke oder Rechte bekannt sind[7], das Grundbuchamt von Amts wegen um die Eintragung zu ersuchen.

Die Eintragung kann auch von dem Konkursverwalter bei dem Grundbuchamte beantragt werden[8].

[1] Während nach der früheren Fassung die Anordnung der Eintragung der Eröffnung und Aufhebung des Konkurses in das Grundbuch der Landesgesetzgebung überlassen war, ist jetzt durch die neue Fassung (Nov.) die Frage der Eintragung einheitlich geregelt. Zweck der Eintragung ist, den auch gegenüber der Konkurseröffnung nach § 7 Abs. 1 Satz 2, § 15 Satz 2 KO. und gegenüber einem allgemeinen Veräußerungsverbot nach § 106 KO., §§ 136, 135 Abs. 2 BGB. wirkenden Schutz des Rechtserwerbs in gutem Glauben an die Richtigkeit des Grundbuchs im Interesse der Konkursgläubiger auszuschließen. Vgl. Anm. 2 § 7.

[2] § 106. [3] § 108.

[4] Den Grundstücken stehen das Erbbaurecht: § 1017 BGB. und die in den Art. 63, 68 EG.BGB. bezeichneten Rechte (Erbpachtrecht, Abbaurecht) gleich. Begr. 30.

[5] Ob solche Besorgnis besteht, entscheidet nicht das Grundbuchamt, sondern das Konkursgericht, im Falle des Abs. 3 der Konkursverwalter. Sie wird bei Briefhypotheken (-grundschulden, -rentenschulden) (§§ 1116, 1192, 1199 BGB.) selten vorliegen, da diese Rechte der Masse schon dadurch gesichert werden können, daß der Verwalter die Briefe in Besitz nimmt.

Begr. 30. Zulässig ist die Eintragung aber auch hier, und zwar ohne die sonst nach § 42 GBO. erforderliche Vorlegung des Briefes. OLG. 3, 194.

[6] In der Regel schon zu einer Zeit, zu welcher ein Verwalter noch nicht bestellt ist. Begr. 30. — Über die Form des Ersuchens vgl. OLG. 3, 196.

[7] Werden in dieser Hinsicht weitere Ermittelungen erforderlich, so gehören sie zu den Aufgaben des Verwalters. Deshalb ist auch in Abs. 3 diesem das Recht, die Eintragung beim Grundbuchamte zu beantragen, beigelegt. Begr. 31.

[8] Vgl. Anm. 5, 7.

114[1]. Werden Grundstücke oder Rechte, bei denen eine Eintragung nach Maßgabe des § 113 Abs. 1, 2 bewirkt worden ist, von dem Verwalter freigegeben oder veräußert, so kann das Konkursgericht auf Antrag[2] das Grundbuchamt um Löschung der Eintragung ersuchen[3].

[1] Nach § 894 in Verbindung mit §§ 435, 445 BGB. kann, wenn Grundstücke oder Rechte von dem Verwalter freigegeben (über Bedeutung und Wirkung der Freigabe vgl. Anm. 4 § 6, Anm. 6 § 10) oder veräußert werden, der Gemeinschuldner oder der Erwerber die Löschung der Eintragung des Veräußerungsverbots oder der Konkurseröffnung im Wege der Berichtigung des Grundbuchs verlangen. Zur weiteren Erleichterung der Herbeiführung der Löschung ist durch die Vorschrift der Nov. bestimmt, daß, soweit die Eintragung auf Ersuchen des Konkursgerichts (nicht, wenn auf Antrag des Verwalters gemäß § 113 Abs. 3) erfolgt ist, auch dieses auf Antrag das Grundbuchamt um Löschung ersuchen kann. Begr. 31. Die Löschung ist aber nicht etwa Voraussetzung für das Wirksamwerden der Freigabeerklärung. OLG. 35, 257 Anm.

[2] Wer zum Antrag berechtigt ist, ergibt sich aus den Vorschriften der §§ 13 ff. GBO. Vgl. hinsichtlich der Legitimation des Verwalters OLG. 4, 166, 15, 247.

[3] Ferner Ersuchen um Löschung bei Aufhebung oder Einstellung des Konkursverfahrens: § 163 Abs. 3, § 190 Abs. 3, § 205 Abs. 2. — Wenn ein allgemeines Veräußerungsverbot

(§ 106 Abs. 1) infolge Abweisung des Eröffnungsantrages (§ 107) aufgehoben wird, so hat das Konkursgericht gemäß § 106 Abs. 2 von Amts wegen die Löschung der erfolgten Eintragung zu veranlassen. Begr. 31.

115. Die Eintragung und Löschung von Vermerken auf Grund der §§ 113, 114 geschieht gebührenfrei[1].

[1] Weil sich ein zur Vermehrung der Konkursmasse dienlicher Überschuß aus den Grundstücken fast niemals ergibt. KB. 28. — Ferner in Preußen die Eintragung der Konkurseröffnung in das Handelsregister und das Vereinsregister: § 73 Nr. 2, § 74 Abs. 2 PrGKG. (Fass. v. 31. 10. 22).

116. (105.) Sobald eine den Eröffnungsbeschluß aufhebende Entscheidung[1] die Rechtskraft[2] erlangt hat, ist die Aufhebung des Verfahrens öffentlich bekannt zu machen[3]. Die Vorschriften der §§ 111 Abs. 2[3a], 112, 113, 191[4] finden entsprechende Anwendung.

[1] Im Beschwerdewege: § 109. [2] § 705 ZPO.

[3] § 76. — Ebenso gemäß §§ 163, 190, 198, 205 bei Aufhebung eines rechtskräftig eröffneten Verfahrens zufolge Zwangsvergleichs, bei Einstellung und bei Wiederaufnahme des Verfahrens.

[3a] Einrückung in den Deutschen Reichsanzeiger. — § 3 VO. v. 14. 2. 24, wonach die Bekanntmachung der Aufhebung durch den Reichsanzeiger nicht stattfinden sollte, ist durch VO. v. 20. 6. 25 (RGBl. I 88) wieder aufgehoben.

[4] Die frühere Streitfrage, ob im Falle der Aufhebung des Eröffnungsbeschlusses oder der Einstellung des Verfahrens (§ 204) die Masseansprüche vom Verwalter oder vom Gemeinschuldner zu befriedigen seien, hatte das Reichsgericht (RG. 36, 93, vgl. auch RG. 39, 97) im ersteren Sinne entschieden. In Übereinstimmung hiermit ist von der Nov. durch Verweisung auf die Vorschrift des § 191 dem **Verwalter** die **Pflicht** auferlegt, **nach der Aufhebung** die festgestellten **Masseansprüche und bevorrechtigten Konkursforderungen zu berichtigen** und die

bestrittenen bzw. glaubhaft gemachten sicherzustellen. KB. 28. Vernachlässigt er diese Pflicht und gibt er die Masse an den Gemeinschuldner ohne Befriedigung oder Sicherstellung der Massegläubiger usw. heraus, so ist er diesen gemäß § 82 schadensersatzpflichtig. RG. 36, 93, 39, 97.

Dritter Titel.

Teilungsmasse.

117. (107.) **Nach der Eröffnung des Verfahrens hat der Verwalter das gesamte zur Konkursmasse gehörige Vermögen[1] sofort in Besitz und Verwaltung zu nehmen[2] und dasselbe zu verwerten[3].**

Die Geschäftsbücher des Gemeinschuldners dürfen nur mit dem Geschäft im ganzen und nur insoweit veräußert werden, als sie zur Fortführung des Geschäftsbetriebs unentbehrlich sind[4].

[1] Auch **unkörperliche Gegenstände.** So gehört z. B. die Geltendmachung eines Anspruchs auf Befreiung des Gemeinschuldners von einer Schuld ebenso zur Bildung der Teilungsmasse wie die Geltendmachung eines Anfechtungsanspruchs. RG. 37, 93, auch Anm. 3 § 1. — Der Verwalter ist auch berechtigt, **einem Dritten gehörige Sachen,** welche aus dem Besitze des Gemeinschuldners gekommen sind, zurückzufordern. JW. 88, 289. — Über Inbesitznahme **unpfändbarer** und daher nicht zur Konkursmasse gehöriger Sachen seitens des Verwalters und die dem Gemeinschuldner dagegen zustehenden Rechtsmittel s. RG. 37, 398 u. Anm. 2 § 1. — Im Konkurse der **offenen Handelsgesellschaft** sind die Gesellschafter Gemeinschuldner. Der Verwalter kann ihnen das Gesellschaftsvermögen wegnehmen, notfalls mit Hilfe des Gerichtsvollziehers. Haben sie Vermögen ins Ausland verschleppt, so können sie im Wege der Anfechtung nach § 31 Nr. 1 KO. als Gesamtschuldner (§ 840 BGB.) auf Rückgabe verklagt werden. OLG. 35, 257. — Im Falle des Konkurses über das Vermögen einer **Kommanditgesellschaft** ist der Konkursverwalter

befugt, einen Anspruch gegen den Kommanditisten auf Einlageeinzahlung nicht nur insoweit, als der Gesellschaft ein solcher Anspruch zusteht, geltend zu machen, sondern er kann auch eine darüber hinaus den Gesellschaftsgläubigern gegenüber bestehende Haftung des Kommanditisten zur Geltung bringen. RG. 37, 82, 133, s. auch § 171 Abs. 2 HGB. — Gehört zum Vermögen des Gemeinschuldners ein Anteil desselben an einem Nachlaß und ist über diesen ein unrichtiger **Erbschein** ausgestellt, so kann der Verwalter dessen Einziehung betreiben. OLG. 32, 81.

[2] Wenn sich der **Gemeinschuldner widersetzt**, mit Hilfe des Gerichtsvollziehers auf Grund des mit der Vollstreckungsklausel versehenen Eröffnungsbeschlusses: § 794 Nr. 3, §§ 724, 753, 892 ZPO. Vgl. RG. 37, 399. — **Nimmt** der Verwalter **einem Dritten gehörige Sachen in Verwahrung,** so haftet die Konkursmasse dem Dritten für Verlust und Schaden. Die durch die Konkurseröffnung erfolgende Beschlagnahme erstreckt sich aber trotz der Besitzergreifung auf solche Sachen nicht. RG. 19, 85. Vgl. RG. 51, 83.

[3] Der **Verwalter** handelt bei der Verwertung und Verteilung der Masse **nicht** als **Vertreter des Gemeinschuldners,** sondern in Ausübung einer ihm vom Gesetz übertragenen Pflicht. RG. 29, 30, JW. 95, 297[20], 10, 713[22]. Daher hat er die auf Gesetz oder Vertrag beruhenden Veräußerungsbeschränkungen nur insoweit zu beachten, als sie auch die Gläubiger verpflichten. JW. 95, 297[20]. — Die **Art der Verwertung** ist im allgemeinen dem Ermessen des Verwalters unterstellt. Er kann z. B. Warenbestände unter Eigentumsvorbehalt veräußern, an Dritte zum Weiterverkauf überlassen. KGJ. 41, 366. Veräußerung nach Maßgabe der Vorschriften über die Zwangsvollstreckung ist nur im Falle des § 127 vorgeschrieben. — Über die Berechtigung des Verwalters gegenüber Hypothekengläubigern, vor der Beschlagnahme **Zubehör** eines Massegrundstücks zu **veräußern,** Miet- oder Pachtzinsen sowie eine Versicherungssumme für verbranntes Zubehör einzuziehen, vgl. Anm. 5 § 47. — Hinterlegung von Reichsschuldverschreibungen an Stelle der im Reichsschuldbuch eingetragenen Forderungen: § 20 Nr. 3 RGes. v. 31. 5. 1910 (RGBl. 840). Auch Preußen: § 20 Nr. 3 Staatsschuldbuchges. v. 27. 5. 1910

(GS. 55). — Über die strafrechtliche Verantwortlichkeit des Verwalters wegen einer die behördlichen Anordnungen nicht erfüllenden Ankündigung des Ausverkaufs eines Konkurswarenlagers nach § 10 UnlWG. vgl. Anm. 6 § 6.

[4] Bezüglich dieser neuen Vorschrift der Nov. vgl. Anm. 9 § 1.

Feststellung und Sicherung.

118. (108.) Durch den offenen Arrest wird allen Personen, welche eine zur Konkursmasse gehörige Sache in Besitz haben oder zur Konkursmasse etwas schuldig sind, aufgegeben, nichts an den Gemeinschuldner zu verabfolgen oder zu leisten[1], auch die Verpflichtung auferlegt, von dem Besitze der Sache und von den Forderungen, für welche sie aus der Sache abgesonderte Befriedigung in Anspruch nehmen, dem Konkursverwalter innerhalb einer bestimmten Frist Anzeige zu machen.

[1] Leisten sie trotzdem: § 8 (Befreiung nur insoweit, als das Geleistete in die Konkursmasse gekommen ist).

119. (109.) Wer die Anzeige über den Besitz von Sachen des Gemeinschuldners innerhalb der bestimmten Frist zu machen unterläßt[1], haftet für allen aus der Unterlassung oder Verzögerung der Anzeige entstehenden Schaden[2].

[1] § 119 bezieht sich nur auf körperliche Sachen. Forderungspfandgläubiger sind nicht verpflichtet, ihre Absonderungsansprüche dem Verwalter anzuzeigen. OLG. 10, 212. — Strafe betrüglichen Verschweigens: § 242 Nr. 1.

[2] Z. B. zufolge Wertminderung der Sache in der Zwischenzeit.

120. (110.) Gläubiger, welche abgesonderte Befriedigung aus einer in ihrem Besitze befindlichen Sache beanspruchen[1], haben dem Verwalter auf dessen Verlangen die Sache zur Ansicht vorzuzeigen und die Abschätzung derselben zu gestatten[2].

[1] §§ 47—59, 51, 52. [2] Verwertung: § 127. — Die Kosten der Vorzeigung und der Abschätzung sind Massekosten: § 58 Nr. 2.

121. (111.) Die Post- und Telegraphenanstalten sind verpflichtet, auf Anordnung des Konkursgerichts alle für den Gemeinschuldner eingehenden Sendungen, Briefe und Depeschen dem Verwalter auszuhändigen[1]. Dieser ist zur Eröffnung derselben berechtigt. Der Gemeinschuldner kann die Einsicht und, wenn ihr Inhalt die Masse nicht betrifft, die Herausgabe derselben verlangen.

Das Gericht kann die Anordnung auf Antrag des Gemeinschuldners nach Anhörung des Verwalters[2] aufheben oder beschränken[3].

[1] Ausnahme von Brief- und Telegraphengeheimnis: § 5 PostGes. v. 28. 10. 71 (RGBl. 348), § 8 TelegraphenGes. v. 6. 4. 92 (RGBl. 467). Über die Behandlung der für den Gemeinschuldner bestimmten Briefe mit Zustellungsurkunde vgl. § 5 Abs. V Anw. d. Reichspostamts v. 26. 10. 99 (PrJMBl. 722).

[2] Schriftlich oder mündlich.

[3] Gegen die Anordnung der Beschlagnahme der Korrespondenz steht dem Gemeinschuldner, gegen die Aufhebung oder Beschränkung dem Verwalter die sofortige Beschwerde zu: § 73 Abs. 3.

122. (112.) Der Verwalter kann zur Sicherung der zur Konkursmasse gehörigen Sachen durch eine zur Vornahme solcher Handlungen gesetzlich[1] ermächtigte Person siegeln lassen.

Die Geschäftsbücher des Gemeinschuldners sind durch den Gerichtsschreiber[2] zu schließen.

[1] Nach Landesgesetzen. Mot. 344. Preußen: §§ 70, 74 Nr. 3 AG.GVG. v. 24. 4. 78 (GS. 230), Art. 31, 38, 87, 128 Pr.FGG. v. 21. 9. 99 (GS. 249) (zuständig Gerichtsschreiber bei den Amtsgerichten, Gerichtsvollzieher, Notare). §§ 128 ff. GeschAnw. f. Gerichtsv. v. 24. 3. 14 (JMBl. 343). Bayern: §§ 187, 188 GeschAnw. f. d. Gerichtsschr. d. Amtsg. v. 2. 3. 1910.

[2] Von Amts wegen durch den Gerichtsschreiber des Konkursgerichts oder auf Ersuchen des Konkursgerichts durch den Gerichtsschreiber des Amtsgerichts, in dessen Bezirke sich die Bücher befinden. Vgl. bezüglich der Rechtshilfe in letzterer Hinsicht OLG. 8, 1.

123. (113.) Der Verwalter hat die einzelnen zur Konkursmasse gehörigen Gegenstände unter Angabe ihres Werts aufzuzeichnen[1]. Der Wert ist erforderlichenfalls[2] durch Sachverständige zu ermitteln. Bei der Aufzeichnung ist eine obrigkeitliche oder eine Urkundsperson[3] zuzuziehen. Der Gemeinschuldner ist zuzuziehen, wenn er ohne Aufschub zu erlangen ist.

Auf Antrag des Verwalters und, wenn ein Gläubigerausschuß bestellt ist, des letzteren, kann das Gericht gestatten, daß die Aufzeichnung unterbleibe[4] oder ohne Zuziehung einer obrigkeitlichen oder einer Urkundsperson vorgenommen werde.

[1] Auch wenn eine Siegelung nicht erfolgt ist, behufs Feststellung der Konkursmasse und Kontrolle des Verwalters. Mot. 344.

[2] Wenn der Verwalter es für erforderlich hält; er wählt auch den Sachverständigen aus. Mot. 344.

[3] Obrigkeitliche Person ist z. B. der Bürgermeister; Urkundsperson: Anm. 1 § 122.

[4] Z. B. wenn eine zuverlässige Aufzeichnung bereits vom Gemeinschuldner gemacht oder in seinen Büchern vorhanden ist. Mot. 345.

124. (114.) Dem Verwalter liegt die Anfertigung eines Inventars und einer Bilanz ob[1]. Derselbe hat eine von ihm gezeichnete Abschrift des Inventars und der Bilanz und, wenn eine Siegelung und Entsiegelung stattgefunden hat, die Protokolle über dieselben auf der Gerichtsschreiberei zur Einsicht der Beteiligten niederzulegen[2].

[1] Vgl. §§ 39, 40 HGB. Das Inventar unterscheidet sich von der Vermögensaufzeichnung des § 123 dadurch, daß es in Rubriken zu ordnen ist und die Schulden mit aufzunehmen sind. — Absonderungsberechtigte, Massegläubiger, bevorrechtigte und nicht bevorrechtigte Konkursgläubiger sind in der Bilanz zu trennen; die Verfallzeit der Forderungen, die Mit- und Regreßverpflichteten sind anzugeben. Mot. 346, KB. 28. — Im Falle des Konkurses einer Genossenschaft m. u. H. ergibt die vom Konkursverwalter aufgestellte Bilanz den Fehlbetrag in dem Vermögen der Genossenschaft, wegen dessen der Verwalter die Mitglieder auf Leistung von Nachschüssen in Anspruch nehmen kann. RG. 85, 213.

[2] Beteiligt sind der Gemeinschuldner, jeder Konkursgläubiger, jedes Mitglied des Gläubigerausschusses, auch Massegläubiger. Die Beteiligten können sich auch auf ihre Kosten Abschriften erteilen lassen: § 72 KO., § 299 ZPO., KB. 29. Vgl. Preußen: § 32 Nr. 6, 7 GeschAnw. f. d. Gerichtsschr. d. Amtsg. v. 18. 2. 14 (JMBl. 193).

125. (115.) Nach der Anfertigung des Inventars kann der Verwalter oder ein Konkursgläubiger den Gemeinschuldner in eine Sitzung des Amtsgerichts, bei welchem das Konkursverfahren anhängig ist[1], zur Leistung des Offenbarungseides[2] laden[3].

[1] Anm. 1, 2 § 71.

[2] Norm: § 807 ZPO. Die Vorschriften der §§ 900 ff. ZPO. finden entsprechende Anwendung. KB. 29. Jedoch sind die §§ 903, 914 ZPO. insofern nicht anwendbar, als der Gemeinschuldner durch einen bereits gemäß § 807 ZPO. ge-

leisteten Offenbarungseid nicht von der Verpflichtung zur Leistung des Eides nach § 125 KO. entbunden wird. Mot. 346, OLG. 1, 245. — Vgl. auch § 175 Nr. 1 (Unzulässigkeit eines Zwangsvergleichs, solange der Gemeinschuldner den Offenbarungseid verweigert). — Über Unzulässigkeit der Vollstreckung eines vor der Konkurseröffnung wegen Nichtleistung eines Offenbarungseides gemäß §§ 807, 901 ZPO. erlassenen Haftbeschlusses vgl. Anm. 2 § 14.

[3] Nicht mehr nach rechtskräftiger Bestätigung eines Zwangsvergleichs. OLG. 15, 248. — Das Verfahren ist gebührenfrei: § 46 GKG.; die baren Auslagen sind Massekosten: § 58 Nr. 1 KO. — Angehörige und Hausgenossen des Gemeinschuldners sind zur Leistung des Offenbarungseides nicht verpflichtet. Mot. 346, Gr. 47, 915.

Verwaltung und Verwertung.

126. (116.) Die Zwangsverwaltung und die Zwangsversteigerung der zur Masse gehörigen unbeweglichen Gegenstände[1] kann bei der zuständigen Behörde[2] durch den Konkursverwalter[3] betrieben werden[4].

[1] **Unbewegliche Gegenstände sind** gemäß §§ 864, 865 ZPO.: Grundstücke, deren Bestandteile und Zubehörstücke (§§ 94 ff., 1120 BGB.), Berechtigungen, die den Grundstücken gleichstehen und ein Blatt im Grundbuch erhalten (Erbbaurecht: § 11 VO. v. 15. 1. 19; **Erbpacht, Abbaurecht**: Art. 63 Abs. 2, 68 Abs. 2 EG.BGB.; Bergwerkseigentum, Fischereiberechtigungen, vererbliche Nutzungsrechte: Art. 67, 69, 196 EG.BGB.; vgl. auch §§ 7, 84 GBO.) und die im Schiffsregister eingetragenen Schiffe. Vgl. auch Anm. 3, 4 § 47.

[2] §§ 1, 162, 172 ZVG. — Das **Vollstreckungsgericht** ist gemäß § 130 ZVG. auch zuständig, nach erfolgter Zwangsversteigerung das Grundbuchamt um Löschung des Konkursvermerks zu ersuchen. OLG. 16, 343.

[3] Gemäß § 172 ZVG. finden die **Vorschriften über die Zwangsversteigerung im Wege der Zwangsvollstreckung** (Abschn. I, II ZVG.) sowohl hinsichtlich der Formen als auch der Wirkungen entsprechende **Anwendung**, wiewohl eine wirkliche Zwangsvollstreckung nicht in Frage steht, da es dazu so-

wohl an einem betreibenden Gläubiger als auch an einem Schuldner fehlt. JW. 88, 136[5], 96, 358[18], 02, 402[46], jedoch RG. 42, 89. Der vollstreckbare Titel wird durch den Eröffnungsbeschluß ersetzt. Der Verwalter, der sich dem Vollstreckungsgericht gegenüber durch seine Bestallung legitimiert, vereinigt in seiner Person die Rolle des Schuldners und die des betreibenden Gläubigers. JW. 02, 402[46], 11, 114[51] (W. 11, 145). Nach § 173 ZVG. gilt die Anordnung dieser Zwangsversteigerung oder Zwangsverwaltung nicht, wie wenn ein (absonderungsberechtigter) Realgläubiger (§§ 4, 47 KO.) sie beantragt hätte (§§ 20, 23 ZVG.), als Beschlagnahme mit den Wirkungen eines Veräußerungsverbots, ausgenommen im Sinne der §§ 13, 55 ZVG. (Anfang der laufenden Beträge wiederkehrender Leistungen, Umfang der mit dem Grundstück zugleich versteigerten Gegenstände). Der Verwalter kann daher über die Immobiliarmasse (s. Anm. 3 § 47 KO.) wie bisher (§ 6 KO.) verfügen (soweit dadurch nicht Rechte der Realgläubiger beeinträchtigt werden, s. Anm. 4 § 47), bis die Versteigerung erfolgt ist, während, wenn auf Antrag eines Absonderungsberechtigten (s. unten) die Zwangsversteigerung angeordnet wäre, ihm die Verwaltung und Benutzung des Grundstücks nur innerhalb der Grenzen einer ordnungsmäßigen Wirtschaft verbleiben würde (§ 24 ZVG.), und im Falle der auf Antrag eines Absonderungsberechtigten angeordneten Zwangsverwaltung die Verwaltung und Benutzung des Grundstücks ihm entzogen und durch den Zwangsverwalter ausgeübt würde (§§ 148, 152 ZVG.). JW. 15, 1033[34], vgl. auch Vorbem. Abs. 4 vor § 47 (Streitigkeiten zwischen dem Konkursverwalter und dem Absonderungsberechtigten oder dem Zwangsverwalter über die Frage, ob Gegenstände von dem Recht auf abgesonderte Befriedigung umfaßt werden). — Das geringste Gebot muß bei einer solchen Zwangsversteigerung alle an dem Grundstücke bestehenden Rechte decken; sie sind so zu behandeln, als wenn die Zwangsversteigerung von einem persönlichen Gläubiger des Grundstückseigentümers betrieben würde. Da sich daraus die schwere Verkäuflichkeit des Grundstücks und für die Realgläubiger die Gefahr ergeben kann, daß sie den Nachweis ihres Ausfalls nicht rechtzeitig (§§ 64, 153 KO.) erbringen können, gibt § 174 ZVG. den

Gläubigern, die eine Forderung gegen den Gemeinschuldner und ein vom Konkursverwalter anerkanntes Recht auf Befriedigung aus dem Grundstücke haben (§ 10 ZVG.), die Befugnis, noch ein besonderes Ausgebot zu verlangen, bei dem für die Feststellung des geringsten Gebots nur die ihren Ansprüchen vorgehenden Rechte berücksichtigt werden. RG. 75, 138. Ein solcher Antrag gilt nicht als Beitritt zum Zwangsversteigerungsverfahren (§ 27 ZVG.), zu dessen Begründung auch ein vollstreckbarer Titel des Gläubigers erforderlich wäre. Daher ist trotz eines solchen Antrags, wenn der Verwalter seinen Antrag auf Zwangsversteigerung zurücknimmt, das Verfahren gemäß § 29 ZVG. aufzuheben. RG. 75, 138. — Dem Gemeinschuldner steht mit Rücksicht auf § 6 KO. ein Recht zur Beschwerde über den Zuschlag nicht zu. OLG. 16, 338. — Hat ein **Gläubiger die Zwangsversteigerung bereits beantragt**, so kann der Verwalter gemäß § 27 ZVG. dem Verfahren beitreten. Es muß jedoch das Verfahren auf den Antrag des Gläubigers bereits vor der Konkurseröffnung (§ 108 KO.) durch Zustellung der Anordnung an den Gemeinschuldner (§ 22 ZVG.) eingeleitet sein. Nach der Konkurseröffnung darf die Zustellung nicht mehr erfolgen, vielmehr ist, sofern nicht der Verwalter seinerseits die Zwangsversteigerung beantragt oder dem Gläubiger ein Anspruch auf abgesonderte Befriedigung zusteht (s. oben), das Verfahren aufzuheben (§§ 14, 15 KO.). — Die Gläubiger, auch die absonderungsberechtigten, können den Verwalter nicht zwingen, die Zwangsversteigerung zu betreiben. **Lehnt der Verwalter die Stellung des Antrags** auf Zwangsversteigerung **ab** (z. B. weil voraussichtlich für die Konkursmasse nichts übrig bleibt) und bringt er das Grundstück auch sonst nicht (z. B. durch freihändigen Verkauf) zur Verwertung, so können nun die absonderungsberechtigten Gläubiger, insbesondere die Hypothekengläubiger, selbst die Zwangsversteigerung betreiben. KB. 30, 31, vgl. §§ 4, 47. Jedoch liegt darin allein noch keine Freigabe des Grundstücks (die z. B. den Verwalter von einer Haftung für Schäden befreit). OLG. 32, 390. Gegen den Verteilungsplan (§ 115 ZVG.) kann der Verwalter gegebenenfalls im Interesse der Konkursmasse Widerspruch erheben. JW. 01, 387[3]. — **Macht** der Verwalter von seiner Befugnis **Gebrauch**, so betreibt er das Verfahren im Interesse der **Konkursmasse**; er macht auf diesem Wege den nach Berichtigung der Hypotheken und sonstigen dinglichen Belastungen von dem Erlös etwa verbleibenden Überschuß für die Teilungsmasse flüssig. RG. 75, 155. Ist in Anbetracht der Belastungen ein Überschuß nicht zu erwarten, so kann der Verwalter von jeder Verwertung absehen. Die Rechte der Absonderungsberechtigten hat er nicht wahrzunehmen. JW. 89, 1701[3], auch Anm. 1 § 127. — **Haftung des Konkursverwalters** gegenüber dem Absonderungsberechtigten aus Unredlichkeiten bei der Zwangsvollstreckung: RG. 34, 29. — Wird ein vom Gemeinschuldner **vermietetes oder verpachtetes Grundstück** zwangsversteigert und kündigt der Ersteher gemäß § 57a ZVG. (Fass. v. 8. 6. 15) den Mietvertrag, so kann der Mieter oder Pächter eine etwaige Entschädigungsforderung nicht nach § 59 Nr. 1 oder 2 als Masseforderung, sondern gemäß § 26 nur als Konkursforderung geltend machen. RG. 67, 376, Anm. 7 § 21. Z. Zt. s. aber § 1 Mieterschutzges. v. 1. 6. 23.

[4] Die Kosten sind Massekosten: § 58 Nr. 2. — Gebühren des Gerichts (§ 45) nach Landesrecht. Preußen: §§ 120 ff. PrGKG. — Über die Durchführung von Streitigkeiten zwischen einem Zwangsverwalter und dem Konkursverwalter, ob gewisse Sachen zu der zur abgesonderten Befriedigung der Liegenschaftsgläubiger dienenden Grundstücksmasse gehören, vgl. Vorbem. Abs. 4 vor § 47. — Beschränkung beim Erbbaurecht: § 8 VO. v. 15. 1. 19.

127. (117.) **Der Verwalter ist berechtigt[1], die Verwertung eines zur Masse gehörigen[2a] beweglichen Gegenstandes, an welchem ein Gläubiger ein durch Rechtsgeschäft bestelltes Pfandrecht[2b] oder ein diesem gleichstehendes Recht[3] beansprucht[4], nach Maßgabe der Vorschriften über die Zwangsvollstreckung[5] oder über den Pfandverkauf[6] zu betreiben. Der Gläubiger kann einer solchen Verwertung nicht widersprechen, vielmehr seine Rechte nur auf den Erlös geltend machen[7].**

Ist der Gläubiger befugt, sich aus dem Gegenstande ohne gerichtliches Verfahren zu befriedigen[8], so kann

auf Antrag des Verwalters das Konkursgericht dem Gläubiger nach dessen Anhörung eine Frist bestimmen[3], innerhalb welcher er den Gegenstand zu verwerten hat. Nach dem Ablaufe der Frist findet die Vorschrift des ersten Absatzes Anwendung.

[1] Die Vorschrift hat den Zweck, einer **Verzögerung der Verwertung** von seiten des **absonderungsberechtigten Gläubigers vorzubeugen** und den Verwalter in den Stand zu setzen, für die Verwertung denjenigen Zeitpunkt zu wählen, den er im Interesse der Konkursmasse für den geeignetsten hält. Mot. 348, JW. 91, 11[28]. Er kann in dieser Hinsicht auch einem Verkauf durch den Gläubiger wegen der Art und Weise der Zwangsvollstreckung im Wege der Einwendung gemäß § 766 ZPO. entgegentreten. JW. 88, 136[5]. — Der Verwalter vertritt nicht die Rechte der Pfandgläubiger, übt vielmehr seine Verwertungsbefugnis im Interesse der Konkursmasse aus. RG. 75, 157, JW. 99, 491[25], auch Anm. 3 § 126 u. Anm. 4 hier. Er kann dies freilich nur unbeschadet der Rechte der Pfandgläubiger tun, die diese zwar nicht mehr an der Sache, wohl aber an dem Erlöse geltend machen können. RG. 75, 157, JW. 91, 11[28], 99, 491[25], auch Anm. 4, 5. Nur der etwa von dem Erlöse verbleibende Überschuß gehört zur Teilungsmasse. RG. 75, 155, auch Anm. 3 § 126.

[2a] Voraussetzung ist, daß der bewegliche Gegenstand **dem Gemeinschuldner gehört**. Ist dies nicht der Fall (wie z. B. bei einem vom Akzeptanten an den Gemeinschuldner begebenen, von diesem an einen andern verpfändeten Wechsel, der nur ein Gefälligkeitsakzept ist), so steht dem Verwalter die Verwertungsbefugnis aus § 127 nicht zu. RG. 75, 156.

[2b] Über **rechtsgeschäftlich bestelltes Pfandrecht** vgl. Anm. 2, 3 § 48.

[3] Einem rechtsgeschäftlichen **Pfandrecht gleichstehende Rechte:** § 49. — Auch wenn bei einer zwischen dem Gemeinschuldner und einem andern bestehenden **Gemeinschaft** der Konkursverwalter mit Zustimmung des andern Gemeinschafters den gemeinschaftlichen Gegenstand veräußert, kann der andere das ihm nach § 51 zustehende Absonderungsrecht auf den Erlös geltend machen. RG. 67, 158. Das gleiche gilt, wenn der

Verwalter nur den Gemeinschaftsanteil des Gemeinschuldners veräußert. RG. 67, 156, auch Anm. 3, 5 § 51.

[4] Der Pfandgläubiger muß **abgesonderte Befriedigung beanspruchen.** Der Verwalter braucht nicht von Amts wegen Absonderungsrechte zu berücksichtigen. RG. 14, 1, 23, 59, 25, 22, auch Anm. 1. — Über Zulässigkeit der Annahme eines **Verzichts auf das Absonderungsrecht,** wenn der Gläubiger, nachdem der Verwalter das Absonderungsrecht bestritten hatte, ohne Vorbehalt in den freihändigen Verkauf eingewilligt hat, vgl. JW. 86, 445.

[5] Die **Verwertung** (Veräußerung) **seitens des Verwalters im Wege der Zwangsvollstreckung** erfolgt nicht in der Weise, daß (für den Verwalter) bewegliche Sachen gemäß §§ 808 ff. ZPO. gepfändet, Forderungen gemäß §§ 829 ff. ZPO. gepfändet und überwiesen werden. Vielmehr kommen die Vorschriften über die Zwangsvollstreckung nur bezüglich der Verwertung (vgl. §§ 814 ff. ZPO.), nicht bezüglich des bei Zwangsvollstreckungen dem Verfahren der Verwertung vorausgehenden Verfahrens (z. B. auch nicht § 844 ZPO. [anderweite Verwertung schwer einziehbarer Forderungen]) zur Anwendung. Der Verwalter kann die Gegenstände (Sachen, Forderungen) ohne weiteres zur öffentlichen Versteigerung bringen. RG. 58, 12, OLG. 29, 169. — Die Veräußerung hat sonach nicht schlechthin und nicht in allen Beziehungen als eine Zwangsvollstreckung zu gelten. JW. 96, 358[18]. Jedoch steht sie materiell einer solchen gleich, insbesondere wirkt sie in Beziehung auf **Dritte, denen** das Gesetz ein **Widerspruchs- oder** ein **Vorzugsrecht** für den Fall der Zwangsvollstreckung beigelegt hat (§§ 771, 805 ZPO.), wie eine solche. RG. 14, 1, 42, 89, 64, 32, 69, 92, JW. 86, 414[3], 00, 24[44], OLG. 29, 169. Will daher der Verwalter Zubehörstücke eines Grundstücks, die von einem Gläubiger im Wege der Mobiliarzwangsvollstreckung gepfändet worden sind, zur Verwertung bringen, so ist der von einem Hypothekengläubiger gemäß §§ 865, 766 ZPO. hiergegen erhobene Widerspruch gegen den Verwalter zu richten. JW. 97, 336[41]. Über die Wirkung der Veräußerung von Zubehör eines Grundstücks seitens des Verwalters gegenüber den Hypothekengläubigern vgl. Anm. 1 § 4, Anm. 5 § 47. — Hatte der Gemeinschuldner sein Geschäftsinventar ver-

pachtet oder verliehen und den Pächter (Leiher) als Untermieter eingesetzt, so kann dieser der vom Verwalter beabsichtigten, der Befriedigung des Vermieterpfandrechts dienenden Verwertung des Inventars nicht widersprechen. OLG. 32, 397. — Der **Erlös** ist vom Verwalter zur Befriedigung der absonderungsberechtigten Gläubiger (Pfandgläubiger oder diesen gleichgestellten Gläubiger) zu **verwenden**; andere Gläubiger, auch Massegläubiger, haben darauf, soweit nicht ein Übererlös zurückgeblieben ist, keinen Anspruch. JW. 94, 263[12], OLG. 15, 240, auch Anm. 3 § 126 a. E. Verfügt der Verwalter über den Erlös, ohne das Absonderungsrecht zu beachten, so steht dem Berechtigten ein Masseanspruch nach § 59 Nr. 3 KO., § 816 BGB. auf Herausgabe des Erlangten, bei Verschulden des Verwalters nach § 59 Nr. 1 KO., § 823 BGB. auch auf Ersatz des Schadens zu. OLG. 15, 240, 27, 155, auch Gr. 56, 1082. Der erstere Anspruch besteht im Falle der Beendigung des Konkurses durch Zwangsvergleich (vgl. Anm. 1, 5 § 193) im vollen Umfange gegen den Gemeinschuldner. OLG. 23, 212, 27, 155. — Gebühr, falls gerichtliche Handlungen nötig werden, (1/4) §§ 45, 34 Nr. 2 GKG.

[6] Durch die Nov. ist, weil die Verwertung im Wege der Zwangsvollstreckung nicht selten zu ungünstigen Ergebnissen führt, in Übereinstimmung mit § 1233 BGB. dem Verwalter gestattet, die Verwertung auch nach den Vorschriften über den **außergerichtlichen Pfandverkauf** (§§ 1234 ff. BGB.) zu betreiben. Begr. 32. Demgemäß ist der Verwalter auch berechtigt, mit dem Pfandgläubiger eine von den Vorschriften der §§ 1234 bis 1240 BGB. abweichende **Art des Pfandverkaufs nach § 1245 BGB. zu vereinbaren**, z. B. daß von ihm der Verkauf der Pfandsachen „freihändig" bewirkt und der Erlös hinterlegt werden solle. RG. 84, 69, OLG. 29, 169, s. dazu auch Anm. 8. Gültig ist auch eine Vereinbarung des Verwalters mit dem Gläubiger, der auf Grund Sicherungsübereignung ein Absonderungsrecht an Waren, die im Gewahrsam des Gemeinschuldners verblieben sind, beansprucht, dahin, daß er die Waren im Fortbetriebe des Unternehmens solle verarbeiten und verkaufen dürfen, dagegen den Erlös an den Gläubiger zu dessen Befriedigung abführen solle; sofern ein Absonderungsrecht tatsächlich nicht bestand, kann nur eine Anfechtung

wegen Irrtums in Frage kommen. Gr. 55, 1088, auch Anm. 6 § 6.

7 Vgl. § 805 ZPO. — Der Pfandgläubiger braucht nicht gehört oder auch nur benachrichtigt zu werden; er kann der Verwertung durch den Konkursverwalter nach den Vorschriften über die Zwangsvollstreckung oder den Pfandverkauf nicht widersprechen, vielmehr nur seine Rechte auf den Erlös geltend machen. RG. 98, 306. Vgl. auch Anm. 5. Er ist jedoch nicht darauf beschränkt, seine Rechte in letzterer Hinsicht gemäß § 86 durch Einsicht in die Schlußrechnung und durch Einwendungen dagegen zu wahren. Vielmehr ist er, wie der Auftraggeber im Verhältnis zum Beauftragten und Geschäftsführer (§§ 666, 681 BGB.), **berechtigt**, vom Konkursverwalter **Auskunfterteilung** und Rechenschaftsablegung **zu verlangen**. RG. 98, 306. — Sein **Anspruch** auf den Erlös **hat zum Gegenstande** nicht die Erlangung des Pfandbesitzes an dem Erlöse, sondern gemäß § 48 die Befriedigung, also, wenn eine Geldforderung in Frage steht, die Zahlung. Gr. 41, 1189, JW. 97, 135[19], 09, 424[30], vgl. RG. 14, 1, 33, 116, 98, 306. In dieses den Erlös ergreifende Recht auf vorzugsweise Befriedigung verwandelt sich das bisher bestehende dingliche Recht an der Sache ohne weiteres. RG. 84, 70. Dies gilt auch dann, wenn der Konkursverwalter auf Grund einer mit dem Pfandgläubiger gemäß § 1245 BGB. getroffenen Vereinbarung die Pfandsachen freihändig veräußert. RG. 84, 70. — Hat im Konkurse eines Gutspächters der Konkursverwalter Gutsinventar, das einem andern gehört, aber auch dem Pfandrecht des Verpächters unterliegt, im Einverständnis des ersteren veräußert und den Erlös diesem mit Rücksicht auf seinen Ersatzaussonderungsanspruch nach § 46 ausgehändigt, so ist zwar das Pfandrecht des Verpächters erloschen, jedoch steht dem letzteren gegen den ersteren ein Bereicherungsanspruch nach § 812 BGB. zu. JW. 09, 424[30], auch 657[8] (RG. 71, 418). — Hat im Konkurse eines Mieters der Verwalter in den Mieträumen befindliche Sachen auf Grund einer mit dem Vermieter als gesetzlichem Pfandgläubiger gemäß § 1245 BGB. getroffenen Vereinbarung freihändig veräußert und den Erlös hinterlegt, so besteht das an die Stelle des Pfandrechts ohne weiteres tretende Recht des Vermieters auf vorzugsweise Befriedigung aus dem Erlöse

(s. oben) auch dann, wenn ein Dritter das Eigentum an den Sachen beansprucht und der Konkursverwalter nach einer von ihm gegen den Dritten ausgebrachten einstweiligen Verfügung, durch die ihm der freihändige Verkauf der Sache unter der Auflage der Hinterlegung des Erlöses gestattet war, den Erlös als eine zwischen ihm und dem Dritten strittige Masse hinterlegt hat; diese Maßnahme des Verwalters hat den Untergang jenes Rechtes des Vermieters auf den Erlös nicht bewirkt. RG. 84, 68. — Hat im Konkurse des Grundstückseigentümers der Verwalter zum Inventar gehöriges Vieh versteigern lassen, so erwirbt kraft dinglicher Surrogation (RG. 69, 85) der Hypothekengläubiger am Erlös ein Pfandrecht. OLG. 37, 212. — Herrscht unter **mehreren absonderungsberechtigten Gläubigern** Streit über die Absonderungsrechte oder die vorzugsweise Befriedigung, so ist der Erlös zu hinterlegen. JW. 91, 11[28], vgl. § 827 Abs. 2, 3, §§ 853 ff., 872 ff. ZPO. — Im übrigen sind die Absonderungsberechtigten (z. B. ein Pfändungsgläubiger) durch den Konkurs an der ihnen sonst zustehenden Zwangsverwertung nicht behindert. Der Verwalter kann ihr z. B. nicht deswegen widersprechen, weil sie zur Zeit ungünstig sei. OLG. 3, 58.

[8] Früher Art. 311, 312 alt. HGB. Jetzt besteht die **Befugnis zur Verwertung ohne gerichtliches Verfahren** bei allen durch Rechtsgeschäft oder Gesetz begründeten Pfandrechten (§§ 1221, 1224, 1228, 1235, 1245, 1257 BGB., §§ 368, 398, 399, 407 Abs. 2, §§ 410, 411, 623 Abs. 3, § 627 Abs. 2 HGB.), ausgenommen das Pfandrecht an Rechten (§ 1277 BGB.), wovon aber wiederum ausgenommen sind die Fälle der §§ 1282 (Fälligkeit der Forderung), 1293, 1294, 1295 BGB. (Pfandrecht an Inhaberpapieren, Wechseln und anderen indossablen Papieren). Vgl. ferner § 20 BankGes. v. 14. 3. 75 (RGBl. 183) (AndGes. v. 1. 6. 09, 4. 8. 14, 16. 12. 19, 9. 5. 21). Preußen: § 9 Ges., betr. das Pfandleihgewerbe, v. 17. 3. 81 (GS. 266), Art. 41 AG.BGB. zu Art. 94 EG.BGB. Das Pfandrecht an eingetragenen Schiffen und an einer Schiffpart (§§ 1259, 1268, 1272 BGB.) gehört nicht hierher, da diese nach § 864 Abs. 1, §§ 865, 870 Abs. 2 ZPO. der Zwangsvollstreckung in das unbewegliche Vermögen unterliegen und daher unter § 126 KO. fallen (s. Anm. 1 § 126). Pfandrechte an sonstigen

Schiffen aber werden schlechthin als solche an beweglichen körperlichen Sachen behandelt. Ein vor der Konkurseröffnung erlangtes Pfändungspfandrecht (§§ 808 ff. ZPO.) kommt hier ebenfalls nicht in Betracht, da ein solches, falls es nicht vom Konkursverwalter angefochten wird, vom Pfändungsgläubiger ohne weiteres zur Durchführung gebracht werden kann (vgl. JW. 25, 2383[7] in Anm. 5 § 106). Danach bildet nach dem jetzigen Rechtszustande Abs. 2 § 127 die Regel, Abs. 1 die Ausnahme. — **Erkennt** der **Verwalter** die Verkaufsberechtigung **an**, so kann hierin ein Verzicht auf eine etwa nach §§ 30 ff. mögliche Anfechtung der Verpfändung gefunden werden. Gr. 48, 415. — Eine zwischen dem Verwalter und einem Pfandgläubiger gemäß § 1245 BGB. getroffene **Vereinbarung über den Verkauf** des Pfandes ohne öffentliche Versteigerung (s. Anm. 6) bedarf nicht der sonst etwa nach § 134 KO. (z. B. weil es sich um ein Warenlager handelt) erforderlichen Genehmigung des Gläubigerausschusses bzw. der Gläubigerversammlung. JW. 02, 444[8].

[9] Gegen die durch Beschluß des Gerichts erfolgende Fristbestimmung steht dem Absonderungsberechtigten sowie dem Verwalter gemäß § 73 Abs. 3 die sofortige **Beschwerde** zu.

128. [1]Ist der Gemeinschuldner Vorerbe, so darf[2] der Verwalter die zur Erbschaft gehörigen Gegenstände nicht veräußern, wenn die Veräußerung im Falle des Eintritts der Nacherbfolge nach § 2115 des Bürgerlichen Gesetzbuchs dem Nacherben gegenüber unwirksam ist[3].

[1] Diese Bestimmung der Nov. entspricht dem § 773 ZPO. — Sie bezieht sich nur auf den Fall, daß über das Gesamtvermögen des Vorerben Konkurs eröffnet ist, nicht auf den Fall des zur ausschließlichen Befriedigung der Nachlaßverbindlichkeiten dienenden Nachlaßkonkurses.

[2] Imperativ. Vgl. dagegen „soll" (Ordnungsvorschrift) im § 773 ZPO. Die Veräußerung ist dem Nacherben gegenüber unwirksam und letzterer kann einen Schadensersatzanspruch gegen die Masse (§ 59 Nr. 1) und gegen den Verwalter (§ 82) geltend machen. — Dies gilt auch dann, wenn der Gemein-

schuldner befreiter Vorerbe (§§ 2136 ff. BGB.) ist. § 128 macht keinen Unterschied. Vgl. RG. 80, 35. — Aus §§ 394, 2115 BGB., § 773 ZPO., § 128 KO. ist zu folgern, daß gegen eine Forderung des Gemeinschuldners als Vorerben vom Schuldner nicht mit einer Forderung an den Gemeinschuldner persönlich (Gegensatz: Forderung an ihn aus einer Nachlaßverbindlichkeit) aufgerechnet werden kann. Vgl. RG. 80, 31.

[3] Nämlich: soweit die Veräußerung das Recht des Nacherben vereiteln oder beeinträchtigen würde. — Die der Vorerbschaft unterliegenden Gegenstände hat aber der Verwalter zur Konkursmasse zu ziehen und für Rechnung der Masse zu nutzen, so lange bis die Nacherbfolge eintritt.

129. (118.) Bis zur Beschlußfassung durch eine Gläubigerversammlung kann[1] der Verwalter mit Genehmigung des Gerichts oder, wenn von dem Gerichte ein Gläubigerausschuß bestellt ist, mit dessen Genehmigung dem Gemeinschuldner und der Familie desselben notdürftigen Unterhalt aus der Konkursmasse[2] gewähren[3].

Bis zur Beschlußfassung durch eine Gläubigerversammlung[4] hat der Verwalter nach seinem Ermessen das Geschäft des Gemeinschuldners zu schließen oder fortzuführen und die Gelder, Wertpapiere und Kostbarkeiten nach Anordnung des Gerichts zu hinterlegen. Ist von dem Gerichte ein Gläubigerausschuß bestellt, so beschließt dieser[5] über die Schließung oder die Fortführung des Geschäfts und über die Hinterlegung der Gelder, Wertpapiere und Kostbarkeiten.

[1] Wegen der früheren Verpflichtung zur Gewährung des Unterhalts aus den Nutzungen auf Grund des ehemännlichen oder väterlichen Nießbrauchs des Gemeinschuldners s. Anm. 6 § 1 Abs. 2. [2] § 58 Nr. 3.

[3] Nur für die Zeit bis zur ersten Gläubigerversammlung. § 132.

[4] Die Gläubigerversammlung beschließt nach § 132 endgültig über die Schließung oder Fortführung des Geschäfts sowie über die Hinterlegung. [5] Ausschließlich.

130. [1]Soll nach § 129 das Geschäft des Gemeinschuldners geschlossen werden, so hat der Verwalter vor der Beschlußfassung des Gläubigerausschusses oder, wenn ein Gläubigerausschuß nicht bestellt ist, vor der Schließung des Geschäfts dem Gemeinschuldner, sofern derselbe ohne Aufschub zu erlangen ist, von der beabsichtigten Maßregel[2] Mitteilung zu machen.

Das Gericht kann auf Antrag des Gemeinschuldners die Schließung des Geschäfts untersagen[3], wenn der Gemeinschuldner einen Zwangsvergleichsvorschlag eingereicht hat.

[1] Durch diese Vorschrift der Nov. (s. die ähnliche des § 135 Abs. 2 für die Fälle der §§ 133, 134) wird dem Gemeinschuldner, dem zu diesem Zweck von der beabsichtigten Maßregel, sofern er ohne eine Verzögerung des Verfahrens zu erlangen ist, Mitteilung gemacht werden muß, das Recht gewährt, im Falle eines Zwangsvergleichsvorschlags gegen die Schließung des Geschäfts die Entscheidung des Konkursgerichts anzurufen. Von der Befugnis der Untersagung wird das Gericht besonders dann Gebrauch zu machen haben, wenn Aussicht auf Annahme des Vorschlags besteht. Begr. 32.

[2] Formlos: § 77 Abs. 2.

[3] Vorläufig. Über die endgültige Schließung hat gemäß § 132 die erste Gläubigerversammlung Beschluß zu fassen. Begr. 32.

131. (119.) In der ersten Gläubigerversammlung[1] hat der Verwalter über die Entstehung der Zahlungsunfähigkeit des Gemeinschuldners, über die Lage der Sache und über die bisher ergriffenen Maßregeln zu berichten[2].

[1] § 110.
[2] Berichterstattung an den Gläubigerausschuß: § 88.

132. (120.) Die Gläubigerversammlung beschließt über eine dem Gemeinschuldner und dessen Familie zu bewilligende Unterstützung[1], über die Schließung oder die Fortführung des Geschäfts und über die Stelle, bei welcher, sowie über die Bedingungen, unter welchen die Gelder, Wertpapiere und Kostbarkeiten hinterlegt oder angelegt[2] werden sollen.

Die Gläubigerversammlung beschließt, in welcher Weise und in welchen Zeiträumen der Verwalter ihr oder einem Gläubigerausschusse über die Verwaltung und Verwertung der Masse Bericht erstatten und Rechnung legen soll[3].

[1] § 58 Nr. 3.
[2] D. h. nutzbar gemacht werden sollen. Pr. 88, RG. 54, 211.
[3] Die Ausführung dieses Beschlusses überwacht der Gläubigerausschuß: § 88. Das Gericht kann sie durch Ordnungsstrafen erzwingen: § 84.

133. (121.) Der Verwalter hat, falls ein Gläubigerausschuß bestellt ist, dessen Genehmigung einzuholen[1]:

1. wenn Gegenstände, deren Verkauf ohne offenbaren Nachteil für die Masse ausgesetzt werden kann und nicht durch die Fortführung des Geschäfts veranlaßt wird, verkauft werden sollen, bevor der allgemeine Prüfungstermin[2] abgehalten oder ein vor dem Schlusse desselben eingereichter Zwangsvergleichsvorschlag erledigt ist[3];
2. wenn die Erfüllung von Rechtsgeschäften des Gemeinschuldners verlangt[4], Prozesse anhängig gemacht, deren Aufnahme abgelehnt[5], Ver-

gleiche oder Schiedsverträge[6] geschlossen, Aussonderungs-[7], Absonderungs-[8] oder Masseansprüche[9] anerkannt, Pfandstücke eingelöst, oder Forderungen veräußert werden sollen[10], und es sich in diesen Fällen um einen Wertgegenstand von mehr als dreihundert Mark handelt[11].

[1] Diese kann generell erteilt werden. Mot. 356. — Das Erfordernis der Genehmigung betrifft lediglich das interne Verhältnis; seine Nichtbeachtung beeinträchtigt die Gültigkeit einer Rechtshandlung dritten Personen gegenüber nicht, auch wenn sie den Mangel kennen. OLG. 35, 259, vgl. § 136 u. Anm. 1 dazu.

[2] § 138. [3] Nämlich durch rechtskräftige gerichtliche Zurückweisung (§ 76), endgültige Ablehnung durch die Gläubigerschaft (§§ 182 f.) und rechtskräftige gerichtliche Verwerfung (§§ 186 f.). Jedoch: § 177 Abs. 2 (dem Gemeinschuldner steht ein Widerspruch gegen die Verwertung der Masse nicht zu, wenn der Gläubigerausschuß den Vergleichsvorschlag verwirft).

[4] §§ 17 ff. [5] §§ 10, 11, 146 Abs. 6.

[6] § 779 BGB., §§ 1025 ff. ZPO.

[7] §§ 43 ff. [8] §§ 47 ff. [9] §§ 57 ff.

[10] Darunter ist eine nach der Art des Geschäftsverkehrs übliche Verwertung durch Weiterbegebung nicht gemeint. Mot. 354.

[11] Wertberechnung: §§ 3—9 ZPO. An Stelle von „Mark" jetzt „Reichsmark". § 1 Abs. 1 VO. v. 12. 12. 24 (RGBl. I 775).

134. (122.) Der Verwalter hat die Genehmigung des Gläubigerausschusses oder, wenn ein solcher nicht bestellt ist, die Genehmigung einer Gläubigerversammlung einzuholen[1]:

1. wenn ein unbeweglicher Gegenstand[2] aus freier Hand[3], oder das Geschäft oder das Warenlager[4] des Gemeinschuldners im ganzen[5], oder das Recht auf den Bezug wiederkehrender Einkünfte veräußert werden soll;

2. **wenn Darlehen aufgenommen, fremde Verbindlichkeiten übernommen[6], zur Masse gehörige Gegenstände verpfändet, oder Grundstücke erstanden werden sollen.**

[1] Vgl. Anm. 1 § 133 (generelle Erteilung der Genehmigung). — Das Erfordernis der Genehmigung betrifft lediglich das interne Verhältnis; seine Nichtbeachtung beeinträchtigt die Gültigkeit einer Rechtshandlung des Verwalters dritten Personen gegenüber nicht, auch wenn sie den Mangel kennen. OLG. 35, 259, vgl. § 136 u. Anm. 1 dazu.

[2] Anm. 1 § 126.

[3] Gegensatz: öffentliche Versteigerung im Sinne der §§ 156, 383 Abs. 3 BGB.

[4] Zus. der Nov. zum Schutze der Gläubiger, deren Interessen durch eine derartige, an sich außerhalb der gewöhnlichen Verwaltung liegende Maßregel leicht gefährdet werden können. — Hat der Gemeinschuldner neben dem Hauptgeschäft ein **Zweiggeschäft**, so ist die Genehmigung des Gläubigerausschusses oder der Gläubigerversammlung auch dann erforderlich, wenn es sich nur um die Veräußerung des Zweiggeschäfts oder des Warenlagers des Zweiggeschäfts handelt. Begr. 33.

[5] Die Konkursgläubiger können aber, wenn auf diese Weise das Handelsgeschäft im ganzen nebst der bisherigen Firma veräußert ist, **nicht den Erwerber gemäß § 25 HGB.** auf Zahlung ihres Ausfalls **in Anspruch nehmen**, da sie sich mit dem vom Verwalter unter Genehmigung des Gläubigerausschusses bzw. der Gläubigerversammlung vorgenommenen Rechtsakte nicht in Widerspruch setzen dürfen. RG. 58, 166.

[6] §§ 329, 414—416 BGB.

135. (123.) **Der Verwalter hat in den Fällen der §§ 133, 134 vor der Beschlußfassung des Gläubigerausschusses oder der Gläubigerversammlung, und in den Fällen des § 133, wenn ein Gläubigerausschuß nicht bestellt ist, vor der Vornahme der Rechtshandlung dem Gemeinschuldner, sofern derselbe ohne Aufschub zu er-**

langen ist, von der beabsichtigten Maßregel Mitteilung zu machen[1].

Das Gericht kann auf Antrag des Gemeinschuldners, sofern nicht die Gläubigerversammlung die Genehmigung erteilt hat, die Vornahme der Rechtshandlung vorläufig untersagen[2] und zur Beschlußfassung über die Vornahme eine Gläubigerversammlung berufen[3].

[1] Formlos: § 77 Abs. 2. — Vgl. auch Anm. 1 § 130.

[2] Ausnahme: § 177 Abs. 2. Vgl. auch Anm. 3 § 133.

[3] Ist deren Beschlußfassung erfolgt: § 99 (Untersagung der Ausführung, wenn der Beschluß dem gemeinsamen Interesse der Konkursgläubiger widerspricht).

136. (124.) Durch die Vorschriften der §§ 133—135 wird die Gültigkeit einer Rechtshandlung des Verwalters dritten Personen gegenüber nicht berührt[1].

[1] Sofern der Verwalter innerhalb seiner gesetzlichen Verfügungsbefugnis gehandelt hat. RG. 53, 192, JW. 93, 428[16], 02, 448[8], 04, 241[22]. — Das in den §§ 133—135 für die dort bezeichneten Rechtshandlungen des Verwalters vorgeschriebene **Erfordernis der Genehmigung der Gläubigerversammlung oder des Gläubigerausschusses** betrifft **lediglich** den **internen** Geschäftsgang. Durch die Nichtbeachtung der Vorschriften wird die Gültigkeit einer Rechtshandlung des Verwalters dritten Personen gegenüber nicht beeinträchtigt, RJA. 13, 146, KGJ. (45, 236), 47, 144, OLG. 35, 259, selbst wenn diese von der Verletzung der §§ 133—135 Kenntnis haben, OLG. 35, 259. **Einem Dritten** braucht daher die Genehmigung **nicht nachgewiesen** zu werden. RG. 20, 110, JW. 82, 91, RJA. 13, 146 (KGJ. 45, 236). Deshalb kann z. B. die Prozeßlegitimation des Verwalters nicht deswegen bestritten werden, weil die Genehmigung des Gläubigerausschusses (§ 133 Nr. 2) nicht beigebracht ist. RG. 20, 110, JW. 82, 91. Ferner darf das Grundbuchamt, wenn der Verwalter ein Grundstück des Gemeinschuldners aus freier Hand veräußert hat, die Eintragung des Erwerbers nicht von dem Nachweis der Genehmigung des

Gläubigerausschusses oder der Gläubigerversammlung (§ 134 Nr. 1) abhängig machen. RJA. 13, 146, KGJ. (45, 235), 47, 144. Es muß sogar den ihm bekannten Beschluß des Konkursgerichts, das die Auflassung verboten hat (§ 135 Abs. 2), unbeachtet lassen. OLG. 35, 259. — Gültig ist auch ein Vergleich, den der Verwalter im Konkurs einer Aktiengesellschaft mit den Mitgliedern des Aufsichtsrats über die Ersatzansprüche aus Verletzung der Aufsichtsratspflichten geschlossen hat, ohne einen Beschluß der Generalversammlung eingeholt zu haben. RG. 63, 213. — Der Verwalter ist aber dem Gemeinschuldner und den Gläubigern gemäß § 82 **schadensersatzpflichtig,** wenn er die Vorschriften der §§ 133—135 nicht befolgt hat. KGJ. 45, 236.

137. (125.) **Wenn ein Gläubigerausschuß bestellt ist, und die Gläubigerversammlung nicht ein anderes beschließt, bedürfen Quittungen des Verwalters über den Empfang von Geldern, Wertpapieren oder Kostbarkeiten von der Hinterlegungsstelle[1] und Anweisungen des Verwalters auf die Hinterlegungsstelle zu ihrer Gültigkeit der Mitzeichnung eines Mitgliedes des Gläubigerausschusses[2].**

[1] Eine Bankfirma ist eine Hinterlegungsstelle im Sinne des § 137, die im Falle der Auszahlung an den Verwalter ohne Aushändigung einer von einem Mitgliede des Gläubigerausschusses mitunterzeichneten Quittung sich verantwortlich macht (s. Anm. 2), nur dann, wenn sie durch Beschluß des Konkursgerichts (§ 129 Abs. 2) oder der Gläubigerschaft (§ 132 Abs. 1) als Hinterlegungsstelle bestimmt war. RG. 54, 212, 80, 38. Dagegen ist nicht erforderlich der Abschluß eines Verwahrungsvertrages besonderen Inhalts, auch nicht die Mitteilung des Beschlusses durch den Konkursverwalter; vielmehr genügt eine durch Dritte erlangte Kenntnis von dem Beschlusse und auch, daß die Bank aus den ihr bekannten Umständen ihre Bestimmung zur Hinterlegungsstelle entnehmen muß. RG. 80, 37 (anders RG. 54, 212, aufgegeben).

[2] Die Vorschrift bezieht sich nur auf den Verkehr des Verwalters mit einer Hinterlegungsstelle. Es soll mißbräuchlichen

Erhebungen von Hinterlegtem seitens des Verwalters vorgebeugt werden. Mot. 353. Deshalb wird von der Regel des § 136, wonach Rechtshandlungen des Verwalters trotz Fehlens der nach §§ 133—135 erforderlichen Genehmigung des Gläubigerausschusses oder der Gläubigerversammlung dritten Personen gegenüber gültig sind, im § 137 eine Ausnahme gemacht und den von dem Verwalter allein unterzeichneten Quittungen über den Empfang von Geldern usw. von der Hinterlegungsstelle sowie den Anweisungen des Verwalters auf die Hinterlegungsstelle die Gültigkeit abgesprochen, so daß die Hinterlegungsstelle, welche dieser Vorschrift zuwider nur gegen Quittung des Verwalters gezahlt hat, der Konkursmasse gegenüber nicht befreit wird, wenn der Verwalter den abgehobenen Betrag veruntreut. RG. 80, 38, JW. 14, 157[22]. Dies gilt auch dann, wenn der Konkursverwalter bei der Abhebung noch nicht die Absicht der Unterschlagung hatte und die von der späteren Veruntreuung betroffenen Gelder Eigentum der Konkursmasse geworden waren. JW. 14, 157[22]. Die Vorschrift ist zwingenden Rechtes; eine gegenteilige Vereinbarung schließt die Anwendung des § 137 nicht aus. RG. 54, 212, 80, 38.

Vierter Titel.

Schuldenmasse.

Anmeldung.

138. (126.) Die Frist zur Anmeldung der Konkursforderungen[1] beträgt zwei Wochen[2] bis drei Monate. Der Zeitraum zwischen dem Ablaufe der Anmeldefrist und dem allgemeinen Prüfungstermine[3] soll[4] mindestens eine Woche und höchstens zwei Monate betragen[5].

[1] Begriff der **Konkursforderungen:** § 3 u. Anm. 1 ff. dort. — Es müssen alle Konkursforderungen angemeldet werden, gleichviel, ob sie auf Zivilrecht oder auf öffentlichem Rechte beruhen und ob sie gewöhnliche oder bevorrechtete Forderungen sind. RG. 86, 237, 396. — Hat aber der nachmalige **Gemeinschuldner,** nachdem er auf Klage des Gläubigers **durch vor-**

läufig vollstreckbares Urteil verurteilt worden war, die Schuldsumme im Wege der Zwangsvollstreckung oder **zur Abwendung der Zwangsvollstreckung gezahlt**, so braucht der Gläubiger seine Forderung, auch wenn sie an sich eine Konkursforderung ist, nicht zum Konkurse anzumelden. RG. 11, 401, 39, 108, 85, 218, 86, 396, JW. 97, 562[4]. — Aussonderungsberechtigte (§§ 43 ff.), Absonderungsberechtigte (§§ 47 ff.), Massegläubiger (§§ 58, 59) haben ihre Ansprüche nicht anzumelden, da diese nicht der konkursmäßigen Prüfung und Feststellung unterliegen. Melden sie jedoch gleichwohl ihre Ansprüche an, so sind die Anmeldungen vom Konkursgericht wenigstens dann nicht von Amts wegen zurückzuweisen, wenn es zweifelhaft ist, ob es sich nicht doch um Konkursforderungen handelt; vielmehr ist den Beteiligten zu überlassen, Widerspruch zu erheben. LZ. 25, 495[8].

[2] Durch die Nov. ist an die Stelle der früheren dreiwöchigen Anmeldefrist eine solche von zwei Wochen gesetzt, um es dem Gericht zu erleichtern, gemäß § 110 Abs. 2 den Termin zur Beschlußfassung über die Wahl eines Verwalters sowie über die Bestellung eines Gläubigerausschusses mit dem allgemeinen Prüfungstermin zu verbinden, da früher mit Rücksicht auf die Fristen in Satz 1 und 2 sowie in § 110 (102) Abs. 1 und in Anbetracht der Vorschrift des § 76 Abs. 1, wonach die Bekanntmachung des Termins erst mit dem Ablaufe des zweiten Tages nach der Ausgabe des Bekanntmachungsblattes als bewirkt gilt, eine solche Verbindung nur schwer zu ermöglichen war. Begr. 33. Im Falle der Verbindung ist der Termin nicht vor drei Wochen (Satz 1 zwei, Satz 2 eine Woche) und nicht über einen Monat hinaus (§ 110 Abs. 1) anzuberaumen.

[3] § 110. — Mit diesem kann der Vergleichstermin verbunden werden: § 180.

[4] Ordnungsvorschrift. Durch Nichteinhaltung der Frist wird das Verfahren nicht ungültig. RG. 5, 364, 366.

[5] In Konsularsachen mindestens zwei Wochen und höchstens drei Monate. § 47 Abs. 3 RGes. über die Konsulargerichtsbarkeit v. 7. 4. 00 (RGBl. 213).

139. (127.) Die Anmeldung hat die Angabe des Betrages[1] und des Grundes[2] der Forderung sowie des beanspruchten Vorrechts[3] zu enthalten[4]. Sie kann bei dem Gerichte schriftlich eingereicht oder zum Protokolle

des Gerichtsschreibers angebracht werden[1]. Die urkundlichen Beweisstücke oder eine Abschrift derselben sind beizufügen[2].

[1] Mehrere Forderungen dürfen nicht in einem Gesamtbetrage angemeldet werden. RG. 39, 38. — Die Anmeldung bleibt auch maßgebend, wenn der Gläubiger während des Verfahrens von dritter Seite eine Teilzahlung erhält. OLG. 42, 74 Anm. — Die VO. über die Goldmarkberechnung im Konkurse v. 14. 2. 24 (RGBl. I 115) bestimmt:

§ 1. Konkursforderungen behalten den Goldmarkwert, den sie am Tage der Eröffnung des Konkursverfahrens besitzen.

Für die Umrechnung ist der vom Reichsminister der Finanzen bestimmte Goldumrechnungssatz (§ 2 Abs. 3 der VO. v. 11./18. Oktober 23, RGBl. I 939/979) maßgebend. Der Reichsminister der Justiz ist ermächtigt, einen anderen Umrechnungssatz zu bestimmen.

§ 2. Der Anmeldung einer Konkursforderung (§ 139 KO.) soll eine Berechnung des Goldmarkwertes der Forderung nach dem für den Tag der Eröffnung des Verfahrens gültigen Umrechnungssatze (§ 1 Abs. 2) beigefügt werden.

Die Eintragung in die Tabelle (§ 140 Abs. 2 KO.) erfolgt in Goldmark.

Nach § 4 Anwendung auf die vor VO. eröffneten Verfahren. Gemäß § 2 VO. v. 12. 12. 24 (RGBl. I 775) ist an Stelle der Goldmark die Reichsmark getreten. S. Anm. 2 § 140.

[2] § 146 Abs. 4. — **Grund der Forderung** ist derjenige Tatbestand, aus dem die Forderung entspringt. Es müssen also die **Tatumstände**, die der Forderung zugrunde liegen, angegeben werden; Angabe der rechtlichen Gesichtspunkte, nach denen diese Tatumstände zu würdigen sind, ist nicht erforderlich. RG. 93, 14. Bestand zwischen dem Gläubiger und dem Gemeinschuldner ein **Kontokorrentverkehr**, so hat der Gläubiger den Saldo zu ziehen und diesen anzumelden. Wird von dem Konkursverwalter oder von Konkursbeteiligten die Rechtsgültigkeit einzelner Geschäfte bestritten, so kann das zu einer Berichtigung und Änderung der Abrechnung führen; aber in einer solchen Abänderung und Berichtigung liegt, auch wenn

dadurch die rechtliche Würdigung der einzelnen **gebuchten** Ansprüche geändert wird, nicht eine Änderung des Grundes der Anmeldung, da das Kontokorrent, nicht je das einzelne der Geschäfte Grund der Anmeldung war und bleibt. RG. 93, 14. — Daß der Anspruch auf **zwei rechtliche Gesichtspunkte** gestützt werden kann, darf nie dazu führen, doppelte Zahlung zu begehren. OLG. 42, 74. — Bei der Angabe des **Grundes** brauchen nicht juristische Ausdrücke verwendet zu werden. Die Anmeldung von „Kapitalforderung und Zinsen" läßt sich als verzinsliches Darlehn erklären, nicht aber als Einlage eines stillen Gesellschafters. OLG. 35, 260. — Zum Grund des Anspruchs gehört auch die **Person des Berechtigten.** Wechselt sie, so ist das ebenfalls anzumelden, zu prüfen und einzutragen. RG. i. LZ. 11, 863 (a. M. OLG. 32, 398, einschränkend OLG. 42, 76). — Die rechtliche Eigenschaft der Forderung wird durch die Konkurseröffnung nicht geändert, selbst wenn infolge des Konkurses in anderer Art oder an einem anderen Ort zu erfüllen ist. JW. 82, 102.

[3] Das Verlangen eines Vorrechts „überhaupt" genügt nicht, vielmehr **muß** ein **bestimmtes Vorrecht** gemäß § 61 Nr. 1—5 **behauptet** werden, sonst ist die Vorrechtsanmeldung nicht zu berücksichtigen. JW. 90, 256[5], OLG. 32, 384, LZ. 08, 391[2]. Ist eine Forderung ohne Vorrecht angemeldet, so kann, nachdem die Forderung festgestellt worden ist, ein Vorrecht nicht mehr beansprucht werden. RG. 20, 412, 38, 419, JW. 88, 425[8], auch Anm. 3 § 61.

[4] Die **vorschriftsmäßig erfolgte Anmeldung** hat u. a. die **Wirkung**, daß die Verjährung unterbrochen wird, § 209 Abs. 2 Nr. 2 BGB., und daß die Forderung, abgesehen von dem Falle des § 144 Abs. 2, nicht im Prozeßwege geltend gemacht werden kann, JW. 86, 229, Gr. 31, 1122, auch RG. 86, 396, Anm. 2 § 12. Ist die Anmeldung mangelhaft, so wird dadurch die Verjährung nicht unterbrochen. RG. 39, 45, auch Anm. 1 § 144.

[5] Anwaltszwang besteht nicht: §§ 78, 79 ZPO. — Gebühr des Anwalts ($^2/_{10}$): § 57 GO. f. RA. — Steht der anmeldende Gläubiger unter Geschäftsaufsicht (VO. v. 16. 12. 16 in d. Fass. v. 14. 6. 24) so kann die Aufsichtsperson aus eigenem Rechte anmelden. JW. 19, 739[5].

[6] Z. B. Wechsel, wenn eine Wechselforderung oder eine Zivilforderung, auf welche Wechsel zahlungshalber vom Gemeinschuldner hingegeben sind, angemeldet wird. Gr. 58, 1133. Die Bestimmung des **Satzes 3** stellt jedoch kein **wesentliches Erfordernis** der Anmeldung auf; ein Verstoß hat keinen Einfluß auf die Gültigkeit der Anmeldung und schließt nicht aus, daß die angemeldete, etwa streitig gebliebene Forderung im Feststellungsprozeß zur Feststellung gebracht wird. RG. 54, 314, 85, 68, Gr. 58, 1133, JW. 13, 440[20].

140. (128.) Die Anmeldungen sind in der Gerichtsschreiberei zur Einsicht der Beteiligten niederzulegen.

Der Gerichtsschreiber[1] hat jede Forderung sofort nach der Anmeldung derselben in der Rangordnung des beanspruchten Vorrechts in eine Tabelle[2] einzutragen, welche innerhalb des ersten Dritteils des zwischen dem Ablaufe der Anmeldefrist und dem Prüfungstermine liegenden Zeitraums auf der Gerichtsschreiberei zur Einsicht der Beteiligten niederzulegen und abschriftlich dem Verwalter mitzuteilen ist[3].

[1] Oder Gerichtsschreibergehilfe. JW. 95, 385[16]. Haftung des Gerichtsschreibers für unterlassene Eintragung: Anm. 2 § 141.

[2] Über die Einrichtung der eine Abteilung für die bevorrechteten und eine Abteilung für die gewöhnlichen Konkursforderungen enthaltenden Tabelle, vgl. GeschOrd. f. d. Gerichtsschr. d. Amtsg.: Preußen: § 33 Nr. 1—8 v. 18. 2. 14 (JMBl. 193); Bayern: §§ 189 ff. v. 2. 3. 10; Sachsen: §§ 1454 ff. v. 3. 11. 02 (JMBl. 63); Baden: § 69 v. 22. 11. 01 (GVBl. 513). — Ein Vermerk über die **Abtretung** einer Konkursforderung gehört ebenfalls in die Tabelle. LZ. 11, 863 (a. M. OLG. 32, 398, einschränkend 42, 76). — Nach § 2 Abs. 2 der VO. über die Goldmarkrechnung im Konkurse v. 14. 2. 24 (s. Anm. 1 § 139) erfolgt die Eintragung in die Tabelle in Goldmark, in welche die angemeldete Konkursforderung nach dem für den Tag der Eröffnung des Verfahrens

gültigen Umrechnungssatz (§ 1 Abs. 2 der VO.) umzurechnen ist. Bei den vor Inkrafttreten der VO. eröffneten Verfahren sind nach §§ 4, 5 Abs. 1 S. 1 die bereits erfolgten Eintragungen der Konkursforderungen in der Tabelle von dem Gerichtsschreiber nach dem Umrechnungssatze (§ 1 Abs. 2 der VO.) des Tages der Eröffnung des Verfahrens in Goldmark umzuschreiben; soweit jedoch dieser Betrag die Höchstgrenze übersteigt, die für eine Aufwertung nach gesetzlichen Vorschriften besteht, darf diese Grenze nicht überschritten werden. Vgl. in letzterer Hinsicht §§ 4, 9, 10, 33, 51, 62, 63 Aufwertungsgesetzes v. 16. 7. 25. An die Stelle der Goldmark ist nach § 2 VO. v. 12. 12. 24 (s. Anm. 1 § 139) jetzt die Reichsmark getreten.

[3] Da nur die Mitteilung einer Abschrift an den Verwalter hier vorgeschrieben ist, ist geschlossen worden, daß andere Beteiligte, auch nicht nach § 299 ZPO., § 72 KO., ein Recht auf Erteilung einer Abschrift der Tabelle und der Anmeldungen hätten. JW. 15, 731, OLG. 32, 406. Indessen gibt § 140 Abs. 2 nur eine Bestimmung über Abschrifterteilung von Amts wegen; auf Antrag sind gemäß § 299 ZPO., § 72 KO. auch anderen Beteiligten als dem Verwalter Abschriften zu erteilen, wenn nicht im Einzelfalle ein Mißbrauch anzunehmen ist. JW. 15, 804, OLG. 32, 407.

Prüfungstermin*.

* Gebühr des Anwalts ($^{10}/_{10}$): § 56 Nr. 1 GO. f. RA.

141. (129.) In dem Prüfungstermine[1] werden die angemeldeten Forderungen ihrem Betrage und ihrem Vorrechte nach[1a] einzeln erörtert[2].

Der Gemeinschuldner hat sich über die Forderungen zu erklären[3].

[1] Das Konkursgericht hat den Prüfungstermin selbst abzuhalten. Rechtshilfeersuchen ist unzulässig. OLG. 42, 76.

[1a] Und, wenn sie streitig, absonderungsberechtigt oder aufschiebend bedingt sind, dem Stimmrecht nach: § 95 Abs. 1.

[2] **Ermittelungsrecht des Konkursgerichts:** § 75. Dieses hat zunächst vorzuprüfen, ob der angemeldete Anspruch zuzulassen ist. Versagt es die Zulassung, z. B. weil die Anmeldung von

einem nicht gehörig legitimierten Vertreter oder in ausländischer Sprache erfolgt ist, so ist eine Entscheidung hierüber durch zuzustellenden Beschluß zu erlassen, der nach § 73 von dem Anmelder mit der sofortigen Beschwerde angefochten werden kann. Vgl. RG. 37, 4, OLG. 5, 144, auch Anm. 1 § 144. Wenn der Konkursrichter einen vom Verwalter gegen die Zulassung eines angemeldeten Anspruchs erhobenen Widerspruch zurückweist, so steht dem Verwalter gegen den Beschluß die sofortige Beschwerde zu. OLG. 31, 187. Läßt aber der Verwalter sich demnächst im Prüfungstermin auf die Prüfung ein, indem er den Anspruch bestreitet, und wird dieses Ergebnis der Prüfung in die Tabelle eingetragen, so wird die Beschwerde gegenstandslos und damit unzulässig; der Streit kann nunmehr nur im Feststellungsprozeß nach § 146 ausgetragen werden. OLG. 31, 187. — Soweit nach §§ 141, 142 Forderungen zu prüfen sind, dürfen sie nicht deshalb ungeprüft gelassen werden, weil sie noch nicht in die Tabelle eingetragen sind. Gr. 30, 448 (JW. 85, 354). Vielmehr hat der Konkursrichter die **Ergänzung der Tabelle** zu veranlassen. RG. 22, 155. Hat der Richter eine angemeldete Forderung, weil sie der Gerichtsschreiber versehentlich nicht gemäß § 140 in die Tabelle aufgenommen hat, nicht zur Erörterung gebracht, so ist er neben dem Gerichtsschreiber für den entstehenden Schaden ersatzpflichtig. Gr. 38, 1178 (JW. 94, 63[10]), §§ 839 bis 841 BGB., vgl. auch Art. 77 EG.BGB. Überhaupt ist der Inhalt der Anmeldung für die Erörterung maßgebend, nicht die (z. B. ein beanspruchtes Vorrecht nicht enthaltende) Eintragung des Gerichtsschreibers. OLG. 35, 262. — Zu erörtern ist auch, ob eine Forderung als **Ausfallforderung** (§ 64) zu berücksichtigen ist. RG. 26, 112, Gr. 41, 1103, JW. 84, 89, auch Anm. 4 § 64 u. Anm. 4 § 145. — Wird **eine Forderung von mehreren Personen angemeldet** (z. B. von dem ursprünglichen Gläubiger und dem Zessionar oder Pfändungsgläubiger), so ist jede Anmeldung für sich zu prüfen und den Beteiligten zu überlassen, gemäß § 146 zur Feststellung zu bringen, wer von ihnen der Berechtigte ist. Meldet aber der eine die Forderung erst an, nachdem diese für den anderen bereits festgestellt worden ist, so muß der Konkursverwalter die Forderung gegenüber jenem bestreiten, um zu verhindern, daß auf die nämliche Forderung zweimal Zahlungen geleistet werden müssen. RG. 37, 1. Anders jedoch RG. 58, 369. Vgl. hierüber Anm. 4 § 145. — Wegen der Prüfung von Wechselforderungen s. Anm. 3 § 145 a. E.

[3] Zur Aufklärung: § 144 Abs. 1. Jedoch: § 144 Abs. 2, § 164 Abs. 2.

142. (130.) **In dem Prüfungstermine sind auch diejenigen Forderungen, welche nach dem Ablaufe der Anmeldefrist angemeldet sind, zu prüfen, wenn weder der Verwalter noch ein Konkursgläubiger hiergegen Widerspruch erhebt; andernfalls ist auf Kosten des Säumigen ein besonderer Prüfungstermin[1] zu bestimmen.**

Auf nachträglich beanspruchte Vorrechte[2] und sonstige Änderungen der Anmeldung findet die vorstehende Bestimmung entsprechende Anwendung.

Gläubiger, welche Forderungen nach dem Prüfungstermine anmelden, tragen die Kosten des besonderen Prüfungstermins[3].

[1] Für diesen gelten die Bestimmungen des § 138 nicht. Mot. 359.

[2] Ein **Vorrecht** aber, das bis zum Prüfungstermine nicht angemeldet ist, kann, nachdem die ohne Vorrecht angemeldete Forderung bereits in der Tabelle als unstreitig festgestellt worden ist, später nicht mehr geltend gemacht werden. RG. 20, 412, 38, 119, s. auch Anm. 3 § 139, Anm. 4 § 145.

[3] Gebühr des Gerichts (1): § 44 GKG. — **Fernerer Nachteil** verspäteter Anmeldung: Anm. 2 § 152 (nicht geprüfte Forderungen werden bei Verteilungen nicht berücksichtigt).

143. (131.) **Die Prüfung einer angemeldeten Forderung findet statt, wenngleich der anmeldende Gläubiger im Prüfungstermine ausbleibt[1].**

[1] Unbedingt notwendig aber ist die Anwesenheit des Ver-

walters. Er kann vom Konkursgerichte zum Erscheinen gemäß §§ 83, 84 angehalten werden. Mot. 362.

144. (132.) Eine Forderung gilt als festgestellt, soweit gegen sie im Prüfungstermine ein Widerspruch weder von dem Verwalter noch von einem Konkursgläubiger erhoben wird, oder soweit ein erhobener Widerspruch beseitigt ist[1].

Ist die Forderung vom Gemeinschuldner im Prüfungstermine bestritten[2], so kann ein Rechtsstreit, welcher über dieselbe zur Zeit der Eröffnung des Konkursverfahrens anhängig war, gegen den Gemeinschuldner[3] aufgenommen werden[4].

[1] Ein ausdrückliches Anerkenntnis ist zur Feststellung nicht erforderlich. Das **Nichtbestreiten** seitens des Verwalters oder eines mit seiner Anmeldung zugelassenen (s. Anm. 2 § 141) Konkursgläubigers im Termine wirkt als stillschweigendes Anerkenntnis. RG. 55, 160. — Auch nicht gerügte **Mängel der Anmeldung** sind dann geheilt. Ist jedoch eine angemeldete Forderung bestritten, so ist im Feststellungsprozesse nachzuprüfen, ob die Anmeldung vorschriftsmäßig erfolgt ist. RG. 39, 38, auch Anm. 4 § 139, Anm. 3 § 146. — Wird eine als **Ausfallforderung** (§ 64) angemeldete Forderung dem Grunde nach nicht bestritten, so kann später nur noch geltend gemacht werden, daß ein Ausfall überhaupt nicht oder nicht in der angegebenen Höhe eingetreten sei. RG. 36, 60, auch Anm. 4 § 145. Jedoch braucht der Ausfall zur Zeit der Feststellung noch nicht bestimmt zu sein. RG. 26, 112. Überhaupt darf der Gläubiger mit Absonderungsrecht die unbedingte Feststellung verlangen. OLG. 35, 261, 261 Anm. — Auch ist die Erklärung des **Nichtbestreitens unter einem Vorbehalt** (z. B. einer Sicherheitsleistung oder des Nachweises der Legitimation; oder, daß der Gläubiger, der eine Wechselforderung oder eine Zivilforderung, auf welche vom Gemeinschuldner Wechsel zahlungshalber hingegeben worden sind, angemeldet hat, die Wechsel, die er im Falle seiner Befriedigung durch Dividenden-

zahlung zurückgeben muß, noch vorlege und bei der Zahlung ausfolge; oder daß die Forderung kein Stimmrecht haben solle) zulässig. RG. 37, 4, Gr. 58, 1130, OLG. 35, 261. Gegen solche Feststellung unter Vorbehalten kann aber der Gläubiger Klage aus § 146 KO. erheben. OLG. 35, 261. — Vgl. § 6 VO. über die Goldmarkrechnung im Konkurse v. 14. 2. 24 (s. Anm. 1 § 139) über die Wirkung der Feststellung einer Konkursforderung bei einem vor Inkrafttreten der VO. eröffneten Konkursverfahren hinsichtlich der nach § 5 Abs. 1 S. 1 der VO. (s. Anm. 2 § 140) in Goldmark umgeschriebenen Forderung.

[3] Durch das **Bestreiten des Gemeinschuldners** wird, wenn weder der Verwalter noch ein Konkursgläubiger gemäß Abs. 1 sich dem Bestreiten anschließt, die Feststellung der Forderung gegenüber der Konkursmasse nicht gehindert. Gr. 39, 691. Jedoch nimmt der Gemeinschuldner dadurch sein rechtliches Interesse daran wahr, daß nicht nach Aufhebung des Konkursverfahrens aus der Eintragung in der Tabelle Zwangsvollstreckung gegen ihn stattfinde. § 164. Wegen dieses Interesses aber ist er nicht berechtigt, dem Konkursverwalter in einem Rechtsstreite wegen einer von diesem im Prüfungstermine bestrittenen Forderung gegen die Masse als Nebenintervenient (§ 66 ZPO.) beizutreten. RG. 28, 422, JW. 93, 343[6]. — Ist die Forderung nicht nur vom Gemeinschuldner, sondern **auch vom Verwalter oder einem Konkursgläubiger bestritten**, so kann der Rechtsstreit gleichzeitig gegen den Verwalter oder den Konkursgläubiger gemäß § 146 Abs. 3 oder 6 und den Gemeinschuldner gemäß § 144 Abs. 2 aufgenommen werden. Der Gemeinschuldner ist dann Streitgenosse des Verwalters oder des Konkursgläubigers. Der Antrag gegen ihn kann aber nur auf Anerkennung der Forderung oder auf Verurteilung zur Zahlung nach Aufhebung des Konkurses gerichtet werden. RG. 24, 405, vgl. auch 13, 315 und §§ 14, 164. Ist der Antrag uneingeschränkt auf Verurteilung zur Zahlung gerichtet, so ist die Verurteilung nur mit der Maßgabe auszusprechen, daß das Urteil erst nach Aufhebung des Konkurses vollstreckt werden dürfe. RG. 29, 76, JW. 95, 266[15]. — Will ein Gläubiger am Konkursverfahren überhaupt nicht teilnehmen, so kann er **gegen den Gemeinschuldner** auch **außerhalb des Kon-**

kurses Feststellungs- und Leistungsklagen erheben. RG. 29, 73, JW. 96, 697[30]. Er muß aber dann erkennbar machen, daß er Befriedigung aus der Konkursmasse nicht suchen will. RG. 24, 405. Unter dieser Voraussetzung kann die Forderung auch in einem schiedsrichterlichen Verfahren geltend gemacht werden, da es sich nicht um eine Feststellungsklage im Sinne des § 146 Abs. 2 handelt. JW. 96, 697[30].

[3] Nicht auch **vom Gemeinschuldner.** RG. 16, 360, auch 34, 409, 39, 38.

[4] **Aufnahme des Rechtsstreits** durch Zustellung eines Schriftsatzes: § 250 ZPO.; im amtsgerichtlichen Verfahren durch Einreichung oder protokollarische Anbringung der Aufnahmeerklärung, die von Amts wegen zugestellt wird: § 496 ZPO. Eine vom Gemeinschuldner erteilte Prozeßvollmacht besteht in diesem Falle fort; sie ist nicht nach § 23 Abs. 2 erloschen. Anm. 2 § 23. — Auch wenn bereits eine Aufnahme des Rechtsstreits auf Grund von § 146 Abs. 3 oder 6 stattgefunden hat. RG. 13, 318, auch Anm. 2. — Jedoch ist das gleichzeitige Verhandeln über denselben Anspruch im Konkursverfahren und außerhalb desselben unzulässig. Ein Prozeß zum Zwecke der Verfolgung einer im Konkurs angemeldeten Forderung vor Abschluß der Prüfungsverhandlung kann auch gegen den Gemeinschuldner von einem Gläubiger weder angestellt noch aufgenommen werden. RG. 29, 73, Gr. 31, 1122, JW. 95, 266[15]. Vgl. auch Anm. 1 § 146.

145. (133.) Das Gericht hat nach der Erörterung einer jeden Forderung das Ergebnis in die Tabelle einzutragen[1]. Auf Wechseln und sonstigen Schuldurkunden ist von dem Gerichtsschreiber die Feststellung zu vermerken[2].

Die Eintragung in die Tabelle gilt rücksichtlich der festgestellten Forderungen ihrem Betrage und ihrem Vorrechte nach wie ein rechtskräftiges Urteil[3] gegenüber allen Konkursgläubigern[4].

[1] **Die Eintragung** neben jeder Anmeldung, enthaltend das Ergebnis der Erörterung betreffs Grund, Betrag und

Vorrecht der Forderung, ist unter **Angabe des Datums vom Richter und Gerichtsschreiber zu unterzeichnen.** In die Spalte „Bemerkungen“ ist die Erklärung des Gemeinschuldners, ferner das den bestrittenen, absonderungsberechtigten oder aufschiebend bedingten Forderungen bewilligte bleibende Stimmrecht (§ 95 Abs. 1, § 96) einzutragen. Mot. 363. Die Eintragung hat zwar konstitutive Wirkung, insofern sie ein Urteil ersetzt, inhaltlich aber nur deklaratorischen Charakter, ist also keine Entscheidung des Konkursgerichts, sondern nur Beurkundung. Beschwerde aus § 73 KO. findet also nicht statt. Trotzdem kann der Richter über offenbare Schreibfehler einen Berichtigungsbeschluß fassen, der selbst wieder anfechtbar ist. OLG. 35, 262. — Wegen der **Eintragung von Abtretungen** vgl. Anm. 2 § 140.

[2] Und mit dem Gerichtssiegel zu versehen. Mot. 363. — **Das Protokoll** über die Verhandlung braucht außer dem im § 159 Nr. 1—5 ZPO. Vorgeschriebenen nur die Bezugnahme auf die Tabelle zu enthalten. — Ist eine Reihe von Wechseln ausgestellt, jedoch die Forderungsanmeldung auf einen Teil der Gesamt-Wechselsumme beschränkt, so genügt Vorlegung von Wechseln, die den Betrag der Anmeldung erreichen, behufs Vermerks der Feststellung. JW. 13, 440[20]. — Darüber, daß die Nichtvorlegung der Urkunden, insbesondere der Wechsel, über angemeldete Forderungen nicht die Ungültigkeit der Anmeldung bewirkt und nicht die Verfolgung der Feststellung der etwa streitig gebliebenen Forderungen im Feststellungsprozeß ausschließt, vgl. Anm. 6 § 139, Anm. 4 § 146.

[3] § 322 ZPO. — Die **Feststellung** (§ 144 Abs. 1) schafft nicht nur für das Konkursverfahren, sondern auch sonst zwischen den Beteiligten unabänderliches Recht, dergestalt, daß es auch für spätere Rechtsstreitigkeiten eine unverrückbare Grundlage bildet. RG. 55, 160, auch 75, 158, RG. 54, 69. — Da die Feststellung einem rechtskräftigen Urteil gleichgestellt ist, so ist dagegen auch **Wiederaufnahme des Verfahrens** gemäß §§ 578 ff. ZPO. zulässig, soweit sie nicht durch die Natur des Konkursverfahrens von selbst ausgeschlossen wird. RG. 37, 386, 57, 271, OLG. 35, 262. Insbesondere ist auch die Restitutionsklage auf Grund des § 580 Nr. 7 ZPO. zulässig, weil Widerspruch gegen die angemeldete Forderung erfolgt sein

würde, wenn die neu aufgefundenen Urkunden im Prüfungstermine hätten benutzt werden können. RG. 37, 386, OLG. 35, 262. Anderseits ist die Restitutionsklage der einzige Weg, auf welchem die rechtliche Wirkung der Eintragung in die Tabelle gleich einem Urteil wieder beseitigt werden kann. RG. 57, 271. Ist eine Forderung in einem Prüfungstermin einmal festgestellt, so kann die nach § 145 Abs. 2 eingetretene Wirkung dieser Feststellung auch nicht dadurch aufgehoben werden, daß die Gläubiger oder der Konkursverwalter in einem späteren Termin die festgestellte Forderung nachträglich bestreiten oder beschließen, daß die früher anerkannte Forderung als bestritten gelten solle. RG. 57, 274, OLG. 5, 218. — **Einwendungen**, die sich **gegen den festgestellten Anspruch** richten, insbesondere gegen das Recht eines Konkursgläubigers, dessen Forderung in die Tabelle als festgestellt eingetragen ist, auf Teilnahme an der Befriedigung aus der Masse (z. B. Einwand der Erfüllung, der Aufrechnung, des Verzichts), können nur berücksichtigt werden, wenn die Gründe, auf denen sie beruhen, nach der Feststellung entstanden sind; sie können im Wege der Klage nur durch Vollstreckungsgegenklage gemäß § 767 ZPO. geltend gemacht werden. RG. 21, 331, 337, 85, 54, vgl. auch RG. 57, 271, 75, 158, OLG. 25, 332, 35, 262, JW. 94, 16[36], 15, 1437[18]. Dies gilt auch, wenn die Forderung eines Absonderungsberechtigten (§§ 47 ff.) für den Ausfall (vgl. Anm. 2 § 64) festgestellt ist. OLG. 25, 332. Wird jedoch auf den Tabelleneintrag eine Klage gestützt, so können solche Tatsachen auch einredeweise vorgebracht werden. RG. 85, 54. Eine Einrede dieser Art besteht aber z. B. nicht, wenn nach Feststellung einer Wechselforderung für den Inhaber (Indossatar) eines vom Gemeinschuldner akzeptierten Wechsels zwar ein Wechselregreßschuldner (Indossant) eine Zahlung auf den Wechsel geleistet, aber der Wechselinhaber sich dabei ausdrücklich den Bezug der Konkursdividende vorbehalten hat; denn das Recht zur Geltendmachung des Wechselanspruchs gegen den Akzeptanten ist trotz der Zahlung bei dem Wechselinhaber verblieben. RG. 85, 55.

[4] **Die Eintragung** gilt **im Verhältnis der Konkursgläubiger zueinander** rücksichtlich der **festgestellten Forderungen wie ein rechtskräftiges Urteil**, ohne Unterschied, **ob** sie ihre Forde-

rung **angemeldet** haben **oder nicht**, und ob sie im ersteren Falle den Prüfungstermin wahrgenommen haben oder nicht, Mot. 364, JW. 96, 283[16], und zwar nicht nur im Konkurse, sondern auch sonst, RG. 55, 158, JW. 11, 117[55]. Ferner sowohl **zugunsten** als **zuungunsten des Liquidanten**, der z. B. die versäumte Anmeldung eines Vorrechts für eine bereits geprüfte Forderung nicht nachholen darf, RG. 20, 412 (vgl. jedoch RG. 54, 69, wo bemerkt wird, daß die Feststellung gemäß § 145 Abs. 2 nur zugunsten des Anmelders und nur gegenüber den anderen Konkursgläubigern, nicht aber auch gegen den Anmelder und zugunsten der übrigen Konkursgläubiger oder gar Dritter, die am Konkurs nicht teilgenommen hätten, wirke), auch wenn er nunmehr einen anderen Rechtsgrund für die Forderung geltend macht, RG. 38, 419, auch Anm. 3 § 61, Anm. 3 § 139. Jedoch kann der Gläubiger seine Forderung auch nach der Anmeldung und Feststellung noch erweitern und den erweiterten Anspruch nachträglich anmelden. Gr. 42, 1129 (JW. 98, 417[10]), vgl. § 142. — Die Feststellung wirkt auch **gegen den Konkursverwalter** wie ein rechtskräftiges Urteil. RG. 27, 92. Er kann daher, wenn die angemeldete Forderung im Prüfungstermin als unbestritten festgestellt ist, diese Feststellung nicht durch Nachholung des Bestreitens beseitigen. Vielmehr hat er nur die Einwendungen, die auch dem rechtskräftigen Urteil gegenüber zulässig sind (§ 767 ZPO., vgl. Anm. 3), oder er muß Änderung der Tabelle und damit Beseitigung der darin beurkundeten Feststellung im Wege der Berichtigung oder der Wiederaufnahme des Verfahrens (§§ 578 ff. ZPO., vgl. Anm. 3) herbeiführen. JW. 94, 16[36]. Hat der Konkursverwalter eine Forderung, gegen die in einem vor der Konkurseröffnung anhängig gewordenen Rechtsstreit der beklagte nachmalige Gemeinschuldner eine Gegenforderung zur Aufrechnung gestellt hatte, im Prüfungstermin anerkannt, also dort die Tilgung durch Aufrechnung nicht geltend gemacht, so ist, gleichviel was den Verwalter zu diesem Verhalten bestimmt hat, auch der Streit über die Aufrechnungseinrede erledigt und kann der Prozeß nicht mehr wegen dieser Einrede fortgesetzt werden. JW. 15, 1437[13]. — Gleiche Wirkung hat die Feststellung auch **gegen den Gemeinschuldner**, falls er keinen Widerspruch erhoben hat, für die Zeit nach Beendigung des Konkursverfahrens, § 164 Abs. 2, §§ 194, 206 Abs. 2, RG. 16, 32, 46, 10, Gr. 27, 1129, JW. 97, 110[20], insbesondere auch soweit es sich um das Vorhandensein eines vollstreckbaren Titels behufs Anfechtung einer Rechtshandlung desselben handelt, RG. 35, 80, JW. 95, 329[21], 97, 110[20]. Jedoch wirkt die Feststellung gegen den Gemeinschuldner nicht außerhalb des Konkursverfahrens, insbesondere nicht hinsichtlich des zur Konkursmasse nicht gehörigen Vermögens. Gr. 37, 1079. Vgl. auch Anm. 2, 4 § 144. — Inwieweit die Feststellung auch **für bzw. gegen Dritte** (also andere als die Konkursgläubiger und den Gemeinschuldner) wirkt, bestimmt sich nach materiellem Recht und den §§ 325 bis 327 ZPO. RG. 46, 8. Für die Haftung der Kommanditisten einer in Konkurs geratenen Kommanditgesellschaft bis zum Belauf ihrer noch nicht geleisteten Einlage ist die im Konkursverfahren nach Maßgabe des § 144 erfolgte Feststellung der Gesellschaftsschulden nicht maßgebend. RG. 51, 39. Wenn der Verwalter irrigerweise einen Anspruch des in Wahrheit nicht berechtigten Liquidanten ausdrücklich oder durch Nichtbestreiten anerkennt, präjudiziert dies dem wirklich Berechtigten nicht. RG. 58, 374. Auch wird dieser dadurch, daß er seinerseits der Forderung des anderen Prätendenten nicht widersprochen hat, nicht von der Befriedigung aus der Masse ausgeschlossen. RG. 58, 369 (anders RG. 37, 1: Die Feststellung wirkt auch gegen denjenigen, der die von einem anderen angemeldete Forderung als seine eigene in Anspruch nimmt. Er kann daher die Forderung nicht noch einmal für sich anmelden, vielmehr bleibt ihm nur übrig, gegen den zuvorgekommenen Anmelder auf Abtretung des von diesem erworbenen Anspruchs zu klagen. Dies gilt nicht, wenn es sich um die Forderung aus einem vom Gemeinschuldner akzeptierten Wechsel handelt und der Erstanmeldende den Wechsel nicht vorgelegt hat, da in diesem Falle die Zahlung der Dividende auch nach Feststellung der Forderung nur gegen Vorlegung des Wechsels und Abschreibung der Zahlung darauf verlangt werden kann). — Die Feststellung wirkt weiterhin wie ein rechtskäftiges Urteil hinsichtlich der **Ausfallforderungen** (§ 64). Es braucht die Höhe des Ausfalls zur Zeit der Anmeldung oder der Feststellung der Forderung, für die ein besonderes

Deckungsobjekt vorhanden ist, noch nicht festzustehen, auch ist ein Verzicht auf das besondere Deckungsobjekt nicht erforderlich, vielmehr kann die ganze Forderung als Ausfallsforderung angemeldet werden. RG. 26, 112. Eine Feststellung unter Vorbehalt des späteren Nachweises des tatsächlich erlittenen Ausfalls hat hinsichtlich des Grundes der Forderung die Wirkungen eines rechtskräftigen Urteils, es muß aber dann der Gläubiger den Betrag des Ausfalls noch nachweisen. RG. 36, 61. Auch gehört der Streit über die Natur der angemeldeten Forderung als bloßer Ausfallforderung in das Feststellungsverfahren. RG. 26, 112, Gr. 41, 1103. Dagegen ist, wenn eine Forderung als Ausfallforderung angemeldet und diese vom Verwalter nicht bestritten ist, darin eine Anerkennung des Absonderungsrechts nicht zu finden. Dies gilt selbst dann, wenn die Tabelle einen Vermerk über Feststellung des Absonderungsrechts enthält, da derartige Vermerke nicht in die Tabelle gehören. RG. 55, 159, Gr. 41, 1103, JW. 84, 271, (96, 696[28]), OLG. 15, 242. — Ist auf Grund eines Kontokorrents eine **Saldoforderung** angemeldet, so kann der Verwalter trotz erfolgter Feststellung doch einzelne Kreditposten, soweit sie Leistungen des Gemeinschuldners enthalten, anfechten, sofern nicht ein Verzicht auf das Anfechtungsrecht vorliegt. RG. 27, 92, JW. 93, 159[13].

Feststellung streitiger Forderungen.

146. (134.) Den Gläubigern streitig gebliebener Forderungen bleibt überlassen, die Feststellung derselben gegen die Bestreitenden[1] zu betreiben[2]. Zu diesem Behufe hat das Gericht den Gläubigern einen Auszug aus der Tabelle[3] in beglaubigter Form zu erteilen[3a].

Auf die Feststellung ist im ordentlichen Verfahren Klage zu erheben[4]. Für die Klage ist das Amtsgericht, bei welchem das Konkursverfahren anhängig ist, und, wenn der Streitgegenstand zur Zuständigkeit der Amtsgerichte nicht gehört, das Landgericht ausschließlich zuständig, zu dessen Bezirke der Bezirk des Konkursgerichts gehört[6].

War zur Zeit der Eröffnung des Konkursverfahrens[6] ein Rechtsstreit über die Forderung anhängig[7], so ist die Feststellung derselben durch Aufnahme des Rechtsstreits[8] zu verfolgen[9].

Die Feststellung kann nur auf den Grund gestützt und nur auf den Betrag gerichtet werden, welcher in der Anmeldung oder dem Prüfungstermine angegeben ist[10].

Die Bestimmungen des ersten, dritten und vierten Absatzes finden auf Forderungen, für deren Feststellung ein besonderes Gericht[11], eine Verwaltungsbehörde oder ein Verwaltungsgericht[12] zuständig ist, entsprechende Anwendung.

Der Widerspruch gegen eine Forderung, für welche ein mit der Vollstreckungsklausel[13] versehener Schuldtitel[14], ein Endurteil[15] oder ein Vollstreckungsbefehl[16] vorliegt[17], ist von dem Widersprechenden[18] zu verfolgen[19].

Die obsiegende Partei hat die Berichtigung der Tabelle zu erwirken.

[1] Feststellung **gegen sämtliche Bestreitende** zu betreiben: Pr. 92, 176. Die Feststellung muß einheitlich gegen alle erfolgen. Pr. 94, 95, 175, §§ 62, 426 Abs. 3, § 472 ZPO., RG. 5, 414. — Auch der bestreitende Gemeinschuldner kann allein oder als Streitgenosse mitverklagt werden; jedoch nur auf Anerkennung der Forderung oder auf Zahlung nach Aufhebung des Konkurses. Anm. 2 § 144. Er ist nicht befugt, als Nebenintervenient dem gegen den bestreitenden Verwalter gerichteten Feststellungsprozesse beizutreten. Anm. 2 § 144. — Der Streit darüber, ob eine Forderung bloße Ausfallforderung (§ 64) sei, ist im Feststellungsverfahren zu entscheiden. Anm. 4 § 145.

[3] Die **Feststellung** ist **von dem Gläubiger zu betreiben**, und zwar von demjenigen, der die Forderung angemeldet hat, nicht z. B. von demjenigen, dem die Forderung verpfändet ist, es sei denn, daß von seiner Seite ebenfalls eine Anmeldung erfolgt ist. JW. 94, 16[35]. — Folgen des Nichtbetreibens: § 152 (Nichtberücksichtigung bei der Verteilung). — Es ist nicht ausgeschlossen, daß auch der Konkursverwalter eine negative Feststellungsklage, wenn die Voraussetzungen des § 256 ZPO. (rechtliches Interesse an der alsbaldigen Feststellung) gegeben sind, erhebt, so z. B. auf Feststellung des Nichtbestehens der von dem Schuldner des Gemeinschuldners angemeldeten, demnächst aber nicht gemäß § 146 weiter verfolgten Aufrechnungsansprüche. JW. 00, 393[13], 03, 315[12], OLG. 6, 239, vgl. jedoch auch OLG. 11, 371.

[4] Die vorschriftsmäßige (§§ 138, 139) **Anmeldung zur Tabelle** sowie die **Prüfung** der Forderung im Konkursverfahren sind **Voraussetzungen der Klage**; ihr Vorhandensein ist im Prozesse von Amts wegen festzustellen. RG. 39, 38, 51, 96, 86, 396, Gr. 42, 1128, JW. (98, 417[10]), 02, 397[30], OLG. 35, 260 (auch mit Zustimmung des Gegners Mangel nicht heilbar), auch Anm. 4 § 139, Anm. 1 § 144. Jedoch bilden sie andererseits nicht einen Teil des Klagefundaments. Daher ist nur erforderlich, daß die Anmeldung und Prüfung zur Zeit des Urteils vorliegen. Gr. 42, 1128 (JW. 98, 417[10]). Deshalb kann bei Erweiterung des Klaganspruchs die Anmeldung für den erweiterten Teil nachgebracht werden. Gr. 42, 1126 (JW. 98, 417[10]). Sind mehrere Forderungen nur in einer Gesamtsumme angemeldet und erst nach Bestreiten dieser näher begründet worden, ohne daß ersichtlich ist, ob die nachträglich begründeten Ansprüche unter die angemeldete Gesamtsumme fallen, so hat, bevor auf Feststellung dieser geklagt werden kann, zunächst ein neues Prüfungsverfahren stattzufinden. RG. 39, 38, 48. Ist nur ein Teilbetrag einer Forderung vom Gläubiger gegen den nachmaligen Gemeinschuldner eingeklagt und nach Konkurseröffnung nur der weitere Teil der Forderung zum Konkurse angemeldet, so ist die Aufnahme des durch den Konkurs unterbrochenen Rechtsstreites unzulässig, solange nicht auch der eingeklagte Teil angemeldet und geprüft worden ist. RG. 86, 395.

3a Auf **Erteilung des Auszugs aus der Tabelle** in beglaubigter Form haben die Gläubiger streitig gebliebener Forderungen einen gesetzlichen Anspruch. RG. 84, 143. Der Auszug ist ihnen nicht bloß auf Antrag, sondern **von Amts wegen** zu erteilen, und zwar, wenn die Geschäftsordnungen der Gerichtsschreibereien nicht ein anderes vorschreiben (s. RG. 85, 71), auf Anordnung des Konkursrichters durch den Gerichtsschreiber. RG. 85, 64. Ob im Falle des Abs. 6, der sog. titulierten Forderung, der Auszug dem Gläubiger oder nur dem Widersprechenden oder beiden zu erteilen, ist streitig, weil der Auszug nur zum Zwecke der Prozeßführung demjenigen erteilt werden soll, der diesen Prozeß zu führen hat. RG. 85, 66.

4 Damit ist nicht gesagt, daß der Verwalter nicht an einen vereinbarten **Schiedsvertrag** gebunden sei. Auch ein Schiedsgericht kann also für die Feststellung einer Konkursforderung zuständig sein, Anm. 11, wie auch der Verwalter selbst mit Genehmigung des Gläubigerausschusses (§ 133 Nr. 2) einen Schiedsvertrag schließen kann. — Für die **Klage auf Feststellung im ordentlichen Verfahren** gilt folgendes: Urkunden-, Wechselprozeß- und Mahnverfahren (§§ 592, 602, 688 ZPO.) sind unstatthaft. RG. 32, 231. Vgl. jedoch hinsichtlich der Aufnahme eines bereits anhängigen Urkunden- oder Wechselprozesses RG. 50, 414, und hinsichtlich Zulässigkeit der Fortführung des Rechtsstreits in dieser Prozeßart nunmehr mit dem Antrag auf Feststellung der vom Konkursverwalter bestrittenen Forderung OLG. 29, 137. — **Widerklage** im Gerichtsstande der anhängigen Feststellungsklage gemäß § 33 Abs. 1 ZPO. ist zulässig. RG. 16, 118. Jedoch muß, wenn Gegenstand der Widerklage die Feststellung einer Gegenforderung des Beklagten ist, diese Gegenforderung gemäß § 141 geprüft sein. JW. 02, 397[30]. — **Das über die Feststellung ergehende Urteil** muß den Streit, ob und in welchem Umfange die bestrittene Forderung an der Konkursdividende teilzunehmen hat, endgültig zum Austrage bringen. Bei bedingten oder solchen Forderungen, deren Geldbetrag unbestimmt ist (§§ 66, 67, 69), muß, wenn der Geldbetrag bestritten ist, dessen Normierung durch das Feststellungsurteil erfolgen. JW. 89, 343[2]. Handelt es sich um eine Wechselforderung oder um eine Zivilforderung, auf welche vom Gemeinschuldner Wechsel zah-

lungshalber hingegeben worden sind, so muß, da der Gläubiger im Falle seiner Befriedigung durch Dividendenzahlung die Wechsel zurückzugeben hat (RG. 37, 4, JW. 03, 375[10], Gr. 58, 1131), das die Forderung feststellende Urteil ergeben, daß die Feststellung nur unter dem Vorbehalt der Zurückgabe der Wechsel bei der Zahlung erfolge. RG. 37, 4, Gr. 58, 1132. Jedoch bedarf es nicht eines ausdrücklichen Vorbehalts im entscheidenden Teil; es genügt, wenn aus den Gründen zu ersehen, daß die Feststellung nur mit einem solchen Vorbehalt zu verstehen ist. Gr. 58, 1132. — Eine die Feststellungsklage des Gläubigers **abweisende Entscheidung** begründet Rechtskraft nur für die Konkursmasse, nicht auch für den Gemeinschuldner. JW. 96, 697[30].

[5] Anm. 1 § 71. — Die ausschließliche **Zuständigkeitsbestimmung** des Abs. 2 bezieht sich nicht auf den Abs. 3. Für die Frage, ob für den hiernach aufzunehmenden anhängigen Rechtsstreit die Zuständigkeit gegeben ist, sind nach wie vor die allgemeinen Zuständigkeitsvorschriften maßgebend. RG. 52, 55.

[6] Vgl. auch § 164 Abs. 3 (Erteilung der Vollstreckungsklausel, Einwendungen in der Zwangsvollstreckungsinstanz).

[7] Anm. 3 § 10. — Liegt bereits ein die Klage abweisendes Urteil vor, so hat der Gläubiger die Forderung anzumelden und nach Bestreiten des Verwalters den Prozeß weiter zu betreiben. OLG. 37, 117. Ist in einem **anhängigen Rechtsstreite** durch Teilurteil über die Hauptsache entschieden, die **Entscheidung über** die **Kosten** aber **vorbehalten**, so hat der Gläubiger seinen Kostenerstattungsanspruch anzumelden und nach Bestreiten den Rechtsstreit behufs Entscheidung über die Kosten aufzunehmen. OLG. 15, 249. — Ebenso hat im Falle der vor der Konkurseröffnung erfolgten Zurücknahme der vom Gemeinschuldner erhobenen Klage der Beklagte wegen seines Kostenerstattungsanspruchs zu verfahren. OLG. 21, 177. Desgleichen der klagende Gegner des nachmaligen Gemeinschuldners, wenn der Rechtsstreit vor der Konkurseröffnung in der Hauptsache erledigt worden war. OLG. 23, 117. — Darüber, daß im Falle der Einklagung nur eines Teiles einer Forderung die Aufnahme erst zulässig ist, wenn dieser Teil angemeldet und geprüft worden ist, und daß eine Anmeldung

und Prüfung des weiteren Teils der Forderung (der Forderung unter Abzug jenes Teils) nicht genügt, vgl. Anm. 3.

[8] **Aufnahme des Rechtsstreites** vom **Gläubiger** durch Zustellung eines Schriftsatzes: § 250 ZPO., im amtsgerichtlichen Verfahren gemäß § 496 ZPO. durch Einreichung einer Aufnahmeerklärung, die von Amts wegen zugestellt wird. — Nicht, wie in den Fällen des § 10 (Anhängigkeit eines Rechtsstreits für den Gemeinschuldner), gemäß § 239 ZPO. RG. 16, 358, 34, 409, 39, 38. Insbesondere ist der **Konkursverwalter** zur Aufnahme oder zur Ladung gemäß § 239 Abs. 2 ZPO. nicht befugt. RG. 16, 361, 63, 366, JW. 94, 172[7], OLG. 23, 308, auch RG. 86, 237, Anm. 4 § 10. Auch ein vom Gemeinschuldner durch negative Feststellungsklage anhängig gemachter Rechtsstreit kann nur vom Gegner gemäß § 146 Abs. 3, § 144 Abs. 2 aufgenommen werden. RG. 70, 371. Ist der Gläubiger mit seiner Klage abgewiesen und auf Widerklage des Gemeinschuldners verurteilt, so kann der Verwalter den Rechtsstreit (z. B. nachdem der Gläubiger Berufung eingelegt hat) zwar zur Widerklage gemäß § 10 Abs. 2, nicht aber zur Klage aufnehmen. RG. 63, 366. Auch wenn der Gemeinschuldner erst, nachdem er gegen ein zu seinen Ungunsten erlassenes Urteil Berufung eingelegt hatte, in Konkurs geraten ist, und der Gläubiger, ohne sich auf das Urteil zu berufen (s. Abs. 6 u. Anm. 17), die Forderung angemeldet und der Verwalter sie bestritten hat, kann nicht der Verwalter, sondern nur der Gläubiger den Rechtsstreit aufnehmen. Jedoch ist, wenn die Aufnahmeerklärung des Verwalters die tatsächliche Folge gehabt hat, daß zwischen ihm und dem Gläubiger das Prozeßverfahren fortgesetzt wurde, der Rechtsstreit als vom Gläubiger aufgenommen anzusehen. JW. 96, 602[22]. — Auch sonst ist ohne Zustellung eines Aufnahmeschriftsatzes zur Aufnahme genügend, wenn der Wille, den Prozeß fortzusetzen, bestimmt und unzweideutig im weiteren Verfahren zum Ausdruck gekommen ist und der Gegner gegen den Formmangel nicht Widerspruch erhoben hat. RG. 51, 97.

[9] Kann infolge des Konkurseintritts **nicht mehr der ursprünglich geforderte Gegenstand**, sondern statt dessen nur eine andere Leistung verlangt werden (wie z. B. gemäß § 69, wenn der Anspruch nicht auf einem Geldbetrag gerichtet war,

s. Anm. 1 § 69), so kann gemäß § 268 Nr. 3 ZPO. der Rechtsstreit (gegenüber dem Verwalter) zur Verfolgung des (angemeldeten, vom Verwalter bestrittenen) **Anspruchs** auf die andere Leistung aufgenommen werden. RG. 65, 132, auch 86, 240. — Ist im Konkursverfahren das **Vorrecht** streitig geworden, so kann nach der Aufnahme der Klagantrag auf Feststellung des Vorrechts erweitert werden: § 268 Nr. 2 ZPO. — Hinsichtlich der Zuständigkeit vgl. Anm. 5.

[10] Für die Auslegung und die Bedeutung der Eintragung in die Tabelle ist der Inhalt der Anmeldung (§§ 139, 142) maßgebend. OLG. 42, 77. Vgl. über den **Grund der Anmeldung** Anm. 2 § 139. — Der **Klagegrund** muß mit dem in der **Anmeldung** angegebenen Grunde der Forderung übereinstimmen; auf den in der Tabelle bezeichneten Grund kommt es nicht an. OLG. 21, 178. Jene Übereinstimmung ist Prozeßvoraussetzung und von Amts wegen zu beachten. RG. 86, 396, OLG. 32, 384. Diese ist nicht erfüllt, wenn im Prozeß die Bezeichnung des das Wesen der Forderung bestimmenden Schuldgrundes geändert wird; nur in den Grenzen des § 268 Nr. 1 ZPO. kann gemäß § 72 KO. die in der Anmeldung enthaltene Bezeichnung des Schuldgrundes im Prozesse ergänzt oder berichtigt werden. Gr. 38, 1174, 1177, 44, 1222, 56, 353, JW. 94, 16[35], 00, 133[11], 330[14], auch RG. 10, 395, 54, 313, W. 11, 152, JW. (11, 226[41]), 11, 371[33]. Eine vom Verwalter bestrittene Kaufpreisforderung z. B. kann im Feststellungsprozesse nicht als Forderung auf Ersatz des wegen Nichterfüllung des Kaufvertrages seitens des Verwalters entstandenen Schadens geltend gemacht werden. RG. 64, 207. Ebensowenig: eine Gehaltsforderung als Schadensersatzforderung wegen Auflösung des Dienstverhältnisses, OLG. 11, 363; eine Darlehnsforderung als Anspruch auf Rückzahlung der Einlage in eine stille Gesellschaft, OLG. 19, 227; eine Mietzinsforderung als Schadensersatzforderung wegen Aufkündigung des Mietvertrages durch den Verwalter gemäß § 19, OLG. 19, 228; Warenforderung als Anspruch auf Grund Schuldanerkenntnisses, OLG. 21, 178. Durch die Anmeldung, die Verhandlung im Prüfungstermin und die entsprechenden Eintragungen in die Tabelle wird das Streitverhältnis für den Feststellungsprozeß auch **hinsichtlich der Personen** der Parteien festgelegt. Daher ist, wenn ein Gläu-

biger seine Forderung nach deren Anmeldung an einen anderen abgetreten, aber von der Abtretung zur Konkurstabelle keine Anzeige gemacht hat, nur er (nicht der Zessionar) zur Erhebung der Klage auf Feststellung der im Prüfungstermin bestrittenen Forderung befugt. Gr. 56, 353 (JW. 11, 950[24], W. 11, 465) (a. M. OLG. 42, 77, wonach die vorherige Eintragung des neuen Gläubigers zur Klagerhebung dann nicht erforderlich sein soll, wenn nach der Sachlage die Gefahr von Doppelprozessen nicht vorliege). — Es darf auch nur das in der Anmeldung erstrebte **Vorrecht** im Prozeß geltend gemacht werden, wobei die einzelnen Nummern des § 61 KO. gesonderte Tatbestände bilden. OLG. 32, 384, LZ. 08, 391[2]. — Die Geltendmachung eines höheren **Betrages** der Forderung, als in der Anmeldung angegeben, ist auch dann nicht zulässig, wenn bereits durch ein Zwischenurteil gemäß § 304 ZPO. die Forderung in der ursprünglichen Höhe ihrem Grunde nach für gerechtfertigt erklärt ist. JW. 97, 111[22]. Jedoch kann bis zur Erlassung des Urteils die Anmeldung über den erweiterten Betrag nachgeholt werden. Anm. 3. Hat der Gläubiger bei der Anmeldung seine Forderung unrichtig begründet, so bleibt ihm nur der Weg offen, die Forderung mit anderer Begründung von neuem anzumelden. Gr. 38, 1174, OLG. 11, 364. — Jedoch findet nach § 72 KO. hinsichtlich der Frage, ob im Prozeß die Geltendmachung der Forderung gegenüber dem Inhalt der Anmeldung geändert worden ist, ebenso, wie § 268 ZPO. (s. oben), auch § 270 ZPO. Anwendung. Es kann daher die **Entscheidung** des Prozeßgerichts, **daß** eine **Änderung nicht** vorliege, **nicht** mit einem Rechtsmittel **angefochten** werden. W. 11, 152, JW. (11, 226[41]), 11, 371[33]. — Über zulässige Änderung des Klaganspruchs in einem anhängigen Rechtsstreite zufolge der Wirkung des Konkurseintritts vgl. Anm. 9. — Hat der **Gläubiger** eine **Gegenleistung zu bewirken**, so kann auf Feststellung Zug um Zug gegen die Gegenleistung geklagt werden. RG. 84, 231. Dies gilt auch dann, wenn es sich um eine Forderung aus einer Bürgschaft, die der Gemeinschuldner für die Verpflichtungen des Hauptschuldners aus einem zweiseitigen Vertrage mit dem Gläubiger übernommen hatte, handelt und der Gläubiger an den Hauptschuldner eine Gegenleistung aus dem Vertrage zu bewirken hat. RG. 84, 231

(s. jedoch 84, 235). — Die Klage ist nicht eine Leistungsklage (auf Verurteilung zu einer Leistung aus der Konkursmasse), sondern eine Feststellungsklage (auf Feststellung der Forderung als einer Konkursforderung). RG. 84, 235.

[11] **Besondere Gerichte:** § 14 GVG. Vgl. JW. 91, 416[25]. Z. B. die auf Grund des Art. 304 des Friedensvertrags von Versailles v. 28. 6. 19, RGes. v. 16. 7. 19 eingesetzten **Gemischten Schiedsgerichtshöfe;** die **Gewerbegerichte** nach RGes. v. 29. 9. 01 und die **Kaufmannsgerichte** nach RGes. v. 6. 7. 04; die **Innungen** und **Innungsschiedsgerichte** nach §§ 81a[4], 81b[4], 91 GewO. v. 26. 7. 00. OLG. 15, 43, 29, 6. Ist für Ansprüche, deren Geltendmachung an sich vor den Gewerbegerichten zu erfolgen hat, nur das Vorrecht (§ 61 Nr. 1) streitig, so sind die ordentlichen Gerichte für die Entscheidung zuständig. OLG. 15, 43. — Daraus, daß nach Abs. 2 S. 1 auf Feststellung einer streitigen Konkursforderung „im ordentlichen Verfahren" Klage zu erheben ist, ist nicht zu folgern, daß wegen einer solchen Feststellung ein **Schiedsgerichtsverfahren** auf Grund eines mit dem Gemeinschuldner vor dem Konkurse geschlossenen Schiedsvertrages unzulässig sei. OLG. 11, 362, 42, 78 Anm. vgl. auch 13, 246, 19, 226 (a. M. OLG. 5, 203).

[12] Über Zuständigkeit der **Verwaltungsgerichte** für die Feststellungsklage, betreffend öffentliche Abgaben und gemeine Lasten, s. JW. 94, 559[46], auch RG. 32, 345.

[13] **Vollstreckungsklausel:** §§ 724 ff. ZPO. Auch nur vorläufig vollstreckbare Urteile (§§ 708 ff. ZPO.) sowie Vorbehaltsurteile (§§ 302, 599 ZPO.). Nicht aber bedingte Endurteile gemäß § 460 ZPO., so daß der widersprechende Konkursverwalter zur Aufnahme des Rechtsstreits nicht befugt ist. RG. 16, 361, JW. 08, 305[15], OLG. 15, 248, Anm. 8.

[14] **Schuldtitel:** §§ 794, 801 ZPO. — Ein **Arrestbefehl** ist **nicht** ein selbständiger Schuldtitel im Sinne des Abs. 6. RG. 85, 68.

[15] **Endurteil:** §§ 300, 301 ZPO. — Abs. 6, nicht Abs. 3 findet auch Anwendung auf ein zugunsten des klagenden Gläubigers ergangenes **Versäumnisurteil,** gegen welches der Gemeinschuldner bereits Einspruch eingelegt hatte. RG. 50, 412.

— Liegt dagegen ein auf einen **Eid** lautendes Endurteil (§ 460 ZPO.) vor, so findet nicht Abs. 6, sondern Abs. 3 Anwendung, so daß der Gläubiger den Rechtsstreit gegen den Widersprechenden aufzunehmen hat. OLG. 37, 118, Anm. 13. — Ist die Forderung gegen den Gemeinschuldner **durch Urteil rechtskräftig festgestellt**, aber doch vom Verwalter bestritten, so hat die Feststellungsklage des Gläubigers die Natur einer Judikatsklage. Der Verwalter kann daher nur mit solchen Gegenforderungen des Gemeinschuldners aufrechnen, die erst nach der rechtskräftigen Feststellung der Forderung entstanden sind. Gr 38, 1173, JW. 94, 426[23].

[16] **Vollstreckungsbefehl:** §§ 699, 700, 796 Abs. 1 ZPO.

[17] Das Urteil usw. muß **vor Eröffnung des Verfahrens** erworben sein. § 12, Mot. 366, OLG. 23, 308. Jedoch ist auch ein Urteil, das nach der in der Zwischenzeit seit der Schlußverhandlung eingetretenen Konkurseröffnung gemäß § 249 Abs. 3 ZPO. zulässigerweise verkündet worden ist, als ein unter Abs. 6 § 146 fallender Schuldtitel anzusehen. OLG. 23, 307. — Aus dem Worte **„vorliegt"** folgt ferner, daß der mit der Vollstreckungsklausel versehene Schuldtitel **im Prüfungstermin** vorliegen muß. Hat der Gläubiger die Forderung zwar als sog. titulierte Forderung angemeldet, aber den Schuldtitel bis zum Prüfungstermin nicht beigebracht, so ist die Forderung als eine nicht titulierte zu behandeln und findet Abs. 6 keine Anwendung. Will der Gläubiger nachträglich die Rechte aus Abs. 6 erlangen, so muß er die Anordnung eines neuen Prüfungstermins nach § 142 Abs. 2 beantragen und dazu den Titel vorlegen. RG. 85, 67.

[18] Der Widerspruch ist **von dem Widersprechenden** zu verfolgen. RG. 85, 67, 86, 237, OLG. 23, 308. Wegen **Eidesurteile** s. Anm. 13, 15. Der Gläubiger braucht sich um den Widerspruch nicht zu kümmern. Die demnächst etwa zur Verteilung gelangende **Konkursdividende** muß, soweit sie auf die Forderung entfällt, gemäß §§ 152, 168 Nr. 1 unter allen Umständen vom Konkursverwalter **zurückbehalten** werden. RG. 85, 67. — Jedoch kann auch der **obsiegende Gläubiger** seinerseits die Feststellung gemäß Abs. 1 und 3 betreiben. RG. 34, 409, 51, 97, 86, 237, JW. 92, 96[12], 01, 162[11], OLG. 19, 135, 23, 308, 37, 118. Er muß dies, wenn er den Rechtsstreit zur Erledigung bringen

will, auch dann tun, wenn der Verwalter ein von dem Gemeinschuldner gegen das Urteil nach der Konkurseröffnung eingelegtes Rechtsmittel zurückgenommen hat, da die Einlegung des Rechtsmittels und deshalb auch seine Zurücknahme ohne rechtliche Wirkung war. JW. 91, 486[3]. Er ist auch berechtigt, den widersprechenden Verwalter zur Aufnahme des Rechtsstreits gemäß § 239 ZPO. zu veranlassen. Gr. 36, 470. Haben noch andere als der Verwalter die Forderung bestritten, so ist es nicht unzulässig, daß der Gläubiger den Rechtsstreit gegen den Verwalter allein aufnimmt. RG. 5, 414, 51, 97.

[10] Der **Widerspruch** ist **zu verfolgen** in dem nach der ZPO. für den Widerspruch begründeten Gerichtsstand, nicht im Gerichtsstand des Abs. 2. Mot. 367, Pr. 93.

147. (135.) Soweit durch ein Urteil rechtskräftig eine Forderung festgestellt oder ein Widerspruch für begründet erklärt ist, wirkt dasselbe gegenüber allen Konkursgläubigern[1]. War der Prozeß nur gegen einzelne Gläubiger geführt, so können diese den Ersatz ihrer Prozeßkosten aus der Konkursmasse[2] insoweit verlangen, als der letzteren durch das Urteil ein Vorteil erwachsen ist.

[1] Und zwar gegen alle Bestreitenden oder Widersprechenden: Pr. 174—178. Anm. 1 § 146.

[2] Als Masseschuld: § 59 Nr. 3.

148. (136.) Der Wert des Streitgegenstandes[1] eines Prozesses über die Richtigkeit oder das Vorrecht einer Forderung[2] ist mit Rücksicht auf das Verhältnis der Teilungs- zur Schuldenmasse[3] von dem Prozeßgerichte nach freiem Ermessen festzusetzen.

[1] §§ 3—9 ZPO. — Auch maßgebend für den Wert der Revisionssumme (§ 546 Abs. 2 ZPO.), RG. 10, 68, auch JW. 94, 17[37], 00, 526[18]; ferner für die Gebührenfestsetzung: §§ 9, 54 GKG., §§ 10, 59 GO. f. RA. — Gemäß den §§ 3, 4 ZPO.

bestimmt sich der **Streitwert** nach dem Stande der Konkursmasse **zur Zeit der Klagerhebung** oder in höherer Instanz der **Rechtsmitteleinlegung**; durch eine während des Laufes der Instanz unvorhergesehen eingetretene Steigerung der Dividende wird der Streitwert für die Instanz nicht erhöht. Gr. 43, 1217, vgl. aber auch Gr. 38, 1180. Ist der Rechtsstreit zur Zeit der Konkurseröffnung anhängig, so ist von dem Zeitpunkt der Fortsetzung des Rechtsstreits ab die Forderung als Konkursforderung gemäß § 148 bei der Festsetzung des Streitwerts in Betracht zu ziehen, JW. 94, 114[7], sofern an die Stelle des bisherigen Klagantrags nunmehr ein Antrag auf Feststellung der im Konkurse bestrittenen Forderung getreten ist, JW. 93, 126[8].

[2] D. i. **Richtigkeit oder Vorrecht einer Konkursforderung** (§§ 61 ff.). Nicht hierher gehören Masseforderungen (§§ 57 ff.), Aussonderungsansprüche (§§ 43 ff.), Ansprüche auf abgesonderte Befriedigung (§§ 47 ff.). Im letzteren Falle kommt, wenn der Kläger abgesonderte Befriedigung aus dem Erlöse der ihm verpfändeten Gegenstände beansprucht, § 6 ZPO. zur Anwendung, falls sich der gestellte Antrag mit dem Absonderungsrechte usw. befaßt. JW. 96, 281[1], OLG. 35, 25. Auch Ansprüche gegen den bestreitenden Gemeinschuldner (§ 144 Abs. 2) fallen nicht unter § 148, RG. 24, 405, so daß, wenn eine Klage auf Feststellung einer bestrittenen Forderung gegen den Konkursverwalter und zugleich gemäß § 164 auch gegen den Gemeinschuldner gerichtet ist, der volle Betrag der Forderung für die Bestimmung des Streitwerts maßgebend ist, OLG. 15, 50. Ein Pfändungspfandrecht jedoch, das der Gläubiger auf Grund eines nach der Klagerhebung erlassenen Arrestes erlangt hat, schließt, wenn nach demnächstiger Konkurseröffnung der Rechtsstreit mit dem Antrag auf Feststellung der im Prüfungstermin bestrittenen Forderung aufgenommen wird, die Anwendung des § 148 nicht aus. OLG. 27, 14.

[3] **Auch bestrittene** zur Feststellung noch nicht gebrachte oder noch gar nicht mit der Feststellungsklage verfolgte Konkursforderungen sind in die Berechnung einzustellen, und zwar mit einer der Wahrscheinlichkeit entsprechenden Quote. JW. 96, 602[22], 99, 228[17].

Fünfter Titel.

Verteilung*.

* Gebühr des Anwalts ($^{10}/_{10}$): § 56 Nr. 3 GO. f. RA.

I. Anordnung.

1. Allgemeines.

149. (137.) Nach der Abhaltung des allgemeinen Prüfungstermins soll, so oft hinreichende bare Masse vorhanden ist[1], eine Verteilung an die Konkursgläubiger[2] erfolgen[3].

[1] Nur Verwaltungsvorschrift. Durch ihre Nichtbeachtung kann sich der Verwalter (§ 82) oder auch (§ 150) der Gläubigerausschuß den Konkursgläubigern gegenüber allerdings persönlich verantwortlich machen. Es kann aber die Vornahme einer Verteilung nicht im Wege des förmlichen Prozesses erzwungen werden. Nur Beschwerde im Aufsichtswege gemäß §§ 83, 84. Ebensowenig können Ansprüche wegen Nichtberücksichtigung bei einer Verteilung im Prozeßwege verfolgt werden. Gr. 34, 1201 (JW. 90, 114[8]).

[2] Auszahlung an die Bevorrechtigten unabhängig von der Verteilung: § 170.

[3] Nach § 3 der VO. über die Goldmarkrechnung im Konkurse v. 14. 2. 24 (s. Anm. 1 § 139) hat nach jeder Verteilung (§§ 149, 161, 167) und nach jeder gemäß § 170 bewirkten Zahlung der Verwalter dem Gericht unter Angabe des Zahlungstags anzuzeigen, welche Beträge er an die einzelnen Gläubiger gezahlt hat; der Gerichtsschreiber hat die Beträge nach dem Umrechnungssatze (§ 1 Abs. 2 der VO.) des Zahlungstags in Goldmark umzurechnen und in der Tabelle zu vermerken. Bei den vor Inkrafttreten der VO. eröffneten Verfahren sind nach §§ 4, 5 Abs. 1 S. 2 der VO. diese Anzeigen und Vermerke alsbald nachträglich zu bewirken. An die Stelle der Goldmark ist nach § 2 der VO. v. 12. 12. 24 (s. Anm. 1 § 139) jetzt die Reichsmark getreten.

150. (138.) Zur Vornahme einer Verteilung hat

der Verwalter, wenn ein Gläubigerausschuß bestellt ist, dessen Genehmigung einzuholen[1].

[1] Aussetzung: § 160 (auf Antrag des Gemeinschuldners zufolge Zwangsvergleichsvorschlages).

151. (139.) Vor der Vornahme einer Verteilung hat der Verwalter ein Verzeichnis[1] der bei derselben zu berücksichtigenden Forderungen auf der Gerichtsschreiberei zur Einsicht der Beteiligten niederzulegen und die Summe der Forderungen[2] sowie den zur Verteilung verfügbaren Massebestand öffentlich bekannt zu machen[3].

[1] Auf Grund der Tabelle.
[2] D. i. der teilnahmeberechtigten Forderungen.
[3] § 76.

152. (140.) Konkursgläubiger[1], deren Forderungen nicht festgestellt sind[2] und für deren Forderungen ein mit der Vollstreckungsklausel versehener Schuldtitel, ein Endurteil oder ein Vollstreckungsbefehl nicht vorliegt[3], haben bis zum Ablaufe einer Ausschlußfrist von zwei Wochen[4] nach der öffentlichen Bekanntmachung[5] dem Verwalter den Nachweis zu führen[6], daß und für welchen Betrag die Feststellungsklage erhoben oder das Verfahren in dem früher anhängigen Prozesse aufgenommen ist[7]. Wird der Nachweis nicht rechtzeitig geführt[8], so werden die Forderungen bei der vorzunehmenden Verteilung[9] nicht berücksichtigt.

[1] Massegläubiger: § 172 (keinen Anspruch auf den Massebestand, wenn ihre Forderungen nicht rechtzeitig zur Kenntnis des Verwalters gelangt sind).
[2] Nicht geprüfte Forderungen werden nicht berücksichtigt. Mot. 375.
[3] § 146 Abs. 6 und Anm. 13—16 dazu.

[4] Berechnung: § 222 ZPO., §§ 187, 188, 193 BGB. — In Konsularsachen beträgt die Frist in der Regel einen Monat, ausnahmsweise zwei Monate. § 47 Abs. 4 RGes. über die Konsulargerichtsbarkeit, v. 7. 4. 00 (RGBl. 213).

[5] Nach bewirkter Bekanntmachung: § 76 Abs. 1.

[6] Der Nachweis ist unnötig, wenn der Verwalter selbst Prozeßpartei ist. Mot. 376.

[7] Zurückbehaltung ihres Anteils: § 168 Nr. 1.

[8] Einer Androhung der Folgen der Versäumung bedarf es nicht. § 231 ZPO.

[9] Nachträgliche Berücksichtigung: § 155. — Versäumt der Gläubiger auch die Ausschlußfrist für die Schlußverteilung (§ 161), so ist er endgültig von jeder Befriedigung aus der Konkursmasse ausgeschlossen. JW. 13, 752[24]. Über Verfolgung der Forderung in diesem Falle gegen den Gemeinschuldner persönlich, insbesondere wenn es sich um einen Nachlaßkonkurs handelt, vgl. Anm. 2 § 12.

153. (141.) Gläubiger, von welchen abgesonderte Befriedigung beansprucht wird, haben bis zum Ablaufe der Ausschlußfrist[1] dem Verwalter den Nachweis ihres Verzichts oder ihres Ausfalls nach Maßgabe des § 64 zu führen. Wird der Nachweis nicht rechtzeitig geführt, so werden die Forderungen bei der vorzunehmenden Verteilung nicht berücksichtigt[2].

Zur Berücksichtigung bei einer Abschlagsverteilung genügt es, wenn bis zum Ablaufe der Ausschlußfrist dem Verwalter der Nachweis, daß die Veräußerung des zur abgesonderten Befriedigung dienenden Gegenstandes betrieben ist, geführt[3] und der Betrag des mutmaßlichen Ausfalls glaubhaft gemacht wird[4].

[1] Anm. 4 § 152.

[2] Nachträgliche Berücksichtigung: § 155. — Ist die Konkursforderung des absonderungsberechtigten Gläubigers bestritten, so finden zunächst die Vorschriften des § 152 statt. — Der „Nachweis des Verzichts" erübrigt sich, wenn der Gläu-

biger dem Verwalter gegenüber den Verzicht auf abgesonderte Befriedigung erklärt. — Ist ein Pfandrecht für mehrere Forderungen des Pfandgläubigers bestellt, so ist in der Erklärung des Gläubigers, daß er nur für die eine Forderung das Absonderungsrecht (§ 48) geltend mache, ein Verzicht auf abgesonderte Befriedigung wegen der anderen Forderung zu finden. RG. 85, 58.

[3] Die Betreibung kann auch seitens eines anderen Realgläubigers oder des Verwalters selbst erfolgt sein, so daß sich im letzteren Falle der Nachweis erübrigt.

[4] § 294 ZPO. — Die Anteile werden bei Abschlagsverteilungen zurückbehalten: § 168 Nr. 3; bei der Schlußverteilung werden sie frei, wenn bis dahin nicht der Nachweis des Ausfalls geführt ist: § 156, RG. 86, 249.

154. (142.) Forderungen unter aufschiebender Bedingung[1] werden bei einer Abschlagsverteilung zu dem Betrage berücksichtigt, welcher auf die unbedingte Forderung fallen würde[2].

Bei der Schlußverteilung ist die Berücksichtigung ausgeschlossen, wenn die Möglichkeit des Eintritts der Bedingung eine so entfernte ist, daß die bedingte Forderung einen gegenwärtigen Vermögenswert nicht hat[3].

[1] Forderungen unter **aufschiebender Bedingung:** § 67 (berechtigen nur zu einer Sicherung); unter **auflösender** Bedingung: § 66 (wie unbedingte berücksichtigt und in die Verteilungsliste [§ 151] aufgenommen), aber auch § 168 Nr. 4 (unter Umständen Anteil zurückbehalten).

[2] Vorausgesetzt, daß sie **nicht bestritten** sind. Sonst findet zunächst § 152 Anwendung. — Die Anteile werden bei Abschlagsverteilungen zurückbehalten: § 168 Nr. 2; bei der Schlußverteilung hinterlegt: § 169. Im Falle des demnächstigen Ausfalls der Bedingung: § 166 (Nachtragsverteilung). Vgl. Anm. 3.

[3] Nach dem **früheren Abs.** 2 sollte die Berücksichtigung nur stattfinden, sofern dem Verwalter bis zum Ablaufe der Ausschlußfrist der Eintritt der Bedingung nachgewiesen wurde,

oder soweit der Gemeinschuldner zu einer Sicherheitsleistung verpflichtet war. In letzterer Hinsicht bestand früher nach gemeinem Recht bei bedingten Vermächtnissen schlechthin die gesetzliche Verpflichtung des Erben zur Sicherheitsleistung, während das pr. ALR. eine solche wenigstens unter der Voraussetzung der Besorgnis eines Mißbrauchs oder einer Vernachlässigung anerkannte (§§ 481, 472 I 12, §§ 19, 20 I 21). Dagegen gewährt eine aufschiebend bedingte Forderung nach dem BGB. (vgl. §§ 160, 2074, 2108, 2177, 2179) dem Gläubiger keinen Anspruch auf Sicherheitsleistung, gleichviel, ob ihr eine Verfügung unter Lebenden oder von Todes wegen zugrunde liegt. Nach dem früheren Abs. 2 hätten daher solche Forderungen bei der Schlußverteilung nicht berücksichtigt werden können. Da dies jedoch zu großen Härten hätte führen können, besonders, wenn der künftige Eintritt der Bedingung wahrscheinlich gewesen wäre, so ist die Vorschrift in dem **neuen Abs.** 2 der Nov. beseitigt. Begr. 34, 35. Danach werden die auf die bedingten Forderungen entfallenden **Dividendenbeträge** bei der Schlußverteilung gemäß § 169 **hinterlegt** und nach Eintritt oder Fehlgehen der Bedingung an den Berechtigten ausgezahlt oder gemäß § 166 zur Nachtragsverteilung gebracht. Vgl. Anm. 2 § 120 ZVG. Eine **Ausnahme** hiervon machen nur diejenigen bedingten Forderungen, die wegen **Unwahrscheinlichkeit** des Eintritts der Bedingung einen Vermögenswert nicht haben. Diese werden bei der Schlußverteilung nicht berücksichtigt. Auch werden, wenn sie als Gegenforderungen zur Aufrechnung gestellt und deshalb gemäß § 54 Abs. 3 entsprechende Beträge der Forderungen bei Abschlagsverteilungen hinterlegt sind, die betreffenden Beträge für die Schlußverteilung frei (§ 171).

155. (143.) Gläubiger, welche bei einer Abschlagsverteilung nicht berücksichtigt worden sind, können nachträglich, sobald sie die Vorschriften der §§ 152, 153 erfüllt haben, die bisher festgesetzten Prozentsätze aus der Restmasse verlangen[1], soweit diese reicht[2] und nicht infolge des Ablaufs einer Ausschlußfrist für eine neue Verteilung zu verwenden ist[3].

[1] Durch die Worte „können verlangen" wird nur ausgedrückt, daß die Nachzahlung **nicht von Amts wegen,** sondern auf ein dahin gestelltes Verlangen der Gläubiger zu erfolgen habe. Mot. 378. Ein klagbarer Anspruch wird dadurch nicht begründet. JW. 90, 114[11], auch Anm. 1 § 149. — Zu der **„Restmasse"** gehören auch die für die Masse freigewordenen (§ 156) oder zu dieser zurückgeflossenen (§ 166) Beträge. Mot. 378.

[2] Die **Bevorrechtigten** werden auch in diesem Falle vor den übrigen befriedigt. Mot. 378.

[3] Ob zu diesem Behuf im einzelnen Falle wieder gemäß § 151 (Aufstellung einer Verteilungsliste und Bekanntmachung des Massebestandes) verfahren wird oder die Auszahlung ohne weiteres erfolgt, ist Zweckmäßigkeitsfrage, deren Entscheidung im Ermessen des Verwalters steht. Mot. 378.

156. (144.) Die Anteile, mit welchen Gläubiger bei Abschlagszahlungen[1] nach Maßgabe des § 153 Abs. 2 oder des § 154 Abs. 1 berücksichtigt worden sind, werden für die Schlußverteilung[2] frei, wenn bei dieser die Voraussetzungen des § 153 Abs. 1 nicht erfüllt sind[3] oder nach Maßgabe des § 154 Abs. 2 die Berücksichtigung der bedingten Forderung ausgeschlossen ist[4].

[1] Früher: „Abschlagsverteilungen". [2] § 161.

[3] Früher: „oder des § 142 Abs. 2 nicht erfüllt sind". Die Änderung durch die Nov. entspricht dem neuen Abs. 2 des § 154. Vgl. dort Anm. 3.

[4] Es werden also die gemäß § 153 Abs. 2, § 168 Nr. 3 bzw. § 154 Abs. 1, § 168 Nr. 2 **bei der Abschlagsverteilung zurückbehaltenen,** auf die **absonderungsberechtigten** Gläubiger bzw. auf die **aufschiebend bedingten** Forderungen entfallenen Anteile bei der Schlußverteilung zur anderweitigen Verteilung gezogen, wenn dann der Nachweis des Verzichts auf die abgesonderte Befriedigung oder des bei dieser tatsächlich erlittenen Ausfalls noch nicht erbracht bzw. der Eintritt der Bedingung unwahrscheinlich ist.

157. (145.) **Binnen drei Tagen nach dem Ablaufe der Ausschlußfrist[1] hat der Verwalter die auf Grund der vorstehenden Bestimmungen erforderlichen Änderungen des Verzeichnisses zu bewirken[2].**

[1] Vgl. Anm. 4 § 152.

[2] Das abgeänderte Verzeichnis ist auf der Gerichtsschreiberei niederzulegen. § 151, Mot. 379.

2. Abschlagsverteilungen.

158. (146.) **Bei einer Abschlagsverteilung sind Einwendungen gegen das Verzeichnis bis zum Ablaufe einer Woche nach dem Ende der Ausschlußfrist[1] bei dem Konkursgerichte zu erheben[2].**

Das Gericht entscheidet über die Einwendungen. Die Entscheidung, durch welche eine Berichtigung des Verzeichnisses angeordnet wird, ist auf der Gerichtsschreiberei niederzulegen. Die Beschwerdefrist beginnt mit dem Tage, an welchem die Niederlegung der Entscheidung erfolgt ist[3].

[1] Anm. 4 § 152. — Die Erhebung der Einwendungen kann auch schon vor Beginn der einwöchigen Frist oder auch der Ausschlußfrist erfolgen. JW. 90, 114[13].

[2] Hierdurch ist für alle Streitigkeiten, die sich auf die von den zuständigen Organen beschlossene Verteilung, insbesondere auch auf die Teilnehmerrechte der einzelnen Gläubiger beziehen, mögen sie zwischen diesen untereinder oder mit dem Konkursverwalter zum Austrag zu bringen sein, der Weg des **förmlichen Prozesses ausgeschlossen** und das **Konkursgericht** zur **Entscheidung** über die Einwendungen für zuständig erklärt. Gr. 34, 1201 (JW. 90, 114[13]), auch Anm. 1 § 149. — Die **Einwendungen gegen das Verzeichnis** (ursprüngliches [§ 151] oder abgeändertes [§ 157]), zu deren Erhebung die **Konkursgläubiger**, deren Forderungen bereits geprüft worden, berechtigt sind (nicht auch Massegläubiger und der Gemeinschuldner), können hauptsächlich zum Gegenstande haben, daß den Vor-

schriften der §§ 152—155 zuwider Forderungen (anderer Konkursgläubiger) berücksichtigt oder (des Einwendenden) nicht berücksichtigt oder nicht mit richtigem Betrag oder Rang eingestellt seien. — Das Konkursgericht hat aber auch dann zu entscheiden wenn ein Konkursgläubiger, weil er bei einer Abschlagsverteilung unberücksichtigt geblieben sei, nachträglich Zahlung der Dividende von der Konkursmasse beansprucht. JW. 90, 114[13]. — Dagegen ist über materielle Einwendungen **des Konkursverwalters gegen den** festgestellten **Anspruch** (z. B. Einwand der nach der Feststellung erfolgten Zahlung durch einen Bürgen) nicht in diesem Verfahren, sondern gemäß § 767 ZPO. zu entscheiden. RG. 21, 335. Solange letzteres Verfahren schwebt: § 168 Nr. 1 (Zurückbehaltung der Anteile). — Kann ein bei einer Abschlagsverteilung **ohne gesetzlichen Grund unberücksichtigt gebliebener Gläubiger** nicht noch bei der Schlußverteilung schadlos gehalten werden, so steht ihm nur ein Entschädigungsanspruch gegen den Konkursverwalter persönlich unter den Voraussetzungen des § 82 oder die Rückforderung gegenüber den rechtswidrig bevorzugten Gläubigern zu. JW. 90, 114[13], vgl. 99, 491[25].

[3] Auf das **Verfahren** des über die Einwendungen entscheidenden **Konkursgerichts** finden die §§ 73—75 Anwendung. Die durch Beschluß ergehende Entscheidung ist gemäß § 73 Abs. 3 mit der **sofortigen Beschwerde** anfechtbar. Wenn der Einwand zurückgewiesen wird, steht dem Einwendenden die Beschwerde zu, deren Frist gemäß § 577 Abs. 2 ZPO. mit der nach § 73 Abs. 2 von Amts wegen zu bewirkenden Zustellung beginnt. Wird dem Einwand entsprechend die Berichtigung des Verzeichnisses angeordnet, so erfolgt gemäß § 158 Abs. 2 statt der Zustellung die Niederlegung des Beschlusses und beginnt die Frist für die Beschwerde, zu deren Einlegung der durch die Berichtigung betroffene Gläubiger sowie der Verwalter berechtigt ist, mit dem Tage der Niederlegung.

159. (147.) **Für eine Abschlagsverteilung[1] bestimmt der Verwalter und, wenn ein Gläubigerausschuß bestellt ist, dieser auf Antrag des Verwalters den zu zahlenden Prozentsatz.**

Der Verwalter hat den Prozentsatz den berücksichtigten Gläubigern mitzuteilen[2].

[1] Die Verteilung bleibt beschränkt auf den in der öffentlichen Bekanntmachung (§ 151) als verfügbar bezeichneten Massebestand; sie braucht nicht den ganzen Bestand zu erschöpfen, nur annähernd zu passen. Mot. 380.

[2] Formlos: § 77 Abs. 2. Zweck der Mitteilung ist, die Gläubiger zur Erhebung ihres Anteils in den Stand zu setzen. Mot. 380.

160. (148.) **Das Gericht kann auf Antrag des Gemeinschuldners, wenn derselbe einen Zwangsvergleich vorgeschlagen hat[1], die Aussetzung einer Abschlagsverteilung anordnen, sofern nicht schon die Ausschlußfrist[2] abgelaufen ist[3].**

[1] § 174 (notwendiger Inhalt des Vorschlags).

[2] Vgl. Anm. 4 § 152.

[3] Gegen den Beschluß steht gemäß § 73 Abs. 3 im Falle der Zurückweisung des Antrags dem Gemeinschuldner, im Falle der Anordnung der Aussetzung dem Verwalter die sofortige Beschwerde zu. — Die angeordnete Aussetzung bewirkt Aufhören des Laufs der Fristen der §§ 152, 158. Sie endigt mit der Ablehnung (§§ 182 f.) oder Verwerfung (§§ 184 f.) des Vergleichsvorschlages.

3. Schlußverteilung.

161. (149.) **Die Schlußverteilung erfolgt, sobald die Verwertung der Masse beendigt ist[1].**

Die Vornahme der Schlußverteilung[2] unterliegt der Genehmigung des Gerichts[3].

[1] Die Erledigung aller Spezialprozesse über streitige Konkursforderungen braucht nicht abgewartet zu werden. Mot. 380, vgl. § 168 Nr. 1. — Gemäß § 151 ist das **Schlußverzeichnis** niederzulegen und die Summe der Forderungen sowie der Massebestand öffentlich bekanntzumachen. Der Konkursverwalter macht sich nach § 82 verantwortlich, wenn er eine an-

gemeldete und nach Bestreiten gemäß § 146 Abs. 2, § 152 eingeklagte Konkursforderung in das Schlußverzeichnis nicht aufnimmt. OLG. 19, 223.

[2] **Ausschluß:** §§ 152 (Konkursgläubiger mit Forderungen ohne Feststellung oder Urteil), 153 (absonderungsberechtigte Gläubiger ohne Nachweis des Ausfalls), 154 Abs. 2 (aufschiebend bedingte, wertlose Forderungen), 172 (verspätet zur Kenntnis des Verwalters gebrachte Masseansprüche).

[3] Weil die Schlußverteilung die tatsächliche Präklusion aller bis dahin nicht nach Vorschrift des Gesetzes geltend gemachten Ansprüche gegenüber der Konkursmasse enthält. Mot. 380. — Zuvor hat der Verwalter gemäß § 150 die **Genehmigung** des etwaigen **Gläubigerausschusses** einzuholen. — Gegen die Versagung der gerichtlichen Genehmigung steht dem Verwalter gemäß § 73 Abs. 3 die **sofortige Beschwerde** zu. Dagegen hat der Gemeinschuldner kein Recht zur Beschwerde über die Genehmigung der Schlußverteilung. OLG. 19, 221.

162. (150.) Zur Abnahme der Schlußrechnung[1], zur Erhebung von Einwendungen gegen das Schlußverzeichnis[2] und zur Beschlußfassung der Gläubiger über die nicht verwertbaren Vermögensstücke[3] bestimmt das Gericht einen Schlußtermin, welcher nicht unter drei Wochen und nicht über einen Monat hinaus anzuberaumen ist[4].

Die Bestimmungen des § 158 Abs. 2[5] finden auf die Schlußverteilung Anwendung[6].

[1] § 86. — Die Erledigung von **Einwendungen** gegen die **Schlußrechnung**, die gemäß § 86 **nur in dem Termin erhoben** werden können, erfolgt im Prozeßwege. Anm. 2 § 86.

[2] Niederlegung und Bekanntmachung des **Schlußverzeichnisses:** § 151. — Das Verzeichnis ist auch aufzustellen, wenn die Masse durch Nachzahlung von Dividenden (§ 155) erschöpft ist; vgl. § 166 (Zurückfließen von Beträgen zur Masse nach der Schlußverteilung). Mot. 381. Die **Bestimmung des § 86 Satz 4,** wonach die Schlußrechnung des Verwalters als anerkannt gilt, wenn dagegen in der dazu bestimmten Gläubiger-

versammlung Einwendungen nicht erhoben werden, findet auf das vom Verwalter aufzustellende Schlußverzeichnis **keine Anwendung;** sie ist eine Sonderbestimmung, die es nur mit der Person des Verwalters und seiner Entlastung von den gegen ihn aus seiner Verwaltungstätigkeit zu erhebenden Ansprüchen zu tun hat (s. Anm. 1, 2 § 86). Sind daher von **Gläubigern,** die in dem vom Verwalter aufgestellten Schlußverzeichnis **übergangen** worden sind, **Einwendungen** gegen das Verzeichnis **im Schlußtermin nicht erhoben** worden, so sind sie zwar gemäß § 162 Abs. 2, § 158 Abs. 2 ihrer Rechte gegenüber der Konkursmasse verlustig gegangen, indem für den Konkurs nunmehr endgültig feststeht, daß ihre Forderungen nicht als solche in Betracht kommen, die an der Schlußverteilung teilnehmen. Darin erschöpft sich aber die Wirkung der Nichterhebung eines Widerspruchs; die Forderungen selbst bleiben gegenüber dem Gemeinschuldner bestehen, und die Bedeutung einer Anerkennung der Richtigkeit des Schlußverzeichnisses hat die Nichterhebung von Einwendungen dagegen nicht. Die übergangenen Gläubiger können deshalb auch **den Verwalter,** wenn ihn bei der Nichtaufnahme ihrer Forderungen in das Verzeichnis ein Verschulden trifft, noch **nach § 82 verantwortlich machen,** wobei allerdings ein etwaiges Mitverschulden von ihrer Seite gemäß § 254 BGB. zu berücksichtigen ist. RG. 87, 151.

[3] Ausstehende Forderungen können schon vorher durch Verkauf realisiert werden: § 133 Nr. 2, Mot. 355. — Die **für wertlos erachteten Vermögensstücke,** zu denen auch diejenigen zu rechnen sind, die dem Verwalter als zur Masse gehörig bekannt waren, aber von ihm trotzdem nicht verwertet worden sind, fallen mit der Konkursbeendigung auch ohne ausdrücklichen Beschluß der Gläubigerversammlung dem Gemeinschuldner zu. JW. 88, 288[10].

[4] Damit die Fristen der §§ 152, 157 noch vor dem Termin ablaufen können. — Bekanntmachung des Termins: § 93 Abs. 2, § 76.

[5] Danach entscheidet über die im Schlußtermin zu erhebenden **Einwendungen der Konkursgläubiger** gegen das Schlußverzeichnis (z. B. wegen Nichtberücksichtigung einer Ausfallforderung nach § 64) das Konkursgericht. OLG. 15, 242. —

Einwendungen eines **Absonderungsberechtigten** (z. B. des Vermieters wegen seines Pfandrechts an den eingebrachten Sachen), weil Erlöse von Gegenständen, auf welche sich sein Absonderungsrecht bezieht, unbedingt zur Konkursmasse genommen sind, gehören nicht hierher, vielmehr sind sie selbständig geltend zu machen. JW. 87, 41.

[6] Hat ein **Konkursgläubiger** bei den Verteilungen **mehr** als seinen gesetzlichen Anteil **erhalten**, so kann ein anderer hierdurch benachteiligter Gläubiger ihn auch nach Beendigung des Konkurses auf Herausgabe des Mehrbetrages belangen. RG. 6 313, JW. 89, 179[39], 90, 114[13].

Aufhebung des Verfahrens.

163. (151.) Nach der Abhaltung des Schlußtermins beschließt das Gericht die Aufhebung des Konkursverfahrens[1]. Eine Anfechtung des Beschlusses findet nicht statt.

Der Beschluß und der Grund der Aufhebung sind öffentlich bekannt zu machen[2].

Die Vorschriften der §§ 111 Abs. 2, 112, 113 finden entsprechende Anwendung[3].

[1] Die Wirkungen der Aufhebung treten von Rechts wegen ein. Mot. 382, Anm. 2 § 6. Über die **Rechtsfolgen der Aufhebung** s. Anm. 2 § 166. Daß die Schlußverteilung bereits durchgeführt worden, ist ebensowenig Voraussetzung für die Aufhebung, wie die Erledigung aller Einwendungen und Feststellungsprozesse. — Der Verwalter hat aber die **schwebenden Verwaltungsangelegenheiten** noch zu erledigen, insbesondere auch die anhängigen Prozesse weiterzuführen, wenn hinsichtlich des Ergebnisses dieser eine Nachtragsverteilung (§ 166) vorbehalten wird. RG. 28, 68, OLG. 19, 229, 231.

[2] § 76.

[3] D. i. Einrückung eines Auszugs der Bekanntmachung in den Reichsanzeiger, Mitteilung an die Registerbehörden, Ersuchen um Eintragung ins Grundbuch. — § 3 VO. v. 14. 2. 24, wonach eine Bekanntmachung der Aufhebung durch den

Reichsanzeiger nicht stattfinden sollte, ist durch die VO. v. 20. 6. 25 (RGBl. I 88) wieder aufgehoben.

164. (152.) Nach der Aufhebung des Konkursverfahrens können die nicht befriedigten Konkursgläubiger ihre Forderungen[1] gegen den Schuldner unbeschränkt geltend machen[2].

Für die Gläubiger, deren Forderungen festgestellt[3] und nicht von dem Gemeinschuldner im Prüfungstermine ausdrücklich bestritten worden sind[4], findet gegen den Schuldner aus der Eintragung in die Tabelle die Zwangsvollstreckung unter entsprechender Anwendung der §§ 724 bis 793 der Zivilprozeßordnung statt[5].

Für Klagen auf Erteilung der Vollstreckungsklausel[6], sowie für Klagen, durch welche die die Forderung selbst betreffenden Einwendungen[7] geltend gemacht werden, oder der bei der Erteilung der Vollstreckungsklausel als bewiesen angenommene Eintritt der Tatsache, von welcher die Vollstreckung aus der Eintragung in die Tabelle abhängt, oder die als eingetreten angenommene Rechtsnachfolge bestritten wird[8], ist das im § 146 Abs. 2 dieses Gesetzes bezeichnete Gericht zuständig[9].

[1] Einschließlich der seit der Konkurseröffnung erwachsenen Zinsen. RG. 15, 117.

[2] Auch wenn der ursprüngliche Vertragserfüllungsanspruch zufolge der Konkurseröffnung gemäß § 26 sich in einen **Interesseanspruch** umgewandelt hat. JW. 01, 252[11]. — **Aber nicht in Gegenstände,** von denen der Gläubiger weiß oder wissen muß, daß sie gemäß § 166 Abs. 1 oder 2 zur **Nachtragsverteilung** gebracht werden müssen. RG. 25, 10. — Konkursforderungen, die zufolge der in den §§ 65, 69, 70 gegebenen Vorschriften **Änderungen** erfahren haben (betagte, nicht auf

Geld gerichtete, in wiederkehrenden Hebungen bestehende), bleiben in dieser Gestalt auch ferner bestehen. RG. 93, 213.

³ **Festgestellt** gemäß § 144 Abs. 1, § 146 Abs. 2. — Über die Wirkung der Feststellung gegen den Gemeinschuldner während und nach der Aufhebung des Konkursverfahrens gleich einem rechtskräftigen Urteil und vollstreckbaren Titel s. Anm. 4 § 145, auch RG. 74, 63.

⁴ **Im Bestreitungsfalle:** § 144 Abs. 2. Darüber, daß in diesem Falle der Gläubiger gegen den Gemeinschuldner schon während des Konkursverfahrens auf Anerkennung der Forderung oder auf Zahlung nach Beendigung des Konkurses klagen oder einen bereits anhängigen Rechtsstreit aufnehmen kann, s. Anm. 2 § 144. — Durch ein im Prüfungstermin abgegebenes **Anerkenntnis des Gemeinschuldners** wird ein bereits vor der Konkurseröffnung gegen ihn schwebender Prozeß wegen der betreffenden Forderung nicht formell erledigt (z. B. wird das in erster Instanz gegen den Gemeinschuldner erlassene, von ihm mit der Berufung angefochtene Urteil dadurch nicht rechtskräftig), vielmehr kann der Gläubiger behufs Erledigung des Prozesses die Sache gegen den Gemeinschuldner weiter verfolgen. RG. 27, 117. — Der Gemeinschuldner kann aber auch schon während des Konkurses mit dem Gläubiger einer nicht festgestellten Forderung rechtswirksam einen Vergleich schließen. JW. 87, 96.

⁵ Die **Ausfertigung der Eintragung** in die Tabelle wird vom Gerichtsschreiber des Konkursgerichts mit der Vollstreckungsklausel versehen. § 724 ZPO., Mot. 385. Über **Einwendungen** des Schuldners **gegen** die Zulässigkeit der **Vollstreckungsklausel** (z. B. weil sein Widerspruch gegen das Liquidat bei Eintragung in die Tabelle nicht berücksichtigt worden) entscheidet das Konkursgericht: § 732 ZPO. — Zufolge der im § 145 Abs. 2 bestimmten Wirkung der **Feststellung gleich einem rechtskräftigen Urteil,** die auch gegenüber dem nicht bestreitenden Gemeinschuldner Platz greift (s. Anm. 4 § 145), kann der Gläubiger nach Aufhebung des Konkurses auch die Judikatsklage gegen den Gemeinschuldner erheben, wenn eine besondere Veranlassung dazu vorliegt (z. B. das Erlöschen der Forderung behauptet ist). JW. 97, 110²⁰. Er kann aber auch statt dessen sowie, statt die Zwangsvollstreckung

gemäß **Abs.** 2 zu betreiben, eine **gewöhnliche Klage** wegen der Forderung gegen den Gemeinschuldner **erheben**, sofern für eine solche Klage nach Lage des Falles ein Rechtsschutzbedürfnis gegeben ist (z. B. wenn der Betrag ungewiß ist). JW. 90, 411[8]. — Die Anwendung der Vorschrift des Abs. 2 wird nicht dadurch ausgeschlossen, daß dem Gläubiger ein **Absonderungsrecht** zusteht (§ 64), JW. 88, 425[8]; vielmehr kann der Absonderungsberechtigte von dem Vollstreckungstitel der Tabelle bereits während des Konkurses Gebrauch machen zum Zwecke der Zwangsvollstreckung in die dem Absonderungsrecht unterliegenden Gegenstände (nicht [§ 14] auch in die sonstige Konkursmasse). JW. 00, 182[9]. — Hat der **Gemeinschuldner** während des Konkurses eine nach § 7 den Konkursgläubigern gegenüber **unwirksame Rechtshandlung** (z. B. eine Veräußerung von Gegenständen, die zur Konkursmasse gehören) vorgenommen, so können die Gläubiger des Abs. 2 die Unwirksamkeit gegen den Erwerber auch nach Aufhebung des Konkurses geltend machen (z. B. wenn der Erwerber gegen eine von ihnen bewirkte Pfändung Widerspruchsklage aus § 771 ZPO. erhebt). OLG. 19, 201, Anm. 2 § 7. — Die **Abtretung** einer festgestellten Konkursforderung im Konkurse bedarf an sich keiner Form; soll aber dem Zessionar eine vollstreckbare Tabellenausfertigung erteilt werden, so ist nach § 164 Abs. 2 KO., § 727 ZPO. Nachweis der Abtretung durch öffentlich-beglaubigte Urkunden erforderlich. JW. 25, 2821[3]. — Vgl. darüber, daß die Auszüge aus der Tabelle unter die rechtskräftigen Entscheidungen des § 19 des deutsch-österreichischen Vertrags über Rechtsschutz und Rechtshilfe v. 21. 6. 23 (RGBl. 1924 II 55) zu rechnen sind, PrVerf. v. 15. 12. 24 (JMBl. 431).

[6] § 731 ZPO. [7] § 767 ZPO. [8] § 768 ZPO.

[9] Vgl. auch §§ 194, 206 (Zulässigkeit der Zwangsvollstreckung gegen den Gemeinschuldner auf Grund Zwangsvergleichs oder Einstellungsbeschlusses).

165[1]. Hat der Schuldner den Prüfungstermin versäumt, so ist ihm auf Antrag die Wiedereinsetzung in den vorigen Stand zu erteilen. Die Vorschriften des

§ 232 Abs. 2 und der §§ 233—236 der Zivilprozeßordnung finden entsprechende Anwendung. Der den Antrag auf Wiedereinsetzung enthaltende Schriftsatz ist dem Gläubiger zuzustellen, dessen Forderung nachträglich bestritten werden soll. Das Bestreiten in diesem Schriftsatze steht, wenn die Wiedereinsetzung erteilt wird, dem Bestreiten im Prüfungstermine gleich und ist in die Tabelle einzutragen[2].

[1] Durch diese Vorschrift der Nov. ist mit Rücksicht darauf, daß nach § 164 die Gläubiger nicht bestrittener Forderungen wegen ihres Ausfalls gegen den Gemeinschuldner nach Aufhebung des Konkurses die Zwangsvollstreckung betreiben können, zur Vermeidung von Härten dem Gemeinschuldner, der eine Forderung zu bestreiten beabsichtigte, aber ohne sein Verschulden verhindert war, in dem Prüfungstermine zu erscheinen, **Wiedereinsetzung** in den vorigen Stand unter den **Voraussetzungen der § 232 Abs. 2, §§ 233—236 ZPO.** (Verschuldung eines Vertreters entschuldigt nicht; Naturereignisse oder andere unabwendbare Zufälle rechtfertigen allein die Wiedereinsetzung; zweiwöchige, mit dem Tage der Hebung des Hindernisses beginnende Frist für den Antrag; Einreichung eines Schriftsatzes) gewährt.

[2] Über den Antrag **entscheidet das Konkursgericht,** eine mündliche Verhandlung ist nicht erforderlich. §§ 71, 73 Abs. 1. Gegen den Beschluß steht gemäß § 73 Abs. 3 im Falle der Zurückweisung des Antrags dem Gemeinschuldner, andernfalls dem beteiligten Gläubiger die sofortige Beschwerde zu.

4. Nachtragsverteilung*.

* Nachtragsverteilung im Konkurs: einer Genossenschaft: §§ 115, 129 GenGes., dazu RG. 88, 50 (beitragspflichtige Genossen können wegen ihrer Gegenforderungen gegen die Genossenschaft Befriedigung erst verlangen nach Beginn der Schlußverteilung auf Grund und nach Maßgabe des Schlußverzeichnisses, §§ 114, 115 GenG., §§ 161, 166 KO.); eines Versicherungsvereins auf Gegenseitigkeit: §§ 52, 53 RGes. v. 12. 5. 01 (RGBl 139).

166. (153.) Wenn nach dem Vollzuge der Schlußverteilung Beträge, welche von der Masse zurückbehalten sind, für dieselbe frei werden, oder Beträge, welche aus der Masse gezahlt sind, zur Masse zurückfließen[1], so sind dieselben von dem Verwalter[2] nach Anordnung des Konkursgerichts auf Grund des Schlußverzeichnisses[3] zur nachträglichen Verteilung zu bringen[4]. Die über die Verwaltung und Verteilung solcher Beträge abzulegende Rechnung unterliegt der Prüfung des Konkursgerichts.

Dasselbe gilt, wenn nach der Schlußverteilung oder der Aufhebung des Verfahrens zur Konkursmasse gehörige Vermögensstücke ermittelt werden[5].

[1] **Freiwerden zurückbehaltener Beträge:** in den Fällen der § 153 Abs. 1, § 154 Abs. 2, §§ 156, 168 Nr. 2, 3, 4 (Anteile von Absonderungsberechtigten, die ihren Ausfall nicht nachgewiesen haben; aufschiebend bedingte Forderungen, die wegen Unwahrscheinlichkeit des Eintritts der Bedingung wertlos sind; Forderungen unter auflösender Bedingung, für welche die erforderliche Sicherheit nicht geleistet ist), vgl. RG. 86, 249; ferner wenn Gegenstände, die wegen zeitiger Unverwertbarkeit von der Gläubigerversammlung der Nachtragsverteilung vorbehalten waren, jetzt verwertbar geworden sind, RG. 28, 71, 31, 42. — **Zurückfließen von Beträgen** z. B im Falle: irrtümlicher Zahlung an Konkurs- oder Massegläubiger, des Eintritts der Bedingung nach Bezahlung einer auflösend bedingten Forderung.

[2] Dem **Verwalter** steht auch zufolge der die Nachtragsverteilung betreffenden Anordnung des Konkursgerichts die Vertretung der Konkursmasse in den die **Nachverteilungsbeträge betreffenden Rechtsgeschäften und Prozessen** zu, selbst wenn der Beschluß betreffend Aufhebung des Verfahrens (§ 163) bereits erlassen und bekanntgemacht ist. RG. 28, 68, 53, 265. Zur Fortsetzung eines Anfechtungsprozesses aber ist er nicht mehr befugt. RG. 31, 42. — Ist der Verwalter nicht mehr zu

erlangen, so muß ein solcher für diesen Zweck bestellt werden. Mot. 386. Das Konkursgericht kann auf Antrag der Gläubigerversammlung oder des Gläubigerausschusses auch noch gemäß § 84 Abs. 1 Satz 2 den bisherigen Verwalter seines Amtes entlassen und zur Prüfung der mit der Nachtragsverteilung zusammenhängenden Geschäfte durch einen neuen ersetzen. OLG. 23, 305, Anm. 2a § 84. — **Im übrigen** erhält der **Gemeinschuldner** mit der Aufhebung des Verfahrens die **freie Verfügung** über sein Vermögen zurück (§ 6). Diese Wirkung tritt mit der Aufhebung des Verfahrens von Rechts wegen ein. RG. 36, 22. Auch Forderungen der Massegläubiger sind fortan gegen ihn geltend zu machen. RG. 32, 72. In **anhängige Prozesse**, welche die Konkursmasse betreffen, tritt er sofort als Partei ein, ohne daß eine Unterbrechung des Verfahrens stattfindet (z. B. läuft die begonnene Frist zur Einlegung eines Rechtsmittels gegen ihn weiter). RG. 47, 372, 73, 314, 79, 29, OLG. 25, 93. Über Eintritt des Gemeinschuldners in anhängige Prozesse auch während des Konkursverfahrens zufolge Freigabeerklärung des Konkursverwalters, die in Ansehung des verfolgten Anspruchs als Konkursbeendigung wirkt, vgl. Anm. 6 § 10. Der vom Konkursverwalter bestellte Prozeßbevollmächtigte bleibt sein Prozeßbevollmächtigter; nach dem entsprechend anzuwendenden § 86 ZPO. erlischt die Prozeßvollmacht durch die Konkursaufhebung nicht. RG. 73, 312. Hat jedoch der Konkursverwalter als beim Prozeßgericht zugelassener Rechtsanwalt sich selbst vertreten, so erlischt mit seiner Parteirolle auch seine Vertretungsmacht. JW. 10, 623[21]. Auch über die zur Konkursmasse gehörig gewesenen, nicht verwertbaren oder seitens der Organe der Konkursverwaltung aus irgendeinem Grunde **von der Verwertung ausgeschlossenen Vermögensstücke** erlangt er die freie Verfügung; sie unterliegen daher der Zwangsvollstreckung seiner Gläubiger, auch der im Konkursverfahren ausgefallenen. RG. 25, 7. Dies gilt an sich selbst hinsichtlich solcher Gegenstände, deren Zugehörigkeit zu dem Vermögen des Gemeinschuldners während des Konkurses unbekannt gewesen war; doch unterliegen sie dem Zugriff unbefriedigter Konkursgläubiger nur, sofern diese bei dem Zugriff weder von der Zugehörigkeit der Sachen zur Konkursmasse, noch davon Kenntnis gehabt haben, daß die Verwertung nur aus Unkenntnis unterblieben ist. RG. 25, 7, 36, 23, auch Anm. 5. Vgl. auch Anm. 1 § 191 (der Verwalter ist zu Rechtshandlungen in Ansehung der Masse auch nicht mehr hinsichtlich der **Massegläubiger** befugt). — Der bisherige Gemeinschuldner ist allerdings **an die Rechtshandlungen des Verwalters gebunden.** Anm. 6 § 6, Anm. 2 § 7. Trotz dieser Bindung ist aber, wenn eine **zur Übertragung eines Vermögensrechtes** (z. B. einer Buchhypothek) des bisherigen Gemeinschuldners **erforderliche Eintragung** in das Grundbuch erfolgen soll, die vom Verwalter vor Aufhebung des Konkurses erklärte Eintragungsbewilligung nicht genügend; vielmehr muß der bisherige Gemeinschuldner, da er nunmehr der Verfügungsberechtigte ist, die Eintragung bewilligen. RJA. 13, 158.

[3] §§ 162, 157. — Der **Ausschluß bei der Schlußverteilung** wirkt auch für die Nachtragsverteilung. Mot. 386, vgl. §§ 152 Abs. 1 (Feststellungsklage binnen der Ausschlußfrist vom Konkursgläubiger nicht erhoben), 153 Abs. 1 (Nachweis des Ausfalls seitens des absonderungsberechtigten Gläubigers nicht rechtzeitig geführt), 154 Abs. 2 (aufschiebend bedingte, wegen Unwahrscheinlichkeit des Eintritts der Bedingung wertlose Forderungen). Jedoch: § 172 (nachträgliche Berücksichtigung von Masseansprüchen, die bis zu der Bekanntmachung der Nachtragsverteilung zur Kenntnis des Verwalters gelangt sind).

[4] Die nachträgliche Teilungssumme ist bekannt zu machen: § 151, Mot. 386.

[5] Deren **Zugehörigkeit** zur Konkursmasse **dem Verwalter bisher unbekannt** geblieben war. Anm. 2. — Auch wenn der Verwalter die betreffenden Vermögensstücke irrtümlich als veräußert angesehen hatte, RG. 25, 10, sowie wenn eine Forderung des Gemeinschuldners während des Verfahrens zwar bekannt, aber irrtümlich als durch eine Gegenforderung aufgezehrt angesehen war, RG. 36, 23, auch Anm. 2.

II. Vollzug.

167. (154.) Der Vollzug einer jeden Verteilung erfolgt durch den Verwalter[1].

[1] Entsteht zwischen einem bei der Verteilung berücksichtigten (§ 151) Konkursgläubiger und dem Konkursverwalter Streit über die Vollziehung der Verteilung, so muß derselbe, falls eine Abhilfe im Aufsichtswege (§ 84) nicht angezeigt erscheint oder erfolglos bleibt, im Prozeßwege zur Erledigung gebracht werden. JW. 96, 34[20].

168. (155.) Die Anteile

1. auf Forderungen, welche infolge eines bei der Prüfung erhobenen Widerspruchs im Prozesse befangen sind[1],
2. auf Forderungen, welche von einer aufschiebenden Bedingung abhängen[2],
3. auf Forderungen, für welche eine abgesonderte Befriedigung beansprucht und der Vorschrift des § 153 Abs. 2 genügt ist[3],
4. auf Forderungen unter auflösender Bedingung, sofern der Gläubiger zu einer Sicherheitsleistung[4] verpflichtet ist und die Sicherheit nicht leistet[5],

werden zurückbehalten.

[1] In den Fällen des § 146 Abs. 2 u. 6. Vgl. auch § 158 Anm. 2. — Im Falle des § 146 Abs. 6 (wenn für die Forderung ein Schuldtitel vorliegt) genügt zur Zurückbehaltung, daß bis zur Auszahlung, wenn auch nach Ablauf der Ausschlußfrist (§ 152), die Verfolgung des Widerspruchs nachgewiesen wird. Mot. 387.

[2] § 154 Abs. 1. — Bei der **Schlußverteilung** werden diese Anteile hinterlegt: § 169, ausgenommen die wegen Unwahrscheinlichkeit des Eintritts der Bedingung wertlosen Forderungen, deren Anteile für die Schlußverteilung frei werden: § 154 Abs. 2, § 156. Fällt im ersteren Falle die Bedingung aus: § 166 (Nachtragsverteilung). Vgl. auch Anm. 3 § 154.

[3] Also der Betrag des mutmaßlichen Ausfalls glaubhaft gemacht ist. — Bei der **Schlußverteilung:** § 153 Abs. 1, § 156 (die Anteile werden frei, wenn der Nachweis des Ausfalls nicht

geführt ist), RG. 86, 249. — Anwendung der Nr. 3: §§ 234, 236 KO., § 35 Abs. 2 Hypothekenbankges. v. 13. 7. 99, § 61 Abs. 3 RGes. über die privaten Versicherungsunternehmungen v. 12. 5. 01.

[4] Anm. 2 § 66.

[5] Tritt die Bedingung nach der Schlußverteilung ein: § 166 (Nachtragsverteilung).

169. (156.) Die Beträge, welche bei dem Vollzuge der Schlußverteilung zurückzubehalten sind[1], oder welche bis zu diesem Zeitpunkte nicht erhoben werden, hat der Verwalter nach Anordnung des Gerichts[2] für Rechnung der Beteiligten zu hinterlegen.

[1] Aus den Gründen der Nr. 1—4 § 168. RG. 86, 249.

[2] Gegen die Anordnung steht gemäß § 73 Abs. 3 dem Verwalter und jedem beteiligten Gläubiger die sofortige Beschwerde zu.

170. (157.) Zahlungen auf festgestellte bevorrechtigte[1] Forderungen kann[2] der Verwalter mit Ermächtigung des Gerichts unabhängig von den Verteilungen leisten[3].

[1] § 61 Nr. 1—5.

[2] Der Verwalter kann trotz der Ermächtigung die außerordentliche Zahlung unterlassen, wenn sie unangemessen wäre. Mot. 373.

[3] Vgl. über Anzeige der Zahlungen des Verwalters an das Gericht §§ 3, 5 Abs. 1 S. 2 VO. über die Goldmarkrechnung im Konkurse v. 14. 2. 24 in Anm. 3 § 149.

171. (158.) Beträge, welche zur Sicherstellung eines bedingt zur Aufrechnung befugten Gläubigers nach Maßgabe des § 54 Abs. 3 hinterlegt worden sind, fließen für die Schlußverteilung zur Konkursmasse zurück, wenn die Möglichkeit des Eintritts der Bedingung eine so entfernte ist, daß die bedingte Forderung einen gegenwärtigen Vermögenswert nicht hat[1].

[1] Früher vor der Nov.:
sofern nicht bis zum Ablaufe der Ausschlußfrist für die Schlußverteilung dem Verwalter der Eintritt der Bedingung nachgewiesen wird, oder soweit nicht der Gemeinschuldner zu einer Sicherheitsleistung verpflichtet war.

Vgl. über Zweck und Bedeutung der Änderung Anm. 3 § 154.

172. (159.) Masseansprüche, welche nicht bis zu der Festsetzung des Prozentsatzes[1] oder der Beendigung des Schlußtermins[2] oder der Bekanntmachung einer Nachtragsverteilung[3] zur Kenntnis des Verwalters gelangt sind, können nicht auf den Massebestand geltend gemacht werden[4], welcher zur Auszahlung des festgesetzten Prozentsatzes erforderlich ist oder den Gegenstand der Schlußverteilung oder der Nachtragsverteilung bildet.

[1] § 159. [2] § 162. [3] § 166.

[4] Die Nichtberücksichtigung rechtzeitig bekannt gewordener Masseansprüche bildet einen Arrestgrund (§ 917 ZPO.). Mot. 389. — Vgl. auch Anm. 2 § 166.

Sechster Titel.

Zwangsvergleich*.

* **Unzulässig** bei: **Genossenschaften:** § 116 Abs. 1 GenG. v. 1. 5. 89 i. d. Fass. v. 20. 5. 98 (RGBl. 810), sowie § 6 Abs. 2 EG.KO. (oben I) und Anm. 2 dazu; **Versicherungsvereinen** auf Gegenseitigkeit: §§ 52, 53 PrivVersUntGes. v. 12. 5. 01 (RGBl. 139). — Vgl. auch §§ 211, 230 (Beschränkung beim Gesellschafts- und Nachlaßkonkurs).

Gebühr des Anwalts ($^{10}/_{10}$): § 56 Nr. 2 GO. f. RA.

1. Zulässigkeit.

173. (160.) Sobald der allgemeine Prüfungstermin[1] abgehalten und solange nicht die Vornahme der Schlußverteilung genehmigt worden ist[2], kann auf den Vorschlag des Gemeinschuldners zwischen diesem und den nicht bevorrechtigten Konkursgläubigern[3] ein Zwangsvergleich geschlossen werden[4].

[1] §§ 141, 142. [2] § 161 Abs. 2.

[3] **Bevorrechtigte** (§ 61 Nr. 1—5): § 191 Abs. 2 (durch Zwangsvergleich nicht berührt; zum ganzen Betrage, soweit festgestellt, zu berichtigen; soweit glaubhaft gemacht, sicherzustellen). — **Massegläubiger** (§§ 58, 59): § 191 Abs. 1 (durch Zwangsvergleich nicht berührt; zum ganzen Betrage zu berichtigen oder, soweit bestritten, sicherzustellen). — **Absonderungsberechtigte** (§§ 47—49, 51, 52): § 193 (durch Zwangsvergleich unberührt, soweit es sich um Ausübung des Absonderungsrechts handelt, wohl aber hinsichtlich des Betrages des Ausfalls [§ 64]), RG. 23, 43.

[4] Über das **Wesen des Zwangsvergleichs** vgl. Anm. 1a § 193. — Aussetzung der Abschlagsverteilung: § 160. — Verwertung der Masse trotz eingereichten Zwangsvergleichsvorschlags: § 133 Nr. 1, § 135 Abs. 1 (Genehmigung des Gläubigerausschusses und Anhörung des Gemeinschuldners). Vgl. § 177 (Widerspruch des Gemeinschuldners gegen Verwertung nicht berücksichtigt, wenn Gläubigerausschuß Vorschlag zurückweist).

174. (161.) Der Vergleichsvorschlag muß angeben, in welcher Weise die Befriedigung der Gläubiger erfolgen[1], sowie ob und in welcher Art eine Sicherstellung[2] derselben bewirkt werden soll[3].

[1] Die Höhe und die Art der Befriedigung behufs Beseitigung des Konkursverfahrens. Ein Nachlaß der Forderungen gehört nicht zum Begriffe des Zwangsvergleichs. Mot. 406. Vgl. Anm. 2 § 193.

[2] Über Bürgschaftsübernahme und deren Wirkungen vgl. § 194 Anm. 4, 5, 6, auch RG. 74, 261.

[3] Enthält der Vergleichsvorschlag diese Erfordernisse nicht, so ist er zurückzuweisen. Hiergegen steht dem Gemeinschuldner die sofortige Beschwerde zu. § 73 Abs. 3.

175. (162.) Ein Zwangsvergleich ist unzulässig:

1. solange der Gemeinschuldner[1] flüchtig ist oder die Ableistung des Offenbarungseides[2] verweigert;
2. solange gegen den Gemeinschuldner[1] wegen betrüglichen Bankerutts[3] eine gerichtliche Untersuchung[4] oder ein wiederaufgenommenes Verfahren[5] anhängig ist;
3. wenn der Gemeinschuldner[1] wegen betrüglichen Bankerutts[3] rechtskräftig verurteilt worden ist.

[1] Sind mehrere Gemeinschuldner beteiligt, wie im Konkurs einer offenen Handelsgesellschaft oder bei mehreren Erben im Nachlaßkonkurse, so begründet das Verhalten auch nur eines Schuldners die Unzulässigkeit. [2] § 125.

[3] § 239. — Vgl. § 197 (Aufhebung eines Vergleichs zufolge Verurteilung wegen betrüglichen Bankerutts).

[4] Durch die Nov. ist „eine gerichtliche Untersuchung" an die Stelle von „ein . . . . . eröffnetes Hauptverfahren" gesetzt worden. Danach schließt nicht mehr allein die Eröffnung des Hauptverfahrens (§§ 203, 198 StPO.), sondern auch schon die Eröffnung der Voruntersuchung (§§ 170, 184 StPO.) wegen betrüglichen Bankerutts einen Zwangsvergleich aus.

[5] §§ 362, 370 StPO. in d. F. v. 22. 3. 24.

2. Vorprüfung.

176. (163.) Auf Antrag des Verwalters und, wenn ein Gläubigerausschuß bestellt ist, des letzteren kann das Gericht den Vergleichsvorschlag zurückweisen, wenn bereits in dem Konkursverfahren ein Vergleichsvorschlag von den Gläubigern abgelehnt[1] oder von dem Gerichte verworfen[2] oder von dem Gemeinschuldner nach der öffentlichen Bekanntmachung des Vergleichstermins[3] zurückgezogen worden ist.

[1] § 182. [2] §§ 186—188. [3] §§ 76, 179.

177. (164.) Wird der Vergleichsvorschlag nicht zurückgewiesen, so hat der Gläubigerausschuß[1] sich über die Annehmbarkeit des Vorschlags zu erklären.

Erklärt der Gläubigerausschuß den Vorschlag nicht für annehmbar, so ist ein Widerspruch des Gemeinschuldners gegen die Verwertung der Masse nicht zu berücksichtigen[2].

[1] Falls ein solcher bestellt ist. § 87, Mot. 310.

[2] Das Zwangsvergleichsverfahren wird aber trotz des Widerspruchs des Gläubigerausschusses fortgesetzt; die endgültige Entscheidung über die Annahme des Zwangsvergleichsvorschlags erfolgt gemäß § 182 durch die Gläubigerversammlung. — Erklärt der Gläubigerausschuß den Vorschlag für annehmbar: Anm. 4 § 173.

3. Abschluß.

178. (165.) Der Vorschlag und die Erklärung des Gläubigerausschusses sind auf der Gerichtsschreiberei zur Einsicht der Beteiligten niederzulegen[1].

[1] Inventar und Bilanz des Verwalters: § 124.

179. (166.) Der Vergleichstermin soll nicht über einen Monat[1] hinaus anberaumt werden. Der Termin ist öffentlich bekannt zu machen[2]. Zu denselben sind der Gemeinschuldner, der Verwalter[3], sowie unter Mitteilung des Vergleichsvorschlags und des Ergebnisses der Erklärung des Gläubigerausschusses die nicht bevorrechtigten Konkursgläubiger, welche Forderungen angemeldet haben, besonders zu laden[4].

In der Bekanntmachung ist zu bemerken, daß der

Vergleichsvorschlag und die Erklärung des Gläubigerausschusses auf der Gerichtsschreiberei des Konkursgerichts zur Einsicht der Beteiligten niedergelegt seien[5].

[1] In Konsularsachen in der Regel nicht über zwei Monate, ausnahmsweise bis zu drei Monaten. § 47 Abs. 1, 2 RGes. über die Konsulargerichtsbarkeit v. 7. 4. 00 (RGBl. 213).

[2] § 76. — § 3 VO. v. 14. 2. 24, wonach eine öffentliche Bekanntmachung des Vergleichstermins nicht stattfinden sollte, ist durch VO. v. 20. 6. 25 (RGBl. I 88) wieder aufgehoben.

[3] Durch die Nov. ist das Erfordernis der Ladung des Gemeinschuldners und des Verwalters hinzugefügt, damit diese im Termin Aufklärung geben können. KB. 120.

[4] § 77 (durch Aufgabe zur Post).

[5] Abs. 2 ist von der Nov. hinzugefügt, um die Gläubiger zur besseren Vorbereitung des Vergleichstermins auf die Niederlegung des Vergleichsvorschlages und die Erklärung des Gläubigerausschusses hinzuweisen. KB. 120.

180. (167.) **Auf Antrag des Gemeinschuldners[1] und, wenn ein Gläubigerausschuß bestellt ist, des letzteren kann das Gericht den Vergleichstermin mit dem allgemeinen Prüfungstermine[2] verbinden.**

[1] **Nicht auch des Verwalters,** da der Vergleichsvorschlag nur von dem Gemeinschuldner ausgeht und dieser vor allem ein Interesse an der Beschleunigung des Vergleichsverfahrens hat, dem Verwalter auch im Vergleichsverfahren von dem Gesetz keine entscheidende, sondern nur eine begutachtende Stimme eingeräumt worden ist. KB. 35, 36.

[2] §§ 141, 142. — Nach § 110 Abs. 1, 2 kann mit diesen beiden Terminen auch ferner der Termin zur Beschlußfassung über die Wahl eines anderen Verwalters sowie über die Bestellung eines Gläubigerausschusses verbunden werden. KB. 36.

181. (168.) **Der Vergleich[1] muß allen nicht bevorrechtigten Konkursgläubigern[2] gleiche Rechte gewähren[3]. Eine ungleiche Bestimmung der Rechte ist**

nur mit ausdrücklicher Einwilligung der zurückgesetzten Gläubiger zulässig. Jedes andere Abkommen[4] des Gemeinschuldners oder anderer Personen mit einzelnen Gläubigern, durch welches diese bevorzugt werden sollen[5], ist nichtig[6].

[1] Protokoll über den Vergleichstermin: §§ 159, 160, 510a ZPO.

[2] Er darf sich nicht auf die Gläubiger beschränken, die sich gemeldet haben oder deren Forderungen im Konkurse anerkannt oder festgestellt sind. Es kommt vielmehr lediglich darauf an, daß wirklich eine Forderung besteht, mag sie auch später nach Konkursende erst geltend gemacht werden. OLG. 32, 402. — Vgl. § 193 (Absonderungsberechtigten hinsichtlich des Ausfalls). Ein Abkommen zwischen dem Gemeinschuldner und einem wegen einer Sicherungshypothek absonderungsberechtigten (§ 47) Gläubiger, demzufolge dieser dem Zwangsvergleich nur gegen die Zusicherung zustimmt, daß die Sicherungshypothek in eine Darlehenshypothek umgewandelt würde, ist nicht nichtig, da es dem Gläubiger wegen der etwaigen Ausfallforderung keine weiteren Vorteile gewährt. OLG. 25, 331.

[3] Bezieht sich nicht auf Vergleiche, die zur Abwendung des Konkurses geschlossen sind. Gr. 31, 1131.

[4] Ein **bevorzugendes Abkommen**, das **neben dem Zwangsvergleich** gelten soll; mag es außerdem auch für den Fall, daß ein Zwangsvergleich nicht zustande kommt und der Konkurs auf anderem Wege, insbesondere durch Ausschüttung der Masse, beendigt werde, geschlossen sein, RG. 28, 96, 78, 184, Gr. 43, 1194 (JW. 99, 96[31]), und hernach der Zwangsvergleich nicht zustandekommen, RG. 30, 23, 78, 185. — **Auch das Abkommen eines Dritten**, der den Abschluß des Zwangsvergleichs fördern will. Gr. 29, 1034, 1038, JW. 99, 96[31]. — Jedoch ist ist ein bevorzugendes Abkommen (z. B. Versprechen völliger Befriedigung) dann nicht nichtig, wenn es erst **nach Aufhebung des Konkurses** getroffen worden ist. RG. 61, 298. Desgleichen nicht ein solches Abkommen **nach** Abschluß und **Bestätigung des Zwangsvergleichs**, wenn auch noch vor Rechtskraft des Bestätigungsbeschlusses, sofern eine lautere

Absicht dabei verfolgt wird (z. B. um den Gläubiger zur Fortsetzung der bisherigen Geschäftsverbindung und zu weiterer Kreditgewährung zu veranlassen). RG. 61, 298. Anders jedoch in letzterem Falle, wenn das Abkommen zur Umgehung des § 181 und in der erklärten Absicht getroffen ist, ein bereits vor dem Zwangsvergleiche bewußterweise unwirksam getroffenes Abkommen zu bestätigen. RG. 61, 296.

[8] Objektive Bevorzugung genügt nicht, vielmehr ist wenigstens das **Bewußtsein der Bevorzugung** auf seiten des Gemeinschuldners oder des Bevorzugten notwendig. RG. 41, 42, 72, 47. Anderseits ist **nicht erforderlich**, daß der **Gemeinschuldner** die **Absicht** verfolgte, den bevorzugten **Gläubiger** durch die Gewährung der Sondervorteile **für die Zustimmung** zum Zwangsvergleiche **zu gewinnen**. Es genügt, daß der Gläubiger eine Bevorzugung vor anderen Konkursgläubigern wollte, daß der Gemeinschuldner und die Personen, die an der Gewährung der Sondervorteile beteiligt waren, dies wußten, und daß bei dem Abschlusse des die Bevorzugung gewährenden Vertrages ein Zwangsvergleich in Aussicht stand, im Hinblick auf welchen der Gläubiger die Bevorzugung begehrte und erhielt. RG. 61, 296, 72, 46, 78, 183, W. 09, 54, 333, 465, 17, 241. So ist unstatthaft und nichtig z. B. ein Abkommen, wodurch der bereits rechtskräftig verurteilte Bürge (z. B. Ehefrau des Gemeinschuldners) seine Bürgschaftsschuld als Darlehn zu schulden bekennt, ein Dritter dafür dem Gläubiger gegenüber eine neue Bürgschaft übernimmt und der Gläubiger die für den Gemeinschuldner und den ersten Bürgen notwendige Stundung der ersten Bürgschaftsschuld (zwar nicht zum Zwecke des Zustandekommens des Zwangsvergleichs, aber doch) im Hinblick auf den in Aussicht stehenden Zwangsvergleich gewährt und gewähren soll. W. 17, 241. — **Unstatthafte Bevorzugung** ferner z. B.: Versprechen der Hingabe eines Wechselwertes für die ganze Forderung, JW. 93, 427[16], auch RG. 72, 46; Verkauf der Forderung zu einem höheren Betrage, als dem Prozentsatz des Vergleichsvorschlages, an einen Dritten (z. B. den Vergleichsbürgen), um durch diesen das Zustandekommen des Zwangsvergleichs zu ermöglichen, RG. 30, 22; Übernahme der Verpflichtung seitens eines Dritten, an den Gläubiger nach Abzug der

Vergleichsquote den Rest der Forderung **zu bezahlen**, RG. 28, 96, auch 72, 46; Gewährung eines Darlehns seitens des Gläubigers an den Gemeinschuldner unter Bürgschaftsleistung eines Dritten behufs Ermöglichung des Zustandekommens des Vergleichs mit der Abrede, daß die ursprüngliche Forderung des Gläubigers entgegen den Vergleichsbedingungen ganz bezahlt werden soll, JW. 88, 17[26]; auch ein bereits vor der Konkurseröffnung seitens des Schuldners oder eines Dritten abgegebenes Versprechen, dem Gläubiger für den Fall des Konkurses einen den in Aussicht genommenen Vergleichsprozentsatz übersteigenden Betrag oder eine bestimmte Summe außer diesem Prozentsatz zu zahlen, Gr. 43, 1194 (JW. 99, 96[31]).

[6] **Nichtig, selbst wenn** das Abkommen (z. B. weil der begünstigte Gläubiger sich an der Abstimmung gar nicht beteiligt hat) **ohne Einfluß auf das Zustandekommen** des Zwangsvergleichs geblieben ist. RG. 28, 99, 39, 18, 72, 46, Gr. 29, 1034, W. 17, 241. — Die Nichtigkeit betrifft nur das Privatabkommen, der rechtskräftig bestätigte **Zwangsvergleich** wird dadurch **nicht berührt**. JW. 93, 269[16]. Vgl. jedoch §§ 188 Abs. 1 (Antrag auf Verwerfung des Vergleichs wegen Begünstigung eines Gläubigers), 196 Abs. 1 (Anfechtung des Forderungserlasses wegen Zustandekommens des Zwangsvergleichs durch Betrug). Über das Verhältnis dieser Vorschriften zu der des § 181 s. RG. 39, [22]. — Das zivilrechtliche Verbot des § 181 richtet sich gegen beide kontrahierende Teile. **Rückforderung** des auf Grund eines solchen nichtigen Abkommens Geleisteten ist gemäß § 817 Satz 1, 2 BGB. ausgeschlossen, weil sowohl der Empfänger durch die Annahme als auch der Leistende durch die Gewährung der Leistung gegen ein gesetzliches Verbot im Sinne dieser Vorschrift verstößt. RG. 72, 46, W. 17, 241, auch JW. 90, 12[10], [11]. — **Bestrafung:** §§ 241, 243. — Beim Abschluß eines **Vergleichs außerhalb des Konkurses** sind ungleiche Befriedigungsversprechungen gegenüber einzelnen Gläubigern nicht unstatthaft, der Vergleich wird dadurch nicht aufgehoben, RG. 6, 228, Gr. 31, 1131, 38, 879, auch Gr. 43, 1194 (JW. 99, 96[31]), RG. 78, 185, es sei denn, daß gleichmäßige Befriedigung der Gläubiger als Vertragsbedingung gesetzt ist

oder ein arglistiges **Verhalten** des Schuldners in dieser **Hinsicht** vorliegt. JW. 86, 21. **Überhaupt** ist bei solchen Verträgen eine Vermutung für die Gleichmäßigkeit nicht begründet. Gr. 31, 1131 (JW. 87, 100). — § 181 findet nur auf Zwangsvergleiche in inländischen Konkursen Anwendung. Betrifft das Abkommen auf Mehrzuwendung einen Zwangsvergleich **im ausländischen Konkurse**, so ist das Abkommen nur dann nichtig, wenn es nach Lage des einzelnen Falles gegen die guten Sitten verstößt. JW. 00, 794[27].

182. (169.) Zur Annahme des Vergleichs ist erforderlich[1], daß

1. die Mehrzahl der in dem Termine anwesenden stimmberechtigten Gläubiger[2] dem Vergleiche ausdrücklich zustimmt, und
2. die Gesamtsumme der Forderungen der zustimmenden Gläubiger wenigstens drei Vierteile der Gesamtsumme aller zum Stimmen berechtigenden Forderungen beträgt.

Wird nur eine der Mehrheiten erreicht, so kann der Gemeinschuldner bis zum Schlusse des Termins die einmalige Wiederholung der Abstimmung in einem neuen Termine verlangen. Das Gericht hat denselben zu bestimmen und im Termine zu verkünden.

[1] Stimmrecht: §§ 95—97. Allen bis zum Vergleichstermin angemeldeten Forderungen kann das Stimmrecht beigelegt werden. § 95 Abs. 2. Ausnahme: § 183 (Ehegatte des Gemeinschuldners). — Ein Gläubiger, der zugleich die Bürgschaft für die Erfüllung des Zwangsvergleichs übernommen hat, darf deshalb nicht von der Stimmberechtigung ausgeschlossen werden. JW. 89, 154.

[2] Ist eine **Forderung**, wenn auch nach der Eröffnung des Verfahrens, **geteilt**, so hat jeder Teilgläubiger eine Stimme. Mot. 415, KB. 37. — **Gesamtgläubiger** (§ 428 BGB.), mehrere Erben in ungeteilter Erbengemeinschaft (§ 2033 Abs. 2, § 2040 Abs. 1 BGB.), Hauptgläubiger und Pfandgläubiger

(§§ 1281, 1282 Abs. 2 HGB.), Hauptgläubiger und Nießbraucher (§ 1077 BGB.) müssen als zu der betreffenden Forderung Berechtigte gemeinschaftlich und gleichmäßig ihre Stimme abgeben.

183. Bei der Berechnung der nach § 182 Abs. 1 Nr. 1, 2 erforderlichen Mehrheiten bleibt der Ehegatte des Gemeinschuldners außer Betracht, wenn er dem Vergleiche zugestimmt hat[1].

Das gleiche gilt von demjenigen, welchem der Ehegatte des Gemeinschuldners während des Konkursverfahrens oder in dem letzten Jahre vor der Eröffnung des Verfahrens eine Forderung gegen den Gemeinschuldner abgetreten hat, soweit das Stimmrecht auf der abgetretenen Forderung beruht[2]. Diese Vorschrift findet keine Anwendung, wenn der Ehegatte zu der Abtretung durch das Gesetz[3] oder durch einen Vertrag verpflichtet war, welcher früher als ein Jahr vor der Eröffnung des Konkursverfahrens geschlossen wurde.

[1] Durch diese Vorschrift der Nov. soll dem Ehegatten, weil tatsächlich und wirtschaftlich das Geschäft des Gemeinschuldners auch sein Geschäft ist und weil er meist nicht aus eigenem, sondern aus dem Interesse des Gemeinschuldners für den Zwangsvergleich stimmen würde, die Einwirkung auf das Zustandekommen des Zwangsvergleichs benommen werden. Stimmt er aber **gegen den Vergleich**, so hat er dasselbe Stimmrecht wie jeder andere Gläubiger (Anm. 1 § 182). KB. 37, 121.

[2] Hierdurch soll verhindert werden, daß der Ehegatte des Gemeinschuldners durch Abtretung seiner Forderung an einen Dritten die beschränkende Bestimmung des Abs. 1 umgeht. KB. 121.

[3] Vgl. z. B §§ 255, 281, 346, 818 BGB.

4. Bestätigung*.

* Nach § 7 Abs. 1 VO. über die Goldmarkrechnung im Konkurse v. 14. 2. 24 (s. Anm. 1 § 139) finden, wenn zur Zeit des Inkrafttretens der VO. ein Zwangsvergleich angenommen, aber noch nicht rechtskräftig bestätigt ist, die Vorschriften der VO. (s. Anm. 1 § 139) in Ansehung der nicht bevorrechtigten Konkursforderungen nur dann Anwendung, wenn der Zwangsvergleich rechtskräftig verworfen wird. Der Abs. 2 des § 7 gibt unter Nr. 1 und 2 für diesen Fall Bestimmungen über besondere Gründe für die Verwerfung des Vergleichs mit Rücksicht auf die Vorschriften der VO.

184. (170.) Der angenommene[1] Zwangsvergleich bedarf der Bestätigung des Konkursgerichts.

Das Gericht entscheidet[2], nachdem es die Gläubiger, den Verwalter und den Gläubigerausschuß in dem Vergleichstermine oder einem zu verkündenden Termine gehört hat.

[1] Im Falle der Ablehnung wird das Konkursverfahren fortgesetzt, ohne daß es eines Beschlusses bedarf.

[2] Ist der **Zwangsvergleich aufschiebend bedingt** (z. B. durch die Übernahme der Bürgschaft seitens eines Dritten), was nicht unzulässig ist, so kann zwar die Bestätigung sofort erfolgen; jedoch ist es, da im Falle des Nichteintritts der Bedingung dem Konkursverfahren Fortgang gegeben werden müßte, zweckmäßig, die Entscheidung bis zum Eintritte der Bedingung auszusetzen. RG. 56, 72.

185. (171.) Der Beschluß, durch welchen der Zwangsvergleich bestätigt oder verworfen wird[1], ist zu verkünden[2].

[1] Die Verwerfung ist ausschließlich in den Fällen der §§ 186—188 statthaft. Pr. 112.

[2] Dadurch wird die besondere Zustellung und die öffentliche Bekanntmachung ersetzt. § 189 Abs. 2.

186. (172.) Der Vergleich ist[1] zu verwerfen:

1. wenn die für das Verfahren und den Abschluß des Vergleichs gegebenen Vorschriften nicht beobachtet sind[2], und das Fehlende nicht ergänzt werden kann;
2. wenn ein Fall der Unzulässigkeit[3] eines Zwangsvergleichs nachträglich eingetreten[4] ist.

[1] **Von Amts wegen** und selbst wenn sämtliche bekannte Beteiligte dem Vergleiche zugestimmt haben, da der bestätigte Vergleich gemäß § 193 auch gegenüber unbekannten Gläubigern wirkt. Mot. 418.

[2] Z. B. die Vorschriften der §§ 173—175, 177—183, 211, 230, 236. [3] § 175.

[4] Eine erst **nachträglich bekannt gewordene** Unzulässigkeit fällt unter Nr. 1.

187[1]. Der Vergleich ist[2] zu verwerfen, wenn er den Gläubigern nicht mindestens den fünften Teil ihrer Forderungen gewährt und[3] dieses Ergebnis auf ein unredliches Verhalten des Gemeinschuldners, insbesondere darauf zurückzuführen ist[4], daß der Gemeinschuldner durch ein solches Verhalten die Eröffnung des Konkursverfahrens verzögert hat. Der Vergleich kann[2] verworfen werden, wenn das gleiche Ergebnis auf ein leichtsinniges Verhalten[5] des Gemeinschuldners zurückzuführen ist.

[1] Durch diese Vorschrift der Nov. soll das Zustandekommen eines Zwangsvergleichs erschwert und auch zugleich darauf hingewirkt werden, daß die rechtzeitige Anmeldung des Konkurses, solange noch eine einigermaßen erhebliche Masse vorhanden ist erfolgt. KB. 39, 44.

[2] Beim Vorliegen der Voraussetzungen des **Satzes 1 muß** die Verwerfung (als im öffentlichen Interesse liegend) unbedingt ausgesprochen werden (vgl. Anm. 1 § 186), während sie im Falle des **Satzes 2** dem **Ermessen** des Gerichts anheimgegeben ist.

[3] Nur beim **Vorhandensein beider Voraussetzungen** hat die Verwerfung zu erfolgen. Liegt dagegen ein unredliches Verhalten des Gemeinschuldners nicht vor, so muß der Vergleich, falls nicht Verwerfungsgründe gemäß §§ 186, 187 Satz 2, § 188 gegeben sind, bestätigt werden, auch wenn er weniger als den fünften Teil der Forderungen gewährt. KB. 43.

[4] Das unredliche Verhalten muß dem Gemeinschuldner bewiesen werden. Zu seiner Entschuldigung kann er dartun, daß das geringfügige Ergebnis für die Gläubiger auf **besondere Zufälle**, wie Zusammenbruch angesehener Häuser, Krieg, beträchtliche Veränderungen des Zollsystems, wirtschaftliche Konjunkturen während des Konkursverfahrens, zurückzuführen sei. KB. 40, 41.

[5] Z. B. wenn der Gemeinschuldner das Geschäft leichtsinnigerweise ohne genügende Mittel angefangen hat. KB. 39.

188. (173.) **Der Vergleich ist auf Antrag eines nicht bevorrechtigten Konkursgläubigers, welcher stimmberechtigt war[1] oder seine Forderung glaubhaft[2] macht, zu verwerfen:**

1. **wenn der Vergleich durch Begünstigung eines Gläubigers[3] oder sonst in unlauterer Weise[4] zustande gebracht ist;**
2. **wenn der Vergleich dem gemeinsamen Interesse der nicht bevorrechtigten Konkursgläubiger widerspricht[5].**

Der Antrag ist nur zuzulassen, wenn die Tatsachen, auf welche derselbe gegründet wird, glaubhaft[2] gemacht werden[5].

[1] Anm. 1 § 182. Auch wenn er für den Vergleich gestimmt hat. Mot. 418.

[2] § 294 ZPO. [3] § 181 u. Anm. 5 dazu.

[4] Z. B. durch Erkaufen von Stimmen, Auskaufen von Gläubigern. Mot. 418, RG. 25, 258. — Strafbarkeit: § 243.

[5] Z. B. der Vergleichsbürge vermögenslos ist. RG. 74, 262.

[6] Das Tatsachenmaterial ist also glaubhaft zu machen, damit der Antrag überhaupt geprüft wird. Stattgegeben aber kann ihm nur werden, wenn bei der Prüfung die Behauptungen erwiesen werden.

189. (174.) Die sofortige Beschwerde[1] gegen den Beschluß, durch welchen der Vergleich bestätigt oder verworfen ist, steht dem Gemeinschuldner und jedem nicht bevorrechtigten Konkursgläubiger zu, welcher stimmberechtigt[2] war oder seine Forderung glaubhaft[3] macht.

Die Frist zur Einlegung der Beschwerde beginnt mit der Verkündung[4] des Beschlusses.

Eine Anfechtung der Entscheidung des Beschwerdegerichts findet nicht statt[5].

[1] Anm. 4 § 73. — Ist die Bestätigung erfolgt, obwohl sie nicht erfolgen durfte, ist aber dagegen die sofortige Beschwerde nicht oder nicht rechtzeitig eingelegt, so hat doch der Zwangsvergleich alle die Wirkungen, welche die §§ 193, 194 einem rechtskräftig bestätigten Zwangsvergleich beilegen. RG. 57, 275.

[2] Anm. 1 § 182. [3] § 294 ZPO. [4] Vgl. Anm. 1 § 185.

[5] Nach Mot. 420 wird dies damit gerechtfertigt, daß eine zweimalige Erörterung der gesamten Sachlage ausreiche. Diese Begr. ist aber aus dem Gesetzestext nicht zu entnehmen. Die weitere Beschwerde ist deshalb auch dann unzulässig, wenn die erste Beschwerde aus formalen Gründen (angeblich verspätet, Forderung des Beschwerdeführers nicht glaubhaft gemacht usw.) verworfen worden ist. OLG. 32, 398.

5. Wirkung.

190. (175.) Sobald der Vergleich rechtskräftig bestätigt ist[1], beschließt das Gericht die Aufhebung[2] des Konkursverfahrens. Eine Anfechtung des Beschlusses findet nicht statt.

Der Beschluß und der Grund der Aufhebung sind öffentlich bekannt zu machen[3].

Die Vorschriften der §§ 111 Abs. 2, 112, 113[4] finden entsprechende Anwendung.

[1] Und der Verwalter die Pflichten aus § 191 erledigt hat.

[2] Mit der Aufhebung des Konkursverfahrens und deren öffentlicher Bekanntmachung, die nach § 76 mit Ablauf des zweiten Tages nach Ausgabe des Bekanntmachungsblattes allen Beteiligten gegenüber als bewirkt gilt, ist **das Amt des Konkursverwalters erloschen**; auch seine Legitimation und Tätigkeit als Prozeßpartei erreicht dadurch ihr Ende. RG. 27, 113, 31, 40, 32, 72, OLG. 25, 338, 339, Anm. 1 § 192. Die von ihm noch betriebenen Zustellungen sind nicht mehr gesetzmäßig und nicht geeignet, den Lauf von Rechtsmittelfristen zu eröffnen. RG. 31, 40. Dies gilt auch von Anfechtungsprozessen. Der Verwalter ist nicht befugt, diese fortzusetzen. Auch der Anfechtungsbeklagte ist nicht, auch nicht in Ansehung der ihm vermeintlich zu erstattenden Kosten, berechtigt, den Prozeß gegen den Verwalter weiter zu führen. RG. 31, 40, 52, 333, JW. 95, 185[16], OLG. 23, 304, 25, 339, Anm. 2 § 36. Ebensowenig kann der bisherige Gemeinschuldner die Anfechtung, die sich nur auf das Recht der Konkursgläubiger auf gleichmäßige Befriedigung gründet, für sich verfolgen. OLG. 23, 212. Wegen Fortführung des Prozesses zwischen dem Gemeinschuldner und dem Anfechtungsbeklagten aber in Ansehung der Prozeßkosten vgl. Anm. 2 § 36. — **Anders bei** Aufhebung des Konkurses infolge **Ausschüttung der Masse**, soweit es sich um die Erstreitung eines der nachträglichen Verteilung vorbehaltenen Vermögensstückes handelt: Anm. 2 § 166. [3] § 76.

[4] D. i. auszugsweise Einrückung in den Reichsanzeiger, Mitteilung beglaubigter Abschriften an die Registerbehörden, Ersuchen um Eintragung ins Grundbuch. — § 3 VO. v. 14. 2. 24, wonach eine Bekanntmachung der Aufhebung durch den Reichsanzeiger nicht stattfinden sollte, ist durch VO. v. 20. 6. 25 (RGBl. I 88) wieder aufgehoben.

191. (176.) **Der Verwalter hat aus der Konkurs=**

masse die Masseansprüche zu berichtigen[1]. Die bestrittenen Masseansprüche sind sicherzustellen[2].

Die bevorrechtigten Konkursforderungen sind, insoweit sie festgestellt sind, zu berichtigen[1], insoweit sie glaubhaft gemacht sind, sicherzustellen[2].

[1] **Vor Aufhebung des Konkursverfahrens.** Nachher ist der Verwalter zu Rechtshandlungen in Ansehung der Masse, Fortführung schwebender Prozesse usw. auch nicht bezüglich der Masse- und bevorrechtigten Gläubiger legitimiert. Bei den ihm nach § 191 obliegenden Verpflichtungen handelt es sich lediglich um die rein kassenmäßige Tilgung feststehender Ansprüche, nicht aber um ihre Feststellung, also nicht um das eigentliche materielle Verfügungsrecht. RG. 27, 113, JW. 00, 296[11], auch Anm. 2 § 190; vgl. auch Anm. 4 § 116. — **Massegläubiger,** die sich **erst später melden,** müssen sich nun an den Gemeinschuldner halten. RG. 27, 113.

[2] § 108 ZPO.

192. (177.) Soweit der Zwangsvergleich nicht ein anderes bestimmt, erhält der Gemeinschuldner das Recht zurück, über die Konkursmasse frei zu verfügen[1].

[1] Aus den Worten „soweit der Zwangsvergleich nicht ein anderes bestimmt", folgt, daß **von der** gesetzlichen **Regel,** daß der **Gemeinschuldner** die Verwaltungs- und **Verfügungsbefugnis wiedererlangt,** eine **Ausnahme bestimmt** werden kann; eine solche Bestimmung beruht dann auf gerichtlich bestätigter Parteiübereinkunft, insbesondere auf dem Vertragswillen des Gemeinschuldners, der gemäß § 173 den Vorschlag zu dem Zwangsvergleiche macht. RG. 89, 133. Mitunter wird im Zwangsvergleiche bedungen, daß die gesamte Konkursmasse von dem bisherigen Konkursverwalter oder von einem Dritten zu verwerten und zu verteilen sei. RG. 89, 134. Es kann auch bestimmt werden, daß der bisherige Konkursverwalter die Masseteile, deren Verwertung noch nicht hatte durchgeführt werden können, verwalten und verwerten und den Reinerlös unter die nicht bevorrechtigten Konkursgläubiger nach konkursmäßigen Grundsätzen zur Verteilung bringen solle; es steht

dann dem bisherigen Konkursverwalter hinsichtlich dieser Masseteile das Verwaltungs- und Verfügungsrecht ebenso zu, wie wenn (§ 6 Abs. 2) er noch Konkursverwalter wäre, mit der Maßgabe, daß die Rechtshandlungen, zu deren Vornahme er ermächtigt ist, ihre Richtung auf Verwertung der Masseteile und Verteilung der Reinerlöse unter die nicht bevorrechtigten Konkursgläubiger haben sollen. RG. 89, 134. — Aber auch wenn nach dem Inhalte des Vergleichs die Masse behufs verhältnismäßiger, dem Vergleich entsprechender Verteilung noch in den Händen des Verwalters bleiben soll, ist der **Gemeinschuldner Eigentümer** der Masse. RG. 31, 121, 89, 135. Er ist daher auch zur Klage auf Rückschaffung widerrechtlich entzogener oder verwerteter Vermögensstücke, selbst gegen den Verwalter, legitimiert. RG. 31, 120, 78, 188, vgl. Anm. 3 § 82 (Ersatzansprüche gegen den früheren Verwalter wegen Pflichtwidrigkeiten). Auch tritt er in die **anhängigen Prozesse** gemäß §§ 240, 241 ZPO. als Partei ein, RG. 27, 113, JW. 95, 62[9], OLG. 25, 339, auch RG. 31, 40, 32, 72, OLG. 19, 229, und zwar ohne daß es einer Anzeige oder Aufnahme bedarf, RG. 47, 372, 58, 371, Gr. 48, 120, JW. 00, 296[11], OLG. 25, 339. Vgl. auch Anm. 1 § 191. Dies gilt jedoch nicht hinsichtlich der Anfechtungsprozesse des Verwalters. Das Anfechtungsrecht wird mit Beendigung des Konkursverfahrens gegenstandslos und erlischt. Anm. 2 § 36, Anm. 2 § 190. — **Maßgebender Zeitpunkt für** die Erlangung der **Verfügungsmacht** des Gemeinschuldners ist nach § 190 ebenso wie für Aufhören der Legitimation des Verwalters (s. Anm. 2 § 190) nicht der Zeitpunkt der Rechtskraft des Bestätigungsbeschlusses, sondern der der Bekanntmachung des Aufhebungsbeschlusses. OLG. 15, 251, 25, 338, 339.

193. (178.) **Der rechtskräftig bestätigte Zwangsvergleich ist wirksam[1a] für und gegen alle nicht bevorrechtigten Konkursgläubiger[1b], auch wenn dieselben an dem Konkursverfahren oder an der Beschlußfassung über den Vergleich nicht teilgenommen oder gegen den Vergleich gestimmt haben[2]. Die Rechte der Gläubiger gegen Mitschuldner[3] und Bürgen[4] des Gemein-**

schuldners, sowie die Rechte[1] aus einem für die Forderung bestehenden Pfandrecht, aus einer für sie bestehenden Hypothek, Grundschuld oder Rentenschuld oder aus einer zu ihrer Sicherung eingetragenen Vormerkung werden durch den Zwangsvergleich nicht berührt[1].

1a Der rechtskräftig bestätigte **Zwangsvergleich ist** ein vom Konkursgericht genehmigter, den besonderen Vorschriften der §§ 173 ff. unterworfener **Vertrag des Gemeinschuldners mit den nicht bevorrechtigten Konkursgläubigern** über eine bestimmte unter Aufhebung des Konkurses erfolgende Befriedigung dieser Gläubiger. Er ist im allgemeinen (z. B. auch hinsichtlich Anfechtung wegen Irrtums, Verzichts auf einem Forderungsteil) nach Vertragsgrundsätzen zu beurteilen, RG. 77, 404, 92, 187, W. 11, 353, und zwar der Inhalt der Vereinbarung, wie bei anderen Vertragsverhältnissen, zunächst nach dem Wortlaute der darüber aufgenommenen, als erschöpfend und endgültig zu vermutenden Urkunden, RG. 77, 405, 92, 189. Jedoch sind für das Zustandekommen und die Wirksamkeit des Zwangsvergleichs die allgemeinen Vorschriften des Privatrechts nicht unmittelbar maßgebend. Der Zwangsvergleich bildet einen öffentlich-rechtlich geregelten Abschluß des der ordentlichen streitigen Gerichtsbarkeit zugehörigen Zwangsvergleichsverfahrens, eines Bestandteils des Konkursverfahrens. Für das Zwangsvergleichsverfahren sind die Vorschriften der KO. und die gemäß § 72 entsprechend anzuwendenden Vorschriften der ZPO. maßgebend. Daher z. B. haben die Abstimmungen und Anträge der Gläubiger im Zwangsvergleichsverfahren die Natur von Prozeßhandlungen und kommen auf die Vertretung der Gläubiger in dem Termine die §§ 79 ff. ZPO. zur Anwendung. W. 11, 353, vgl. Anm. 2 § 196. — Die Wirksamkeit des Zwangsvergleichs gegenüber den nichtbevorrechtigten Konkursgläubigern (s. Anm. 1b) wird nicht dadurch ausgeschlossen, daß sie zufolge ungerechtfertigter Nichtgewährung des Stimmrechts (§ 95) für eine zum Stimmen berechtigende Forderung an dessen Ausübung behindert worden sind. RG. 87, 85.

1b Begriff der **Konkursgläubiger:** § 3 u. Anm. 1 ff. dort. — Der Zwangsvergleich ist auch **wirksam für und gegen** solche Gläubiger, deren **Forderung** zur Zeit der Konkurseröffnung **aufschiebend bedingt** ist (z. B. Regreßforderung des Bürgen oder Mitschuldners des Gemeinschuldners, bei der jedoch Voraussetzung ist, daß der Gläubiger seine Forderung gegen den Gemeinschuldner im Konkurse nicht geltend macht, vgl. Anm. 1 § 67) oder hinsichtlich des **Umfangs** (z. B. bei Schadensersatzansprüchen) **noch nicht feststeht,** Gr. 50, 1117 (JW. 06, 364[7]), auch Anm. 3 § 3, Anm. 1, 2 § 67. Dies gilt von Schadensersatzforderungen (z. B. eines Handlungsgehilfen wegen eines im Betriebe des Gemeinschuldners erlittenen Unfalls gemäß § 62 HGB.) auch insoweit, als sie die dem **Geschädigten** erst **in Zukunft erwachsenden Nachteile** umfassen. RG. 87, 85, auch Anm. 2 § 69, Anm. 2 § 95. Auch **Schadensersatzansprüche wegen Nichterfüllung** eines zweiseitigen Vertrages, dessen Erfüllung der Konkursverwalter nach §§ 17, 26 ablehnt, unterliegen dem Zwangsvergleich, selbst wenn sie im Konkursverfahren nicht geltend gemacht worden sind. RG. 79, 209, JW. 12, 495[3], vgl. Anm. 3a § 17. Ist der **Gläubiger** Inhaber **mehrerer Forderungen,** so werden alle Forderungen, ohne Rücksicht auf größere oder geringere Sicherheit sowie auf Mithaftung anderer, infolge des Zwangsvergleichs gleichmäßig gekürzt. OLG. 21, 178. — Ein **der Wirkung** des Zwangsvergleichs **unterliegender Konkursgläubiger** ist dagegen **nicht** ein von dem Gemeinschuldner, sei es auch nur unter Vorbehalt befriedigter, auch nicht ein Gläubiger, der vor der Konkurseröffnung **auf Grund vorläufig vollstreckbaren Urteils den Forderungsbetrag** im Wege der Zwangsvollstreckung beigetrieben oder behufs Abwendung der Zwangsvollstreckung gezahlt **erhalten hat,** selbst wenn der Gemeinschuldner gegen das Urteil Berufung eingelegt und der Konkursverwalter nach der Konkurseröffnung das Verfahren aufgenommen hat. Diese Gläubiger werden durch den Zwangsvergleich nicht berührt. RG. 39, 106, 85, 218. Desgl. nicht: **Massegläubiger** (§§ 58, 59), z. B. auch solche aus zweiseitigem, noch von keinem Teil vollständig erfüllten Vertrage, dessen Erfüllung der Konkursverwalter gemäß § 17 wählt, RG. 85, 222, 98, 137, s. Anm. 3 § 17; **bevorrechtigte** Konkursgläubiger (§ 61 Nr. 1—5). **Auch die seit**

der Konkurseröffnung laufenden Zinsen von **bevorrechtigten** Konkursforderungen, die gemäß § 63 Nr. 1 im Konkursverfahren nicht geltend gemacht werden können, werden nach der herrschenden Meinung nicht von einem Zwangsvergleich betroffen, weil dieser gegen bevorrechtigte Konkursgläubiger nicht wirksam sei (RG. 92, 185). Ferner bleiben **Geldstrafen** und **Forderungen aus einer Freigebigkeit** des Gemeinschuldners, die nach § 63 Nr. 3, 4 ebenfalls im Konkursverfahren nicht geltend gemacht werden können, nach der herrschenden Meinung von einem Zwangsvergleich unberührt, weil sie, wenn ihre Geltendmachung im Konkursverfahren nicht zulässig sei, nicht Konkursforderungen im Sinne des § 193 Satz 1 seien und mit ihren Gläubigern (§ 173) der Vergleich nicht geschlossen werde (RG. 92, 185). Vgl. dagegen hinsichtlich der Zinsen von nicht bevorrechtigten Konkursforderungen Anm. 5. — **Absonderungsberechtigte** können, wenn sie bei der abgesonderten Befriedigung ausfallen, hinsichtlich des **Ausfallbetrages** die Vergleichsquote und **nur** diese beanspruchen. § 64, RG. 5, 394, 6, 66, 22, 155, 23, 45, 92, 184, auch Anm. 5. — Der **Gläubiger**, der **sich** für die Erfüllung des Zwangsvergleichs **verbürgt** hat, verliert durch diese Bürgschaftsübernahme nicht seinen Anspruch auf die Zwangsvergleichsquote. Er ist auch nicht behindert, seine ganze Forderung gegen denjenigen Dritten geltend zu machen, der seinerseits ihm für diese ein Pfandrecht bestellt hat. JW. 96, 5[18], auch Anm. 4. — Darüber, daß die Befugnis zu einer schon vor der Konkurseröffnung nach bürgerlichem Recht zulässigen oder doch zufolge der Konkurseröffnung nach § 54 zulässig gewordenen **Aufrechnung mit einer Gegenforderung** zum vollen Betrage gegen eine Forderung des Gemeinschuldners nicht durch einen Zwangsvergleich beeinträchtigt wird, vgl. Anm. 2 § 53, Anm. 5 § 54. — Wegen Bestehenbleibens einer **natürlichen Verbindlichkeit** hinsichtlich des nachgelassenen Teils der Forderung vgl. Anm. 6.

[2] Oder wenn sie zwar angemeldet haben, aber gegen den widersprechenden Verwalter nichts unternommen haben. OLG. 32, 402. Ferner wenn der Gläubiger die **Anmeldung** deshalb **unterlassen** hat, weil ihm die seine Forderung begründenden Tatsachen (z. B. Betrug, Vertragsverletzung des Gemein-

schuldners) nicht bekannt waren. Gr. 50, 1122 (JW. 06, 36[47]). — Ob der **Gemeinschuldner** vom **Ersatze des Ausfalls** der nicht bevorrechtigten Forderungen durch den Zwangsvergleich frei wird, richtet sich nach dessen Inhalt. Mot. 422. Vgl. Anm. 1 § 174, Anm. 6 hier.

[3] Abweichung von § 423 BGB., wonach ein zwischen dem Gläubiger und einem Gesamtschuldner vereinbarter Erlaß auch für die übrigen Schuldner wirkt. Hatte z. B. der Gemeinschuldner als Gesellschafter einer GmbH. seinen Anteil nicht voll eingezahlt und ist ihm durch den Zwangsvergleich diese Schuld teilweise erlassen, so können die andern Gesellschafter nach § 24 GmbHG. zur Vollzahlung herangezogen werden, auch wenn der Vertreter der Gesellschaft dem Zwangsvergleich zugestimmt hatte. OLG. 32, 141. — Zu **Mitschuldnern** gehören auch dritte Personen, die für eine Schuld des Gemeinschuldners Pfand bestellt haben. RG. 22, 331, auch Anm. 1, 5. — Über die ausnahmsweise Wirkung des Zwangsvergleichs im **Konkurse** über das Vermögen einer **Handelsgesellschaft** auch zugunsten der **persönlich haftenden Gesellschafter** vgl. § 211 Abs. 2 u. Anm. 4 dort.

[4] Ausnahme von § 767 Abs. 1 Satz 1 BGB., wonach für die Verpflichtung des Bürgen der jeweilige Bestand der Hauptverbindlichkeit maßgebend und daher ein im Vergleichsweg erfolgter Teilerlaß der Hauptverbindlichkeit auch zugunsten des Bürgen wirksam ist. Diese Ausnahmebestimmung für den Zwangsvergleich ist auf einen **Vergleich,** den die Gläubiger freiwillig **zur Abwendung des Konkurses** mit ihrem Schuldner schließen, **nicht entsprechend** anwendbar, vielmehr gilt für einen solchen Vergleich die vorgenannte Regel des § 767 Abs. 1 Satz 1 BGB., sofern nicht ausdrücklich oder stillschweigend ein anderes vereinbart ist. RG. 90, 45, 92, 123, JW. 13, 597[11], 16, 398[4], 479[3], W. 16, 50, 19, 166. — Ein **Beschluß der Gläubigerversammlung,** daß der dem Gemeinschuldner bewilligte Nachlaß **auch für die Mitschuldner und Bürgen wirksam** sein solle, ist für den Gläubiger unwirksam, auch wenn er den Zwangsvergleich nicht angefochten und die auf ihn fallende Zwangsvergleichsquote angenommen hat. JW. 97, 210[20]. — Derjenige aber, der sich für die Erfüllung des Zwangsvergleichs verbürgt hat, haftet nicht weiter als der

Gemeinschuldner. JW. 96, 5[18]. **Aber ebensoweit auch dann,** wenn er die Forderung nicht kannte. OLG. 32, 402. Vgl. Anm. 4 § 194.

[5] Zusatz der Nov. Durch ihn wird klargestellt, daß auch die Rechte aus einem für die Forderung bestehenden **Pfandrecht**, aus einer für sie bestehenden **Hypothek** (§ 1113 BGB.) oder **Grundschuld** (§ 1191 BGB.) oder **Rentenschuld** (§ 1199 BGB.) oder aus einer zu ihrer Sicherung im Grundbuch oder im Schiffsregister eingetragenen **Vormerkung** (§§ 885, 1259 BGB., § 942 Abs. 2 ZPO.) durch einen Zwangsvergleich nicht berührt werden, mögen diese Rechte an einem zur Konkursmasse oder an einem nicht dem Gemeinschuldner gehörigen Gegenstande bestehen (Gr. 54, 1174). Das Reichsgericht hatte schon vom Standpunkte des früheren Rechts angenommen, daß der Zwangsvergleich Pfandrechte und Hypotheken der Konkursgläubiger unberührt lasse (RG. 22, 331, 23, 120, JW. 89, 68[9], 00, 344[18]). Da jedoch das BGB. (§§ 1137, 1211) bestimmt, daß der Eigentümer gegen den Anspruch aus der Hypothek oder aus dem Pfandrecht auch die dem persönlichen Schuldner gegen die Forderung zustehenden Einwendungen geltend machen kann, so sollen durch die Vorschrift etwaige Zweifel, ob nicht dem Eigentümer eine solche Einrede auch aus dem Zwangsvergleiche zustehe, behoben werden. Begr. 36. — Entsprechend ist, wie § 64 (s. dort Anm. 1), so auch § 193 auf die **fiduziarische Übereignung zum Zwecke der Sicherstellung** anzuwenden, so daß die Rechte aus einer solchen Sicherungsübereignung ebenfalls durch den Zwangsvergleich unberührt bleiben. Gr. 54, 1174, 57, 1100 (JW. 10, 29[53]), s. Anm. 6. Dagegen ist eine **Vormerkung,** die vom Grundbuchamt wegen eines dem Antrage auf Eintragung einer Hypothek entgegenstehenden Hindernisses **gemäß § 18 Abs. 2 GBO. von Amts wegen** eingetragen worden ist, (wie nicht eine Vormerkung im Sinne des § 24, s. dort Anm. 2, so auch) nicht eine Vormerkung zur Sicherung einer Forderung im Sinne des § 193. KGJ. 39, A 172 (RJA. 10, 235). — Die Ausnahmevorschrift des Satzes 2 ist **keine zwingende;** sie kann durch freie Vereinbarung im Einzelfalle beseitigt werden, und sie tritt nur dort in Wirksamkeit, wo solche anderweitige Vereinbarung nicht erkennbar ist. RG. 77, 404, W. 5, 78. Insbesondere wird der

Frage, inwiefern die **Teilnahme des Gläubigers an der Schließung des Zwangsvergleichs als Verzicht** auf die Rechte aus Pfandrecht, Hypothek, Grundschuld, Rentenschuld oder Vormerkung anzusehen sei, durch die Bestimmung nicht vorgegriffen. Begr. 37. Es kommt in dieser Hinsicht darauf an, ob nach Lage des Falles aus der Teilnahme des Gläubigers, insbesondere in Verbindung mit der Annahme der Zwangsvergleichsquote, der Wille des Verzichts auf die abgesonderte Befriedigung (§ 64) zu entnehmen ist. Vgl. hierüber Vorbem. vor § 47, Anm. 3 § 64. Hat z. B. ein Gläubiger, für den eine Hypothekvormerkung eingetragen ist, einem Zwangsvergleichsvorschlag, wonach die Konkursgläubiger einen Prozentsatz ihrer Forderungen in Bargeld erhalten, auf den Rest aber verzichten sollten, zugestimmt, ohne daß er innerhalb des Zwangsvergleichsverfahrens einen zur Kenntnis der übrigen Konkursgläubiger, des Gläubigerausschusses und des Konkursgerichts gekommenen Vorbehalt auf Grund der von ihm erwirkten Vormerkung gemacht hat, so hat er endgültig auf den Rest seiner Forderung verzichtet und ist wegen Nichtbestehens der gesicherten Forderung (§ 883 BGB.) die Vormerkung unwirksam geworden. RG. 77, 403, JW. 14, 77[9]. Darüber, daß der Gläubiger, wenn er im Zwangsvergleichstermine durch einen Rechtsanwalt vertreten war, diesen in solch einem Falle auf Ersatz des durch schuldhafte Pflichtverletzung ihm erwachsenen Schadens aus dem Dienstvertrage (§§ 675, 276 BGB.) in Anspruch nehmen kann, vgl. JW. 14, 77[9], auch Anm. 2 § 196. Besteht aber für die Forderung des Gläubigers gegen den Gemeinschuldner eine Hypothek an dem Grundstück eines Dritten, so daß gar kein Absonderungsrecht im Konkurse in Frage kam, so steht der Befriedigung aus dem Grundstück auch nach Annahme der Zwangsvergleichsquote nichts im Wege. OLG. 32, 399. Wenn der Gläubiger, dem ein Pfandrecht oder sonst ein Absonderungsrecht zusteht, im Konkursverfahren erklärt, für einen Teil seiner Forderung aus dem Absonderungsrecht und für den als Ausfall von ihm bezeichneten Rest aus der Konkursmasse Befriedigung suchen zu wollen, so wird durch einen Zwangsvergleich nur der letztere, nicht auch der erstere Teil der Forderung berührt. Anderseits kann der Gläubiger, nachdem er die Vergleichsquote ohne Vorbehalt angenommen hat, wegen eines über den ersteren Teil hinausgehenden Betrages der Forderung (mit Rücksicht auf den anzunehmenden Verzicht) nicht aus dem Gegenstande des Absonderungsrechtes sich befriedigen. RG. 64, 425, Anm. 2 § 64. — Satz 2 gilt nicht für **die auf Grund Pfandrechts, Hypothek usw. gesicherte persönliche Forderung** selbst. Sie wird nach Satz 1 durch den Zwangsvergleich betroffen, und zwar auch dann, wenn es während des Konkursverfahrens zu einem Ausfall zufolge Ausübung des Absonderungsrechts (§ 4) nicht gekommen ist und deshalb der Gläubiger nach § 64 damals konkursmäßige Befriedigung (§ 3) noch nicht hat beanspruchen können. RG. 23, 43, 92, 184, OLG. 23, 308. Ferner gilt § 64 für die persönliche Forderung auch im Falle des Zwangsvergleichs. Für die nicht bevorrechtigten Konkursgläubiger tritt der Zwangsvergleich an die Stelle der Verwertung und Verteilung der Konkursmasse und die Zwangsvergleichsquote an die Stelle des Anteils an der unter die Konkursgläubiger zu verteilenden Masse, und wenn der Anspruch auf den Anteil von einer Bedingung abhängig war, haftet auch dem Anspruch auf die Zwangsvergleichsquote diese Bedingung an. Demnach kann **der absonderungsberechtigte Gläubiger** nur, wenn und soweit er auf sein Absonderungsrecht verzichtet hat oder bei dessen Ausübung ausgefallen ist, die Zwangsvergleichsquote von dem betreffenden Betrage seiner persönlichen Forderung verlangen. RG. 5, 396, 6, 66, 78, 75, 92, 184, OLG. 23, 310. Was die **Zinsen** von **nicht bevorrechtigten** Konkursforderungen betrifft (hinsichtlich der von bevorrechtigten Konkursforderungen vgl. Anm. 1), so ist daraus, daß nach § 63 Nr. 1 **die seit der Eröffnung des Verfahrens laufenden** Zinsen „im Konkursverfahren" nicht geltend gemacht werden können, nicht für sich allein und ohne weiteres zu folgern, daß im Falle eines Zwangsvergleichs ein Anspruch auf solche Zinsen gänzlich ausgeschlossen sei. RG. 92, 186. Vielmehr hat grundsätzlich der Zwangsvergleich nur die Wirkung, daß solche Zinsen, ebenso wie die bis zur Konkurseröffnung, als Nebenforderungen, wenn durch den Zwangsvergleich eine Ermäßigung der Hauptforderung herbeigeführt wird, ebenfalls eine Herabsetzung erleiden, so daß das Zinsrecht für den erlassenen Teil der Hauptforderung erlischt und auch die seit der Konkurseröffnung laufenden Zinsen lediglich von dem nicht erlassenen Teil der Hauptforderung beansprucht werden können. RG. 92, 186. Freilich kann sich aus dem Inhalte des Zwangsvergleichs ergeben, daß die Zinsverpflichtung überhaupt beseitigt sein und nur noch die herabgesetzte Hauptforderung bestehen bleiben soll. Nach der überwiegenden Meinung ist im Zweifel, namentlich aber dann, wenn im Zwangsvergleich den nicht bevorrechtigten Konkursgläubigern die Gewährung eines bestimmten Prozentsatzes ihrer Forderungen zugesagt und über die Zinsen keine Bestimmung getroffen ist, der Anspruch auf Zinsen seit der Konkurseröffnung für gänzlich ausgeschlossen zu erachten (RG. 92, 187). Dies gilt jedoch keinesfalls hinsichtlich der **Zinsverpflichtung für die Zeit nach einem Zwangsvergleiche,** der den genannten Inhalt hat; die Gläubiger sind vielmehr dann nicht, wie die Gläubiger unverzinslicher Forderungen, darauf beschränkt, im Falle des Verzugs des bisherigen Gemeinschuldners mit der Zahlung der Vergleichsquote Verzugszinsen (§ 288 BGB.) oder Prozeßzinsen (§ 291 BGB.) von den Quoten ihrer Forderungen zu verlangen, sondern sie können Zinsen gemäß der vor der Konkurseröffnung begründeten Zinsverpflichtung, mag sie auf Gesetz oder auf Vertrag beruhen, für die Zeit nach dem Zwangsvergleiche von den Kapitalquoten, wenn und solange diese nicht berichtigt worden sind, beanspruchen. RG. 92, 189. Bestand allerdings ein **Absonderungsrecht für die persönliche Zinsforderung,** so greift auch hier § 64 ein und kann der Gläubiger den Zinsanspruch, auch soweit er für ihn nach dem Zwangsvergleiche noch bestehen geblieben ist, gegen den Gemeinschuldner nur verfolgen, wenn und soweit er auf das Absonderungsrecht für die Zinsen verzichtet hatte oder nach Ausübung des Absonderungsrechts ausgefallen war. Wenn also z. B. Hauptforderung und Zinsen durch Hypothek an einem Grundstück des Gemeinschuldners gesichert sind, der Gläubiger weder auf das Absonderungsrecht verzichtet noch die Befriedigung wegen der Hypothekenforderungen betrieben hat, so kann der Gläubiger nach Aufhebung des Verfahrens durch den Zwangsvergleich überhaupt weder wegen der persönlichen Hauptforderung noch wegen der persönlichen Zinsforderung einen Anspruch gegen den bisherigen Gemeinschuldner (anders bei Mitschuldnern, s. Anm. 3) auf Zahlung (aus dem gesamten Vermögen, im Gegensatz zum dinglichen Anspruch auf Befriedigung aus dem Grundstück) erheben. RG. 92, 184, 191. — Hat der **Konkursverwalter Sachen, an denen** dem Gläubiger ein **Pfandrecht** (z. B. dem Gläubiger ein Pfändungspfandrecht, dem Vermieter ein gesetzliches Pfandrecht an den vom Gemeinschuldner eingebrachten Sachen) zustand, **gemäß § 127 verwertet,** ohne den Erlös an den Gläubiger zu dessen Befriedigung abzuführen, so steht dem Gläubiger nach Beendigung des Konkurses durch Zwangsvergleich ein Anspruch auf Zahlung des betreffenden Betrages in vollem Umfange gegen den Gemeinschuldner zu. OLG. 23, 212, 27, 155, vgl. Anm. 5 § 127.

[6] Über Bestehenbleiben einer **natürlichen Verbindlichkeit** hinsichtlich des nachgelassenen Teils auch einer durch den Zwangsvergleich nach Satz 1 betroffenen Forderung vgl. RG. 42, 118, 78, 77, Gr. 54, 1174, 57, 1100, JW. 09, 361[6], OLG. 6, 369, 8, 89, und darüber, daß der frühere Gemeinschuldner durch Erfüllung dieser natürlichen Verbindlichkeit einer Anstandspflicht genügt, die nach § 814 Halbs. 2 BGB. eine Rückforderung ausschließt, vgl. JW. 09, 361[6], RG. 78, 77. Das Bestehenbleiben einer solchen natürlichen Verbindlichkeit hat zur Folge, daß nicht nur die in § 193 Satz 2 aufgeführten Nebenrechte, sondern auch Rechte des Gläubigers aus einer **Sicherungsübereignung** oder **Sicherungsabtretung** durch einen Zwangsvergleich unberührt bleiben. Gr. 54, 1174, 57, 1100 (JW. 10, 29[53]), s. Anm. 5. Ferner wird auch ein **Eigentumsvorbehalt** bis zur vollständigen Zahlung des Preises gelieferter Sachen (vorausgesetzt, daß er nicht etwa gemäß §§ 946, 93, 94 BGB. dadurch hinfällig geworden ist, daß die übergebenen Sachen wesentliche Bestandteile eines dem Empfänger gehörigen Grundstücks geworden sind) durch einen Zwangsvergleich nicht berührt; der Gläubiger kann vielmehr, auch wenn er auf seine Kaufpreisforderung die Zwangsvergleichsquote erhalten hat, wegen des Restes seiner Forderung (sofern nicht etwa der Käufer nach Inhalt des schuldrechtlichen Verhältnisses zum Besitze im Sinne des § 986 BGB. berechtigt ist) die Sachen für sich in Anspruch nehmen. Gr. 57, 1098.

194. (179.) Aus dem rechtskräftig bestätigten Zwangsvergleiche findet für die Konkursgläubiger[1], deren Forderungen festgestellt[2] und nicht von dem Gemeinschuldner in dem Prüfungstermine ausdrücklich bestritten worden sind[3], gegen den Gemeinschuldner und diejenigen, welche in dem Vergleiche für dessen Erfüllung neben dem Gemeinschuldner ohne Vorbehalt der Einrede der Vorausklage Verpflichtungen übernommen haben[4], die Zwangsvollstreckung unter entsprechender Anwendung[5] der §§ 724 bis 793 der Zivilprozeßordnung und des § 164 Abs. 3 dieses Gesetzes statt[6].

[1] Festgestellte **Vorrechtsforderungen**: §§ 164, 191 (Zwangsvollstreckung aus der Eintragung in die Tabelle zum ganzen Betrage). — Hinsichtlich der Gläubiger, denen **Absonderungsrechte** zustehen, findet § 194 bezüglich des **Ausfalls** ebenfalls Anwendung. RG. 22, 155, auch Anm. 1 § 193.

[2] §§ 144—146. Die **Eintragung in die Tabelle**, nicht der Zwangsvergleich, ist der eigentliche Vollstreckungstitel. RG. 56, 73, auch Anm. 4. — Ist die **Feststellung**, wenn auch mit Unrecht, **unterblieben**, so findet die Zwangsvollstreckung nicht statt, vielmehr muß der Gläubiger sich im Wege des Prozesses einen Zwangsvollstreckungstitel beschaffen. RG. 22, 155. Ebenso wenn er sich gar nicht am Konkurse beteiligt hatte. OLG. 32, 402.

[3] Für **bestrittene Konkursforderungen** muß zuvor ein vollstreckbarer Titel erzielt werden. Mot. 424, §§ 704, 794 ZPO., § 144 Abs. 2. Vgl. Anm. 2.

[4] Die **Bürgschaftsübernahme** wird vom **Vergleichsbürgen**, der zugleich Konkursgläubiger ist, auch dadurch genügend zum Ausdruck gebracht und nach § 766 BGB., § 72 KO., §§ 159 ff. ZPO. formgerecht erklärt, daß der Vergleichsbürge im Vergleichstermine für den das Angebot der Bürgschaft mitenthaltenden Vergleichsvorschlag des Gemeinschuldners stimmt, und diese Abstimmungserklärung in dem Protokolle des Konkursgerichts beurkundet wird. RG. 64, 82. — Auch gegen den Zwangsvergleichsbürgen ist neben dem Zwangsvergleich ein besonderer vollstreckbarer Titel (z. B. eine vollstreckbare Urkunde gemäß § 794 Nr. 5 ZPO.) nicht erforderlich. Mot. 425, RG. 56, 73. — Dies gilt auch dann, wenn der Zwangsvergleich

unter der aufschiebenden Bedingung der Übernahme der selbstschuldnerischen Bürgschaft für die akkordmäßigen Verbindlichkeiten geschlossen war und der Vergleichsbürge nach Bestätigung des Zwangsvergleichs die Bürgschaftsübernahme zu gerichtlichem Protokoll erklärt hat. RG. 56, 70. — Der Umfang der Haftung des Vergleichsbürgen hängt nicht davon ab, ob er die Konkursforderungen kannte. OLG. 32, 402, LZ. 12, 792. Er hat auch einem sich erst nach dem Konkurse meldenden oder nach Bestreiten des Verwalters sich untätig verhaltenden Gläubiger einzustehen. OLG. 32, 402. — Hat **nach Aufhebung des Konkurses** über eine Kommanditgesellschaft durch Zwangsvergleich der frühere persönlich haftende Gesellschafter **das Geschäft samt Aktiven und Passiven** durch Vertrag mit dem Kommanditisten **übernommen**, so haftet er für die Masseschulden (ebenso wie für die Forderungen der bevorrechtigten Konkursgläubiger und für die durch den Vergleich festgesetzten Quoten der Forderungen der nicht bevorrechtigten Konkursgläubiger) in gleicher Weise wie die bisherige Gemeinschuldnerin. RG. 98, 137.

[5] Mit der in Anm. 5 § 164 erwähnten vollstreckbaren Ausfertigung ist die mit dem Zeugnisse der Rechtskraft versehene **Ausfertigung des bestätigten Zwangsvergleichs zu verbinden.** Vgl. Anm. 2, 3, RG. 74, 262.

[6] Der Gemeinschuldner kann eine ihm gegen den Gläubiger zustehende, ihm bekannt gewesene **Gegenforderung** aus demselben Rechtsverhältnis, aus dem die Forderung entstanden ist, wenn er sie im Konkursverfahren nicht geltend gemacht hat, nicht nach Abschluß des Zwangsvergleichs gegen den Anspruch auf die Vergleichsquote zur Aufrechnung stellen. RG. 37, 143. — Dagegen können von dem Gemeinschuldner oder dem Bürgen **Einwendungen,** die den durch den Zwangsvergleich festgestellten Anspruch betreffen (z. B. der Zahlung, des Verzichts, des Vergleichs, die später erfolgt sind), auch gegenüber einem rechtskräftig bestätigten Zwangsvergleich **nach Maßgabe des § 767 ZPO.** geltend gemacht werden. RG. 57, 271. — Die **rechtliche Wirksamkeit des Zwangsvergleichs selbst** aber kann nur aus den in den §§ 195—197 aufgeführten Gründen, **nicht** z. B. wegen Irrtums **angefochten** werden. RG. 57, 271. Insbesondere kann auch der Bürge, dessen Bürg-

schaftsübernahme mit dem Zwangsvergleich in untrennbarem Zusammenhange steht, nicht die Nichtigkeit der Bürgschaftsübernahme wegen Irrtums geltend machen. RG. 57, 270, auch Anm. 1 § 196.

6. Aufhebung.

195. (181.) Eine Klage auf Aufhebung des Zwangsvergleichs aus dem Grunde der Nichterfüllung desselben findet nicht statt[1].

[1] Auch wenn ein neuer Konkurs über das Vermögen des Gemeinschuldners eröffnet wird, bleibt der Zwangsvergleich bestehen. Mot. 430.

196. (182.) Wenn der Zwangsvergleich durch Betrug zustande gebracht ist, so kann jeder Gläubiger den vergleichsmäßigen Erlaß seiner Forderung anfechten[1], unbeschadet der ihm durch den Vergleich gewährten Rechte.

Die Anfechtung ist nur zulässig, wenn der Gläubiger ohne Verschulden außerstande war, den Anfechtungsgrund in dem Bestätigungsverfahren geltend zu machen[2].

[1] Der **Kausalzusammenhang** zwischen dem Betrug und dem Abstimmungsresultat muß nachgewiesen werden. JW. 85, 132. — Im Falle der **Begünstigung einzelner Gläubiger** kann der Zwangsvergleich nicht nur dann angefochten werden, wenn ohne Zustimmung der begünstigten Gläubiger der Zwangsvergleich nicht zustande gekommen wäre, sondern auch dann, wenn andere Gläubiger, ohne deren Zustimmung der Vergleich nicht zustande gekommen wäre, bei Kenntnis einer solchen Begünstigung nicht für den Vergleich gestimmt hätten. Dabei ist nicht erforderlich, daß die begünstigten Gläubiger die besonderen Vorteile gerade für ihre Zustimmung zugesagt erhalten haben oder daß sie nur durch die Vorteile zu der Zustimmung veranlaßt worden sind, auch nicht einmal, daß sie für den Vergleich gestimmt haben. RG. 39, 20. Vgl. §§ 181, 188, 243. — Sind **Vermögensstücke verheimlicht oder beiseite**

geschafft oder sind erdichtete Schulden aufgestellt worden (§ 239 Nr. 1, 2), so ist in der Regel ohne weiteres die Annahme des betrüglichen Zustandekommens des Vergleichs gerechtfertigt. RG. 39, 23. — **Verschweigt der Gemeinschuldner** arglistig eine ihm aus demselben Rechtsverhältnis, aus dem die angemeldete Forderung hervorgeht, zustehende **Gegenforderung** und ist anzunehmen, daß der Gläubiger im Falle der Geltendmachung der Gegenforderung dem Zwangsvergleich nicht zugestimmt hätte, so kann der Zwangsvergleich als durch Betrug veranlaßt angefochten werden. RG. 37, 142. Jedoch kann der Gläubiger auch die nachträgliche Aufrechnung gegen seine Vergleichsrate zurückweisen. RG. 37, 143, auch Anm. 6 § 194. — Bloßer **Irrtum** (§§ 119, 120 BGB.) oder **Nichtbeobachtung** der **für den Vergleichsabschluß** gegebenen **Vorschriften** (z. B. in den §§ 182, 183 KO. hinsichtlich der erforderlichen Mehrheiten) berechtigt zur Anfechtung des Erlasses nicht. RG. 56, 270, auch Anm. 6 § 194. — Die **Anfechtung** hat nur die **Wirkung**, daß die Beschränkung der Forderung des anfechtenden Gläubigers aufgehoben wird; der Zwangsvergleich bleibt bestehen (anders § 197).

[2] **„Geltendmachen“** ist nur **im Sinne von „Vorbringen“** ohne Hinzutritt von Beweis oder Glaubhaftmachung zu verstehen. Es kommt nicht darauf an, ob der Gläubiger in der Lage war, den Anfechtungsgrund zu beweisen oder glaubhaft zu machen. JW. 03, 182[35]. — War **der Gläubiger** in dem Zwangsvergleichstermine **durch einen andern vertreten**, so muß er, da nach § 72 die Vorschriften der §§ 79 ff. ZPO. auf die Vertretung der Gläubiger im Zwangsvergleichsverfahren Anwendung zu finden haben (s. Anm. 1a § 193), schuldhafte Unterlassungen seines Vertreters (z. B. Unterlassung der Geltendmachung eines dem Vertreter bekannt gewordenen Betruges) gemäß § 232 Abs. 2 ZPO. gegen sich gelten lassen. Dabei macht es keinen Unterschied, ob der Vertreter mit einer allgemeinen Prozeßvollmacht für das Konkursverfahren oder doch das Zwangsvergleichsverfahren oder nur mit einer besonderen Terminsvollmacht versehen war, oder ob er als Geschäftsführer ohne Auftrag handelte, dessen vertretende Tätigkeit vom Gläubiger genehmigt ist. W. 11, 353. Ist aber im Termine ein Unterbevollmächtigter des Vertreters aufgetreten,

so kommt es darauf an, ob der Vertreter die Substitutionsbefugnis hatte oder doch der Gläubiger die von dem Unterbevollmächtigten, wenn auch ohne Legitimation zur Vertretung, ausgeübte Wahrnehmung seiner Rechte nachträglich genehmigt hat. Substitutionsbefugnis hat nach § 81 ZPO. nur der mit allgemeiner Prozeßvollmacht versehene Vertreter, nicht derjenige, dem lediglich Terminsvollmacht erteilt worden ist. W. 11, 353. Ist der Gläubiger durch einen Rechtsanwalt vertreten, so kann er diesen gegebenenfalls auf Ersatz des ihm etwa durch schuldhafte Pflichtverletzung verursachten Schadens aus dem Dienstvertrage (§§ 675, 276 BGB.) in Anspruch nehmen. Vgl. JW. 14, 77[9].

197. (183.) Die rechtskräftige Verurteilung des Gemeinschuldners wegen betrüglichen Bankerutts[1] hebt für alle Gläubiger den durch den Zwangsvergleich begründeten Erlaß auf[2], unbeschadet der ihnen durch den Vergleich gewährten Rechte.

Auf Antrag eines Gläubigers kann das Konkursgericht Sicherheitsmaßregeln[3] gegen den Gemeinschuldner schon vor der rechtskräftigen Verurteilung desselben anordnen.

[1] § 239. — Vgl. § 175 Nr. 2, § 186 Nr. 2.

[2] Von Rechts wegen und zugunsten aller durch den Vergleich beschränkten Gläubiger (anders wie im Falle § 196).

[3] § 106 (einstweilige Anordnungen, insbesondere allgemeines Veräußerungsverbot zur Sicherung der Masse). — Gebühr des Gerichts ($^1/_4$): § 48 Abs. 2, 3 GKG.; des Anwalts ($^3/_{10}$): §§ 23, 58 GO. f. RA.

Wiederaufnahme des Konkursverfahrens.

198. (184.) Im Falle der rechtskräftigen Verurteilung wird, wenn genügende Masse vorhanden ist[1] oder ein zur Deckung der im § 58 Nr. 1, 2 bezeichneten Massekosten ausreichender Geldbetrag vorgeschossen wird[2], das Konkursverfahren auf Antrag eines Konkursgläubigers wieder aufgenommen.

Die Wiederaufnahme erfolgt durch Beschluß des Gerichts[3]. Auf den Zeitpunkt der Wiederaufnahme und die Bekanntmachung derselben finden die Vorschriften der §§ 108, 111—113 entsprechende Anwendung.

[1] § 107 Satz 1.

[2] Im Anschluß an die neue Vorschrift des Satzes 2 Abs. 1 § 107 ist von der Nov. die Wiederaufnahme auch bei Leistung des bezeichneten Vorschusses für statthaft erklärt.

[3] Gebühr des Gerichts (1): § 48 GKG.; wegen der Gebühr des Anwalts vgl. § 60 GO. f. RA.

199. (185.) Für die Anfechtung von Rechtshandlungen[1], welche in der Zeit von der Aufhebung bis zur Wiederaufnahme des Konkursverfahrens vorgenommen sind, sowie für die in diesem Zeitraume entstandenen Aufrechnungsbefugnisse[2] gilt, wenn nicht inzwischen eine Zahlungseinstellung erfolgt ist, als Tag der Zahlungseinstellung der Tag des ersten die Verurteilung des Gemeinschuldners aussprechenden Urteils[3].

[1] §§ 29—41. [2] § 55 Nr. 3, § 56.

[3] Der Tag der Verkündung dieses Urteils. Nicht der Tag der Rechtskraft des die Verurteilung wegen betrügerischen Bankerutts aussprechenden Urteils. Mot. 428.

200. (186.) An dem aufgenommenen Verfahren nehmen die Gläubiger, für und gegen welche der Vergleich wirksam war, mit dem noch nicht getilgten Betrage ihrer ursprünglichen Forderungen teil[1].

Die neuen Gläubiger des Gemeinschuldners sind zur Teilnahme an dem Verfahren berechtigt. Dieselben haben keinen Anspruch auf Befriedigung aus einer für die Erfüllung des Zwangsvergleichs bestellten Sicherheit[2].

[1] Das gesamte, dem Gemeinschuldner zur Zeit der Wiederaufnahme gehörende Vermögen wird zur Masse gezogen.

[2] § 174.

201. (187.) Das Verfahren ist so weit als nötig zu wiederholen.

Früher geprüfte Forderungen werden nur hinsichtlich einer inzwischen eingetretenen Tilgung von neuem geprüft[1].

[1] Die inzwischen geleistete Zahlung wird auf den Betrag der ursprünglichen Forderung verrechnet. Mot. 430.

Siebenter Titel.

Einstellung des Verfahrens*.

* Bei **Genossenschaften** und **Versicherungsvereinen** auf Gegenseitigkeit erst zulässig nach Beginn des Vollzugs der Schlußverteilung und nur mit Zustimmung aller bei dieser berücksichtigten Gläubiger: § 116 Abs. 2 GenGes. v. 1. 5. 89 i. d. Fass. v. 20. 5. 98 (RGBl. 810), § 53 PrivVersUntGes. v. 12. 5. 01 (RGBl. 139). — Ist der Konkurs über eine Genossenschaft auf deren Antrag mit Zustimmung der Gläubiger nach §§ 202, 203 KO. eingestellt, so kann die Generalversammlung der Genossen nicht die Fortsetzung der Genossenschaft beschließen, weil die Folgen der Konkurseröffnung durch die Einstellung nicht rückwirkend beseitigt werden. RGZ. 39, 135 (OLG. 22, 3). — **Gerichtskosten:** § 42 Abs. 2 GKG.

202. (188.) Das Konkursverfahren ist auf Antrag des Gemeinschuldners[1] einzustellen, wenn er nach dem Ablaufe der Anmeldefrist[1a] die Zustimmung[2] aller Konkursgläubiger[3], welche Forderungen angemeldet haben, beibringt. Inwieweit es der Zustimmung oder der Sicherstellung von Gläubigern bedarf, deren Forderungen angemeldet aber nicht festgestellt[4] sind, entscheidet das Konkursgericht nach freiem Ermessen.

Das Verfahren kann auf Antrag des Gemeinschuldners vor dem Ablaufe der Anmeldefrist eingestellt werden, wenn außer den Gläubigern, deren Zustimmung der Gemeinschuldner beibringt, andere Gläubiger nicht bekannt sind.

[1] Im Falle des Konkurses über das Vermögen einer offenen Handelsgesellschaft braucht die Einstellung nicht von allen Gesellschaftern beantragt zu werden; es genügt der Antrag eines einzelnen Gesellschafters. LZ. 25, 495[a].

[1a] § 138.

[2] Durch die Zustimmung werden die Gläubiger aber nicht gehindert, nach der Einstellung den Antrag auf Eröffnung eines neuen Konkursverfahrens zu stellen, wenn der Gemeinschuldner unterdes wieder in Zahlungsunfähigkeit geraten ist. JW. 86, 55.

[3] Auch der bevorrechtigten (§ 61 Nr. 1—5). [4] § 144.

203. (189.) Der Antrag ist öffentlich bekannt zu machen[1] und mit den zustimmenden Erklärungen auf der Gerichtsschreiberei zur Einsicht der Konkursgläubiger niederzulegen. Die Konkursgläubiger[2] können binnen einer mit der öffentlichen Bekanntmachung beginnenden Frist von einer Woche[3] Widerspruch gegen den Antrag erheben. Im Falle des § 202 Abs. 1 steht der Widerspruch jedem Gläubiger zu, welcher bis zum Ablaufe der Frist eine Forderung angemeldet hat.

Das Gericht beschließt über die Einstellung nach Anhörung[4] des Gemeinschuldners und des Verwalters. Im Falle eines Widerspruchs ist auch der widersprechende Gläubiger zu hören[5].

[1] § 76. — **Beschwerde gegen die Anordnung der öffentlichen Bekanntmachung** des Antrags ist **unstatthaft.** Der Gläubiger

kann nur nach der Veröffentlichung gemäß Satz 2 Widerspruch erheben. Gr. 42, 1130 (JW. 98, 359[24]).

[2] **Massegläubiger** (§ 59) sind bei der Verhandlung über die Einstellung des Verfahrens **nicht beteiligt**. Gr. 42, 1131 (JW. 98, 352[24]). — Ist ein Konkursgläubiger mit seiner angemeldeten Forderung völlig befriedigt worden, so ist er als Konkursgläubiger ausgeschieden, so daß ihm ein Widerspruchsrecht nicht zusteht. Das gilt auch dann, wenn er nach vorbehaltloser Annahme der Zahlung den Widerspruch darauf gründen will, daß die Zahlung, weil sie in Papiermark erfolgt sei, wertlos gewesen sei. LZ. 25, 53[4].

[3] **Frist von einer Woche** nach bewirkter Bekanntmachung: § 76 Abs 1. Berechnung: § 222 ZPO., §§ 187, 188 BGB. — In Konsularsachen beträgt die Frist in der Regel einen Monat, ausnahmsweise zwei Monate. § 47 Abs. 4 RGes. über die Konsulargerichtsbarkeit v. 7. 4. 00 (RGBl. 213).

[4] Die **Anhörung** hat erst nach der öffentlichen Bekanntmachung zu erfolgen. Gr. 42, 1130 (JW. 98, 359[24]).

[5] Wird der **Antrag des Gemeinschuldners zurückgewiesen**, so steht ihm gegen den ihm zuzustellenden Beschluß, erfolgt die Einstellung des Verfahrens, so steht gegen den nach § 205 Abs. 2 öffentlich bekannt zu machenden Beschluß jedem zustimmungsberechtigten Konkursgläubiger gemäß § 73 Abs. 3 die sofortige **Beschwerde** zu.

204. (190.) Das Gericht kann das Konkursverfahren einstellen, sobald sich ergibt, daß eine den Kosten des Verfahrens entsprechende Konkursmasse nicht vorhanden ist[1]. Die Einstellung unterbleibt, wenn ein zur Deckung der im § 58 Nr. 1, 2 bezeichneten Massekosten ausreichender Geldbetrag vorgeschossen wird[2].

Vor der Einstellung soll die Gläubigerversammlung gehört werden[3].

[1] § 107 Satz 1. — Dieser Fall kann auch dadurch eintreten, daß das Gericht dem Verwalter zu früh seine Gebühren angewiesen hat und nun für einen sich verspätet melden-

den Massegläubiger nichts mehr da ist. OLG. 42, 76 Anm. Wegen vorheriger Befriedigung der Massegläubiger vgl. Anm. 2 § 205.

[2] Zusatz der Nov. entsprechend der neuen Vorschrift des Satzes 2 Abs. 1 § 107.

[3] Durch diesen Zusatz der Nov. soll den Gläubigern Gelegenheit gegeben werden, durch Nachweis von Massegegenständen oder durch Vorschußleistung die Einstellung des Verfahrens abzuwenden. Begr. 37.

205. (191.) **Der Einstellungsbeschluß und der Grund der Einstellung sind öffentlich bekannt zu machen[1].**

Die Vorschriften der §§ 111 Abs. 2[1a], 112, 113, 191[2] finden entsprechende Anwendung.

[1] § 76. — Die Zustellung durch öffentliche Bekanntmachung wirkt (z. B. hinsichtlich des Wiederbeginns des Laufs von Fristen nach Unterbrechung eines Rechtsstreits infolge der Konkurseröffnung gemäß §§ 240, 249 Abs. 1 ZPO.) bezüglich aller Beteiligten als eine einheitliche, auch bezüglich des Gemeinschuldners, selbst wenn diesem der Beschluß noch besonders zugestellt worden ist. JW. 89, 139[7].

1a Auszugsweise Einrückung in den Deutschen Reichsanzeiger. — § 3 VO. v. 14. 2. 24, wonach eine Bekanntmachung der Einstellung durch den Reichsanzeiger nicht stattfinden sollte, ist durch VO. v. 20. 6. 25 (RGBl. I 88) wieder aufgehoben.

[2] § 191 ist von der Nov. hier ebenso wie im § 116 hinzugefügt. Danach sind die Masseansprüche auch nach Einstellung des Verfahrens noch vom Konkursverwalter zu befriedigen. Nach JW. 16, 1493[7], OLG. 35, 265 ist die Einstellung des Verfahrens sogar erst zu verfügen, nachdem die Massegläubiger befriedigt sind und der Verwalter dies dem Konkursgericht nachgewiesen hat.

206. (192.) **Der Gemeinschuldner erhält das Recht zurück, über die Konkursmasse frei zu verfügen[1].**

Die Vorschriften des § 164 finden entsprechende Anwendung[2].

[1] Vgl. Anm. 1 § 192, Anm. 2 § 166 (**Übergang der Verfügungsbefugnis** auf den Gemeinschuldner). — Der **Konkursbeschlag** wird nach § 205, § 111 Abs. 2, § 76 Abs. 1 **beseitigt** mit dem Vollzuge der öffentlichen Bekanntmachung des Einstellungsbeschlusses, also mit Ablauf des zweiten Tages nach Ausgabe des die erste Einrückung des Beschlusses enthaltenden Gerichtsblatts, nicht schon mit der Abfassung des Beschlusses und nicht erst mit seiner Rechtskraft. OLG. 19, 202 (a. M. in ersterer Hinsicht bezüglich Wiedererlangung der Verfügungsbefugnis seitens des Gemeinschuldners OLG. 21, 180).

[2] Die Feststellung in der Tabelle bildet, wenn die Forderung vom Gemeinschuldner nicht bestritten ist, einen vollstreckbaren Titel gegen diesen.

Achter Titel.

Besondere Bestimmungen*.

* Im 8. Titel ist u. a. bestimmt, daß für eine Reihe von juristischen Personen und Vermögensmassen neben der Zahlungsunfähigkeit auch **die Überschuldung Konkursgrund** sein soll. Dies ist der Fall bei der Aktiengesellschaft (§ 207), der Kommanditgesellschaft auf Aktien (§ 209), anderen juristischen Personen und nicht rechtsfähigen Vereinen (§ 213), ebenso bei der Gesellschaft m. b. H. und der eingetragenen Genossenschaft. Die Überschuldung ist alleiniger Konkursgrund beim Nachlaß (§ 215) und beim Gesamtgut der fortgesetzten Gütergemeinschaft (§ 236). Für alle diese Fälle ist die folgende durch RGes. v. 24. 12. 22 (RGBl. 23 S. 21) ergänzte VO. ergangen, die von der Reichsregierung auf Grund des § 1 ÜbergangswirtschaftsGes. v. 17. 4. 19 (RGBl. 394) mit Zustimmung des Reichsrats und des Ausschusses für Volkswirtschaft der Nationalversammlung erlassen ist:

Verordnung über die zeitweilige Befreiung von der Verpflichtung zur Konkursanmeldung bei Überschuldung.

Vom 28. April 1920.

(RGBl. 1920 Nr. 91 S. 696.)

In Kraft getreten am 30. April 1920.

Abgeändert durch das Gesetz zur Abänderung der Verordnung über die zeitweilige Befreiung von der Verpflichtung zur Konkursanmeldung bei Überschuldung, vom 24. Dezember 1922 (RGBl. 1923 I 21). In Kraft vom 5. Januar 1923.

§ 1. Beruht die Überschuldung einer Aktiengesellschaft, einer Kommanditgesellschaft auf Aktien, einer Gesellschaft mit beschränkter Haftung, einer eingetragenen Genossenschaft oder einer anderen juristischen Person[1], eines Nachlasses oder des Gesamtgutes einer fortgesetzten Gütergemeinschaft darauf, daß sich infolge Veränderung des Umrechnungskurses der in Reichsmark ausgedrückte Wert einer auf ausländische Währung lautenden Schuld gegenüber dem Werte bei Eingehung der Verbindlichkeit erhöht hat, so finden folgende Vorschriften, soweit sie die Verpflichtung, bei Überschuldung die Eröffnung des Konkursverfahrens zu beantragen, sowie das Verbot von Zahlungen nach Eintritt der Überschuldung betreffen, bis auf weiteres keine Anwendung[2]:

1. die Vorschriften des § 240 Abs. 2, des § 241 Abs. 3, 4 des § 249 Abs. 3, des § 298 Abs. 2, des § 315, des § 325 Nr. 8 des Handelsgesetzbuchs;
2. die Vorschriften der §§ 64, 71, 84 des Gesetzes, betreffend die Gesellschaften mit beschränkter Haftung;

3. die Vorschriften der §§ 99, 118, 140, 142, 148 des Gesetzes, betreffend die Erwerbs- und Wirtschaftsgenossenschaften;
4. die Vorschriften des § 42 Abs. 2, der §§ 48, 53, 86, 88, des § 89 Abs. 2, des § 1489 Abs. 2, des § 1980 und des § 1985 Abs. 2 des Bürgerlichen Gesetzbuchs[3].

Dasselbe gilt, wenn die Überschuldung der im Absatz 1 bezeichneten juristischen Personen oder Vermögensmassen darauf beruht, daß der Schuldner sich zur Zahlung in Gold verpflichtet hat[4].

Die Vorschriften der Absätze 1 und 2 finden auch dann Anwendung, wenn die auf ausländische Währung oder auf Zahlung in Gold lautende Schuld in eine Markschuld ohne Goldklausel umgewandelt oder durch eine solche Markschuld abgelöst worden ist[5].

[1] In § 213 sind neben den juristischen Personen auch die **nicht rechtsfähigen Vereine** genannt. Auch sie haben deshalb bei Überschuldung Konkurs anzumelden. Es ist offensichtlich vergessen worden, sie hier mit aufzuzählen; denn es fehlt jeder Anhalt und Grund dafür, diesen Vereinen die Wohltaten der VO. nicht zu gewähren. Die VO. muß deshalb im Wege der Analogie auch auf solche Vereine erstreckt werden.

[2] Es wird nur dem Vorstand, Liquidator, Aufsichtsrat usw. die **Verpflichtung** zur Konkursanmeldung abgenommen, um eine anderweite Regelung der Verbindlichkeit in den Fällen zu ermöglichen, in denen der Gläubiger zum Entgegenkommen bereit ist. Weder werden die Bilanzvorschriften geändert noch wird durch die VO. ein Moratorium gewährt. Die Überschuldung bleibt also bestehen und jeder Gläubiger wie die Schuldnerin hat weiterhin das **Recht** zu jederzeitiger Konkursanmeldung (Begr. in Drucks. d. Nat.Vers. Bd. 343 Nr. 2957 S. 3349).

[3] Es handelt sich bei allen diesen Gesetzesbestimmungen um die Folgen, die die unterlassene Konkursanmeldung für den

sonst zur Anmeldung Verpflichteten hat. **Nur** diese Folgen sind durch die VO. ausgeräumt. Die Anmeldung selbst bleibt zulässig; vgl. Anm. 2.

[4] Zus. d. Ges. vom 24. 12. 22 (RGBl. 1923 I 21). Die vor dem 31. 7. 14 vereinbarten Goldklauseln sind durch die VO. vom 28. 9. 14 (RGBl. 417) für unwirksam erklärt. Spätere Vereinbarungen dieser Art sind gültig geblieben. Der nicht vorhersehbare Valutasturz hat mit sich gebracht, daß solche Goldklauseln jetzt dieselbe Wirkung haben wie Zahlungsverpflichtungen in ausländischer Währung. Aus Bedürfnissen der Praxis heraus ist deshalb Abs. 1 auf diese Fälle ausgedehnt worden (Begr. i. RT. I 1920/22 Druckf. Nr. 5394).

[5] Zus. d. Nov. (Anm. 4). Wird eine Auslands- oder Goldschuld durch Entgegenkommen des Gläubigers in eine einfache Markschuld umgewandelt, so wird in vielen Fällen die Abstandssumme bilanzmäßig nicht völlig durch die Aktiven gedeckt. Für diese Abstandssumme aber, die nicht mehr auf Auslandswährung oder Gold lautet, würden Abs. 1, 2 bei wörtlicher Auslegung nicht mehr gelten. Deshalb ist Abs. 3 zugefügt, um Zweifel zu beheben. Die Ablösung durch Markschuld kann auch im Wege der Kreditaufnahme bei einem anderen Geldgeber erfolgen (Begr., s. Anm. 4).

§ 2. Diese Verordnung tritt mit dem Tage der Verkündung in Kraft[1]. Der Reichsminister der Justiz bestimmt, wann sie wieder außer Kraft tritt.

[1] Also am 30. 4. 20. Das RGes. v. 24. 12. 22, welches § 1 Abs. 2, 3 zufügte, ist nach seinem § 2 ebenfalls mit der Verkündung, also am 5. 1. 23, in Kraft getreten.

I. Handelsgesellschaften und Genossenschaften.

Vgl. auch § 6 EG.KO. (bayerische registrierte Gesellschaften), oben I.

1. Aktiengesellschaft.*

* Ebenso **Gesellschaften m. b. H.:** §§ 63, 64 RGes. v. 20. 4. 92 i. d. Fass. v. 20. 5. 98 (RGBl. 846). Wegen der Überschuldung durch Valuta- und Goldschulden vgl. die VO. v.

28. 4. 20 oben). Über die Berechtigung des Konkursverwalters zur Fortführung der Geschäfte der Gesellschaft sowie zur Einziehung rückständiger Einlagen, soweit er ihrer zur Tilgung der Gesellschaftsschulden bedarf, vgl. Gr. 43, 1189 (JW. 99, 306[1]), OLG. 19, 231. Die zur Zeit der Konkurseröffnung vorhandenen Organe der Gesellschaft bleiben neben dem Konkursverwalter bestehen; ihre Aufgaben sind nur insoweit zurückgedrängt, als die Aufgabe des Konkursverwalters reicht. Sie haben diejenigen Befugnisse auszuüben und Pflichten zu erfüllen, die im Konkurse dem Gemeinschuldner zustehen und obliegen (vgl. §§ 100, 109, 144 Abs. 2, §§ 173, 189 Abs. 1), und ferner die Aufgaben, die nicht unmittelbar mit der Verwaltung und der Verfügung über die Konkursmasse verknüpft sind, wie Führung der inneren Geschäfte der Gesellschaft (z. B. Einberufung und Leitung der Gesellschafterversammlung, Mitteilungen an das Registergericht über Änderungen der Geschäftsführer oder Liquidatoren), Vertretung der Gesellschaft in Prozessen wegen Bestehens oder Nichtbestehens der Mitgliedschaft. RJA. 15, 35 (KGJ. 48, 135). Der Konkursverwalter ist zwar nach § 22 berechtigt, den Geschäftsführern und Liquidatoren zu kündigen, nicht aber, sie aus den gesamten Rechtsbeziehungen zu der Gesellschaft zu entlassen, dies steht vielmehr der Gesellschafterversammlung zu, der gegenüber sie auch, wenn sie ihrerseits die Rechtsbeziehungen im vollen Umfange lösen wollen, eine entsprechende Erklärung abgeben müssen. RJA. 15, 35 (KGJ. 48, 136). Vgl. auch Anm. 2 § 208. — Ferner **Innungsverbände:** § 104 l GewO. i. d. Fass. v. 26. 7. 00 (Schließung infolge der Konkurseröffnung; der Vorstand hat die dem Gemeinschuldner zustehenden Rechte).

207. (193.) I. Über das Vermögen einer Aktiengesellschaft[1] findet das Konkursverfahren[2] außer dem Falle der Zahlungsunfähigkeit in dem Falle der Überschuldung[3] statt[4].

Nach Auflösung einer Aktiengesellschaft ist die Eröffnung des Verfahrens solange zulässig, als die Verteilung des Vermögens[5] nicht vollzogen ist.

[1] § 178 HGB. — Die Konkurseröffnung ergreift nach § 1 auch bei der Aktiengesellschaft das gesamte der Zwangsvollstreckung unterworfene und der Aktiengesellschaft zur Zeit der Eröffnung des Verfahrens gehörende Vermögen. JFG. 2, 216. **Gemeinschuldner** ist die **Aktiengesellschaft als solche.** Die einem Gemeinschuldner während des Konkurses zustehenden Befugnisse und obliegenden Verpflichtungen werden von den verfassungsmäßigen Organen der Aktiengesellschaft, also von dem Vorstand oder, wenn der Konkurs während der Liquidation eröffnet ist, von den Liquidatoren wahrgenommen. Mot. 443, 445, RG. 14, 418, 76, 244, JW. 96, 373[21], 697[29], 99, 305[15], auch RG. 50, 130, 63, 213, RJA. 13, 236, 241, (KGJ. 47, 251), JFG. 2, 216, u. Anm. 4. Im Falle der **liquidationslosen Verschmelzung von Aktiengesellschaften** gemäß § 306 HGB. ist, auch wenn neben dem Konkurs über das Vermögen der übernehmenden Gesellschaft noch Sonderkonkurs über das Vermögen der übernommenen Gesellschaft eröffnet ist (vgl. über die Zulässigkeit des Sonderkonkurses Anm 1 § 1), die übernehmende Gesellschaft die Gemeinschuldnerin sowohl hinsichtlich ihres ursprünglichen als auch hinsichtlich des auf sie übergegangenen Vermögens (z. B. auch bezüglich der Frage der Anfechtbarkeit von Rechtshandlungen, wodurch die übernehmende Gesellschaft vor der Konkurseröffnung über Vermögensstücke der übernommenen Gesellschaft verfügt hat). RG. 84, 251. — Die **Firma** der Aktiengesellschaft erlischt nicht während der Dauer des Konkurses und auch nicht im Falle der Beendigung durch Zwangsvergleich oder Einstellung nach §§ 202, 203, sondern nur, wenn der Konkurs durch Ausschüttung der Masse beendigt und die gemäß § 163 beschlossene Aufhebung des Konkurses in das Handelsregister eingetragen wird. KGJ. 34, B 12, 39, A 137.

[2] Bei dem Gerichte des Orts, an dem die Gesellschaft ihren Sitz oder eine Niederlassung hat: § 71 KO., § 17 ZPO.

[3] §§ 240, 260, 261, 262, 265, 315, 319 HGB. — Wegen der Überschuldung durch Valuta- und Goldschulden vgl. die VO. v. 28. 4. 20 (oben vor § 207).

[4] Durch die Konkurseröffnung wird zwar gemäß § 292 HGB. die Aktiengesellschaft **nach** ihrer **produktiven Seite aufgelöst,** jedoch gilt sie **im übrigen noch** so lange **als fort-**

bestehend, bis der durch das Konkursverfahren bestimmte Zweck erreicht ist. RG. 79, 175, 81, 336, JW. 96, 373[21], 697[29], RJA. 13, 236 (KGJ. 47, 251). Deshalb bleiben auch ihre **Organe** (Vorstand, Aufsichtsrat, Generalversammlung) in weiterer Tätigkeit; nur wird diese auf solche Handlungen beschränkt, welche die Konkursordnung dem Gemeinschuldner noch übrig läßt (z. B. §§ 100, 109, 125, 135, 141 Abs. 2, § 144 Abs. 2, § 173). JW. 96, 373[21], 697[29], RG. 81, 336, JFG. 2, 216, 3, 310, auch RG. 76, 244. Vgl. auch über die Befugnisse und Pflichten der Organe einer im Konkurs befindlichen Gesellschaft m. b. H. Vorbem. vor § 207. Der Aufsichtsrat hat z. B. das Recht und die Pflicht, eine Generalversammlung zusammenzurufen, wenn dies im Interesse der Gesellschaft (wie etwa zum Abschluß eines Zwangsvergleichs, zur Beschlußfassung über Einstellung des Verfahrens) erforderlich ist (§ 246 HGB.), RG. 81, 337, oder wenn der bisherige Vorstand entlassen und ein neuer Vorstand gewählt werden soll, JFG. 2, 216. Handelt es sich bei einem zur Zeit der Konkurseröffnung bereits anhängigen Rechtsstreit lediglich darum, ob die klagenden Aktionäre beanspruchen können, mit ihren Aktien als Mitglieder der Gesellschaft zu gelten oder ob diese Aktien aus dem Grundkapital der Gesellschaft ganz ausgeschieden sind, so findet, da dieser Rechtsstreit nicht ein zur Konkursmasse gehöriges Vermögen betrifft, sondern nur für die Verteilung des nach Beendigung des Konkurses etwa übrig bleibenden Vermögens der Gesellschaft von Bedeutung ist, eine Unterbrechung des Verfahrens durch die Konkurseröffnung nicht statt, vielmehr wird der Rechtsstreit von der Gesellschaft durch ihre bisherigen gesetzlichen Vertreter weitergeführt. JW. 96, 373[21]. Ferner ist eine Klage gemäß §§ 271, 272 HGB. auf Anfechtung gesetz- oder statutenwidriger Generalversammlungsbeschlüsse (z. B. über Herabsetzung oder Erhöhung des Grundkapitals, Absetzung des bisherigen Aufsichtsrats, Entlastung der Mitglieder des bisherigen Aufsichtsrats), die vor der Konkurseröffnung gefaßt worden sind, gegen den Vorstand und den Aufsichtsrat der Gesellschaft, nicht gegen den Konkursverwalter zu richten. RG. 76, 244, auch 81, 337. — Der **Verwalter** hat die Aufgabe, das **Massevermögen zu verwalten und zu verwerten** (§§ 6, 117). In dieser Aufgabe finden seine

Rechtshandlungen ihre gesetzliche Schranke. Handlungen, die diesem Zwecke des Konkurses ihrer Natur nach widerstreiten, liegen außerhalb seines Machtbereichs und sind rechtlich unwirksam. RG. 53, 193, 57, 199, 76, 249, 81, 337, Gr. 57, 1032, auch Anm. 6 § 6. Über die Rechtsstellung, die in dieser Hinsicht der Verwalter im Konkurse über das Vermögen einer Aktiengesellschaft, die eine andere Aktiengesellschaft im Wege der Verschmelzung ohne Liquidation aufgenommen hat (§ 306 HGB.), und der Verwalter im Sonderkonkurse über das Vermögen der aufgenommenen Gesellschaft (z. B. bezüglich der Vereinbarung mit einem Gläubiger der einen Gesellschaft über Aufrechnung einer Gegenforderung der anderen Gesellschaft) einnehmen, vgl. Gr. 57, 1032, auch Anm. 6 § 6 u. unten. Handelt es sich aber um **zur Konkursmasse gehöriges Vermögen**, so steht gemäß § 6 allein dem **Konkursverwalter** das **Verwaltungs- und Verfügungsrecht** zu, RG. 45, 155, 63, 212; an etwaige Gebote von Generalversammlungsbeschlüssen oder des Aufsichtsrats in dieser Hinsicht ist er nicht gebunden, RG. 76, 248, 81, 338, JW. 96, 697[29]. Daher ist nur er zur Erhebung einer Klage gegen Aktionäre auf Einzahlung des noch rückständigen Nominalbetrages ihrer Aktien befugt, RG. 45, 155, JW. 96, 189[10], auch RG. 79, 175 (Einforderung jedoch insoweit nicht, als die Schulden der Gesellschaft auch ohne die Einlagen gedeckt werden, da insoweit die Einzahlung nicht durch den Zweck der Abwickelung geboten ist), JW. 02, 423[26], OLG. 6, 502; ebenso zur Geltendmachung von Ansprüchen der Gesellschaft gegen die Gründer gemäß §§ 202 bis 204 HGB., JW. 96, 697[29], 97, 384[3], sowie von Ansprüchen gegen die Mitglieder des Vorstandes oder des Aufsichtsrats: auf Erstattung rechtswidrig gezahlter Dividenden, JW. 00, 661[13], oder wegen sonstiger Verletzung von Dienstobliegenheiten (§§ 241, 249 HGB.), RG. 63, 212, 76, 249, auch OLG. 28, 355. Über diese Ansprüche kann der Verwalter auch sonst verfügen, z. B. Vergleiche schließen, ohne daß die Gültigkeit der Verfügung von der Einholung eines Beschlusses der Generalversammlung abhängt. RG. 63, 213, JW. 96, 697[29], 97, 384[3], auch RG. 76, 248. Im Falle der liquidationslosen Verschmelzung zweier Aktiengesellschaften (s. oben) ist, wenn vor Ablauf des Sperrjahres (§ 306 Abs. 5 HGB.) Konkurs über das Vermögen der übernehmenden Gesellschaft und zugleich Sonderkonkurs über das bisherige Vermögen der aufgenommenen Gesellschaft (über die Zulässigkeit des Sonderkonkurses vgl. Anm. 1 § 1) eröffnet ist, der Verwalter im Sonderkonkurse berechtigt, gegen den Verwalter im Hauptkonkurse auf Aussonderung von Vermögensstücken, die zum Vermögen der aufgenommenen Gesellschaft gehört haben, zu klagen. W. 15, 27. — Hat der Vorstand vor der Konkurseröffnung einen Vertrag über Ankauf eines Grundstücks geschlossen, der nach § 207 HGB. zur vollen Wirksamkeit der Genehmigung der Generalversammlung bedurfte, so müssen die Generalversammlung und der Verwalter in ihrem Willen übereinstimmen, um den endgültigen Erwerb des Grundstücks für die Konkursmasse herbeizuführen, da einerseits die Genehmigung der Generalversammlung nicht durch die des Verwalters ersetzt wird, anderseits die Anwartschaft auf den Erwerb des Grundstücks zur Konkursmasse gehört und daher in das Verwaltungsgebiet des Verwalters fällt. OLG. 44, 209, auch JFG. 2, 217, 3, 310. — Darüber, daß der Aufsichtsrat für seine Tätigkeit nach der Konkurseröffnung die ihm sonst zustehende Vergütung nicht beanspruchen kann, vgl. Anm. 1 § 27.

[6] §§ 294, 295, 299, 300 HGB.

208. (194.) Zu dem Antrage auf Eröffnung des Verfahrens ist außer den Konkursgläubigern jedes Mitglied des Vorstandes und jeder Liquidator[1] berechtigt[2].

Wird der Antrag nicht von allen Mitgliedern des Vorstandes oder allen Liquidatoren gestellt, so ist derselbe zuzulassen[3], wenn die Zahlungsunfähigkeit oder Überschuldung glaubhaft[4] gemacht wird. Das Gericht hat die übrigen Mitglieder oder Liquidatoren nach Maßgabe des § 105 Abs. 2, 3 zu hören[5].

[1] §§ 231, 294 HGB. — Der **Generalversammlung** und dem **Aufsichtsrat** steht ein Antragsrecht nicht zu. RG. 36, 30.

[2] Ihre **Verpflichtung hierzu** bestimmt sich nach §§ 240, 298 Abs. 2 HGB. Vgl. auch § 315 Abs. 1 Nr. 2 HGB. Über

Schadensersatzpflicht der **Vorstandsmitglieder** oder der **Liquidatoren**, die trotz Kenntnis der Zahlungsunfähigkeit oder der Überschuldung die Konkursanmeldung unterlassen haben, gegenüber der Konkursmasse, nicht auch gegenüber dritten, außerhalb der Gesellschaft stehenden Personen, vgl. RG. 72, 285, 73, 30, 36, 80, 104. Über die Schadenshaftung und die Strafbarkeit der Geschäftsführer einer Gesellschaft m. b. H., die trotz der aus der Bilanz zu entnehmenden Überschuldung nicht die Konkurseröffnung beantragt haben, nach § 64 GmbHG. v. 20. 5. 98 vgl. RG. 80, 104, RG. 44, 48.

[3] Entsprechend wie Anm. 1 § 105. — Gebühr des Gerichts für die Versagung der Zulassung: (½) § 41 GKG.

[4] § 294 ZPO.

[5] Soweit die **Gesellschaft** im Konkursverfahren **als Gemeinschuldnerin** zu **vertreten** ist, liegt die Vertretung dem bisherigen Vorstand oder den Liquidatoren ob. §§ 294, 295, 298 HGB., Mot. 443, Pr. 117, auch Anm. 1, 4 § 207.

2. Genossenschaft.*

* Die **früheren §§ 195—197 KO.**, enthaltend besondere Vorschriften bezüglich des Konkursverfahrens über das Vermögen einer eingetragenen Genossenschaft sind zufolge der §§ 153, 172 RGes., betr. die Erwerbs- und Wirtschaftsgenossenschaften, v. 1. 5. 89 (RGBl. 55) bereits seit dem 1. Oktober 1889 aufgehoben und durch die §§ 91—111, 116 bis 119, 122—124, 134, 135 des Ges. ersetzt worden. Diesen entsprechen jetzt gemäß der auf den Art. 10, 13 EG.HGB. v. 10. 5. 97 beruhenden neuen Fassung v. 20. 5. 98 (RGBl. 810) die §§ 98—118, 122—125, 128—130, 140, 141. Wegen der Überschuldung durch Valuta- und Goldschulden vgl. die VO. v. 28. 4. 20 (oben vor § 207). Vgl. auch Anm. 2, 6 § 3, Anm. 2 § 6 EG.KO. (oben I). Über die Heranziehung der Genossen seitens des Konkursverwalters zur vorschußweisen Deckung des bilanzmäßigen Fehlbetrages gemäß § 106 GenGes. vgl. RG. 69, 366, JW. 07, 370[10]. Über die Frage, ob im Falle des Konkurses einer e. Gen. m. b. H. die Genossen auch die nach der Konkurseröffnung fällig werdenden Einzahlungen auf den Geschäftsanteil zu leisten haben, vgl. RG. 73, 410. Über Aufnahme und Fortführung eines von einer e. Gen. m.

d. H. gegen Vorstands- und Aufsichtsratsmitglieder vor der Konkurseröffnung anhängig gemachten Schadensersatzprozesses durch den Konkursverwalter vgl. OLG. 28, 355, auch Anm. 4 § 207. — Keine Fortsetzung einer Genossenschaft nach Einstellung des Konkursverfahrens gemäß §§ 202, 203 KO. KGJ. 39, A 135. Unzulässigkeit der Eintragung von Beteiligungen auf weitere Geschäftsanteile einer Genossenschaft nach deren Auflösung durch Konkurseröffnung: RJA. 13, 115.

3. Offene Handelsgesellschaft, Kommanditgesellschaft, Kommanditgesellschaft auf Aktien.

209. (198.) Im Falle der Zahlungsunfähigkeit einer offenen Handelsgesellschaft[1], einer Kommanditgesellschaft[2] oder einer Kommanditgesellschaft auf Aktien[3] findet über das Gesellschaftsvermögen[4] ein selbständiges Konkursverfahren[5] statt[6]. Über das Vermögen einer Kommanditgesellschaft auf Aktien findet das Konkursverfahren auch im Falle der Überschuldung statt[7].

Die Vorschrift des § 207 Abs. 2 findet entsprechende Anwendung[8].

[1] § 105 HGB. [2] § 161 HGB. [3] § 320 HGB.

[4] Über das den Gesellschaftsgläubigern mithaftende **Privatvermögen** der Gesellschafter: §§ 128, 161 Abs. 2 HGB., Anm. 2 § 212. Es gehört nicht zur Konkursmasse. OLG. 32, 400. — Ist über das Vermögen einer als offene Handelsgesellschaft eingetragenen Firma, deren Inhaber tatsächlich ein Einzelkaufmann ist, der Konkurs eröffnet, so wirkt die Konkurseröffnung als eine solche über das Vermögen des Inhabers. OLG. 19, 230.

[5] **Als Gemeinschuldner** bei einem Konkursverfahren über eine offene Handelsgesellschaft oder eine Kommanditgesellschaft ist für die das Verhältnis des Gemeinschuldners zum Verfahren betreffenden Bestimmungen der KO. (z. B. auch hinsichtlich Beschwerdeführung über die Eröffnung des Konkursverfahrens: § 109) **jeder persönlich haftende Gesellschafter** an-

zusehen. RG. 74, 68, RG. 46, 78, JW. 95, 454[7], OLG. 21, 181, 35, 257, auch RJA. 12, 181 (OLG. 30, 82, KGJ. 43, 37) (wonach § 1647 BGB. über Endigung der Vermögensverwaltung des Vaters auch dann anzuwenden ist, wenn nur über das Vermögen der offenen Handelsgesellschaft, deren Teilhaber der Vater ist, nicht auch über das sonstige Vermögen des Vaters der Konkurs eröffnet ist). Daher können gegen Forderungen der Gesellschaft Ansprüche der Gesellschaftsgläubiger an die Gesellschafter aufgerechnet werden; ebenso gegen Forderungen des persönlich haftenden Gesellschafters Ansprüche an die Gesellschaft, wenn die beiderseitigen Forderungen sich schon vor der Konkurseröffnung über das Gesellschaftsvermögen als fällig gegenüberstanden. RG. 41, 25. Anderseits können Rechtshandlungen (z. B. Zahlungen) nach §§ 30, 31 vom Konkursverwalter nur angefochten werden, wenn sie von Gesellschaftern (nicht in eigenem Namen, sondern) im Namen und in Vertretung der Gesellschaft vorgenommen worden sind. OLG. 21, 181. Dazu gehören auch Rechtsgeschäfte, die die Gesellschafter als solche mit sich selbst als dritten Personen abgeschlossen haben, um das Gesellschaftsvermögen zu verbringen. OLG. 35, 257. — Weiter greifen im Falle des Konkurses einer offenen Handelsgesellschaft alle **Minderungen,** die nach Sondergesetzen (vgl. § 25) **an bürgerlichen** und **staatsbürgerlichen Rechten** gegenüber dem Gemeinschuldner eintreten, auch gegenüber den einzelnen Gesellschaftern Platz. RG. 46, 79. Z. B. sind die Gesellschafter während des Konkurses gemäß § 32 Nr. 3, § 84 Abs. 1 GVG. zum Geschworenenamte unfähig, auch wenn über ihr Privatvermögen der Konkurs nicht eröffnet ist. RG. 46, 77, s. Anm. 5 § 6. Hieran ändert es auch nichts, wenn der Konkurs erst nach Auflösung der Gesellschaft während der Liquidation eröffnet worden ist, da der Liquidator nur als Vertreter der Gesellschafter gilt. RG. 46, 80. — Durch die Konkurseröffnung wird zwar die **Gesellschaft** gemäß § 131 Nr. 3, § 161 Abs. 2 HGB. **aufgelöst,** aber nur **nach** ihrer **produktiven Seite. Im übrigen besteht sie fort.** JW. 92, 163[20], 99, 305[15], auch RG. 74, 63. Sie kann daher, wenn das Konkursverfahren, sei es durch Zwangsvergleich oder durch Einstellung des Verfahrens (§ 202) oder durch Aufhebung des Eröffnungsbeschlusses (§ 109), wieder aufgehoben wird, weiter fortgesetzt werden. Das Gesellschaftsvermögen bleibt dann den früheren Gläubigern verhaftet. JW. 92, 163[20]. Dies gilt selbst, wenn der Registerrichter irrtümlich nach Aufhebung des Konkurses die Löschung der Gesellschaft im Firmenregister veranlaßt hat. JW. 92, 163[20]. — **Während des Konkurses** aber steht dem **Konkursverwalter** gemäß § 6 das alleinige **Verwaltungs- und Verfügungsrecht über das Gesellschaftsvermögen** zu. Die Konkurseröffnung gilt als zwangsweise Liquidation, die durch den Konkursverwalter erfolgt. JW. 95, 127[9], 99, 305[15], OLG. 21, 181. — Daher ist der Verwalter allein zur Geltendmachung eines **Anspruchs gegen den Kommanditisten auf Grund** seiner **Einlageverpflichtung** berechtigt, auch wenn es sich um Ergänzung der Einlage wegen unzulässiger (§ 172 Abs. 3, 4 HGB.) Zurückzahlung oder Erlassung eines Teils handelt. RG. 1, 69, 37, 84, 46, 352, JW. 99, 305[15], vgl. auch § 171 Abs. 2 HGB. Durch Zahlung an einen Konkursgläubiger wird der Kommanditist von seiner Einlagepflicht nicht befreit. Auch kann er nicht mit demjenigen Betrage, den er an den Gläubiger geleistet hat, aufrechnen, RG. 37, 86, es sei denn, daß die Aufrechnung bereits vor der Konkurseröffnung durch Vertrag vollzogen ist, Gr. 26, 718, oder daß eine bereits vor der Konkurseröffnung begründete Verpflichtung zur Zahlung an den Gläubiger bestand, RG. 37, 86. Hat der Kommanditist vor der Konkurseröffnung für die Gesellschaft Bürgschaft übernommen, so kann er mit seiner Regreßforderung wegen Zahlungen, die er auf Grund der Bürgschaft nach der Konkurseröffnung geleistet hat, gegenüber dem Anspruch auf Zahlung der Einlage aufrechnen. RG. 37, 137, JW. 07, 275[39], Anm. 1 § 53. § 51 gilt für den Kommanditisten nicht. Wenn er sich hat Prokura erteilen und einen festen Lohn aussetzen lassen, so gewinnt er damit auch kein Vorzugsrecht aus § 61 Nr. 1 KO. OLG. 32, 369. — Der Kommanditist kann weder einen Anspruch auf Rückzahlung der von ihm geleisteten Kommanditeinlage noch einen Anspruch auf das Auseinandersetzungsguthaben, das ihm nach Auflösung der Gesellschaft zustehe, im Konkurse der Gesellschaft neben den Konkursforderungen der Gläubiger geltend machen, da die Einlage einen Teil der Konkursmasse bildet und ein Auseinandersetzungsguthaben erst nach Berichtigung sämtlicher Schulden in Frage kommen kann. OLG. 42, 77. — Der Verwalter in dem Konkurs über das Vermögen einer **Kommanditgesellschaft auf Aktien** ist auch zur Geltendmachung von Ersatzansprüchen gegen die Mitglieder des Aufsichtsrats (z. B. wegen gesetz- oder statutenwidriger Zahlung von Dividenden) berechtigt. JW. 00, 661[13], auch Anm. 4 § 207 a. E.

[6] Bei dem Gerichte des Orts, an dem die Gesellschaft ihren Sitz (vgl. § 106 Abs. 2 Nr. 2, § 161 Abs. 2 HGB.) oder eine Niederlassung hat: § 71 KO., § 17 ZPO.

[7] Durch diesen Zusatz der Nov. sind die Vorschriften der KO., soweit sie die **Kommanditgesellschaften auf Aktien** betreffen, mit den Vorschriften der § 240 Abs. 2, § 320 Abs. 3 HGB., die voraussetzen, daß bei der Kommanditgesellschaft auf Aktien ebenso wie bei der Aktiengesellschaft (§ 207 Abs. 1) das **Konkursverfahren auch im Falle der Überschuldung** stattfindet, in Übereinstimmung gebracht worden. Wegen Überschuldung durch Valuta- und Goldschulden vgl. die VO. v. 28. 4. 20 (oben vor § 207).

[8] Danach ist auch noch **nach Auflösung** der Gesellschaft die **Konkurseröffnung** zulässig, es sei denn, daß das Gesellschaftsvermögen unter die Gesellschafter völlig verteilt ist. — Der Verteilung steht die Übertragung an einen Dritten gleich. Das von dem Dritten erworbene Gesellschaftsvermögen kann, auch wenn der Erwerber selbst Gesellschafter ist, nicht zu einer Gesellschaftskonkursmasse gezogen werden, es sei denn, daß der Übertragungsvertrag mit Erfolg angefochten wird. JW. 97, 307[20].

210. (199.) Zu dem Antrage auf Eröffnung des Verfahrens ist außer den Konkursgläubigern jeder persönlich haftende Gesellschafter[1] und jeder Liquidator berechtigt[2].

Wird der Antrag nicht von allen persönlich haftenden Gesellschaftern oder allen Liquidatoren gestellt, so ist derselbe zuzulassen[3], wenn bei der offenen Handelsgesellschaft oder der Kommanditgesellschaft die

Zahlungsunfähigkeit, bei der Kommanditgesellschaft auf Aktien die Zahlungsunfähigkeit oder die Überschuldung[4] glaubhaft[5] gemacht wird. Das Gericht hat die übrigen persönlich haftenden Gesellschafter oder die Liquidatoren nach Maßgabe des § 105 Abs. 2, 3 zu hören[6].

[1] Anm. 2 § 211. — Ein aus einer offenen Handelsgesellschaft ausgeschiedener Gesellschafter ist nicht lediglich deshalb, weil er noch im Handelsregister als Gesellschafter eingetragen ist, zur Stellung des Antrags befugt, da § 15 HGB. auf dem Gebiete des Konkursrechts nicht Platz greift. RG. 93, 240.

[2] **Bei der Kommanditgesellschaft auf Aktien** sind die persönlich haftenden Gesellschafter gemäß § 325 Nr. 8 HGB. unter den Voraussetzungen des § 240 Abs. 2 HGB. hierzu **auch verpflichtet**. Vgl. Anm. 2 § 208.

[3] Entsprechend wie Anm. 1 § 105. — Gebühr des Gerichts für die Versagung der Zulassung wie Anm. 3 § 105.

[4] Die **Überschuldung** ist von der Nov. **bei der Kommanditgesellschaft auf Aktien** als Grund für die Konkurseröffnung neben der Zahlungsunfähigkeit in Übereinstimmung mit den Vorschriften der § 240 Abs. 2, § 325 Nr. 8 HGB. zugelassen. Vgl. Anm. 7 § 209.

[5] § 294 ZPO. Vgl. Anm. 1 § 102, RG. 41, 314.

[6] Anm. 5 § 208. — Hat das Amtsgericht die Anhörung eines persönlich haftenden Gesellschafters unterlassen, so ist auf sofortige Beschwerde desselben der Beschluß über Eröffnung des Konkurses aufzuheben. OLG. 10, 212.

211. (200.) Ein Zwangsvergleich kann nur auf Vorschlag aller persönlich haftenden Gesellschafter geschlossen werden[1].

Der Zwangsvergleich[2] begrenzt, soweit er nicht ein anderes festsetzt, zugleich den Umfang der persönlichen[3] Haftung der Gesellschafter[4].

[1] Die Zustimmung der Kommanditisten ist nicht erforderlich. **Mot. 448.**

[2] Die bisherige offene Handelsgesellschaft kann nach dem Zwangsvergleich und trotz ihrer Löschung im Handelsregister fortbestehen. §§ 138, 144 HGB., RG. 28, 132, auch Anm. 5 § 209.

[3] Von der Nov. an die Stelle von: „solidarischen Haftung der persönlich haftenden Gesellschafter mit ihrem sonstigen Vermögen" gesetzt mit Rücksicht auf die Sprachweise des BGB. und des neuen HGB. — Nicht der **dinglichen** Haftung. Hatte also ein Gesellschaftsgläubiger ein Pfandrecht an einem Gegenstande eines Gesellschafters erworben, so bleibt ihm die Befriedigung aus dem Pfande für seine volle Forderung. OLG. 32, 400. — Das spätere **Versprechen** des Gesellschafters, den durch den Zwangsvergleich auch ihm erlassenen Teil der Gesellschaftsschuld **nachzuzahlen,** erfordert **Schriftform** aus § 780 BGB. OLG. 32, 401 Anm.

[4] Setzt z. B. der Zwangsvergleich die Gewährung einer **Quote** der nicht bevorrechtigten Konkursforderungen gegen die Gesellschaft **in einem Prozentsatz** fest, **ohne** daß **über** den **Umfang** der **Haftung der** persönlich haftenden **Gesellschafter** eine besondere **Bestimmung** getroffen worden ist, so ermäßigt sich die Haftung der Gesellschafter für die **Hauptforderung** auf die Vergleichsquote und können die Gesellschafter auch wegen der etwaigen vertraglichen **Zinsen** nur hinsichtlich solcher von der herabgesetzten Hauptforderung in Anspruch genommen werden, sofern sich nicht etwa aus dem Zwangsvergleich sogar ergibt, daß die Verpflichtung zur Zinszahlung überhaupt gänzlich erlassen sein soll. RG. 92, 193. — Unter „Gesellschafter" im Abs. 2 sind nicht auch mitzuverstehen die **schon vor der Konkurseröffnung ausgeschiedenen.** RG. 29, 39, 56, 366. Auf diese findet § 193 Satz 2 Anwendung, wonach durch den Zwangsvergleich die Rechte der Gläubiger gegen Mitschuldner des Gemeinschuldners nicht berührt werden. RG. 56, 366, JW. 97, 210[21].

212. (201[1].) Im dem Konkursverfahren über das Privatvermögen eines persönlich haftenden Gesellschafters[2] können die Gesellschaftsgläubiger, wenn das Konkursverfahren über das Gesellschaftsvermögen eröffnet ist, Befriedigung nur wegen desjenigen Betrags suchen, für welchen sie in dem letzteren Verfahren keine Befriedigung erhalten[3].

Bei den Verteilungen[4] sind die Anteile auf den vollen Betrag der Gesellschaftsforderungen zurückzubehalten, bis der Ausfall bei dem Gesellschaftsvermögen feststeht[3].

Im übrigen finden auf die bezeichneten Forderungen die Vorschriften der §§ 64[5], 96 entsprechende Anwendung.

[1] **Der frühere**, den jetzigen Abs. 2 mit enthaltende **Abs. 1** lautete:

> Wenn Gesellschaftsgläubiger in einem über das Privatvermögen eines persönlich haftenden Gesellschafters eröffneten Konkursverfahren ihre Befriedigung wegen des Ausfalls suchen, welchen sie in dem Konkursverfahren über das Gesellschaftsvermögen erleiden, so sind bei den Verteilungen die Anteile auf den vollen Betrag der Gesellschaftsforderungen zurückzuhalten, bis der Ausfall bei dem Gesellschaftsvermögen feststeht.

Die Änderung durch die Nov. beruht darauf, daß, während nach Art. 122, 169 des alten HGB. die Gesellschaftsgläubiger aus dem Privatvermögen der persönlich haftenden Gesellschafter nur wegen des Ausfalls, den ihre Forderungen im Gesellschaftskonkurs erlitten, Befriedigung suchen konnten und sich durch den Gesellschaftskonkurs die prinzipale Haftung der Gesellschafter in eine subsidiäre auf den Ausfall verwandelte (vgl. RG. 41, 26), nach § 128 des neuen HGB. die Gesellschaftsgläubiger auch **während des Gesellschaftskonkurses** berechtigt sind, ihre Forderungen **gegen** jeden persönlich haftenden **Gesellschafter zum vollen Betrage** geltend zu machen; hiervon soll jedoch für den Fall **der gleichzeitigen Konkurseröffnung über das Privatvermögen** eines persönlich haftenden Gesellschafters eine **Ausnahme** gemacht werden und in diesem Falle es bei dem Grundsatze der Art. 122, 169 verbleiben. Begr. 38. — Diese Ausnahme trifft nicht zu, wenn zwar über das Privatvermögen eines Gesellschafters das Konkursverfahren eröffnet ist, aber über das Gesellschaftsvermögen nur eine Liquidation stattfindet. Der Gläubiger kann in einem solchen Falle nach § 68 die ganze Forderung gegenüber der Konkursmasse des Gesellschafters geltend machen und braucht sich das aus der Liquidationsmasse der Gesellschaft Empfangene nicht abziehen zu lassen. OLG. 15, 253.

[3] Auch wenn er aus der Gesellschaft ausgeschieden ist. RG. 35, 12. Vgl. aber Anm. 4 § 211. — Der Gesellschaftskonkurs zieht den **Konkurs über das Privatvermögen** der Gesellschafter nicht notwendig nach sich. Mot. 450, 451, RG. 11, 8, RG. 91, 13. — Nach § 142 Abs. 2 HGB. ist bei einer aus zwei Gesellschaftern bestehenden **offenen Handelsgesellschaft**, wenn über das Vermögen des einen der Konkurs eröffnet worden ist, der andere befugt, das Geschäft ohne Liquidation mit Aktiven und Passiven zu übernehmen. RG. 65, 379. Diese Vorschrift findet auch auf die vor dem 1. 1. 00 begründeten Gesellschaften Anwendung. RG. 65, 379. — Die Zahlungseinstellung der **Kommanditgesellschaft** ist (z. B. im Hinblick auf Anfechtung von Rechtsgeschäften nach § 30 Nr. 2) rechtlich getrennt zu halten von der Zahlungseinstellung des persönlich haftenden Gesellschafters. OLG. 15, 228.

[4] Ist über das Vermögen der Gesellschaft und auch über das Privatvermögen des persönlich haftenden Gesellschafters der Konkurs eröffnet, so bilden die beiden Konkursmassen voneinander gesondert bestehende Vermögensmassen. Die Gläubiger der Gesellschaft dürfen auf Grund des § 68 den ganzen Betrag, den sie zur Zeit der Eröffnung des Verfahrens zu fordern haben, an sich in jedem Verfahren bis zu ihrer vollen Befriedigung geltend machen (mit der aus § 212 Abs. 1, 2 sich ergebenden Maßgabe, daß erst, nachdem der Ausfall in dem Gesellschaftskonkurs feststeht, dieser Ausfall im Konkurse des Gesellschafters in Höhe der auf den vollen Betrag der angemeldeten und festgestellten Forderung entfallenen, bis dahin zurückbehaltenen Konkursdividende zur Auszahlung gelangt). RG. 91, 13. — Der **Schuldner des** persönlich haftenden **Gesellschafters** ist berechtigt, im Konkurse dieses mit einer Forderung

gegen die Gesellschaft und den Gesellschafter **aufzurechnen**, die er im Konkurse der Gesellschaft angemeldet hat. Die Aufrechnung ist dann in ihrer Wirkung so lange suspendiert, als nicht feststeht, daß die Forderung im Gesellschaftskonkurse nicht zur Befriedigung gelangt; die Erklärung der Aufrechnung aber hat nicht zur Voraussetzung, daß der Ausfall bereits eingetreten wäre. Gelangt die Forderung im Gesellschaftskonkurse zur Befriedigung, so kommt sie nunmehr im Privatkonkurse des Gesellschafters in Wegfall. Im anderen Falle tritt volle Wirksamkeit der Aufrechnung ein. RG. 56, 365. — Die **Feststellung der Forderung** im Gesellschaftskonkurse **wirkt auch im Privatkonkurse**, die Aberkennung im ersteren schließt auch die Geltendmachung im letzteren aus. Gegenüber der Feststellung im Gesellschaftskonkurse kann also im Privatkonkurse die Forderung nur wegen solcher Einreden bestritten werden, die dem Gesellschafter persönlich zustehen, nicht aber wegen solcher, die von seiten der Gesellschaft vorzubringen waren. RG. 3, 57, 5, 71, 7, 42, 13, 96, Gr. 37, 1157, JW. 93, 236[15], 94, 543[4], 95, 479[13], auch RG. 70, 323, 74, 63.

[4] Auch bei der Schlußverteilung. Mot. 452.

[5] Ist **für** eine **Gesellschaftsschuld** ein zum **Vermögen des persönlich haftenden Gesellschafters** gehöriger Gegenstand **verpfändet**, so findet die in § 64 angeordnete Beschränkung auf verhältnismäßige Befriedigung für den Ausfall **im Konkurse über das Vermögen der Gesellschaft** nicht statt, gleichviel ob auch über das Vermögen des Gesellschafters der Konkurs eröffnet ist oder nicht, und kann der Gesellschaftsgläubiger die ganze Forderung zum Gesellschaftskonkurse geltend machen, da § 64 nur dann Platz greift, wenn dem Gläubiger ein Recht auf abgesonderte Befriedigung an einem zur Konkursmasse gehörigen Vermögensstück zusteht. RG. 7, 88, 52, 170, 91, 13, OLG. 32, 400. — Es kann **auf** die **Geltendmachung** der Forderung **im Gesellschaftskonkurse verzichtet** werden. Pr. 190 bis 196. In diesem Falle ist der Gesellschaftsgläubiger berechtigt, in dem Privatkonkurse des persönlich haftenden Gesellschafters bei den Verteilungen sogleich Auszahlung der auf seine zum vollen Betrag angemeldete und festgestellte Forderung entfallenen Konkursdividende zu verlangen (vgl. Anm. 3 und für früheres Recht [s. Anm. 1] RG. 41, 28, JW. 93, 254[18]).

4. Juristische Personen und Vereine.

213[1]. Auf das Konkursverfahren über das Vermögen einer juristischen Person[2], sowie eines Vereins, der als solcher verklagt werden kann[3], finden die Vorschriften der §§ 207, 208 entsprechende Anwendung.

[1] Durch diese Vorschrift der Nov. sind die besonderen Bestimmungen, die nach den §§ 207, 208 für das Konkursverfahren über das Vermögen einer Aktiengesellschaft gelten, auch auf das Konkursverfahren über das Vermögen einer juristischen Person sowie eines nicht rechtsfähigen Vereins für anwendbar erklärt. Wegen der **Überschuldung** durch Valuta- und Goldschulden vgl. die VO. v. 28. 4. 20 (oben vor § 207). In ihr sind die nicht rechtsfähigen Vereine (Anm. 3) nicht genannt. Dies dürfte aber ein Redaktionsversehen sein.

[2] **Juristische Personen** des **bürgerlichen Rechtes:** eingetragene Vereine (zu idealen Zwecken), konzessionierte Vereine (zu wirtschaftlichen Zwecken), Stiftungen: §§ 21, 22, 80 BGB.; des **öffentlichen Rechtes:** Fiskus, Körperschaften, Stiftungen, Anstalten: § 89 BGB., jedoch Art. IV EG.KOÄndG. (oben II). Vgl. hinsichtlich Bayerns § 6 EG. u. Anm. 2 dazu (oben I).

[3] D. i. eines **nicht rechtsfähigen Vereins**, der aber als solcher verklagt werden kann: §§ 50, 735 ZPO., wobei vorausgesetzt wird, daß die Gesamtheit der Mitglieder durch einen Vereinsnamen zusammengefaßt ist, vgl. RG. 78, 102. Wiewohl Träger der Rechte und Verbindlichkeiten eines solchen Vereins seine Mitglieder sind, ist hier das Vereinsvermögen als gesondertes Zweckvermögen rechtlich anerkannt. RG. 85, 260.

II A. Nachlaß.

1. Im allgemeinen.

Zuständigkeit.

214. (202.) II. Für das Konkursverfahren über einen Nachlaß[1] ist das Amtsgericht ausschließlich zuständig, bei welchem der Erblasser zur Zeit seines Todes den allgemeinen Gerichtsstand[2] gehabt hat.

[1] Früher auch über den **Anteil eines Erben** möglich. Mot. 452. Vgl. jedoch jetzt § 235. — Bezüglich der Bildung der Masse gelten die **Rechtshandlungen des Erblassers als** die eines **Gemeinschuldners**, so insbesondere hinsichtlich der Anfechtung. **Nach Antritt der Erbschaft** aber ist Gemeinschuldner **der Erbe** oder, wenn ein **Nachlaßpfleger** bestellt ist (§§ 1960, 1961, 1975 BGB.), dieser. Vgl. RG. 18, 269, 25, 34, 37, 398, JW. 13, 752[24], W. 15, 27, OLG. 19, 137, 231, 21, 182. Der Nachlaßkonkursverwalter nimmt die zur Konkursmasse gehörigen Rechte für den Erben wahr. JW. 16, 1357[8]. Dieser bleibt der Gemeinschuldner im Nachlaßkonkurs, selbst wenn auch der Konkurs über sein eigenes Vermögen (§ 234) eröffnet wird. W. 15, 27. Über die Rechtsstellung der beiderseitigen Konkursverwalter in diesem Falle vgl. Anm. 1 § 234. — Haben die **Erben** vor Eröffnung des Nachlaßkonkurses **Ansprüche** für den Nachlaß durch ihr Verhalten (z. B. Ansprüche aus Unfallversicherung des Erblassers durch Nichterfüllung von Versicherungsbedingungen) **verwirkt**, so muß dies auch der Konkursverwalter in dem späteren Konkurse gegen sich gelten lassen. W. 11, 200. — **Streitigkeiten** zwischen dem Erben und dem Konkursverwalter **über den Umfang der Masse** (z. B. über Zugehörigkeit eines vom Erben fortgeführten Handelsgeschäfts, über die dem Erben gegen den Erblasser zustehenden Ansprüche) können im Klagewege ausgefochten werden. RG. 37, 398, W. 15, 27, OLG. 19, 231. Eine militärische Dienstprämie gehört nicht zur Masse. OLG. 32, 404. — Über Zulässigkeit der Klage eines Nachlaßgläubigers gegen den Erben als Gemeinschuldner vgl. Anm. 2 § 12.

[2] §§ 13—16, 27 ZPO.

Zulässigkeit.

215. (203.) Die Eröffnung des Verfahrens setzt die Überschuldung[1] des Nachlasses voraus.

[1] Die **Überschuldung** kann sich auch aus dem Bestehen von Verbindlichkeiten aus Pflichtteilsrechten, Vermächtnissen und Auflagen ergeben, die nach § 1967 Abs. 2 BGB. Nachlaßverbindlichkeiten sind. Gr. 52, 1084 (JW. 08, 487[21]). — Für den Beweis der Überschuldung bildet die **Zahlungseinstellung** (§ 102 Abs. 2) ein erhebliches Moment. Vgl. RG. 41, 309. — Ferner ist hinsichtlich der zeitlichen Voraussetzungen für die

Anfechtung auf Grund des § 30 auch hier der Zeitpunkt der Zahlungseinstellung maßgebend. Dabei macht es keinen Unterschied, ob die Handlungen, die sich als Zahlungseinstellung charakterisieren, oder die Verfügungen, die dem Rechte der Konkursgläubiger auf gleichmäßige Befriedigung widerstreiten, von dem Erblasser vorgenommen worden sind oder von dem Erben. RG. 25, 38. — Wegen der Überschuldung durch Valuta- und Goldschulden vgl. die VO. v. 28. 4. 20 (oben vor § 207).

216. (204.) Die Eröffnung des Verfahrens wird nicht dadurch gehindert, daß der Erbe die Erbschaft noch nicht angenommen hat[1], oder daß er für die Nachlaßverbindlichkeiten unbeschränkt haftet[2].

Bei dem Vorhandensein mehrerer Erben ist die Eröffnung des Verfahrens auch nach der Teilung des Nachlasses zulässig[3].

[1] Früher: „noch eine Überlegungsfrist hat." Die neue Fassung der Nov. beruht auf den Vorschriften der §§ 1943 ff., 1958 ff. BGB., wonach vor der Annahme der Erbschaft ein Nachlaßanspruch nicht gegen den Erben gerichtlich geltend gemacht werden kann und mit dem Ablaufe der **sechswöchigen Ausschlagungsfrist** die Erbschaft als angenommen gilt, wenn bis dahin die Ausschlagung nicht erfolgt ist.

[2] Früher konnte der Nachlaßkonkurs nur eröffnet werden, wenn der Erbe fehlte oder wenn er nur als Benefizialerbe haftete. Mot. 452. Jedoch war (nach preuß. Landrecht) der Nachlaßkonkurs dadurch nicht ausgeschlossen, daß einzelne der Miterben die Benefizialerbeneigenschaft verloren hatten. RG. 25, 36. Durch die Nov. ist die Eröffnung des Verfahrens **auch bei unbeschränkter Haftung des Erben** (§ 1994 Satz 2, § 2005 Abs. 2, vgl. auch §§ 1975, 2013 BGB.) allgemein für zulässig erklärt. Dadurch soll den Nachlaßgläubigern die Möglichkeit gesichert werden, im Verhältnisse zu den Gläubigern des Erben unter allen Umständen (s. §§ 1976, 1977 in Verbindung mit § 2013 BGB.) **abgesonderte Befriedigung aus dem Nachlasse** zu suchen. Begr. 39. Haftet der Erbe für die

Nachlaßverbindlichkeiten **nicht unbeschränkt** (§ 2013 BGB.), so ist er gemäß § 1981 BGB. auch berechtigt, die Anordnung der Nachlaßverwaltung zu beantragen, worauf der Nachlaßverwalter nach §§ 1985, 1980 BGB. die Nachlaßverbindlichkeiten aus dem Nachlasse zu berichtigen oder, wenn der Nachlaß zur Berichtigung aller Verbindlichkeiten nicht ausreicht, seinerseits den Nachlaßkonkurs zu beantragen hat. Ferner ist der nicht unbeschränkt haftende Erbe, wenn die **Überschuldung** des Nachlasses **auf Vermächtnissen und Auflagen beruht**, gemäß §§ 1990, 1991, 1992 BGB. berechtigt, die Befriedigung der andrängenden Nachlaßgläubiger insoweit zu verweigern, als der Nachlaß nicht ausreicht, jedoch in diesem Falle verpflichtet, den Nachlaß zum Zwecke der Befriedigung der Gläubiger im Wege der Zwangsvollstreckung herauszugeben. Dabei braucht er eine bestimmte Reihenfolge der Gläubiger nicht einzuhalten, mit Ausnahme der Berechtigten aus Pflichtteilsrechten, Vermächtnissen und Auflagen, deren Ansprüche der Erbe (JW. 08, 487[21]) nur so berichtigen darf, wie sie im Falle **des Konkurses** zur Berichtigung kommen würden (§ 1991 Abs. 4 BGB., § 226 KO.). Gr. 52, 1085.

[3] Durch diese Vorschrift soll mit Rücksicht auf die Regelung, welche die **Erbengemeinschaft** im BGB. (§§ 2032 ff., 2058 ff.) gefunden hat, zugunsten der Nachlaßgläubiger der Nachlaß auch dann noch als eine einheitliche Masse behandelt werden, wenn vor der Berichtigung der Nachlaßverbindlichkeiten die **Teilung bewirkt** ist. Begr. 39.

Antragsberechtigte.

217. (205.) Zu dem Antrag auf Eröffnung des Verfahrens ist jeder Erbe, der Nachlaßverwalter, sowie ein anderer Nachlaßpfleger, ein Testamentsvollstrecker, dem die Verwaltung des Nachlasses zusteht[1], und jeder Nachlaßgläubiger[2] berechtigt.

Wird der Antrag nicht von allen Erben gestellt, so ist er zuzulassen[3], wenn die Überschuldung glaubhaft[4] gemacht wird. Das Gericht hat die übrigen Erben[5], soweit tunlich[6], zu hören.

Steht die Verwaltung des Nachlasses einem Testamentsvollstrecker zu, so ist, wenn der Erbe die Eröffnung des Verfahrens beantragt, der Testamentsvollstrecker, wenn der Testamentsvollstrecker den Antrag stellt, der Erbe zu hören[7].

[1] Durch die Nov. sind an Stelle der „Nachlaßvertreter" die Personen genannt, die als solche Vertreter nach den §§ 1985 bis 1987, 1960 Abs. 2, §§ 1961, 2204 ff. BGB. in Betracht kommen. Begr. 39. Aus dieser Fassung ergibt sich, daß das Gesetz, wie in § 1975 BGB., § 780 Abs. 2 ZPO., unter der Bezeichnung Nachlaßpfleger den Nachlaßverwalter mitverstanden wissen will. W. 17, 27.

[2] Ausnahme: § 219.

[3] Entprechend wie Anm. 1 § 105. — Gebühr des Gerichts für die Versagung der Zulassung: (½) § 41 GKG.

[4] § 294 ZPO.

[5] Früher griff die Vorschrift des Abs. 2 auch dann Platz, wenn **mehrere Nachlaßvertreter** vorhanden waren und der Antrag nur von einem Teile derselben gestellt wurde. Durch die Nov. sind die Worte „oder Nachlaßvertreter" gestrichen, weil nach § 1915 in Verbindung mit §§ 1797, 2224 BGB. mehrere Nachlaßpfleger oder mehrere Testamentsvollstrecker in der Regel nur gemeinschaftlich handeln, also auch den Antrag auf Eröffnung des Nachlaßkonkurses nur gemeinschaftlich stellen können. Begr. 40.

[6] Die früher vorgeschriebene **Anhörung der übrigen Erben** „nach Maßgabe des § 105 (97) Abs. 2, 3" ist von der Nov. zur Vermeidung von Verzögerungen und Schwierigkeiten, namentlich bei dem Vorhandensein einer größeren Anzahl von Erben, dahin eingeschränkt, daß die übrigen Erben nur soweit tunlich gehört werden sollen. Begr. 40.

[7] Dadurch soll jeder der bezeichneten Beteiligten in die Lage versetzt werden, zu dem Antrage des anderen Stellung zu nehmen. Begr. 40.

218. **Ist eine Ehefrau die Erbin und gehört der Nachlaß zum eingebrachten Gute[1] oder zum Gesamt-**

gute[2], so kann sowohl die Ehefrau[3] als der Ehemann[4] die Eröffnung des Verfahrens beantragen, ohne daß die Zustimmung des anderen Teiles erforderlich ist. Das gleiche gilt, wenn der Nachlaß zum Gesamtgute gehört, auch nach Beendigung der Gemeinschaft[5].

Wird der Antrag nicht von beiden Ehegatten gestellt, so ist er zuzulassen[6], wenn die Überschuldung glaubhaft[7] gemacht wird. Das Gericht hat den anderen Ehegatten, wenn tunlich[8], zu hören.

[1] §§ 1363, 1369, 1521 BGB.

[2] §§ 1438, 1440, 1549 BGB.

[3] Entsprechend der Befugnis, die der Ehefrau durch § 1406 Nr. 1, § 1453 BGB. hinsichtlich der Annahme und Ausschlagung einer Erbschaft eingeräumt ist. Begr. 40.

[4] Mit Rücksicht auf die sich für den Ehemann bei dem gesetzlichen Güterstand und der Gütergemeinschaft aus den Verbindlichkeiten der Ehefrau ergebenden Verpflichtungen. Begr. 40.

[5] Im Hinblick darauf, daß die Haftung des Ehemannes für die Verbindlichkeiten der Ehefrau gemäß §§ 1459, 1530, 1549 BGB. auch nach der Beendigung der Gemeinschaft fortdauert. Begr. 40.

[6] Vgl. Anm. 2 § 217. [7] § 294 ZPO.

[8] Vgl. Anm. 5 § 217.

219. Ein Nachlaßgläubiger, der im Aufgebotsverfahren ausgeschlossen[1] ist oder nach § 1974 des Bürgerlichen Gesetzbuchs einem ausgeschlossenen Gläubiger gleichsteht[2], kann die Eröffnung des Verfahrens nur[3] beantragen, wenn über das Vermögen des Erben das Konkursverfahren eröffnet ist. Das gleiche gilt[4] von einem Vermächtnisnehmer[5], sowie von demjenigen, welcher berechtigt ist, die Vollziehung einer Auflage[6] zu fordern.

Ist eine Ehefrau die Erbin und gehört der Nachlaß zum Gesamtgute, so können die im Abs. 1 bezeichneten Gläubiger den Antrag nur stellen, wenn über das Vermögen des Ehemannes das Konkursverfahren eröffnet ist[7].

[1] §§ 1970, 1973 BGB., §§ 989 ff. ZPO.

[2] D. i. wenn er später als 5 Jahre nach dem Erbfalle seine Forderung dem Erben gegenüber geltend macht.

[3] Abweichung von § 217, weil einerseits nach den §§ 1973, 1974 BGB. der Erbe einem solchen Nachlaßgläubiger nur insoweit haftet, als nach der Befriedigung der nicht ausgeschlossenen Gläubiger ein Überschuß des Nachlasses verbleibt, anderseits der Erbe diesen Überschuß zum Zwecke der Befriedigung des Gläubigers nach den Vorschriften über die ungerechtfertigte Bereicherung (§§ 812—822 BGB.) herauszugeben hat; dem Gläubiger soll, wenn sein Anspruch hierauf durch die Vermögenslage des Erben gefährdet erscheint, gegenüber den persönlichen Gläubigern des Erben die abgesonderte Befriedigung aus dem Nachlasse dadurch gesichert werden, daß ihm für diesen Fall das Recht, die Eröffnung des Nachlaßkonkurses herbeizuführen, gewährt wird. Begr. 41.

[4] Weil diese Personen zwar nach § 1967 Abs. 2 BGB. zu den Nachlaßgläubigern gehören, sie aber nur, wenn der Erbe selbst in Konkurs geraten ist, ein begründetes Interesse daran haben, ihrerseits die ihnen Absonderung des Nachlasses gewährende Eröffnung des Nachlaßkonkurses zu beantragen, da sonst der Erbe entweder selbst die Nachlaßverwaltung oder den Nachlaßkonkurs beantragen oder ihre Befriedigung, soweit der Nachlaß reicht, nach Maßgabe des § 1992 BGB. herbeiführen muß. Begr. 41.

[5] § 1934 BGB.

[6] § 1940 BGB.

[7] Mit Rücksicht darauf, daß nach § 2 bei Eröffnung des Konkurses über das Vermögen des Ehemannes das Gesamtgut zur Konkursmasse gehört. Begr. 42.

220. **Die Eröffnung des Verfahrens kann von einem Nachlaßgläubiger nicht mehr beantragt werden,**

wenn seit der Annahme der Erbschaft zwei Jahre verstrichen sind[1].

[1] Entsprechend § 1981 Abs. 2 BGB., wonach die Nachlaßgläubiger nach 2 Jahren den Antrag auf Anordnung der Nachlaßverwaltung nicht mehr stellen können.

Absonderungsrechte.

221. Auf Grund einer nach dem Eintritte des Erbfalls[1] gegen den Nachlaß erfolgten Maßregel[2] der Zwangsvollstreckung oder der Arrestvollziehung kann abgesonderte Befriedigung nicht verlangt werden[3].

Eine nach dem Eintritte des Erbfalls im Wege der einstweiligen Verfügung erlangte Vormerkung ist unwirksam[4].

[1] Gleichviel, **ob** der Erbe nur **beschränkt** (§ 1975 BGB.) **oder** ob er **unbeschränkt** (§ 1994 Satz 2, § 2005 Abs. 1 BGB.) für die Nachlaßverbindlichkeiten haftet. KB. 46, 47. **Anders** wegen Aufhebung von Zwangsvollstreckungsmaßregeln, die zugunsten eines Nachlaßgläubigers in das nicht zum Nachlasse gehörende Vermögen des Erben, § 784 Abs. 1 ZPO., oder die zugunsten eines anderen Gläubigers als eines Nachlaßgläubigers in den nicht überschuldeten Nachlaß im Falle der Nachlaßverwaltung erfolgt sind, § 784 Abs. 2 ZPO.

[2] Ohne Unterschied, ob die Maßregeln für die **eigenen Gläubiger** des Erben **oder** ob sie für die **Nachlaßgläubiger** erfolgt sind. KB. 47.

[3] Nach den §§ 48, 49 Nr. 2 würde den betreffenden Gläubigern **auf Grund** der **Vollstreckungsmaßregeln** ein **Recht auf abgesonderte Befriedigung** aus dem Gegenstande zustehen. Durch die Vorschrift der Nov. ist aber dieses Recht für den Fall der Überschuldung des Nachlasses **beseitigt**; die übrigen Gläubiger sollen durch solche Maßregeln nicht benachteiligt werden und der Nachlaß soll lediglich zur Befriedigung der Nachlaßgläubiger, nicht auch der persönlichen Gläubiger des Erben dienen. Begr. 42, KB. 47. — Ein Absonderungsrecht besteht auch dann nicht, wenn eine zum Nachlasse gehörige

Forderung zwar **vor dem Erbfall** gemäß § 845 Abs. 1 ZPO. **vorgepfändet,** aber erst nach dem Erbfall (gemäß § 845 Abs. 2 ZPO. rechtzeitig) gerichtlich gepfändet worden ist, da die letztere zur Wirksamkeit der Vorpfändung erforderliche Pfändung eine nach dem Eintritte des Erbfalls gegen den Nachlaß erfolgte Maßregel im Sinne des Abs. 1 ist. Gr. 52, 147 (JW. 07, 207[14]).

[4] Abs. 2 ist eine Ausnahme von § 24 insofern, als auch eine vor der Konkurseröffnung eingetragene Vormerkung unwirksam ist, wenn sie im Wege der einstweiligen Verfügung und nach dem Eintritte des Erbfalls erlangt ist. KGJ. 39, A 172.

Anfechtung von Rechtshandlungen des Erben.

222. Hat der Erbe vor der Eröffnung des Verfahrens aus dem Nachlasse Pflichtteilsansprüche[1], Vermächtnisse[2] oder Auflagen[3] erfüllt, so ist die Leistung in gleicher Weise anfechtbar wie eine unentgeltliche Verfügung[4] des Erben[5].

[1] §§ 2303 ff. BGB. [2] § 1939 BGB.

[3] § 1940 BGB. [4] § 32 Nr. 1, § 37 Abs. 2, § 41. — **Anerkenntnis** einer Nachlaßschuld als solcher seitens des Erben ist in der Regel keine der Anfechtung nach § 32 Nr. 1 unterliegende **unentgeltliche Verfügung,** auch wenn durch das Anerkenntnis neben dem fortbestehenden alten Schuldverhältnis formell ein weiterer Anspruch begründet wird. RG. 62, 45, auch Anm. 4 § 32.

[5] Mit Rücksicht darauf, daß die bezeichneten Verbindlichkeiten gemäß § 1980 Abs. 1, § 1991 Abs. 4 BGB. aus dem Nachlasse nur insoweit berichtigt zu werden brauchen, als nach Berichtigung der übrigen Nachlaßgläubiger ein Überschuß verbleibt. — Das gewährte **Anfechtungsrecht** ist **namentlich** dann **von Bedeutung,** wenn die Nachlaßgläubiger nach § 1979 BGB. die Berichtigung einer Nachlaßverbindlichkeit als für Rechnung des Nachlasses erfolgt gelten lassen müssen, weil der Erbe den Umständen nach den Nachlaß als suffizient erachten konnte,

oder wenn der Erbe wegen Berichtigung einer Verbindlichkeit den Nachlaßgläubigern zwar verantwortlich ist (§ 1978 BGB.), aber die Geltendmachung von Ansprüchen in dieser Hinsicht mit Schwierigkeiten verbunden oder der Erbe zahlungsunfähig ist. Begr. 43.

Zurückbehaltungsrecht des Erben.

223. Dem Erben steht wegen der ihm nach den §§ 1978, 1979 des Bürgerlichen Gesetzbuchs aus dem Nachlasse zu ersetzenden Aufwendungen[1] ein Zurückbehaltungsrecht[2] nicht zu.

[1] Nach § 1978 Abs. 3 in Verbindung mit §§ 662 ff., 677 ff. BGB. steht **dem Erben**, der den Nachlaßgläubigern für die Verwaltung des Nachlasses bis zur Annahme der Erbschaft als Geschäftsführer ohne Auftrag, demnächst als Beauftragter, verantwortlich ist (vgl. RG. 90, 94), auch **Ersatz seiner Aufwendungen** aus dem Nachlasse zu.

[2] Nach § 273 BGB. würde dem Erben das Recht zustehen, die Herausgabe des Nachlasses zu verweigern, bis ihm die Aufwendungen ersetzt wären. Durch die Vorschrift der Nov. ist aber hier dem Erben das **Zurückbehaltungsrecht versagt**, damit nicht eine Verzögerung der Verwertung der Masse eintritt. **Dafür** sind seinem Ersatzanspruch im § 224 Nr. 1 die Rechte einer **Masseforderung** gewährt. Begr. 43, 44.

Masseschulden.

224. Masseschulden sind außer den im § 59 bezeichneten Verbindlichkeiten:

1. die dem Erben nach den §§ 1978, 1979 des Bürgerlichen Gesetzbuchs aus dem Nachlasse zu ersetzenden Aufwendungen[1];
2. die Kosten der standesmäßigen Beerdigung des Erblassers[2];
3. die im Falle der Todeserklärung des Erblassers dem Nachlasse zur Last fallenden Kosten des Verfahrens[3];

4. die Kosten der Eröffnung einer Verfügung des Erblassers von Todes wegen[4], der gerichtlichen Sicherung des Nachlasses[5], einer Nachlaßpflegschaft[6], des Aufgebots der Nachlaßgläubiger[7] und der Inventarerrichtung[8];
5. die Verbindlichkeiten aus den von einem Nachlaßpfleger[9] oder einem Testamentsvollstrecker[10] vorgenommenen Rechtsgeschäften;
6. die Verbindlichkeiten, welche für den Erben gegenüber einem Nachlaßpfleger, einem Testamentsvollstrecker oder einem Erben, der die Erbschaft ausgeschlagen hat, aus der Geschäftsführung dieser Personen entstanden sind, soweit die Nachlaßgläubiger verpflichtet sein würden, wenn die bezeichneten Personen die Geschäfte für sie zu besorgen gehabt hätten[11].

[1] Vgl. Anm. 1, 2 § 223. [2] Vgl. § 1968 BGB.
[3] Vgl. § 971 ZPO. [4] §§ 2259 ff. BGB.
[5] § 1960 BGB., Art. 140 EG.BGB.
[6] §§ 1960 ff., 1975 BGB. Auch Kosten einer Nachlaßverwaltung (§ 1981 BGB.), vgl. Anm. 1 § 217. JW. 06, 114[13]. Vgl. KGJ. 25, A 334. [7] §§ 989 ff. ZPO.
[8] § 1993 BGB. — Auch die Kosten der Aufnahme des Nachlaßinventars durch einen vom Nachlaßgerichte gemäß § 2003 BGB. beauftragten Gerichtsvollzieher sind, ebenso wie die Kosten der durch den Erben gemäß § 2002 BGB. unmittelbar erfolgenden Zuziehung eines Notars, Masseschulden; zugleich aber auch Eigenverbindlichkeiten des Erben KGJ. 42, 101, auch RG. 90, 93.
[9] §§ 1961, 2012, 2017 BGB., §§ 243, 779 Abs. 2, § 991 Abs. 2 ZPO. Vgl. RG. 62, 41, JW. 10, 713[22]. — Unter den Begriff des **Nachlaßpflegers** fällt auch der Nachlaßverwalter. § 217 Abs. 1 KO., § 1975 BGB., OLG. 21, 182 u. Anm. 6. — Zu den Verbindlichkeiten im Sinne der Nr. 5 gehören auch die den Nachlaß treffenden Kosten eines vor der Konkurs-

eröffnung gegen den Nachlaßverwalter anhängig gemachten, vom Konkursverwalter aufgenommenen Rechtsstreites. OLG. 21, 182.

[10] §§ 2206 ff. BGB. Vgl. RG. 62, 41. — Auch die vom Testamentsvollstrecker (behufs ordnungsmäßiger Verwaltung des Nachlasses, § 2206 BGB.) eingegangenen Wechselverbindlichkeiten und die Kosten des wegen solcher Verbindlichkeiten gegen den Nachlaßverwalter geführten Prozesses sind Masseschulden. RG. 60, 30.

[11] Nr. 6 betrifft Verbindlichkeiten, die dadurch begründet sind, daß vor der Konkurseröffnung der Erbe, ein Nachlaßpfleger (Anm. 9), ein Testamentsvollstrecker (Anm. 10) oder ein Erbe, der die Erbschaft ausgeschlagen hat (§ 1959 Abs. 1 BGB.), wenngleich nur mittelbar, die Geschäfte der Nachlaßgläubiger besorgt hat. Begr. 44.

Ansprüche des Erben.

225. Der Erbe kann die ihm gegen den Erblasser zustehenden Ansprüche geltend machen[1].

Hat der Erbe eine Nachlaßverbindlichkeit berichtigt, so tritt er, soweit nicht die Berichtigung nach § 1979 des Bürgerlichen Gesetzbuchs als für Rechnung des Nachlasses erfolgt gilt[2], an die Stelle des Gläubigers[3], es sei denn, daß er für die Nachlaßverbindlichkeiten unbeschränkt haftet.

Haftet der Erbe einem einzelnen Gläubiger gegenüber unbeschränkt, so kann er dessen Forderung[4] für den Fall geltend machen, daß der Gläubiger sie nicht geltend macht[5].

[1] Entsprechend § 1976 BGB., wonach die infolge des Erbfalls durch Vereinigung von Recht und Verbindlichkeit erloschenen Rechtsverhältnisse als nicht erloschen gelten, wenn der Nachlaßkonkurs eröffnet ist. — Ohne Unterschied, ob der Erbe den Nachlaßgläubigern beschränkt oder unbeschränkt haftet. Begr. 45. Vgl. § 2013 BGB.

[2] Gemäß § 1979 BGB. müssen die Nachlaßgläubiger die **vor der Konkurseröffnung durch den Erben bewirkte Berichtigung einer Nachlaßverbindlichkeit** als für Rechnung des Nachlasses erfolgt gelten lassen, wenn der Erbe den Umständen nach hatte annehmen dürfen, daß der Nachlaß zur Berichtigung aller Nachlaßverbindlichkeiten ausreiche. Der Erbe hat dann gemäß § 1978 Abs. 3 BGB. dem Nachlasse gegenüber einen Ersatzanspruch und kann diesen im Nachlaßkonkurse gemäß § 224 Nr. 1 als Masseforderung geltend machen. Begr. 45.

[3] Dadurch soll verhütet werden, daß die dem befriedigten Gläubiger gleich- oder nachstehenden Gläubiger auf Kosten des nur beschränkt haftenden Erben, der wegen Nichtvorliegens der Voraussetzung des § 1979 BGB. einen Ersatzanspruch (s. Anm. 2) nicht hat, um den Betrag bereichert werden, der auf die Forderung jenes Gläubigers entfallen wäre, wenn er sich am Nachlaßkonkurse beteiligt hätte. Begr. 45. **Berichtigt** demgemäß der für die Nachlaßverbindlichkeiten **nicht unbeschränkt haftende Erbe** eine Nachlaßverbindlichkeit aus eigenen Mitteln und nicht für Rechnung des Nachlasses, so geht die **Forderung kraft Gesetzes** (§ 412 BGB.) **auf ihn** so **über** (§ 401 BGB.), wie sie dem Befriedigten selbst zustand, z. B. als Masseschuld oder zugleich mit einem im Nachlaßkonkurse wirksamen Absonderungs- oder Vorzugsrecht. RG. 55, 161.

[4] Wegen deren Berichtigung er von dem Gläubiger trotz der Konkurseröffnung gemäß § 2013 BGB. in Anspruch genommen ist. Begr. 45.

[5] Auch hier sollen die gleich- oder nachstehenden Gläubiger nicht zuungunsten des Erben bereichert werden. Vgl. Anm. 3.

Nachlaßkonkursgläubiger.

226. In dem Verfahren kann jede Nachlaßverbindlichkeit geltend gemacht werden[1].

Nachstehende Verbindlichkeiten[2] werden erst nach allen übrigen Verbindlichkeiten und in folgender Rangordnung, bei gleichem Range nach Verhältnis ihrer Beträge, berichtigt:

1. die seit der Eröffnung des Verfahrens laufenden Zinsen der im § 61 bezeichneten Forderungen[3];
2. die gegen den Erblasser erkannten Geldstrafen[4];
3. die Verbindlichkeit aus einer Freigebigkeit des Erblassers unter Lebenden[5];
4. die Verbindlichkeiten gegenüber Pflichtteilsberechtigten[6];
5. die Verbindlichkeiten aus den vom Erblasser angeordneten Vermächtnissen und Auflagen[7].

Ein Vermächtnis, durch welches das Recht des Bedachten auf den Pflichtteil nach § 2307 des Bürgerlichen Gesetzbuchs ausgeschlossen wird[8], steht, soweit es den Pflichtteil nicht übersteigt, im Range den Pflichtteilsrechten gleich. Hat der Erblasser durch Verfügung von Todes wegen angeordnet[9], daß ein Vermächtnis oder eine Auflage vor einem anderen Vermächtnis oder einer anderen Auflage erfüllt werden soll, so hat das Vermächtnis oder die Auflage den Vorrang.

Die Verbindlichkeiten, in Ansehung deren der Gläubiger im Wege des Aufgebotsverfahrens ausgeschlossen ist[10] oder nach § 1974 des Bürgerlichen Gesetzbuchs einem ausgeschlossenen Gläubiger gleichsteht[11], werden erst nach den im Abs. 2 Nr. 1—3 bezeichneten Verbindlichkeiten und, soweit sie zu den im Abs. 2 Nr. 4, 5 bezeichneten Verbindlichkeiten gehören, erst nach den Verbindlichkeiten berichtigt, mit denen sie ohne die Beschränkung gleichen Rang haben würden. Im übrigen wird durch die Beschränkungen an der Rangordnung nichts geändert.

[1] Durch die Teilnahme aller Nachlaßgläubiger an dem Konkursverfahren soll eine vollständige Vereinigung des Nachlasses ermöglicht werden. Begr. 45. — Danach können, abweichend von § 3 Abs. 2, auch die den Erben als solchen treffenden **Unterhaltsansprüche** (s. Anm. 5—8 § 3) im Nachlaßkonkurs unbeschränkt, nicht nur für die Vergangenheit, geltend gemacht werden. Begr. 46. — **Nachlaßverbindlichkeiten** sind gemäß § 1967 BGB. Schulden, die vom Erblasser herrühren, und Verbindlichkeiten, die den Erben als solchen treffen. Zu den letzteren gehören außer Verbindlichkeiten aus Pflichtteilsrechten, Vermächtnissen und Auflagen z. B. die Verbindlichkeiten aus den von einem Nachlaßpfleger oder einem Testamentsvollstrecker vorgenommenen Rechtsgeschäften, sowie die aus §§ 1968, 1969 BGB. begründeten Verbindlichkeiten, die Kosten der gerichtlichen Sicherung des Nachlasses, einer Nachlaßpflegschaft oder -verwaltung. RG. 62, 41. Weiter unter Umständen auch Verbindlichkeiten, die durch Rechtsgeschäfte des Erben neu entstanden sind, namentlich wenn der Erbe im Namen und für Rechnung sowie in Betätigung der Verwaltung des noch ungeteilten Nachlasses ein Rechtsgeschäft vorgenommen (z. B. eine Nachlaßschuld als solche anerkannt) hat. RG. 62, 38. — Ferner der Anspruch auf Erstattung von Kosten eines gegen den Erben (z. B. auf Grund einer Bürgschaft des Erblassers) geführten Rechtsstreites. OLG. 19, 137. — **Haftet der Erbe** für eine Nachlaßverbindlichkeit **unbeschränkt**, so kann der Gläubiger seinen Anspruch gegen den Erben so verfolgen, als ob ein Konkurs über den Nachlaß nicht schwebte. OLG. 19, 137.

[2] Das sind solche **Verbindlichkeiten, die** ohne die Bestimmung des Abs. 1 **nach § 63** im Konkursverfahren ganz **unberücksichtigt bleiben würden**. Sie sollen zur Vermeidung der Beeinträchtigung der übrigen Gläubiger wenigstens erst nach allen anderen befriedigt werden. Begr. 46.

[3] Vgl. § 63 Nr. 1.

[4] Vgl. § 63 Nr. 3.

[5] Vgl. § 63 Nr. 4.

[6] §§ 2303 ff., 2317 ff. BGB. Vgl. § 1967 Abs. 2 BGB. — Der Unterhaltsanspruch eines unehelichen Kindes, der als reine Nachlaßverbindlichkeit auf dem väterlichen Nachlasse lastet, geht auch soweit den Verbindlichkeiten gegenüber einem

Pflichtteilsberechtigten vor, als das Kind von dem Erben des unehelichen Vater gemäß § 1712 Abs. 2 BGB. mit dem Pflichtteilsbetrag abgefunden worden ist. RG. 90, 204. Der Anspruch des Kindes ist aber selbst kein Pflichtteilsrecht. Ist der Nachlaß vollkommen überschuldet aus Ansprüchen, die nicht unter § 226 KO. fallen, so kann der Konkursverwalter auf Feststellung klagen, daß das Kind keine Ansprüche gegen die Masse habe. JW. 16, 1357[8], 17, 855[7], OLG. 30, 142, 35, 265. — Ist vom Pflichtteilsberechtigten gegen den Erben auf Inventarerrichtung und Leistung des Offenbarungseides geklagt und sodann Nachlaßkonkurs eröffnet, so wird auch dieser Prozeß unterbrochen; denn der Prozeß dient der Ermittelung der Höhe des Pflichtteils, also einer Konkursforderung. Die Nachlaßmasse hat aber der Konkursverwalter von Amts wegen festzustellen. Für die verlangte Leistung des Erben bleibt also kein Raum. OLG. 41, 267.

[7] §§ 1939, 1940 BGB. Vgl. § 1967 Abs. 2, § 2318 BGB. — Dazu gehören **auch die gesetzlichen Vermächtnisse** der §§ 1932, 1969 BGB. (Voraussstücke des überlebenden Ehegatten, Unterhalt für Hausstandsangehörige des Erblassers). Begr. 47.

[8] Nach § 2307 BGB. wird, wenn ein Pflichtteilsberechtigter mit einem Vermächtnis bedacht ist und es angenommen hat, das Recht auf den Pflichtteil insoweit ausgeschlossen, als der Wert des Vermächtnisses reicht.

[9] § 2189 BGB.

[10] §§ 989 ff. ZPO. — Die Gläubiger, die sich **im Aufgebotsverfahren** nicht gemeldet haben und daher **ausgeschlossen** sind, können Befriedigung nur nach Maßgabe des Abs. 4 verlangen, gleichviel ob sie von dem Antragsteller in dem Verzeichnisse (§ 992 ZPO.) benannt waren und die in § 994 Abs. 2 ZPO. vorgeschriebene Zustellung erhielten, oder ob sie dem Nachlaßgericht nicht angezeigt waren, daher keine besondere Zustellung erhielten, oder ob sie dem Nachlaßgericht angezeigt waren, eine besondere Zustellung ihnen aber trotzdem nicht zuging. JW. 10, 713[22].

[11] D. i. der Gläubiger, der seine Forderung später als fünf Jahre nach dem Erbfalle geltend macht.

227. Mit den im § 226 Abs. 2 Nr. 2—5, Abs. 4 bezeichneten Forderungen werden die bis zur Eröffnung des Verfahrens aufgelaufenen und die seit der Eröffnung laufenden Zinsen an derselben Stelle angesetzt[1].

[1] Vgl. § 62 Nr. 3.

228. Was infolge der Anfechtung einer von dem Erblasser oder ihm gegenüber vorgenommenen Rechtshandlung zur Konkursmasse zurückgewährt wird, darf nicht zur Berichtigung der im § 226 Abs. 2 Nr. 4, 5 bezeichneten Verbindlichkeiten verwendet werden[1].

Auf dasjenige, was der Erbe auf Grund der Vorschriften der §§ 1978—1980 des Bürgerlichen Gesetzbuchs zu der Masse zu ersetzen hat[2], haben die Gläubiger, die im Wege des Aufgebotsverfahrens ausgeschlossen sind[3] oder nach § 1974 des Bürgerlichen Gesetzbuchs einem ausgeschlossenen Gläubiger gleichstehen[4], nur insoweit[5] Anspruch, als der Erbe auch nach den Vorschriften über die Herausgabe einer ungerechtfertigten Bereicherung ersatzpflichtig sein würde.

[1] Die Anfechtung der bezeichneten Rechtshandlung soll nur denjenigen zugute kommen, die bereits Gläubiger des Erblassers waren. Begr. 48.

[2] Nach den §§ 1978—1980 BGB. ist der Erbe unter gewissen Voraussetzungen, namentlich wenn er nicht unverzüglich, nachdem er von der Überschuldung des Nachlasses Kenntnis erlangt hat, die Eröffnung des Nachlaßkonkurses beantragt, den Nachlaßgläubigern so verantwortlich, wie wenn er seit der Annahme der Erbschaft die Verwaltung für sie als Beauftragter geführt hätte. — Wegen teilweiser Außerkraftsetzung des § 1980 vgl. die VO. v. 28. 4. 20 (oben vor § 207).

[3] §§ 989 ff. ZPO.

[4] Das sind die Gläubiger, die ihre Forderungen später als fünf Jahre nach dem Erbfalle geltend machen.

[5] Entsprechend dem § 1973 Abs. 2 Satz 1 BGB.

229. Die in dem Aufgebotsverfahren zum Zwecke der Ausschließung von Nachlaßgläubigern[1] angemeldeten und nicht ausgeschlossenen[2] Forderungen gelten als auch im Nachlaßkonkurs angemeldet, sofern das Aufgebot von dem Gerichte, bei welchem der Konkurs anhängig wird, erlassen und das Verfahren nicht vor der Eröffnung des Konkursverfahrens ohne Erlassung des Ausschlußurteils erledigt ist[3].

[1] §§ 1970 ff. BGB., §§ 989 ff. ZPO.

[2] Sind sie ausgeschlossen worden, weil die Anmeldung ihrer Forderungen nicht den gesetzlichen Erfordernissen (§ 996 ZPO.) entsprach, so gilt die Anmeldung hinsichtlich des Konkursverfahrens als nicht geschehen. Begr. 49.

[3] War das Aufgebotsverfahren vor der Konkurseröffnung rückgängig gemacht, so sind damit auch die in dem Verfahren erfolgten Anmeldungen gegenstandslos geworden.

Zwangsvergleich.

230. (206.) Ein Zwangsvergleich kann nur auf den Vorschlag aller Erben[1] geschlossen werden.

Die Gläubiger, welchen die im § 226 Abs. 2 Nr. 2 bis 5, Abs. 4 bezeichneten Forderungen zustehen, nehmen an dem Zwangsvergleiche nicht teil[2], sie sind jedoch vor der Bestätigung zu hören. Macht einer von ihnen glaubhaft, daß der Zwangsvergleich sein berechtigtes Interesse verletzt, so ist auf seinen Antrag der Zwangsvergleich zu verwerfen; gegen die Bestätigung steht ihm die sofortige Beschwerde nach § 189 zu.

[1] Von der Nov. sind die Worte „oder Nachlaßvertreter" gestrichen, weil das BGB. eine Nachlaßvertretung in Ansehung einzelner Erbteile nicht kennt. Sind mehrere Nachlaßpfleger für den ganzen Nachlaß bestellt, so entscheidet sich

nach den §§ 1797, 1915 BGB., inwieweit sie gemeinschaftlich zu handeln haben. Begr. 49.

[2] Weil für sie nach vollständiger Befriedigung der ihnen vorgehenden Gläubiger meist ein Überschuß nicht verbleibt. Begr. 50.

2. Besondere Bestimmungen.

a) Nacherbfolge.

231. Die Vorschriften[1] des § 223, des § 224 Nr. 1 und des § 225 Abs. 2, 3[2] gelten für den Vorerben auch nach dem Eintritte der Nacherbfolge.

[1] Die Vorschriften sollen für den **Vorerben**, wiewohl er nach § 2139 BGB. mit dem Eintritte des Falles der Nacherbfolge aufhört, Erbe zu sein, auch fernerhin maßgebend bleiben. Er kann mithin wegen der ihm aus dem Nachlasse zu ersetzenden **Aufwendungen** ein Zurückbehaltungsrecht nicht geltend machen (§ 223), anderseits wird aber sein Ersatzanspruch wegen dieser Aufwendungen als Masseforderung behandelt (§ 224 Nr. 1), auch kann er die von ihm **berichtigten Nachlaßverbindlichkeiten** an Stelle der Gläubiger im Nachlaßkonkurse verfolgen (§ 225 Abs. 2, 3). Begr. 50.

[2] Abs. 1 ist nicht aufgeführt, weil der Vorerbe mit dem Eintritte der Nacherbfolge nicht mehr Erbe (s. Anm. 1) und deshalb ohne weiteres zur Geltendmachung der ihm **gegen den Erblasser zustehenden Ansprüche** befugt ist. Begr. 50.

b) Erbschaftskauf.

232. Hat der Erbe die Erbschaft verkauft, so tritt der Käufer in Ansehung des Verfahrens an seine Stelle[1].

Der Erbe ist wegen einer Nachlaßverbindlichkeit, die im Verhältnisse zwischen ihm und dem Käufer diesem zur Last fällt[2], in derselben Weise wie ein Nachlaßgläubiger zu dem Antrag auf Eröffnung des

Verfahrens berechtigt[3]. Das gleiche Recht steht ihm auch wegen einer anderen Nachlaßverbindlichkeit[4] zu[5], es sei denn, daß er unbeschränkt haftet oder daß eine Nachlaßverwaltung[6] angeordnet ist. Die Vorschriften[7] des § 223, des § 224 Nr. 1 und des § 225 gelten für den Erben auch nach dem Verkaufe der Erbschaft.

[1] Weil der Käufer für die Nachlaßverbindlichkeiten gemäß §§ 2382, 2383 BGB. in gleicher Weise wie der Erbe haftet. Begr. 50.

[2] Nach § 2378 BGB. hat der Erbe regelmäßig gegen den Käufer einen Anspruch auf Berichtigung der Nachlaßverbindlichkeiten.

[3] Gleichviel **ob** er seinerseits den Nachlaßgläubigern **beschränkt oder unbeschränkt haftet.** Auch wenn die Nachlaßgläubiger selbst nach § 219 dem Käufer gegenüber nicht berechtigt sind, den Nachlaßkonkurs zu beantragen. KB. 48. Er muß jedoch, da er nicht als Erbe, sondern lediglich vermöge seiner Gleichstellung mit den Nachlaßgläubigern zu dem Antrage berechtigt ist, gemäß §§ 105, 215 die **Überschuldung** des Nachlasses **glaubhaft machen.** Begr. 51.

[4] §§ 2376, 2383 BGB. (Verbindlichkeiten aus Pflichtteilsrechten, Vermächtnissen und Auflagen).

[5] Damit er die Beschränkung seiner Haftung den Nachlaßgläubigern gegenüber geltend machen kann. Begr. 51.

[6] In diesem Falle beschränkt sich gemäß § 1975 BGB. die Haftung des Erben auf den Nachlaß.

[7] Vgl. Anm. 1, 2 § 231.

233. Die Vorschriften des § 232 finden entsprechende Anwendung, wenn jemand eine durch Vertrag erworbene Erbschaft verkauft oder sich zur Veräußerung einer ihm angefallenen oder anderweit von ihm erworbenen Erbschaft in sonstiger Weise verpflichtet hat[1].

[1] Vgl. § 2385 BGB.

c) Konkurs über das Vermögen des Erben.

234. In dem Konkursverfahren über das Vermögen des Erben finden, wenn auch über den Nachlaß das Konkursverfahren eröffnet[1], oder wenn eine Nachlaßverwaltung angeordnet ist, auf Nachlaßgläubiger, denen gegenüber der Erbe unbeschränkt haftet, die Vorschriften der §§ 64, 96, 153, 155, 156, des § 168 Nr. 3 und des § 169 entsprechende Anwendung[2].

Das gleiche gilt[3], wenn eine Ehefrau die Erbin ist und der Nachlaß zum Gesamtgute gehört, auch in dem Konkursverfahren über das Vermögen des Ehemanns.

[1] Sei es vorher oder nachher. Jedoch nicht, wenn das Verfahren nachträglich (z. B. wegen Mangel an Masse) wieder eingestellt wird. RG. 74, 234. — Wenn **Nachlaßkonkurs** (§§ 214 ff.) und **zugleich Konkurs über** das eigene Vermögen des **Erben** eröffnet worden, ist der Erbe der Gemeinschuldner in beiden Konkursen. W. 15, 27, Anm. 1 § 214. Die Verwalter in beiden Konkursen stehen sich selbständig gegenüber. Der Verwalter in einem Konkurse kann z. B. im andern Konkurse Forderungen anmelden, Aussonderung oder Absonderung von Vermögensgegenständen geltend machen, auch Rechtsstreitigkeiten darüber mit dem andern Konkursverwalter führen. W. 15, 27.

[2] Die Nachlaßgläubiger, denen der **Erbe unbeschränkt haftet**, könnten in den erwähnten Fällen ihre Forderungen gemäß §§ 1975 ff., 1984 ff. BGB. an sich **sowohl in dem Nachlaßkonkurs** bzw. gegenüber dem Nachlaßverwalter **als auch in dem Konkurs über das Vermögen des Erben** zum vollen Betrage geltend machen, während die Gläubiger des Erben von der Teilnahme an dem Nachlaßkonkurs ausgeschlossen wären. Durch die entsprechende Anwendung der im Abs. 1 aufgeführten Bestimmungen über die Teilnahme der Absonderungsberechtigten am Konkurse ist aber, zur Verhinderung

unbilliger Benachteiligung der Gläubiger des Erben, dieses Recht der **Nachlaßgläubiger** dahin eingeschränkt, daß sie, gleich absonderungsberechtigten Gläubigern, ihre Forderungen **nur in Höhe** ihres **Verzichts oder** ihres **Ausfalls** bei der Nachlaßverteilung zur **Konkursmasse des Erben** geltend machen und aus dieser bei der Schlußverteilung nur verhältnismäßig Befriedigung erhalten dürfen. Begr. 52. Die Beschränkung gilt jedoch nicht, vielmehr greift § 68 Platz, wenn der Erbe dem Nachlaßgläubiger noch aus einem besonderen Rechtsgrunde (z. B. Bürgschaft) haftet. RG. 74, 234. — § 63 Nr. 4 (Forderungen aus Freigebigkeit des Gemeinschuldners können im Konkurse nicht geltend gemacht werden) findet auf Vermächtnisnehmer keine Anwendung: Anm. 4 § 63.

[3] Weil in diesem Falle der Ehemann gemäß §§ 1459, 1461 BGB. für die Nachlaßverbindlichkeiten auch persönlich haftet und daher dem unbeschränkt haftenden Erben gleichsteht. Begr. 53.

d) Konkurs über einen Erbteil.

235. Über einen Erbteil findet ein Konkursverfahren nicht statt[1].

[1] Abweichung der Nov. von dem früher geltenden Recht (s. Anm. 1 § 214), weil das Rechtsverhältnis der Miterben im BGB. (§§ 2032 ff.) als Gemeinschaft zur gesamten Hand gestaltet ist. Begr. 53.

II B. Gesamtgut bei fortgesetzter Gütergemeinschaft.

236. Die Vorschriften der §§ 214—234 finden im Falle der fortgesetzten Gütergemeinschaft[1] auf das Konkursverfahren über das Gesamtgut entsprechende Anwendung. Konkursgläubiger sind nur die Gesamtgutsgläubiger, deren Forderungen schon zur Zeit des Eintritts der fortgesetzten Gütergemeinschaft bestanden[2]. Zu dem Antrag auf Eröffnung des Verfahrens ist ein Gläubiger nicht berechtigt, dem gegenüber der überlebende Ehegatte zu dieser Zeit persönlich haftete[3]. Die anteilsberechtigten Abkömmlinge sind zu dem Antrage nicht berechtigt[4]; das Gericht hat sie, soweit tunlich, zu hören.

[1] §§ 1483 ff., 1557 BGB. — Der Konkurs ist also nur bei Überschuldung des Gesamtguts zulässig (§ 215). Wegen der Überschuldung durch Valuta- und Goldschulden vgl. die VO. v. 28. 4. 20 (oben vor § 207).

[2] Nach § 1459 Abs. 2, § 1489 BGB. **haftet der überlebende Ehegatte** diesen **Gesamtgutsgläubigern** wie der Erbe den Nachlaßgläubigern mit der Maßnahme, daß an die Stelle des Nachlasses das Gesamtgut in dem Bestande tritt, den es zur Zeit des Eintritts der fortgesetzten Gütergemeinschaft hat.

[3] Dies ist nach § 1459 Abs. 2 Satz 2 BGB. hinsichtlich des überlebenden **Ehemannes** der Fall, wenn es sich um eine solche **Gesamtgutsverbindlichkeit** der bisherigen ehelichen Gütergemeinschaft handelt, die **in der Person der Ehefrau entstanden** ist. Ein solcher Gläubiger hat nicht, wie derjenige Gesamtgutsgläubiger, dem der überlebende Ehegatte zur Zeit des Eintritts der fortgesetzten Gütergemeinschaft nicht persönlich haftet und der daher überhaupt nur aus dem Gesamtgute Befriedigung finden kann, ein Interesse, den Konkurs über das Gesamtgut zu beantragen. Begr. 54.

[4] Weil sie nach den §§ 1487, 1489 BGB. von jeder persönlichen Haftung für die Gesamtgutsverbindlichkeiten frei sind. Begr. 54.

III. Inländisches Vermögen ausländischer Schuldner.

237. (207.) III. Besitzt ein Schuldner, über dessen Vermögen im Auslande[1] ein Konkursverfahren[2] eröffnet worden ist, Vermögensgegenstände im Inlande, so ist die Zwangsvollstreckung[3] in das inländische Vermögen[4] zulässig[5].

Ausnahmen von dieser Bestimmung können unter Zustimmung des Bundesrats durch Anordnung des Reichskanzlers[6] getroffen werden.

[1] In **Konsularsachen** (vgl. § 19 RGes. über die Konsulargerichtsbarkeit v. 7. 4. 00 [RGBl. 213]) ist **Ausland** im Sinne der §§ 237, 238 ein Gebiet, das weder dem Deutschen Reich noch einem Konsulargerichtsbezirk angehört. JW. 91, 200[11].

[2] Ist **im Inlande** das **Konkursverfahren** eröffnet, so gehören die **im Auslande befindlichen Gegenstände** des Gemeinschuldners zur Sollmasse, deren Heranziehung für die Zwecke des inländischen Konkurses Aufgabe des Konkursverwalters ist; ob sie aber herangezogen werden können, hängt von den insoweit allein maßgebenden Gesetzen des betreffenden Auslandes ab. Anm. 1 § 1. Im Falle der **Konkurseröffnung im Auslande** gilt nach deutschem Konkursrecht nicht der Grundsatz, daß sich die Wirksamkeit des Konkurses über die Grenzen des Landes, in dem er eröffnet worden ist, hinauserstreckt (Universalitätsprinzip), sondern der Grundsatz, daß die Wirksamkeit auf das Staatsgebiet des Konkursgerichts beschränkt ist (Territorialprinzip), wenn auch einzelne Ansätze zu ersterem Grundsatze vorhanden sind. Dies folgt namentlich aus § 237 Abs. 1, aus dem sich ergibt, daß der ausländische Konkurs nicht das **im Inlande befindliche Vermögen** des Schuldners erfaßt. RG. 6, 401, 14, 405, 21, 7, 52, 155, 54, 193, 100, 242 (a. M. früher der II. ZS. RG. 14, 424, 16, 61, JW. 99, 227[16]). — Über die **Frage, nach welchem Recht** zu beurteilen ist, ob und inwieweit sich das ausländische Konkursverfahren auf das inländische Vermögen erstreckt, vgl. RG. 21, 9, 24, 383, 388, OLG. 34, 6. Schwebt inländischer und ausländischer Konkurs, so gilt für das Auslandsvermögen das ausländische Konkursrecht auch dann, wenn der deutsche Verwalter Auslandsvermögen ins Inland holt. Die Inlandsgläubiger müssen die Wirkungen des Auslandskonkurses gelten lassen. JW. 16, 226. — Wenn nach dem Willen der Parteien für ein zwischen ihnen bestehendes Schuldverhältnis das Recht eines ausländischen Erfüllungsortes maßgebend sein soll, so ist daraus zunächst nur die Folgerung zu ziehen, daß ausländisches Recht insoweit zur Anwendung kommen soll, als es sich um die aus dem Schuldverhältnis entspringenden Rechtsverhältnisse handelt, nicht aber, daß auch ausländische Konkursvorschriften, die das Recht des Gläubigers auf volle Befriedigung seines Anspruchs beschränken, ohne weiteres gelten sollen. Jedenfalls entfällt, wenn

der Gläubiger nur aus inländischen, den ausländischen Konkursvorschriften nicht unterworfenen Vermögensstücken des Schuldners Befriedigung sucht, die Geltung der ausländischen Konkursvorschriften selbst dann, wenn für das Schuldverhältnis das Recht des ausländischen Erfüllungsortes maßgebend ist. RG. 100, 243.

[3] Der Vollstreckungstitel braucht zur Zeit der Konkurseröffnung noch nicht vorhanden zu sein. RG. 6, 401, OLG. 19, 53. Zulässig ist vielmehr zur Vorbereitung der Zwangsvollstreckung in das inländische Vermögen auch das Prozeßverfahren im Gebiete des Deutschen Reichs, und zwar nicht gegen das Konkursverwaltungsorgan, sondern gegen den Schuldner. RG. 6, 405, 14, 409, 413, 425, 89, 183. Auch für ausländische Gläubiger. RG. 14, 408. Selbst wenn der Gemeinschuldner nach dem ausländischen Konkursrecht prozeßunfähig ist. § 55 ZPO., RG. 14, 408. Vgl. § 23 ZPO. — Auch können die inländischen Gläubiger, wenn der ausländische Konkursverwalter das im Inlande befindliche Vermögen veräußern oder in das Ausland schaffen will, sich hiergegen durch **Erwirkung von Arresten** schützen. RG. 6, 401, 405. Ein bereits anhängiger, das **im Inlande befindliche Vermögen** des Gemeinschuldners **betreffender Prozeß** wird durch die im Auslande erfolgte Konkurseröffnung nicht unterbrochen. RG. 16, 338, JW. 03, 182[86], OLG. 19, 53, 138. — **Auch** wenn über das inländische Vermögen des Schuldners **im Inlande ebenfalls** der **Konkurs** eröffnet, aber durch Vergleich zwischen dem inländischen Konkursverwalter (unter Zustimmung des Gläubigerausschusses) und dem ausländischen Schuldner ein **Teil des inländischen Vermögens aus** der deutschen **Konkursverfangenschaft freigegeben** und dem Schuldner zur Verfügung gestellt worden ist, ist die Klage gegen den Schuldner zulässig, sofern der Gläubiger die Zwangsvollstreckung ausschließlich gegen den ausgeschiedenen Vermögensteil richten will; insbesondere stehen die §§ 12, 14 dem nicht entgegen, weil hinsichtlich des § 12 dieser Vermögensteil nicht mehr als Bestandteil der inländischen Konkursmasse in Betracht kommt und, soweit § 14 während der Dauer des Konkursverfahrens Zwangsvollstreckungen zugunsten einzelner Konkursgläubiger auch in das nicht

zur Konkursmasse gehörige Vermögen des Gemeinschuldners verbietet, die Sonderbestimmung des § 237 Abs. 1 Platz greift. RG. 89, 184. — Dagegen kann der ausländische Gemeinschuldner nicht mit Feststellungsklagen gemäß § 146 im Inlande belangt werden. JW. 85, 212. Anderseits kann der Gemeinschuldner nicht im Wege der Widerklage Ansprüche erheben, die zu dem im Auslande befindlichen Vermögen gehören. RG. 16, 339. — Das gegen den Gemeinschuldner **im Inlande erwirkte Urteil** kann, auch wenn es eine Einschränkung nicht enthält, nicht im Auslande vollstreckt werden. RG. 6, 403, JW. 85, 212.

[4] Auch wenn dies nach dem ausländischen Konkursrecht infolge der Konkurseröffnung nicht mehr als Eigentum des Gemeinschuldners angesehen wird. RG. 14, 406, JW. 85, 212. — Jedoch bezieht sich § 237 nur auf das bereits zur Zeit der Konkurseröffnung vom Gemeinschuldner im Inlande besessene Vermögen. **Später erworbenes Vermögen** wird nicht von der ausländischen Konkursmasse in bezug auf die Zwangsvollstreckung abgesondert. JW. 85, 93.

[5] Da nach dem für das deutsche Konkursrecht geltenden Territorialprinzip (s. Anm. 2) die Wirkungen eines ausländischen Konkursverfahrens nicht in das Inland übergreifen, sondern auf das Gebiet beschränkt sind, in dem das ausländische Konkursgesetz gilt, kann auch ausländischen Konkursvorschriften (z. B. der Schweiz), durch die der Anspruch eines inländischen Gläubigers auf volle Befriedigung seiner Forderung aufgehoben oder beschränkt wird, ohne Rücksicht auf ihre Natur nur insoweit Geltung zuerkannt werden, als ausländisches Vermögen des Schuldners in Frage kommt; soweit es sich um Befriedigung aus den im Inlande befindlichen Vermögensstücken handelt, muß ihnen die Anerkennung versagt werden. RG. 100, 242. — Auch ein im ausländischen Konkursverfahren geschlossener **Zwangsvergleich** ist ohne Wirkung für die aus dem inländischen Vermögen Befriedigung suchenden Gläubiger, RG. 21, 9, 24, 388, 52, 155, selbst wenn der inländische Gläubiger bei Abschluß des ausländischen Zwangsvergleichs mitgewirkt und ihm zugestimmt hat, RG. 52, 155, es sei denn, daß besondere tatsächliche Umstände vorliegen, aus denen sich ergibt, daß der Gläubiger auf seine Forderung über

die Akkorddividende hinaus und insbesondere auf deren Geltendmachung im Inlande verzichtet hat, RG. 52, 157. — Nach JW. 24, 715[6] sollen die Vorschriften des § 54 über die Zulässigkeit der Aufrechnung, falls die aufzurechnende Forderung im Inlande zu erfüllen ist, auch dann Anwendung finden, wenn der Konkurs im Auslande eröffnet ist (vgl. dagegen dort die Anm.).

[8] An die Stelle von Bundesrat und Reichskanzler sind jetzt der Reichsrat und die Reichsregierung getreten (§§ 3, 8 Reichsübergangsges. v. 4. 3. 19, Art. 179 Reichsverf. v. 11. 8. 19). — Ausnahmen von dem im Abs. 1 aufgestellten Satze können aber nicht bloß auf dem im Abs. 2 vorgezeichneten Wege, sondern auch durch Staatsverträge getroffen werden. RG. 24, 12. Vgl. auch Anm. 1 § 4 EG.KO. (oben I).

238. (208.) [1]Das Konkursverfahren umfaßt nur das im Inlande befindliche Vermögen, wenn der Schuldner im Deutschen Reiche eine gewerbliche Niederlassung[2], aber keinen allgemeinen Gerichtsstand[3] hat[4].

Hat ein Schuldner im Deutschen Reiche weder eine gewerbliche Niederlassung[2] noch einen allgemeinen Gerichtsstand[3], so findet ein Konkursverfahren über das im Inlande befindliche Vermögen des Schuldners statt, wenn er im Inlande ein mit Wohn- und Wirtschaftsgebäuden versehenes Gut als Eigentümer, Nutznießer oder Pächter bewirtschaftet[5]. Für das Verfahren ist das Amtsgericht[6] ausschließlich zuständig, in dessen Bezirke das Gut sich befindet[7].

Ist im Auslande ein Konkursverfahren eröffnet, so bedarf es nicht des Nachweises der Zahlungsunfähigkeit zur Eröffnung des inländischen Verfahrens[8].

[1] Neue Fassung d. Nov. Sie beruht darauf, daß nach der des § 71 auch das Amtsgericht der gewerblichen Niederlassung für das Konkursverfahren zuständig ist. KB. 18.

[2] **Gewerbliche Niederlassung:** § 21 Abs. 1 ZPO., Anm. 2 § 71. — In **Konsularsachen** (vgl. § 19 RGes. über die Kon-

sulargerichtsbarkeit v. 7. 4. 00 [RGBl. 213]) ist den Erfordernissen des § 238 genügt, wenn der Gemeinschuldner zum Betriebe des Gewerbes im Konsulargerichtsbezirk eine Niederlassung hat, von der aus unmittelbar Geschäfte geschlossen werden. Ist dies der Fall, so kann auch wegen Schulden, die der Gemeinschuldner von seiner außerhalb des Konsulargerichtsbezirks belegenen Hauptniederlassung aus kontrahiert hat, das Konkursverfahren über das im Konsulargerichtsbezirk befindliche Vermögen eröffnet werden. JW. 91, 200[11].

[3] §§ 13—19 ZPO.

[4] Der Konkurs (über das im Inland befindliche Vermögen) hat nicht die Bedeutung eines Sonderkonkurses der inländischen Niederlassung (oder Zweigniederlassung, wenn die Hauptniederlassung des Gemeinschuldners, z. B. einer Aktiengesellschaft, sich im Auslande befindet), sondern die **Natur eines Gesamtkonkurses**, in welchem der im Auslande befindliche Inhaber (z. B. eine Aktiengesellschaft, die im Auslande ihre Hauptniederlassung hat) der Gemeinschuldner ist, und der Konkurs umfaßt das ganze inländische Vermögen des Inhabers ohne Rücksicht darauf, ob es in oder außer Beziehung zu seiner inländischen Niederlassung (oder Zweigniederlassung) steht. RG. 21, 23, W. 15, 63. Auf ihn finden die allgemeinen Regeln Anwendung, auch das Anfechtungsrecht. OLG. 32, 372. **Teilnehmen** an dem Konkurse können **alle inländischen und ausländischen Gläubiger.** Es ist nicht erforderlich, daß die angemeldeten Forderungen aus Geschäftsverbindungen mit der inländischen Niederlassung herrühren. RG. 21, 23, JW. 87, 475. — Aus § 238 Abs. 1 ist der Standpunkt der KO. zu entnehmen, daß der Konkursverwalter im inländischen Konkurs die Aufgabe hat, **auch das ausländische Vermögen des Gemeinschuldners** zur Konkursmasse heranzuziehen, soweit dies nach der ausländischen Gesetzgebung ausführbar ist. Gr. 58, 1120. Vgl. hierüber Anm. 1 § 1.

[5] § 21 Abs. 2 ZPO. [6] Anm. 1 § 71.

[7] Auch ausländische Gläubiger können am Verfahren teilnehmen. RG. 21, 23.

[8] Bei der Beurteilung der Frage, ob und wann eine allgemeine **Zahlungseinstellung** (z. B. auch hinsichtlich der Frage der Anfechtbarkeit von Rechtshandlungen des nachmaligen Ge-

meinschuldners nach § 30) stattgefunden **habe, kommt** es nicht bloß auf die Verhältnisse der im Inlande befindlichen Niederlassung, sondern auf das Verhalten des Schuldners im ganzen an. RG. 21, 23, W. 15, 63.

Drittes Buch.

Strafbestimmungen.

Vgl. § 3 Nr. 3, § 4 Abs. 2 EG.KO. (oben I), §§ 281—283 StGB., § 2 Abs. 3 EG.StGB.

Vor dem Inkrafttreten der KO. begangene Handlungen § 2 Abs. 2 StGB., RG. 1, 191.

Die **Strafbestimmungen der §§ 239—242** beziehen sich auf einen jeden **Schuldner,** der seine Zahlungen eingestellt hat oder über dessen Vermögen der Konkurs eröffnet ist, gleichviel, ob er **Kaufmann oder Nichtkaufmann** ist. Jedoch setzen § 239 Nr. 3, 4 und § 240 Nr. 3, 4 voraus, daß der Schuldner zur Führung von Handelsbüchern verpflichtet ist. Ein **Minderkaufmann** kann nicht gemäß diesen Vorschriften wegen Verstoßes gegen die dem Vollkaufmann auferlegte Buchführungspflicht (§ 38 HGB.), auch nicht, wenn er im Handelsregister versehentlich eingetragen ist, bestraft werden, da die Eintragungen im Handelsregister für das Gebiet des Strafrechts keine maßgebende Bedeutung haben. RG. 93, 240, vgl. auch JW. 12, 951[46] in Anm. 13 § 240. — Die Strafbestimmungen finden auch auf denjenigen Anwendung, der ein **Handelsgeschäft oder Gewerbe zum Schein im Namen eines anderen** (z. B. der Ehefrau), tatsächlich aber als sein eigenes betreibt RG. 25, 121, 26, 187, 29, 103, JW. 93, 419[1], 95, 98[8], 573[8], 03, 140[25], 08, 604[119], 16, 1282[3]. Jedoch ist, wenn nicht über sein, sondern nur über das Vermögen des anderen der Konkurs eröffnet ist, zur Strafbarkeit erforderlich, daß er selbst seine Zahlungen eingestellt und als Schuldner die Verfehlungen begangen hat. RG. 29, 103, 49, 322, JW. 08, 604[119], 16, 1282[3]. Wird also die Strafbarkeit von Bankerotthandlungen nicht auf Zahlungseinstellung, sondern auf Konkurseröffnung gestützt, so kann der Urheber der Bankerotthandlungen nur dann zur

Verantwortung gezogen werden, wenn sich die Konkurseröffnung gegen ihn selbst richtet. RG. 49, 322. Dies gilt auch dann, wenn der Urheber von Bankerotthandlungen zwar der tatsächliche Inhaber eines Handelsgeschäfts war, aber das Konkursverfahren gegen eine vorgeschobene Person eröffnet wurde, die im Handelsregister als Geschäftsinhaber eingetragen ist. RG. 49, 321. Ferner muß der Name des andern mißbraucht und dessen Eintragung in das Handelsregister nur zu Täuschungszwecken bewirkt worden sein. Daher finden die Strafbestimmungen auf denjenigen keine Anwendung, dem der andere nur Generalvollmacht erteilt hat, wenigstens dann nicht, wenn der andere von den Geschäftsgläubigern fortgesetzt als ihr Schuldner in Anspruch genommen worden ist. RG. 46, 15. — Die Gesellschafter einer **offenen Handelsgesellschaft** haben die Bankerotthandlungen, die mit Bezug auf das im Konkurse befindliche Vermögen der Gesellschaft vorgenommen werden, wie ein Gemeinschuldner zu vertreten. RG. 46, 78, s. auch unten. Über die Verantwortlichkeit der Mitglieder des Vorstandes und der Liquidatoren einer **Aktiengesellschaft, Genossenschaft** usw. vgl. § 244 nebst Anm.

Über den **Begriff der Zahlungseinstellung** vgl. Anm. 4 § 102. Zahlungsunfähigkeit ohne Zahlungseinstellung genügt in Ermangelung der Eröffnung des Konkursverfahrens zur Anwendung der §§ 239, 242 nicht. Anm. 1, 3 § 102. Dagegen genügt die Zahlungseinstellung selbst dann, wenn sie nicht in Zahlungsunfähigkeit ihren Grund hat. RG. 3, 294, 41, 309. — Ist die **Konkurseröffnung** vom Konkursgericht rechtskräftig beschlossen, so darf der Strafrichter nicht nachprüfen, ob sie mit Recht oder (z. B. etwa wegen Fehlens des Erfordernisses der Zahlungsunfähigkeit, § 102) zu Unrecht geschehen ist. RG. 26, 37, JW. 12, 1071$_{15b}$. — Zur Strafbarkeit ist nicht erforderlich, daß der Schuldner den **Betrieb** des (kaufmännischen) Gewerbes, in dem die Verfehlungen begangen sind, **bis zur Zahlungseinstellung oder Konkurseröffnung fortgesetzt** hat. RG. 35, 83, JW. 93, 292[1]. Auch ein Gesellschafter einer offenen Handelsgesellschaft wird von der strafrechtlichen Verantwortlichkeit für Bankerotthandlungen, die er mitbegangen hat, nicht dadurch frei, daß er vor der Zahlungseinstellung aus der Gesellschaft austritt. RG. 35, 83 (anders 41, 426), s. oben. Gleiches gilt von einem Geschäftsführer einer Gesellschaft m. b. H., der vor der Konkurseröffnung aus seiner Stellung entlassen worden ist. RG. 39, 218, JW. 12, 1071[15b]. Jedoch muß bei dem Mangel eines solchen zeitlichen Zusammentreffens dem früheren Kaufmann ein Zusammenhang zwischen dem früheren Geschäftsbetrieb und der späteren Konkurseröffnung nachgewiesen werden, JW. 93, 292[1], ferner dem ausgetretenen Gesellschafter, daß er noch ein Schuldner ist, dessen Anteil am Gesellschaftsvermögen von der Konkurseröffnung ebenso ergriffen ist wie die Anteile der anderen Gesellschafter, und daß nicht bereits völlige geschäftliche Abwickelung zwischen ihm und der Gesellschaft stattgefunden hat, RG. 35, 83, und sind zuungunsten des vor der Konkurseröffnung entlassenen Geschäftsführers einer Gesellschaft m. b. H. nur die vor seiner Entlassung vorgefallenen Handlungen und Unterlassungen (z. B. hinsichtlich der Buchführung nach § 240 Nr. 3) in Betracht zu ziehen, RG. 39, 218, JW. 12, 1071[15b].

Zahlungseinstellung und Konkurseröffnung sind Tatbestandsmerkmale der **Zuwiderhandlungen** gegen die §§ 239, 240; daher sind diese erst **vollendet**, wenn mit den daselbst unter Nr. 1—4 angegebenen Handlungen und Unterlassungen die Zahlungseinstellung bzw. Konkurseröffnung zusammentrifft. RG. 3, 350, 351, 7, 392, 13, 41, 16, 188, 189. Dabei kann die **Zahlungseinstellung** bzw. **Konkurseröffnung** den übrigen Tatbestandsmomenten **vorgehen oder nachfolgen.** RG. 2, 338, 13, 41, 14, 222, vgl. RG. 5, 415, 7, 391, JW. 89, 61[13], 96, 514[9], 515[11].

Reale Konkurrenz zwischen den §§ 239, 240, 241 kann bei derselben Zahlungseinstellung oder Konkurseröffnung nicht vorkommen. RG. 6, 97, 34, 238, JW. 94, 159[8], 16, 1484[3]. Ebensowenig bei Verfehlungen gegen mehrere Ziffern des § 239 oder des § 240. RG. 1, 101, 2, 338, 11, 252, 13, 242, 243, 34, 238, 58, 305, auch 21, 387, 36, 194, JW. 16, 1484[3]. — **Idealkonkurrenz** zwischen § 242 und Beihilfe zu §§ 239, 240 ist möglich. JW. 16, 1484[3]. — Reale Konkurrenz bei gleichartigen Vergehungen in bezug auf das Vermögen der offenen Handelsgesellschaft und das Privatvermögen eines Gesellschafters: RG. 11, 8, auch 42, 284.

Die Bestrafung wird nicht dadurch ausgeschlossen, daß unterdes das **Konkursverfahren** gemäß § 204 **eingestellt** worden ist. JW. 89, 476[3].

Als **Ort der Begehung** der Tat ist der Ort der Zahlungseinstellung oder der Konkurseröffnung anzusehen. Daher unterliegt die Zuwiderhandlung dem inländischen Strafgesetz, wenn die Zahlungseinstellung oder die Konkurseröffnung im Inland erfolgt ist, die übrigen (vorangegangenen) Tatbestandsmomente dagegen im Auslande stattgefunden haben. RG. 16, 188.

Die **Verjährung** der Straftat beginnt mit dem Zeitpunkt, in dem die Zahlungseinstellung oder die Konkurseröffnung mit den übrigen Tatbestandsmomenten zusammentreffen, da in diesem Zeitpunkt die Tat vollendet ist. RG. 3, 350, 7, 392. — Über Unterbrechung der Verjährung vgl. RG. 29, 344.

239. (209.) Schuldner, welche ihre Zahlungen eingestellt haben, oder über deren Vermögen das Konkursverfahren eröffnet worden ist[1], werden wegen betrüglichen Bankerutts mit Zuchthaus bestraft[2], wenn sie in der Absicht, ihre Gläubiger zu benachteiligen[3],

1. Vermögensstücke verheimlicht oder beiseite geschafft[4] haben[5],
2. Schulden oder Rechtsgeschäfte anerkannt oder aufgestellt haben, welche ganz oder teilweise[6] erdichtet sind,
3. Handelsbücher zu führen unterlassen haben, deren Führung ihnen gesetzlich oblag[7], oder
4. ihre Handelsbücher vernichtet oder verheimlicht oder so geführt oder verändert haben, daß dieselben keine Übersicht des Vermögenszustandes gewähren[8].

Sind mildernde Umstände vorhanden, so tritt Gefängnisstrafe nicht unter drei Monaten ein.

[1] Über **Schuldner, Zahlungseinstellung, Konkurseröffnung** vgl. Vorbem. vor § 239. — Vgl. auch den dem § 239 nachgebildeten (RG. 48, 118) § 5 Ges. über die Sicherung der Bauforderungen v. 1. 6. 09.

[2] Über **Vollendung, Ort der Begehung, Verjährung** der Straftat und **reale Konkurrenz** zwischen den Straftaten nach §§ 239, 240, 241 vgl. Vorbem. vor § 239. Die zu den **verschiedenen Nummern des § 239** aufgeführten Handlungen oder Unterlassungen eines Schuldners bilden, sofern mehrere von ihnen gegenüber einer und derselben Zahlungseinstellung oder Konkurseröffnung desselben Schuldners zusammentreffen, nur **eine einheitliche Straftat** in Gestalt einer Handlungseinheit; eine Idealkonkurrenz, d. i. eine einheitliche Verletzung mehrerer Strafgesetze (§ 73 StGB.) kommt dabei nicht in Frage. RG. 29, 346, 36, 194, JW. 13, 163[27], auch (§ 5 Ges. z. Sich. der Bauford., s. Anm. 1) RG. 48, 118. — Strafbarkeit des **Versuchs** vor erfolgter Zahlungseinstellung: RG. 13, 43, auch 34, 380. — **Mittäterschaft** mehrerer Personen ist begrifflich bedingt einesteils durch den Umstand, daß bezüglich aller entweder Zahlungseinstellung oder Konkurseröffnung vorliegt, anderenteils durch eine wenigstens teilweise Gemeinsamkeit der Gläubigerschaft, deren Benachteiligung beabsichtigt wird. RG. 31, 407, JW. 93, 113[2]. — Über **Idealkonkurrenz** des betrüglichen Bankerotts nach § 239 Nr. 1 **mit Betrug** und die Möglichkeit der **Beihilfe dabei** nicht nur zu beiden, sondern auch allein zu nur einem dieser Tatbestände vgl. RG. 44, 409.

[3] Die **Absicht** (vgl. hierüber RG. 24, 7, 255, 39, 136), **seine Gläubiger zu benachteiligen,** liegt nicht vor, wenn der Schuldner nur einen Gläubiger zu begünstigen beabsichtigt, ohne daß die Masse verringert werden soll; in diesem Falle kommt ausschließlich § 241 zur Anwendung. RG. 39, 136 (JW. 06, 794[62]).

[4] Auch bei **Grundstücken** denkbar. RG. 2, 118.

[5] Es sei denn, daß lediglich der Tatbestand des § 241 vorliegt. RG. 6, 95. — Sind die verheimlichten oder beiseite geschafften Vermögensstücke erst **nach der Konkurseröffnung erworben,** so findet § 239 keine Anwendung. JW. 95, 431[3].

[6] Die Worte **„ganz oder teilweise"** mußten früher in die an die Geschworenen zu stellende Schuldfrage (§ 292 StPO. a. F.) aufgenommen werden. RG. 24, 433. Jetzt entscheiden die Richter und die Geschworenen über die Schuld- und Straffrage gemeinschaftlich (§ 82 GVG. n. F.).

[7] **Verpflichtung zur Führung von Handelsbüchern:** §§ 38, 4 HGB., Anm. 11 bis 13 § 240. — **Nach Auflösung des kauf-**

männischen **Geschäfts** besteht die Pflicht zur Buchführung fort, bis die im früheren Gewerbe eingegangenen Verbindlichkeiten gelöst sind. RG. 4, 41, auch RG. 2, 50, 15, 64.

[8] **Vernichtung** usw. **der Handelsbücher:** Anm. 14 bis 16 § 240. — In § 239 Nr. 4 sind nicht, wie in § 240 Nr. 3, die Worte enthalten, „deren Führung ihnen gesetzlich oblag". Daher kann ein Schuldner, der (weil er nicht Vollkaufmann) zur Führung von Handelsbüchern nicht verpflichtet ist, der aber tatsächlich Handelsbücher geführt hat, nach § 239 Nr. 4 strafbar sein, wenn er die geführten Bücher vernichtet usw. RG. 42, 284 (JW. 10, 861[22]). — Jedoch ist daraus, daß durch die §§ 239 Nr. 3, 4, 240 Nr. 3 die Pflicht eines Kaufmanns zur ordnungsmäßigen Führung von Handelsbüchern unter strafrechtlichen Zwang gestellt ist, nicht zu entnehmen, daß allgemein und ohne weiteres dem Kaufmann jede für andere nachteilige **Änderung** seiner ursprünglichen Eintragungen verboten wäre. RG. 5, 430, 50, 169, 58, 47.

240. (210.) Schuldner, welche ihre Zahlungen eingestellt haben, oder über deren Vermögen das Konkursverfahren eröffnet worden ist[1], werden wegen einfachen Bankerutts mit Gefängnis[2a] bestraft[2b], wenn sie

1. durch Aufwand[3], Spiel[4] oder Wette[5] oder durch Differenzhandel[6] mit Waren oder Börsenpapieren[7] übermäßige[8] Summen verbraucht haben oder schuldig geworden sind[9];
2. in der Absicht, die Eröffnung des Konkursverfahrens hinauszuschieben, Waren oder Wertpapiere auf Kredit entnommen und diese Gegenstände erheblich unter dem Werte in einer den Anforderungen einer ordnungsmäßigen Wirtschaft widersprechenden Weise veräußert oder sonst weggegeben haben[10];
3. Handelsbücher[11] zu führen unterlassen haben[12], deren Führung ihnen gesetzlich oblag[13], oder dieselben[13a] verheimlicht, vernichtet[14] oder so un-

ordentlich geführt[15] haben, daß sie keine Übersicht ihres Vermögenszustandes gewähren[16], oder

4. es gegen die Bestimmung des Handelsgesetzbuchs[17] unterlassen haben[18], die Bilanz ihres Vermögens in der vorgeschriebenen Zeit zu ziehen[19].

Neben der Gefängnisstrafe kann in den Fällen der Nr. 1, 2 auf Verlust der bürgerlichen Ehrenrechte erkannt werden.

Sind mildernde Umstände vorhanden, so kann auf Geldstrafe bis zu sechstausend Mark erkannt werden[20].

[1] Über **Schuldner, Zahlungseinstellung, Konkurseröffnung** vgl. Vorbem. vor § 239. — Vgl. auch den dem § 240 nachgebildeten § 6 Ges. über die Sicherung der Bauforderungen v. 1. 6. 09 (Strafbarkeit der Unternehmer eines Neubaues im Falle der Zahlungseinstellung oder der Konkurseröffnung, wenn sie das vorgeschriebene Baubuch nicht oder unordentlich geführt haben) und dazu Anm. 5 § 244, ferner RG. 49, 72 (nur ein selbständiger Baugewerbetreibender ist zur Führung eines Baubuchs verpflichtet).

[2a] Von der Nov. ist durch Streichung der früheren Strafgrenze „bis zu zwei Jahren" das Strafmaß erweitert worden.

[2b] Zur **Strafbarkeit des einfachen Bankerotts** ist das Vorliegen eines Vorsatzes oder einer Fahrlässigkeit im technischen Sinne nicht erforderlich, wohl aber ein **schuldhaftes Verhalten** hinsichtlich der Bankerotthandlungen zu 1—4. RG. 13, 242, 359, 14, 80, 15, 309, 16, 277, 29, 222, 45, 92, JW. 91, 507[3] (anders RG. 4, 418, 5, 410). — Zur Strafbarkeit der **Beihilfe** ist, weil Voraussetzung für die Strafbarkeit eines Gehilfen ist, daß er mit dem Bewußtsein der Förderung einer vom Täter beabsichtigten Straftat ihm behilflich gewesen ist, erforderlich, daß der Haupttäter sich der vorsätzlichen Begehung des einfachen Bankerotts schuldig gemacht und der Vorsatz des Gehilfen alle die Momente umfaßt hat, die den Vorsatz des Haupttäters begründen. RG. 27, 316, 45, 93, JW. (95, 562[4]), 11, 865[28], 14, 896[20], auch RG. 16, 277. In ersterer Hinsicht genügt es nicht,

daß vom Haupttäter die einzelnen betreffenden Bankerotthandlungen vorsätzlich begangen sind. RG. 27, 316, JW. 11, 865[28] (entgegen RG. 16, 277). Vielmehr muß auch die Zahlungseinstellung (oder Konkurseröffnung), die ebenfalls ein Tatbestandsmerkmal darstellt, vom Vorsatz umfaßt sein und demgemäß ein Handeln in dem Bewußtsein vorliegen, daß der Bankerotthandlung eine Zahlungseinstellung (Konkurseröffnung) vorangegangen sei oder in einem Zeitpunkt nachfolgen werde, daß noch ein tatsächlicher Zusammenhang zwischen der Bankerotthandlung und der Zahlungseinstellung (Konkurseröffnung) bestehe. RG. 27, 316, JW. (95, 562[4]), 11, 865[28] (a. M. RG. 45, 88, JW. 14, 896[20]). — Ein **ursächlicher Zusammenhang** jedoch zwischen den Bankerotthandlungen und dem Konkurs oder der Zahlungseinstellung derart, daß diese durch schuldhaftes Verhalten hinsichtlich jener herbeigeführt wären, ist zur Anwendung der Strafvorschrift des § 240 nicht erforderlich. RG. 4, 419, 7, 393, 9, 134, 13, 359, 15, 66, 16, 277, 39, 165, 45, 91, 55, 30, JW. 89, 61[13], 93, 293[14]. Die Bankerotthandlungen müssen sich aber auf die Vermögenslage beziehen, die zu der Konkurseröffnung oder der Zahlungseinstellung geführt hat oder nachträglich dazu führt, und muß insofern ein tatsächlicher Zusammenhang zwischen den Bankerotthandlungen und der Konkurseröffnung oder der Zahlungseinstellung bestehen. RG. 39, 167, 55, 30, JW. 96, 515[11], 03, 139[24], 11, 865[28] (a. M. RG. 4, 419, 45, 93, wo nur erfordert ist, daß die Bankerotthandlungen lediglich als der Konkurseröffnung oder der Zahlungseinstellung zeitlich vorausgehend mit dieser in Beziehung gebracht seien). So kann die Bestrafung eines Schuldners nach § 240 Abs. 1 Nr. 1 nicht erfolgen, wenn die von ihm durch Spiel verbrauchten übermäßigen Summen nicht aus dem Vermögen herrührten, das die Gläubiger zu ihrer Befriedigung in Anspruch nehmen konnten (das er z. B. nach der Konkurseröffnung durch Diebstahl erlangt hatte). RG. 14, 224, 55, 30. Vgl. auch Vorbem. vor § 239. — Sämtliche im § 240 bezeichneten Tatbestände des einfachen Bankerotts sind **nicht selbständige Tatbestände**, sondern nur Modalitäten einer Straftat. Bei der Schuldfrage kann daher unentschieden gelassen werden, ob alle Modalitäten vorliegen oder nur eine oder die andere davon. RG. 36, 193, vgl. 11, 251, 12, 351. — Die zu den **verschiedenen Nummern des § 240** aufgeführten Handlungen oder Unterlassungen eines Schuldners bilden, sofern mehrere von ihnen gegenüber einer und derselben Zahlungseinstellung (oder Konkurseröffnung) desselben Schuldners zusammentreffen, nur **eine einheitliche Straftat** in Gestalt einer Handlungseinheit; eine Idealkonkurrenz d. i. eine einheitliche Verletzung mehrerer Strafgesetze (§ 73 StGB.) kommt dabei nicht in Frage. RG. 29, 346, 36, 194, 58, 305, JW. 13, 163[27], auch (§ 11 Depotges. v. 5. 7. 96, § 6 Ges. z. Sicherung d. Bauforderungen, s. Anm. 1) RG. 34, 238, 46, 306, 48, 90, JW. 15, 356[29]. Über **Realkonkurrenz zwischen** den Straftaten nach **§§ 239, 240, 241** vgl. Vorbem. vor § 239.

[3] D. i. eine das **Notwendige oder Übliche übersteigende Aufwendung.** RG. 15, 312, 31, 151. Auch wenn diese im geschäftlichen Interesse gemacht ist. RG. 7, 91, 16, 238, 29, 347. Vorliegen von Luxus und Verschwendung ist nicht erforderlich, auch braucht nicht notwendig die gesamte Geschäfts- und Lebensführung mit übermäßigem Aufwande betrieben zu sein. RG. 14, 224, Anm. 9. Vielmehr genügt die Überschreitung der Grenzen, die für die Geschäfts- und Lebensführung des betreffenden Schuldners durch seine Lebensstellung sowie vor allem durch seine gesamte Vermögenslage, durch die Leistungsfähigkeit seines Geschäfts und durch seinen wirklichen Verdienst gezogen werden müssen. JW. 88, 154[2], 91, 381[4], 95, 82[2]. Dagegen fällt die durch eine unglückliche Handelsspekulation herbeigeführte Vermögensverminderung an sich nicht unter den Begriff des übermäßigen Aufwands. RG. 16, 238. Auch nicht die Ausgaben, die zufolge der sozialen Stellung des Schuldners geboten waren. JW. 95, 98[2].

[4] D. i. **Spielvertrag** im zivilrechtlichen Sinne, § 762 BGB. (auch Lotteriespiel, § 763 BGB., RG. 27, 180), nicht jedes gewagte Geschäft, RG. 15, 278.

[5] Durch die Nov. ist die **Wette**, wie im § 762 BGB., dem Spiel gleichgestellt.

[6] Begriff des **Differenzhandels:** § 764 BGB. Ein auf Zeit gestelltes Kaufgeschäft, RG. 15, 278, insbesondere Betreiben von Ultimogeschäften, namentlich in Spielpapieren, bei denen Lieferung und Abnahme ausgeschlossen und nur die Differenz Gegenstand der Geschäfte ist, RG. 1, 282, RG. 34, 82, 79, 239,

387, JW. 98, 294[50], auch wenn der Schuldner nur als Kommissionär, also für fremde Rechnung aber im eigenen Namen, den Differenzhandel betrieben hat, RG. 31, 7, RG. 34, 264, und ohne Beschränkung auf klagbare Verpflichtungen, RG. 22, 12 (JW. 91, 381[2]). — Auch wenn nur zufolge eines einzigen Differenzgeschäfts übermäßige Summen verbraucht sind, liegt der Tatbestand des § 240 Nr. 1 vor, selbst wenn infolge anderer gewinnbringender Differenzgeschäfte im Schlußergebnis der Verlust den Gewinn nicht mehr um eine übermäßige Summe überstiegen hat. JW. 92, 505[1], 93, 484[1], auch RG. 14, 84.

[7] Das sind solche **Wertpapiere**, deren Handel und Kursnotierung an einer Börse zugelassen ist. JW. 94, 541[4].

[8] **Übermäßige Summen** sind solche Summen, welche die durch Umfang und Leistungsfähigkeit des Geschäfts gesteckten Grenzen überschreiten und zu dem tatsächlich vorhandenen Geschäftsvermögen in keinem angemessenen Verhältnis stehen. RG. 7, 90, 14, 87, 15, 309, JW. 88, 154[2], 95, 98[2]. Es braucht nicht gerade durch den Verbrauch der übermäßigen Summen die Zahlungseinstellung oder die Konkurseröffnung herbeigeführt worden zu sein. JW. 88, 154[2], 92, 505[1], auch Anm. 2b. — Der Verbrauch übermäßiger Summen wird nicht dadurch straffrei, daß der **Schuldner** ihn **für erforderlich gehalten** hat, um seinen Kredit aufrecht zu erhalten. RG. 29, 347. Auch kann sich der Schuldner nicht damit entschuldigen, daß der Verbrauch nicht durch ihn selbst, sondern durch Mitglieder seiner Familie erfolgt sei. RG. 31, 151. Ebensowenig damit, daß er sich der Übermäßigkeit des Aufwandes nicht bewußt gewesen sei. JW. 91, 507[2]. Vgl. auch Anm. 3.

[9] Ein **einmaliger Fall** des Aufwands, Spiels oder Differenzhandels genügt. RG. 14, 224. Vgl. auch Anm. 3, 6.

[10] Nr. 2 von der Nov. eingefügt. — Die erforderte „**Absicht**" liegt vor, sobald der Wille des Schuldners sich dahin richtet, der **Konkurseröffnung** für jetzt **zu entgehen.** Begr. 55, RG. 38, 330. Die Absicht zu täuschen, ist nicht erforderlich. KB. 52. — Unter „**Wert**" ist nicht der Einkaufspreis oder der frühere Fakturenpreis, sondern nur der den Waren oder Wertpapieren zur Zeit der Weiterveräußerung oder sonstigen Weggabe innewohnende Verkaufswert, laufende Marktpreis, zu verstehen. RG. 47, 61. Jedoch hat für einen Kaufmann, der

von einem **Großhändler** Waren zu dem im **Großhandel** üblichen Preise bezieht und die Waren sodann in seinem Ladenhandel weiterverkauft, als marktgängiger Preis derjenige höhere Betrag zu gelten, der sich durch den für die Haltung des Ladens und sonstige Geschäftsunkosten erforderlichen Aufschlag ergibt. RG. 47, 62. — **„Veräußern"** bedeutet hier (wie im BGB.) jede Handlung, wodurch die Substanz eines Rechtes behufs Übertragung oder Aufhebung desselben aufgegeben wird, und zwar ohne Rücksicht darauf, ob es sich um ein entgeltliches oder unentgeltliches Geschäft handelt (z. B. Kauf, Tausch, Schenkung, Hingabe an Zahlungs Statt). RG. 48, 218. Mit den Worten **„oder sonst weggegeben"** ist ein weiterer Begriff verbunden. Während die „Veräußerung" das gänzliche Aufgeben der Verfügungsgewalt begreift, liegt ein „sonstiges Weggeben" auch vor in einer teilweisen Entäußerung der Verfügungsgewalt, wodurch das Zugriffsrecht der Gläubiger erschwert wird. Hierbei ist nicht notwendig an ein räumliches Weggeben zu denken, sondern es kommen allgemein solche Handlungen in Frage, durch die den Gläubigern die Möglichkeit, die betreffenden Waren oder Wertpapiere für sich im Wege der Zwangsvollstreckung zu verwerten, tatsächlich oder rechtlich geschmälert wird. RG. 48, 218. Dahin gehört z. B. auch eine Verpfändung, Lombardierung. Jedoch kommt hier besonders die Möglichkeit der Wiedereinlösung der Pfandstücke für die Frage in Betracht, ob die Verpfändung den Anforderungen einer ordnungsmäßigen Wirtschaft widersprach und der Schuldner das Bewußtsein hiervon hatte. RG. 48, 219.

[11] **Handelsbücher** müssen geführt werden: ohne wesentliche Abweichungen von der im § 43 HGB. vorgeschriebenen Form, RG. 17, 332; nach den Grundsätzen kaufmännischer Buchführung, RG. 25, 36. Keine Führung von Handelsbüchern ist das Aufschreiben auf losen Zetteln. JW. 88, 231[1]. Kassenzetteln, die nicht, wie Handelsbriefe, Beläge, Notizen und andere schriftliche Unterlagen, eine bloße Aufklärung der ins Kassenbuch aufgenommenen Einträge darstellen, sondern als ins Kassenbuch gehörende, indessen dort fehlende Beurkundung der Mehrausgabe nach Höhe und Zweck anzusehen sind, ist die Anerkennung als formgemäß geführte Handelsbücher oder als statthafter Ersatz solcher oder eines Teils von ihnen zu versagen.

RG. 17, 301, 50, 131. Die Führung muß im Anschluß an den Geschäftsbetrieb fortlaufend bzw. periodisch erfolgt sein. RG. 39, 219, JW. 92, 144². Einbeziehung der der Buchungspflicht nicht unterliegenden Nebengeschäfte eines Vollkaufmanns: Anm. 13.

¹² Das Gesetz **gebietet nicht** die **Führung bestimmter Arten von Handelsbüchern,** sondern nur allgemein die Führung solcher Handelsbücher, aus denen die Lage des Vermögens vollständig zu ersehen ist. **Ebensowenig** stellt es die Forderung auf, daß **aus bestimmten** einzelnen von mehreren durch den Pflichtigen geführten **Handelsbüchern** der **Vermögenszustand** des letzteren vollständig **zu erkennen** sei. Es genügt zur Erfüllung der Verpflichtung, wenn der Vermögenszustand überhaupt aus den tatsächlich geführten Handelsbüchern (z. B. neben Journal und Hauptbuch nur noch Memorial, Kassa- und Fakturenbuch) zu ersehen ist. JW. 12, 1071¹⁵ᵇ, Jedoch ist der Pflichtige bei **unterlassener Führung einzelner Bücher** dann strafbar, wenn infolgedessen die Übersicht über den Vermögenszustand nicht aus den Büchern hervorgeht. RG. 11, 144, 161, JW. 12, 1071¹⁵ᵇ. — Die Führung eines **Kopierbuches** ist im § 38 Abs. 2 HGB. nicht mehr, wie früher (Art. 28 Abs. 2, s. jedoch JW. 88, 454⁵), vorgeschrieben. — Die Verletzung der Pflicht, alljährlich ein **Inventar** aufzunehmen (§ 39 Abs. 2 HGB.), rechtfertigt die Anwendung des § 240 nur dann, wenn infolgedessen die Bücher keine Übersicht des Vermögenszustandes gewähren. RG. 30, 170, auch 11, 142, 161, 39, 217.

¹³ § 239 Nr. 4 bezieht sich auf alle tatsächlich geführten Handelsbücher. Dagegen erfordert § 240 Nr. 3 auch hinsichtlich der Verheimlichung, Vernichtung usw. das weitere Merkmal, daß eine **gesetzliche Verpflichtung zur Führung der Handelsbücher** bestand. Anm. 8 § 239. — Gemäß §§ 38 ff. HGB. ist **jeder Kaufmann** zur Führung von Handelsbüchern verpflichtet. Nach § 1 Abs. 1 ist Kaufmann, wer ein Handelsgewerbe betreibt. Was als Handelsgewerbe gilt, bestimmen § 1 Abs. 2, § 2. Ein **Baugeschäft** nebst dazugehöriger Sägemühle z. B. bildet nicht ohne weiteres ein Handelsgewerbe im Sinne des § 1 Abs. 2, weil nur bewegliche Sachen als Waren dieser Vorschrift gelten (RG. 33, 419); es kann ein solches nur sein, soweit sein Inhaber Handel mit Baumaterialien betreibt. Der In-

haber ist also nur unter dieser Voraussetzung Kaufmann, es müßte denn sein, daß sein gewerbliches Unternehmen nach Art und Umfang einen in kaufmännischer Weise eingerichteten Geschäftsbetrieb erforderte und seine Firma in das Handelsregister eingetragen wäre, in welchem Falle der Betrieb gemäß § 2 als Betrieb eines Handelsgewerbes gelten würde. RG. 52, 293. Über den Begriff eines **Bankiergeschäfts** (§ 1 Abs. 2 Nr. 4) und darüber, daß ein sog. Wettkonzern nicht darunter fällt, vgl. RG. 57, 361. — Nicht verpflichtet zur Führung von Handelsbüchern sind: nach § 4 HGB. **Handwerker** sowie Personen, deren Gewerbebetrieb nicht über den Umfang des **Kleingewerbes** hinausgeht, und nach § 3 **Land- und Forstwirte**, die nicht in das Handelsregister eingetragen sind. Nach § 5 HGB. begründet zwar die **Eintragung in das Handelsregister** eine unwiderlegbare Vermutung dafür, daß das unter der eingetragenen Firma betriebene Handelsgewerbe das Handelsgewerbe eines Vollkaufmanns ist. Allein eine solche Vermutung stellt das Gesetz nur auf für die privatrechtlichen Beziehungen des Firmeninhabers und zum Schutze der am rechtsgeschäftlichen Verkehre mit ihm Beteiligten. Für das Gebiet des öffentlichen Rechts aber hat sie keine Bedeutung. Der Strafrichter hat selbständig zu prüfen, welcher Art das Gewerbe ist, das der im Handelsregister eingetragene Unternehmer betreibt, und ob dieser Gewerbebetrieb geeignet ist, ihn im Sinne des Gesetzes zum Vollkaufmann zu machen. JW. 12, 951[46], vgl. auch RG. 93, 240 in Vorbem. vor § 239. — **Vereinigungen**, deren Zweck auf den Betrieb eines Handelsgewerbes unter gemeinschaftlicher Firma gerichtet ist, sind, wenn sie ihre Geschäfte als offene Handelsgesellschaft oder in der Form einer Kommanditgesellschaft betreiben, stets zur Führung von Handelsbüchern verpflichtet, weil es zu den wesentlichen Begriffsmerkmalen der Handelsgesellschaft gehört, daß der Gegenstand ihres Unternehmens ein Gewerbebetrieb im großen ist; durch Vereinigungen zum Betriebe eines Handwerks oder eines Kleingewerbes können solche Handelsgesellschaften niemals begründet werden. Ob eine Vereinigung (strafrechtlich) als Handelsgesellschaft anzusehen ist oder (trotz der Eintragung in das Handelsregister) nur als Kleinhandelsvereinigung, bestimmt sich danach, ob der Zweck der Vereinigung auf den Betrieb eines über die Grenzen des Kleingewerbes hinausgehenden Handelsgewerbes gerichtet oder auf den Betrieb eines Gewerbes im kleinen beschränkt war. JW. 12, 951[46]. — Im übrigen entscheidet sich die **Frage, ob** jemand **Handwerker oder Kaufmann** ist, nicht nach der Größe des Umsatzes, sondern nach der Art des inneren Betriebes (z. B. Herstellung der Ware, Größe der Anlage, Zahl der Arbeiter). RG. 8, 128, 14, 426, 24, 81, 357, 25, 4, 36, 37, 37, 310, JW. 08, 603[118], KGJ. 21, A 68, 27, A 60, 300, RJA. 1, 190, 4, 102. Für die **Frage, ob** ein Handelsgewerbebetrieb sich innerhalb der Grenzen des **Kleingewerbes** bewegt, ist (nach §§ 2, 4 HGB.) maßgebend, daß das Gewerbe nach Art und Umfang, in denen es betrieben wird, einen in kaufmännischer Weise eingerichteten Geschäftsbetrieb nicht erfordert; es ist also nicht bloß der Geschäftsumsatz, sondern die ganze Art, namentlich die äußere Einrichtung des Geschäftsbetriebes in Betracht zu ziehen. RG. 33, 187, 34, 101, 35, 288, JW. 03, 140[20], [27], 227[28], KGJ. 22, A 276 (RJA. 2, 131). Daher liegt ein Hinausgehen über den Umfang des Kleingewerbes nicht schon dann vor, wenn aus besonderen Gründen (z. B. um die auf Zahlung drängenden Verkäufer zufriedenzustellen) Waren in einer das Bedürfnis übersteigenden Menge angeschafft sind, RG. 34, 101, oder wenn aus vorübergehenden Ursachen ein größerer Gewerbebetrieb stattgefunden hat, RG. 33, 187, oder wenn infolge der Verschiedenheit der feilgebotenen Waren mehrere Bezugsquellen aufgesucht worden sind, RG. 34, 101, oder wenn zur Erlangung weiterer Kreditbewilligungen die Ausstellung von Wechseln stattgefunden hat, RG. 34, 101. Ein Bauunternehmer (s. RG. 18, 363), der den Baumaterialienhandel in der Weise betreibt, daß er Bestellungen von seinen Kunden erhält und diese Bestellungen von seinen Lieferanten auf seine eigene Rechnung direkt ausführen läßt, ist Kaufmann im Sinne des § 1 Abs. 2 Nr. 1 HGB. und, wenn das Geschäft nicht nur auf einen bedeutenden Umsatz berechnet ist, sondern auch in kaufmännischer Weise betrieben wird, Vollkaufmann im Sinne der §§ 38 ff. HGB. und des § 240 Nr. 3. JW. 08, 603[118]. Ein Handelsmäkler, der nicht einzelne Geschäfte, sondern eine Mehrzahl von Geschäften in fortgesetzt gleichartigem Betriebe vornimmt und aus dieser Tätigkeit einen dauernden Gewinn zieht, ist nach § 1 Abs. 1, Abs. 2 Nr. 7

HGB. Vollkaufmann und als solcher gemäß §§ 38 ff. HGB. zur Buchführung verpflichtet, und zwar neben der ihm nach §§ 100, 103 HGB. obliegenden Führung des Tagebuchs. RG. 46, 102. Ein preußischer Notar, der neben seinen Notariatsgeschäften gewerbsmäßig Bankiergeschäfte betreibt, ist nach § 1 Abs. 1, Abs. 2 Nr. 4 HGB. Vollkaufmann gemäß § 7 HGB. auch dann, wenn ihm die zum Betriebe der Bankiergeschäfte erforderliche Erlaubnis der vorgesetzten Dienstbehörde (§ 19 Abs. 1 preuß. GewO. v. 17. 1. 45, § 12 Abs. 2 RGewO.) nicht erteilt ist. RG. 47, 298. — Nach dem **früheren Art. 10 alt. HGB.** waren Höker, Trödler, Hausierer und dergleichen Handelsleute von geringem Gewerbebetriebe, sowie Personen, deren Gewerbe nicht über den Umfang des Handwerksbetriebes hinausging, zur Führung von Handelsbüchern nicht verpflichtet. Einzelne Fälle nach diesen Richtungen: JW. 88, 64[2] (Handelsleute mit Spezerei und Gewürzwaren), 89, 102[11], RG. 18, 363 (Bauunternehmer), JW. 90, 65[1], 345[8] (umherziehende Händler), 433[2], 91, 55[1], 92, 20[14], 96, 514[78] (Handwerker), 91, 55[2] (Goldwarenhändler), 507[1] (Klempner), 507[3], RG. 22, 272 (Dampfwaschanstalt), JW. 92, 458[2] (Maurermeister), 93, 532[1] (Hausierer), 94, 52[1], RG. 24, 426 (Apotheker), JW. 94, 109[1] (Gastwirt), 396[2] (Vermittler), 502[3], RG. 26, 37 (Molkereibesitzer), JW. 95, 469[2] (Trödler, Höker), RG. 28, 58 (Maler für Bauten), 31, 178 (Schlächtermeister). — Wegen Unterlassung der Führung von Handelsbüchern **vor dem 1. 1. 00** konnte gemäß § 2 Abs. 2 StGB. eine Bestrafung nur dann erfolgen, wenn der Gemeinschuldner sowohl nach früherem Recht (Art. 10, 28 a.HGB.) als auch nach jetzigem Recht (§§ 4, 38 n.HGB.) zur Führung von Handelsbüchern verpflichtet war. RG. 33, 185, 187, 34, 101, 35, 288, JW. 00, 707[2]. — Mit **Einstellung des Betriebes** des Handelsgewerbes hört die Verpflichtung zur Fortführung der Bücher auf. JW. 96, 513[1] (s. jedoch Anm. 7 § 239). Denkbar ist es auch, daß eine zu Zwecken des Großbetriebs ins Leben gerufene offene Handelsgesellschaft oder Kommanditgesellschaft, wenn ihre Geschäfte dauernd auf den Umfang des Kleingewerbes zurückgehen, die Verfolgung ihrer ursprünglichen Zwecke endgültig aufgibt und zu einer Kleinhandelsgesellschaft wird, so daß ihre Verpflichtung zur Fortführung der Bücher aufhört. JW. 12, 951[46], s. oben. Dagegen ist zur Strafbarkeit nicht erforderlich, daß der seine kaufmännischen Pflichten Verletzende noch zur Zeit der Zahlungseinstellung oder Konkurseröffnung Kaufmann ist. RG. 4, 41, 15, 64, 26, 385, 35, 83, JW. 96, 515[11], 03, 139[24], Vorbem. vor § 239. Vgl. jedoch Anm. 14. — **Erlangt** eine Person, die ursprünglich ein Handwerk oder ein die Grenzen des Kleingewerbes nicht überschreitendes Handelsgewerbe betrieben hat, **später** (durch Erweiterung des Betriebes) die **Vollkaufmannseigenschaft**, so beginnt nunmehr die Verpflichtung zur Führung der Handelsbücher, insbesondere auch zur Aufstellung der Eröffnungsbilanz (s. Anm. 17, 19). RG. 45, 6, JW. 12, 951[46]. Desgleichen beginnt diese Verpflichtung, wenn ein Minderjähriger ohne Genehmigung ein Handelsgewerbe betrieben hat, mit Erreichung der Volljährigkeit, da er nun erst rechtlich Kaufmann wird. RG. 45, 3, auch Anm. 17. — Sind in der Person des Geschäftsinhabers **mehrere verschiedenartige, örtlich getrennte Geschäfte** verbunden, so erstreckt sich die Verpflichtung zur Buchführung, die bezüglich des einen Geschäfts besteht, nicht auch auf das andere Geschäft, für das die Verpflichtung an sich nicht besteht. Jedoch müssen der Vermögenswert und die Handelsergebnisse des anderen Geschäfts oder Gewerbes, wie der Forst- und Landwirtschaft, des Handwerksbetriebes, des Kleingewerbes, als ein besonderer Vermögensgegenstand behandelt und (z. B. durch ein besonderes Konto hierfür) ersichtlich gemacht werden, sofern dies zur Gewinnung einer vollständigen Übersicht über die Vermögenslage erforderlich ist. RG. 25, 3, 170, 41, 41 (JW. 94, 225[1], 08, 390[41]). — **Irrtum über die Verpflichtung** zur Buchführung hebt die Strafbarkeit nicht auf. RG. 1, 49, 4, 418, 5, 409, 8, 149, JW. 01, 821[6]. — Dadurch, daß der Geschäftsinhaber die **Buchführung einem anderen überträgt,** wird er nicht ohne weiteres von der Verantwortlichkeit für eine mangelhafte oder unvollständige Buchführung frei, da er zur Überwachung der Buchführung verpflichtet ist, RG. 4, 421, 13, 241, 45, 387, 58, 305, JW. 89, 102[13], 08, 604[120], 15, 48[17], sei es auch, daß er sich nicht die nötige kaufmännische Ausbildung erworben hat, um die Bücher selbst führen zu können, und die Hilfskraft eine zur Buchführung fähige und geeignete Person ist, JW. 01, 821[6], 15, 48[17]. Dies gilt auch: von dem Geschäftsführer einer Gesellschaft m.b.H.,

RG. 58, 305; von dem Gesellschafter einer offenen Handelsgesellschaft, der die Buchführung einem Mitgesellschafter überläßt, ohne für die Überwachung der Buchführung in geeigneter Weise Sorge zu tragen, JW. 89, 102[12], 08, 604[120], auch RG. 13, 309, oder wenn der Gesellschafter, dem er die Führung der Handelsbücher übertragen hatte, die Erfüllung seiner Pflicht hartnäckig weigert, RG. 45, 387. Nur wenn der Geschäftsinhaber sich auf besondere Umstände berufen kann, nach denen er ohne Verschulden, namentlich bei Ausübung gehöriger Überwachung, davon ausgehen durfte, daß die von ihm zur Buchführung bestellte Hilfskraft seine Verpflichtung zur ordentlichen Buchführung auch wirklich erfüllt habe, ist er von der Verantwortung für trotzdem eingetretene Mängel der Buchführung frei. RG. 4, 420, 13, 359, JW. 14, 896[20], 15, 48[17]. — Gegen **minderjährige** Gewerbetreibende, denen die erforderliche vormundschaftsgerichtliche Genehmigung zum Betrieb eines Erwerbsgeschäftes fehlt, ist die Anwendung des § 240 ausgeschlossen. RG. 26, 93, 36, 357, 45, 3, JW. 94, 605[1], 04, 128[18], s. jedoch oben über die Verpflichtung zur Buchführung mit Erreichung der Volljährigkeit. — Die **Zeiträume**, für welche **mehrere** zur ordnungsmäßigen Buchführung **Verpflichtete** wegen der Buchführung verantwortlich sind, können **verschieden** sein. RG. 39, 217, 49, 278. Verliert z. B. einer von zwei Geschäftsführern einer Gesellschaft m.b.H. diese Eigenschaft zu einer Zeit, bis zu welcher gar keine Bücher geführt sind, so kann ihm nur Unterlassung der Buchführung zur Last gelegt werden; dieselbe Schuld trifft aber auch den anderen Geschäftsführer, wenn er hinterher mit der Buchführung beginnt. RG. 49, 278. Vgl. auch Anm. 16 über den Unterschied zwischen unordentlicher Buchführung und Unterlassung der Buchführung mit Rücksicht auf verschiedene Zeiträume. — War im Handelsregister eine **vorgeschobene Person** eingetragen und der wahre Geschäftsinhaber nur als Prokurist, so lag ihm die Buchführungspflicht ob. JW. 16, 1282[3].

13a „**Dieselben**“ bedeutet: „die gesetzlich zu führenden“ Handelsbücher, nicht auch Handelsbücher, die der Schuldner ohne gesetzliche Verpflichtung tatsächlich geführt hat. RG. 57, 362.

[14] Die **Vernichtung nach Beendigung des Konkurses** ist nur strafbar, wenn den Gläubigern infolge besonderer Umstände noch ein Interesse an dem Vorhandensein der Bücher geblieben ist. RG. 11, 386, 22, 437, JW. 92, 265[3], 94, 502[3] (s. jedoch RG. 9, 132). — Die Vernichtung eines **einzelnen Handelsbuchs** erfüllt noch nicht den Tatbestand des § 240 Nr. 3, kann vielmehr nur für die Feststellung einer unordentlichen Buchführung von Bedeutung werden. JW. 94, 502[3]. — Ein Kaufmann, der sein **Geschäft aufgegeben** und seine Handelsbücher vernichtet hat, später aber im Betrieb eines Geschäfts, für das er Handelsbücher nicht zu führen brauchte, in Konkurs geraten ist, kann nur bestraft werden, wenn dieser Konkurs mit Schulden aus dem ersten Geschäft zusammenhängt. RG. 15, 65, 35, 83, JW. 03, 139[24], auch Anm. 1 § 239. Ebenso, wenn der Schuldner zur Zeit der Konkurseröffnung aufgehört hat, **Vollkaufmann** zu sein. RG. 26, 387, 35, 83, JW. 03, 326[9]. Vgl. jedoch JW. 96, 515[11]. — Die Strafbarkeit wird nicht dadurch ausgeschlossen, daß der Schuldner eine **Abschrift** des vermißten oder verheimlichten Handelsbuches vorlegt. RG. 16, 429, JW. 88, 64[3], 06, 495[42].

[15] Die Unordnung in der Buchführung muß auch noch **zur Zeit der Zahlungseinstellung** (Konkurseröffnung) bestanden und infolgedessen auch für diesen Zeitpunkt es in den Büchern an einer Übersicht des wahren Vermögenszustandes gefehlt haben. RG. 5, 416, 29, 292, 39, 167, JW. 12, 1071 [15b] 17, 859[4]. — Sind die gesetzlich vorgeschriebenen **Bilanzen** unordentlich gezogen, so liegt ein Mangel der Buchführung vor. Während unterlassene Bilanzziehung strafbar bleibt, ist unordentliche Bilanzziehung nur strafbar, wenn sie für die Zeit der Konkurseröffnung noch Wirkungen äußert. JW. 17, 859[4].

[16] **So unordentlich geführt**, daß an sich, auch für einen sachverständigen Dritten, der erforderliche **Überblick über die Vermögenslage** des Schuldners entweder überhaupt **nicht** oder doch nur mit erheblichen Schwierigkeiten, unter Aufwendung besonderer Mühen **zu gewinnen** ist. RG. 4, 120, 13, 354, 15, 174, 47, 311, auch JW. 12, 1071[15a]. Es genügt nicht, daß der Schuldner die Übersicht daraus gewinnen kann. RG. 4, 121. Auch nicht, daß durch Zuhilfenahme einer Fakturensammlung die Gewinnung der Übersicht ermöglicht wird. RG. 39, 219,

JW. 93, 484[3]. — Unordentliche Buchführung liegt auch vor, wenn der Schuldner seine Vermögensstücke willkürlich bewertet oder gar Werte für sie einsetzt, die, wie er weiß, falsch sind. RG. 39, 222 (JW. 07, 416[83]). Unter Umständen kann aber dadurch, daß Unordnungen in der Buchführung beseitigt werden und infolgedessen eine Vermögensübersicht zur Zeit der Zahlungseinstellung oder Konkurseröffnung möglich wird, die Anwendung des § 240 Nr. 3 ausgeschlossen werden. RG. 39, 167, 219 (JW. 07, 417[84]). Dies gilt jedoch nicht, wenn der Schuldner erst nach geraumer Zeit sich neue Bücher durch einen Bücherrevisor hat anfertigen lassen. RG. 39, 217 (JW. 07, 417[84]). — Für denselben Zeitraum kann nicht sowohl Unterlassung der gebotenen Buchführung als auch unordentliche Buchführung festgestellt werden. RG. 49, 279. Wenn ein Schuldner in ein und demselben Zeitraum zwar Handelsbücher geführt hat, aber nicht alle, deren Führung ihm gesetzlich oblag, oder wenn er jegliche Eintragung in die Handelsbücher während eines nicht als bedeutend anzusehenden Zeitabschnitts unterlassen oder entsprechend den Beginn der Buchführung verspätet hat, kann seine Schuld nur in einer so unordentlichen Führung der Handelsbücher gefunden werden, daß sie keine Übersicht seines Vermögensstandes gewähren. RG. 49, 277. Wenn jedoch es längere, deutlich unterscheidbare Zeiträume sind, während deren jegliche notwendige Buchführung fehlt, so hat der Schuldner „Handelsbücher zu führen unterlassen, deren Führung ihm gesetzlich oblag". RG. 49, 277.

[17] § 39 HGB. — Diese Vorschrift ist **gegenüber** der des **Art. 29 alt. HGB.** hinsichtlich der Aufstellung der *Jahresbilanz* als das **mildere Gesetz** anzusehen, da nach letzterem die Jahresbilanzen am Schlusse jedes Geschäftsjahres fertig aufgestellt sein mußten, so daß eine erst nach diesem Schlusse begonnene Bilanzziehung keinesfalls eine rechtzeitige war (vgl. JW. 89, 103[14], 90, 190[2]), während nach § 39 Abs. 2 neu. HGB. die Bilanz erst innerhalb einer dem ordnungsmäßigen Geschäftsgang entsprechenden Zeit nach Schluß des Geschäftsjahres fertiggestellt zu werden braucht. Deshalb konnte wegen Unterlassung der Jahresbilanzziehung vor dem 1. 1. 00 gemäß § 2 Abs. 2 StGB. eine Bestrafung nur dann erfolgen, wenn die nach § 39 Abs. 2 neu. HGB. obliegende Pflicht zur Bilanz-

ziehung verletzt worden war. RG. 34, 37. — Die **Eröffnungsbilanz** (§ 39 Abs. 1 HGB.) erfordert, daß in Gestalt eines Abschlusses das Verhältnis der in das Geschäft gebrachten Aktiva und Passiva festgestellt wird. JW. 92, 265[4]. Die Buchung des Einlagekapitals ersetzt die Eröffnungsbilanz nicht. RG. 22, 439. Auch wenn kein Vermögen vorhanden ist, muß eine Eröffnungsbilanz aufgenommen werden. RG. 22, 439, JW. 90, 432[1]. Ein Kaufmann, der das von einer offenen Handelsgesellschaft betriebene Geschäft, an dem er als Gesellschafter beteiligt war, ganz erwirbt und von da an unter eigener Firma führt, hat die Eröffnungsbilanz zu ziehen, RG. 16, 55, 45, 6, JW. 91, 295[2]; dgl. derjenige, der ein Geschäft durch Vertrag oder Erbgang erwirbt und es dann unter der bisherigen Firma fortführt, RG. 26, 222, JW. 95, 98[2], 96, 558[5]; ferner ein Minderkaufmann, wenn und sobald er ein Vollkaufmannsgeschäft neu gründet oder sonst später die Vollkaufmannseigenschaft erlangt (z. B. ein Bauunternehmer, der den Baumaterialienhandel in großem Umfange zu betreiben beginnt), JW. 08, 603[118], RG. 45, 6; weiter ein Minderjähriger, der ohne Genehmigung des Vormundschaftsgerichts ein Handelsgewerbe betrieben hat, wenn und sobald er volljährig wird, da er nun erst Kaufmann ist, RG. 45, 3, Anm. 13. Ebenso ein Kaufmann, der nach beendetem Konkursverfahren ein dem früheren gleiches Geschäft eröffnet, RG. 25, 76, es sei denn, daß der Konkurs durch Einstellung (§§ 202—205) oder Zwangsvergleich beendigt ist und durch das Konkursverfahren die wirtschaftliche Grundlage des früheren Geschäfts keine wesentliche Änderung erfahren hat, JW. 94, 110[2]. — Die **Jahresbilanz** (§ 39 Abs. 2 HGB.) ist eine Zusammenstellung des rechnungsmäßigen Abschlusses des Vermögensstandes für das Jahr unter ziffernmäßiger Gegenüberstellung von Einnahmen und Ausgaben, von Soll und Haben, von Schuld und Guthaben. JW. 12, 1071[15a]. Nötig ist nur die summarische Gegenüberstellung der Aktiven und Passiven. RG. 15, 174, JW. 17, 859[4]. Die Bilanz ist besonders deshalb an die Form eines hergestellten Abschlusses gebunden, damit dem Geschäftsinhaber sein jeweiliger Vermögensbestand gegenwärtig wird. Diesem Zweck entspricht es nicht, wenn die Herstellung der summarischen Übersicht erst durch mehr oder weniger umständliche Rechnungsmanipulationen sich ermöglichen läßt. JW. 94, 52[2]. Ferner aber muß die Bilanzziehung nicht nur für den Kaufmann selbst, sondern auch, wenn nicht gerade für jedermann, so doch für jeden, der sich auf die Buchführung und Bilanzen versteht, die Lage des Vermögens ersichtlich machen. RG. 4, 119, 41, 41, JW. 12, 1071[15a].

[18] Strafbar nach § 240 Nr. 4 ist nur das **Nichtziehen der Bilanz.** Enthält die gezogene Bilanz Mängel, so liegt Mangel der Buchführung aus Nr. 3 vor. JW. 17, 859[4], vgl. oben Anm. 15. **Mangelhafte Bilanzziehung:** RG. 12, 82, 15, 174, JW. 89, 163[18], 95, 573[4], 05, 761[5], 12, 1071[15a], 16, 1346[2], 17, 859[4]. Ohne Inventarisierung: JW. 88, 231[1]. Mangel der Unterschrift der gezogenen Bilanz begründet die Strafbarkeit nicht unbedingt. RG. 8, 425, JW. 12, 1071[15a]. — Die Strafbarkeit der Unterlassung einer Bilanzziehung wird nicht dadurch ausgeschlossen, daß **später** wieder **Bilanzen** gezogen worden sind. RG. 39, 165, JW. 16, 1346[2], 17, 859[4]. Vgl. jedoch JW. 89, 61[13]. — Die Unterlassung der ordnungsmäßigen **Aufbewahrung** der Bilanz ist nicht strafbar, es sei denn, daß die Bücher infolgedessen keine Übersicht gewähren. JW. 92, 419[2]. — **Zeitliches Zusammentreffen** der Zahlungseinstellung oder der Konkurseröffnung mit der Unterlassung und ein Fortwirken dieser noch zur Zeit jener wird nicht erfordert. RG 7, 393, JW. 02, 307[18], auch Vorbem. vor § 239, Anm. 2b § 240 (ursächlicher Zusammenhang). Jedoch dürfen die unterlassene Bilanzziehung und das den Gegenstand der Konkurseröffnung bildende Vermögen nicht völlig außer Beziehung stehen. JW. 02, 307[18], auch Anm. 2b. Der erforderliche Zusammenhang besteht z. B. nicht, wenn die Bilanzziehung in einem demnächst aufgegebenen, die Konkurseröffnung aber in einem ganz neuen Geschäftsbetrieb erfolgt ist. JW. 02, 307[18]. — Über Form und Inhalt einer Bilanz, die, wenn sie die Überschuldung ergibt, die Geschäftsführer einer Gesellschaft m.b.H. zur Beantragung der Konkurseröffnung verpflichtet und sie bei Nichtbefolgung dieser Verpflichtung nach § 64 GmbHG. schadensersatzpflichtig und strafbar macht, vgl. RG. 80, 104, RG. 44, 48.

[19] **Bilanz in der vorgeschriebenen Zeit:** Die **Eröffnungsbilanz** (s. Anm. 17) ist nach § 39 Abs. 1 HGB. bei dem Beginne

des Handelsgewerbes zu ziehen. Der Gewerbebetrieb aber beginnt mit dem Einkauf zum Zwecke der Weiterveräußerung. In diesem Zeitpunkt muß daher die Eröffnungsbilanz angefertigt werden. JW. 93, 122[1]. Jedoch sind die Grenzen dieses Zeitabschnitts nicht allzu eng zu stecken. RG. 27, 227, JW. 95, 469[4]. Über Beginn der Verpflichtung zur Aufstellung der Eröffnungsbilanz bei solchen handeltreibenden Personen, die erst später die Vollkaufmannseigenschaft erlangen oder Kaufmann werden, vgl. Anm. 13, 17. — Die **Jahresbilanz** ist nach § 39 Abs. 2 HGB. für den Schluß eines jeden Geschäftsjahrs innerhalb der einem ordnungsmäßigen Geschäftsgang entsprechenden Zeit zu bewirken. Vgl. hierüber Anm. 17. „Geschäftsjahr" ist das Betriebsjahr; es braucht mit dem Kalenderjahr nicht zusammenzufallen. JW. 89, 103[14]. Seine Übereinstimmung mit diesem kann auch durch Zwischenbilanzen herbeigeführt werden. RG. 2, 30.

[20] Abs. 2 u. 3 Zusätze der Nov. — Die Vorschrift des Abs. 3 ist als das mildere Strafgesetz im Sinne des § 2 Abs. 2 StGB. auf die vor dem 1. 1. 00 begangenen Bankerottvergehen anzuwenden. RG. 33, 187, 189, 34, 37. — Nach § 1 Abs. 2, § 27 Abs. 1 Nr. 1 StGB. in d. F. d. Vermögenstrafengeś. v. 6. 2. 24 (RGBl. II 44) in Verbindung mit § 2 VO. v. 12. 12. 24 (RGBl. I 775) beträgt jetzt die Geldstrafe mindestens 3 und höchstens 10 000 Reichsmark.

241. (211.) Schuldner, welche ihre Zahlungen eingestellt haben, oder über deren Vermögen das Konkursverfahren eröffnet worden ist, werden mit Gefängnis bis zu zwei Jahren bestraft[1], wenn sie, obwohl sie ihre Zahlungsunfähigkeit kannten, einem Gläubiger[2] in der Absicht, ihn vor den übrigen Gläubigern[3] zu begünstigen[4], eine Sicherung[5] oder Befriedigung[6] gewährt haben[7], welche derselbe nicht oder nicht in der Art oder nicht zu der Zeit zu beanspruchen[8] hatte[9].

Sind mildernde Umstände vorhanden, so kann auf Geldstrafe bis zu sechstausend Mark erkannt werden[10].

[1] Über **Schuldner, Zahlungseinstellung, Konkurseröffnung,**

Realkonkurrenz zwischen den Straftaten nach §§ 239, 240, 241 vgl. Vorbem. vor § 239. — Idealkonkurrenz mit § 288 StGB.: RG. 20, 215.

[2] **Begünstigte Gläubiger** können nicht nur Konkursgläubiger (§§ 3, 12, 61 ff.) sein, sondern auch Absonderungsberechtigte, Realgläubiger. RG. 16, 402. Ferner Gläubiger aus zweiseitigen Verträgen, solange der Konkursverwalter das ihm nach § 17 zustehende Wahlrecht hinsichtlich Erfüllung oder Ablehnung der Erfüllung noch nicht getroffen hat. RG. 40, 105 (JW. 07, 563[105]). Unter Umständen auch Massegläubiger (z. B. wenn im vorgenannten Falle der Verwalter Erfüllung wählt und darauf der Gemeinschuldner den Gläubiger durch eine Hingabe an Erfüllungs Statt befriedigt). RG. 40, 105 (JW. 07, 563[105]). Weiter auch bedingt Berechtigte (z. B. Bürgen wegen Regreßforderung). RG. 15, 90, 30, 73. — Jedoch muß der Begünstigte schon zur Zeit der Begünstigungshandlung Gläubiger sein. Wird durch dieselbe Handlung ein Gläubigerrecht und zugleich auch Sicherung oder Befriedigung gewährt, so ist möglicherweise der Tatbestand des § 239 Nr. 1, nicht aber der des § 241 gegeben. RG. 35, 127 (JW. 03, 227[27]).

[3] **Benachteiligte Gläubiger** können auch absonderungsberechtigte Gläubiger und Realgläubiger sein. RG. 16, 403 (JW. 88, 64[4]), s. jedoch RG. 14, 286.

Die **Begünstigungsabsicht setzt** das Bewußtsein **voraus**, die übrigen Gläubiger zu benachteiligen, RG. 7, 143, und den auf die Herbeiführung dieses Erfolges gerichteten Willen, RG. 24, 7, 255, JW. 89, 61[15], 92, 202[6], 93, 227[2]. Endzweck braucht die Begünstigung nicht zu sein, vielmehr genügt es, wenn die Begünstigung als notwendige Folge des Handelns vorausgesehen und mit diesem Bewußtsein zur Ausführung geschritten ist. RG. 39, 138, JW. 02, 308[14]. Dagegen genügt nicht, daß der Gemeinschuldner sich die Begünstigung als nur mögliche Folge vorgestellt hat (Eventualdolus). RG. 24, 7, JW. 02, 308[14]. — Die Begünstigungsabsicht hat zur Voraussetzung, **daß noch andere Gläubiger vorhanden** sind, die bereits zur Zeit der Konkurseröffnung oder Zahlungseinstellung Gläubiger waren. Solche Gläubiger, die es erst nach der Konkurseröffnung geworden sind, kommen nicht in Betracht. JW. 93, 584[2]. Jedoch ist die Absicht der Benachteiligung sämtlicher Gläubiger nicht erforderlich. JW. 89, 61[14]. — Daß die **Begünstigungsabsicht sich verwirklicht** hat, ist nicht erforderlich (z. B. liegt bei Hingabe an Zahlungs Statt der Tatbestand des § 241 auch dann vor, wenn der Gläubiger aus der Konkursmasse bei Mitverwertung der betreffenden Gegenstände ebensoviel erhalten hätte). JW. 89, 397[5], 05, 761[8].

[5] Unter Gewähren einer **„Sicherung"** ist eine Rechtshandlung zu verstehen, durch die dem Gläubiger für die Geltendmachung der Forderung ein Vorzug, die Möglichkeit besserer Befriedigung (z. B. vollstreckbare Urkunden, Vergleich), RG. 5, 116, 17, 220, 28, 62, Anm. 7, insbesondere mit seinem Wissen und Einverständnis eine Sicherheit verschafft wird, RG. 29, 413, 30, 261. Vgl. jedoch JW. 93, 122[2] (Hypothekbestellung ohne Wissen und Willen des Gläubigers). Im Falle der Bestellung einer Briefhypothek ist dem Gläubiger eine Sicherung im Sinne des § 241 noch nicht gewährt, wenn die Hypothek zwar auf das Grundstück des Schuldners eingetragen, aber der Hypothekenbrief dem Gläubiger nicht gemäß §§ 1117, 929—931 BGB. übergeben ist. RG. 34, 171, JW. 06, 611[39]. — Gewährung einer Sicherung kann auch durch Sicherungsübereignung beweglicher Sachen erfolgen. JW. 10, 679[25]. Durch Übertragung der Firma und der Kundschaft aber kann Sicherung nicht gewährt werden. JW. 10, 679[25].

[6] **„Befriedigung"** aus dem der **Zwangsvollstreckung unterliegenden Vermögen.** RG. 8, 95, auch JW. 10, 679[25]. Nicht strafbar ist die Hingabe von Gegenständen, die der Zwangsvollstreckung gesetzlich entzogen sind. JW. 95, 431[3]. Ferner macht sich der Gemeinschuldner nicht der strafbaren Gläubigerbegünstigung schuldig, wenn er die Leistung **konkursfreiem,** insbesondere nach der Konkurseröffnung erworbenem Vermögen entnimmt. RG. 40, 110, 55, 30. — Die **Abtretung** einer Forderung enthält nur dann eine Befriedigung, wenn sie an Zahlungs Statt erfolgt. JW. 94, 110[3].

[7] **„Gewährung"** direkt oder zum Teil indirekt unter der vom Schuldner gewollten Vermittelung des Gläubigers und des Gerichts. RG. 4, 65. Die Gewährung muß **durch eine Rechtshandlung** erfolgen. Die Verschaffung der tatsächlichen Verfügungsgewalt durch bloße Besitzeinräumung genügt nicht. RG. 30, 46 (JW. 98, 235[2]). — Es muß ein gar nicht oder doch nach Art oder Zeit nicht berechtigter **Eingriff in die Ver-**

mögensmasse des Schuldners erfolgt sein. Dazu genügt aber jede effektive Leistung, wie z. B. Hingabe eines Faustpfandes, Gewährung eines Zurückbehaltungsrechts, Herbeiführung einer Beschlagnahme oder Pfändung. RG. 20, 301, JW. 90, 149². Dagegen die Gewährung eines vollstreckbaren Titels nur, soweit sie den vom Schuldner gewollten Erfolg einer daraufhin geschehenen Pfändung hat. RG. 5, 119, 20, 302. Vgl. aber auch RG. 17, 222, 28, 62, RG. 23, 16. Wenn der Geschäftsführer einer überschuldeten Gesellschaft m.b.H. auf Grund einer Vereinbarung mit einem Gläubiger die Stellung des Konkursantrags pflichtwidrig (§ 64 Abs. 1 GmbHGes.) unterläßt, um dem Gläubiger eine Befriedigung zu ermöglichen, und der Gläubiger auf Grund erlangten vollstreckbaren Schuldtitels eine Pfändung gegen die Gesellschaft bewirkt, so liegt hierin die Gewährung einer nicht zu beanspruchenden Sicherung. RG. 48, 20. — Das Vergehen wird nicht schon mit der Eröffnung der Möglichkeit für den Gläubiger, demnächst Deckung oder Sicherung zu erlangen, sondern **erst mit der wirklichen Verschaffung** einer solchen durch eine Leistung aus dem Vermögen des Schuldners **vollendet**. RG. 30, 46, auch Anm. 5.

[8] Die Worte „Sicherung oder Befriedigung, die der Gläubiger **nicht oder nicht in der Art oder nicht zu der Zeit** zu beanspruchen hatte" haben hier dieselbe Bedeutung wie in § 30 Nr. 2. RG. 48, 20. Sog. **inkongruente Deckung.** RG. 6, 149, 40, 105, JW. 90, 108³, 400² (07, 563¹⁰⁵), Anm. 5, 7 hier, Anm. 14 § 30. Z. B. statt barer Zahlung Hingabe von Sachen an Zahlungs Statt, RG. 6, 149, JW. 90, 108³, 400², auch wenn es sich um Aktien, Pfandbriefe und ähnliche Inhaberpapiere, JW. 90, 108³, oder um Wechsel handelt, JW. 90, 400². — Es ist entscheidend, ob dem Gläubiger **objektiv** ein **Recht auf die Sicherung oder Befriedigung** zustand, nicht ob er sein Recht bereits in irgendeiner Weise geltend gemacht oder zur Sprache gebracht hatte. RG. 5, 118, JW. 93, 227¹. **Der Anspruch muß nach** bürgerlichem Recht gegeben sein. RG. 40, 105, 48, 19. **Auch** wenn eine Forderung begründet und fällig ist, steht dem Gläubiger z. B. ein Anspruch auf Sicherung durch Erlangung eines Pfändungspfandrechts oder auf die Art von Befriedigung, die ihm durch Geltendmachung solchen Pfandrechts gewährt wird, nicht zu. RG. 48, 19. — Auf die Frage, ob die Rechtshandlung, wodurch die Sicherung oder Befriedigung erlangt wurde,

nach § 30 Nr. 2 anfechtbar ist oder nicht oder (z. B. wegen Zeitablaufs nach § 41) nicht mehr, kommt es für die Anwendung des § 241 nicht an. RG. 48, 21.

[9] Der, sei es auch in Kenntnis der Zahlungseinstellung, die Sicherung oder Befriedigung **lediglich annehmende Gläubiger** oder sein Bevollmächtigter ist darum allein **nicht** als **Teilnehmer** zu strafen. RG. 2, 439, 20, 215, JW. 90, 400[8], 92, 10[2], 145[4]. Doch kann sich auch der begünstigte Gläubiger der strafbaren Teilnahme schuldig machen, RG. 4, 2, 5, 276, 436, 8, 93, insbesondere wenn seine Tätigkeit die bloße Annahme überschreitet, JW. 92, 145[4]. Strafbare **Anstiftung** zu der Begünstigung seitens des Gläubigers: JW. 89, 350[8] (durch Drohung veranlaßt), 92, 10[1] (Verlangen, Waren zum Einkaufspreise zu überlassen), 93, 583[1]. So z. B. wenn der Gläubiger einer überschuldeten Gesellschaft m. b. H. den Geschäftsführer zur Unterlassung der Stellung des Konkursantrags (§ 64 Abs. 1 GmbHGes.) veranlaßt, damit er nach erlangtem vollstreckbaren Schuldtitel eine Pfändung gegen die Gesellschaft bewirken kann. RG. 48, 19. — Daß **Zahlungseinstellung oder Konkurseröffnung bereits zur Zeit der Begünstigungshandlung** vorgelegen hat, ist nicht erforderlich. Wesentlich aber ist das Vorhandensein der Zahlungsunfähigkeit, d. i. das Unvermögen, zu zahlen, wegen Mangels an Zahlungsmitteln, JW. 89, 228[15], und die Kenntnis des Schuldners hiervon, JW. 91, 233[1]. — Das **Rechtsgeschäft,** durch das beide Vertragsteile der Strafbestimmung des § 241 zuwiderhandeln, ist **weder nach § 134 noch** nach **§ 138 BGB. nichtig.** RG. 56, 230, auch JW. 14, 834[12]

[10] Zus. der Nov. — Nach § 2 Abs. 2 StGB. ist diese Vorschrift als das mildere Strafgesetz auch auf die vor dem 1. 1. 00 begangenen Vergehen gegen § 241 KO. anzuwenden. Vgl. Anm. 20 § 240. — Das dort bezüglich der jetzigen Höhe der Geldstrafe Bemerkte gilt auch hier.

242. (212.) **Mit Zuchthaus bis zu zehn Jahren wird bestraft, wer**

1. im Interesse eines Schuldners, welcher seine Zahlungen eingestellt hat, oder über dessen Vermögen das Konkursverfahren eröffnet worden

ist[1], Vermögensstücke desselben verheimlicht oder beiseite geschafft hat[2], oder

2. im Interesse eines solchen Schuldners, oder, um sich oder einem anderen Vermögensvorteil zu verschaffen, in dem Verfahren[3] erdichtete Forderungen im eigenen Namen oder durch vorgeschobene Personen geltend gemacht hat[4].

Sind mildernde Umstände vorhanden, so tritt Gefängnisstrafe oder Geldstrafe bis zu sechtausend Mark ein[5].

[1] Über **Schuldner, Zahlungseinstellung, Konkurseröffnung** vgl. Vorbem. vor § 239.

[2] Über **Verheimlichen und Beiseiteschaffen von Vermögensstücken** vgl. Anm. 4, 5 § 239. — Unterschied von der **Beihilfe zum** Verbrechen des **§ 239 Nr. 1, 2:** RG. 9, 430. Rechtlich möglich ist, daß derjenige, der im Interesse des Schuldners Sachen desselben beiseite schafft, gleichzeitig auch den Willen hat, durch seine Handlung die auf Benachteiligung seiner Gläubiger gerichtete Tat des Schuldners zu unterstützen und zu fördern, und daß demgemäß Idealkonkurrenz beider Vergehungen vorliegt. RG. 21, 292 (JW. 91, 117[1]).

[3] Über die Bedeutung der Worte „in dem Verfahren", insbesondere darüber, ob der Tatbestand des Verbrechens gegen § 242 Nr. 2 die Eröffnung eines Konkursverfahrens zur notwendigen Voraussetzung hat, vgl. RG. 38, 278 (JW. 06, 256[6]).

[4] Idealkonkurrenz zwischen § 242 Nr. 2 und §§ 239, 240 KO., § 49 StGB. ist möglich. JW. 16, 1484[8].

[5] Bezüglich der jetzigen Höhe der Geldstrafe gilt das in Anm. 20 § 240 Bemerkte auch hier.

243. (213.) Ein Gläubiger, welcher sich von dem Gemeinschuldner oder anderen Personen besondere Vorteile dafür hat gewähren oder versprechen lassen[1], daß er bei den Abstimmungen der Konkursgläubiger in einem gewissen Sinne stimme[2], wird mit Geldstrafe bis zu dreitausend Mark[3] oder mit Gefängnis bis zu einem Jahre bestraft[4].

[1] **Strafbare Teilnahme des** versprechenden **Gemeinschuldners:** RG. 12, 124, 29, 305. Realkonkurrenz zwischen der Anstiftung zu dem Vergehen aus § 243 seitens des Gemeinschuldners und einfachem Bankerott (§ 240): RG. 29, 304.

[2] Das Versprechen der Stimmenthaltung fällt nicht unter § 243. JW. 98, 287[25]. — Darauf, ob der Gläubiger seine Stimme auch wirklich in der verlangten Weise abgegeben hat, kommt es nicht an. RG. 39, 23, JW. 98, 287[25]. Auch darauf nicht, wie der Gläubiger ohne das Gewähren oder Versprechen gestimmt haben würde. RG. 6, 194, 12, 122, 17, 296.

[3] Bezüglich der jetzigen Höhe der Geldstrafe gilt das in Anm. 20 § 240 Bemerkte auch hier.

[4] Das Versprechen usw. ist zivilrechtlich nichtig. § 181, RG. 25, 258. Vgl. jedoch hinsichtlich solcher Versprechen in ausländischen Konkursen § 181 Anm. 6 a. E.

244. (214.)[1] Die Strafvorschriften der §§ 239 bis 241 finden gegen die Mitglieder des Vorstandes[2] einer Aktiengesellschaft[3] oder eingetragenen Genossenschaft[4] und gegen die Liquidatoren einer Handelsgesellschaft oder eingetragenen Genossenschaft[5], welche ihre Zahlungen eingestellt hat, oder über deren Vermögen das Konkursverfahren eröffnet worden ist, Anwendung, wenn sie in dieser Eigenschaft die mit Strafe bedrohten Handlungen begangen haben.

[1] Vgl. auch § 6 EG.KO. (oben I). Ferner § 112 PrivVersUntG. v. 12. 5. 01 (RGBl. 139).

[2] Welche **tatsächlich** den **Vorstand** bilden. Mängel in der Wahl oder der rechtlichen Qualifikation der Vorstandsmitglieder sind unerheblich. RG. 16, 270. — Auch **persönlich haftende Gesellschafter** einer **Kommanditgesellschaft auf Aktien,** die nicht Vorstandsmitglieder sind, können, ebenso wie persönlich haftende Gesellschafter einer einfachen Kommanditgesellschaft oder die Teilhaber einer offenen Handelsgesellschaft, den Tatbestand der §§ 239 ff., insbesondere die Eigenschaft als Schuldner, in ihrer Person erfüllen. RG. 34, 379.

[3] Vgl. auch § 315 Nr. 2 HGB. — Jedes Vorstandsmitglied

ist persönlich zur Erfüllung derjenigen Obliegenheiten verpflichtet, die in Ansehung der Buchführung und Bilanzziehung gesetzlich auf **einer Aktiengesellschaft** lasten, und, wenn er diese Pflicht verletzt, untersteht er der Strafandrohung des § 240. RG. 13, 236 (VStrS., entgegen RG. 12, 82). Dies gilt auch von der Eröffnungsbilanz. RG. 40, 242. In der Jahresbilanz einer Aktiengesellschaft muß die Tatsache, ob das gezeichnete Aktienkapital ganz eingezahlt worden ist oder nicht, klaren Ausdruck finden. RG. 26, 105 (JW. 94, 541[3]). Vgl. § 261 Nr. 5 HGB.

[4] Vgl. auch §§ 89, 148 Nr. 2 GenG. v. 1. 5. 89 (RGBl. 55) i. d. Faff. v. 20. 5. 98 (RGBl. 810). — Jedes Vorstandsmitglied **einer eingetragenen Genossenschaft** ist zur Buchführung und Bilanzziehung verpflichtet, auch wenn das Vereinsstatut keine Bestimmung darüber enthält, wer die Buchführung zu übernehmen hat. JW. 96, 511[4]. Dies gilt auch von der Eröffnungsbilanz. RG. 40, 242. Vgl. auch Anm. 3. Ferner sind die Vorstandsmitglieder nach § 140 Satz 2 GenG. zum Antrag auf Konkurseröffnung verpflichtet, sobald sich eine Überschuldung (wegen des Sonderfalls der Überschuldung durch Valuta- oder Goldschulden vgl. die VO. v. 28. 4. 20, oben vor § 207) der Genossenschaft ergibt, und steht die Unterlassung dieser Verpflichtung unter der Strafandrohung des § 148 Abs. 1 Nr. 2 GenG., wobei es keinen Unterschied macht, ob die Unterlassung auf Vorsatz oder Fahrlässigkeit beruht. Voraussetzung für den Tatbestand des Vergehens des § 148 Abs. 1 Nr. 2 GenG. ist aber, daß sich die Überschuldung aus der Jahresbilanz oder aus einer Zwischenbilanz ergibt. Dabei kommt es nicht darauf an, daß die Bilanz ordnungsmäßig aufgestellt und sachlich wahr ist. Ist die Überschuldung aus der Bilanz nicht ersichtlich, so ist der Tatbestand eines Vergehens des § 148 Abs. 1 Nr. 2 GenG. auch dann nicht gegeben, wenn die Bilanz falsch aufgestellt und verschleiert ist. Es kommt dann nur ein (mit höherer Strafe bedrohtes) Vergehen nach §§ 240, 244 KO. in Frage. RG. 50, 151.

[5] Über die Verpflichtung der **Liquidatoren** einer eingetragenen Genossenschaft zur Bilanzziehung vgl. RG. 35, 137, auch 42, 284. — Wegen der Geschäftsführer und Liquidatoren einer **Gesellschaft mit beschränkter Haftung** vgl. §§ 71, 83, 84 GmbHG. v. 20. 4. 92 (RGBl. 499) i. d. Faff. v. 20. 5. 98

(RGBl. 846). Verpflichtet zur Buchführung ist gemäß § 41 jeder Geschäftsführer. RG. 41, 309, 49, 249, 277. Zeitpunkt der Aufstellung der Eröffnungsbilanz ist der Tag der Eintragung der Gesellschaft in das Handelsregister. RG. 29, 222. Im Falle der Liquidation beginnt für den Liquidator die Verpflichtung zur Aufstellung der Liquidations-Eröffnungs-Bilanz nicht erst mit der Eintragung des Liquidators in das Handelsregister, sondern bereits mit dem Beginn der Liquidation. RG. 45, 240. Von dieser Verpflichtung ist der Liquidator auch dann nicht frei, wenn kurze Zeit vorher eine Jahres-Geschäfts-Bilanz gezogen worden und seitdem keine Veränderung im Vermögensstande der Gesellschaft eingetreten ist. RG. 45, 238. Jedoch ist dem Liquidator eine nach den Umständen des Falles zu bemessende Frist für die Aufstellung der Bilanz zuzubilligen. RG. 27, 226, 45, 240. Über die Strafbarkeit der Geschäftsführer, welche es unterlassen haben, ihre Verpflichtung (gemäß § 64 GmbHG.), die Eröffnung des Konkurses zu beantragen, wenn sich die Überschuldung (wegen des Sonderfalls der Überschuldung durch Valuta- oder Goldschulden vgl. die VO. v. 28. 4. 20, oben vor § 207) der Gesellschaft aus der Jahresbilanz oder einer Zwischenbilanz ergibt, zu erfüllen, gilt das gleiche wie bezüglich entsprechender Unterlassung der Vorstandsmitglieder einer Genossenschaft. Vgl. Anm. 4, RG. 51, 21. Ergibt sich die Überschuldung aus der ordnungsmäßig aufgestellten Bilanz, so fällt die genannte Pflicht der Geschäftsführer nicht hinterher wieder weg, wenn sich schließlich, z. B. in einem Rechtsstreit über Bestand und Höhe der eingestellten Forderungen, ein anderes Ergebnis des Vermögensstandes herausstellt. RG. 51, 23. — § 6 BauFG. v. 1. 6. 09 enthält keine Strafvorschrift gegen den gesetzlichen Vertreter der zur **Führung eines Baubuchs** verpflichteten Person. Er setzt voraus, daß der Unternehmer des Neubaues, der in Vermögensverfall geraten ist, und derjenige, dem die Zuwiderhandlung gegen die Vorschriften über die Führung des Baubuchs zur Last fällt, ein und dieselbe Person sind. Dies trifft z. B. auf den Geschäftsführer einer Gesellschaft m. b. H., die den Neubau unternommen hat, nicht zu (es kann nur ein Konkursvergehen oder -verbrechen bezüglich Führung von Handelsbüchern [s. oben] in Frage kommen). RG. 49, 248.

V.

Gesetz,

betreffend

die Anfechtung von Rechtshandlungen eines Schuldners außerhalb des Konkursverfahrens.

Vom 21. Juli 1879*).

(RGBl. von 1879, Nr. 30, S. 277—280.)

In Kraft getreten am 1. Oktober 1879. Eingeführt in Helgoland seit 1. 4. 91: Art. I Nr. VIII, 5 RGes. v. 22. 3. 91 (RGBl. 22).

Abgeändert durch das Einführungsgesetz zu dem Gesetze, betreffend Änderungen der Konkursordnung, vom 17. Mai 1898 (oben II), in Kraft vom 1. Januar 1900.

Die Fassung der §§ 1—13 ist die durch die Bekanntmachung des Reichskanzlers vom 20. Mai 1898 (RGBl. 709) festgestellte.

1. Rechtshandlungen[1] eines Schuldners[2] können außerhalb des Konkursverfahrens[3] zum Zwecke der Befriedigung eines Gläubigers als diesem gegenüber unwirksam[4] nach Maßgabe der folgenden Bestimmungen[5] angefochten werden[6].

[1] Begriff der **Rechtshandlungen:** Anm. 1 § 29, Anm. 10 § 30, Anm. 2 § 31 KO. Auch die **Veräußerung und Entfernung von Zubehörstücken** ist eine Rechtshandlung des Grund-

*) Begr. = Begründung des Entwurfs eines Gesetzes, betreffend die Anfechtung von Rechtshandlungen eines Schuldners außerhalb des Konkursverfahrens (Drucksachen des Deutschen Reichstages, 4. Legislaturperiode, II. Session 1879 Nr. 115).

stückseigentümers, die von einem Hypothekengläubiger, wenngleich dadurch sein Hypothekenrecht hinsichtlich der Zubehörstücke gemäß § 1121 BGB. zum Erlöschen gebracht wird, auf Grund dinglichen Schuldtitels (vgl. Anm. 2 § 2) als ihm gegenüber unwirksam angefochten werden kann, Gr. 57, 1005, RG. 100, 89, und zwar auch dann, wenn in der Zwangsversteigerung des Grundstücks, welche veräußerte und entfernte Gegenstände nicht erfaßt, durch den Zuschlag das Hypothekenrecht an dem Grundstück erlischt, RG. 100, 90. Dies beides gilt auch von der Anfechtbarkeit der **Abtretung oder Pfändung** (s. Anm. 1 § 3) **von Mietzinsen**, die der Haftung für die Hypothek gemäß § 1124 BGB. unterliegen, durch einen Hypothekengläubiger (s. Anm. 5 § 3), dessen Hypothek durch den Zuschlag des Grundstücks erlischt, auf Grund dinglichen Schuldtitels. W. 17, 70, 132. — Die Mitwirkung des Schuldners braucht hier nicht in einem positiven Handeln zu bestehen. Z. B. kann eine auf Grund erstrittenen Versäumnisurteils gegen den Schuldner bewirkte Pfändung anfechtbar sein, auch wenn der Schuldner keine Vereinbarung mit dem Pfändenden über Erwirkung des Urteils und der Pfändung getroffen hat. JW. 14, 106[35]. — Voraussetzung ist jedoch hier eine Schädigung durch **Minderung des Aktivvermögens**; Eingehung von Verbindlichkeiten genügt für sich allein nicht. RG. 27, 133. Wohl aber ist Aufgabe des Gewahrsams und Umwandlung des unmittelbaren in mittelbaren Besitz eine Rechtshandlung, die der Anfechtung unterliegen kann. Gr. 53, 103. — Anfechtung jedoch der Verfügung des Schuldners über **künftige** nur als möglich vorausgesetzte **Ansprüche** (z. B. über Vergütungen, die erst noch verdient werden sollen, oder über eine Erbschaft, die dem Schuldner auf Grund einer letztwilligen Verfügung nach dem Tode des noch lebenden Testators zufallen soll) findet nicht statt, da aus dem Vermögen des Schuldners nichts weggegeben wird. RG. 67, 428, JW. 05, 412[27]. Vgl. auch über Unanfechtbarkeit eines vom Schuldner mit einem andern zugunsten eines Dritten geschlossenen Vertrages, wodurch der Schuldner die Vergütung für die von ihm dem andern zu leistenden Dienste dem Dritten zuweist, OLG. 24, 297. Dagegen enthält eine **aufschiebend bedingte Forderung** (z. B. ein durch Erleben des Todes eines anderen bedingtes Erbschaftsvermächtnis) bereits einen gegenwärtigen Vermögenswert und ist daher die Abtretung einer solchen Forderung anfechtbar. RG. 67, 429. — Wegen Unanfechtbarkeit der **Ausschlagung einer Erbschaft**, eines Lehns vgl. Anm. 2 § 7. Ein **ehelicher Gütertrennungsvertrag** unterliegt, soweit dadurch das für die Schulden des Mannes nicht haftende Vermögen der Frau von dem des Mannes getrennt wird, nicht der Anfechtung durch die Gläubiger des Mannes (wegen fehlender Benachteiligung). OLG. 30, 41. — Die **Veräußerung** eines **Handelsgeschäfts** oder einer sonstigen Erwerbsunternehmung als eines Ganzen kann nicht angefochten werden. Die Anfechtung kann sich nur gegen die Veräußerung der einzelnen zu der Unternehmung gehörenden Gegenstände richten. RG. 70, 226. Wenn auf Grund einer Vereinbarung des Inhabers eines Handelsgeschäfts mit einem anderen dieser zum Schein, aber durch Eintragung im Handelsregister und Anbringung seines Namens am Geschäftslokal als Geschäftsinhaber (sog. Strohmanninhaber) auftritt, kann die Maßnahme nicht von den neuen Geschäftsgläubigern, denen allein der Strohmann zufolge seines Auftretens als Geschäftsinhaber haftet (RG. 37, 61, 66, 418), sondern nur von den früheren Gläubigern des bisherigen (wahren) Geschäftsinhabers angefochten werden und auch (§ 7) nur insoweit, als etwas aus dem Vermögen des letzteren weggegeben worden ist. RG. 84, 304, 306. — Über die Frage, ob und inwieweit die **Übertragung einer Sparkasseneinlage** an einen anderen angefochten werden kann, wenn der Schuldner schon früher eine Einlage an den anderen abgetreten hatte und dann weitere Einlagen gemacht worden waren, vgl. RG. 73, 220.

[2] Eines **persönlichen** oder **dinglichen** Schuldners. JW. 17, 478[21]. Des Schuldners oder seines gesetzlichen oder bevollmächtigten Vertreters. Vgl. Anm. 4 § 31, Anm. 11 § 30 KO. — Als anfechtbare Rechtshandlung **des Schuldners** ist auch eine **Pfändung** aufzufassen, die von dem Anfechtungsgegner **auf Grund** eines **vollstreckbaren Schuldtitels** erfolgt ist, in dem der Schuldner sich der Zwangsvollstreckung wegen einer Forderung des Anfechtungsgegners unterworfen hat (z. B. der Ehemann wegen einer Illatenforderung seiner Ehefrau), obwohl eine Forderung in dieser Art oder zu dieser Zeit nicht bestand. Gr. 50, 1140, 1146. — Anfechtung von Rechtshandlungen, welche

die **Gründer einer Aktiengesellschaft** bei Abschluß des Gesellschaftsvertrages vorgenommen haben, gegenüber der Aktiengesellschaft: RG. 24, 14. Anfechtung einer Stammeinlage in eine Gesellschaft m. b. H.: RG. 74, 16. — Die **vom Vormundschaftsgericht** ausgesprochene **Entziehung** des Nießbrauchsrechts (z. B. als Vater) ist nicht eine Rechtshandlung des Schuldners, sei es auch, daß er selbst den Antrag auf Entziehung gestellt hat. JW. 95, 10[24].

[3] Sei es, daß der **Konkurs nicht** eröffnet ist, oder daß es sich während schwebenden Konkursverfahrens um die Befriedigung von Gläubigern handelt, die außerhalb desselben zu erfolgen hat. Begr. 11, § 4 Abs. 2 KO. — Während schwebender **Geschäftsaufsicht** (VO. v. 14. 12. 16, 14. 6. 24) ist keine Anfechtung zulässig. JW. 16, 1552[1].

[4] Das Rechtsgeschäft wird durch die Anfechtung **nur dem Gläubiger gegenüber** (relativ) **unwirksam**, an sich bleibt es wirksam bestehen, und zwar nicht nur unter den Kontrahenten, sondern auch sonst nach allen Seiten. RG. 47, 216, 69, 143, 70, 112, 71, 176, 91, 369, Gr. 52, 1171, JW. 88, 243[8], 09, 697[32], W. 20, 206, auch Anm. 4 § 29 KO. Insbesondere zieht die Anfechtung eines Pfandrechts oder einer Hypothek nicht die Aufhebung dieser Rechte nach sich, vielmehr behalten sie anderen persönlichen Gläubigern und dinglichen Berechtigten gegenüber ihre Gültigkeit und ihren Rang. RG. 47, 218, 70, 112, 91, 370. Auch kann der Schuldner einer abgetretenen Forderung gegen den Gläubiger des Zedenten, der die Abtretung angefochten hat und dem die Forderung überwiesen worden ist, mit einer Gegenforderung, die er gegen den Zessionar nicht geltend machen durfte (z. B. weil sie erst nach der Zession entstanden war), nicht aufrechnen. Gr. 52, 1169. Wird die Abtretung einer Forderung, nachdem über das Vermögen des Zedenten der Konkurs eröffnet worden ist, (nicht von dem Konkursverwalter, sondern) von einem Einzelgläubiger des Gemeinschuldners gegen den Zessionar mit Erfolg angefochten, so fällt die Forderung nicht etwa nunmehr in die Konkursmasse, vielmehr bleibt der Zessionar an sich Gläubiger der Forderung, er muß nur dulden, daß der Anfechtende die Forderung als Befriedigungsgegenstand in Anspruch nimmt, wie wenn sie noch dem Zedenten gehörte. W. 20, 206. Vgl. auch Anm. 4 § 7. —

Rechte dritter Personen, die nicht angefochten haben, bleiben außer Betracht, auch wenn sie ebenfalls durch die Rechtshandlung verletzt sind. RG. 24, 95, 91, 370, JW. 99, 831[13]. So z. B. kann, wenn zwei Gläubiger gleichzeitig dieselbe Mietzinsforderung des Schuldners gepfändet haben, der bei der Zwangsversteigerung des Grundstücks ausgefallene, nur die eine der Pfändungen anfechtende Hypothekengläubiger den auf den einen betreffenden Pfändungsgläubiger im Verteilungsverfahren entfallenen, hinterlegten Betrag für sich in Anspruch nehmen, wiewohl der andere Pfändungsgläubiger, der nicht auch angefochten hat, nur zum Teil zur Hebung gekommen ist. RG. 91, 367.

[5] Das Anfechtungsgesetz bezieht sich auf **ernstlich gewollte Rechtshandlungen.** Handelt es sich um Rechtsgeschäfte, die nur zum **Schein** vorgenommen sind, so kann die Anfechtung ohne die Voraussetzungen des Anfechtungsgesetzes erfolgen. RG. 4, 252, 32, 232, 37, 106, 50, 121, Gr. 34, 464, JW. 91, 149[12]. Hat der Gläubiger bereits einen vollstreckbaren Schuldtitel gegen den Schuldner, so kann er vom Erwerber, ohne daß er den Anspruch des Schuldners gegen diesen auf Rückgewähr für sich pfänden und überweisen zu lassen braucht, Herausgabe zur Zwangsvollstreckung ohne weiteres verlangen. OLG. 22, 128. Vgl. auch Anm. 1 § 29 KO. Vermag anderseits jedoch der anfechtende Gläubiger die im AnfG. besonders bestimmten Voraussetzungen der Anfechtbarkeit einer Rechtshandlung nachzuweisen, insbesondere daß er dadurch benachteiligt ist, so ist ihm das Vorliegen eines Scheingeschäfts oder eines sonstigen nicht rechtswirksamen oder nichtigen Rechtsgeschäfts nicht hinderlich und nicht schädlich (z. B. wenn auf den Anfechtungsgegner vom Schuldner eine Grundschuld zwar zum Schein, aber doch in notarieller Urkunde und unter Übergabe des Grundschuldbriefes übertragen ist, oder der Schuldner dem Anfechtungsgegner eine Hypothek zwar ohne Entgelt bestellt hat, aber die Hypothek für den Anfechtungsgegner eingetragen und der Hypothekenbrief ihm übergeben ist oder wenn das Veräußerungsgeschäft nach § 181 BGB. wegen Kontrahierens mit sich selbst unwirksam ist). RG. 51, 121, JW. 11, 595[49], 14, 304[10], 17, 476[20], W. 20, 206. — Ist aber die Klage auf eine Simulation gestützt, so enthält es eine unzulässige Klagänderung

(§§ 264, 268 ZPO.), wenn demnächst geltend gemacht wird, das Rechtsgeschäft sei auch nach dem Anfechtungsgesetz anfechtbar. JW. 97, 548[18]. Jedoch ist es zulässig, die Klage von vornherein in erster Linie auf das Vorliegen eines Scheingeschäfts, in zweiter Linie auf das AnfGes. zu stützen. RG. 32, 230, 50, 121, Gr. 27, 1084. Vgl. auch Anm. 2 § 29. — Über Anfechtung von **fiduziarischen Veräußerungen** als Scheingeschäften oder nach Maßgabe des Anfechtungsgesetzes je nach Lage der Sache vgl. Gr. 49, 345, JW. 04, 499[22], 14, 304[10]. — Über die Unterschiede zwischen **anfechtbarem Rechtsgeschäft, Scheingeschäft** und Erwerb durch eine **vorgeschobene Person,** wenn der Schuldner eine Forderung an A zediert, dieser als Gegenleistung eine Hypothek für den Anfechtungsgegner bestellt, der die Hypothek an B zediert und die Zessionsvaluta an den Schuldner abführt, vgl. RG. 69, 44, und über sog. **mittelbare Zuwendung** (z. B. wenn der Schuldner die Auflassung eines gekauften Grundstücks von dem Verkäufer an den Anfechtungsgegner hat erteilen lassen) vgl. JW. 09, 697[22], Anm. 1 § 3. — Die zur Gläubigerbenachteiligung vorgenommenen, nach der KO. oder dem AnfGes. anfechtbaren Rechtsgeschäfte, insbesondere die fraudulösen Geschäfte des § 31 Nr. 1 KO. und des § 3 Nr. 1 Anf.Ges., denen ein sonstiger Mangel nicht anhaftet, können **nicht** wegen **Verstoßes gegen die guten Sitten** oder gesetzliche **Verbote** als gemäß §§ 134, 138 BGB. **nichtig** erachtet werden. RG. 69, 143, 74, 226, JW. 09, 697[22], 10, 38[61], 14, 834[12], auch RG. 56, 230, Gr. 49, 351, W. 11, 78. Jedoch unter besonderen Umständen können die nach § 3 Nr. 1 AnfG. (§ 31 Nr. 1 KO.) anfechtbaren Rechtshandlungen auch gegen die guten Sitten verstoßen und dann den hieraus sich ergebenden allgemeinen Rechtsfolgen unterliegen (z. B. hinsichtlich des Ausschlusses des Rechtes des durch die anfechtbare Rechtshandlung Begünstigten auf Rückforderung seiner Gegenleistung gemäß § 817 Satz 2 BGB.). W. 20, 103.

[6] Die Gläubigeranfechtung ist ein **verzichtbares Recht.** Hat also der Gläubiger ausdrücklich oder durch schlüssige Handlungen der Rechtshandlung des Schuldners **zugestimmt,** so kann er sie später **nicht mehr anfechten.** Er nimmt nur sein eigenes Interesse wahr. Die Anfechtungsrechte anderer Gläubiger bleiben unberührt. OLG. 35, 266. — Die **Geltendmachung**

der Anfechtung kann **nur gerichtlich** in einem Rechtsstreit, aber sowohl im Wege der **Klage und Widerklage** als auch der **Einrede** oder **Replik** erfolgen. §§ 5, 9, RG. 19, 202, 52, 334, 58, 46, 64, 339, 68, 425, Gr. 32, 1164, 55, 1068, 1102, JW. 88, 219[5], 92, 392[2], 12, 307[28], auch Anm. 5 § 29, Anm. 3 § 41 KO. Über **einzelne Fälle** der Anfechtung im Wege der Einrede und der Replik sowie über Zulässigkeit der **Einrede noch in der Berufungsinstanz** vgl. Anm. 1 § 5. Durch eine Erklärung **außerhalb des Prozeßverfahrens** gegenüber dem Anfechtungsgegner aber kann die Anfechtung **nicht wirksam** geltend gemacht werden. RG. 52, 334, auch 58, 44, 62, 199, Gr. 49, 1092 (JW. 04, 496[25]), Anm. 5 § 29 KO. Vgl. diese Anm. u. Anm. 2 § 41 KO. auch darüber, daß eine im Wege der Einrede, der Replik oder der Widerklage erhobene Anfechtung **in einem** im Laufe des Rechtsstreits dem Anfechtungsgegner zugestellten **Schriftsatze** (insbesondere zur Wahrung der bei Erhebung der Anfechtung in der mündlichen Verhandlung bereits abgelaufenen Anfechtungsfrist) **nicht genügt**. — Eine **Klage** lediglich **auf Feststellung** der Anfechtbarkeit (§ 256 ZPO.) ist mit Rücksicht auf § 9 ausgeschlossen. Anm. 3 § 9. Vgl. dagegen Anm. 5 § 29 KO. — Zur Sicherung des Erfolges der beabsichtigten Anfechtung d. i. der Rückgewähr des veräußerten Gegenstandes (§ 7) kann eine **einstweilige Verfügung** (§ 935 ZPO.) erlassen werden, RG. 29, 182, 185, 41, 90, Gr. 30, 745, JW. 86, 117, 92, 181[7], 00, 661[12], 09, 25[24]; nicht ein Arrest, da es sich, wenngleich zur Befriedigung wegen einer Geldforderung angefochten wird, doch hinsichtlich der Rückgewähr um Sicherung einer Individualleistung, nicht einer Geldforderung handelt, JW. 00, 661[12] (anders Gr. 50, 433, wonach Arrest zulässig sein soll, weil der Anfechtungsanspruch unter Umständen sich in eine Interesseforderung auflöse). Wegen Unzulässigkeit der Eintragung einer Vormerkung s. Anm. 4 § 7. Vgl. auch Anm. 3 § 2. — Ein **Zwischenurteil über den Grund des Anspruchs** gemäß § 304 ZPO. kann, wenn der Anspruch nicht ausnahmsweise (s. Anm. 4 § 7) auf Zahlung, sondern wie regelmäßig (s. Anm. 3 § 9) auf Duldung der Zwangsvollstreckung in den veräußerten Gegenstand gerichtet ist, nicht erlassen werden, auch nicht, wenn die vollstreckbare Forderung, wegen der angefochten wird, streitig ist, weil es sich nicht um einen Gattungs-, sondern um einen Individualanspruch handelt. RG. 73, 426. — Ist nur wegen eines **Teilbetrags** der Forderung des Anfechtungsgläubigers Anfechtungsklage erhoben, so erwächst auch nur in Höhe dieses Teilbetrags Rechtskraft. Wegen des Restanspruchs ist deshalb neue Klage zulässig, wenn die erste abgewiesen war. JW. 17, 476[20]. — Die **Klage** ist in der Regel nicht gegen den Schuldner, sondern **nur gegen** seinen **Mitkontrahenten** oder den von ihm Bedachten zu richten. RG. 35, 95, 71, 176. Der Schuldner kann seine Passivlegitimation in der Regel mit Erfolg bestreiten und die Abweisung der Klage ihm gegenüber beanspruchen. RG. 71, 176, JW. 95, 385[27]. Dies gilt jedoch nicht, wenn ein besonderes Interesse die Mitbelangung des Schuldners erfordert. Gr. 41, 1144 (JW. 97, 189[18]). — Der **Gerichtsstand** des § 29 ZPO. ist für Anfechtungsklagen nicht gegeben („Anfechtung" nicht gleich „Aufhebung" eines Vertrages). Anm. 6 § 29 KO. Der Gerichtsstand der unerlaubten Handlung (§ 32 ZPO.) ist für Klagen aus § 3 Nr. 3, 4 ebenfalls nicht begründet, RG. 21, 420, JW. 88, 327[1], Gr. 38, 1200; dagegen wohl für Klagen aus § 3 Nr. 1, 2, RG. 48, 401, 50, 410, JW. 99, 606[2], 04, 368[36], OLG. 3, 53, und aus § 11 Abs. 2 Nr. 1, 2, JW. 99, 300[1]. Vgl. Anm. 6 § 29 KO, — Der **Wert des Streitgegenstandes** ist nicht höher als der Betrag der Forderung, wegen deren die Anfechtung erfolgt. RG. 7, 394, JW. 00, 520[2]. Im übrigen ist der Streitwert gemäß § 3 ZPO. nach freiem Ermessen zu schätzen, dabei aber der etwaige geringere Wert des Gegenstandes der Rückgewähr zu berücksichtigen sowie das Maß der Befriedigung, auf die der Gläubiger (z. B. in Anbetracht der darauf ruhenden Lasten) rechnen kann. RG. 47, 375, vgl. auch Anm. 6 a. E. § 29 KO. — Das **Anfechtungsrecht** hat gegenüber der Forderung, wegen deren es dem Gläubiger zusteht (und für die also ein vollstreckbarer Schuldtitel besteht, § 2), **keine selbständige Existenz**; insbesondere kann es ohne die Forderung nicht abgetreten werden. RG. 30, 74, 39, 13. Vgl. auch Anm. 2 § 36 KO. Bei **Abtretung der Forderung** geht vielmehr das **Anfechtungsrecht**, auch ohne ausdrückliche Mitabtretung, auf den Zessionar **über**. RG. 39, 14, Gr. 55, 1068. Dieser bedarf keines neuen vollstreckbaren Titels, auch keiner auf seine Person lautenden Vollstreckungsklausel. RG. 39, 14. Erfolgt aber die Abtretung im

Laufe des Prozesses, sei es freiwillig, sei es kraft Gesetzes, so kann gemäß § 265 Abs. 2 ZPO. nur der Zedent den Prozeß fortsetzen, es sei denn, daß der Anfechtungsbeklagte der Übernahme des Prozesses seitens des Zessionars zustimmt. RG. 39, 14.

2. Zur Anfechtung ist jeder Gläubiger[1], welcher einen vollstreckbaren Schuldtitel[2] erlangt hat[3] und dessen Forderung[4] fällig ist[5], befugt, sofern die Zwangsvollstreckung in das Vermögen des Schuldners[6] zu einer vollständigen Befriedigung[7] des Gläubigers[8] nicht geführt hat oder anzunehmen ist, daß sie zu einer solchen nicht führen würde[9].

[1] Mag der **Gläubiger persönlich oder dinglich** berechtigt sein: z. B. auch Grundschuldgläubiger und Hypothekengläubiger, denen der Grundstücksbesitzer nicht persönlich haftet, soweit die Handlungen das Grundstück betreffen. Begr. 14—16, RG. 17, 168, JW. 17, 478[21]. Das Anfechtungsrecht des Hypothekengläubigers erlischt auch nicht dadurch, daß die Hypothek bei der Zwangsversteigerung ausgefallen ist. JW. 17, 478[21]. — Anfechtungsberechtigt sind auch Absonderungsberechtigte (§§ 47 ff. KO.) im Konkursverfahren über das Vermögen des Schuldners, soweit die anzufechtenden Handlungen sich auf den Gegenstand der abgesonderten Befriedigung beziehen. JW. 99, 492[26]. Ein einzelner **Miterbe** kann wegen des ganzen Betrages einer zur ungeteilten Erbschaftsmasse gehörigen Forderung anfechten. § 2039 BGB., Gr. 36, 1034. — Voraussetzung aber ist, daß es sich um eine **Geldforderung** handelt. Anm. 4. — **Abtretung des Anfechtungsrechts:** Anm. 6 § 1.

[2] **Vollstreckbare Schuldtitel:** Anm. 2 § 35 KO. Insbesondere ersetzt auch hier die Eintragung einer im Konkursverfahren festgestellten und vom Gemeinschuldner nicht bestrittenen Forderung in die Tabelle den vollstreckbaren Schuldtitel. § 164 KO., RG. 16, 35, 35, 80. Auch ein **dinglicher Vollstreckungstitel** auf Grund einer Hypothek berechtigt den Hypothekengläubiger zur Anfechtung (z. B. der Veräußerung und Entfernung von Zubehörstücken [§§ 1120, 1121 BGB.], der Abtretung oder

Pfändung von Mietzinsen für einen anderen). RG. 100, 87, Gr. 57, 1005, W. 17, 70. Dagegen sind **Arrestbefehle** keine vollstreckbaren Schuldtitel im Sinne des § 2. RG. 32, 233, JW. 88, 18[19], 94, 456[11]. Vgl. jedoch RG. 33, 313. — Der vollstreckbare Titel wird (hinsichtlich der Vollstreckung in das unbewegliche Vermögen) nicht durch die **Eintragung der Forderung** im Grundbuch ersetzt. RG. 17, 167, 52, 337. Es können daher Realgläubiger bei der Zwangsversteigerung wegen eines Ausfalles ihren Widerspruch gegen ein vorgehendes Liquidat vor dem Prozeßrichter durch die Behauptung, die von ihnen bestrittene Forderung unterliege der Anfechtung nach dem AnfGes., nur dann begründen, wenn sie einen vollstreckbaren Schuldtitel erlangt haben. RG. 52, 337. — Zur Verfolgbarkeit des Anfechtungsanspruchs genügt es, daß ein vollstreckbarer Schuldtitel überhaupt vorliegt; einer vollstreckbaren Ausfertigung des Titels (Vollstreckungsklausel) bedarf es nicht. RG. 110, 355. Auch ein gegen Sicherheitsleistung für vorläufig vollstreckbar erklärtes Urteil berechtigt zur Anfechtung, selbst dann, wenn die Sicherheit noch nicht geleistet ist. RG. 110, 354. — Anfechtung simulierter Rechtshandlungen ohne vollstreckbaren Titel: Anm. 5 § 1.

[3] **Jedoch** § 5 (Erhebung des Anfechtungsanspruchs im Wege der Einrede vor Erlangung eines vollstreckbaren Schuldtitels). — Zur Sicherung des Anfechtungsanspruchs kann auch **schon vor Erlangung eines vollstreckbaren Titels** eine **einstweilige Verfügung** erwirkt werden. RG. 41, 90, Gr. 30, 745, JW. 86, 117, 92, 181[7]. Vgl. auch Anm. 6 § 1. — Der vollstreckbare Titel bildet nicht einen Bestandteil des Klagegrundes, sondern nur eine Voraussetzung für die Ausübung des Anfechtungsrechts durch Klagerhebung. Deshalb genügt auch ein **erst nach der Klagerhebung** bis zur Erlassung des Urteils **erlangter Titel** zur Begründung des Anfechtungsanspruchs. RG. (VZS.) 41, 87, auch 47, 363, 68, 73 (entgegen RG. 38, 87, Gr. 41, 684). Vgl. auch Anm. 5. Jedoch kann nicht eine Rechtshandlung vor Erlangung eines vollstreckbaren Schuldtitels (und vor Feststellung des Befriedigungsunvermögens des Schuldners) im Wege einer Feststellungsklage bedingt, nämlich für den Fall angefochten werden, daß der Titel werde beschafft (und die Zahlungsunfähigkeit werde nachgewiesen) werden. RG. 57, 102. Wegen

Notwendigkeit der Beschaffung des vollstreckbaren Titels nach der Anfechtungsankündigung innerhalb der Frist des § 4 vgl. dort Anm. 6. — Abgesehen von dem Einwande, daß die Erlangung des Schuldtitels auf einer Kollusion zwischen Gläubiger und Schuldner beruhe (RG. 96, 338), stehen **Einwendungen gegen den Anspruch** sowie gegen die **Zulässigkeit der Zwangsvollstreckung** aus dem vollstreckbaren Titel dem Beklagten im Anfechtungsprozesse nur so weit zu, als sie dem Schuldner selbst zustehen (§ 767 Abs. 2, 3, § 796 Abs. 2, § 797 Abs. 4 ZPO.). Begr. 13, RG. 68, 140, 74, 317, 96, 337, JW. 95, 267[16]. Abweichend: RG. 7, 188, Gr. 36, 1146, JW. 92, 301[8]. Namentlich kann der Anfechtungsbeklagte die Rechtsbeständigkeit der dem Schuldner gegenüber durch rechtskräftiges Urteil festgestellten Forderung des Anfechtungsklägers nicht auf Grund von Tatsachen (z. B. Tilgung durch frühere Aufrechnung) anfechten, die der Schuldner bereits in dem gegen ihn anhängigen Rechtsstreite hätte geltend machen können, aber geltend zu machen unterlassen hat oder mit denen er abgewiesen ist. RG. 68, 138, 74, 317, 96, 337. Tatsachen allerdings darf er geltend machen, die erst nach der Verurteilung des Schuldners liegen und geeignet sind, die im Urteil anerkannte Forderung zum Erlöschen zu bringen (z. B. kann er einwenden, daß der Anfechtende wegen seines Anspruchs nach dem Urteil befriedigt worden sei). RG. 74, 316, 96, 338. Dies alles gilt auch, wenn das der Anfechtung zugrunde liegende Urteil nicht rechtskräftig und vorbehaltlos geworden, sondern nur vorläufig vollstreckbar ist. RG. 96, 338 (vgl. jedoch Anm. 2 § 5, § 10 darüber, wie zu verfahren ist, wenn auf ein solches Urteil die Anfechtungseinrede bzw. die Anfechtungsklage begründet wird). — Ist der **vollstreckbare Schuldtitel nichtig** (z. B. ein vollstreckbares Schuldanerkenntnis des Schuldners zugunsten des Anfechtenden wegen Wuchers nach § 138 Abs. 2 BGB., s. auch oben über Kollusion), so kann der Anfechtungsgegner aus eigenem Recht den Einwand erheben, daß der zur Zwangsvollstreckung nicht berechtigte Anfechtende auch nicht Rückgewähr der dem Vermögen des Schuldners entzogenen Werte verlangen dürfe, und zwar selbst dann, wenn der Schuldner seinerseits den Schuldtitel nicht anficht; nur falls der Schuldner sich des Einwands der Nichtigkeit infolge eines gegen ihn ergangenen Urteils nicht mehr bedienen kann, ist auch dem Anfechtungsgegner die Berufung auf die Nichtigkeit zu versagen. JW. 09, 696[21].

[4] Nur ein **auf Zahlung einer Geldsumme gerichteter** vollstreckbarer **Anspruch** berechtigt zur Anfechtung. RG. 18, 145, 19, 205. Z. B. nicht ein Anspruch auf Sicherstellung, RG. 19, 205, JW. 98, 480[17], oder auf Auflassung eines Grundstücks gegen Zahlung des Kaufpreises, JW. 98, 74[28]. — Die Anfechtung bezweckt die Befriedigung des Gläubigers nur **wegen einer bestimmten Forderung;** diese muß in der Klage angegeben sein. Ihre Vertauschung mit einer anderen enthält eine unzulässige Klagänderung (§§ 264, 268 ZPO.). RG. 39, 3. Deshalb kann auch einer neuen Anfechtung, nachdem die frühere zuungunsten des Klägers entschieden ist, der Einwand der rechtskräftig entschiedenen Sache nicht entgegengesetzt werden, wenn die zweite Anfechtung wegen einer anderen Forderung erfolgt. JW. 98, 157[16]. — Der Anfechtung steht nicht entgegen, daß die **Forderung erst nach der Rechtshandlung** entstanden ist. RG. 15, 63, 26, 12. Deshalb findet die Anfechtung nicht nur wegen der Hauptforderung nebst Zinsen statt, sondern auch wegen der erst später entstandenen Kostenforderung, sofern sie vollstreckbar ist. JW. 00, 753[21].

[5] Besteht nur eine **bedingte** oder aufschiebend befristete **Forderung,** so hat der Gläubiger ein Anfechtungsrecht nicht. JW. 00, 566[6]. Vgl. § 4. — Die **Fälligkeit der Forderung** ist aber nicht ein Bestandteil des Klaggrundes, sondern nur eine der gesetzlichen Voraussetzungen für die Geltendmachung des Anfechtungsrechts. Deshalb genügt es zur Begründung der Anfechtung, wenn zwar **erst nach der Klagerhebung,** aber noch bis zur Erlassung des Urteils die Bedingung erfüllt oder die Frist abgelaufen ist. JW. 97, 10[29], 98, 480[17], 574[16]. Vgl. auch Anm. 3. Unter diesem Urteil ist nicht dasjenige erster Instanz, sondern das in der Sache entscheidende Urteil zu verstehen. Daher kann auch durch eine erst nach dem erstinstanzlichen Urteil fällig gewordene Forderung ein Anfechtungsanspruch in zweiter Instanz begründet werden (z. B. im Wege der Erweiterung der Klage bei Anfechtung wegen einer ratenweise fällig werdenden Forderung). JW. 98, 574[16]. — Hat die Forderung **wiederkehrende Leistungen** zum Gegenstande, so kann nur

wegen der bereits fällig gewordenen Beträge angefochten werden. Gr. 24, 1060, JW. 97, 10[29].

[6] Wenn ihm nur **eine bestimmte Sache** haftet, in diese Sache. Der Hypothekengläubiger braucht deshalb gegenüber dem allein dinglich haftenden Grundstückseigentümer nur darzutun, daß das Grundstück ihm keine Befriedigung gewähre, wennschon er aus der persönlichen Forderung noch andere Befriedigungsmöglichkeiten besitzt. JW. 17, 478[21]. — Steht dem Gläubiger der Zugriff gegen das gesamte Vermögen des Schuldners zu, so muß der **Versuch der Zwangsvollstreckung** ein **erschöpfender**, auf die gesamten Vermögensobjekte, einschließlich sich darbietender Immobilien, gerichteter sein. RG. 12, 401, 22, 47, JW. 86, 74. Leistung des Offenbarungseides braucht nicht verlangt zu sein. RG. 10, 235, 236.

[7] Besteht nur die Möglichkeit einer **teilweisen Befriedigung**, so ist der Gläubiger zur Anfechtung wegen seiner ganzen Forderung befugt; er braucht nicht einen Teil seiner Forderung im Beitreibungswege einzuziehen. RG. 22, 48.

[8] Nämlich des Anfechtenden.

[9] Bei **fehlender Zwangsvollstreckung** ist der **Nachweis** zu erbringen, daß der Gläubiger durch Zwangsvollstreckung in die bereiten Mittel des Schuldners seine Befriedigung zu der Zeit nicht gefunden haben würde. JW. 96, 150[26]. Dazu genügt nicht der Beweis, daß dem Schuldner die baren Mittel zur Bezahlung seiner Schulden fehlten. JW. 96, 150[26]. Wohl aber die Tatsache, daß der Schuldner den Offenbarungseid geleistet hat. Gr. 55, 1069. Ferner der Beweis, daß vorhandene Vermögensgegenstände verborgen und der Zwangsvollstreckung tatsächlich entzogen sind. JW. 87, 3, 4. Auch kann die Voraussetzung als gegeben erachtet werden, wenn der Schuldner zwar ein Grundstück besitzt, dieses aber mit Hypotheken überlastet ist. Hierbei kommt es nur auf den zeitigen Wert an, die Möglichkeit einer späteren Werterhöhung bleibt außer Betracht. JW. 92, 239[18]. Auch ist der Anfechtungsbeklagte, wenn er sonst kein Vermögen besitzt, nicht befugt, den Anfechtungskläger auf eine angebliche Forderung seines Schuldners gegen ihn als Befriedigungsmittel zu verweisen, solange der Schuldner nicht die rechtskräftige Feststellung dieser Forderung erwirkt hat. RG. 22, 44, 35, 80, 36, 30, JW. 96, 670[6]. — Dem

Beklagten ist aber gegenüber dem Beweise, daß die Zwangsvollstreckung zur Befriedigung nicht geführt haben würde, der **Gegenbeweis** gestattet, daß noch bereite und realisierbare Zwangsvollstreckungsobjekte bei dem Schuldner vorhanden seien. JW. 89, 21[14]. — Ist gegen den Schuldner nur ein **zu** einer **beschränkten Zwangsvollstreckung** berechtigender **Schuldtitel** erwirkt (z. B. gegen den Schuldner als Erben mit beschränkter Haftung), während die Befugnis vorhanden war, einen weitergehenden Anspruch geltend zu machen, so kann der Anfechtungsbeklagte einwenden, daß der Titel ohne Beschränkung habe erwirkt werden können und daß dann die Zwangsvollstreckung zur Befriedigung des Gläubigers geführt haben würde. JW. 00, 753[30].

3. Anfechtbar sind:

1. Rechtshandlungen[1], welche der Schuldner in der dem anderen Teile bekannten[2] Absicht[3], seine Gläubiger[4] zu benachteiligen[5], vorgenommen hat[6];

2. die in dem letzten Jahre[7] vor der Anfechtung[8] geschlossenen entgeltlichen Verträge[9] des Schuldners[10]

mit seinem Ehegatten, vor oder während der Ehe, mit seinen oder seines Ehegatten[11] Verwandten[12] in auf- und absteigender Linie, mit seinen oder seines Ehegatten[11] voll- und halbbürtigen Geschwistern, oder mit dem Ehegatten[11] einer dieser Personen,

sofern durch den Abschluß des Vertrages[13] die Gläubiger[4] des Schuldners benachteiligt[14] werden und der andere Teil nicht beweist[15], daß ihm zur Zeit des Vertragsabschlusses eine Absicht des Schuldners, die Gläubiger zu benachteiligen, nicht bekannt[16] war;

3. **die in dem letzten Jahre[7] vor der Anfechtung[8] von dem Schuldner vorgenommenen unentgeltlichen Verfügungen[17], sofern nicht dieselben gebräuchliche Gelegenheitsgeschenke zum Gegenstande hatten[17a];**
4. **die in den letzten zwei Jahren[7] vor der Anfechtung[8] von dem Schuldner vorgenommenen unentgeltlichen Verfügungen[17] zugunsten seines Ehegatten[18], [19].**

[1] Begriff und einzelne Fälle der **Rechtshandlungen:** Anm. 1 § 1 sowie KO. Anm. 1 § 29, Anm. 10 § 30, Anm. 2 § 31. Regelmäßig sind gegen den Schuldner gerichtete **Vollstreckungshandlungen** (Pfändungen) nicht als von ihm ausgehende Rechtshandlungen anzusehen. Eine Ausnahme ist jedoch für den Fall anzuerkennen, daß die Vollstreckungshandlung erst durch **bewußtes Zusammenwirken des Schuldners,** der dabei von der **Absicht,** seine Gläubiger zu benachteiligen, geleitet wird, **und des Gläubigers,** der unter Kenntnis dieser Absicht den Vollstreckungsantrag stellt, ermöglicht wird. RG. 47, 223, 69, 163, W. 16, 299, auch 18, 197. So, wenn der Schuldner im **Prozesse** des Gläubigers gegen ihn, um diesem einen vollstreckbaren Schuldtitel zu verschaffen, und in fraudulöser Absicht ein Geständnis ablegt oder **Versäumnisurteil** gegen sich **ergehen läßt.** JW. 91, 106[43], (97, 111[23]), Gr. 41, 422, W. 17, 70. Ferner wenn die Vollstreckung auf einer Urkunde beruht, in der sich der Schuldner **freiwillig der sofortigen Zwangsvollstreckung,** sei es auch für eine bestehende Schuld, **unterworfen** hat und dem Gläubiger die Benachteiligungsabsicht des Schuldners bekannt geworden ist, W. 16, 299, 17, 132, 19, 83, sei es auch erst zur Zeit der Stellung des Vollstreckungsantrags, RG. 69, 163, Gr 50, 1122, 1145, W. 16, 299, und selbst wenn ein Zessionar des Gläubigers die Vollstreckungshandlung vornehmen läßt, W. 19, 83. — Auch die Entsagung eines Rechts (z. B. eines Nießbrauchs) dem Anfechtungsbeklagten gegenüber ist anfechtbar. JW. 95, 9[24]. Ferner die Zession einer Lebensversicherungssumme, für die in dem Versicherungs-

vertrage **kein Bezugsberechtigter** genannt ist. JW. 02, 259[27]. Weiter die Einlage des Schuldners in eine Gesellschaft m.b.H. oder in eine Aktiengesellschaft. RG. 24, 14, 74, 16. — Die Anfechtung ist auch dann zulässig, wenn der **Schuldner die Sache nicht selbst** dem Anfechtungsbeklagten **übertragen**, er aber einen Dritten, dem gegenüber er ein Recht auf Übertragung hatte, zur Übertragung an den Anfechtungsbeklagten veranlaßt hat. RG. 43, 85, 59, 196, Gr. 46, 394, 55, 1102, JW. 00, 624[9], Anm. 5 § 1. So z. B. wenn der Schuldner seinen Schuldner angewiesen hat, die Forderung (des ersteren) durch Abtretung einer Hypothek (des letzteren) an einen Dritten (den Anfechtungsgegner) zu tilgen, und die Abtretung der Anweisung gemäß erfolgt ist, ohne daß der Dritte einen Entgelt dafür geleistet hat. RG. 59, 195. Auch wenn der Schuldner eine Sache an einen Dritten verkauft, jedoch mit ihm verabredet hat, daß er an den Anfechtungsbeklagten (z. B. die Ehefrau des Schuldners) die Sache weiterzuverkaufen verpflichtet sein solle, kann der vom Anfechtungsbeklagten auf diese Weise erlangte Erwerb der Sache der Anfechtung unterliegen. Gr. 55, 1101. Dies trifft jedoch nicht zu, wenn der Dritte die Sache in gutem Glauben und ohne das Nebenabkommen zum Zwecke der Verwendung für sich gekauft hat und der Weiterverkauf an den Anfechtungsbeklagten ein zweites inhaltlich selbständiges Geschäft ist. Gr. 55, 1103, auch Anm. 3 § 11. — Weiter sind anfechtbar **Zahlungsaufträge** des Schuldners, die mit Mitteln desselben oder mit den von dem Beauftragten erhobenen Beträgen ausgeführt sind. RG. 35, 26, 48, 148, JW. 99, 144[18], 540[27]. — Dagegen unterliegt die Ablehnung eines **nur möglichen Erwerbs** nicht der Anfechtung. Anm. 1 § 1 hier, Anm. 1 § 29 KO., auch JW. 02, 175[45], 05, 442[27], OLG. 10, 223. Daher auch nicht der Verzicht auf eine noch nicht angefallene, künftige Erbschaft. JW. 91, 341[28], 00, 538[42]. Aber auch die Ausschlagung angefallener Erbschaften oder Vermächtnisse ist unanfechtbar. RG. 54, 289, OLG. 4, 175, 6, 67, Anm. 2 § 7.

[3] **Begriff der Kenntnis:** Anm. 9 § 30 KO. — Kenntnis des gesetzlichen oder bevollmächtigten **Vertreters des anderen Teils:** Anm. 7 § 30 KO. — Darüber, ob es bei **minderjährigen** Anfechtungsbeklagten nur auf den guten oder bösen Glauben des Vormundes, oder auch auf den des Minderjährigen an-

kommt, s. JW. 96, 321[11]. — **Beweis der Kenntnis:** Anm. 9 § 30 sowie Anm. 3 § 31 KO. — Die Kenntnis des anderen Teils von der Absicht des Schuldners, seine Gläubiger zu benachteiligen, hat zur notwendigen Voraussetzung, daß diese Absicht überhaupt bestanden hat und daß sie erwiesen ist. Ist letzterer Beweis nicht geführt, so ist die Klage ohne weiteres abzuweisen und es bedarf einer Erörterung der Behauptungen über die Kenntnis des anderen Teils nicht. JW. 98, 480[18]. Die Eideszuschiebung über die Kenntnis der Benachteiligungsabsicht des Schuldners ist zwar zulässig, sie genügt aber nicht zum Nachweise des Vorhandenseins der Absicht selbst. RG. 43, 387, 392. Jedoch kann auch über die Benachteiligungsabsicht selbst dem Anfechtungsbeklagten der Eid zugeschoben werden, da er Rechtsnachfolger des Schuldners im Sinne des § 445 ZPO. ist. RG. 9, 85, 15, 370, 43, 392, JW. 93, 427[15], 03, 344[7]. — Hinsichtlich des **Zeitpunktes** der Kenntnis gilt auch hier der Grundsatz, daß, insoweit es bei Anfechtung von Rechtshandlungen wegen Benachteiligung von Gläubigern auf die Kenntnis des Anfechtungsgegners von gewissen Tatumständen ankommt, solche Kenntnis für den Zeitpunkt genügt, in welchem sich der Erwerb des Anfechtungsgegners vollendet hat. RG. 88, 217. Daher genügt im Falle einer Pfändung auf Grund eines vom Schuldner gewährten Vollstreckungstitels die Kenntnis im Zeitpunkte der Pfändung. RG. 47, 225, Gr. 50, 1149.

[5] Begriff der **Benachteiligungsabsicht:** Anm. 4 § 31 KO. — Es ist die Betätigung einer rechtswidrigen Absicht (eine unerlaubte Handlung) des Schuldners in bewußtem Zusammenwirken mit dem Anfechtungsbeklagten erforderlich. JW. 91, 417[26]. Regelmäßig genügt das Bewußtsein eines die Gläubiger benachteiligenden Erfolges, sofern dessen Eintritt nach dem gewöhnlichen Laufe der Dinge zu erwarten ist; der Zweck der Rechtshandlung braucht die Benachteiligung nicht zu sein. RG. 9, 75, 11, 175, 23, 14, JW. 94, 547[16], 95, 127[8], 15, 282[9], auch W. 11, 354, 16, 88. Auch das Bewußtsein der schädigenden Wirkung für einen bestimmten Fall genügt, wenn diese Wirkung, sei es auch nur eventuell, gewollt war. RG. 24, 26, W. 16, 88, JW. 19, 244[12]. Besteht aber nur die Möglichkeit, daß eine Rechtshandlung die Gläubiger benachteiligen könne, so ist von dem bloßen Bewußtsein einer solchen Möglichkeit kein

sicherer Schluß auf den Willen der Benachteiligung zu ziehen, vielmehr muß dieser Wille besonders nachgewiesen werden. JW. 93, 160[16], 97, 466[25]. Das Bewußtsein, die vorgenommene Rechtshandlung verletze ein Vertragsrecht des Gläubigers (z. B. auf die Priorität seiner hypothekarisch zu sichernden Forderung durch Bewilligung einer Hypothek für den Anfechtungsbeklagten), deckt sich nicht mit dem zur Anfechtung erforderlichen Bewußtsein, daß die vorgenommene Rechtshandlung das Befriedigungsrecht des Gläubigers verletze (z. B. kann der Schuldner in dem vorerwähnten Falle angenommen haben, der Gläubiger werde trotz der Hypothekbestellung Befriedigung erlangen). JW. 98, 480[18]. — Bestand eine **Rechtspflicht zur Vornahme der Handlung**, so genügt das Bewußtsein des benachteiligenden Erfolges nicht, vielmehr muß der Wille, zu benachteiligen, festgestellt werden. JW. 95, 127[8], 15, 282[8]. Insbesondere ist bei **„reinen" Erfüllungsgeschäften** (sog. kongruenten Deckungsgeschäften), d. h. solchen Geschäften, durch die der Gläubiger auf eine wirklich bestehende Forderung gerade nur dasjenige erhält, was er zu fordern hat (z. B. durch Geldzahlung, Lieferung von Sachen, Bestellung geschuldeter Sicherheit), **in der Regel** das bloße Bewußtsein des Schuldners, daß seinen übrigen Gläubigern Befriedigungsobjekte entzogen und sie dadurch benachteiligt werden, zur Anfechtung nicht genügend, vielmehr müssen in der Regel, um in einem solchen Falle die Anfechtung aus § 3 Nr. 1 gerechtfertigt erscheinen zu lassen, **besondere Umstände** hinzutreten, aus denen sich eine **fraudulose Absicht** ergibt, namentlich daß der Schuldner bei Vornahme der Rechtshandlung nicht sowohl durch die Absicht geleitet war, seiner Verpflichtung nachzukommen, als vielmehr durch die Absicht, den anderen Gläubigern die ihnen zustehende Befriedigung zu entziehen und sie hierdurch zu benachteiligen. RG. 20, 180, 23, 9, 38, 103, 57, 163, Gr. 36, 1136, 45, 1176, 46, 676, 51, 398, 53, 710, 55, 1069, JW. 91, 511[11], 92, 312[14], 336[21], 429[8], 93, 385[15], 94, 280[9], 96, 175[29], 357[15], 97, 111[28], 308[22], 00, 854[8], 01, 9[18], 81[10], 02, 25[17], 11, 778[46], 15, 282[8], W. 19, 83. — Dies gilt jedoch nicht, wenn die Verbindlichkeit des Schuldners nicht rechtswirksam und ihre Erfüllung (z. B. wegen Formmangels) nicht erzwingbar ist. Gr. 39, 434 (JW. 95, 44[17]). Ferner trifft es nicht zu, wenn zwar die Schuld, auf die geleistet wird, rechtsgültig ist, es sich aber bei der Leistung nicht um ein reines Erfüllungsgeschäft handelt, sondern um ein **Deckungsgeschäft anderer Art** (sog. inkongruentes Deckungsgeschäft), d. h. um ein solches Geschäft, wodurch der Schuldner dem Gläubiger im Einverständnisse mit diesem eine an sich nicht geschuldete Leistung macht, durch die nach der Absicht beider Teile die Tilgung einer bestehenden Verpflichtung erfolgen oder gesichert werden soll, wie Hingabe an Zahlungs Statt, Pfand- oder Hypothekbestellung, Abtretung oder Veräußerung von Vermögensstücken zum Zwecke der Befriedigung, Gewährung eines vollstreckbaren Schuldtitels behufs Vornahme einer Pfändung. RG. 6, 46, 9, 102, 45, 28, Gr. 36, 1137, 50, 1144, 1146, 51, 396, 55, 1069, JW. 98, 664[23], 02, 590[13], 593[18], 11, 778[46], 15, 282[8], W. 19, 111 (dagegen ist das gleiche angenommen auch für andere Deckungsgeschäfte in: RG. 27, 130 [Hingabe an Zahlungs Statt], 33, 124 [Veräußerung zum Zwecke der Befriedigung], JW. 93, 352[35], 95, 329[23], 96, 75[26] [Forderungsabtretung, Veräußerung zum Zwecke der Befriedigung], 96, 670[7], 97, 150[19], 466[25], 98, 52[25], 480[18] [Pfand- und Hypothekbestellung]). So kann, wenn ein Grundstückseigentümer Mietzinsen an seinen Gläubiger zu dessen Deckung abgetreten hat und ein Hypothekengläubiger, der die Beschlagnahme des Grundstücks ausgebracht hat, dem gegenüber aber die Abtretung nach § 1124 BGB. an sich wirksam ist, die Verfügung anficht, die Benachteiligungsabsicht des Schuldners (Eigentümers) als gegeben erachtet werden. OLG. 26, 127, 145 (vgl. auch hinsichtlich der Anfechtbarkeit einer Vorausverfügung über Mietzinsen des Gemeinschuldners durch den Konkursverwalter OLG. 27, 252, Anm. 4 § 21 KO.). — Daß es sich um ein reines **Zug-um-Zug-Geschäft** gehandelt hat (gleichzeitiger Austausch von Leistungen) steht der Anfechtung aus § 3 Nr. 1 nicht entgegen. JW. 19, 244[12]. — Aber **auch hinsichtlich reiner Erfüllungsgeschäfte** ist es **nicht** ein **allgemein gültiger Rechtsgrundsatz** oder auch nur eine allgemeine, den Richter bindende Beweisregel, daß zur Feststellung der Benachteiligungsabsicht das Bewußtsein des Schuldners, durch die Befriedigung oder Sicherung des einen Gläubigers die übrigen Gläubiger zu benachteiligen, nicht ausreiche und der Anfechtungskläger besondere Umstände dartun müsse, aus denen sich ergebe, daß der Wille des Schuldners und des Anfechtungsbeklagten nicht auf Erfüllung einer begründeten Verbindlichkeit, sondern darauf gerichtet gewesen sei, den anderen Gläubigern betrüglicherweise Befriedigungsobjekte zu entziehen. Vielmehr handelt es sich auch hierbei lediglich um eine nach der konkreten Sachlage zu beurteilende Tatfrage. Gr. 46, 1115, 47, 424, 50, 1147, 55, 1069, W. (11, 153), 11. 355, JW. 02, 590[13], 593[16], (11, 193[30]), 11, 778[46], vgl. RG. 51, 77. So liegt auch bei Erfüllungsgeschäften die zur Anfechtung erforderliche Benachteiligungsabsicht z. B. vor: wenn der Schuldner mit dem Anfechtungsbeklagten insofern kolludiert hat, als er dessen Prozeß durch Anerkenntnis oder Versäumnisurteil schleunigst zur Beendigung hat kommen lassen, um die Möglichkeit alsbaldiger Zwangsvollstreckung zu gewähren, während er den Prozeß des Anfechtungsklägers durch unnütze Einwendungen verzögert hat, Gr. 41, 422, 50, 1140 (JW. 97, 111[23]); oder wenn der in dauerndem Zahlungsunvermögen befindliche Schuldner sich den betreffenden Gläubiger ausgewählt hat, um ihm unter Bevorzugung vor den übrigen Gläubigern die noch verfügbaren Zahlungsmittel zuzuwenden, JW. 93, 352[35]; oder wenn Verabredungen zwischen dem Schuldner und dem Anfechtungsbeklagten vorliegen, aus denen sich ergibt, daß die geleistete Zahlung oder Sicherstellung weniger behufs Erfüllung als behufs Benachteiligung der übrigen Gläubiger erfolgt ist, JW. 92, 429[8], 93, 385[15]. Dagegen ist die fraudulose Absicht nicht schon dann erwiesen, wenn durch die Wahl des Zeitpunkts der Erfüllung nur verhindert werden sollte, daß die andringenden Gläubiger durch Zugriff auf das Erfüllungsobjekt dem Schuldner die Erfüllung unmöglich machten. JW. 94, 280[9]. — **Veräußert der Schuldner** sein **Grundstück**, um die Mietzinsen dem drohenden Zugriff eines Gläubigers zu entziehen und sie sich selbst zu sichern oder einem anderen Gläubiger zuzuwenden, der kein besseres Recht darauf hat, so ist die Benachteiligungsabsicht für vorliegend zu erachten. RG. 64, 343. Wenn jedoch die Veräußerung in der Absicht erfolgt, die künftigen Mietzinsen, die in Anbetracht einer hohen hypothekarischen Belastung des Grundstücks zur Bezahlung der Hypothekenzinsen unentbehrlich sind, der vorzugsweisen Befriedigung der Hypothekengläubiger gegenüber dem drohenden

Zugriff eines nicht hypothekarisch gesicherten Gläubigers zu erhalten, so liegt eine Benachteiligungsabsicht nicht vor. RG. 64, 343.

[4] **Nicht notwendig** gerade den **anfechtenden Gläubiger**, RG. 26, 12, JW. 10, 838[77], oder sonst einen bestimmten Gläubiger, Gr. 52, 1168, JW. 89, 209[17], 08, 567[32]. **Es** ist auch überhaupt nicht erforderlich, daß die **Forderung des Anfechtungsklägers schon zur Zeit** der Vornahme **der Rechtshandlung** des Anfechtungsbeklagten entstanden ist oder daß ihre Entstehung damals bereits vorausgesehen ist oder vorausgesehen werden konnte. Gr. 52, 1168, JW. 85, 159, 86, 230, 90, 192[7], 04, 152[30], vgl. RG. 15, 62 (s. dagegen 13, 166). — Wegen **Verzichts auf die Anfechtung** vgl. Anm. 6 § 1.

[5] **Begriff und einzelne Fälle der Benachteiligung:** Anm. 6 § 31 KO. — **Voraussetzung** einer Anfechtung ist **stets** eine **Benachteiligung** der Gläubiger, insbesondere **des anfechtenden Gläubigers.** RG. 64, 340, 86, 366, Gr. 51, 1109, 57, 1116, JW. 08, 567[32], W. 17, 18. Jeder Gläubiger aber, dem durch eine vom Schuldner vorgenommene Veräußerung der an sich zulässige Zugriff auf dessen Vermögen oder auf einzelne Bestandteile davon unmöglich gemacht oder erschwert wird, ist dadurch benachteiligt, RG. 10, 8, 14, 313, 51, 65, JW. 94, 57[10], 11, 67[75], auch wenn zur Zeit des Vertragsschlusses noch andere Vermögensstücke vorhanden waren, auf die Zugriff hätte genommen werden können, JW. 00, 651[10]; es sei denn, daß durch die Veräußerung ein **Entgelt** in das Vermögen des Schuldners gelangt ist, der einen zur Befriedigung dienenden **Ersatz für** den **veräußerten Gegenstand** bildet, RG. 39, 90, 51, 65, Gr. 48, 112, oder daß der **Wert des veräußerten Gegenstandes** (oder eines von mehreren veräußerten Gegenständen, JW. 10, 72[29]) zur Zeit der angefochtenen Rechtshandlung **durch vorgehende** Pfändungspfandrechte oder eingetragene Hypotheken **vollständig absorbiert** war, so daß der Gegenstand für den Anfechtenden kein Befriedigungsmittel abgab, RG. 14, 313, 15, 64, 21, 99, 64, 339, JW. 94, 547[15], 95, 83[6], 06, 722[22], 08, 567[32], 10, 72[29], W. 14, 162, OLG. 22, 364, oder daß im Falle der Anfechtung der **Bestellung des Nießbrauchs** an einem Hausgrundstück durch einen persönlichen Gläubiger die **Einkünfte** des Grundstücks aus den Mieten **zur Deckung der** auf

dem Grundstück ruhenden öffentlichen und privatrechtlichen Lasten von dem Nießbraucher gemäß § 1047 BGB. **völlig zu verwenden** waren und für den Zugriff des anfechtenden Gläubigers nicht ausreichten oder die Nießbrauchbestellung nur die Befriedigung der Gläubiger aus den Einkünften des Grundstücks (z. B. an Mietzinsen), wie bei ordnungsmäßiger Verwaltung durch den Eigentümer oder durch einen gerichtlich bestellten Zwangsverwalter, in gesetzlicher Reihenfolge sichern sollte, Gr. 51, 1107, 57, 1116, W. 11, 354, (12, 469), 14, 162, 17, 18. In letzterer Hinsicht ist es, wenn Mietzinsen im Streit sind, ohne Belang, daß diese Mietzinsen, weil seit ihrer Fälligkeit im Laufe des Rechtsstreits ein Jahr abgelaufen ist, ohne daß zuvor eine Beschlagnahme zugunsten der Hypothekengläubiger erfolgt ist, gemäß § 1123 Abs. 2 BGB. von der Haftung für die Hypotheken freigeworden sind, sofern nur die Mietzinsen für den Zugriff des Anfechtungsgegners nicht ausgereicht hätten, wenn aus ihnen vorher die Grundstückslasten und die laufenden Hypothekenzinsen gedeckt worden wären. W. 17, 18. Jedoch kann die Nießbrauchbestellung, wenn sich ein Überschuß der Einkünfte (z. B. der an Mietzinsen des Hauses) über die Hypothekenzinsen und die sonstigen aus den Einkünften zu bestreitenden Ausgaben ergibt, insoweit angefochten werden; daß es sich dabei um **teilweisen Angriff gegen ein einheitliches Rechtsgeschäft** handelt, steht der Anfechtung keineswegs entgegen, da vielmehr der Anfechtungs- und Rückgewähranspruch der Gläubiger überhaupt **nur soweit** reicht, **als** durch die anfechtbare Handlung der **Vermögensstand** des Schuldners **in einer die Gläubiger schädigenden Weise verändert** worden ist. RG. 21, 95, Gr. 57, 1115 (JW. 12, 1063[7]), W. (12, 469), 14, 162. Der **Einwand** aber, daß der anfechtende Gläubiger infolge der Veräußerung **ebensoviel** erhalte, **als bei einer gleichmäßigen Verteilung** des vorhandenen Vermögens **unter alle Gläubiger** auf ihn fallen würde, ist nicht durchgreifend, da der Gläubiger, solange ein Konkursverfahren nicht eröffnet worden ist, das Recht hat, sich durch einseitiges Vorgehen auf dem Wege der Zwangsvollstreckung volle Befriedigung zu verschaffen. JW. 89, 461[3], 515[9]. Wenn jedoch das Aktivvermögen des Schuldners (fiduziarisch, an einen Treuhänder) zu dem Zwecke veräußert ist, eine gleichmäßige

Befriedigung aller vorhandenen Gläubiger herbeizuführen, und feststeht, daß ohne den Vertrag sofort das Konkursverfahren eröffnet worden wäre, auch dem Gläubiger durch den Vertrag volle Sicherheit dafür gewährt ist, daß er mindestens den Konkursdividendenbetrag erhalten werde, liegt eine Benachteiligung nicht vor. RG. 39, 90, Gr. 49, 1115. In solch einem Falle kann überdies schon wegen Fehlens der Benachteiligungsabsicht die Anfechtung ausgeschlossen sein. Gr. 49, 1118. **Auch** ist es nicht unbedingt ausgeschlossen, daß der Gläubiger durch Einräumung einer Forderung gegen einen Dritten für entäußerte, dem Zugriff offenstehende Vermögensstücke einen Ersatz erhält, durch den eine Benachteiligung vermieden wird, wie etwa in dem Falle, daß der die Vermögensobjekte erwerbende Dritte die Verbindlichkeit des Schuldners als eine von diesem anerkannte übernimmt und der Übernehmer auch durch seine Vermögenslage für die Befriedigung der Forderung die gleichen Garantien bietet. RG. 51, 65 (anders im Falle eines mit einer vertraglichen Schuldübernahme nicht verbundenen Vermögensübertragsvertrages, RG. 51, 66). — Die **Abtretung von Mietzinsen durch den Eigentümer eines Hausgrundstücks** kann, auch wenn sie nach § 1124 Abs. 2 BGB., weil sie nur die Mietzinsen für die dort der Verfügung freigegebene Zeit betrifft, den Hypothekengläubigern gegenüber an sich wirksam ist, doch der **Anfechtung durch** den **Hypothekengläubiger,** der dadurch benachteiligt ist, nach Maßgabe des AnfGes. unterliegen. RG. 86, 365, Gr. 57, 1005, W. 17, 70, 132, auch Anm. 1 § 1, Anm. 2 § 2. — Ist in Erwartung der Darlehnsgewährung zur Sicherung der künftigen Darlehnsforderung eine Hypothek eingetragen, gelangt demnächst aber eine **Forderung nicht zur Entstehung,** so enthält die **Abtretung der Hypothek** seitens des eingetragenen Gläubigers nicht eine Benachteiligung seiner Gläubiger, da die Hypothek materiell als Eigentümergrundschuld dem Grundstückseigentümer zusteht. RG. 51, 43. — Die **Abtretung einer Forderung** des Schuldners **aus einem** zweiseitigen, **vom Schuldner noch nicht erfüllten Vertrage** kann anfechtbar sein, wenn der Vertrag für den Schuldner vorteilhaft ist und der Anfechtende sich die Vorteile dadurch zu sichern vermag, daß er die dem Schuldner obliegende Leistung, von deren Bewirkung der Anspruch auf

Zahlung des Forderungsbetrages abhängig ist, selbst bewirkt. Gr. 57, 1113 (JW. 13, 885[26]). Dies trifft jedoch nicht zu, wenn es sich um eine Werklohnforderung aus einem vom Schuldner noch nicht durch Ausführung des Werkes erfüllten Vertrage handelt, der dem Schuldner lediglich insofern Vorteil gewährt, als er Vergütung für die von ihm zu leistende Arbeit erhält; auf Überlassung allein eines solchen Vorteils hat der Gläubiger nicht einen mittels Anfechtung einer Abtretung zu erstreitenden Anspruch. Gr. 57, 1112 (JW. 13, 885[26]). — Ist **auf Verlangen des Schuldners** ein diesem geschuldeter Gegenstand von dem Veräußerer **einem Dritten übereignet,** so sind die Gläubiger in gleicher Weise benachteiligt, wie wenn der Schuldner zuvor Eigentümer geworden wäre; alsdann ist die Anfechtung gegen den Dritten zulässig. RG. 43, 83, vgl. JW. 02, 175[45]. — Bei der Prüfung, ob eine Veräußerung den anfechtenden Gläubiger benachteiligt, darf nur auf den **unmittelbaren Gegenstand des angefochtenen Geschäfts** gesehen werden, und muß die Möglichkeit für den Gläubiger, sich aus den künftigen Erträgnissen dieses Gegenstandes (z. B. den künftigen Mietzinsen des veräußerten Hausgrundstücks) zu befriedigen, außer Betracht bleiben. Die Vereitelung dieser Möglichkeit ist keine Benachteiligung im Sinne des AnfG. RG. 64, 342. Darüber, daß Verfügungen über **künftige Ansprüche** mangels eines Vermögenswertes nicht anfechtbar sind, wohl aber Verfügungen über bedingte Forderungen vgl. Anm. 1 § 1.

[6] Vornahme der Rechtshandlung seitens **des Schuldners durch** einen gesetzlichen oder bevollmächtigten **Vertreter:** Anm. 4 § 31 a. E., Anm. 11 § 30 KO. — Die Benachteiligungsabsicht des die angefochtene Rechtshandlung beurkundenden **Notars** schadet dem Anfechtungsbeklagten nicht. Auch eine dem Schuldner (oder seinem gesetzlichen Vertreter) vom Notar absichtlich erteilte unrichtige Belehrung und Auskunft ist für die Anfechtung bedeutungslos, wenn der Schuldner selbst trotzdem die Benachteiligungsabsicht nicht gehabt hat. Gr. 51, 1111. Ist von dem Pfleger eines minderjährigen Schuldners gegenüber dessen Vormund (und Mutter) eine Rechtshandlung vorgenommen worden, so ist zur Anfechtung die fraudulose Absicht des Pflegers erforderlich. Fehlt diese, so findet die Anfechtung nicht statt, selbst wenn der beklagte Vormund die

fraudulose **Absicht gehabt hat**. JW. 97, 466[25]. Ist in Vertretung eines geisteskranken Grundstückseigentümers, der unter Pflegschaft steht, ein Nießbrauch an dem Grundstück von einem ihm statt des Pflegers zugeordneten Sonderpfleger bestellt worden, so kommt es für die Frage der Anfechtbarkeit der Nießbrauchbestellung auf die Benachteiligungsabsicht des Sonderpflegers, nicht des Pflegers an. W. 11, 78. — Über die Kenntnis eines **Vertreters** des **„andern Teils"** von der fraudulosen Absicht s. Anm. 2 hier u. Anm. 7 § 30 KO.

[7] **Wesen** und **Berechnung** der Frist: Anm 7 § 31 KO. sowie Anm. 8 hier. — Wird ein **obligatorischer Vertrag** angefochten, der durch Übergabe (Auflassung, Eintragung) zu erfüllen ist, so kommt es auf den Zeitpunkt des Vertragsschlusses an. Ist zwar die Übergabe (Eintragung) in dem Jahr erfolgt, der Vertragsschluß aber vorher, so kann die Anfechtung nach § 3 Nr. 2 deswegen ausgeschlossen sein, weil in der Vollziehung der Übergabe (der Eintragung) nur die reine Erfüllung der vorher eingegangenen Verbindlichkeit zu erblicken und daher (vgl. Anm. 15) eine frauduloſe Absicht nach Lage der Sache nicht als vorliegend zu erachten ist. RG. 27, 130, Gr. 38, 1200, JW. 94, 316[14], 96, 132[14], 150[24], 98, 52[26], 00, 47[3]. Richtet sich die Anfechtung gegen einen **dinglichen Vertrag** (§§ 873, 925, 929, 1205 BGB.), so genügt es, daß der letzte Akt dieses Vertrages (Eintragung, Übergabe usw., s. Anm. 8 § 30 KO.), insbesondere bei einer Hypothekbestellung die Grundbucheintragung, in die kritische Zeit fällt. RG. 27, 130, JW. 98, 52[26], 11, 597[51]. Vgl. Anm. 7 § 31 KO. Hat der Schuldner seinen minderjährigen Kindern Hypotheken eintragen lassen, wobei eine Einigung fehlt, ist trotzdem der Zeitpunkt der Eintragung maßgebend. OLG. 35, 266. — Die **Frist** ist ebenso, wie die im § 33 KO. (s. dort Anm. 1), nicht prozessualer Natur, vielmehr gehört ihre Einhaltung zur **Begründung des Anfechtungsanspruchs**. Auf die Berechnung findet daher § 222 Abs. 2 ZPO. keine Anwendung. Ebensowenig aber auch § 193 BGB., da diese Vorschrift nur für die Fälle gilt, in denen es sich um eine Willenserklärung oder Leistung handelt. Demnach kommt bei Berechnung der Frist der Umstand, daß der letzte Tag ein Sonntag ist, nicht in Betracht. JW. 98, 247[9]. Vgl. Anm. 7 § 31, Anm. 1 § 33

KO. — Ist die Anfechtung zunächst nur auf einzelne Zuwendungen gerichtet und wird sie dann auf andere erweitert, so ist die Frist nicht von der Klagerhebung, sondern von dem Zeitpunkt ab, in welchem der erweiterte Antrag nach Maßgabe des § 281 ZPO. rechtshängig geworden ist, zurückzurechnen. RG. 40, 38.

[8] Von der Nov. an die Stelle von „Rechtshängigkeit des Anfechtungsanspruchs" gesetzt, weil von den Gesetzesredaktoren das Anfechtungsrecht nach den Vorschriften des BGB. (s. § 194) nicht als ein Anspruch angesehen wurde. Begr. d. Nov. 59. — Darüber, daß die **Anfechtung nur gerichtlich** (und zwar sowohl durch Klage als auch durch Widerklage, Einrede, Replik), nicht aber durch außergerichtliche Erklärung geltend gemacht werden kann, s. Anm. 6 § 1. — Die **Anfechtungsfristen** sind im Falle der Anfechtung durch Klagerhebung vom Tage der Klagzustellung **zurückzurechnen**, RG. 9, 66, im Falle der Anfechtung durch Klagerweiterung von dem Zeitpunkt, in dem der erweiterte Antrag nach § 281 ZPO. rechtshängig wird, RG. 40, 37, im Falle der Anfechtung durch Einrede oder Replik von dem Zeitpunkt des Vortrags in der mündlichen Verhandlung, JW. 88, 219, 220, 89, 307[18], Gr. 32, 1164, auch Anm. 7 hier, Anm. 2 § 5. — Durch die Klage oder Widerklage des Erwerbers, nach der festgestellt werden soll, daß ein Anfechtungsrecht nicht bestehe, wird die Anfechtung nicht geltend gemacht, da diese nur dann stattfindet, wenn der Gläubiger seinerseits innerhalb der vorgeschriebenen Fristen die Anfechtungsklage erhoben hat. JW. 97, 571[31].

[9] Begriff und einzelne Fälle der **entgeltlichen Verträge**: Anm. 8 § 31 KO.

[10] Oder seines gesetzlichen oder bevollmächtigten **Vertreters**: Anm. 6 hier, sowie Anm. 10 § 31 KO.

[11] Nach früherem Recht mußte die in Betracht kommende Ehe zur Zeit des Vertragsschlusses noch bestanden haben. JW. 82, 261, RG. 63, 94. Jetzt ist mit Rücksicht auf Art. 33 EG.BGB. unter „Ehegatte" des Schuldners auch der **frühere** (verstorbene, für tot erklärte, geschiedene) **Ehegatte** zu verstehen. RG. 63, 92. Jedoch bezieht sich dies nur auf Verträge mit den hier genannten Verwandten des Ehegatten. Dagegen ist § 3 Nr. 2 auf Verträge des Schuldners mit Ehegatten von Verwandten (also mit Verschwägerten) seines Ehe-

gatten nur dann anwendbar, wenn die beiden Ehen zur Zeit des Vertragsschlusses noch bestehen. RG. 63, 96.

[12] Vgl. §§ 1589, 1590 BGB., Art. 33 EG.BGB. Der Kreis der **„Verwandten des Ehegatten"** ist aber lediglich nach dem AnfG., nicht nach dem jeweiligen örtlichen Zivilrechte zu umgrenzen. JW. 06, 345[1]. — Handelt es sich um eine offene Handelsgesellschaft, so greift die Vermutung der Fraudulosität schon dann Platz, wenn nur einer der Gesellschafter mit dem Gegenkontrahenten in dem fraglichen Verwandtschaftsverhältnis steht. RG. 43, 104.

[13] Maßgebender **Zeitpunkt des Abschlusses des Vertrages:** Anm. 5 § 30, Anm. 13 § 31 KO., sowie Anm. 14 hier.

[14] **Begriff und einzelne Fälle der Benachteiligung:** Anm. 6, 14 § 31 KO., sowie Anm. 5 hier. — Es ist zu unterscheiden zwischen dem allgemeinen Erfordernis jeder Anfechtungsklage, daß den Gläubigern durch die angefochtene Rechtshandlung ein zu ihrer Befriedigung dienliches Vermögensstück entzogen ist (§§ 1, 7) Gr. 40, 1152, 51, 1109, Anm. 5, und dem besonderen Erfordernis der Klage aus § 3 Nr. 2, das in der Benachteiligung der Gläubiger **durch den Abschluß des Vertrages** besteht. In ersterer Hinsicht genügt bei Veräußerung eines Grundstücks, daß der Wert des Grundstücks zur Zeit der Anfechtungsklage die eingetragenen Schulden übersteigt, in letzterer Hinsicht ist erforderlich, daß die Gegenleistung des Beklagten den Wert des Grundstücks nicht erreicht hat, Gr. 40, 1152, oder daß trotz Bezahlung des vollen Wertes dadurch nach den Umständen des Falles (z. B. bei leichtsinnigem Lebenswandel des Schuldners) den Gläubigern nicht ein gleichwertiger Ersatz für ihren Zugriff geboten ist, OLG. 42, 38.

[15] **Beweis der Nichtkenntnis:** Anm. 15 § 31 KO. u. Anm. 16 hier. -- Auch hier wird mit dem Nachweise, daß nur eine vor dem Jahr begründete Verpflichtung erfüllt worden sei, die im § 3 Nr. 2 aufgestellte Rechtsvermutung in der Regel entkräftet, und ist dann die Anfechtung in der Regel nur unter den Voraussetzungen des § 3 Nr. 1 zulässig, nämlich nur (s. Anm. 3), wenn der Anfechtende Umstände nachweist, aus denen sich ergibt, daß der Schuldner bei Vornahme der Rechtshandlung nicht sowohl durch die Absicht geleitet wurde, seiner Verpflichtung nachzukommen, als vielmehr durch die, seine

Gläubiger zu schädigen, und, daß der Anfechtungsbeklagte diese Absicht gekannt hat. RG. 27, 130, 38, 103, 51, 76, 57, 161, JW. 95, 329[23], 96, 670[7], 97, 170[21], 308[22], 325[13], 570[30], 98, 223[17], 01, 81[10], 03, 296[24], 06, 179[29], 390[16], 11, 597[51], 12, 307[28], W. 15, 64, Gr. 41, 686 und Anm. 8 § 31 KO., Anm. 3 hier. Dies gilt jedoch nur von **„reinen“ Erfüllungsgeschäften**, d. h. von solchen Geschäften, wodurch der Gläubiger auf seine rechtsverbindliche Forderung (anders wenn die Forderung ganz oder zum Teil nicht rechtswirksam besteht, Gr. 39, 434 [JW. 95, 44[17]], 00, 74[19], auch Anm. 3) nur das erhält, was er zu fordern hat, nicht von **Deckungsgeschäften anderer Art** (sog. inkongruentes Deckungsgeschäft), d. h. von solchen Geschäften, wodurch der Schuldner dem Gläubiger im Einverständnisse mit diesem eine an sich nicht geschuldete Leistung macht, durch die nach der Absicht beider Teile die Tilgung einer bestehenden Verpflichtung erfolgen oder gesichert werden soll. Anm. 3, RG. 6, 46, 9, 102, 43, 107, 45, 28, Gr. 36, 1137, JW. 98, 664[23], 02, 95[26], 590[13], 593[18] (dagegen ist das gleiche angenommen auch für andere Deckungsgeschäfte in: RG. 27, 130, 33, 124, Gr. 41, 686, JW. 93, 352[35], 95, 329[23], 96, 670[7], 97, 150[19], 325[13], 466[25], 98, 52[25], 223[17], 480[18]; vgl. Anm. 3). — Aber auch hinsichtlich reiner Erfüllungsgeschäfte ist es **nicht ein allgemein gültiger Rechtsgrundsatz** oder auch nur eine allgemeine, den Richter bindende Beweisregel, daß durch den Nachweis eines reinen Erfüllungsgeschäftes die gesetzliche Vermutung des § 3 Nr. 2 widerlegt und nunmehr unter Umkehrung der Beweislast dem Anfechtungskläger der Beweis der Benachteiligungsabsicht des Schuldners und ihrer Kenntnis auf seiten des Anfechtungsgegners aufgebürdet werde. Vielmehr wird der Richter nur nach allgemeinen Erfahrungssätzen aus jenem Nachweise für den Regelfall die Überzeugung von dem Nichtbestehen einer Benachteiligungsabsicht oder doch von der Nichtkenntnis derselben gewinnen, so daß ihm das Gegenteil in der Regel durch besondere Umstände nachzuweisen sein wird. Grundsätzlich hat jedoch der Anfechtungsgegner auch in diesen Fällen den Beweis der Nichtkenntnis der Benachteiligungsabsicht zu führen. RG. 51, 76, Gr. 47, 424, 54, 627, JW. 02, 95[26], 274[24], 546[14], 03, 296[24], 06, 179[29], 11, 597[51], 12, 307[28], 17, 718[15]; vgl. Anm. 8 § 31 KO. So kann auch die Auflassung eines vom

Schuldner mit den von seiner Ehefrau vorgeschossenen Mitteln im eigenen Namen erworbenen Grundstücks, die der Schuldner seiner Ehefrau zur Erfüllung der ihm obliegenden Übereignungspflicht erteilt, der Anfechtung nach § 3 Nr. 2 unterliegen, so daß die Ehefrau den Beweis der Nichtkenntnis der Benachteiligungsabsicht zu führen hat. Gr. 54, 623. — Steht einer Ehefrau gegen ihren Ehemann, weil er das von ihr in die Ehe eingebrachte bare Geld nicht mündelsicher angelegt, sondern für sich verwendet hat, nach § 1376 Nr. 1, § 1377 Abs. 2, § 1359 BGB. ein Anspruch auf Schadensersatz zu, so kann für sie ein Recht auf Sicherheitsleistung nach § 1391 Abs. 2 BGB. gegeben sein. RG. 65, 174. Hat aber die Ehefrau ihrem Manne allgemein oder im Einzelfalle gestattet, das bare Ehegut in einer gegen § 1377 Abs. 2 verstoßenden Weise, sei es bei Dritten anzulegen, sei es für sich zu verwenden, so ist ihr ein das Recht auf Sicherheitsleistung bei Vermögensverfall des Mannes gewährender Ersatzanspruch im Sinne des § 1391 Abs. 2 nicht gegeben. RG. 65, 171. Ein Einbringen von Ehegut liegt überhaupt nicht vor, wenn die Ehefrau eine auf dem Grundstücke des Mannes haftende Hypothek mit ihrem Gelde für sich erwirbt. RG. 65, 174.

[16] Der Beweis der Unkenntnis des Anfechtungsbeklagten vom Vorhandensein bestimmter Gläubiger kann für den von jenem zu führenden Beweis seines **guten Glaubens** unter Umständen erheblich sein. Gr. 41, 691. Ebenso kann von wesentlicher Bedeutung der Nachweis sein, daß der Schuldner bei seinem Handeln eine andere Absicht als die Benachteiligungsabsicht gehabt habe, z. B. daß er zur Vornahme der Handlung durch eine bestehende Verpflichtung veranlaßt sei. JW. 90, 1161[8]. Vgl. über den Beweis der Unkenntnis bei Erfüllungs- und Deckungsgeschäften Anm. 15.

[17] Begriff der **unentgeltlichen Verfügung**: Anm. 4 § 32 KO. — Ist der durch die unentgeltliche Verfügung weggegebene Gegenstand gerade von dem anfechtenden Gläubiger auf Kredit geliefert, so hindert das die Anfechtung selbst dann nicht, wenn er wußte, in welcher Weise über den Gegenstand verfügt werden sollte. OLG. 42, 72. — Ist zur Deckung einer Forderung des Anfechtungsbeklagten gegen den Schuldner eine erheblich höhere Forderung des letzteren gegen einen

Dritten abgetreten und ist die Abrede getroffen oder erhellt sonst aus den Umständen, daß nur der der Forderung des Anfechtungsbeklagten entsprechende Teil der Forderung des Schuldners zur Tilgung jener dienen soll, so liegt hinsichtlich des **überschießenden Teils** der abgetretenen Forderung eine unentgeltliche Verfügung vor. JW. 98, 518[17]. Eine unentgeltliche Verfügung liegt aber nicht, auch nicht zum Teil, vor, wenn bei einem Kaufvertrage zwar der Wert des Kaufgegenstandes den baren Kaufpreis übersteigt, jedoch eine daneben übernommene Alimentationsverpflichtung dem Vertrag einen aleatorischen Charakter gibt. JW. 97, 570[29] — Keine unentgeltliche Verfügung ferner ist: die Hingabe von Wechseln zur **Befriedigung** oder **Sicherung einer** bestehenden fälligen **Schuld**, gleichviel ob die Hingabe zahlungshalber oder an Zahlungs Statt erfolgt ist. RG. 22, 271, 29, 299, JW. 97, 633[16]; die Einräumung des Nießbrauchs an einem Grundstück mit der Abrede, daß der Nießbraucher das Grundstück ordnungsmäßig verwalten und aus den Einkünften die auf dem Grundstück ruhenden öffentlichen und privatrechtlichen Lasten in gesetzlicher Ordnung berichtigen und den etwaigen Überschuß zur Abzahlung auf eine für den Nießbraucher eingetragene Hypothek verwenden solle, W. 11, 78. Weiter ist ein von einem Kaufmann in seinem eigenen Interesse mit einem Angestellten geschlossener Vertrag, durch den er dessen jährliches Gehalt auf 1500 M. festsetzt, während er sich gleichzeitig der Ehefrau des Angestellten gegenüber verpflichtet, dieser jährlich fortlaufend einen weiteren Betrag zu zahlen, keine anfechtbare unentgeltliche Verfügung des Angestellten zugunsten seiner Ehefrau, da der Angestellte keinen Vermögensanspruch auf die seiner Ehefrau zugewiesenen Beträge hatte. RG. 69, 59. — Dagegen enthält die **Änderung des ehelichen Güterstandes**, wodurch Verwaltung und Nutznießung des Mannes am eingebrachten Gute der Frau zu deren Gunsten ohne Gewährung einer Gegenleistung für die Zukunft aufgehoben werden, eine unentgeltliche Verfügung des Mannes, RG. 57, 81, JW. 04, 152[30], es sei denn, daß die Frau ein Recht auf Gütertrennung hatte (vgl. § 1468 BGB.) und die Vereinbarung unter den Eheleuten lediglich das enthält, was durch Urteil (§ 1470 BGB.) erzwungen werden konnte, RG. 57, 87. Ferner liegt eine un-

entgeltliche Verfügung vor, wenn Eheleute durch Ehevertrag an Stelle der bisherigen Gütergemeinschaft Gütertrennung **vereinbaren und bei der Auseinandersetzung der eine Ehegatte dem anderen einen Teil seines Vermögens ohne Entgelt zuweist. Jedoch ist nicht der Ehevertrag als solcher anfechtbar,** sondern nur die unentgeltliche Zuweisung, soweit sie den Gläubigern des Zuweisenden zum Nachteil gereicht. Gr. 52, 1164. — Auch **Schuldübernahme** und **Hypothekenbestellung für fremde Schuld** sind in der Regel unentgeltliche Verfügungen. RG. 60, 265, JW. 05, 442[28]. Dies gilt jedoch dann nicht, wenn der Verfügende die Rechtshandlungen vornimmt, um eine Gegenleistung dafür zu erhalten (z. B. Kreditgewährung seitens des Gläubigers der übernommenen Schuld an den Schuldübernehmer). RG. 60, 265. — Über **Vermögensteilungen** der Eltern **unter die Kinder** als unentgeltliche Verfügungen s. JW. 92, 302[10] (vgl. aber auch Anm. 8 § 31 KO.).

[17a] Über **Gelegenheitsgeschenke** vgl. Anm. 5 § 32 KO.

[18] Unentgeltliche Verfügungen, die der Schuldner **vor der Eheschließung** zugunsten seines späteren Ehegatten vorgenommen hat, sind (anders wie nach Nr. 2: „vor oder während der Ehe") **nicht** nach § 3 Nr. 4 anfechtbar. Vgl. RG. 76, 5.

[19] Von der Nov. ist der **frühere Schlußsatz:**

> sowie eine innerhalb dieses Zeitraums von ihm bewirkte Sicherstellung oder Rückgewähr eines Heiratsgutes oder des gesetzlich in seine Verwaltung gekommenen Vermögens seiner Ehefrau, sofern er nicht zu der Sicherstellung oder Rückgewähr durch das Gesetz oder durch einen vor diesem Zeitraume geschlossenen Vertrag verpflichtet war.

wie in dem früheren § 25 Nr. 2 KO. gestrichen. Vgl. hierüber Anm. 6 § 32 KO.

3a[1]. Hat der Erbe aus dem Nachlasse Pflichtteilsansprüche, Vermächtnisse oder Auflagen erfüllt[2], so kann ein Nachlaßgläubiger, der im Konkursverfahren über den Nachlaß dem Empfänger der Leistung im Range vorgehen oder gleichstehen würde, die Leistung in gleicher Weise anfechten wie eine unentgeltliche Verfügung des Erben[3].

[1] Von der Nov. entsprechend der neuen Vorschrift des § 222 KO. hinzugefügt. Vgl. dort Anm. 5.

[2] Unter „**Erfüllung**" sind auch Rechtsakte zur Sicherung zu verstehen, wodurch dem Nachlasse zum Nachteile der übrigen Gläubiger Vermögen entzogen wird. Gr. 52, 1087.

[3] Die allgemeinen **Voraussetzungen für die Anfechtung** nach § 2 und die besonderen nach § 3 Nr. 3 müssen **im übrigen** vorliegen. Der Schuldner, gegen den die Zwangsvollstreckung im Sinne des § 2 fruchtlos gewesen sein muß, ist der Erbe. Gr. 52, 1087. Hat der Erbe für die im § 3a genannten Ansprüche Hypothek an einem Nachlaßgrundstück bestellt (s. Anm. 2), so hat der anfechtende Nachlaßgläubiger nach § 226 Abs. 1, 2 KO., § 7 AnfG. den Klagantrag auf Duldung der Befriedigung aus dem Grundstück vor der Hypothek des Anfechtungsgegners zu richten. Gr. 52, 1087.

4. Hat der Gläubiger, bevor er einen vollstreckbaren Schuldtitel erlangt hatte[1] oder seine Forderung fällig war, denjenigen, welchem gegenüber eine im § 3 Nr. 2 bis 4 bezeichnete Rechtshandlung vorgenommen ist[2], von seiner Absicht, die Handlung anzufechten, durch Zustellung eines Schriftsatzes[3] in Kenntnis gesetzt, so wird die Frist von dem Zeitpunkte der Zustellung zurückgerechnet, sofern schon zu dieser Zeit der Schuldner zahlungsunfähig[4] war und bis zum Ablaufe von zwei Jahren seit diesem Zeitpunkte[5] die Anfechtung[6] erfolgt ist[7, 8].

[1] § 4 will nur eine Verzögerung der Vollstreckbarkeit durch den Schuldner unschädlich machen. Gr. 53, 1136 (JW. 09, 226[23]), RG. 77, 67. War das **Urteil bereits** in Rechtskraft übergegangen und **vollstreckbar, bevor** der Gläubiger den Anfechtungsbeklagten von seiner Anfechtungsabsicht durch Schriftsatz **benachrichtigt** hatte, so kann sich der Gläubiger auf § 4 nicht berufen, RG. 68, 74, Gr. 53, 1136, JW. 93, 201[22], es sei

denn, daß der zuerkannte Anspruch nicht auf Zahlung einer bestimmten Geldsumme gerichtet war (sondern z. B. auf Leistung des noch zu ermittelnden Interesses) und die Verurteilung zu einer bestimmten Geldsumme erst herbeigeführt werden mußte, JW. 93, 201[22]. Letzteres trifft bei einem vollstreckbaren Schuldtitel auf eine Leistung Zug um Zug nicht zu, da der Gläubiger es hier nach § 726 Abs. 2, § 756 ZPO. in der Hand hat, die Vollstreckung dadurch herbeizuführen, daß er die Gegenleistung gewährt oder den Schuldner in Annahmeverzug versetzt. Gr. 53, 1135 (JW. 09, 226[21])

[2] **Anfechtung** gegenüber Rechtsnachfolger: § 11 Abs. 4.

[3] In der **Ankündigung** muß die Forderung, wegen deren die Anfechtung stattfinden soll, bezeichnet werden. Auf andere Forderungen als die bezeichneten darf die Anfechtung demnächst nicht ausgedehnt werden. RG. 39, 3. Die von dem Gläubiger erlassene Ankündigung behält bei später erfolgender Zession der Forderung ihre Wirkung zugunsten des die Anfechtungsklage erhebenden Zessionars. RG. 39, 14. — Der Erlaß einer **einstweiligen Verfügung** in Beziehung auf den Anfechtungsanspruch steht der Ankündigung nicht gleich. Gr. 38, 1181. Ist aber in der einstweiligen Verfügung entsprechend dem Antrage die Absicht der Anfechtung zum Ausdrucke gelangt, so ersetzt die Zustellung der einstweiligen Verfügung die Zustellung eines Ankündigungsschriftsatzes. RG. 57, 30. — Keine **Zustellung** der Ankündigung ins Ausland durch Vermittelung des Gerichts. JW. 17, 821[1].

[4] **Zahlungsunfähig** im Sinne des § 2 (Befriedigungsunvermögen des Schuldners), nicht im Sinne der Zahlungsunfähigkeit nach § 102 KO. RG. 36, 114, 45, 56. JW. 87, 3, 4, 328.

[5] Berechnung der **Frist**: Anm. 7, 8 § 3. — Die Frist ist schlechthin Ausschlußfrist, bei der es auf ein etwaiges Verschulden des Gläubigers oder seines Gegners nicht ankommt. RG. 68, 72. Sie ist die materiell-rechtliche Zeitgrenze, innerhalb deren, um die Wirkung der Ankündigung zu erhalten, die Anfechtung erfolgt sein muß. RG. 68, 74.

[6] **Gerichtliche Anfechtung**, nicht auch durch außergerichtliche Erklärung. Anm. 6 § 1. — Es wird eine **wirksame Anfechtung** innerhalb der Frist vorausgesetzt. Deshalb und weil die

Frist zur Beschaffung des bei der Ankündigung fehlenden vollstreckbaren Titels dient, wird die Frist, wiewohl sonst der vollstreckbare Titel nachgebracht werden kann (s. Anm. 3 § 1), nicht gewahrt, wenn zwar die Anfechtungsklage innerhalb der Frist erhoben, der vollstreckbare Titel aber erst nach Ablauf der Frist erlangt ist. RG. 68, 70.

[7] Durch das dem Gläubiger gewährte Recht, durch eine Ankündigung seiner Anfechtungsabsicht die Fristen des § 3 Nr. 2—4 zu wahren, wird nicht ausgeschlossen, daß der **Empfänger der Anfechtungsankündigung**, sofern die Voraussetzungen des § 256 ZPO., insbesondere ein rechtliches Interesse an alsbaldiger Feststellung, vorliegen, eine **negative Feststellungsklage** dahin erhebt, festzustellen, daß, abgesehen von den formellen Voraussetzungen der Anfechtbarkeit (§ 2), die in der Ankündigung als anfechtbar bezeichnete Rechtshandlung keine unter den § 3 Nr. 2—4 fallende sei, und daß deshalb dem Gläubiger auch nicht ein durch Erlangung eines vollstreckbaren Titels oder durch den Eintritt der Fälligkeit seiner Forderung bedingter Anspruch auf Rückgewähr des vom Schuldner weggegebenen Vermögenswertes zustehe. RG. 77, 65, auch 82, 174.

[8] Die Schlußworte lauteten vor der Nov.: „der Anfechtungsanspruch anhängig geworden ist". Die Änderung beruht darauf, daß das Anfechtungsrecht kein Anspruch im Sinne des BGB. ist. RG. 68, 72.

5. Die Erhebung des Anfechtungsanspruchs im Wege der Einrede[1] kann erfolgen, bevor ein vollstreckbarer Schuldtitel[2] für die Forderung erlangt ist[2a]; der Gläubiger hat denselben jedoch vor der Entscheidung binnen einer von dem Gerichte zu bestimmenden Frist[3] beizubringen[4].

[1] Anfechtung im Wege der **Einrede** (s. Anm. 6 § 1) z. B. auch: wenn im Verteilungsstreit (§ 878 ZPO.) der Beklagte gegenüber der Widerspruchsklage einwendet, die vom Kläger auf Grund einer vom Schuldner ausgestellten vollstreckbaren Urkunde vorgenommene Pfändung sei ein anfechtbarer Rechts-

akt, Gr. 50, 1167 (vgl. über einen Fall, in dem die Widerspruchsklage selbst auf Anfechtung einer vorgehenden Pfändung gestützt ist, Anm. 4 § 7 unter „Pfändung"); wenn der pfändende Gläubiger gegenüber der Widerspruchsklage (§ 771 ZPO.) desjenigen, der die gepfändete Sache vom Schuldner käuflich erworben hat, den Kaufvertrag einredeweise anficht, Gr. 51, 397 (vgl. OLG. 22, 368, wonach jedoch, wenn eine im Besitz einer Ehefrau befindliche Sache gepfändet ist und der Widerspruchskläger sein Eigentum an der Sache auf Erwerb vom Ehemann stützt, die gegen diesen Erwerb sich richtende Anfechtungseinrede unzulässig sein soll, auch dann, wenn der Beklagte gegen den Ehemann als Mitschuldner ebenfalls einen vollstreckbaren Schuldtitel erlangt hat); wenn von einem Dritten die Unzulässigkeit einer Pfändung im Wege der Erinnerung nach § 766 ZPO. bezüglich eines Gegenstandes, der auf Grund eines Vertrages mit dem Schuldner in das Vermögen des Dritten gelangt ist, geltend gemacht wird (z. B. von der Ehefrau des Schuldners die Unzulässigkeit der Pfändung von Früchten eines vom Schuldner erworbenen Grundstücks gemäß § 861 Abs. 1 Satz 2, Abs. 2 ZPO.) und der Gläubiger den Vertrag anficht, OLG. 22, 364. Zur Anfechtungseinrede kann es ohne bereits erfolgte Pfändung nur unter ganz besonderen Umständen kommen. Über ein Beispiel vgl. RG. 96, 340: ein Schuldner hatte bei mehrfachen Abtretungen der Forderung die geschuldete Summe hinterlegt, und nun hatte ein Gläubiger der Klage des anderen auf Einwilligung in die Auszahlung der hinterlegten Summe die Einrede entgegengesetzt, daß die Abtretung an ihn in anfechtbarer Weise erfolgt sei. — Anfechtung im Wege der **Replik** (s. Anm. 6 § 1) z. B.: wenn das dem Kläger im Wege der Zwangsvollstreckung überwiesene Forderungsrecht schon vorher an den Beklagten abgetreten war und Kläger dem Einwande der früheren Zession durch die Replik der Anfechtung dieser begegnet, RG. 19, 202; wenn der Hypothekengläubiger, dem der Anspruch des Grundstückseigentümers, seines Schuldners, gegen den Nießbraucher aus § 1047 BGB. auf Befreiung von der Pflicht zur Tragung der Hypothekenzinsen im Wege der Zwangsvollstreckung überwiesen worden ist, der vom beklagten Nießbraucher erhobenen Einrede, daß der Grundstückseigentümer auf die ihm nach § 1047 BGB. zustehenden Rechte verzichtet habe, die Replik der Anfechtung des Verzichts entgegensetzt, W. 18, 198; wenn der Schuldner dem beklagten Drittschuldner eine den Kläger benachteiligende Verfügung über die Forderung gestattet hatte, JW. 91, 393[24]; wenn der Kläger dem Einwande des Beklagten, daß durch den Inhalt geschlossener Verträge (z. B. Erlaß) die Klage hinfällig werde, durch Anfechtung dieser Verträge im Wege der Replik entgegentritt, RG. 27, 98, JW. 91, 572[4], 00, 566[6]. Der vollstreckbare Titel braucht auch hier, wie bei der Einrede, nicht sofort beigebracht zu werden. JW. 00, 566[6], auch Anm. 3 § 2. — Die Anfechtung im Wege der **Einrede** kann **auch erst in der Berufungsinstanz** erfolgen. Der Zulässigkeit steht nicht § 529 Abs. 2 ZPO. entgegen, da mit der Einrede nicht ein (neuer) Anspruch geltend gemacht wird, und, auch wenn es um eine vom Schuldner abgetretene Geldforderung sich handelt und mit der Einrede die Abweisung der darauf gestützten Klage begehrt wird, nicht § 529 Abs. 3 ZPO., da der Beklagte nicht mit einer Gegenforderung aufrechnet, sondern durch die Anfechtung des Erwerbsaktes gegen die Legitimation des Klägers zur Geltendmachung der Klagforderung sich wendet. Gr. 55, 1068.

[2] Als vollstreckbarer Schuldtitel im Sinne des § 5 ist nur ein **rechtskräftiges und vorbehaltloses Urteil** anzusehen. RG. 96, 340. Ist **bereits** ein **Schuldtitel** erlangt, er aber nur **vorläufig vollstreckbar**, so ist weder bei Erlaß des Urteils über die Anfechtungseinrede, falls diese für begründet erachtet wird, auf Grund entsprechender Anwendung des § 10 die Vollstreckung oder wenigstens die weitere Vollstreckung des im Hauptstreit zwischen dem Gläubiger und dem Schuldner ergangenen Urteils von dessen Rechtskraft abhängig zu machen, RG. 96, 339, noch unter Anwendung des § 148 ZPO. die Verhandlung über die Anfechtungseinrede bis zur rechtskräftigen Entscheidung des genannten Hauptstreits auszusetzen, RG. 96, 338, sondern es ist ebenso, wie wenn ein Schuldtitel überhaupt noch nicht erlangt ist, gemäß § 5 vom Gericht eine Frist zu setzen und diese so zu bemessen, daß vor ihrem Ablauf ein endgültig vollstreckbarer Titel beigebracht werden kann, RG. 96, 341.

[2a] Bezüglich **Einhaltung der Anfechtungsfristen** kommt es darauf an, wann die Einrede (oder Replik) in der mündlichen Verhandlung vorgebracht ist. JW. 88, 219, 220, 89, 307[15], Gr. 32, 1164, auch Anm. 8 § 3. — § 5 setzt voraus, daß der Gläubiger auf Grund der Rechtshandlung seines Schuldners von einem Dritten auf eine Leistung in Anspruch genommen ist und diesen Anspruch durch Anfechtung jener Rechtshandlung bekämpft. Er findet nicht Anwendung, wenn der Gläubiger eine Rechtshandlung **gegenüber dem Rechtsnachfolger** des Erwerbers gemäß § 11 anficht und dieser einwendet, daß er selbst zur Anfechtung der Rechtshandlung als Gläubiger des Schuldners berechtigt sei. JW. 97, 346[20].

[3] Bezüglich der **Grenzen dieser Frist** s. JW. 94, 208[10], Anm. 2. — Der die Frist bestimmende **Beschluß** ist hinsichtlich des Erlasses und der Anfechtbarkeit als ein Aussetzungsbeschluß im Sinne der §§ 148, 252 ZPO. anzusehen.

[4] **Die übrigen** im § 2 erforderten **Voraussetzungen der Anfechtung** (Fälligkeit der Forderung, Unzulänglichkeit des Vermögens) müssen dagegen auch im Falle der Anfechtung im Wege der Einrede (oder Replik) sogleich gegeben sein. JW. 00, 566[6].

6. Die Anfechtung wird dadurch nicht ausgeschlossen, daß für die anzufechtende Rechtshandlung ein vollstreckbarer Schuldtitel erlangt, oder daß dieselbe durch Zwangsvollstreckung oder durch Vollziehung eines Arrestes erwirkt worden ist[1].

[1] Vgl. hierzu die gleiche Vorschrift § 35 KO. nebst Anm. 1 bis 4 dort. — Der **erste Halbsatz** des § 6 **bedeutet** einmal, daß eine nach den §§ 1—5 an sich anfechtbare Rechtshandlung nicht deshalb unanfechtbar wird, weil dem Anfechtungsgegner für die Vornahme der Rechtshandlung auch noch ein vollstreckbarer Schuldtitel (s. Anm. 2 § 35 KO.) zur Seite steht, umfaßt aber auch den Fall der Verschaffung eines vollstreckbaren Titels (z. B. einer vollstreckbaren Urkunde, § 794 Nr. 5 ZPO.) als anfechtbarer Rechtshandlung (vgl. Anm. 4 § 7). Der **zweite Halbsatz** bestimmt, daß auch ein formgültiger Vollstreckungsakt selbständig anfechtbar sein kann. RG. 69, 165. —

In letzterer Hinsicht ist aber hier, anders als bei der Konkursanfechtung, die gemäß § 30 Nr. 1 Fall 2 und Nr. 2 auch einen ohne Zutun des Schuldners erwirkten Vollstreckungsakt betreffen kann, eine **Rechtshandlung des Schuldners erforderlich.** Daher sind Pfändungen im Wege der Zwangsvollvollstreckung oder Arrestvollziehung als (der Anfechtung unterliegende) Rechtshandlungen des Schuldners im Sinne des AnfG. nur dann anzusehen, wenn sie im kollusiven Einverständnisse des Schuldners mit dem Gläubiger zustande gebracht sind (z. B. wenn der Schuldner dem Gläubiger vorzeitig oder auch nur besonders beschleunigt einen Vollstreckungstitel gewährt, damit dieser schnell Mieten pfänden kann, JW. 17, 478[21], Gr. 57, 1005, oder wenn der Schuldner dem Gläubiger von der bevorstehenden Pfändung eines anderen Gläubigers Mitteilung gemacht und ihn aufgefordert hat, diesem zuvorzukommen, oder wenn er Pfandstücke verheimlicht hat, um sie dem Zugriff des begünstigten Gläubigers bereitzuhalten oder wenn der Anspruch nicht nur objektiv rechtsunwirksam war, sondern der Schuldner sich auch der Unklagbarkeit bewußt gewesen ist). RG. 47, 223, 69, 163. — Über den **Gerichtsstand** im Falle der Anfechtung einer Pfändung s. Anm. 6 § 29 KO.

7. Der Gläubiger kann, soweit es zu seiner Befriedigung erforderlich ist, beanspruchen[1], daß dasjenige, was durch die anfechtbare Handlung aus dem Vermögen des Schuldners veräußert, weggegeben oder aufgegeben ist[2], als noch zu demselben gehörig von dem Empfänger[3] zurückgewährt[4] werde[5].

Der gutgläubige Empfänger einer unentgeltlichen Leistung[6] hat dieselbe nur soweit zurückzugewähren, als er durch sie bereichert ist[7].

[1] Der Beklagte hat aber das Recht, durch Befriedigung des Klägers wegen seiner Forderungen den **Anfechtungsanspruch** zu beseitigen. Begr. 22. — Bei Anfechtung einer Rechtshandlung durch **mehrere Gläubiger** gewährt weder die frühere Erhebung der Klage noch die frühere Verurteilung des Em-

pfängers dem einzelnen Gläubiger ein Vorrecht, RG. 24, 98, auch nicht, wenn die Anfechtung durch Eintragung im Grundbuch kundgemacht ist, RG. 29, 182. Maßgebend ist vielmehr die Zeit, zu welcher die Rückgewähr zum Zwecke der Befriedigung für den einen Anfechtungsberechtigten erfolgt oder wenigstens gegenüber einem weiteren Anfechtungsberechtigten (z. B. durch Eintragung eines gerichtlichen Veräußerungsverbotes bei einer anfechtbar abgetretenen Hypothek) gesichert ist. Dann findet ein Gläubiger, der gleichfalls anfechtungsberechtigt ist, aber seinen Anfechtungsanspruch in Vollzug zu setzen unterlassen hat, einen Gegenstand, der zu seiner Befriedigung dienen könnte, beim Anfechtungsbeklagten nicht mehr vor. Gr. 52, 1170. — Der Gläubiger, für den eine Forderung seines Schuldners gepfändet und überwiesen ist, kann, wenn die Forderung von dem Schuldner **vor der Pfändung an einen anderen abgetreten** war, die überwiesene Forderung gegen den Drittschuldner nur dann geltend machen, wenn er die Abtretung der Forderung an den anderen als ihm gegenüber unwirksam rechtskräftig angefochten hat. RG. 61, 150. — Neben dem Anspruch aus § 7 kann aus einer nach § 3 Nr. 1 anfechtbaren Rechtshandlung unter Umständen auch ein **Schadensersatzanspruch** nach §§ 823, 826 BGB. hergeleitet werden (z. B. wenn dem Anfechtungsgegner unter dem Vorwand seiner Sicherung das gesamte pfändbare Besitztum des Schuldners in die Hände gespielt ist und er gegenüber dem pfändenden Anfechtungskläger sein angebliches Eigentum an den Pfandstücken zur Geltung zu bringen gesucht hat). RG. 74, 224, Gr. 52, 1012, vgl. auch Gr. 53, 1009, W. 11, 78 (s. jedoch JW. 09, 697[32], 10, 386[1]). — Ein **Anspruch auf Auskunft** darüber, was der Anfechtungsgegner aus dem Vermögen des Schuldners durch die anfechtbare Rechtshandlung erlangt hat, steht dem Anfechtungsberechtigten nicht zu; § 260 BGB. ist nicht entsprechend anwendbar. OLG. 28, 59 (s. jedoch Anm. 4 unter „Nutzungen"). — Ein auf Zahlung einer Geldschuld verklagter Schuldner kann nicht mit einem ihm gegen den Kläger zustehenden Rückgewähranspruch aus § 7 im Wege der Einrede aufrechnen, da es an der Gleichartigkeit der geschuldeten Leistungen (§ 387 BGB.) fehlt. RG. 96, 340.

[3] Aus dieser Umgrenzung der Rückgewährpflicht folgt (wie

für die Konkursanfechtung nach § 29, s. Anm. 1 § 29 KO.), daß die **Ausschlagung einer Erbschaft** nach BGB. (anders nach früherem Recht, soweit sich danach der Erwerb mit dem Anfall kraft Gesetzes vollzog), weil durch sie aus dem Vermögen des Schuldners nichts **veräußert, weggegeben oder aufgegeben**, sondern nur ein angetragener Erwerb abgelehnt wird, von den Gläubigern nicht angefochten werden kann. RG. 54, 289, 67, 431, 84, 347. Dies gilt auch von der **Entsagung** eines bereits angefallenen, aber durch Investitur noch nicht übernommenen **preußischrechtlichen Lehns** (Art. 59 EG.BGB., Art. 89 Pr. AG.BGB., §§ 643 ff. I 18 Pr. ALR.). RG. 84, 342, vgl. Anm. 1 § 29 KO. Vgl. ferner über Unanfechtbarkeit der Verfügung über **künftige Ansprüche** Anm. 1 § 1. — Durch die Rückgewähr sind dem Gläubiger nicht neue Befriedigungsobjekte zu verschaffen, vielmehr ist nur der **frühere Zustand wiederherzustellen.** RG. 16, 23, 24, 145, 27, 21, 36, 163, 44, 92, W. 17, 18, auch Anm. 4. Ist daher eine Hingabe an Zahlungs Statt angefochten, so lebt die getilgte Forderung wieder auf, und zwar mit den vorher damit verbundenen Ansprüchen, Pfandrechten und Bürgschaften. RG. 3, 208, JW. 88, 243[6]. Vgl. auch Anm. 1 § 37 KO. Die Vermögensverschiebung ist aber im wesentlichen von wirtschaftlichen Gesichtspunkten zu betrachten. War z. B. eine Forderung **fiduziarisch** übertragen und hat der Fiduziar demnächst dem Übertragenden Einziehungsvollmacht erteilt, so ist der Fiduziar nicht mehr der Anfechtung ausgesetzt, soweit die Einziehung erfolgt ist; denn damit ist der weggegebene Vermögenswert dem Schuldner wieder zugeflossen. OLG. 35, 268, 269. — Das Gesetz will aber mit den im § 7 gebrauchten Worten „aus dem Vermögen des Schuldners veräußert, weggegeben oder aufgegeben" auch solche Fälle treffen, in denen das Weggegebene **nicht unmittelbar aus dem Vermögen des Schuldners** in das des Anfechtungsbeklagten gelangt, materiell aber das Vermögen des Schuldners zugunsten des Erwerbers vermindert wird. RG. 43, 85, 59, 195, W. 12, 66. Hat z. B. der Schuldner eine Forderung aufgegeben, indem er durch Aufrechnungsvertrag (s. Anm. 1 § 53 KO.) seine Forderung gegen die Forderung des Gläubigers des Anfechtungsbeklagten aufgerechnet hat, und hat er auf diese Weise Sachen, die nicht ihm, sondern dem genannten **Gläubiger gehörten, dem Anfechtungsbeklagten zugewendet** (z. **B. indem die aus einem Kaufvertrage dem Gläubiger** [**Verkäufer**] **erwachsene Kaufpreisforderung an den Anfechtungsbeklagten** [**Käufer**] durch die **Aufrechnung getilgt wurde und dann der Gläubiger die Kaufsachen an den Anfechtungsbeklagten lieferte**), so kann der Anspruch des Anfechtungsklägers darauf gerichtet werden, daß der Anfechtungsbeklagte die Zwangsvollstreckung in die empfangenen Sachen dulde. W. 12, 66.

[3] Ist in eine Aktiengesellschaft seitens der **Gründer** durch den Gesellschaftsvertrag etwas eingebracht, was die **Gründer** durch eine anfechtbare Handlung erlangt hatten, so kann der Gläubiger Rückgewähr von der Aktiengesellschaft als **„Empfänger"** beanspruchen. JW. 89, 365[6]. — Vgl. auch Anm. 3 § 37 KO.

[4] **Umfang der Rückgewährpflicht:** Anm. 1 § 37 KO. — Der Umfang bestimmt sich ausschließlich nach § 7. Das bürgerliche Recht kommt nicht zur Anwendung. RG. 24, 143, JW. 91, 252[17]. Der Gläubiger ist grundsätzlich nicht verpflichtet, nur soviel weggegebene Sachen zur Vollstreckung zur Verfügung gestellt zu sehen, als voraussichtlich zu seiner Befriedigung reichen. Er braucht deshalb bei Teilbefriedigung im Laufe des Prozesses nichts freizugeben. OLG. 35, 270. — Grundsätzlich hat der Anfechtungsgegner nur dasjenige zurückzugewähren, was aus dem Vermögen des Schuldners herausgekommen ist, und auch **nur in demselben Zustande** (z. B. hinsichtlich einer Belastung). RG. 16, 26, 27, 23, 36, 164, 57, 28, W. 17, 18, auch Anm. 2. — **Nutzungen,** die der Schuldner von den veräußerten Gegenständen hätte ziehen können, wenn er sie nicht veräußert hätte (z. B. im Falle der Veräußerung eines Hausgrundstückes die nach der Veräußerung fällig werdenden Mietzinsen), sind nicht als aus seinem Vermögen weggegeben oder „aufgegeben" anzusehen. Ihre Herausgabe kann nicht verlangt werden. Gr. 38, 1185, 53, 1138 (JW. 94, 310[12]), auch RG. 64, 341 (anders im Falle des § 37 KO., s. dort Anm. 1). Dies gilt aber nicht, wenn die Nutzungen, wie z. B. bei Anfechtung eines Pachtvertrages oder der Abtretung der dem Schuldner als Grundstückseigentümer zustehenden Mietforderungen, die Hauptsache des Rückgewähranspruchs bilden. Hier müssen die gezogenen Nutzungen herausgegeben

oder ihre Werte ersetzt werden. RG. 80, 4, 86, 365, Gr. 53, 1139, JW. 99, 540[29], (09, 505[35]), auch OLG. 25, 329. Der Anfechtungskläger kann auch in solchem Falle (sonst: Anm. 1) zwar nicht Rechnungslegung, wohl aber zur Vorbereitung des Rückgewähranspruchs Auskunfterteilung vom Gegner verlangen. OLG. 25, 329 (vgl. Anm. 1 § 37 KO.). Wenn der vom Schuldner veräußerte, Nutzungen (z. B. Früchte eines Grundstücks, Zinsen einer Hypothek, Dividenden von Wertpapieren) bringende Gegenstand dem Zugriff der Gläubiger im Wege der Zwangsvollstreckung nicht zugänglich war (z. B. weil der Schuldner den Gegenstand als Vorerbe besaß, § 2115 BGB., § 773 ZPO.), sondern lediglich das Nutzungsrecht, kann überhaupt nicht die Veräußerung des Gegenstandes selbst, sondern nur die Übertragung des Nutzungsrechts angefochten und allein Rückgewähr der gezogenen Nutzungen oder Wertersatz verlangt werden, indem die Gläubiger nicht durch die Veräußerung des Gegenstandes selbst, sondern nur durch die Übertragung des Nutzungsrechts benachteiligt sind. RG. 80, 6. — Der Anspruch auf Rückgewähr ist kein solcher aus einem Handelsgeschäft, auch wenn die Anfechtung sich gegen einen Kaufmann richtete und das angefochtene Rechtsgeschäft ein Handelsgeschäft ist. Daher kann nicht der höhere **Zinssatz** gemäß § 352 HGB. (vgl. § 246 BGB.) verlangt werden. JW. 94, 316[13], 02, 273[19]. — Was die **Durchführung der Rückgewähr** anlangt, so hat die Anfechtung **nicht dingliche Wirkung**, wie die auf Willensmängel gegründete Anfechtung (§ 142 BGB.); vielmehr begründet die Anfechtung für den anfechtenden Gläubiger lediglich ein obligatorisches Recht. RG. 70, 113 71, 176, 74, 226, 91, 369, 103, 121, KGJ. 49, 202, vgl. Anm. 4 § 1. Es soll das durch die anfechtbare Handlung Weggegebene im Interesse der Befriedigung des Gläubigers und zum Zwecke der Ermöglichung der Zwangsvollstreckung so behandelt werden, als bildete es noch einen Bestandteil des Vermögens des Schuldners. Der Anfechtungsbeklagte hat daher die vom Schuldner erlangten Sachen **zur Zwangsvollstreckung** für den Anfechtungsgläubiger **bereitzustellen. Nicht** aber erfolgt eine **tatsächliche Rückgewähr zum Vermögen des Schuldners** (durch Auflassung, Übergabe, Abtretung) noch hat der Gläubiger einen Anspruch auf die weggebene Sache in dem Sinne, daß sie ihm geleistet werde und in sein Vermögen übergehe. RG. 47, 216, 56, 195, 60, 425, 64, 341, 71, 176, Gr. 46, 1018, 52, 1172, JW. 98, 223[17], 03, 159[24], W. 20, 206, KGJ. 49, 202. Daher kann z. B. der Schuldner einer abgetretenen Forderung gegen den Gläubiger des Zedenten, der die Abtretung angefochten hat und dem die Forderung überwiesen worden ist, mit einer Gegenforderung, die er gegen den Zessionar nicht geltend machen durfte (z. B. weil sie erst nach der Abtretung entstanden war), nicht aufrechnen. Gr. 52, 1169. Ist eine **Forderung gepfändet, die** der Pfändungsschuldner an einen Dritten **abgetreten** hat, und ficht der Pfändungsgläubiger auf die Widerspruchsklage (§ 771 ZPO.) des Zessionars die Abtretung im Wege der Einrede mit Erfolg an, so bedarf es nicht einer nochmaligen Pfändung, vielmehr erfolgt die Rückgewähr des Empfangenen in der Art, daß der Anfechtungsgegner im Verhältnis zum Anfechtenden die eigentlich gegenstandslos gewesene Pfändung nachträglich gegen sich gelten lassen muß. RG. 19, 202, 61, 152, W. 20, 206. Vgl. auch Anm. 4 § 1. — Ist ein **Grundstück zurückzugewähren,** so ist nicht auf Rückauflassung, sondern auf Duldung der Zwangsvollstreckung in das Grundstück und Herausgabe desselben zu diesem Zwecke mit der dinglichen Belastung im Zeitpunkt der Vornahme der Rechtshandlung zu klagen. RG. 50, 124, 56, 145, 57, 28, 64, 341, 67, 22, 40, JW. 02, 175[44], Gr. 40, 1154, 59, 151. Dies auch dann, wenn der Schuldner nicht Eigentümer des Grundstücks gewesen war, sondern es durch einen Dritten, von dem er es zu beanspruchen hatte, dem Anfechtungsbeklagten hatte übereignen lassen. RG. 43, 83. Hat der Anfechtungsbeklagte inzwischen einen Teil der Belastungen, die beim Erwerb auf dem Grundstück ruhten, durch Zahlung beseitigt, so ist seine vorbezeichnete Verurteilung gegen Erstattung des gezahlten Betrages auszusprechen. Gr. 59, 152. Auf Beseitigung von Belastungen, die nach Maßgabe des Erwerbsgeschäfts auf das veräußerte Grundstück gelegt sind (z. B. Kaufgeldhypothek oder Ausgedinge der Verkäufer), kann der Anfechtungsgegner nicht in Anspruch genommen werden, da nicht er, sondern diejenigen, zu deren Gunsten die Belastungen bedungen worden, Erwerber dieser Rechte sind. RG. 57, 27. Der Anfechtungskläger kann ferner nicht zur Sicherung seines Anspruchs auf

Rückgewähr vom Anfechtungsbeklagten die Bewilligung der Eintragung einer Vormerkung etwa des Anspruchs auf Rückübertragung des Eigentums an den Schuldner oder auf Bewilligung der Eintragung einer Hypothek verlangen oder den Erlaß einer einstweiligen Verfügung auf Eintragung einer solchen Vormerkung beantragen, da der Rückgewähranspruch nicht ein Anspruch auf eine dingliche Rechtsänderung im Sinne des § 883 BGB. ist. RG. 60, 423, 67, 40, Gr. 52, 1171, RJA. 2, 93 (a. M. OLG. 5, 422). Auch nicht die Eintragung eines Widerspruchs im Wege der einstweiligen Verfügung (§§ 892, 894, 899 BGB.), da insbesondere nicht das Grundbuch hinsichtlich des Eigentumsrechtes unrichtig ist. RG. 67, 41 Dagegen kann ein Veräußerungs- oder Belastungsverbot durch einstweilige Verfügung gemäß §§ 935, 938 Abs. 2 ZPO. erlassen und auch (§ 892 Abs. 1 Satz 2 BGB.) in das Grundbuch eingetragen werden. RG. 67, 42. Weiter kann nur das Veräußerungsgeschäft im ganzen angefochten werden und Gegenstand des Anfechtungsanspruch nur Rückgewähr des ganzen Grundstücks zum Zwecke der Immobiliarzwangsvollstreckung sein, nicht Rückgewähr einzelner zugehöriger Gegenstände (z. B. von Früchten, Mietzinsen), um sie im Wege der Mobiliarzwangsvollstreckung zu pfänden, RG. 64, 341, 80, 6, Gr. 53, 1137, JW. 09, 25[24], (505[35]), 697[32], noch Rückgewähr (Beseitigung) einer von dem Anfechtungsgegner an dem Grundstück bestellten Hypothek, JW. 09, 697[32]. Dies gilt jedoch hinsichtlich Nutzungen (z. B. Mietzinsen) des Grundstücks nicht, wenn ihre Veräußerung allein (nicht auch die des Grundstücks) der Gläubigeranfechtung unterlag, indem die Gläubiger die Zwangsvollstreckung nicht in das Grundstück (z. B. weil der Schuldner es als Vorerbe besaß, § 2115 BGB., § 773 ZPO.), sondern nur in die Nutzungen gegen den Schuldner betreiben durften und sie daher nicht durch die Veräußerung des Grundstücks, sondern nur durch die Übertragung des Nutzungsrechts benachteiligt sind. RG. 80, 6, s. oben „Nutzungen". — Hat der Schuldner, der Miteigentümer eines Grundstücks nach Bruchteilen war, seinen **Miteigentumsanteil an den anderen Miteigentümer** veräußert, so daß dieser nun Alleineigentümer des Grundstücks geworden ist, so ist die Rückgewähr weder in der Weise zu bewirken, daß der Erwerber die Zwangsvollstreckung in das ganze Grundstück dulden muß mit der Maßgabe, daß der auf den **früheren Anteil** des Schuldners entfallende Erlös der Befriedigung des Gläubigers dient, noch in der Weise, daß dem Gläubiger bis zur Höhe seiner Forderung der Wert des anfechtbar weggegebenen Miteigentums zu ersetzen ist, sondern in der Weise, daß der Erwerber zu dulden hat, daß der Gläubiger die Zwangsvollstreckung in den früheren Miteigentumsanteil des Schuldners so betreibt, als ob der Anteil dem Schuldner noch zustünde, also Miteigentumsanteil des Schuldners im Sinne des § 864 Abs. 2 ZPO. wäre. OLG. 42, 38. — Ist eine **Hypothekbestellung angefochten**, so kann nicht auf Abtretung an den Anfechtenden und Umschreibung im Grundbuche (Einwilligung in die Berichtigung des Grundbuchs gemäß § 894 BGB.) sowie Herausgabe des Hypotheken- oder Grundschuldbriefs geklagt werden, JW. 98, 223[17], KGJ. 49, 202, auch RG. 86, 101, sondern nur auf Duldung der Zwangsvollstreckung in die Hypothek, JW. 98, 223[17], oder, wenn für den Anfechtenden selbst auf Grund des vollstreckbaren Titels (s. Anm. 2 § 2) eine nachstehende Hypothek (Zwangshypothek) eingetragen worden ist, auch auf Einräumung des Vorrangs für diese Hypothek vor der Hypothek des Anfechtungsgegners, RG. 86, 101, KGJ. 49, 202. Ebenso bei Eintragung von **Grundschulden** oder bei Abtretung von zu Eigentümergrundschulden gewordenen Fremdhypotheken, OLG. 35, 266. Ist das Grundstück bereits versteigert und handelt es sich nur um Befriedigung aus dem Erlöse, so muß der Anfechtungsgegner dulden, daß der Anfechtende den Erlös zu seiner Befriedigung in Empfang nimmt, RG. 47, 216, 52, 336, 70, 112, 86, 101, oder, wenn wegen Nichtzahlung des Erlösteiles durch den Ersteher eine Sicherungshypothek gemäß §§ 118, 128 ZVG. eingetragen worden ist, die Abtretung dieser Hypothek an den Anfechtenden bewirken, RG. 86, 101, und zwar, wenn der Anfechtende selbst Hypothekengläubiger (s. oben) ist, in Höhe seines Ausfalls bei der Zwangsversteigerung, RG. 52, 337, 70, 112, 86, 101. Dabei kann der Anfechtungsgegner nicht eine Einrede daraus herleiten, daß im Range zwischen der angefochtenen Hypothek und der Hypothek des Anfechtenden noch eine nicht angefochtene Hypothek eingetragen ist, mag auch die letztere Hypothek ebenfalls für den Anfechtungsgegner eingetragen sein. RG. 70, 112. — Ist die **Abtretung einer Forderung,**

einer Hypothek angefochten, so kann nur Duldung der Zwangsvollstreckung gegen den Zessionar (Anfechtungsgegner) in diese, nicht Abtretung an den Kläger verlangt werden. RG. 71, 177, KGJ. 29, A 169. Auch kann der Anspruch auf Anfechtung einer Hypothekenabtretung nicht durch Eintragung einer Vormerkung gesichert werden. KGJ. 29, A 167, RJA. 5, 215. Ist eine an den Anfechtungsgegner abgetretene Forderung für den Kläger gepfändet, so ist im Verhältnis zwischen den Parteien nach erfolgreicher Durchführung des Anfechtungsanspruchs es so anzusehen, als ob die dem Anfechtungsgegner vom Schuldner abgetretene Forderung von Anfang an gültig gepfändet worden sei. JW. 94, 122[17]. Im Falle der Anfechtung einer Hypothekenabtretung kann nicht die Beischreibung eines Vermerks im Grundbuch verlangt werden, daß die Abtretung dem Anfechtenden gegenüber unwirksam sei. RG. 71, 178. — **Allgemein** gilt als **Grundsatz**, daß, soweit **Maßnahmen der Zwangsvollstreckung** zur Durchführung der Rückgewähr erforderlich werden, diese **nicht in dem Anfechtungsprozesse**, sondern in dem regel- und ordnungsmäßigen Zwangsvollstreckungsverfahren zu beantragen, anzuordnen und auszuführen sind. Gr. 46, 1018, JW. 02, 221[30]. — Im Falle der nicht erfolgenden oder zufolge Weiterveräußerung oder aus einem anderen Grunde **nicht möglichen Naturalrestitution** ist **Ersatz des Wertes** zu leisten. RG. 10, 6, 15, 65, 21, 436, 27, 23, 44, 92, 47, 376, 56, 196, 58, 107, 71, 176, JW. 93, 139[19], 94, 17[18], 98, 262[19], 03, 159[24], Gr. 37, 1191, s. auch JW. 98, 247[10], 99, 831[18] (Zahlung auf eine bestellte Hypothek zufolge Versteigerung des Grundstücks). Wenn insbesondere die Sache weiterveräußert ist, ist der Ersatz nicht auf den Gegenwert beschränkt, welchen der Anfechtungsbeklagte von einem Dritten für die Sache erhalten haben mag. RG. 44, 92. Beläuft sich aber der Weiterveräußerungspreis auf eine höhere Summe als den Wert der Sache, so kann der auf diese Weise vom Anfechtungsbeklagten erlangte Vorteil ihm vom Anfechtungskläger nicht entzogen werden, mag auch zur Befriedigung des Klägers ein höherer Betrag als der Wert der Sache erforderlich sein. RG. 27, 21, 56, 196. Ist zweifelhaft, ob die Sache noch vorhanden ist, so gehört der Geldzahlungsanspruch in den Eventualantrag. JW. 16, 845[17]. — Hat der **Schuld-**

ner zugunsten des Anfechtungsbeklagten eine **Forderung aufgegeben** (sei es auch eine Forderung an einen Dritten, z. B. indem er durch Aufrechnungsvertrag [s. Anm. 1 § 53 KO.] seine Forderung gegen eine Forderung des Dritten an den Anfechtungsbeklagten aus einem mit diesem geschlossenen Kaufvertrage aufrechnete), so kann der Anfechtungskläger für die aufgegebene Forderung Wertersatz in Geld und unmittelbare Leistung der Geldsumme an ihn (statt Duldung der Zwangsvollstreckung in die Geldsumme, RG. 9, 70, 71) verlangen. W. 12, 66, s. unten (s. aber auch Anm. 2 hier, wonach der Anfechtungskläger in dem genannten Falle auch Duldung der Zwangsvollstreckung in die von dem Dritten an den Anfechtungsbeklagten auf Grund des Kaufvertrages gelieferten Sachen verlangen kann). — Besteht die anfechtbare Rechtshandlung in der **Verschaffung einer vollstreckbaren Urkunde** und einer daraufhin bewirkten **Pfändung** und **Versteigerung**, so ist der Erlös herauszugeben. JW. 98, 395[35], OLG. 27, 178. Wenn aber der Anfechtungsbeklagte die Gegenstände selbst ersteigert hat, ist der Anspruch des Anfechtungsklägers auf Duldung der Zwangsvollstreckung in die Gegenstände selbst gerechtfertigt. JW. 98, 359[35]. — Ist, weil **beide Parteien gepfändet** haben, ein **Verteilungsverfahren** eingeleitet und im Teilungsplan der hinterlegte Erlös dem Anfechtungsgegner als Erstpfändendem zugewiesen, so kann der Antrag des anfechtenden Gläubigers darauf gerichtet werden, die Pfändung des Gegners für unwirksam zu erklären und unter Abänderung des Teilungsplanes die zur Verteilung stehende Masse ihm zuzuweisen. OLG. 27, 178. Ist im Falle der Pfändung einer Mietzinsforderung des Schuldners für mehrere Gläubiger der Forderungsbetrag hinterlegt, so kann der bei der Zwangsversteigerung des Grundstücks ausgefallene, die eine der Pfändungen anfechtende Hypothekengläubiger (vgl. hierüber Anm. 4 § 1) von dem betreffenden Pfändungsgläubiger Einwilligung in die Auszahlung des auf ihn im Verteilungsverfahren entfallenen Teils des hinterlegten Betrages beanspruchen. RG. 91, 370. — Ist eine **Geldzahlung** zurückzugewähren, so kann der Anfechtende auf Zahlung an sich selbst klagen. RG. 9, 71, 10, 10, JW. 02, 221[30], s. oben. — Wenn durch einen Vertrag **mehrere Vermögensobjekte** seitens des Schuldners einheitlich veräußert worden sind, kann sich der Rückgewähranspruch gegen den Erwerber auf einzelne Gegenstände beschränken. JW. 88, 344[12], 98, 51[22]. — Die Rückgewähr der Sache hat auch dann zu erfolgen, wenn der **Wert** der Sache unterdes von dem Erwerber **durch Verwendungen erhöht** ist. Der Erwerber kann nur Vorwegbefriedigung aus dem Erlöse der Sache wegen der Wertverbesserung verlangen. Gr. 40, 1153 (JW. 96, 321[10]). — Ist die Veräußerung und Entfernung von Zubehörstücken von einem Hypothekengläubiger angefochten (vgl. Anm. 1 § 1, Anm. 2 § 2), so findet **nicht**, wie bei einem Schadensersatzanspruch, der mit einem Anfechtungsanspruch nicht zusammenfällt (RG. 74, 224, 100, 90), eine **Vorteilsausgleichung** deswegen statt, weil der Hypothekengläubiger selbst das mit der Hypothek belastete Grundstück in der Zwangsversteigerung erstanden hat. RG. 100, 90.

[8] Die **Rückgewähr** hat **nur einmal** zu erfolgen. Der Anfechtungsbeklagte kann mit Erfolg geltend machen, daß er das Objekt des angefochtenen Rechtsgeschäfts, soweit es für die Anfechtung, d. h. für die Befriedigung des Klägers, in Betracht kommen könne, materiell, wenn auch nur dem Werte nach, **in das Vermögen des Schuldners zurückgebracht** habe, gleichviel, ob dies freiwillig oder zufolge der Anfechtungsklage eines anderen Gläubigers geschehen ist. RG. 37, 100, JW. 05, 184[33], 10, 38[61]. Dabei kommt es nicht darauf an, daß der zurückgewährte Gegenstand noch im Vermögen des Schuldners zu der Zeit vorhanden ist, zu welcher der anfechtende Gläubiger seine Befriedigung sucht. Es genügt, daß der frühere Zustand der Allgemeinheit der persönlichen Gläubiger gegenüber wiederhergestellt war. JW. 10, 38[61]. Daher ist eine Rückgewähr in dieser Hinsicht auch dann als vorliegend zu erachten, wenn der Anfechtungsbeklagte vor Erhebung der Klage den bei einem Weiterverkauf des betreffenden Gegenstandes erzielten Kaufpreis oder den eingezogenen Betrag einer abgetretenen Forderung dem Schuldner zugewendet und dieser das Geld zur Bezahlung anderer Gläubiger verwendet hat. RG. 14, 312, 24, 92, JW. 10, 38[61]. Der dabei leer ausgegangene Gläubiger könnte dann nur die Befriedigung der anderen Gläubiger gegenüber diesen anfechten, wenn die Voraussetzungen für eine derartige Anfechtung gegeben wären.

JW. 10, 388[1]. Auch die zu einem erheblichen Teil bereits erfolgte Rückgewähr ist in Betracht zu ziehen, RG. 37, 103. — Ferner befreit den Anfechtungsbeklagten die **Rückgewähr an einen von mehreren** zur Anfechtung berechtigten **Gläubigern** gegenüber allen Anfechtungsberechtigten. RG. 24, 98. Vgl. im übrigen über Zusammentreffen mehrerer Anfechtungsberechtigter Anm. 1.

[6] Vgl. § 3 Nr. 3, 4 u. Anm. 17 dort. Im Falle des § 3 Nr. 1 u. 2 ist die Verpflichtung zur Rückgewähr des Weggegebenen oder Aufgegebenen nicht auf das Maß der Bereicherung beschränkt. — Vgl. ferner Anm. 5 § 37.

[7] Wirkung der Eintragung des Anfechtungsvermerks im Grundbuch: RG. 29, 185 u. Anm. 4 „Vormerkung".

8. Wegen Erstattung einer Gegenleistung oder im Fall einer anfechtbaren Leistung wegen seiner Forderung kann der Empfänger sich nur an den Schuldner[1] halten[2].

[1] Der Empfänger (Anfechtungsgegner) kann wegen der Gegenansprüche **kein Zurückbehaltungsrecht** (§ 273 BGB.) an der zurückzugewährenden Sache ausüben. Begr. 23. Dagegen lebt ein durch das angefochtene Rechtsgeschäft (z. B. Hingabe an Zahlungs Statt) beseitigtes Pfandrecht zugleich mit der Forderung wieder auf. RG. 3, 208, 20, 157, 161, JW. 88, 243[8]. Ist die Bestellung einer Hypothek angefochten und muß der Anfechtungsgegner, nachdem das belastete Grundstück zwangsversteigert worden ist, den auf die Hypothek entfallenden Erlösteil dem Anfechtenden in Höhe des Anfechtungsanspruchs überlassen (s. Anm. 4 § 7), so tritt insoweit die durch die Hypothek gesicherte persönliche Forderung, die durch die Zuweisung des Erlösteils untergegangen war, wieder ins Leben. RG. 86, 102. — Wegen Ersatzes der von dem Empfänger an der Sache vorgenommenen **Verwendungen** s. Anm. 4 § 7 a. E.

[2] Im Falle des § 11 kann der **Rechtsnachfolger des Erwerbers** eine Gegenleistung, die er gemacht hat, nur gegen seinen Vorgänger, den Erwerber, nicht gegen den Anfechtungskläger verfolgen. JW. 97, 346[20], Anm. 2 § 11.

9. Erfolgt die Anfechtung im Wege der Klage[1], so hat der Klagantrag bestimmt zu bezeichnen[2], in welchem Umfange und in welcher Weise die Rückgewähr seitens des Empfängers bewirkt werden soll[3].

[1] **Wert des Streitgegenstandes:** Anm. 6 § 1 a. E.

[2] In der Klageschrift ist neben der **Unwirksamkeitserklärung** (s. jedoch Anm. 3) zugleich die Verurteilung zur **Rückgewähr** zu **beantragen** und genau anzugeben, in welcher Weise die letztere erfolgen soll. Ein Mangel in dieser Hinsicht ist von Amtswegen zu berücksichtigen und der Kläger auf den Mangel hinzuweisen. Auf die Beobachtung der Vorschrift kann nicht wirksam verzichtet werden. RG. 23, 8, 57, 104, JW. 03, 128[15]. Kann ein etwaiger Mangel nicht gemäß § 268 ZPO. durch Erweiterung der Klage oder sonst ohne unzulässige Klagänderung behoben werden, so ist die Klage abzuweisen. RG. 23, 8, 57, 104, JW. 16, 845[17], vgl. auch JW. 98, 223[17]. Auch der **Geldanspruch, wegen dessen die Anfechtung erfolgt,** ist nach Kapital, Zinsen und Kosten genau zu bezeichnen. Es genügt nicht der Antrag auf Duldung der Zwangsvollstreckung „bis zur Befriedigung des Klägers". JW. 98, 360[35], 03, 128[15]. — Ist Rückgewähr verlangt, wiewohl bereits vor der Klage die betreffende Sache von dem Empfänger veräußert und dies auch dem Kläger bekannt war, so liegt unzulässige **Klagänderung** (§§ 264, 268 ZPO.) vor, wenn demnächst Zahlung des Wertes beansprucht wird. JW. 98, 262[19].

[3] Z. B. daß **der Beklagte verurteilt** werde, zur Befriedigung des Klägers wegen .... Mark die Zwangsvollstreckung in die in seinem Besitze befindliche Sache geschehen zu lassen. RG. 59, 195, W. 12, 66. Über den Inhalt der Anträge in einzelnen besonderen Fällen s. Anm. 4 § 7. Der Ausspruch, daß die angefochtene Rechtshandlung dem Kläger gegenüber unwirksam sei, gehört richtiger (s. jedoch Anm. 1) in die Begründung des Urteils. RG. 71, 178. — Die **bloß auf Feststellung** des Anfechtungsrechts **gerichtete Klage** ist **unzulässig.** RG. 23, 6, 56, 105, 57, 104, 71, 178, JW. 92, 155[28], 96, 698[31]. Vgl. jedoch Anm. 5 § 29 KO. — Über die Unzulässigkeit der Erlassung eines **Zwischenurteils über den Grund** des Anspruchs gemäß § 304 ZPO. vgl. Anm. 6 § 1. — **Das Recht auf vorzugsweise Befriedigung** aus dem **zurückzugewährenden**

Gegenstande beginnt erst mit der Pfändung. Begr. 22, vgl. Anm. 4 § 7 (Maßnahmen der Zwangsvollstreckung).

10. Liegt ein nur vorläufig vollstreckbarer Schuldtitel des Gläubigers oder ein unter Vorbehalt ergangenes Urteil (Zivilprozeßordnung §§ 540, 599)[1] vor, so ist[1a] in dem den Anfechtungsanspruch für begründet abhängig zu machen, daß die gegen den Schuldner ergangene Entscheidung rechtskräftig oder vorbehaltslos wird[3].

[1] Vorläufig vollstreckbare Schuldtitel: §§ 708 ff., § 794 Nr. 4 ZPO.; Vorbehaltsurteile: §§ 302, 599 ZPO. Das Vorbehaltsurteil nach § 540 ist fortgefallen (ZPO. in d. F. v. 13. 5. 24).

[1a] Von Amtswegen. — Hat das Gericht den Vorbehalt nicht ausgesprochen, so kann der Anfechtungsgegner gemäß § 321 ZPO. **Ergänzung des Urteils** beantragen (vgl. § 302 Abs. 2, § 599 Abs. 2 ZPO.).

[2] Die Entscheidung über den Anfechtungsanspruch soll nicht ausgesetzt sein, sondern nur die Erfüllung. Vgl. RG. 68, 141. — Darüber, wie zu verfahren ist, wenn auf einen nur vorläufig vollstreckbaren Schuldtitel eine Anfechtungseinrede gegründet wird, vgl. Anm. 2 § 5.

[3] Vgl. Anm. 2 § 13.

11. Die gegen den Erblasser begründete Anfechtung findet gegen den Erben statt.

Gegen einen anderen Rechtsnachfolger[1] desjenigen, welchem gegenüber die anfechtbare Handlung vorgenommen ist, findet die gegen den letzteren begründete Anfechtung[2] statt[3]:

1. wenn ihm zur Zeit seines Erwerbes die Umstände, welche die Anfechtbarkeit des Erwerbes seines Rechtsvorgängers begründen, bekannt waren[4];

2. wenn er zu den im § 3 Nr. 2 genannten Personen gehört[5], es sei denn, daß ihm zur Zeit seines Erwerbes die Umstände, welche die Anfechtbarkeit des Erwerbes seines Rechtsvorgängers begründen, unbekannt waren[6];
3. wenn ihm das Erlangte unentgeltlich zugewendet worden ist[7].

Im Falle des Abs. 2 Nr. 3 findet auf die Haftung des Rechtsnachfolgers die Vorschrift des § 7 Abs. 2 Anwendung[7].

Zur Erstreckung der Fristen in Gemäßheit des § 4 genügt die Zustellung des Schriftsatzes an den Rechtsnachfolger[8], gegen welchen die Anfechtung erfolgen soll[9].

[1] Begriff des **Rechtsnachfolgers**: Anm. 2 § 40 KO. Es genügt auch unmittelbare Besitznachfolge. OLG. 35, 271 Anm. 1. Die Rechtsnachfolgeverhältnisse im Sinne des § 11 sind zunächst im Gegensatz zu den Fällen originären Erwerbs zu denken. Unter Rechtsnachfolger versteht die Vorschrift diejenigen Personen, die den Erwerb eines Rechts von einem andern herleiten. Ob der Übertragende das übertragene Recht in Wirklichkeit selbst besaß oder nicht, ist unerheblich. JW. 14, 304[10]. Ferner liegt eine Rechtsnachfolge im Sinne des § 11 nicht nur bei einer Weiterübertragung des anfechtbar erworbenen Rechtes in derselben Gestalt und mit demselben Inhalte vor. Vielmehr fällt auch die Abzweigung gewisser besonderer, aus dem Rechte erwachsender Befugnisse unter die Vorschrift (z. B. ist der Ehemann, der nach gesetzlichem Ehegüterstandsrecht die Nutzungen des an seine Ehefrau vom Schuldner veräußerten nutzbaren Gegenstandes, wie Früchte eines Grundstücks, Zinsen einer Hypothek, Dividenden von Wertpapieren, für sich erwirbt, als Rechtsnachfolger seiner Ehefrau hinsichtlich der Nutzungen anzusehen). RG. 80, 4. Rechtsnachfolger ist daher auch derjenige: dem von dem Erwerber eines Grundstücks des Schuldners eine Hypothek bestellt worden, gleichviel ob die Bestellung für eine Schuld des Erwerbers oder für eine solche des veräußernden Schuldners bewirkt ist, JW. 97, 346[20]: dem von dem Erwerber einer Hy-

pothek an dem Grundstück des Schuldners ein Teilbetrag der Hypothek abgetreten wird, RG. 103, 116. Ferner findet Abs. 2 auch Anwendung, wenn der ursprüngliche Schuldner (z. B. durch Erlangung von Rechten an der veräußerten Sache) selbst wieder Rechtsnachfolger dessen geworden ist, dem gegenüber die anfechtbare Handlung vorgenommen ist. RG. 25, 412. — Dagegen wird, wenn der Schuldner in einem Vertrage ausbedungen hat, daß die Leistung des anderen Teils an einen Dritten (z. B. die Zahlung der Gehaltsforderung des Schuldners an seine Ehefrau) erfolgen soll (§ 328 BGB.), der andere Teil durch Leistung an den Dritten nicht Rechtsnachfolger im Sinne des § 11 Abs. 2. RG. 81, 42, 46.

[2] Anfechtung **gegen** den **ursprünglichen Empfänger** und **zugleich gegen** den **Rechtsnachfolger:** Anm. 3 § 40 KO. Ist die Anfechtung gegen beide begründet und ist Werterſatz zu leisten (vgl. Anm. 4 § 7; z. B. wenn der Ehemann von dem an seine Ehefrau durch den Schuldner veräußerten nutzbaren Gegenstande Nutzungen gezogen hat, s. Anm. 1 hier), so sind beide als Gesamtschuldner zur Zahlung zu verurteilen. RG. 80, 8. — Die Teilnahme an der von dem Schuldner beabsichtigten Benachteiligung des Gläubigers besteht in der Kenntnis des Rechtsnachfolgers von dieser Absicht des Schuldners; sie begründet gegen jeden Rechtsnachfolger eine selbstständige Anfechtungsbefugnis, so daß kein Hindernis besteht, neben dem letzten Einzelnachfolger **auch** den ursprünglichen Erwerber sowie den **weiteren Rechtsnachfolger** mit einer Klage in Anspruch zu nehmen. JW. 91, 572[4], auch RG. 27, 23. — **Rechtsverhältnis des Rechtsnachfolgers zu seinem Rechtsurheber** zufolge der Anfechtung: Anm. 4 § 40 KO. Eine Gegenleistung, die der Rechtsnachfolger gemacht hat, kann er nur gemäß § 8 gegen seinen Rechtsurheber, nicht gegen den Anfechtungskläger verfolgen. JW. 97, 346[20], Anm. 2 § 11.

[3] Der **Anfechtungskläger muß** für alle Fälle der Anfechtung gegen den Rechtsnachfolger nach § 11 Abs. 2 Nr. 1, 2 oder 3 zunächst **dartun,** daß die **Voraussetzungen** der Anfechtung **gegen denjenigen, der vom Schuldner erworben** hat, den Ersterwerber, vorliegen, sei es gemäß § 3 Nr. 1 oder gemäß § 3 Nr. 2 oder gemäß § 3 Nr. 3 oder gemäß § 3 Nr. 4 oder gemäß § 3a. RG. 74, 181, 103, 119, JW. 97, 346[20], Gr. 55, 1103. Ist das

mit dem Schuldner geschlossene erste Rechtsgeschäft unanfechtbar (hat z. B. der erste Erwerber Sachen des Schuldners in gutem Glauben, ohne Kenntnis der Absicht des Schuldners, seine Gläubiger zu benachteiligen, gekauft), so ist das Vermögensstück rechtsgültig und unwiderruflich aus dem Vermögen des Schuldners geschieden. Gr. 55, 1103. **Jene erste Voraussetzung** für die Anfechtung gegen den Rechtsnachfolger nach § 11 Abs. 2, daß die Anfechtung gegen den Ersterwerber begründet ist, **muß** vom Anfechtungskläger **stets in dem Anfechtungsprozesse gegen den Rechtsnachfolger dargetan werden.** Wenn der Anfechtungsanspruch sowohl gegen den Ersterwerber als auch gegen den Rechtsnachfolger, sei es gleichzeitig oder nacheinander, gerichtlich geltend gemacht wird, sind die Ergebnisse in den beiden Prozessen unabhängig voneinander und ist in jedem Prozeß gesondert von dem anfechtenden Gläubiger das Bestehen des Anfechtungsanspruchs nachzuweisen, da die beklagte Partei in dem einen Prozeß verschieden ist von der in dem anderen Prozeß. Daher wird durch eine rechtskräftige Verurteilung des Ersterwerbers in dem Prozeß gegen diesen nicht auch dem Rechtsnachfolger gegenüber die Anfechtbarkeit des Ersterwerbes rechtskräftig festgestellt. Dies gilt auch dann, wenn der Erwerb des Rechtsnachfolgers erst stattgefunden hat, nachdem der Anfechtungsanspruch gegen den Ersterwerber rechtshängig gemacht worden war, da gemäß der lediglich obligatorischen Wirkung der Anfechtung (s. Anm. 4 § 7) die Erhebung der Anfechtungsklage keine Streitbefangenheit des Rückgewährgegenstandes im Sinne des § 265 ZPO. begründet und demzufolge derjenige, der nach dem Eintritte der Rechtshängigkeit des Anfechtungsanspruchs den zurückzugewährenden Gegenstand vom Beklagten erwirbt, nicht Erwerber einer in Streit befangenen Sache ist, gegen den ein gegen den Beklagten rechtskräftig erlassenes Urteil gemäß § 325 ZPO. wirken würde. RG. 103, 121. Ist aber jene erste Voraussetzung in dem Anfechtungsprozesse gegen den Rechtsnachfolger dargetan, so muß **im Falle der Nr.** 1 des Abs. 2 § 11 (welche Nr. nach der Nov. hinsichtlich der Anfechtbarkeit des Ersterwerbs alle Anfechtungsgründe des § 3 umfaßt, s. Anm. 4) der Anfechtungskläger, wenn es sich um Anfechtbarkeit des Ersterwerbs a u s § 3 N r. 1 handelt, den weiteren Beweis führen, daß dem Rechtsnachfolger zur Zeit seines Erwerbes (nicht: des Erwerbes seines Rechtsvorgängers) die Absicht des veräußernden Schuldners, seine Gläubiger zu benachteiligen, sowie die Kenntnis des ersten Erwerbers von dieser Absicht bekannt war. RG. 74, 181, 103, 117, JW. 97, 346[20], 14, 304[10], auch RG. 71, 354 (anders nach der Fassung vor der Nov. RG. 45, 47). Dagegen bedarf es nicht des Beweises, daß der Rechtsnachfolger selbst wieder, sei es mit dem Erwerber, sei es mittelbar mit dem Schuldner, ein die Gläubiger benachteiligendes Rechtsgeschäft vorgenommen habe. JW. 97, 346[20]. Gehört der erste Erwerber zu den im § 3 Nr. 2 aufgezählten Verwandten oder Verschwägerten des veräußernden Schuldners und wird demzufolge die Anfechtbarkeit des Ersterwerbers auf § 3 Nr. 2 gestützt, so ist zur Begründung des Anfechtungsanspruchs gegen den Rechtsnachfolger (zweiten Erwerber) außer den die Anfechtbarkeit des Ersterwerbs rechtfertigenden Nachweisen der benachteiligenden Eigenschaft der Rechtshandlung des Schuldners und des Verwandtschafts- oder Schwägerschaftsverhältnisses des ersten Erwerbers zum Schuldner nur erforderlich der weitere Nachweis, daß dieses beides dem Rechtsnachfolger bei seinem Erwerbe bekannt war; dagegen nicht auch der Beweis, daß der erste Erwerber die fraudulose Absicht des Schuldners gekannt hat und diese Kenntnis dem zweiten Erwerber bekannt war. Vielmehr muß der Rechtsnachfolger zur Ausschließung der Anfechtbarkeit die Nichtkenntnis des ersten Erwerbers von der fraudulosen Absicht des Schuldners beweisen. RG. 71, 353, 103, 117, JW. 10, 762[22]. Wird die Anfechtbarkeit des Ersterwerbs auf § 3 Nr. 3, 4 (§ 3a) gestützt, so muß der Anfechtungskläger weiter beweisen, daß dem Rechtsnachfolger zur Zeit seines Erwerbes die Unentgeltlichkeit der Verfügung des Schuldners, sowie im Falle Nr. 4 die Eigenschaft des Ersterwerbers als Ehegatte des Schuldners bekannt war. — Im **Falle der Nr. 2** des Abs. 2 § 11 liegt dem Rechtsnachfolger der Beweis ob, daß ihm zur Zeit seines Erwerbes die Umstände, welche die Anfechtung des Ersterwerbs nach § 3 Nr. 1 oder nach § 3 Nr. 2 oder nach § 3 Nr. 3, 4 (§ 3a) rechtfertigen, unbekannt waren (s. Anm. 6). **Im Falle der Nr. 3** des Abs. 2 § 11 muß der Anfechtungskläger den weiteren Beweis führen, daß dem Rechtsnachfolger das Erlangte unentgeltlich zugewendet ist. — Über den in den Fällen der Nr. 1, 2 des Abs. 2 § 11 maßgebenden **Zeitpunkt der Kenntnis** des Rechtsnachfolgers vgl. Anm. 4. — Eine **Zeitschranke für die Geltendmachung** der Anfechtung gegen den Rechtsnachfolger auf Grund **Vorliegens der in Nr. 1—3 des Abs. 2 § 11 bezeichneten**, außer der ersten Voraussetzung der Anfechtbarkeit des Ersterwerbs noch weiter erforderlichen **Voraussetzungen ist nicht gesetzt**, weder hinsichtlich der weiteren Voraussetzungen der Nr. 2 und 3, noch hinsichtlich der weiteren Voraussetzung der Nr. 1. RG. 103, 119. Das Gesetz bietet auch keinen Anhalt dafür, daß die im § 3 Nr. 2—4 für die Geltendmachung der Anfechtung gegenüber dem Ersterwerber auf Grund des Vorliegens der dortigen Voraussetzungen gesetzten Zeitschranken auf die Geltendmachung des Vorliegens der weiteren Voraussetzungen für die Anfechtung gegenüber dem Rechtsnachfolger nach Abs. 2 § 11, insbesondere nach Nr. 2 bzw. 3 des Abs. 2 § 11 zu übertragen wären, RG. 45, 45, 103, 119, noch dafür, daß die für die Anfechtbarkeit des Ersterwerbs aus § 12 sich ergebende Ausschlußfrist von 10 Jahren auch für die Geltendmachung des Vorliegens der weiteren Voraussetzungen für die Anfechtung gegenüber dem Rechtsnachfolger nach Abs. 2 § 11, insbesondere nach Nr. 1 des Abs. 2 § 11 zu gelten hätten, RG. 103, 123. Da jedoch nach Abs. 2 § 11 erste Voraussetzung für die Anfechtung gegen den Rechtsnachfolger ist, daß die Anfechtung gegen den Ersterwerber begründet ist (s. oben), so müssen, wenn die Anfechtbarkeit des Ersterwerbs auf § 3 Nr. 2 oder auf § 3 Nr. 3, 4 (§ 3a) gestützt wird, die dort gesetzten Zeitschranken, und, wenn die Anfechtbarkeit des Ersterwerbs auf § 3 Nr. 1 gegründet wird, die Ausschlußfrist des § 12 auch bei der Anfechtung gegen den Rechtsnachfolger gewahrt sein. RG. 103, 119. Es werden aber **die Zeitschranken der Nr. 2—4 § 3** und die **Ausschlußfrist des § 12** nicht nur durch Erhebung des Anfechtungsanspruchs gegen den Rechtsnachfolger, sondern **auch dadurch gewahrt**, daß (zuvor) der Gläubiger die **Anfechtung des Ersterwerbs** im Wege der Klage oder der Einrede (§§ 9, 5) **gegen den Ersterwerber** innerhalb der Fristen **geltend macht.** RG. 103, 121, 123.

[4] Von der Nov. an die Stelle der **früheren Fassung:**
bekannt war, daß der Schuldner die Rechtshandlung in der Absicht vorgenommen hatte, seine Gläubiger zu benachteiligen;

aus den in Anm. 4 § 40 KO. dargelegten Gründen gesetzt. Danach umfaßt die jetzige Fassung der Nr. 1 hinsichtlich der die Anfechtbarkeit des Ersterwerbs begründenden Umstände, die dem Rechtsnachfolger bekannt gewesen sein müssen, alle Anfechtungsgründe nach § 3, also nicht nur den Anfechtungsgrund nach § 3 Nr. 1, sondern auch den Anfechtungsgrund nach § 3 Nr. 2 und den nach § 3 Nr. 3, 4 (§ 3a). RG. 103, 117. Über den vom Anfechtungskläger zu führenden **Beweis der Kenntnis des beklagten Rechtsnachfolgers** von den nach diesen Vorschriften die Anfechtbarkeit des Erwerbes seines Rechtsvorgängers begründenden Umständen s. Anm. 3. Hinsichtlich des maßgebenden **Zeitpunktes der Kenntnis** des Rechtsnachfolgers gilt auch hier der Grundsatz, daß, insoweit es bei Anfechtung von Rechtshandlungen wegen Benachteiligung von Gläubigern auf die Kenntnis des Anfechtungsgegners von gewissen Tatumständen ankommt, solche Kenntnis für den Zeitpunkt genügt, in welchem sich der **Erwerb des Anfechtungsgegners vollendet** hat. RG. 88, 217. Daher ist, wenn der Schuldner zunächst an seinem Grundstück den Nießbrauch für A einräumt, darauf Mietzinsen, die zufolge des Nießbrauchs in Wirklichkeit dem A gehören, an B abgetreten und später A die Abtretung genehmigt hat, im Falle der Anfechtung der Nießbrauchseinräumung für A gegenüber dem B als Rechtsnachfolger des A auf Grund § 3 Nr. 1 in Verbindung mit § 11 Abs. 2 Nr. 1 die Kenntnis des B (von den Umständen, welche die Anfechtbarkeit des Erwerbes [des Nießbrauchs] des A [auf Grund des § 3 Nr. 1] begründeten, s. Anm. 3) für den Zeitpunkt genügend, in welchem A die Genehmigung zu der Abtretung der Mietzinsen an B erteilt hat, wiewohl gemäß § 184 BGB. durch die rückwirkende Genehmigung die Abtretung als von vornherein wirksam zu gelten hat. RG. 88, 216.

[5] D. h. wenn er (der **Rechtsnachfolger**) zu dem veräußernden **Schuldner** in dem in § 3 Nr. 2 angegebenen **Verwandtschafts-** oder **Schwägerschaftsverhältnis** steht. Nach dem Sinne

der Gesetzesbestimmung ist bei den Verwandten und Verschwägerten eines in Vermögensverfall geratenen Schuldners die Kenntnis der hiermit in Zusammenhang stehenden Maßnahmen eher zu vermuten als bei den Verwandten eines beliebigen Dritten die Kenntnis der begleitenden Umstände eines einzelnen von diesem abgeschlossenen Rechtsgeschäfts. JW. 88, 18[28], 97, 346[20]. Darauf, ob der Rechtsnachfolger zu seinem **Rechtsvorgänger** in dem im § 3 Nr. 2 angegebenen Verwandschafts- oder Schwägerschaftsverhältnis steht, kommt es nicht an. RG. 103, 116, JW. 88, 18[28]. Vgl. auch Anm. 5 § 40 KO.

[6] Von der Nov. an die Stelle der früheren Fassung:

und nicht beweist, daß er zur Zeit seines Erwerbes von den Umständen, welche die Anfechtung gegen den Rechtsvorgänger begründen, keine Kenntnis hatte.

gesetzt. Vgl. Anm. 4 § 40 KO., wonach Nr. 2 mit der neuen Fassung der Nr. 1 (s. Anm. 4) in Einklang gebracht und durch die neuen Fassungen beider Nrn. zugleich klargestellt werden sollte, daß der **gutgläubige Erwerb** eines Sondernachfolgers die **Anfechtung gegen spätere Sondernachfolger ausschließt**. — Der dem Anfechtungsbeklagten zugelassene **Gegenbeweis** ist, wenn die Anfechtbarkeit des Ersterwerbs auf § 3 Nr. 1 gestützt wird, also wenn der erste Erwerber nicht zu den im § 3 Nr. 2 aufgezählten Verwandten oder Verschwägerten des veräußernden Schuldners gehört, dahin zu führen, daß ihm zur Zeit seines Erwerbs die Benachteiligungsabsicht des Schuldners nicht bekannt gewesen sei. Der Beweis seiner Nichtkenntnis der Kenntnis des ersten Erwerbers von dieser Benachteiligungsabsicht genügt nicht. RG. 45, 47, auch JW. 10, 951[35]. — Vgl. Anm. 3 darüber, daß **die in § 3 Nr. 2 gesetzte Zeitschranke an sich nicht** auf die Anfechtung nach § 11 Abs. 2 Nr. 2 zu **übertragen** ist, daß sie aber, wenn die Anfechtbarkeit des Ersterwerbs auf § 3 Nr. 2 gestützt wird, doch für die erste Voraussetzung der Anfechtung gegen den Rechtsnachfolger, daß die Anfechtung gegen den Ersterwerber begründet ist, in Betracht kommt.

[7] Nr. 3 und Abs. 3 von der Nov. hinzugefügt. Vgl. Anm. 7 § 40 KO. — Vgl. Anm. 3 darüber, daß **die in § 3 Nr. 3, 4 gesetzten Zeitschranken an sich nicht** auf die Anfechtung nach

§ 11 Abs. 2 Nr. 3 zu **übertragen** sind, daß sie **aber**, wenn die Anfechtbarkeit des Ersterwerbs auf § 3 Nr. 3 bzw. Nr. 4 gestützt wird, doch für die erste Voraussetzung der Anfechtung gegen den Rechtsnachfolger, daß die Anfechtung gegen den Ersterwerber begründet ist, in Betracht kommen. — **Aus** der im Abs. 3 für den Fall der Anfechtung nach Abs. 2 Nr. 3 bestimmten Anwendung des § 7 Abs. 2 folgt: wenn der **Rechtsnachfolger** beim Erwerbe der unentgeltlichen Zuwendung (hinsichtlich der Nichtanfechtbarkeit der Rechtshandlung des Schuldners) **in gutem Glauben** war, so beschränkt sich seine Haftung auf die Herausgabe der Bereicherung. Begr. 22.

[8] Die Zustellung auch noch an den Vertragsgenossen des Schuldners, den Ersterwerber, ist nicht erforderlich. Begr. 27. Beim Zusammenhalt des Abs. 4 mit der Vorschrift des § 4 ergibt sich **jedoch**, daß, wenn der Gläubiger, bevor er einen vollstreckbaren Schuldtitel erlangt hatte oder seine Forderung fällig war, eine **Anfechtungsankündigung** (nicht dem Rechtsnachfolger, sondern) **dem Ersterwerber**, dem gegenüber eine im § 3 Nr. 2—4 bezeichnete Rechtshandlung vorgenommen ist, **zugestellt** hat, die **Fristen des § 3 Nr. 2—4** (nicht nur für die Anfechtungsklage gegen den Ersterwerber, sondern auch) für die Anfechtungsklage gegen den Rechtsnachfolger hinsichtlich der ersten Voraussetzung hierfür (s. Anm. 3), daß die Anfechtung gegen den Ersterwerber begründet ist, unter den in § 4 bestimmten Voraussetzungen **weiter erstreckt** werden. RG. 103, 122.

[9] Vgl. Anm. 8 § 3, Anm. 8 § 4.

12[1]. Die Anfechtung einer nach § 3 Nr. 1 anfechtbaren Handlung kann nur binnen zehn Jahren erfolgen. Auf den Lauf der Frist finden die für die Verjährung geltenden Vorschriften des § 203 Abs. 2 und der §§ 206, 207 des Bürgerlichen Gesetzbuchs entsprechende Anwendung[2].

Die Frist beginnt mit dem Zeitpunkt, in welchem der Gläubiger den vollstreckbaren Schuldtitel erlangt hatte und seine Forderung fällig war, wenn aber die Rechtshandlung nach diesem Zeitpunkte vorgenommen ist, mit der Vornahme der Handlung.

Die Anfechtung ist ausgeschlossen, wenn seit der Vornahme der Rechtshandlung dreißig Jahre verstrichen sind.

[1] Vgl. Anm. 1—4 § 41 KO. — Von der Nov. ist die neue **Fassung** an die Stelle der **früheren**:

> Das Anfechtungsrecht auf Grund des § 3 Nr. 1 verjährt in zehn Jahren seit dem Zeitpunkte, mit welchem der Gläubiger den vollstreckbaren Schuldtitel erlangt hatte und seine Forderung fällig war, wenn aber die Rechtshandlung nach diesem Zeitpunkte vorgenommen ist, erst seit der Vornahme der Handlung.

aus den in Anm. 1 § 41 KO. dargelegten Gründen gesetzt worden. Hier ist auch die Vorschrift des § 206 BGB. (Vollendung der Verjährung gegenüber solchen Personen, welche geschäftsunfähig oder in der Geschäftsfähigkeit beschränkt sind und keinen gesetzlichen Vertreter haben) als anwendbar bezeichnet. Die Abweichung gründet sich darauf, daß das Anfechtungsrecht im Konkurse nur von dem Konkursverwalter ausgeübt wird. — Vgl. Anm. 3 § 11 darüber, daß die **Ausschlußfrist** des § 12 Abs. 1 von zehn Jahren **an sich nicht auf** die **Anfechtung** gegen den Rechtsnachfolger des vom Schuldner Ersterwerbenden **nach § 11 Abs. 2 zu übertragen** ist, daß sie aber, wenn die Anfechtbarkeit des Ersterwerbs auf § 3 Nr. 1 gestützt wird, **doch für die erste Voraussetzung der Anfechtung** gegen den Rechtsnachfolger, daß die Anfechtung gegen den Ersterwerber begründet ist, **in Betracht kommt.**

[2] Über Hemmung des Laufs der Ausschlußfrist zugunsten von Kriegsteilnehmern und ihren Gegnern nach § 8 RGes. v. 4. 8. 14 vgl. RG. 106, 138.

13. Wird über das Vermögen des Schuldners das Konkursverfahren eröffnet, so steht die Verfolgung der von Konkursgläubigern erhobenen Anfechtungsansprüche dem Konkursverwalter zu[1]. Aus dem Erstrittenen sind dem Gläubiger die Prozeßkosten vorweg zu erstatten.

Ist das Verfahren über den Anfechtungsanspruch noch rechtshängig[2], so wird dasselbe unterbrochen[3]. Im Fall einer Verzögerung der Aufnahme kommen die Bestimmungen der Zivilprozeßordnung § 239 zur entsprechenden Anwendung. Der Konkursverwalter kann den Anspruch nach den Vorschriften der Konkursordnung §§ 37 bis 39, 41 in Gemäßheit der §§ 268, 529 der Zivilprozeßordnung erweitern[4]. Lehnt der Verwalter die Aufnahme des Rechtsstreits ab[5], so kann derselbe rücksichtlich der Prozeßkosten von jeder Partei aufgenommen werden. Durch die Ablehnung der Aufnahme wird die Befugnis des Verwalters, nach den Vorschriften der Konkursordnung das Anfechtungsrecht auszuüben[6], nicht ausgeschlossen.

Soweit der Gläubiger aus dem Zurückzugewährenden eine Sicherung oder Befriedigung erlangt hatte, finden auf die Anfechtung derselben die Vorschriften des § 30 Nr. 1 der Konkursordnung entsprechende Anwendung[7].

Nach der Beendigung des Konkursverfahrens können Anfechtungsrechte, deren Ausübung dem Konkursverwalter zustand, von den einzelnen Gläubigern nach Maßgabe dieses Gesetzes verfolgt werden, soweit nicht dem Anspruch entgegenstehende Einreden gegen den Verwalter erlangt sind[8]. War die Anfechtung[9] nicht schon zur Zeit der Eröffnung des Konkursverfahrens erfolgt[9], so wird die im § 3 Nr. 2 bis 4 bestimmte Frist von diesem Zeitpunkte berechnet, sofern die Anfechtung[9] bis zum Ablaufe eines Jahres seit der Beendigung des Konkursverfahrens erfolgt[9].

Rechtshandlungen, welche der Gemeinschuldner rücksichtlich seines nicht zur Konkursmasse gehörigen Vermögens[10] vorgenommen hat, können von den Konkursgläubigern auch während des Konkursverfahrens nach Maßgabe dieses Gesetzes angefochten werden[11].

[1] § 36 KO.; nicht dem Anfechtungskläger. §§ 12—15 KO.

[2] War **schon rechtskräftig** zugunsten des Anfechtungsklägers **entschieden**, so kann der Konkursverwalter gemäß §§ 727, 730 ZPO. eine vollstreckbare Ausfertigung verlangen und die Zwangsvollstreckung betreiben. War in diesem Falle der Schuldtitel nur vorläufig vollstreckbar und ist demgemäß das Anfechtungsurteil unter dem Vorbehalt des § 10 ergangen, so wird diese dem Urteil beigefügte Bedingung in Ansehung des Konkursverwalters gegenstandslos, weil die Rückgewähr bzw. die Zahlung nicht mehr an den Gläubiger, sondern zur Konkursmasse zu erfolgen hat. RG. 30, 69.

[3] Sofern es sich um eine **Konkursforderung** handelt. Besteht dagegen z. B. ein Absonderungsrecht für die Forderung, so erfolgt die abgesonderte Befriedigung unabhängig von dem Konkurse nach § 4 KO. JW. 99, 492[26]. — Ist im Falle einer Konkursforderung trotz der Konkurseröffnung über das Vermögen des Schuldners zwischen den bisherigen Parteien weiter verhandelt und ein Urteil erlassen worden, so kann die Partei, zu deren Ungunsten entschieden ist, vermittelst Anfechtung des Urteils durch das nach der Sachlage gegebene Rechtsmittel die Unwirksamkeit des Verfahrens geltend machen. OLG. 27, 66.

[4] Für die **Voraussetzungen des Anspruchs** bleiben die Vorschriften dieses Gesetzes maßgebend. Begr. 28.

[5] § 133 Nr. 2 KO. (Genehmigung des Gläubigerausschusses).

[6] Unter den **Voraussetzungen der KO.**

[7] Hiernach findet auf die im Konkursverfahren erfolgende Anfechtung einer Hypothek, welche der Gläubiger zufolge seiner Anfechtung vor dem Konkurse durch zwangsweise Eintragung auf einem vom Gemeinschuldner veräußerten Grund-

stücke erlangt hat, nicht § 40, sondern § 30 Nr. 1 KO. Anwendung. RG. 39, 84. Hat die Anfechtungsklage eines Gläubigers vor der Konkurseröffnung zu einer freiwilligen oder im Wege der Zwangsvollstreckung geleisteten Befriedigung oder infolge einer Pfändung zu einem Pfandrecht des Anfechtenden an dem zurückzugewährenden (§ 7) Gegenstand geführt, so kann der Konkursverwalter in dem inzwischen über das Vermögen des Schuldners eröffneten Konkursverfahren diese **Befriedigung oder Sicherung** unter den Voraussetzungen des § 30 Nr. 1 **anfechten.** JW. 93, 308[13]. Vgl. auch JW. 94, 122[17]. — Die rechtskräftig und mit Erfolg durchgeführte Anfechtung der Abtretung einer Forderung des Schuldners begründet (solange nicht Zahlung erlangt ist) die Anwendung des Abs. 1, nicht des Abs. 3, auch wenn der anfechtende Gläubiger die Forderung nach ihrer Abtretung hatte pfänden und sich überweisen lassen. RG. 32, 102.

[8] Voraussetzungen und Inhalt des nunmehr wieder von dem Einzelgläubiger zu verfolgenden Anspruchs richten sich nach den Vorschriften des AnfG., nicht der KO. — Die Bestimmung der **in § 41 KO.** für die Anfechtung des Konkursverwalters **gesetzten Frist begründet nicht** eine dem Anfechtungsrechte des Einzelgläubigers nach Beendigung des Konkursverfahrens entgegenstehende **Einrede** im Sinne des § 13 Abs. 4 Satz 1. Es wird daher dadurch allein, daß der Konkursverwalter das Anfechtungsrecht nicht in der im § 41 KO. gesetzten, mit der Eröffnung des Konkursverfahrens begonnenen einjährigen Ausschlußfrist ausgeübt hat, das Anfechtungsrecht des Einzelgläubigers nach Beendigung des Konkurses nicht ausgeschlossen. RG. 91, 90. — Da der Konkursverwalter weder Vertreter der Konkursgläubiger ist noch diese nach Beendigung des Konkurses seine Rechtsnachfolger sind, haben sie ein gegen den Konkursverwalter ergangenes Urteil nur im Umfange des § 13 Abs. 4 gegen sich gelten zu lassen; hat z. B. der Verwalter wegen eines bestimmten Anspruchs von 1000 M. eine Sicherungsübereignung angefochten und ist abgewiesen, so kann auch nur wegen dieser 1000 M. die Nichtanfechtbarkeit rechtskräftig festgestellt sein. JW. 17, 476[20].

[9] Vgl. Anm. 8 § 3. — Es macht keinen Unterschied, ob

der Konkursverwalter vor Beendigung des Konkursverfahrens seinerseits angefochten hat oder nicht. RG. 91, 93.

[10] §§ 1–4 KO.

[11] Ausnahme von § 14 KO. Anm. 2 § 3.

14. Dieses Gesetz[1] tritt im ganzen Umfange des Reichs gleichzeitig mit der Konkursordnung in Kraft.

Dasselbe findet auch auf die vor diesem Zeitpunkte vorgenommenen Rechtshandlungen Anwendung[2], sofern sie nicht nach den Vorschriften der bisherigen Gesetze der Anfechtung entzogen oder in geringerem Umfange unterworfen sind[3].

Ist der Anfechtungsanspruch zur Zeit des Inkrafttretens dieses Gesetzes rechtshängig, so bleiben für die Entscheidung des Rechtsstreits die Vorschriften der bisherigen Gesetze maßgebend.

[1] Bezüglich Inkrafttretens der Änderungen s. Art. I EG. KOÄndG. (oben II).

[2] Insoweit dies der Fall ist, sind auch die früheren Beweisvermutungen beseitigt. RG. 4, 33.

[3] Abs. 2 ist nur noch für die vor dem 1. Oktober 1879 vorgenommenen Rechtshandlungen und die Frage der Anwendbarkeit des AnfG. in der früheren Fassung auf sie von Bedeutung. — Die Vorschriften des das AnfG. abändernden Art. VII EG. KOÄndG. (oben II) finden nach Art. VIII dieses Gesetzes auf die vor dem Inkrafttreten desselben, d. i. vor dem 1. Januar 1900, vorgenommenen Rechtshandlungen keine Anwendung

Sachregister.

EI.	bedeutet	Einführungsgesetz zur Konkursordnung.
EII.	„	Einführungsgesetz zu dem Gesetze, betreffend Änderungen der Konkursordnung.
K.	„	Konkursordnung.
A.	„	Anfechtungsgesetz.

(Die Ziffern bezeichnen die Paragraphen.)

A.

Abgaben, öffentliche, Absonderungsrecht wegen — K. 49, Vorrecht der — K. 61.

Abgesonderte Befriedigung, Geltung der Bestimmungen über — EI. 11, Recht auf — beim Nachlaßkonkurs 221, im übrigen 26, 47 bis 52, Verfahren bei der — K. 4, 11, 64, 96, 118, 153, 168.

Abschätzung der im Besitze Absonderungsberechtigter befindlichen Sachen K. 120, — der Teilungsmasse K. 123.

Abschlagsverteilung K. 153 bis 155, 158 bis 160.

Absicht, die Gläubiger zu benachteiligen, K. 31, 40, 239, A. 3, — einen Gläubiger zu begünstigen K. 30, 241.

Absonderung s. abgesonderte Befriedigung.

Abstimmung in der Gläubigerversammlung K. 94, 97, Teilnahme an der — K. 55, 96, — über den Zwangsvergleich K. 182, 183.

Abtretung von Forderungen an Ausländer K. 50, 56, — zur Aufrechnung K. 55.

Abweisung des Eröffnungsantrags K. 106, 107, 109, — wegen mangelnder Masse K. 107.

Actio Pauliana A. 3.

Aktiengesellschaft, Konkurs der — K. vor 207, 207, 208, 244.

Aktienkommanditgesellschaft, K. vor 207, 209, 210, 244 Anm. 2.

Allgemeine Gütergemeinschaft, Konkurs über das Vermögen eines Ehegatten bei — K. 2.

Amtsgericht, Zuständigkeit des — K. 71, 125, 146, 164, 214, 238.
Amtsverbände, Absonderungsrecht der — K. 49, Vorrecht der — K. 61.
Änderungen des Gläubigerverzeichnisses K. 157.
Anfechtung des Zwangsvergleichs K. 196, — gerichtlicher Entscheidungen, ausgeschlossen K. 95, 96, 163, 189, 190, mittels sofortiger Beschwerde K. 189, 230, — der Erfüllung von Pflichtteilsansprüchen, Vermächtnissen oder Auflagen seitens des Erben K. 222, A. 3a, — von Rechtshandlungen des Gemeinschuldners E I. 9, K. 29 bis 42, nach Wiederaufnahme des Verfahrens K. 199, Wirkung im Nachlaßkonkurs K. 228, zahlungsunfähiger Schuldner außerhalb des Konkursverfahrens E II. 8, A. 1 bis 13.
Anfechtungsanspruch, Rechtshängigkeit des — A. 3 Anm. 8.
Anfechtungsprozesse, Zuständigkeit des Reichsgerichts für — E II. 9.
Anfechtungsrecht, Ausübung des — K. 36, Verjährung des — K. 41, 42, A. 12.
Angehörige des Gemeinschuldners, Anfechtung gegen — K. 31, 40, wann — zu hören K. 105.
Anhängige Prozesse, Aufnahme der bei der Konkurseröffnung — K. 10, 11, 144, 146, 152, A 13.
Anhörung des Gemeinschuldners K. 105, 123, 130, 135, 141, 203, seiner Angehörigen K. 105.
Anleihe, Absonderungsrecht hypothekarischer — E I. 14.
Anmeldefrist K. 110, 111, 138, 140, 202.
Anmeldung der Konkursforderungen K. 140, 142, 146, Erfordernisse der — K. 139, Geltung der — im Aufgebotsverfahren für den Nachlaßkonkurs K. 229, Unterbrechung der Verjährung durch — E I. 3, K. 15 Anm. 7.
Annahme des Zwangsvergleichs K. 182, im Nachlaßkonkurs K. 230.
Annehmbarkeit des Vergleichsvorschlags K. 177.
Anteile der Gläubiger, Freiwerden von — für die Schlußverteilung K. 156, 171.
Antrag auf Konkurseröffnung K. 103 bis 105, 208, 210, 217 bis 220, — auf Sicherheitsmaßregeln wegen Aufhebung des Zwangsvergleichs K. 197, — auf Wiederaufnahme des Verfahrens K. 198.

Anweisungen des Verwalters auf die Hinterlegungsstelle K. 137.

Anzeige vom Besitze zur Masse gehöriger Sachen an den Verwalter K. 118, 119, — von der bevorstehenden Anfechtung A. 4.

Apotheker, Vorrechte der — K. 61.

Arbeiter, Absonderungsrecht der — K. 61.

Arrest, Anfechtung der durch — erwirkten Handlungen K. 35, offener — K. 110, 111, 118, Unwirksamkeit des — während des Konkurses K. 14, 106.

Arrestvollziehung, abgesonderte Befriedigung auf Grund — im Nachlaßkonkurs K. 221.

Ärzte, Vorrecht der — K. 61.

Aufgabe zur Post, Zustellung durch — K. 77.

Aufgebotsverfahren zum Zwecke der Ausschließung von Nachlaßgläubigern, beschränkte Rechte der im — ausgeschlossenen Nachlaßgläubiger K. 219, 226, 228, Geltung der Anmeldung von Forderungen im — für den Nachlaßkonkurs K. 229.

Aufhebung des Konkursverfahrens K. 116, 163, 164, 166, — des Zwangsvergleichs K. 195, 197, — von Landesgesetzen E I. 4, — von Reichsgesetzen E I. 3, Unwirksamkeit des Ausschlusses der — einer Gemeinschaft K. 16.

Aufkündigung s. Kündigung.

Auflagen, Anfechtung der Erfüllung von — K. 222 Rangordnung der Verbindlichkeiten aus — K. 226.

Auflösende Bedingung s. bedingte Forderungen.

Auflösung der Handelsgesellschaften, Konkurs nach — K. 207, 209.

Aufnahme der bei der Eröffnung anhängigen Prozesse K. 10, 11, 144, 146, 152, A. 13, Ablehnung der — K. 10, 133, A 13.

Aufrechnung E I. 10, K. 21, 53 bis 56, 199.

Aufschiebende Bedingung s. bedingte Forderungen.

Aufsicht des Konkursgerichts über den Verwalter K. 83.

Auftrag, Erlöschen eines — des Gemeinschuldners infolge der Konkurseröffnung K. 23, 27.

Aufwand, übermäßiger — K. 240.

Aufwendungen, Ersatzanspruch des Erben wegen — K. 223, 224.

Aufzeichnung der zur Masse gehörigen Gegenstände K. 123.

Auseinandersetzung der Gesellschafter, Gemeinschafter, Miteigentümer K. 16, 51, — zwischen Ehegatten wegen des Gesamtguts K. 2.

Ausfall der Absonderungsberechtigten K. 153.

Auskunftserteilung durch den Gemeinschuldner K. 100.

Ausländische, — Gemeinschuldner K. 238, — Gläubiger K. 5, 50, 56, — Schuldner K. 56.

Auslagen, Erstattung der — des Gläubigerausschusses K. 91, — des Verwalters K. 85.

Ausland, Konkurs im — K. 237, Zustellung im — K. 105.

Ausschlußfrist K. 152, 153, 155, 157, 158, 160, 171, A 12.

Aussonderung aus der Konkursmasse K. 43 bis 46, Anerkennung von Ansprüchen auf — K. 133, anhängige Prozesse auf — K. 11.

B.

Bankerott, betrüglicher — K. 175, 195, 239, einfacher — K. 240.

Banknoteninhaber, Pfand- u. Vorzugsrechte der — E I. 12.

Bayern, registrierte Gesellschaften in — E I. 6.

Bedingte Forderungen, auflösend — K. 66, Aufrechnung mit — K. 54, aufschiebend — K. 54, 67, 154, 156, 168, 171, Stimmrecht der — K. 96, Teilnahme der — am Konkurse K. 66, 67, 154, 156, 168, 171.

Beerdigung, Kosten der — des Erblassers, Masseschuld K. 224.

Begünstigung einzelner Gläubiger K. 30, 181, 188, 241.

Beiseiteschaffung von Vermögensstücken K. 239.

Bekanntmachung, öffentliche K. 76, 81, 93, 98, 111, 116, 151, 163, 179, 190, 198, 203, 205.

Benachteiligung der Gläubiger, Anfechtung von Rechtshandlungen wegen — K. 30, 31, 40, A. 3 11.

Bereicherung, Ersatz der — K. 7, 37, 38, 59, A. 7.

Bericht des Verwalters K. 88, 131, 132.

Berichtigung der bevorrechtigten Forderungen und der Masseansprüche K. 191, — des Verzeichnisses K. 157, 158.

Berufung der Gläubigerversammlung K. 93, 135.

Bescheinigung, urkundliche — über die Ernennung des Verwalters K. 81.

Beschlagnahme, Wirksamkeit einer bei der Zwangsvollstreckung in unbewegliches Vermögen erfolgten — K. 13.

Beschlußfassung der Gläubigerversammlung K. 94 bis 98, — des Gläubigerausschusses K. 90.

Beschwerde, sofortige, gegen den Beschluß über den Eröffnungsantrag K. 109, über die Bestätigung des Zwangsvergleichs K. 189, 230, — gegen gerichtliche Entscheidungen K. 73.

Beschwerdefrist, Beginn der — K. 158, 189.

Beschwerdegericht, Wirksamkeit der Entscheidung des — erst mit der Rechtskraft K. 74.

Besitz, Ergreifung des — durch den Verwalter K. 117.

Bestätigung des Zwangsvergleichs K. 184, 185, 189, 190, 193, 194, im Nachlaßkonkurse K. 230.

Betagte Forderungen, Aufrechnung mit — K. 54, Teilnahme der — am Konkurse K. 65.

Betrug, Anfechtung des Zwangsvergleichs wegen — K. 196.

Bevorrechtigte Konkursgläubiger K. 61, Befriedigung der — K. 170, 191.

Bilanz, Aufstellung der — durch den Verwalter K. 124, Unterlassung der Ziehung einer — K. 240.

Bodmereibrief, Absonderungsrecht auf Grund eines — E I. 14 Anm. 1a.

Börsenpreis bei Fixgeschäften K. 18.

Briefe an den Gemeinschuldner, Beschlagnahme der — K. 121.

Buchführung des Gemeinschuldners, mangelhafte K. 239, 240.

Bürgen des Gemeinschuldners K. 193.

Bundesrat, Zustimmung des — K. 5, 237.

C.

Siehe unter K und Z.

D.

Darlehen, Aufnahme von — durch den Verwalter K. 134.

Depeschen an den Gemeinschuldner, Beschlagnahme der — K. 121.

Dienstbehörde des Gemeinschuldners, Mitteilung an die — K. 112.

Dienstbezüge aus einem Dienstverhältnis, Vorrecht, für — K. 61.

Dienstverhältnis beim Gemeinschuldner, Kündigung eines — K. 22.

Dienstvertrag, Erlöschen eines — K. 23, Ersatzansprüche deswegen K. 27.

Differenzhandel, Verbrauch übermäßiger Summen durch — K. 240.

E.

Ehefrau, Anfechtung der Sicherstellung der — K. 32 Anm. 6, A. 3 Anm. 19, Aussonderungsansprüche der — K. 45, Nießbrauch am Vermögen der — K. 1 Anm. 6, Konkurs über das Vermögen einer — K. 2, Rechtsstellung einer — als Erbin im Nachlaßkonkurse K. 218, 219, 234, Vorrechte der — E I. 13.

Ehegatten, Anfechtung der Verträge zwischen — K. 31, A. 3, von unentgeltlichen Verfügungen zugunsten des — K. 32, A. 3, Nichtberücksichtigung der Stimme des — beim Zwangsvergleich K. 183.

Ehemann, Rechte des — einer Erbin im Nachlaßkonkurse K. 218, 234, Wirkung des Konkurses über das Vermögen des — hinsichtlich des Vermögens der Ehefrau K. 2.

Ehrenrechte, Aberkennung der bürgerlichen — beim einfachen Bankerott K. 240.

Eingebrachtes, Absonderung des — des Mieters und Pächters K. 49, Anfechtung der Sicherstellung oder Rückgewähr des — der Ehefrau K. 32 Anm. 6, A. 3 Anm. 19.

Einkaufskommissionär, Aussonderungsrecht des — K. 44.

Einsicht des Gemeinschuldners in Briefe und Depeschen K. 121.

Einstellung des Konkursverfahrens K. 202 bis 206.

Einstellungsbeschluß, Bekanntmachung des — K. 205.

Einstweilige Verfügung, Unwirksamkeit einer im Wege der — erlangten Vormerkung K. 14, 221.

Eintragung in das Grundbuch K. 113, 163, 190, 198, 205, deren Gebührenfreiheit K. 115, deren Löschung K. 114, — in die Tabelle K. 140, 145.

Einwendungen gegen das Verteilungsverzeichnis K. 158, — gegen die Schlußrechnung des Verwalters K. 86.

Einziehung, Wirksamkeit der — von Miet- oder Pachtzinsen durch den Gemeinschuldner K. 21.

Entfernung des Gemeinschuldners vom Wohnort K. 101.

Entlassung des Gläubigerausschusses K. 92, — des Verwalters K. 84.

Entscheidungen im Konkursverfahren K. 73, 74.

Entsiegelung K. 124.

Erben, Anfechtung von Leistungen des — K. 222, von Rechtshandlungen des Erblassers gegen den — K. 40, A. 11, Antrag des — auf Konkurseröffnung über den Nachlaß K. 217, Geltendmachung der dem — gegen den Erblasser zustehenden Ansprüche im Nachlaßkonkurse K. 225, Konkurs über das Vermögen des K. 234, Zurückbehaltungsrecht des — K. 223.

Erblasser, Geltendmachung der dem Erben gegen den — zustehenden Ansprüche im Nachlaßkonkurse K. 225, Kosten der Beerdigung, der Todeserklärung, der Eröffnung der letztwilligen Verfügungen des — als Masseschulden K. 224.

Erbschaft, Absonderung der — K. 50 Anm. 3, Annahme und Ausschlagung einer — durch den Gemeinschuldner K. 9, 134, Anm. 4, Rechtslage beim Verkauf einer — durch den Erben im Falle des Nachlaßkonkurses K. 232, 233.

Erbteil, Unzulässigkeit des Konkursverfahrens über einen — K. 235.

Erdichtung von Schulden K. 239.

Erfüllung, Anfechtung der — von Pflichtteilsansprüchen, Vermächtnissen oder Auflagen K. 222, A. 3a, — zweiseitiger Verträge durch den Verwalter K. 17, 20, 21.

Ermittelung des Konkursgerichts K. 75, 105, nachträgliche — von Vermögensstücken K. 166.

Ernennung des Gläubigerausschusses K. 87, — des Verwalters K. 78, 80, 81.

Eröffnung des Konkursverfahrens, Antrag auf — K. 30, 50, 103 bis 105, 107, 208, 210, 213, 217 bis 220, 232, 233, Beschluß über die — K. 108, 111, 112, Eintragung der — in das Grundbuch K. 113, Verzeichnis derjenigen Schuldner, bezüglich deren der Antrag auf — wegen Mangel an Masse abgewiesen ist K. 107, Wirkung der — K. 6, 15, 25, 26 bis 28, A. 13, Zeitpunkt der — K. 108.

Eröffnungsbeschluß K. 108 bis 112, Bekanntmachung

der Aufhebung des — K. 116.
Erörterung angemeldeter Forderungen K. 141.
Errungenschaftsgemeinschaft, Wirkung des Konkursverfahrens über das Vermögen eines der Ehegatten bei der — K. 2.
Ersatzansprüche wegen Kündigung eines Miet- oder Pachtvertrages oder eines Dienstverhältnisses, wegen Erlöschens eines Auftrages oder eines Dienst- oder Werkvertrages K. 19, 22, 27.
Erstehung von Grundstücken durch den Verwalter K. 134.
Erweiterung des Anfechtungsanspruchs durch den Konkursverwalter A. 13.
Erwerbsgeschäft des Gemeinschuldners, Vorrecht der im — Angestellten K. 61.

F.

Fahrnisgemeinschaft, Wirkung des Konkursverfahrens über das Vermögen eines der Ehegatten bei der — K. 2.
Familie des Gemeinschuldners, Unterstützung der — K. 58, 60, 129, 132.
Familie Hohenzollern E I. 7.
Familienfideikommiß E I. 5, K. 52.
Faustpfandgläubiger, abgesonderte Befriedigung der — E I. 13 Anm. 4, K. 48 Anm. 2.
Festsetzung der Vergütung des Gläubigerausschusses K. 91, — des Verwalters K. 85.
Feststellung angemeldeter Forderungen K. 144, 164, 194, — streitiger Forderungen K. 146, 152.
Feststellungsklage K. 146, 152.
Feuerversicherungsanstalten, Vorrecht öffentlicher — K. 61.
Fixgeschäfte, Forderung wegen Nichterfüllung von — K. 18.
Forderungen, aufzurechnende — K. 21, 53 bis 55, bedingte — K. 66, 67, 96, 154, 156, 168, 171, bevorrechtigte — K. 61, 170, 191, nicht auf Geld gerichtete — K. 69, Veräußerung von — K. 133, 134.
Fortführung des Geschäfts des Gemeinschuldners K. 129, 132.
Fortgesetzte Gütergemeinschaft, Konkursverfahren über das Gesamtgut bei der — K. vor 207, 236, Recht zur Ablehnung der — K. 9, Wirkung des Konkursverfahrens über das Vermögen eines der Ehegatten bei der — K. 2.

Freigebigkeiten, des Gemeinschuldners K. 32, 37, 63, — des Schuldners A. 3, 7, Verbindlichkeiten aus — des Erblassers K. 226.

Frist zur Anfechtung von Rechtshandlungen K. 41, 42, A. 3, 4, 11, 13, — zur Anmeldung von Konkursforderungen K. 138, — zur Beibringung eines vollstreckbaren Schuldtitels A. 5, — zur Verwertung von Pfandstücken K. 127.

Früchte, abgesonderte Befriedigung aus den — K. 49 Anm. 1.

G.

Gastwirte, abgesonderte Befriedigung der — K. 49 Anm. 1, 8.

Gebührenfreiheit der Eintragungen und Löschungen im Grundbuch K. 115.

Gegenleistung, Erstattung der — aus der Masse K. 7, 46, bei anfechtbaren Rechtshandlungen K. 38, A. 8.

Gegenstände, die nicht gepfändet werden sollen, gehören nicht zur Konkursmasse K. 1.

Gelder, Hinterlegung der — durch den Verwalter K. 129, 132, Quittungen des Verwalters über den Empfang von — von der Hinterlegungsstelle K. 137.

Geldstrafen bei Konkursverbrechen und -vergehen K. 240 bis 243, — können im Konkursverfahren nicht geltend gemacht werden K. 63, 226.

Gelegenheitsgeschenke gelten nicht als Freigebigkeiten K. 32, A. 3.

Gemeinden, Absonderungsrecht der — K. 49, Vorrecht der — K. 61.

Gemeinschaft, abgesonderte Befriedigung wegen Forderungen aus einer — K. 51, Auseinandersetzung einer — K. 16, Unzulässigkeit des Ausschlusses der Aufhebung einer — K. 16.

Gemeinschuldner K. 6, 100, 101, Anhörung des — K. 105, 123, 130, 135, 141, 203, Annahme oder Ausschlagung einer Erbschaft durch den — K. 9, Anträge des — K. 103, 130, 135, 160, 173, 180, 182, Aufnahme des Rechtsstreits durch den — K. 10, gegen den — K. 144, Auskunftserteilung durch den — K. 100, ausländische — K. 238, Beschwerde des — K. 109, Bürgen des — K. 193, Geschäft des — K. 129, 132 bis 134, Geschäftsbücher des

— K. 1, 122, Haft des — K. 101, 106, Ladung des — zum Vergleichstermin K. 179, Leistungen an den — nach der Konkurseröffnung K. 8, Miteigentum des — K. 16, 51, Postsendungen und Depeschen an den — K. 121, Rechtshandlungen des — nach der Konkurseröffnung K. 7, Unterhalt des — K. 58, 60, 129, 132, 1 Anm. 6, Unterhaltsansprüche gegen den — K. 3, Unzulässigkeit der Veräußerung von Nachlaßgegenständen, wenn der — Vorerbe ist K. 128, Verlust der Dispositionsbefugnis des — K. 6, Verwerfung eines Vergleichsvorschlages wegen unredlichen Verhaltens des — K. 187, Widerspruch des — K. 144, 177, Wiedereinsetzung des — gegen Versäumung des Prüfungstermins K. 165, Wiedererlangung der Dispositionsbefugnis des — K. 192, 206, Zahlungseinstellung des — K. 30 bis 33, 192, 193, Zahlungsunfähigkeit des — K. 102, 131, 207 bis 210, Zwangsvollstreckung gegen den — aus der Tabelle K. 164, 194. — Vgl. auch K. 100 Anm. 1.

Genehmigung der Gläubigerversammlung K. 134, 135, — des Gläubigerausschusses K. 133, 134.

Genossenschaft, Konkurs einer eingetragenen — E I. 3 Anm. 2, 1 4, K. vor 207, vor 209.

Genossenschaftsregister, Mitteilung der Konkurseröffnung zum — K. 112.

Gerichtsschreiber, K. 111, 112, 116, 122, 139, 140, 145.

Gerichtsschreiberei, Niederlegung auf der — K. 86, 124, 140, 151, 158, 178, 179, 203.

Gerichtsstand, allgemeiner, des Erblassers K. 214, — des Gemeinschuldners K. 71, 238.

Gerichtsverfassungsgesetz E I. 1.

Gesamtgut, Konkursverfahren über das — bei fortgesetzter Gütergemeinschaft K. vor 207, 236, Wirkung des Konkursverfahrens über das Vermögen eines Ehegatten hinsichtlich des — K. 2, Wirkung der Zugehörigkeit des Nachlasses zum — im Nachlaßkonkurs K. 218, 219, 234.

Gesamtschuldner K. 68.

Geschäft des Gemeinschuldners, Fortführung des — K. 129, 132, Schließung des — K. 130, Verkauf des — K. 134.

Geschäftsbesorgung, Erlöschen der Übertragung einer — K. 23, 27.

Geschäftsbücher des Gemeinschuldners K. 1, 117, 122.

Geschwister des Schuldners, Anfechtung gegen — K. 31, 40, A. 3, 11.

Gesellschaft, abgesonderte Befriedigung wegen Forderung aus der — K. 51, Auflösung der — durch Konkurseröffnung K. 28. Auseinandersetzung einer — K. 16, — mit beschränkter Haftung EI. 14, Anm. vor K. 207, registrierte — in Bayern EI. 6.

Gesellschafter K. 51, 210 bis 212, geschäftsführender — K. 28.

Gesetz, Begriff des — im Sinne der KO. EI. 2.

Gesinde, Lösung der Verträge mit dem — K. 22, Vorrecht des — K. 61.

Gewahrsam als Bedingung des Pfandrechts EI. 13 Anm. 4.

Gewerbliche Niederlassung, Gerichtsstand der — K. 71, 238.

Gläubiger, Gleichstellung der ausländischen und inländischen — K. 5.

Gläubigerausschuß K. 87 bis 92, Beschlußfassung des — K. 90, Bestellung des — K. 87, Genehmigung des — erforderlich K. 129, 133, 134, 150, Rechte des — K. 84, 88, 91, 93, 100, 123, 159, 176, 177, 180, 184, 204, s. auch K. 88 Anm. 3, Verantwortlichkeit des — K. 89, Widerruf der Bestellung zum Mitgliede des — K. 92.

Gläubigerversammlung K. 93 bis 99, Anhörung der — K. 204, Berufung der — K. 93, Beschlußfassung der — K. 94 bis 98, 182, Genehmigung der — erforderlich K. 134, Rechte der — K. 80, 84, 87, 91, 100, 131, 132, 135, 137, s. auch K. 93 Anm. 1, Untersagung der Ausführung der Beschlüsse der — K. 99.

Glaubhaftmachung K. 105, 153, 188, 189, 191, 217, 218, 230.

Goldklausel als Überschuldungsgrund K. vor 207.

Grundbuch, Eintragung im — K. 24, 113 bis 116, 163, 190, 198, 205.

Grundschuld, Wirkung eines Zwangsvergleichs auf — K. 193.

Gütergemeinschaft, allgemeine — K. 2, fortgesetzte — K. 2, 9, vor 207, 236.

Guter Glaube bei der Anfechtung von Rechtshandlungen des Gemeinschuldners, vor der **Konkurseröffnung** K. 37, 40, **nach** der **Konkurseröffnung** K. 7, 15, 42.

H.

Haft des Gemeinschuldners K. 101, 106.
Haftung, Umfang der persönlichen — der Gesellschafter durch Zwangsvergleich begrenzt K. 211.
Handelsbücher, mangelhafte Führung der — K. 239, 240.
Handelsgesellschaften, Konkurs der — K. 207 bis 211, 244.
Handelsgesetzbuch, Absonderungsrecht auf Grund eines Zurückbehaltungsrechts nach dem — K. 49.
Handelsregister, Eintragung im — K. 112, 163, 190, 198, 205.
Handwerker, abgesonderte Befriedigung der — K. 49 Anm. 1.
Hannoversches Königshaus E I. 7.
Hauptverfahren wegen betrüglichen Bankerotts, Anhängigkeit eines — K. 175 Anm. 3.
Haushalt des Gemeinschuldners, Vorrecht der im — Angestellten K. 61.
Hausverfassung der landesherrlichen Familien E I. 7.
Hebammen, Vorrecht der — K. 61.
Hebungen, wiederkehrende Berechnungen der — K. 70, Verkauf des Rechts auf — K. 134.
Heiratsgut der Ehefrau, Anfechtung der Sicherstellung oder Rückgewähr des — K. 32 Anm. 6, A. 3 Anm. 19.
Hinausschieben, absichtliches — der Konkurseröffnung K. 240.
Hinterlegung von Geldern, Wertpapieren, Kostbarkeiten K. 129, 132, 137, — zurückbehaltener Beträge K. 169, 171.
Hinterlegungsstelle, Bestimmung einer — K. 132, Quittungen für die — K. 132, 137.
Hohenzollern, Fürstliche Familie — E I. 7.
Hypothek, Rechte aus einer — durch Zwangsvergleich nicht berührt K. 193.
Hypothekenbank E I. 14.
Hypothekenbuch s. Grundbuch.
Hypothekenrecht, Erlangung eines — nach dem Veräußerungsverbot K. 106 Anm. 4, nach der **Konkurseröffnung** K. 15 Anm. 1.

J.

Immobiliarmasse K. 47 Anm. 1.

Immobilien, freihändiger Verkauf der — K. 134, Zwangsverwaltung und Zwangsversteigerung der — K. 126.

Inkrafttreten der Konkursordnung E I. 1, 8, — des Abänderungsgesetzes dazu E II. 5, 6, — des Anfechtungsgesetzes A. 14, des Abänderungsgesetzes dazu E II. 8.

Inländisches Vermögen ausländischer Schuldner K. 237, 238.

Inventar, Anfertigung des — durch den Verwalter K. 124, 125, — eines verpachteten Guts K. 49 Anm. 1.

Juristische Personen, Konkursverfahren über das Vermögen von — K. vor 207, 213, Beschränkung der Zulässigkeit dieses Verfahrens E II. 4.

K.

Kapitalisierung wiederkehrender Hebungen K. 70.

Kapitalsforderung K. 48, 62.

Kasse des Verwalters, Revision der — K. 88.

Kaufpreis, Aussonderung wegen nicht vollständiger Zahlung des — K. 44.

Kenntnis der Anfechtungsgründe K. 40, A. 11, — der Benachteiligungsabsicht K. 31, A. 3, — der Zahlungseinstellung K. 30.

Kinder des Gemeinschuldners, Nießbrauch am Vermögen der — K. 1 Anm. 6, Vorrecht der — E I. 13, K. 61.

Kirchen, Vorrecht der — K. 61.

Kommanditgesellschaft, Konkurs der — K. 209 bis 212, auf Aktien vor 207, 209, 210.

Konkursforderung K. 3, 26, 38, 61 bis 70, Anmeldung der — K. 138, Feststellung der — K. 144 bis 147, Prüfung der — K. 141, Stimmrecht der — K. 95, 96.

Konkursgericht K. 71, 214, Befugnisse und Pflichten des — K. 75 und Anm. 3 dazu, sowie 76, 80, 83, 85, 91 bis 96, 99, 100, 101, 105, 110, 113, 121, 123, 129, 135, 145, 146, 158, 160 bis 162, 163, 166, 169, 190, 197, 202 bis 204.

Konkursgläubiger K. 3, 27, 28, 61 bis 70, Benachrichtigung der — K. 111, Benachteiligung der — K. 30, 31, 40, 239, besondere Arten von — K. 64 bis 70, Rangordnung der — K. 61, 62, 226, Rechte einzelner — K. 99, 103, 125, 188, 197, 198, Stimmkauf der — K. 243, Stimmrecht der — K. 95, 96, Widerspruch der — K. 95, 96, 142, 144, 203.

Konkursmasse K. 1, 2, Aufzeichnung der — K. 123, Aussonderung aus der — K. 43 bis 46, Befriedigung aus der — K. 3, 48, Erstattung der Bereicherung aus der — K. 7, 38, 46, 147, Mangel einer genügenden — K. 107, 204, Verteilung der — K. 149, 167, 170, 171, 191, Verwertung der — K. 117.

Konkursordnung, Aufhebung bestehender Gesetze durch die — E I. 3, 4, Inkrafttreten der — E I. 1, 8, des Abänderungsgesetzes dazu E II. 5, 6.

Konkursstatistik, K. vor 71.

Konkursverfahren, Aufhebung des — K. 163, 164, 190, ausländisches — K. 237, Einstellung des — K. 202 bis 206, Entscheidungen im — K. 73, Eröffnung des — K. 108 bis 116, Geltendmachung von Rechten außerhalb des — K. 4, 16, 43, 53, — über das Gesamtgut bei fortgesetzter Gütergemeinschaft K. vor 207, 236, — über das Vermögen des Erben K. 234, — über eine Aktiengesellschaft E I. 14, K. vor 207, 207, 208, — über eine Kommanditgesellschaft auf Aktien K. vor 207, 209 bis 211, — über eine Genossenschaft E I. 3 Anm. 1, 14, K. vor 207, — über einen Erbteil K. 235, — über eine Gesellschaft mit beschränkter Haftung E I. 14, K. vor 207, — über eine Hypothekenbank E I. 14, — über eine juristische Person K. vor 207, 213, — über eine Kommanditgesellschaft K. 209 bis 212, — über einen Nachlaß K. vor 207, 214 bis 236, — über eine offene Handelsgesellschaft K. 209 bis 212, — über einen Verein K. vor 207, 213.

Konkursverwalter K. 6, 78 bis 88, Anerkennung rechtshängiger Ansprüche durch den — K. 11, Aufnahme anhängiger Prozesse durch den — K. 10, 11, Aufsicht über den — K. 83, Bericht des — K. 88, 131, 132, Entlassung des — K. 84, Ernennung des — K. 78, 80, Ladung des — zum Vergleichstermin K. 179, Ordnungsstrafen gegen den — K. 84, Rechte und Pflichten des — K. 17, 19 bis 22, 36, 46, 117, 123 bis 130, 133, bis 135, 150 bis 154, 157, 159, 166 bis 173, 176, 184, 191, 203, s. auch K. 81 Anm. 2, Schlußrechnung des — K. 86, 162, Verfolgung der Anfechtungsansprüche durch den — A. 13, Vergütung für den — K. 85.

Konnossement, Verpfändung durch Übergabe des — E I. 13 Anm. 4.

Kostbarkeiten, Hinterlegung von — durch den Verwalter K. 129, 132, Quittungen des Verwalters über den Empfang von — von der Hinterlegungsstelle K. 137.

Kosten des Konkursverfahrens K. 58, 107, 142, 204, Rangordnung der — K. 48, 62, 63, 102, 224, — verspäteter Anmeldung K. 142; s. auch Prozeßkosten.

Kostgeld, Vorrecht für Forderung von — K. 61.

Krankenpfleger, Vorrecht der — K. 61.

Kreisverbände, abgesonderte Befriedigung der — K. 49, Vorrecht der — K. 61.

Kündigung eines Dienstverhältnisses K. 22, — eines Miet- oder Pachtverhältnisses K. 19.

Kündigungsfrist für die Aufhebung eines Dienstverhältnisses K. 22, einer Gemeinschaft K. 16, eines Miet- oder Pachtverhältnisses K. 19.

Künstler, abgesonderte Befriedigung der — K. 49 Anm. 1.

Kurhessisches Fürstenhaus E I. 7.

Kurkosten, Vorrecht der — K. 61.

L.

Ladung des Gemeinschuldners, der Konkursgläubiger und des Verwalters zum Vergleichstermin K. 179.

Landesgesetze, Aufhebung von — E I. 4 Vorbehalt für die — E I. 7, 8, 12, 13, 14, E II. 4, 6.

Landesherren, frühere, und deren Familien E I. 7.

Landesjustizverwaltung, Vorbehalt für Anordnungen der — K. 85, 91.

Landgericht, Zuständigkeit des — K. 146, 164.

Lehen E I. 5, K. 52.

Lehnsgläubiger, abgesonderte Befriedigung der — K. 52.

Leistung an den Gemeinschuldner, Richtigkeit der — K. 8.

Liquidatoren der Handelsgesellschaften K. 208, 210, 213, 244.

Lohnforderungen an den Gemeinschuldner K. 61.

Löschung von Eintragungen ins Grundbuch K. 114, 115.

M.

Marktpreis bei Fixgeschäften K. 18.

Masseansprüche K. 7, 38, 46, 133, 147, 172, 191.

Massegläubiger K. 27, 28, 57 bis 60.

Massekosten K. 57, 58, 60, 107, 204.

Masseschulden K. 57, 59, 60, anhängige Prozesse wegen — K. 11, — im Konkursverfahren über einen Nachlaß K. 224.

Mehrheit der Erben beim Konkursverfahren über einen Nachlaß K. 216, — der Verwalter K. 79, — der zustimmenden Gläubiger beim Zwangsvergleich K. 182, 183, — im Gläubigerausschuß K. 90, — in der Gläubigerversammlung K. 94, — zuständiger Gerichte K. 71.

Mietforderung, abgesonderte Befriedigung der — K. 49.

Mietverträge, Einfluß der Konkurseröffnung auf die Fortbauer von — K. 19 bis 21.

Mildernde Umstände bei einfachem Bankerott und Gläubigerbegünstigung K. 240, 241.

Miteigentum, Auseinandersetzung des — K. 16, abgesonderte Befriedigung wegen Forderungen aus dem — K. 51.

Mitschuldner des Gemeinschuldners K. 68, 193.

Mitteilungen des Verwalters K. 77, 135, 159.

Mitzeichnung durch Mitglieder des Gläubigerausschusses K. 137.

Mündel, Vorrecht der — des Gemeinschuldners K. 61.

Mündliche Verhandlung nicht erforderlich K. 73.

N.

Nacherbfolge, Einfluß der — auf die Veräußerungsbefugnis des Verwalters K. 128.

Nachlaß, Konkurs über einen — E II. 6, K. vor 207, 214 bis 236.

Nachlaßgegenstände, abgesonderte Befriedigung aus — K. 50 Anm. 3.

Nachlaßgläubiger, abgesonderte Befriedigung der — K. 50 Anm. 3, Antrag der — auf Konkurseröffnung K. 217, 219, 220, Rangordnung der — K. 226.

Nachlaßpfleger K. 217, 224.

Nachlaßverbindlichkeiten, Ansprüche der Erben wegen Berichtigung von — K. 225, Rangordnung der — K. 226.

Nachlaßverwalter K. 217.

Nachträgliche Anmeldung K. 142, 155.

Nachtragsverteilung K. 166.

Nassauisches Fürstenhaus E I. 7.

Nichterfüllung, der zweiseitigen Verträge durch den Verwalter K. 26, — des Zwangsvergleichs K. 195.

Nichtigkeit, der Bevorzugung einzelner Gläubiger beim Zwangsvergleich K. 181, — der Rechtshandlungen des Gemeinschuldners K. 7 Anm. 1.

Niederlassung, Gerichtsstand der gewerblichen — K. 71, 238.

Niederlegung auf der Gerichtsschreiberei K. 86, 124, 140, 151, 158, 178, 203.

Nießbrauch des Gemeinschuldners K. 1 Anm. 6.

Nützliche Verwendung, abgesonderte Befriedigung wegen — K. 49.

O.

Offenbarungseid K. 125, 175.

Offene Handelsgesellschaft K. 209 bis 212, 244.

Offener Arrest K. 110, 111, 118, 119.

Öffentliche Abgaben abgesonderte Befriedigung wegen — K. 49, Vorrecht der — K. 61.

Öffentliche Bekanntmachung s. Bekanntmachung.

Öffentliche Verbände, Vorrecht der — K. 61.

Öffentliche Zustellung K. 105.

Ordnungsstrafen gegen den Verwalter K. 84.

P.

Pachtforderung, abgesonderte Befriedigung der — K. 49.

Pachtverträge, Einfluß der Konkurseröffnung auf die Fortdauer von — K. 19 bis 21.

Persönliche Haftung der Gesellschafter K. 211, 212.

Pfändung, abgesonderte Befriedigung der Pfändungsgläubiger auf Grund einer — K. 49.

Pfandbriefe, Pfandrecht der — E I. 14.

Pfandforderung, abgesonderte Befriedigung der — K. 48.

Pfandrechte, abgesonderte Befriedigung der — E I. 11 bis 13, K. 48, 49, — durch Zwangsvergleich nicht berührt K. 193, Erlangung von — nach dem Veräußerungsverbot K. 106 Anm. 4, nach der Konkurseröffnung K. 15 Anm. 1.

Pfandstücke, Einlösung der — K. 133, Verwertung der — K. 127.

Pfandverkauf K. 127.

Pflegebefohlene des Gemeinschuldners, Vorrecht der — EI. 13, K. 61.
Pflegekosten, Vorrecht der Forderung von — K. 61.
Pflichtteilsansprüche K. 222, 226.
Post, Zustellung durch Aufgabe zur — K. 77.
Postsendungen, Beschlagnahme der — K. 121.
Privatvermögen, **Konkursverfahren** über das — eines persönlich haftenden Gesellschafters K. 212, — eines unbeschränkt haftenden Erben K. 234.
Protokoll des Gerichtsschreibers, Anmeldung zum — K. 139, — über die Siegelung der Masse K. 124.
Provinzialverbände, abgesonderte Befriedigung der — K. 49, Vorrecht der — K. 61.
Prozentsatz der Abschlagsverteilung K. 159, 172.
Prozesse, Anhängigmachung von — K. 133, Aufnahme der bei der Eröffnung anhängigen — K. 10, 11, 133, 144, 146, A. 13.
Prozeßgericht für Feststellungsklagen K. 146, 148.
Prozeßkosten K. 11, 147.
Prüfung der angemeldeten Forderungen K. 141 bis 143, 201.
Prüfungstermin, allgemeiner — K. 110, 114 bis 144, 180, besonderer — K. 142, Versäumung des — K. 165.

Q.

Quittungen des Verwalters für die Hinterlegungsstelle K. 137.

R.

Rangordnung der Absonderungsberechtigten K. 48, 49, — der Immobiliargläubiger K. 47, — der **Konkursforderungen** K. 61, 62, — der Massegläubiger K. 60, — der Nachlaßverbindlichkeiten K. 226.
Rechnungslegung des Verwalters K. 132.
Rechtserwerb nach der Konkurseröffnung K. 15.
Rechtsgeschäfte, Erfüllung der — durch den **Konkursverwalter** K. 17 bis 28, Pfandrechte, durch — bestellt K. 48, 127, Verbindlichkeiten aus den von einem Nachlaßpfleger oder Testamentsvollstrecker vorgenommenen — K. 224.
Rechtshandlungen, Anfechtbarkeit der — des Gemeinschuldners K. 29 bis 42, Unwirksamkeit derselben K. 7, Anfechtbarkeit der — zah-

lungsunfähiger Schuldner A. 1, 3.

Rechtshilfe E I. 3.

Rechtskraft, Wirksamkeit der Entscheidung des Beschwerdegerichts erst mit der — K. 74.

Rechtsnachfolger, Anfechtung gegen — K. 40, A. 11, Vergeltungsrecht gegen — ausländischer Gläubiger K. 5.

Register, öffentliche Eintragung von Vorrechten in — E I. 12, 13, Mitteilung an die Behörden für die Führung der — K. 112, 163, 190, 198, 205.

Regreßforderungen gegen andere Konkursmassen K. 68.

Reichsanzeiger K. 111, 116.

Reichsgericht, Zuständigkeit des — E II. 9.

Reichsgesetze, Aufhebung von — E I. 3, Vorbehalt für die bestehenden — E I. 3.

Reichskanzler, Anordnung des — K. 5, 237.

Reichskasse, abgesonderte Befriedigung der — K. 49. Vorrecht der — K. 61.

Reichsrat K. 5, 237.

Reichsregierung K. 5, 237.

Reichswährung, Berechnung der Forderungen in — K. 69.

Rentenschuld, durch Zwangsvergleich unberührt K. 193.

Rückgewähr des Heiratsguts, Anfechtung der — K. 32 Anm. 6, A. 3 Anm. 19.

Rückstände von Lidlohn, öffentlichen Abgaben, Kur- und Pflegekosten K. 61, — von Pacht- und Mietzinsen K. 49.

Rücktritt von Miet- und Pachtverträgen K. 20.

S.

Sachverständige, Zuziehung von — K. 75, 123.

Schadensersatz wegen Abtretung von Forderungen an ausländische Gläubiger K. 50, 56, — wegen Erlöschens eines Auftrages, eines Dienst- oder Werkvertrages K. 23, 27, — wegen Kündigung von Dienstverhältnissen K. 22, von Miet- oder Pachtverträgen K. 19, 49,— wegen unterlassener Anzeige des Besitzes von Gegenständen der Konkursmasse K. 119.

Schätzung unbestimmter Konkursforderungen K. 69.

Schenkungen K. 63, Anfechtung der — K. 32, 37, 40, A. 3, 7.

Schiedsverträge, Eingehung von — durch den Verwalter K. 133.

Schiffspfandrecht K. 14, 24.

Schiffsregister, Eintragung einer Vormerkung im — K. 24.

Schiffsurkunden, Verpfändung durch Übergabe der — E I. 13 Anm. 4.

Schließung des Geschäfts des Gemeinschuldners K. 130.

Schlußrechnung des Verwalters K. 86, 162.

Schlußtermin K. 162, 163, 172.

Schlußverteilung K. 154, 156, 161, 162, 166, 169, 171, 172, 173.

Schlußverzeichnis K. 162,166.

Schuldenbuch, Eintragung in ein öffentliches — E I. 14.

Schuldenmasse K. 138 bis 148, bei der Eröffnung anhängige Prozesse über die — K. 10, 11, 144, 146.

Schuldner, Aufrechnung durch ausländische — K. 56.

Schuldtitel, vollstreckbarer, Anfechtung auf Grund eines vorläufig — A. 10, Anfechtung eines — K. 35, A. 6, — als Voraussetzung des Anfechtungsanspruchs A. 2.

Schuldurkunden, Vermerk der Feststellung auf den — K. 145.

Schuldverschreibungen der Korporationen, Gesellschaften, Vorrecht der — E I. 14.

Schulen, Vorrecht der — K. 61.

Sendungen an den Gemeinschuldner, Beschlagnahme der — K. 121.

Sicherheitsleistung bei bedingten Konkursforderungen K. 154 Anm. 3, 168, 171, — des Verwalters K 78.

Sicherheitsmaßregeln bei betrüglichem Bankerott K. 197, — vor Eröffnung des Verfahrens K. 106.

Sicherstellung K. 12, 202, — bedingter Forderungen K. 54, 67, 171, — der Bevorrechtigten und der Masseansprüche K. 191, — der Rückgewähr des Heiratsguts K. 32 Anm. 6, A. 3 Anm. 19.

Sicherung aufschiebend bedingter Forderungen K. 67.

Siegelung K. 122, 124.

Sorgfalt des Gläubigerausschusses K. 89, — des Verwalters K. 82.

Spiel, Verbrauch übermäßiger Summen durch — K. 240.

Staatskasse, abgesonderte Befriedigung der — K. 49, Vorrecht der — K. 61.

Stammgüter E I. 5, K. 52.

Steuergüter, abgesonderte Befriedigung aus beschlagnahmten — K. 49.

Steuererheber, Vorrecht für Vorschüsse der — K. 61.

Stimmkauf K. 243.

Stimmrecht der Konkursgläubiger K. 95 bis 97.

Streitgegenstand der Feststellungsprozesse, Wert des — K. 148.

T.

Tabelle K. 140, 145, 165, Berichtigung der — K. 146, Zwangsvollstreckung auf Grund der — K. 164, 194.

Teilung des Miteigentums K. 16, 51, — des Nachlasses K. 216.

Teilungsmasse K. 148, bei der Eröffnung anhängige Prozesse über die — K. 10, 11.

Telegramme, Beschlagnahme der — an den Gemeinschuldner K. 121.

Testamentsvollstrecker K. 217, 224.

Tierärzte, Vorrecht der — K. 61.

U.

Übergabe als Bedingung des Pfandrechts E I. 13 Anm. 4.

Übergangsbestimmungen E I. 8 bis 13.

Überlegungsfrist des Erben K. 216 Anm. 1.

Übernahme fremder Verbindlichkeiten durch den Verwalter K. 134.

Überschuldung der Aktiengesellschaft K. vor 207, 207, — der Kommanditgesellschaft auf Aktien K. vor 207, 209, — der Gesellschaft m. b. H. K. vor 207, — der Genossenschaft K. vor 207, vor 209, — einer juristischen Person K. vor 207, 213, — eines Vereins K. vor 207, 213, — eines Nachlasses K. vor 207, 215, — des Gesamtguts der fortgesetzten Gütergemeinschaft K, vor 207, 236, Glaubhaftmachung der — K. 208. 210, 217, 218.

Übersicht der Vermögensmasse des Gemeinschuldners K. 104.

Überwachung des Verwalters durch den Gläubigerausschuß — K. 88.

Unbewegliches Vermögen, abgesonderte Befriedigung aus dem — K. 47, freihändiger Verkauf von — K. 134, Zwangsverwaltung und Zwangsversteigerung des — K. 126.

Unentgeltliche Verfügungen K. 32, 37, 63, 222.

Unterbrechung der Verjährung im Konkurse E I. 3, K. 15 Anm. 7, — des Anfechtungsprozesses A. 13.

Unterhalt des Gemeinschuldners und seiner Familie K. 58, 60, 129, 132.

Unterhaltsansprüche gegen den Gemeinschuldner K. 3.

Untersagung der Ausführung von Beschlüssen der Gläubigerversammlung und des Gläubigerausschusses durch das Gericht K. 99, 135, — der Schließung des Geschäfts des Gemeinschuldners K. 130.

Untersuchung, gerichtliche — wegen betrüglichen Bankerotts K. 175.

Unwirksamkeit eines gegen den Gemeinschuldner bestehenden Veräußerungsverbots K. 13, — von Rechtshandlungen des Gemeinschuldners nach der Konkurseröffnung K. 7.

Unzulässigkeit des Zwangsvergleichs K. 175, 186.

Urkundsperson K. 123.

Urteil, Anspruch auf eine Hypothek auf Grund eines — K. 194 Anm. 5, Feststellung einer Forderung durch — K. 147.

V.

Valutaschulden als Überschuldungsgrund K. vor 207.

Verantwortlichkeit der Mitglieder des Gläubigerausschusses K. 89, — des Verwalters K. 82.

Veräußerung auszusondernder Gegenstände K. 46, Genehmigung von — des Verwalters K. 134, Unzulässigkeit der — von Nachlaßgegenständen mit Rücksicht auf eine Nacherbfolge K. 128, — von Forderungen durch den Verwalter K. 133, — von Geschäftsbüchern des Gemeinschuldners K. 117, Wirkung der freiwilligen — eines vermieteten oder verpachteten Grundstücks K. 21.

Veräußerungsverbot, allgemeines K. 106, dessen Eintragung in das Grundbuch K. 113, Unwirksamkeit eines gegen den Gemeinschuldner bestehenden — K. 13.

Verbindung des allgemeinen Prüfungstermins mit dem Termin zur Beschlußfassung über die Wahl eines Verwalters K. 110, mit dem Vergleichstermin K. 180.

Verbodmung E I. 14 Anm. 1a.

Vereine in Bayern E I. 6, Konkursverfahren über — K. vor 207, 213.

Verfahren, Unzulässigkeit eines Zwangsvergleichs wegen Anhängigkeit eines wegen betrüglichen Bankerotts wieder aufgenommenen — K. 175.

Verfolgungsklage K. 44.

Verfügungsrecht des Gemeinschuldners, Entziehung des — K. 6, Wiedererlangung des — K. 192, 206.

Vergeltungsrecht gegen Ausländer K. 5.

Vergleiche des Verwalters K. 133.

Vergleichstermin K. 176, 179, 180, 184.

Vergleichsvorschlag K. 110, 130, 133, 160, 174, 176 bis 179, 211, 230.

Vergütung für die Geschäftsführung, des Gläubigerausschusses K. 91, — des Verwalters K. 85.

Verheimlichung von Vermögensstücken K. 239.

Verjährung, des Anfechtungsrechts K. 41, A. 12, Unterbrechung der — E I. 3, K. 15 Anm. 7.

Verkäufer, Aussonderungsrecht der — K. 44.

Verkauf, einer Erbschaft K. 232, 233, — nach Einreichung eines Vergleichsvorschlags K. 177, — vor dem allgemeinen Prüfungstermin K. 133.

Vermächtnisse, Annahme oder Ausschlagung von — durch den Gemeinschuldner K. 9, Aufgeben von — durch den Verwalter K. 9 Anm. 1, Erfüllung von — durch den Erben K. 222, Rangordnung der Verbindlichkeiten aus — K. 226.

Vermächtnisnehmer, abgesonderte Befriedigung der — K. 50 Anm. 3, Antrag eines — auf Eröffnung des Nachlaßkonkurses K. 219.

Vermieter, abgesonderte Befriedigung der — K. 49, Rücktritt des — vom Vertrage K. 20.

Vermögen des Gemeinschuldners K. 1, — der Ehefrau E I. 13, K. 1 Anm. 6, 2, 45, — der Kinder E I. 13, K. 1 Anm. 6, 61, — der Pflegebefohlenen E I. 13, K. 61; s. a. unbewegliches Vermögen.

Vermutung für die Begünstigungsabsicht K. 30, für die Benachteiligungsabsicht K. 31, — über den Zeitpunkt der am Eröffnungstage vorgenommenen Rechtshandlungen K. 7.

Verpächter, abgesonderte Befriedigung der — K. 49,

Rücktritt des — vom Vertrage K. 20.

Verpfändung zur Masse gehöriger Gegenstände K. 134.

Versäumung, Wiedereinsetzung gegen — des Prüfungstermins seitens des Gemeinschuldners K. 165.

Vertagung der Verhandlung einer Gläubigerversammlung K. 93.

Verteilung der Masse K. 149 bis 172, Kosten der — K. 58.

Verträge, Anfechtung der — mit Angehörigen K. 33, A. 3, Erfüllung der — durch den Verwalter K. 17 bis 28.

Vertragsstrafen K. 62.

Vertreter des Gemeinschuldners, wann zu hören, K. 105.

Verurteilung wegen betrüglichen Bankerotts K. 175, 197, 198.

Verwalter s. Konkursverwalter.

Verwaltung der Masse K. 117, 126 bis 137, Kosten der — K. 58.

Verwaltungsbehörde K. 146.

Verwaltungsgericht K. 146.

Verwaltungsrecht des Gemeinschuldners, Ausübung des — durch den Verwalter K. 6.

Verwandte, Anfechtung der Verträge mit — K. 31, 40, A. 3.

Verwendung des infolge einer Anfechtung zur Nachlaßkonkursmasse Zurückgewährten K. 228, abgesonderte Befriedigung wegen nützlicher, — K. 49.

Verwerfung des Zwangsvergleichs K. 185 bis 189.

Verwertung der Masse K. 117, Kosten der — der Masse K. 58, — von Pfandstücken K. 127, Widerspruch gegen — der Masse K. 177.

Verzeichnis der bei der Verteilung zu berücksichtigenden Forderungen K. 151, Anderungen desselben K. 157. Berichtigung desselben K, 158, Einwendungen gegen dasselbe K. 158, — der Schuldner, bezüglich deren der Eröffnungsantrag wegen Mangels an Masse abgewiesen ist K. 107.

Verzicht auf abgesonderte Befriedigung K. 64, 153, 167.

Vollstreckbarer Schuldtitel, Anfechtung von Rechtshandlungen aus — K. 35, A. 6.

Vollstreckungsklausel, Erteilung der — auf Grund der Tabelle K. 164, 194.

Vollzug der Verteilung K. 166 bis 169.

Vorausklage, Einrede der K. 194.

Vorbehalt, Anfechtung auf Grund eines Urteils mit — A. 10, — für die Landesgesetze s. Landesgesetze.

Vorerbe, der Gemeinschuldner als — K. 128, 231.

Vorführung des Gemeinschuldners K. 101, 106.

Vormerkungen, Befriedigung aus zur Sicherung eines Anspruchs eingetragenen — K. 24, — durch Zwangsvergleich nicht berührt K. 193, Unwirksamkeit der nach Eintritt des Erbfalls erlangten — für das Nachlaßkonkursverfahren K. 221, Unzulässigkeit der Eintragung von — während des Konkursverfahrens K. 14.

Vorrecht E I. 12 bis 14, E II. 3, K. 61, Anmeldung des — K. 139, 140, Wert des Streitgegenstandes bei Prozessen über das — K. 148.

Vorschießung, Unterbleiben der Abweisung des Eröffnungsantrages bei — eines zur Deckung der Massekosten ausreichenden Betrages K. 107, der Einstellung des Verfahrens K. 204, Wiederaufnahme des Verfahrens nach Aufhebung des Zwangsvergleichs K. 198.

Vorstand der Aktiengesellschaft K. 208, 244.

Vorzeigungspflicht der Absonderungsberechtigten K. 120.

Vorzugsrechte E I. 11 bis 13, Unzulässigkeit der Erlangung von — nach der Konkurseröffnung K. 15.

W.

Wahl des Gläubigerausschusses K. 87, 110, — des Verwalters K. 80, 110.

Warenlager, Genehmigung zur Veräußerung des — des Gemeinschuldners K. 134.

Wechsel, Vermerk der Feststellung auf — K. 145.

Wechselordnung, Abänderung der — E I. 3.

Wechselzahlungen, Anfechtung von — K. 34.

Werkmeister, abgesonderte Befriedigung der — K. 49 Anm. 1.

Werkvertrag, Wirkung der Konkurseröffnung auf ein von dem Gemeinschuldner durch — übertragenes Geschäft K. 23, 27.

Wert der zur Masse gehörigen Gegenstände K. 123, — des Streitgegenstandes bei Feststellungsprozessen K. 148.

Wertpapiere, Hinterlegung von — K. 129, 132, Quittungen des Verwalters über den Empfang von — von der Hinterlegungsstelle K. 137.

Wetten, Verbrauch übermäßiger Summen durch — K. 240.

Widerruf der Bestellung zum Mitgliede des Gläubigerausschusses K. 92.

Widerspruch, gegen angemeldete Forderungen K. 142, 144, — gegen die Einstellung des Verfahrens K. 203, — gegen die Stimmberechtigung der Absonderungsberechtigten K. 95, 96, — gegen die Verwertung der Masse K. 177.

Wiederaufnahme des Konkursverfahrens K. 198 bis 201.

Wiedereinsetzung gegen Versäumung des Prüfungstermins seitens des Gemeinschuldners K. 165.

Wiederholung der Abstimmung über den Vergleichsvorschlag K. 182.

Wiederkehrende Einkünfte, Kapitalisierung der — K. 70, Verkauf des Rechts auf — K. 134.

Wirkung des Zwangsvergleichs K. 190 bis 194.

Wirtschaftsbetrieb des Gemeinschuldners, Vorrecht der im — Angestellten K. 61.

Wundärzte, Vorrecht der — K. 61.

Z.

Zahlungen auf bevorrechtigte Forderungen vor der Verteilung K. 170.

Zahlungseinstellung K. 102, 105, 239 bis 242, Anfechtung wegen Kenntnis der — K. 30, 33, 55, 199.

Zahlungsunfähigkeit K. 102, 105, 131, 207, 238, A. 4.

Zeitgeschäfte, Erfüllung der — K. 18.

Zeugen, Vernehmung von — zur Aufklärung der das Verfahren betreffenden Verhältnisse K. 75.

Zinsen, Geltendmachung der — im Konkurse K. 48, 62, 63, im Nachlaßkonkurse K. 226, 227.

Zivilprozeßordnung, Bezugnahme auf die — K. 1, 10, 164, 194, entsprechende Anwendung der — K. 72, 165.

Zollgüter, abgesonderte Befriedigung aus beschlagnahmten — K. 49.

Zulässigkeit des Zwangsvergleichs K. 173 bis 175, 211, 230.

Zulassung des Antrags auf Verwerfung des Zwangsvergleichs K. 188, — des Eröffnungsantrages K. 105, 208, 210, 217.

Zurückbehaltung von Anteilen der Konkursgläubiger K. 168.

Zurückbehaltungsrecht, abgesonderte Befriedigung derjenigen, denen wegen nützlicher Verwendung oder nach dem HGB. ein — zusteht K. 49, — des Erben wegen seiner Ansprüche auf Ersatz für Aufwendungen K. 223, Unzulässigkeit der Erlangung von — nach der Konkurseröffnung K. 15.

Zurückweisung des Vergleichsvorschlags K. 176, 187.

Zuständigkeit der Gerichte K. 71, 146, 164, 214, 238.

Zustellung K. 73, 76, 77, 103, 166.

Zwangsvergleich K. 173 bis 201, Abschluß des — K. 178 bis 183, Aufhebung des — K. 195 bis 197, Begrenzung des Umfangs der persönlichen Haftung der Gesellschafter durch — K. 211, Bestätigung des — K. 184 bis 189, Verwerfung des — K. 186 bis 188, Vorprüfung des — K. 176, 177, Wirkung des — K. 190 bis 194, Zulässigkeit des — K. 173 bis 175, 211, 230.

Zwangsvergleichsvorschlag s. Vergleichsvorschlag.

Zwangsversteigerung unbeweglicher Gegenstände K. 21, 126.

Zwangsverwaltung unbeweglicher Gegenstände K. 126.

Zwangsvollstreckung, Anfechtung der durch — erwirkten Handlungen K. 35, — auf Grund der Tabelle K. 164, 194, — in das unbewegliche Vermögen K. 13, 47, — in verpfändete Sachen K. 127, — während des Konkurses K. 14, 106 Anm. 4.

Zwischenzinsen, Abrechnung der — bei betagten Forderungen K. 54, 65, 70.

Gedruckt bei A. W. Hayn's Erben, Potsdam.

Nachtrag zu
Sydow-Busch u. Krieg, Konkursordnung, 14. Aufl.
(Guttentagsche Sammlung Deutscher Reichsgesetze, Nr. 13)

Gesetz über den Vergleich zur Abwendung des Konkurses
(Vergleichsordnung)
vom 5. Juli 1927

Berlin und Leipzig 1927
Walter de Gruyter & Co.
vormals G. J. Göschen'sche Verlagshandlung — J. Guttentag, Verlagsbuchhandlung — Georg Reimer — Karl J. Trübner — Veit & Comp.

Gesetz über den Vergleich zur Abwendung des Konkurses (Vergleichsordnung).

Vom 5. Juli 1927 (RGBl. I 139).

Der Reichstag hat das folgende Gesetz beschlossen, das mit Zustimmung des Reichsrats hiermit verkündet wird:

1. Abschnitt.

Allgemeine Vorschriften.

§ 1. Ein Schuldner, der zahlungsunfähig geworden ist, kann zur Abwendung des Konkurses bei dem für die Eröffnung des Konkursverfahrens zuständigen Gerichte die Eröffnung eines gerichtlichen Vergleichsverfahrens beantragen.

Die Eröffnung des Vergleichsverfahrens kann auch im Falle der Überschuldung beantragt werden, wenn das Konkursverfahren im Falle der Überschuldung eröffnet werden könnte.

Ist gegen den Schuldner ein Antrag auf Eröffnung des Konkursverfahrens gestellt worden, so kann der Schuldner bei seiner nach § 105 Abs. 2, 3 der Konkursordnung vorgeschriebenen Anhörung die Eröffnung des Vergleichsverfahrens beantragen.

§ 2. An dem Vergleichsverfahren beteiligt und von dem Vergleiche betroffen werden die Gläubiger, die nicht bevorrechtigte Konkursgläubiger wären, wenn statt des Vergleichsverfahrens das Konkursverfahren eröffnet worden wäre. Die Vorschriften der §§ 5, 64 bis 70 der Konkursordnung finden entsprechende Anwendung.

§ 3. Für Gläubiger, die später als am dreißigsten Tage vor der Stellung des Antrags auf Eröffnung des Vergleichsverfahrens durch Zwangsvollstreckung eine Sicherung oder Befriedigung erlangt haben, gelten die folgenden Vorschriften.

Ist der Gläubiger ohne die innerhalb der Frist vorgenommenen Vollstreckungsmaßregeln an dem Vergleichsverfahren beteiligt, so bleibt er an dem Verfahren beteiligt und wird von dem Vergleiche betroffen.

Ist der Gläubiger ohne die innerhalb der Frist vorgenommenen Vollstreckungsmaßregeln nur aus dem Grunde an dem Verfahren nicht beteiligt, weil sein Anspruch nach § 63 der Konkursordnung im Konkursverfahren nicht geltend gemacht werden kann, so bleiben gleichwohl die innerhalb der Frist vorgenommenen Vollstreckungsmaßregeln für das Vergleichsverfahren und einen sich anschließenden Konkurs (§ 82) außer Betracht (§§ 32, 33, 70, 74, 84).

Der Tag der Stellung des Antrags auf Eröffnung des Vergleichsverfahrens wird in die Frist nicht eingerechnet. Zwangsvollstreckung ist auch die Vollziehung eines Arrestes oder einer einstweiligen Verfügung.

§ 4. Gläubiger, deren Ansprüche auf einem gegenseitigen Vertrage beruhen, der zur Zeit der

Eröffnung des Vergleichsverfahrens von dem Schuldner und von dem anderen Teile noch nicht oder noch nicht vollständig erfüllt ist, sind an dem Verfahren nicht beteiligt und werden von dem Vergleiche nicht betroffen. Die Vorschrift des § 30 bleibt unberührt.

§ 5. Der Vergleich muß allen von ihm betroffenen Gläubigern gleiche Rechte gewähren.

Eine ungleiche Behandlung der Gläubiger ist nur zulässig, wenn die Mehrheit der zurückgesetzten Gläubiger zustimmt und die Gesamtsumme der Forderungen der zustimmenden Gläubiger mindestens drei Vierteile der Forderungen der zurückgesetzten Gläubiger beträgt.

Jedes andere Abkommen des Schuldners oder anderer Personen mit einzelnen Gläubigern, durch welches diese bevorzugt werden, ist nichtig.

§ 6. Der Vergleich muß, wenn er auf einen ziffernmäßig bestimmten, teilweisen Erlaß der Forderungen lautet, den Gläubigern mindestens dreißig vom Hundert ihrer Forderungen gewähren.

§ 7. Enthält der Vergleich einen teilweisen Erlaß der Forderungen, so ist im Zweifel anzunehmen, daß der Erlaß hinfällig wird, wenn der Schuldner mit der Erfüllung des Vergleichs in Verzug kommt oder wenn vor vollständiger Erfüllung des Vergleichs das Konkursverfahren über das Vermögen des Schuldners eröffnet wird.

§ 8. Auf das Vergleichsverfahren finden, soweit dieses Gesetz nichts anderes bestimmt, die Vorschriften der Zivilprozeßordnung entsprechende Anwendung.

§ 9. Das Gericht hat alle das Verfahren betreffenden Ermittlungen anzustellen. Es kann zu diesem Zwecke insbesondere den Schuldner hören, Zeugen und Sachverständige vernehmen und eine Gläubigerversammlung berufen. Für diese Gläubigerversammlung genügt an Stelle der Ladungen öffentliche Bekanntmachung des Termins.

§ 10. Die Entscheidungen des Gerichts können ohne mündliche Verhandlung ergehen.

§ 11. Die Zustellungen erfolgen durch Aufgabe zur Post; die Postsendung ist, wenn die Person, an die zugestellt werden soll, sich im Ausland befindet, mit der Bezeichnung „Einschreiben" zu versehen.

Zustellungen an Personen, deren Aufenthalt unbekannt ist, finden nur statt, wenn die Person einen im Inland wohnenden zur Empfangnahme von Zustellungen befugten Vertreter hat, der dem Gerichte bekannt ist.

Einer Beglaubigung des zuzustellenden Schriftstücks bedarf es nicht.

§ 12. Öffentliche Bekanntmachungen erfolgen durch mindestens einmalige Einrückung in das zur Veröffentlichung amtlicher Bekanntmachungen des Gerichts bestimmte Blatt; die Einrückung kann auszugsweise geschehen. Die Bekanntmachung gilt als bewirkt mit dem Ablauf des zweiten Tages nach der Ausgabe des die Einrückung oder die erste Einrückung enthaltenden Blattes.

Die Bekanntmachung ist auszugsweise in den Deutschen Reichsanzeiger einzurücken; auch kann das Gericht weitere Bekanntmachungen anordnen.

Die öffentliche Bekanntmachung gilt als Zustellung an alle Beteiligten, auch wenn dieses Gesetz neben ihr eine besondere Zustellung vorschreibt.

In der Bekanntmachung soll der Schuldner genau bezeichnet werden, insbesondere sollen seine Anschrift und sein Geschäftszweig angegeben werden.

§ 13. Der Schuldner, die Vertrauensperson (§ 40) und jeder Gläubiger können die Akten einsehen; der Schuldner und die Vertrauensperson können sich auch Abschriften daraus erteilen lassen. Auf die Akteneinsicht durch andere Personen findet die Vorschrift des § 299 Abs. 2 der Zivilprozeßordnung entsprechende Anwendung.

Gläubigern kann die Einsicht in solche Teile der Akten versagt werden, deren Kenntnis für die Gläubiger ohne Bedeutung ist oder deren Geheimhaltung nach Angabe des Schuldners für die Fortführung seines Unternehmens erforderlich ist.

§ 14. Die Entscheidungen des Gerichts können nur insoweit angefochten werden, als dieses Gesetz es bestimmt.

Soweit eine Anfechtung stattfindet, erfolgt sie durch sofortige Beschwerde. Die Beschwerdefrist (Notfrist) beträgt eine Woche. Sie beginnt mit der Verkündung der Entscheidung; wenn diese nicht verkündet wird, mit der Zustellung. Eine weitere Beschwerde findet nicht statt.

2. Abschnitt.

Eröffnung des Verfahrens.

§ 15. Der Antrag auf Eröffnung des Vergleichsverfahrens muß einen bestimmten Vergleichsvorschlag enthalten und ergeben, ob und wie die Erfüllung des Vergleichs sichergestellt werden soll. Der Vorschlag muß dem § 6 genügen.

In dem Antrag hat der Schuldner anzugeben:

1. ob innerhalb der letzten fünf Jahre vor dem Tage des Antrags im Inland die Geschäftsaufsicht, das Konkursverfahren oder das Vergleichsverfahren zur Abwendung des Konkurses über sein Vermögen rechtskräftig eröffnet oder die Eröffnung eines dieser Verfahren mangels Masse rechtskräftig abgelehnt worden ist;
2. ob innerhalb derselben Frist von ihm der Offenbarungseid auf Grund des § 807 der Zivilprozeßordnung geleistet oder gegen ihn zur Erzwingung eines solchen Eides die Haft angeordnet worden ist;
3. wann und wo er geboren ist.

Zu Nr. 1 und 2 des Abs. 2 ist anzugeben, bei welchem Gerichte das Verfahren anhängig ist oder wann und bei welchem Gericht es anhängig gewesen ist.

Die Richtigkeit der Angaben (Abs. 2, 3) hat der Schuldner an Eides Statt zu versichern oder durch öffentliche Urkunden nachzuweisen.

§ 16. Dem Antrag sind beizufügen:

1. ein Verzeichnis der Gläubiger und der Schuldner unter Angabe der einzelnen Forderungen und Schulden;
2. eine Übersicht des Vermögensstandes des Schuldners;
3. eine Erklärung des Schuldners darüber, ob innerhalb des letzten Jahres vor dem Tage des Antrags zwischen ihm und seinem Ehegatten vor oder während der Ehe, seinen oder seines Ehegatten Verwandten auf- und absteigender Linie, seinen oder seines Ehegatten voll- und halbbürtigen Geschwistern oder den Ehegatten einer dieser Personen eine Vermögensauseinandersetzung stattgefunden hat, sowie darüber, ob und welche Verfügungen über Vermögensgegenstände er innerhalb des letzten Jahres vor dem Tage des Antrags zugunsten einer dieser Personen vorgenommen hat; Verfügungen, die ausschließlich gebräuchliche Gelegenheitsgeschenke zum Gegenstande hatten, bleiben außer Betracht;
4. die schriftliche Erklärung der Mehrheit der an dem Verfahren beteiligten Gläubiger, die zugleich mehr als die Hälfte der Gesamtsumme der von dem Vergleiche betroffenen Forderungen darstellen müssen, daß sie mit der Eröffnung eines Vergleichsverfahrens einverstanden sind; Gläubiger, deren Stimmen zugunsten eines Vergleichs nicht gezählt werden (§ 64), bleiben bei der Berechnung der Mehrheiten

außer Betracht; die Mehrheiten sind auf Grund des Gläubigerverzeichnisses (Nr. 1) zu berechnen;

5. wenn für die Erfüllung des Vergleichs Sicherheit geleistet werden soll, die genaue Bezeichnung der Sicherheiten und, wenn die Sicherheit in einer Bürgschaft besteht, die Bürgschaftserklärung;

6. die Erklärung des Schuldners, daß er bereit sei, den Offenbarungseid zu leisten.

Der Antrag und seine Anlagen sollen in zwei Stücken eingereicht werden.

§ 17. In die Verzeichnisse der Gläubiger und der Schuldner (§ 16 Abs. 1 Nr. 1) sind alle Gläubiger und Schuldner aufzunehmen. Gläubiger, deren Forderungen der Schuldner bestreitet, und Schuldner, die ihre Schuld bestreiten, sind unter Angabe dieser Tatsachen aufzuführen. Gläubiger, die von dem Verfahren nicht betroffen werden, sind getrennt von den übrigen Gläubigern aufzuführen. Ist einer der im § 16 Abs. 1 Nr. 3 genannten Angehörigen Gläubiger oder Schuldner, so ist dies anzugeben. Ebenso ist anzugeben, wenn ein Gläubiger oder ein Schuldner mit dem Schuldner in einem Gesellschafts- oder anderen Gemeinschaftsverhältnisse steht; das Gesellschafts- oder andere Gemeinschaftsverhältnis ist genau zu bezeichnen.

Bei allen Gläubigern und Schuldnern ist ihre Anschrift anzugeben. Wohnt ein Gläubiger im Ausland oder ist sein Wohnort unbekannt, ist jedoch dem Schuldner ein im Inland wohnender zur Empfangnahme von Zustellungen befugter Vertreter bekannt, so ist auch dessen Anschrift anzugeben.

§ 18. In der Übersicht des Vermögensstandes (§ 16 Abs. 1 Nr. 2) müssen sämtliche Vermögensgegenstände (Aktiva) und Verbindlichkeiten (Passiva) einzeln unter Angabe ihres Betrages oder Wertes aufgeführt und einander gegenübergestellt werden. Bei Forderungen ist die Person des Schuldners, bei Verbindlichkeiten die Person des Gläubigers, bei beiden der Schuldgrund anzugeben. Bei allen Aktiven und Passiven sind etwaige Nebenrechte, insbesondere zur Sicherung übertragenes Eigentum, Hypotheken, Pfandrechte und Bürgschaften sowie Ansprüche aus zur Deckung erhaltenen oder begebenen Wechseln zu bezeichnen, bei Forderungen auch die vorhandenen Beweismittel. Bei Passiven, deren Gläubiger im Falle des Konkurses abgesonderte Befriedigung beanspruchen können, ist auch die Höhe des mutmaßlichen Ausfalls anzugeben. Uneinbringliche oder zweifelhafte Aktiva sind als solche kenntlich zu machen.

Ist der Schuldner Kaufmann, so hat er auch die letzte Bilanz einzureichen.

§ 19. Unterläßt es der Schuldner, dem Antrag die im § 16 Abs. 1 genannten Anlagen beizufügen, oder genügen der Antrag und die beigefügten Anlagen nicht den Vorschriften des § 15, des § 16 Abs. 1 und der §§ 17, 18, so kann das Gericht, falls der Mangel entschuldbar erscheint, dem Schuldner eine Frist zur Nachholung bewilligen. Die Frist soll in der Regel nicht über eine Woche, im Falle des § 1 Abs. 3 nicht über zwei Wochen, in keinem Falle aber über vier Wochen bemessen werden.

§ 20. Vor der Entscheidung über den Antrag hat das Gericht unbeschadet seiner Verpflichtung nach § 9, wenn der Schuldner Handel- oder Gewerbetreibender oder Landwirt ist, die zuständige amtliche Berufsvertretung des Handels (Industrie), Handwerks (Gewerbes) oder der Landwirtschaft zu hören. Die Vertretung hat sich über den Antrag unverzüglich, spätestens jedoch vor Ablauf einer Woche zu äußern; sie kann eine bestimmte Vertrauensperson (§ 40) benennen. Das Gericht kann die Frist auf Antrag der Vertretung um eine weitere Woche verlängern.

Die Anhörung der Berufsvertretung unterbleibt, wenn der Eröffnung des Vergleichsverfahrens einer der im § 22 bezeichneten Gründe entgegensteht und die Beseitigung dieses Grundes nicht möglich oder mit Sicherheit nicht zu erwarten ist.

§ 21. Nach Abschluß der erforderlichen Ermittlungen, insbesondere nach Eingang der Äußerung der amtlichen Berufsvertretung oder nach Ablauf der im § 20 Abs. 1 Satz 2, 3 bezeichneten Frist, entscheidet das Gericht, ob das Vergleichsverfahren zu eröffnen ist.

§ 22. Die Eröffnung ist abzulehnen:

1. wenn den Erfordernissen des § 15, des § 16 Abs. 1 oder der §§ 17, 18 nicht genügt ist und der Mangel auch nicht innerhalb der nach § 19 gesetzten Frist beseitigt wird;

2. wenn der Schuldner flüchtig ist oder sich verborgen hält oder auf eine an ihn ergehende Ladung des Gerichts (§ 9) ohne genügende Entschuldigung ausbleibt;
3. wenn gegen den Schuldner wegen betrügerischen Bankrotts eine gerichtliche Untersuchung oder ein wiederaufgenommenes Verfahren anhängig oder der Schuldner wegen betrügerischen Bankrotts rechtskräftig verurteilt ist;
4. wenn sich, insbesondere aus der Übersicht des Vermögensstandes (§ 16 Abs. 1 Nr. 2, § 18), der nach § 16 Abs. 1 Nr. 3 vom Schuldner abzugebenden Erklärung oder aus der Bilanz (§ 18 Abs. 2) ergibt, daß der Schuldner seinen Vermögensverfall durch Unredlichkeit oder Leichtsinn herbeigeführt hat, daß er den Antrag auf Eröffnung des Vergleichsverfahrens böswillig verzögert hat oder daß der Vergleichsvorschlag der Vermögenslage des Schuldners nicht entspricht;
5. wenn das Vermögen des Schuldners unter Berücksichtigung der in dem Vergleichsvorschlag übernommenen Verpflichtungen nicht ausreicht, um die gerichtlichen Kosten des Verfahrens einschließlich der einer Vertrauensperson zu gewährenden Vergütung zu decken; die Ablehnung unterbleibt, wenn ein zur Deckung dieser Kosten ausreichender Geldbetrag bei Stellung des Antrags vorgeschossen oder sonst hinreichend sichergestellt wird.

§ 23. Die Eröffnung kann abgelehnt werden,

1. wenn die Gläubiger bei einem Vergleiche, der auf einen ziffermäßig bestimmten teilweisen Erlaß ihrer Forderungen lautet, nicht mindestens die Hälfte ihrer Forderungen erhalten sollen und die amtliche Berufsvertretung das Angebot als unzureichend bezeichnet;

2. wenn innerhalb der letzten fünf Jahre vor dem Tage des Antrags auf Eröffnung des Vergleichsverfahrens im Inland die Geschäftsaufsicht, das Konkursverfahren oder das Vergleichsverfahren zur Abwendung des Konkurses über das Vermögen des Schuldners rechtskräftig eröffnet oder mangels Masse rechtskräftig abgelehnt worden ist;

3. wenn innerhalb der letzten fünf Jahre vor dem Tage des Antrages auf Eröffnung des Vergleichsverfahrens der Schuldner im Inland den Offenbarungseid auf Grund des § 807 der Zivilprozeßordnung geleistet hat oder im Inland gegen ihn zur Erzwingung dieses Eides die Haft angeordnet worden ist.

§ 24. Wird die Eröffnung des Vergleichsverfahrens abgelehnt, so ist zugleich über die Eröffnung des Konkursverfahrens zu entscheiden. Für diese Entscheidung gilt der Antrag auf Eröffnung des Vergleichsverfahrens als Antrag auf Eröffnung des Konkursverfahrens, der nicht zurückgenommen werden kann.

Gegen die Entscheidung über die Eröffnung des Konkursverfahrens steht dem Schuldner die sofortige Beschwerde zu. Mit ihr kann auch geltend gemacht werden, daß die Eröffnung des Vergleichsverfahrens zu Unrecht abgelehnt worden sei.

§ 25. In dem Beschlusse, durch den das Vergleichsverfahren eröffnet wird, ist die Stunde der Eröffnung anzugeben.

Ist dies versäumt worden, so gilt als Zeitpunkt der Eröffnung die Mittagsstunde des Tages, an dem der Beschluß erlassen worden ist.

§ 26. Bei der Eröffnung des Vergleichsverfahrens ist ein Termin zur Verhandlung über den Vergleichsvorschlag zu bestimmen.

Der Vergleichstermin ist nicht über einen Monat hinauszurücken.

§ 27. Der Gerichtsschreiber hat den Eröffnungsbeschluß und den Vergleichstermin sofort öffentlich bekanntzumachen.

Der Schuldner und die aus dem Gläubigerverzeichnis ersichtlichen, an dem Verfahren beteiligten Gläubiger, sowie die Vertrauensperson (§ 40) sind unter Bekanntmachung des Eröffnungsbeschlusses zu dem Vergleichstermine zu laden (§ 11).

Der Antrag auf Eröffnung des Vergleichsverfahrens nebst seinen Anlagen und das Ergebnis der etwaigen weiteren Ermittlungen wird auf der Gerichtsschreiberei zur Einsicht der Beteiligten (Abs. 2) niedergelegt. In der öffentlichen Bekanntmachung und in der Ladung der Gläubiger ist darauf hinzuweisen.

3. Abschnitt.

Wirkungen der Eröffnung des Vergleichsverfahrens.

§ 28. Ist ein gegenseitiger Vertrag zur Zeit der Eröffnung des Vergleichsverfahrens von dem Schuldner und von dem anderen Teile noch nicht oder noch nicht vollständig erfüllt, so kann jeder Vertragsteil mit Ermächtigung des Gerichts die Erfüllung oder die weitere Erfüllung ablehnen.

Das Gesuch um Ermächtigung zur Ablehnung der Erfüllung oder der weiteren Erfüllung muß binnen zwei Wochen nach der öffentlichen Bekanntmachung des Eröffnungsbeschlusses (§ 27) bei dem Gericht angebracht werden. Vor der Entscheidung soll das Gericht die bestellte Vertrauensperson (§ 40) und den Vertragsgegner hören. Dem Schuldner soll die Ermächtigung nur erteilt werden, wenn die Erfüllung oder die weitere Erfüllung des Vertrags das Zustandekommen oder die Ausführbarkeit des Vergleichs gefährden würde und die Ablehnung der Erfüllung dem anderen Teile keinen unverhältnismäßigen Schaden bringt.

§ 29. Auf Miet- und Pachtverträge, bei denen der Schuldner der Vermieter oder der Verpächter ist, sowie auf Dienstverträge, bei denen der Schuldner der zur Dienstleistung Verpflichtete ist, finden die Vorschriften des § 28 keine Anwendung.

Auf Miet- und Pachtverträge, bei denen der Schuldner der Mieter oder Pächter ist und der Miet- oder Pachtgegenstand ihm vor der Eröffnung des Verfahrens bereits überlassen worden ist, sowie auf Dienstverträge, bei denen der Schuldner der Dienstberechtigte ist, finden die Vorschriften des § 28 mit folgenden Maßgaben Anwendung:

1. An die Stelle der Befugnis zur Ablehnung der Erfüllung oder der weiteren Erfüllung tritt die Befugnis, das Vertragsverhältnis ohne Rücksicht auf eine vereinbarte Vertragsdauer unter Einhaltung der gesetzlichen Frist zu kündigen.
2. Bei Mietverträgen über Grundstücke oder Räume kann nur der Schuldner gemäß Nr. 1 kündigen.
3. Wird ein Miet- oder ein Pachtvertrag auf Grund der vorstehenden Bestimmungen vorzeitig gekündigt, so kann das dem Vermieter oder dem Verpächter nach den §§ 559, 581, 585 des Bürgerlichen Gesetzbuchs zustehende Pfandrecht für einen infolge der vorzeitigen Beendigung des Vertrags erwachsenden Schadensersatzanspruch nicht geltend gemacht werden.

§ 30. Wird die Erfüllung oder die weitere Erfüllung eines gegenseitigen Vertrags auf Grund des § 28 abgelehnt oder ein Miet-, Pacht- oder Dienstvertrag auf Grund des § 29 Abs. 2 vorzeitig gekündigt, so kann der Vertragsgegner des Schuldners Schadensersatz wegen Nichterfüllung verlangen. Er ist mit dem Ersatzanspruch am Vergleichsverfahren beteiligt und wird von dem Vergleiche betroffen.

§ 31. Von der Stellung des Antrags auf Eröffnung des Vergleichsverfahrens bis zur Rechtskraft der Entscheidung, die das Verfahren beendet, ist die Entscheidung über einen Antrag auf Eröffnung des Konkursverfahrens ausgesetzt.

§ 32. Nach der Eröffnung des Vergleichsverfahrens können die an ihm beteiligten Gläubiger Zwangsvollstreckungen gegen den Schuldner nicht mehr vornehmen. Das gleiche gilt für solche Gläubiger, die nur deshalb an dem Vergleichsverfahren nicht beteiligt sind, weil ihre Ansprüche nach § 63 der Konkursordnung im Konkursverfahren nicht geltend gemacht werden können.

§ 33. Zwangsvollstreckungen, die zur Zeit der Eröffnung des Vergleichsverfahrens zugunsten eines an ihm beteiligten Gläubigers gegen den Schuldner anhängig sind, sind für die Dauer des Verfahrens einstweilen einzustellen. Das gleiche gilt für Zwangsvollstreckungen zugunsten solcher Gläubiger, die nur deshalb an dem Vergleichsverfahren nicht beteiligt sind, weil ihre Ansprüche nach § 63 der Konkursordnung im Konkursverfahren nicht geltend gemacht werden können.

Das Vergleichsgericht kann die endgültige Einstellung und die Aufhebung der Vollstreckungsmaßregeln auf Antrag der Vertrauensperson anordnen, wenn die Verfügung über den von der Vollstreckung betroffenen Gegenstand im Interesse der an dem Vergleichsverfahren beteiligten Gläubiger geboten ist.

§ 34. Zwangsvollstreckung (§§ 32, 33) ist auch die Vollziehung eines Arrestes oder einer einstweiligen Verfügung.

§ 35. Erhebt ein am Vergleichsverfahren beteiligter Gläubiger nach Eröffnung des Verfahrens Klage auf Leistung, so fallen ihm die Prozeßkosten zur Last, wenn der Schuldner den Anspruch sofort anerkennt. Dies gilt nicht, wenn der Gläubiger bei der Erhebung der Klage die Eröffnung des Vergleichsverfahrens nicht kannte oder aus besonderen Gründen an alsbaldiger Erlangung des Urteils ein berechtigtes Interesse hatte.

§ 36. Ein Gläubiger, der nach der Eröffnung des Vergleichsverfahrens Zwangsvollstreckungen in das Vermögen des Schuldners nicht mehr vornehmen kann (§ 32), bleibt zur Aufrechnung befugt; die Vorschriften der §§ 54, 55 der Konkursordnung finden entsprechende Anwendung. Soweit die Aufrechnung hiernach statthaft ist, wird die Befugnis dazu durch die Wirkungen des Vergleichs nicht berührt.

§ 37. Ist der Schuldner Kaufmann, so hat er von der Zustellung des Beschlusses über die Eröffnung des Vergleichsverfahrens bis zur Bekanntmachung des Beschlusses über die Beendigung des Verfahrens seiner Firma den ausgeschriebenen Zusatz „im Vergleichsverfahren" beizufügen. Auf den im § 15a der Gewerbeordnung vorgesehenen Gebrauch der Firma findet diese Vorschrift keine Anwendung.

Die Vorschriften des § 32 und des § 37 Abs. 1 des Handelsgesetzbuchs finden entsprechende Anwendung. Der Gerichtsschreiber hat eine beglaubigte Abschrift der Formel des Eröffnungsbeschlusses und der Entscheidung, welche das Vergleichsverfahren beendet, dem Registergerichte mitzuteilen.

§ 38. Der Schuldner darf während der Dauer des Verfahrens die vorhandenen Mittel nur insoweit für sich verbrauchen, als es zu einer bescheidenen Lebensführung für ihn und seine Familie unerläßlich ist.

§ 39. Die Verjährung der Ansprüche der an dem Vergleichsverfahren beteiligten Gläubiger ist von der Eröffnung des Vergleichsverfahrens bis zur Rechtskraft der Entscheidung, die das Verfahren beendet, gehemmt.

§ 40. Das Gericht hat bei der Eröffnung des Vergleichsverfahrens zur Prüfung der Verhältnisse des Schuldners und zur Überwachung seiner Geschäftsführung sowie der Ausgaben für die Lebensführung des Schuldners und seiner Familie während des Verfahrens eine oder mehrere Vertrauenspersonen zu bestellen.

Von der Bestellung einer Vertrauensperson kann abgesehen werden, wenn sie aus besonderen Gründen, insbesondere wegen der Einfachheit und Klarheit der Verhältnisse oder wegen des geringen

Umfanges des Geschäftsbetriebs des Schuldners, entbehrlich erscheint. Eine Vertrauensperson muß jedoch auch in diesem Falle bestellt werden, sobald ein Gläubiger oder der Schuldner es beantragt oder sich im Laufe des Verfahrens herausstellt, daß die Voraussetzungen des Satz 1 nicht oder nicht mehr vorliegen.

§ 41. Die Vertrauensperson wird vom Gericht ausgewählt.

Die im § 16 Abs. 1 Nr. 4 genannte Gläubigermehrheit kann eine bestimmte Vertrauensperson vorschlagen, solange nicht eine andere bestellt ist. Das gleiche gilt nach der Entlassung einer bestellten Vertrauensperson (§ 45 Abs. 2). Einem solchen Vorschlag ist stattzugeben, es sei denn, daß die vorgeschlagene Person ablehnt oder daß Tatsachen vorliegen, die sie als ungeeignet erscheinen lassen. Der Beschluß, durch den die Bestellung einer vorgeschlagenen Vertrauensperson abgelehnt wird, ist zu begründen und den Gläubigern, die den Vorschlag gemacht haben, zuzustellen. Wird der Vorschlag nicht mit dem Antrag (§ 15) verbunden, so sind vor der Entscheidung der Schuldner und die zuständige amtliche Berufsvertretung (§ 20) zu hören.

§ 42. Der Gerichtsschreiber hat den Namen der Vertrauensperson öffentlich bekanntzumachen und dem Schuldner und den aus dem Gläubigerverzeichnis ersichtlichen, an dem Verfahren beteiligten Gläubigern ohne besondere Form mitzuteilen. Diese Vorschriften des § 11 Abs. 2 und des § 12 Abs. 3 finden entsprechende Anwendung.

§ 43. Der Vertrauensperson ist eine urkundliche Bescheinigung über ihre Bestellung zu erteilen. Die Bescheinigung ist bei Beendigung des Amtes dem Gerichte zurückzugeben.

§ 44. Die Vertrauensperson ist für die Erfüllung ihrer Pflichten dem Schuldner und den am Verfahren beteiligten Gläubigern verantwortlich.

§ 45. Die Vertrauensperson steht unter der Aufsicht des Gerichts.

Das Gericht kann gegen sie Ordnungsstrafen im Betrage von einer bis zu eintausend Reichsmark festsetzen und sie aus wichtigen Gründen ihres Amtes entlassen. Als ein wichtiger Grund soll es namentlich angesehen werden, wenn der Gläubigerausschuß oder in einer Gläubigerversammlung die im § 16 Abs. 1 Nr. 4 bezeichnete Mehrheit der Gläubiger die Entlassung beantragt.

Vor der Entscheidung ist die Vertrauensperson zu hören.

Gegen die Festsetzung einer Ordnungsstrafe steht der Vertrauensperson die sofortige Beschwerde zu. Das Vergleichsgericht kann der Beschwerde abhelfen.

§ 46. Die Vertrauensperson kann von dem Schuldner die Erstattung angemessener barer Auslagen und eine angemessene Vergütung für ihre Geschäftsführung verlangen.

Die Höhe der Auslagen und der Vergütung setzt das Vergleichsgericht fest.

Gegen den Beschluß findet die sofortige Beschwerde statt. Das Vergleichsgericht kann der Beschwerde abhelfen.

Die Landesjustizverwaltung kann für die der Vertrauensperson zu gewährende Vergütung allgemeine Anordnungen treffen.

§ 47. Der Schuldner hat der Vertrauensperson von der Aufnahme eines Darlehens oder dem Erwerbe von Gegenständen auf Kredit Anzeige zu machen. Er hat der Vertrauensperson Einsicht in seine Bücher und Geschäftspapiere zu gestatten; er und seine Angestellten haben ihr alle erforderlichen Auskünfte zu erteilen. Die Vertrauensperson ist berechtigt, die Geschäftsräume des Schuldners zu betreten und dort Nachforschungen anzustellen.

Die Vertrauensperson hat dem Gerichte sofort anzuzeigen, wenn ihr Tatsachen bekannt werden, die ein Einschreiten des Gerichts, insbesondere den Erlaß von Verfügungsbeschränkungen, die Einstellung des Vergleichsverfahrens oder die Verwerfung des Vergleichs, zu rechtfertigen vermögen. Sie hat dem Gericht auf Erfordern jederzeit Auskunft zu erteilen und in dem Vergleichstermin über die Sachlage, insbesondere über die Aussichten auf Erfüllung des Vergleichs, zu berichten.

§ 48. Zur Unterstützung und Überwachung der Vertrauensperson kann das Gericht aus der Zahl der an dem Vergleichsverfahren beteiligten

Gläubiger oder ihrer Vertreter einen Gläubigerausschuß bestellen, wenn der besondere Umfang des Unternehmens des Schuldners dies geboten erscheinen läßt. Ein Gläubigerausschuß ist zu bestellen, wenn der Schuldner, die im § 16 Abs. 1 Nr. 4 bezeichnete Gläubigermehrheit oder die Vertrauensperson es beantragen.

Das Gericht kann die Bestellung zum Mitglied des Ausschusses jederzeit widerrufen.

Die Mitglieder des Ausschusses sind für die Erfüllung ihrer Pflichten dem Schuldner und den an dem Vergleichsverfahren beteiligten Gläubigern verantwortlich.

Ein Beschluß des Ausschusses ist gültig, wenn die Mehrheit der Mitglieder an der Beschlußfassung teilgenommen hat und der Beschluß mit der Mehrheit der abgegebenen Stimmen gefaßt worden ist.

§ 49. Die Mitglieder des Gläubigerausschusses sind berechtigt, die Bücher und Geschäftspapiere des Schuldners und der Vertrauensperson einzusehen und Aufklärung über hierbei sich ergebende Fragen zu verlangen. Sie haben dem Gerichte sofort anzuzeigen, wenn ihnen Tatsachen bekannt werden, die eine Entlassung der Vertrauensperson, ein Einschreiten des Gerichts gegen den Schuldner, insbesondere den Erlaß von Verfügungsbeschränkungen, die Einstellung des Vergleichsverfahrens oder die Verwerfung des Vergleichs, zu rechtfertigen vermögen.

§ 50. Bei der Eröffnung des Vergleichsverfahrens hat das Gericht zu prüfen, ob und welche

Verfügungsbeschränkungen dem Schuldner aufzuerlegen sind.

Das Gericht kann jederzeit während des Verfahrens von Amts wegen oder auf Antrag der Vertrauensperson, eines Mitgliedes des Gläubigerausschusses oder eines an dem Verfahren beteiligten Gläubigers Verfügungsbeschränkungen anordnen.

§ 51. Die Verfügungsbeschränkungen können darin bestehen, daß an den Schuldner ein allgemeines Veräußerungsverbot erlassen wird, oder daß dem Schuldner die Verfügung über einzelne Vermögensgegenstände verboten wird. Die Wirkungen dieser Maßnahmen bestimmen sich ausschließlich nach den Vorschriften der §§ 54 bis 57.

§ 52. Auf das allgemeine Veräußerungsverbot finden die Vorschriften des § 25 entsprechende Anwendung.

Das allgemeine Veräußerungsverbot ist nach Maßgabe des § 12 öffentlich bekanntzumachen und dem Schuldner sowie seinen Schuldnern nach Maßgabe des § 11 zuzustellen.

§ 53. Das allgemeine Veräußerungsverbot ist in das Grundbuch einzutragen:

1. bei den Grundstücken, als deren Eigentümer der Schuldner im Grundbuch eingetragen ist;
2. bei den für den Schuldner eingetragenen Rechten an Grundstücken oder an eingetragenen Rechten, wenn nach der Art des Rechtes und den obwaltenden Umständen bei Unterlassung

der Eintragung eine Beeinträchtigung der an dem Vergleichsverfahren beteiligten Gläubiger zu besorgen ist.

Das Vergleichsgericht hat, soweit ihm solche Grundstücke oder Rechte bekannt sind, das Grundbuchamt von Amts wegen um die Eintragung zu ersuchen; die Eintragung kann auch von der Vertrauensperson beantragt werden.

Erwirbt der Schuldner während des Bestehens des allgemeinen Veräußerungsverbots ein Grundstück, ein Recht an einem Grundstück oder ein Recht an einem solchen Rechte, so finden die Vorschriften der Abs. 1 und 2 entsprechende Anwendung.

Die Eintragung von Vermerken auf Grund der vorstehenden Vorschriften geschieht gebührenfrei.

§ 54. Das allgemeine Veräußerungsverbot hat die Wirkung, daß Verfügungen, die der Schuldner nach seinem Erlaß über sein Vermögen trifft, den am Vergleichsverfahren beteiligten Gläubigern gegenüber unwirksam sind.

Hat der Schuldner eine Verfügung am Tage des Erlasses des allgemeinen Veräußerungsverbots getroffen, so wird vermutet, daß er sie nach dem Erlasse des Verbots getroffen habe.

Die Vorschriften der §§ 892, 893 des Bürgerlichen Gesetzbuchs bleiben unberührt.

§ 55. Das Verbot der Verfügung über einzelne Vermögensgegenstände hat die Wirkung, daß die Verfügung über den Gegenstand den am Vergleichsverfahren beteiligten Gläubigern gegenüber unwirksam ist. Die Vorschrift des § 135 Abs. 2 des Bürgerlichen Gesetzbuchs findet Anwendung.

Ist dem Schuldner die Verfügung über ein Grundstück, ein Recht an einem Grundstück oder ein Recht an einem solchen Rechte verboten worden, so finden die Vorschriften des § 53 Abs. 1, 2, 4 entsprechende Anwendung.

Ist dem Schuldner die Verfügung über einen Anspruch, insbesondere die Einziehung einer Forderung, verboten worden, so ist das Verbot auch dem Verpflichteten nach Maßgabe des § 11 zuzustellen; dabei hat ihm das Gericht zugleich die Leistung an den Schuldner zu verbieten.

§ 56. Einem Schuldner des Schuldners gegenüber werden Verfügungsbeschränkungen, soweit sich nicht aus den Vorschriften des § 893 des Bürgerlichen Gesetzbuchs anderes ergibt, erst mit dem Zeitpunkt wirksam, in dem sie ihm bekannt werden. Ist die Anordnung der Verfügungsbeschränkung dem Schuldner des Schuldners zugestellt (§ 52 Abs. 2, § 55 Abs. 3) oder das allgemeine Veräußerungsverbot öffentlich bekanntgemacht (§ 52 Abs. 2), so wird die Kenntnis vermutet.

§ 57. Eine 'Verfügungsbeschränkung steht der Wirksamkeit einer Verfügung nicht entgegen, wenn die Vertrauensperson der Verfügung zustimmt. Das Gericht kann Abweichendes bestimmen.

§ 58. Eine angeordnete Verfügungsbeschränkung ist aufzuheben, wenn für sie kein Bedürfnis mehr besteht.

Die Aufhebung ist in derselben Weise zuzustellen, öffentlich bekanntzumachen und in das Grundbuch einzutragen wie die Anordnung (§ 52 Abs. 2, § 53, § 55 Abs. 2, 3).

4. Abschnitt.

Verhandlung im Vergleichstermine.

§ 59. In dem Vergleichstermine wird über den Vergleichsvorschlag verhandelt, das Stimmrecht der Forderungen, soweit es bestritten wird, festgestellt und abgestimmt. Die an dem Vergleichsverfahren nicht beteiligten Gläubiger können in dem Vergleichstermin erscheinen und sind auf ihren Antrag zu hören.

§ 60. Ein am Verfahren beteiligter Gläubiger, dessen Forderung in das Gläubigerverzeichnis (§ 16 Abs. 1 Nr. 1, § 17) nicht aufgenommen ist, wird bei der Abstimmung nach Maßgabe des § 62 berücksichtigt, wenn er seine Forderung bis zum Beginne der Abstimmung über den Vergleichsvorschlag schriftlich oder zu Protokoll des Gerichtsschreibers anmeldet.

Die Anmeldung hat den Betrag und den Grund der Forderung zu enthalten; urkundliche Beweisstücke sind in Urschrift oder in Abschrift der Anmeldung beizufügen und im Vergleichstermine vorzulegen.

Der Gerichtsschreiber hat das Gläubigerverzeichnis nach den Anmeldungen zu berichtigen.

§ 61. Der Schuldner hat in dem Vergleichstermine persönlich zu erscheinen.

Er darf sich nur vertreten lassen, wenn er glaubhaft macht, daß ihn besondere Gründe am Erscheinen verhindern.

Auf Verlangen eines am Verfahren beteiligten Gläubigers hat der Schuldner im Vergleichstermine den Offenbarungseid dahin zu leisten, daß er nach bestem Wissen sein Vermögen und seine Verbindlichkeiten so vollständig angegeben habe, als er dazu imstande sei.

§ 62. Die Forderungen der am Verfahren beteiligten Gläubiger werden an der Hand des berichtigten Gläubigerverzeichnisses erörtert; der Schuldner hat sich über sie zu erklären.

Soweit gegen eine Forderung weder der Schuldner noch ein beteiligter Gläubiger, noch die Vertrauensperson Widerspruch erhebt, gilt sie als stimmberechtigt. Soweit widersprochen wird, ist zu erörtern, ob und zu welchem Betrag ein Stimmrecht gewährt werden soll. Einigen sich der Schuldner, die im Termin erschienenen, am Vergleichsverfahren beteiligten Gläubiger und die Vertrauensperson nicht, so entscheidet das Gericht. Es kann seine Entscheidung auf Antrag des Schuldners, eines im Termin erschienenen, am Verfahren beteiligten Gläubigers oder der Vertrauensperson bis zum Beginne der Abstimmung über den Vergleichsvorschlag ändern. Die Wirkung der Entscheidung beschränkt sich auf die Frage des Stimmrechts.

In gleicher Weise entscheidet das Gericht, ob und zu welchem Betrag aufschiebend bedingte Forderungen, sowie Forderungen, für die abgesonderte Befriedigung beansprucht wird, zum Stimmen berechtigen.

Der Gerichtsschreiber hat nach der Erörterung einer jeden Forderung das Ergebnis in das Verzeichnis der Gläubiger einzutragen. Soweit gegen eine Forderung weder der Schuldner noch ein an dem Verfahren beteiligter Gläubiger noch die Vertrauensperson Widerspruch erhoben hat, ist in dem Verzeichnis zu vermerken, daß die Forderung anerkannt ist.

§ 63. Zum Abschluß eines Vergleichs ist erforderlich, daß

1. die Mehrheit der stimmberechtigten Gläubiger dem Vergleiche zustimmt und
2. die Gesamtsumme der Forderungen der zustimmenden Gläubiger mindestens drei Vierteile der Forderungen der stimmberechtigten Gläubiger beträgt.

Die Mehrheiten berechnen sich nach dem berichtigten Gläubigerverzeichnisse.

Lautet der Vergleichsvorschlag auf einen ziffermäßig bestimmten teilweisen Erlaß der Forderungen und gewährt er den Gläubigern nicht mindestens die Hälfte ihrer Forderungen, so muß die nach Abs. 1 Nr. 2 erforderliche Gesamtsumme der Forderungen der zustimmenden Gläubiger mindestens vier Fünfteile der Forderungen der stimmberechtigten Gläubiger betragen.

Soll der Vergleich nur auf Stundung bis zur Dauer von längstens einem Jahre nach der Bestätigung, allein oder in Verbindung mit einem Erlasse von Zinsen für die Dauer der Stundung, gehen, so genügt es, wenn die nach Abs. 1 Nr. 2 erforderliche Gesamtsumme mehr als die Hälfte der Gesamtsumme der Forderungen der stimmberechtigten Gläubiger beträgt.

§ 64. Bei der Berechnung der Mehrheiten bleibt der Ehegatte des Schuldners außer Betracht, wenn er für den Vergleich gestimmt hat.

Das gleiche gilt von dem, dem der Ehegatte des Schuldners nach der Eröffnung des Vergleichsverfahrens oder in dem letzten Jahre vorher eine Forderung gegen den Schuldner abgetreten hat, soweit das Stimmrecht auf der abgetretenen Forderung beruht. Diese Vorschrift findet keine Anwendung, wenn der Ehegatte zu der Abtretung durch Gesetz oder durch einen Vertrag verpflichtet war, der früher als ein Jahr vor der Eröffnung des Vergleichsverfahrens geschlossen worden ist.

§ 65. Ein Gläubiger kann dem Vergleichsvorschlag auch schriftlich zustimmen; die Erklärung ist nur zu berücksichtigen, wenn sie dem Gerichte bis zum Schlusse der Abstimmung zugegangen ist.

§ 66. Der Vergleichstermin kann auf Antrag von drei Vierteilen der erschienenen, am Verfahren beteiligten Gläubiger vertagt werden, wenn zu erwarten ist, daß der neue Termin zu einem Vergleiche führen wird. Der Termin kann ferner vertagt werden, wenn der Schuldner sich in ihm zulässigerweise hat vertreten lassen (§ 61 Abs. 2) und die Leistung des Offenbarungseides verlangt wird (§ 61 Abs. 3). Der neue Termin ist alsbald zu bestimmen und soll in der Regel nicht über zwei Wochen hinaus anberaumt werden.

5. Abschnitt.

Entscheidung über die Bestätigung des Vergleichs. Wirkung des bestätigten Vergleichs.

§ 67. Der angenommene Vergleich bedarf der Bestätigung des Gerichts.

Das Gericht hat vor der Bestätigung den Schuldner, die Vertrauensperson und den Gläubigerausschuß zu hören.

Die Entscheidung über die Bestätigung ist in dem Vergleichstermin oder in einem alsbald zu bestimmenden, nicht über eine Woche hinaus anzusetzenden Termine zu verkünden.

§ 68. Der Vergleich ist zu verwerfen:

1. wenn die für den Inhalt und den Abschluß des Vergleichs gegebenen Vorschriften sowie die Vorschriften über das nach der Eröffnung zu beobachtende weitere Verfahren in einem wesentlichen Punkte nicht beobachtet worden sind und das Fehlende nicht ergänzt werden kann;

2. wenn der Schuldner flüchtig ist oder sich verborgen hält, wenn gegen ihn eine gerichtliche Untersuchung oder ein Wiederaufnahmeverfahren wegen betrügerischen Bankrotts anhängig ist, oder wenn sich ergibt, daß er wegen betrügerischen Bankrotts rechtskräftig verurteilt worden ist.

Auf Antrag eines an dem Verfahren beteiligten Gläubigers ist der Vergleich zu verwerfen:

1. wenn er unlauter, insbesondere durch Begünstigung eines Gläubigers zustande gebracht worden ist;
2. wenn er dem gemeinsamen Interesse der beteiligten Gläubiger widerspricht.

Das Gericht kann eine Glaubhaftmachung der den Antrag (Abs. 2) begründenden Tatsachen erfordern.

§ 69. Wird der Vergleich bestätigt, so ist zugleich das Vergleichsverfahren aufzuheben. Die Aufhebung ist nach Maßgabe des § 12 öffentlich bekanntzumachen.

War eine Verfügungsbeschränkung angeordnet worden, so verliert sie für die Zukunft ihre Kraft. § 58 Abs. 2 findet entsprechende Anwendung.

Mit der Aufhebung des Vergleichsverfahrens endet das Amt der Vertrauensperson und der Mitglieder des Gläubigerausschusses. Ein Antrag auf Eröffnung des Konkursverfahrens, über den die Entscheidung nach § 31 ausgesetzt war, gilt als nicht gestellt.

§ 70. Hat ein Gläubiger später als am dreißigsten Tage vor der Stellung des Antrags auf Eröffnung des Vergleichsverfahrens durch Zwangsvollstreckung eine Sicherung oder Befriedigung erlangt, so wird, sofern die Voraussetzungen des § 3 Abs. 2 oder 3 zutreffen, mit der Bestätigung des Vergleichs die Sicherung unwirksam und ist das zur Befriedigung Erlangte nach den Vorschriften über die Herausgabe einer ungerechtfertigten Bereicherung herauszugeben. Der Tag der Stellung des Antrags auf Eröffnung des Vergleichsverfahrens wird in die Frist nicht eingerechnet. Zwangsvollstreckung ist auch die Vollziehung eines Arrestes oder einer einstweiligen Verfügung.

§ 71. Wird der Vergleich verworfen, so ist zugleich über die Eröffnung des Konkursverfahrens zu entscheiden. Für diese Entscheidung gilt der Antrag auf Eröffnung des Vergleichsverfahrens als Antrag auf Eröffnung des Konkursverfahrens, der nicht zurückgenommen werden kann. Gegen die Entscheidung über die Eröffnung des Konkursverfahrens steht dem Schuldner die sofortige Beschwerde zu. Mit ihr kann auch geltend gemacht werden, daß der Vergleich zu Unrecht verworfen worden sei.

Die Entscheidung, die den Vergleich verwirft, und die Entscheidung über die Eröffnung des Konkursverfahrens werden erst mit der Rechtskraft wirksam.

§ 72. Der Beschluß, durch den der Vergleich verworfen wird, ist, wenn der Konkurs nicht eröffnet wird, nach Rechtskraft dem Schuldner, der Vertrauensperson und jedem an dem Verfahren beteiligten Gläubiger zuzustellen und nach Maßgabe des § 12 öffentlich bekanntzumachen.

Die Vorschriften des § 69 Abs. 2, Abs. 3 Satz 1 finden entsprechende Anwendung.

§ 73. Der bestätigte Vergleich ist wirksam für und gegen alle an dem Verfahren beteiligten Gläubiger, auch wenn sie an dem Verfahren nicht teilgenommen oder gegen den Vergleich gestimmt haben.

Die Rechte der Gläubiger gegen Mitschuldner und Bürgen des Schuldners sowie die Rechte aus einem für die Forderung bestehenden Pfandrecht, aus einer für sie bestehenden Hypothek, Grundschuld oder Rentenschuld oder aus einer zu ihrer Sicherung eingetragenen Vormerkung werden, unbeschadet der Vorschrift des § 70, durch den Vergleich nicht berührt.

§ 74. Der Vergleich wirkt nach Maßgabe des § 73 auch für und gegen die Forderungen aus einer Freigebigkeit des Schuldners.

Die für die Zeit von der Eröffnung des Verfahrens bis zur Bestätigung des Vergleichs laufenden Zinsen der von dem Vergleiche betroffenen Forderungen sowie die Kosten, welche den von dem Vergleiche betroffenen Gläubigern durch die Teilnahme an dem Verfahren oder eine nach § 70 wirkungslos werdende Vollstreckungsmaßregel erwachsen sind, gelten, wenn nicht der Vergleich etwas anderes bestimmt, mit der Bestätigung des Vergleichs als erlassen.

§ 75. Aus dem bestätigten Vergleich in Verbindung mit einem Auszug aus dem berichtigten Gläubigerverzeichnisse findet wegen der darin als anerkannt vermerkten Forderungen gegen den Schuldner und die Personen, die in dem Vergleiche für seine Erfüllung neben dem Schuldner ohne Vorbehalt der Einrede der Vorausklage Verpflichtungen übernommen haben, die Zwangsvollstreckung unter entsprechender Anwendung der §§ 724 bis 793 der Zivilprozeßordnung statt.

Für Klagen auf Erteilung der Vollstreckungsklausel, sowie für Klagen, durch welche eine die Forderung selbst betreffende Einwendung geltend gemacht oder der bei der Erteilung der Vollstreckungsklausel als bewiesen angenommene Eintritt der Voraussetzungen für ihre Erteilung bestritten wird, ist das Amtsgericht, bei dem das Vergleichsverfahren anhängig war, und, wenn der Streitgegenstand die Zuständigkeit des Amtsgerichts übersteigt, das Landgericht ausschließlich zuständig, zu dessen Bezirke das Vergleichsgericht gehört.

§ 76. Der Vergleich verliert für alle von ihm betroffenen Gläubiger, unbeschadet der ihnen durch den Vergleich gewährten Rechte, seine Wirkung, wenn der Schuldner wegen vorsätzlicher Verletzung der Eidespflicht bei Leistung des ihm nach § 61 auferlegten Eides oder im Zusammenhange mit dem Vergleichsverfahren wegen betrügerischen Bantrotts oder deswegen rechtskräftig verurteilt wird, weil er die im § 15 Abs. 4 vorgeschriebene Versicherung an Eides Statt vorsätzlich falsch abgegeben hat.

Auf Antrag eines von dem Vergleiche betroffenen Gläubigers kann das Gericht, bei dem das Vergleichsverfahren anhängig war, auch schon vor der rechtskräftigen Verurteilung des Schuldners Sicherungsmaßregeln anordnen, insbesondere Verbote nach Maßgabe der §§ 51 bis 58 erlassen.

§ 77. Jeder von dem Vergleiche betroffene Gläubiger kann, unbeschadet der durch den Vergleich gewährten Rechte, den Vergleich anfechten, wenn er durch Betrug zustande gekommen ist und der Gläubiger ohne sein Verschulden außerstande war, den Anfechtungsgrund im Vergleichsverfahren einschließlich des Bestätigungsverfahrens geltend zu machen.

§ 78. Es kann nicht deshalb auf Aufhebung des Vergleichs geklagt werden, weil der Vergleich nicht erfüllt wird.

6. Abschnitt.

Einstellung des Verfahrens.

§ 79. Das Vergleichsverfahren ist einzustellen:

1. wenn der Schuldner den Antrag zurücknimmt; die Rücknahme des Antrags ist bis zur Beendigung der Abstimmung über den Vergleichsvorschlag zulässig;

2. wenn vor dem Zustandekommen des Vergleichs (§ 63) das Vergleichsverfahren unzulässig wird (§ 22) oder sich ergibt, daß die Eröffnung des Verfahrens hätte abgelehnt werden müssen und das Fehlende nicht ergänzt werden kann;
3. wenn der Schuldner einem nach § 51 erlassenen Verbote vorsätzlich zuwiderhandelt;
4. wenn der Schuldner der Vertrauensperson oder einem Mitglied des Gläubigerausschusses die Einsicht in seine Bücher und Geschäftspapiere oder ohne genügenden Grund eine Auskunft oder eine Aufklärung verweigert;
5. wenn der Schuldner durch einen nach Lage der Sache unangemessenen Aufwand der Vorschrift des § 38 zuwiderhandelt;
6. wenn der Schuldner in dem Vergleichstermine nicht erscheint und, soweit dies zulässig ist, sich auch nicht vertreten läßt;
7. wenn der Schuldner die Leistung des Offenbarungseids (§ 61) verweigert;
8. wenn sich im Vergleichstermine die zum Abschluß des Vergleichs erforderliche Mehrheit nicht ergibt und ein Antrag auf Vertagung des Termins nicht gestellt oder abgelehnt wird.

In den Fällen der Nr. 6 und 7 kann die Einstellung unterbleiben, wenn drei Vierteile der in dem Termin erschienenen, am Verfahren beteiligten Gläubiger mit der Fortsetzung des Verfahrens einverstanden sind. Wird das Verfahren nicht eingestellt, so ist alsbald ein neuer Vergleichstermin zu bestimmen, der in der Regel nicht über zwei Wochen hinaus anberaumt werden soll.

Im Falle der Nr. 6 darf der Einstellungsbeschluß erst am dritten Werktag nach dem Terminstag erlassen werden. Macht der Schuldner vor dem Erlasse des Beschlusses dem Gerichte glaubhaft, daß er oder, soweit Vertretung zulässig war, sein Vertreter durch einen auch bei äußerster Sorgfalt nicht zu vermeidenden Zufall an der Wahrnehmung des Termins verhindert worden ist und auch keine Möglichkeit hatte, dies dem Gerichte vor dem Termin anzuzeigen, so unterbleibt die Einstellung und es ist ein neuer Vergleichstermin anzuberaumen, der in der Regel nicht über zwei Wochen hinaus angesetzt werden soll.

§ 80. Wird das Verfahren eingestellt, so ist zugleich über die Eröffnung des Konkursverfahrens zu entscheiden. Für diese Entscheidung gilt der Antrag auf Eröffnung des Vergleichsverfahrens als Antrag auf Eröffnung des Konkursverfahrens, der nicht zurückgenommen werden kann. Gegen die Entscheidung über die Eröffnung des Konkursverfahrens steht dem Schuldner die sofortige Beschwerde zu. Mit ihr kann auch geltend gemacht werden, daß die Einstellung des Vergleichsverfahrens zu Unrecht erfolgt sei.

Die Entscheidung über die Einstellung des Vergleichsverfahrens und die Entscheidung über die

Eröffnung des Konkursverfahrens werden erst mit der Rechtskraft wirksam.

§ 81. Der Beschluß, durch den das Vergleichsverfahren eingestellt wird, ist, wenn der Konkurs nicht eröffnet wird, nach Rechtskraft dem Schuldner, der Vertrauensperson und jedem an dem Verfahren beteiligten Gläubiger zuzustellen und nach Maßgabe des § 12 öffentlich bekanntzumachen. Die Vorschriften des § 69 Abs. 2, Abs. 3 Satz 1 finden entsprechende Anwendung.

7. Abschnitt.

Überleitung des Vergleichsverfahrens in das Konkursverfahren.

§ 82. Wird bei Ablehnung der Eröffnung des Vergleichsverfahrens, bei der Verwerfung des Vergleichs oder bei der Einstellung des Vergleichsverfahrens das Konkursverfahren eröffnet, so gelten die Vorschriften der §§ 83 bis 87.

§ 83. Die im § 32 vorgesehene Beschränkung der Rechte der Gläubiger bleibt wirksam. Ein nach § 51 erlassenes Verbot gilt als zugunsten der Konkursgläubiger erlassen.

§ 84. Hat ein Gläubiger später als am dreißigsten Tage vor der Stellung des Antrags auf Eröffnung des Vergleichsverfahrens durch Zwangsvollstreckung eine Sicherung oder Befriedigung erlangt, so wird, sofern die Voraussetzungen des § 3 Abs. 2 oder 3 zutreffen, mit der Eröffnung des Konkursverfahrens die Sicherung unwirksam und ist das zur Befriedigung Erlangte nach den Vorschriften über die Herausgabe einer ungerechtfertigten Bereicherung herauszugeben. Der Tag der Stellung des Antrags auf Eröffnung des Vergleichsverfahrens wird in die Frist nicht eingerechnet. Zwangsvollstreckung ist auch die Vollziehung eines Arrestes oder einer einstweiligen Verfügung.

§ 85. Die gerichtlichen Kosten des Vergleichsverfahrens sowie der Anspruch der Vertrauensperson auf Ersatz ihrer Auslagen und auf Vergütung (§ 46) gehören zu den Massekosten im Sinne des § 58 Nr. 1, 2 der Konkursordnung.

§ 86. Ansprüche aus Darlehen, die der Schuldner während der Dauer des Vergleichsverfahrens zur Fortführung seines Geschäfts, insbesondere zur Bezahlung von Löhnen oder ähnlichen Forderungen, oder im Interesse des Zustandekommens oder der Ausführung eines Vergleichs, insbesondere zur Befriedigung von Kleingläubigern, mit Zustimmung der Vertrauensperson aufgenommen hat, gehören zu den Masseschulden im Sinne des § 59 Nr. 1 der Konkursordnung.

§ 87. Soweit die Anfechtbarkeit einer Rechtshandlung im Konkurse von der Kenntnis des Antrags auf Eröffnung des Konkursverfahrens abhängt, steht die Kenntnis des Antrags auf Eröffnung des Vergleichsverfahrens der Kenntnis des Antrags auf Eröffnung des Konkursverfahrens gleich.

In die im § 31 Nr. 2, in den §§ 32, 33, 55 Nr. 3 und im § 183 Abs. 2 der Konkursordnung bezeichneten Fristen wird die seit der Eröffnung des Vergleichsverfahrens verstrichene Zeit nicht eingerechnet.

8. Abschnitt.

Besondere Bestimmungen.

§ 88. Bei Aktiengesellschaften, Gesellschaften mit beschränkter Haftung, anderen juristischen Personen und Vereinen, die als solche verklagt werden können, ist die Einleitung des Vergleichsverfahrens nach der Auflösung unzulässig.

§ 89. Für offene Handelsgesellschaften, Kommanditgesellschaften und Kommanditgesellschaften auf Aktien gelten folgende besonderen Vorschriften:

1. Die Einleitung des Vergleichsverfahrens ist unzulässig, wenn die Gesellschaft aufgelöst ist.
2. Der Vergleichsvorschlag muß von allen persönlich haftenden Gesellschaftern gemacht werden.
3. Soweit es für die Eröffnung oder die Fortsetzung des Verfahrens auf das Verhalten des Schuldners ankommt, genügt es, wenn ein die Ablehnung der Eröffnung, die Verwerfung des Vergleichs oder die Einstellung des Ver-

fahrens rechtfertigender Grund in der Person eines persönlich haftenden Gesellschafters, in den Fällen des § 79 Abs. 1 Nr. 3—7 in der Person eines zur Vertretung berechtigten Gesellschafters vorliegt; dies gilt insbesondere von der Rücknahme des Antrags.

4. Der Vergleich begrenzt, soweit er nichts anderes festsetzt, zugleich den Umfang der persönlichen Haftung des Gesellschafters.

§ 90. In dem Vergleichsverfahren über das Privatvermögen eines persönlich haftenden Gesellschafters einer offenen Handelsgesellschaft, einer Kommanditgesellschaft oder einer Kommanditgesellschaft auf Aktien sind die Gesellschaftsgläubiger, wenn über das Gesellschaftsvermögen das Vergleichsverfahren oder das Konkursverfahren eröffnet worden ist, nur in Höhe des Betrags beteiligt, für den sie in dem Verfahren über das Gesellschaftsvermögen keine Befriedigung erhalten. § 62 Abs. 3 findet entsprechende Anwendung.

Das Vergleichsverfahren über das Vermögen einer offenen Handelsgesellschaft, einer Kommanditgesellschaft oder einer Kommanditgesellschaft auf Aktien steht im Sinne des § 212 der Konkursordnung dem Konkursverfahren gleich.

§ 91. Für eingetragene Genossenschaften, die den Vorschriften des Gesetzes, betreffend die Erwerbs- und Wirtschaftsgenossenschaften, unterliegen, gelten folgende besonderen Vorschriften:

1. Die Einleitung des Vergleichsverfahrens ist unzulässig, wenn die Genossenschaft aufgelöst ist.

2. Zur Stellung des Antrags ist jedes Mitglied des Vorstandes berechtigt. Wird der Antrag nicht von allen Vorstandsmitgliedern gestellt, so hat das Gericht vor der Entscheidung die Vorstandsmitglieder, welche den Antrag nicht gestellt haben, zu hören.

3. In dem Verzeichnis der Gläubiger und der Schuldner (§ 16 Abs. 1 Nr. 1) ist anzugeben, wenn ein Gläubiger Mitglied der Genossenschaft ist; das gleiche gilt für eine Anmeldung gemäß § 60. In dem Antrag ist weiter anzugeben, welchem Revisionsverbande die Genossenschaft angehört oder innerhalb der letzten drei Jahre vor der Stellung des Antrags angehört hat; hat die Genossenschaft innerhalb dieser Zeit keinem Revisionsverband angehört, so ist der Revisionsverband anzugeben, in dessen Bezirke die Genossenschaft ihren Sitz hat. Der Antrag und seine Anlagen sollen in drei Stücken eingereicht werden.

4. Der Revisionsverband, dem die Genossenschaft angehört, ist vor der Entscheidung über den Antrag auf Eröffnung des Vergleichsverfahrens nach Maßgabe des § 20 sowie vor der Entscheidung über die Bestellung einer von der Gläubigermehrheit vorgeschlagenen Vertrauensperson (§ 41 Abs. 2) zu hören. Die Er-

öffnung des Vergleichsverfahrens kann gemäß § 23 Nr. 1 abgelehnt werden, wenn der Revisionsverband das Angebot als unzureichend bezeichnet.

Gehört die Genossenschaft keinem Revisionsverband an, so stehen die im vorstehenden Absatz bezeichneten Rechte dem Revisionsverbande, dem die Genossenschaft innerhalb der letzten drei Jahre vor der Stellung des Antrags angehört hat, oder, wenn sie auch in dieser Zeit keinem Revisionsverband angehört hat, dem Revisionsverbande zu, in dessen Bezirke die Genossenschaft ihren Sitz hat. Kommen hiernach mehrere Revisionsverbände in Betracht, so steht die Auswahl dem Gerichte zu.

5. Zum Abschluß eines Vergleichs ist erforderlich, daß die Gläubiger, die Mitglieder der Genossenschaft sind, und die Gläubiger, die nicht Mitglieder der Genossenschaft sind, dem Vergleiche gesondert mit den im § 63 festgesetzten Mehrheiten zustimmen.

6. Hat ein Genosse seinen Austritt aus der Genossenschaft erklärt oder der Gläubiger eines Genossen das Kündigungsrecht ausgeübt, so scheidet der Genosse nicht vor dem Schlusse des Geschäftsjahrs aus, in dem das Vergleichsverfahren endet oder, wenn in einem Vergleich eine Stundung bewilligt wird, die Stundung abläuft. Die Erklärung des Genossen oder des Gläubigers über den

Austritt oder die Kündigung ist spätestens sechs Wochen vor dem Ende des Geschäftsjahrs, mit dessen Schlusse der Genosse ausscheidet, oder, wenn das Vergleichsverfahren innerhalb der letzten sechs Wochen dieses Jahres endet, unverzüglich zu der Liste der Genossen einzureichen. Der Jahresschluß, zu dem der Genosse ausscheidet, ist erst nach Beendigung des Vergleichsverfahrens in die Liste der Genossen einzutragen; ist er bereits früher eingetragen, so ist nachträglich zu vermerken, daß ein Vergleichsverfahren eröffnet worden ist.

§ 92. Für das Vergleichsverfahren zur Abwendung des Nachlaßkonkurses gelten folgende besonderen Vorschriften:

1. Zur Stellung des Antrags ist mit Ausnahme der Nachlaßgläubiger berechtigt, wer die Eröffnung des Konkurses beantragen kann. Die Vorschriften des § 217 Abs. 3 und des § 218 Abs. 2 der Konkursordnung gelten entsprechend. Mehrere Erben können den Antrag nur gemeinschaftlich stellen.

2. Der Antrag kann vor der Annahme der Erbschaft gestellt werden.

3. Der Antrag kann nicht mehr gestellt werden, wenn der Erbe oder einer der Erben für die Nachlaßverbindlichkeiten allen oder einzelnen Nachlaßgläubigern gegenüber unbeschränkt haftet oder wenn der Nachlaß geteilt ist.

4. In Ansehung der Haftung des Erben für die Nachlaßverbindlichkeiten wirkt das Vergleichsverfahren und ein in dem Verfahren geschlossener Vergleich wie der Nachlaßkonkurs und ein in dem Konkursverfahren geschlossener Zwangsvergleich.

5. Soweit es für die Eröffnung oder die Fortsetzung des Verfahrens auf das Verhalten des Schuldners ankommt, genügt es, wenn ein die Ablehnung der Eröffnung, die Verwerfung des Vergleichs oder die Einstellung des Verfahrens rechtfertigender Grund in der Person eines von mehreren Miterben vorliegt.

6. Die im § 226 Abs. 2 und 4 der Konkursordnung genannten Gläubiger sind an dem Vergleichsverfahren nicht beteiligt und werden von einem Vergleiche nicht betroffen; sie können jedoch während der Dauer des Vergleichsverfahrens in den Nachlaß keine Zwangsvollstreckung vornehmen, insbesondere Arreste und einstweilige Verfügungen nicht vollziehen.

7. Die Beteiligung der Nachlaßgläubiger an einem Vergleichsverfahren über das Vermögen des Erben oder des Ehemanns der Erbin bestimmt sich nach den im § 234 der Konkursordnung für die Beteiligung an einem Konkursverfahren gegebenen Vorschriften.

§ 93. Auf das Vergleichsverfahren zur Abwendung des Konkurses über das Gesamtgut einer fortgesetzten Gütergemeinschaft finden die Vorschriften des § 92 entsprechende Anwendung. Vor der Entscheidung über den Antrag auf Eröffnung des Verfahrens sind die anteilsberechtigten Abkömmlinge, soweit tunlich, zu hören.

§ 94. Ein Vergleichsverfahren zum Zwecke der Abwendung des Konkursverfahrens über das Vermögen einer Versicherungsunternehmung, die der Beaufsichtigung nach Maßgabe des Gesetzes über die privaten Versicherungsunternehmungen vom 12. Mai 1901 (Reichsgesetzbl. S. 139) unterliegt, findet nicht statt.

9. Abschnitt.

Strafvorschriften.

§ 95. Wer in einem Verfahren auf Herbeiführung eines Vergleichs zur Abwendung des Konkurses erdichtete Forderungen geltend macht, um sich oder einem anderen einen Vermögensvorteil zu verschaffen, wird mit Zuchthaus bis zu zehn Jahren, bei mildernden Umständen mit Gefängnis oder mit Geldstrafe bestraft.

§ 96. Ein Gläubiger, der sich besondere Vorteile dafür gewähren oder versprechen läßt, daß er bei der Abstimmung über den Vergleichsvorschlag in einem bestimmten Sinne stimmt, wird mit Gefängnis bis zu einem Jahre oder mit Geldstrafe bestraft.

10. Abschnitt.

Schluß- und Übergangsvorschriften.

§ 97. Das Gerichtsverfassungsgesetz in der Fassung der Bekanntmachung vom 22. März 1924 (Reichsgesetzbl. I S. 299) wird dahin geändert:

Der § 202 erhält die Fassung:

Auf das Kostenfestsetzungsverfahren, das Mahnverfahren, das Zwangsvollstreckungsverfahren, das Konkursverfahren und das Vergleichsverfahren zur Abwendung des Konkurses sind die Ferien ohne Einfluß.

§ 98. Das Gesetz, betreffend die Anfechtung von Rechtshandlungen außerhalb des Konkursverfahrens, in der Fassung der Bekanntmachung vom 20. Mai 1898 (Reichsgesetzbl. S. 709) wird dahin geändert:

Der § 3 erhält folgenden zweiten Absatz:

In die Fristen wird die Zeit nicht eingerechnet, während der ein Verfahren auf Herbeiführung eines Vergleichs zum Zwecke der Abwendung des Konkursverfahrens anhängig war.

§ 99. Das Gerichtskostengesetz (Reichsgesetzbl. 1923 I S. 12, 135, 813, 1186; 1924 I S. 135, 662; 1927 I S. 53) wird dahin geändert:

1. Im § 1 treten an die Stelle der Worte „oder die Konkursordnung" die Worte „die Konkurs-

ordnung oder das Gesetz über den Vergleich zur Abwendung des Konkurses".

2. Der dritte Abschnitt erhält die Überschrift:

Gebühren im Konkursverfahren und im Vergleichsverfahren zur Abwendung des Konkurses.

3. Im § 40 werden hinter den Worten „im Konkursverfahren" die Worte eingefügt „und im Vergleichsverfahren zur Abwendung des Konkurses".

4. Hinter § 48 werden folgende Vorschriften eingestellt:

§ 48a.

Für das Vergleichsverfahren zur Abwendung des Konkurses wird die volle Gebühr (§ 8) erhoben. Die Gebühr ermäßigt sich auf die Hälfte, wenn das Verfahren sich ohne Anberaumung eines Vergleichstermins erledigt.

Wird das Vergleichsverfahren in das Konkursverfahren übergeleitet (§ 82 des Gesetzes über den Vergleich zur Abwendung des Konkurses), so wird die im Vergleichsverfahren gemäß Abs. 1 entstandene Gebühr auf die im § 42 bestimmte Gebühr angerechnet. Wird bei Beendigung des Vergleichsverfahrens die Eröffnung des Konkursverfahrens abgelehnt, so wird die Gebühr des § 41 nicht erhoben.

Für das Verfahren zur Abnahme des Offenbarungseids gemäß § 61 Abs. 3 des Gesetzes über den Vergleich zur Abwendung des Konkurses wird eine Gebühr nicht erhoben.

§ 48b.

Die im § 48a Abs. 1 bestimmten Gebühren werden nach dem Werte der Aktiven (§ 18 des Gesetzes über den Vergleich zur Abwendung des Konkurses) zur Zeit der Stellung des Antrags auf Eröffnung des Vergleichsverfahrens erhoben. Übersteigt der Wert der Aktiven den Gesamtbetrag der Forderungen der am Verfahren beteiligten Gläubiger, so ist der letztere maßgebend.

§ 48c.

Für das Verfahren in der Beschwerdeinstanz findet § 38 Abs. 2 mit der Maßgabe entsprechende Anwendung, daß nur die halbe Gebühr erhoben wird.

5. Im § 74 werden hinter den Worten „in bürgerlichen Rechtsstreitigkeiten" die Worte eingefügt „im Vergleichsverfahren zur Abwendung des Konkurses".

6. Hinter § 78 wird folgende Vorschrift eingestellt:

§ 78a.

Im Vergleichsverfahren zur Abwendung des Konkurses ist Schuldner der Gebühren und Auslagen der Vergleichsschuldner.

§ 100.

Die Gebührenordnung für Rechtsanwälte (Reichsgesetzbl. 1898 S. 692; 1909 S. 475; 1910 S. 767; 1916 S. 1263; 1919 S. 2115; 1921 S. 910; 1923 I S. 1, 813, 1188; 1924 I S. 135, 662; 1927 I S. 53) wird dahin geändert:

1. Im § 1 treten an die Stelle der Worte „oder die Konkursordnung" die Worte „die Konkursordnung oder das Gesetz über den Vergleich zur Abwendung des Konkurses".

2. Der dritte Abschnitt erhält die Überschrift:

   Gebühren im Konkursverfahren und im Vergleichsverfahren zur Abwendung des Konkurses.

3. Im § 53 werden hinter den Worten „im Konkursverfahren" die Worte eingefügt „und im Vergleichsverfahren zur Abwendung des Konkurses".

4. Hinter § 61 wird folgende Vorschrift eingestellt:

§ 61a.

Der Rechtsanwalt erhält für die Tätigkeit im Vergleichsverfahren zur Abwendung des Konkurses die Sätze des § 9. Die Gebühr verringert sich um die Hälfte, wenn sich die Vertretung vor dem Vergleichstermin erledigt.

Für die Vertretung in der Beschwerdeinstanz erhält der Rechtsanwalt den Satz des § 41 Nr. 1.

Die Gebühren werden bei der Vertretung des Schuldners nach dem Betrage der Aktiven (§ 48b des Gerichtskostengesetzes) und bei der Vertretung eines Gläubigers nach dem Werte der Forderung unter entsprechender Anwendung des § 148 der Konkursordnung berechnet.

§ 101. Dieses Gesetz tritt mit dem 1. Oktober 1927 in Kraft.

Mit dem Inkrafttreten dieses Gesetzes treten die Verordnung über die Geschäftsaufsicht zur Abwendung des Konkurses vom 14. Dezember 1916 (Reichsgesetzbl. S. 1363) in der Fassung der Verordnungen vom 8. Februar und 14. Juni 1924 (Reichsgesetzbl. I S. 51, 641) sowie das Gesetz zur Änderung der Bekanntmachung des Bundesrats über die Geschäftsaufsicht zur Abwendung des Konkurses vom 14. Dezember 1916 in der Fassung der Verordnung vom 8. Februar 1924, vom 12. Juni 1924 (Reichsgesetzblatt I S. 641) außer Kraft.

Die beim Inkrafttreten dieses Gesetzes anhängigen Geschäftsaufsichten werden nach den bisherigen Vorschriften weitergeführt. Wird nicht binnen einem Monat nach dem Inkrafttreten dieses Gesetzes oder, wenn die Geschäftsaufsicht nicht früher als einen Monat vor dem Inkrafttreten dieses Gesetzes angeordnet worden ist, binnen zwei Monaten nach dem Inkrafttreten dieses Gesetzes ein Vergleich abgeschlossen, so ist die Geschäftsaufsicht aufzuheben und, auch wenn ein solcher Antrag nicht vorliegt, von Amts wegen zu entscheiden, ob das Konkursverfahren zu eröffnen sei. Die Vorschriften der §§ 50 bis 58, des § 69 Abs. 1 Satz 2, Abs. 2 finden mit dem Inkrafttreten dieses Gesetzes auf die anhängigen Geschäftsaufsichten Anwendung.

Berlin, den 5. Juli 1927.

Der Reichspräsident.

von Hindenburg.

Der Reichsminister der Justiz.

Hergt.

Gedruckt bei A. W. Hayn's Erben, Potsdam.

Guttentagsche Sammlung

Deutscher Reichs- und Preußischer Gesetze

einschließlich

de Gruytersche Sammlung Deutscher Gesetze

(Handkommentare)

Systematisches Verzeichnis

Bürgerliches Recht

- Bürgerliches Gesetzbuch
- Schuldverhältnisse insbesondere
- Sachenrecht insbesondere
- Familien- und Erbrecht
- Handelsrecht
- Versicherungsrecht
- Gewerberecht
- Arbeitsrecht
- Sozialpolitische Gesetze
- Geistig-gewerbl. Rechtsschutz

Zivilprozeß

- Freiwillige Gerichtsbarkeit
- Konkursordnung u. Zwangsvollstreckung

Strafrecht u. Strafprozeß

Öffentliches Recht

- Staatsrecht
- Verwaltungsrecht
- Reichsrecht / Landesrecht
- Steuerrecht

Juni 1928

Walter de Gruyter & Co., Berlin W 10 und Leipzig

Bürgerliches Recht

Bürgerliches Gesetzbuch

Band **Reichsgesetze:**

38/39. **Bürgerliches Gesetzbuch nebst Einführungsgesetz.** Von A. Achilles. In Verbindung mit F. André, O. Meyer, O. Strecker, K. v. Unzner herausgegeben von M. Greiff. 12. Auflage. — 1926. 24.—

84. **Sammlung kleinerer privatrechtlicher Reichsgesetze.** Von G. Müller. — 1903. 5.50

129. **Zivilrechtkriegsgesetze.** Von Fischer. — 1918. 1.50

116. **Kriegs-Zivil- und Finanzgesetze.** 3. Auflage. — 1915. 1.50

116 a. Desgl. Zweite Folge: Jahr 1915. — 1916. 1.20

Preußische Gesetze:

23. **Ausführungsgesetze zum Bürgerlichen Gesetzbuche.** Von P. Siméon. 3. Auflage. — 1914. 2.20

Textausgaben:

Bürgerliches Gesetzbuch. 15. Auflage. — 1928. 5.—

Schuldverhältnisse insbesondere

Reichsgesetze:

34. **Die Abzahlungsgeschäfte.** 3. Auflage von E. Wilke. — 1910. 1.20

93. **Sicherung der Bauforderungen.** Von E. Harnier. 3. Auflage. — 1912. 1.50

55. **Beschlagnahme von Lohn- und Gehaltsforderungen.** Von G. Meyer. 6. Auflage. — 1927. Mit Nachtrag 1928. 4.50

70. **Das Reichshaftpflichtgesetz.** Von G. Eger. — 1903. Vergriffen.
Als Ersatz: Seligsohn, **Haftpflichtgesetz.** — 1920. (Außerhalb der Sammlung.) 8.—, geb. 9.50

94. **Die Beamtenhaftpflichtgesetze des Reiches und der Länder.** Von H. Delius. 3. Auflage. — 1921. 3.20

52. **Rechte der Besitzer von Schuldverschreibungen.** Von H. Göppert. 2. Auflage von E. Trendelenburg. — 1915. 1.50

50. **Der Viehkauf (Viehgewährschaft).** Von H. Stölzle. 6. Auflage. — 1926. 15.—

Band

90. **Das Internationale Privatrecht,** Die Haager Abkommen über. Von G. Bogeng. — 1908. 2.—
98. **Sechs Haager Abkommen über Internationales Privatrecht.** H. Dungs. — 1910. 1.50

Preußische Gesetze:

37. **Enteignung von Grundeigentum.** Von O. Meyer. 3. Auflage. — 1927. 5.50

Sachenrecht insbesondere

de Gruytersche Sammlung Deutscher Gesetze (Handkommentare):

Aufwertungsrecht von Michaelis. — 1926. Mit Nachtrag 1927. 16.—
Nachtrag einzeln —.30

Reichsgesetze:

135. **Erbbaurecht.** Von H. Günther. — 1919. 2.—
42. **Grundbuchordnung.** Von O. Fischer und R. Fischer. 9. Auflage. — 1927. 5.—
156. **Mietrecht und Wohnungsmangelgesetz.** Von Krieg. 4. Auflage. — 1928. 10.—

Textausgaben:

Aufwertungsgesetze mit Einleitung. Von Michaelis. — 1925. Mit Nachtrag 1927. 1.50
Reichsmietengesetz. — 1922. —.50

Familienrecht und Erbrecht

Reichsgesetze:

45. **Entmündigungsrecht.** Von P. Koll. — 1900. 1.20
58. **Recht der unehelichen Kinder.** Von H. Jastrow. — 1901. Mit Nachtrag 1925. 1.60
47. **Deutsches Vormundschaftsrecht.** Von M. Schultzenstein und P. Köhne. 2. Auflage. — 1901. Vergriffen.
124. **Todeserklärung Kriegsverschollener.** Von J. Partsch. — 1917. 2.—
59. **Beurkundung des Personenstandes und die Eheschließung.** Von F. Fidler. 2. Auflage. — 1912. 2.30

Preußische Gesetze:

3. **Nottestamente.** Von E. Kurtz. — 1904. 1.50

Handelsrecht

Band **Reichsgesetze:**

4. **Handelsgesetzbuch** ohne Seerecht. Von Litthauer und Mosse. 17. Auflage. Von E. Heymann. — 1926. 14.—
162. **Handelsrechtliche Nebengesetze.** Von Schreiber. — 1926. 14.—
169. **Bank- und Börsengesetze.** Von Arthur Nußbaum. — 1927. 11.—
41. **Börsengesetz.** Von Th. Hemptenmacher. 3. Auflage von O. Meyer. — 1915. 3.50
26. **Münz- und Notenbankwesen.** Von R. Koch. 7. Auflage von Schacht. — 1925. 14.—
117. **Darlehnskassengesetz.** Von H. Salomon u. K. Bud. — 1915. 1.80
40. Gesetz, betr. die **Pflichten der Kaufleute bei Aufbewahrung fremder Wertpapiere (Depotgesetz).** Von F. Lusensky. 3. Auflage. — 1916. Mit Nachtrag 1924. 1.—
24. **Aktiengesellschaft und Kommanditgesellschaften auf Aktien.** Von H. Keyßner und H. Veit Simon. 7. Auflage. In Bearbeitung.
32. **Gesellschaften mit beschränkter Haftung.** Von L. Parisius und H. Crüger. 17. Auflage. — 1926. 3.50
29. **Erwerbs- und Wirtschaftsgenossenschaften.** Von L. Parisius und H. Crüger. 19. Auflage. — 1928. 4.—
51. **Hypothekenbankgesetz.** Von H. Göppert. 2. Auflage von Seidel. — 1911. Mit Nachtrag 1926. 2.20
100. **Kaligesetz.** Von B. Voelkel. — 1910. 2.40
167. **Verordnung gegen Mißbrauch wirtschaftlicher Machtstellungen** (Kartellgesetz). Von Staffel. — 1927. 3.50
115. **Das vertragliche Wettbewerbsverbot (Konkurrenzklausel).** Von G. Baum. — 1914. 3.—
113. **Postscheckgesetz.** Von J. Weiland. — 1914. Mit Nachtrag 1918. Vergriffen.
113 a. **Postscheckordnung.** Von J. Weiland. — 1914. Mit Nachtrag 1918. 1.50
85. **Scheckgesetz.** Von M. Apt. Vergriffen. Neue Auflage von W. Schmidt. In Bearbeitung.
    Kommentar von Michaelis. — 1927. (Außerhalb der Sammlung.) 16.—, geb. 18.—
5. **Wechselordnung.** Von J. Stranz und M. Stranz. 12. Auflage. — 1923. Mit Nachtrag 1926, enthaltend **Wechselstempelgesetz und Scheckgesetz.** 3.50
    Nachtrag einzeln —.60

Band

36. **Privatrechtliche Verhältnisse der Binnenschiffahrt und Flößerei.** Von E. Löwe. 6. Auflage. — 1923. 4.—

19. **Die Seegesetzgebung.** Von W. E. Knitschky. 5. Auflage von O. Rudorff. — 1913. 8.—

Preußische Gesetze:

54. **Anlegung von Sparkassenbeständen in Inhaberpapieren.** Von H. Döhring. — 1914. 2.80

21. **Handelskammern.** Von F. Lusensky. 2. Aufl. — 1909. 3.—

Textausgaben:

Handelsgesetzbuch mit **Seerecht.** 11. Auflage. — 1924. 2.60

Wechselordnung. — 1908. Mit Anhang: Wechselprozeß und Ausführungsanweisung. — 1920. —.50

Versicherungsrecht

Reichsgesetze:

62. **Private Versicherungsunternehmungen.** Von H. Koenige. 3. Auflage von Koenige und Petersen. — 1927. 20.—

83. **Versicherungsvertrag.** Von P. Hager und E. Bruck. 5. Auflage. — 1926. 14.—

164. **Aufwertung von Versicherungsansprüchen.** Teil I: **Lebensversicherungen.** Von Berliner und Pfaffenberger. — 1926. 6.50

164 a. Desgl. Teil II: **Sach-** (Feuer-, Glas-, Wasser- usw.) **und Transportversicherung, Unfall- und Haftpflichtversicherung.** — 1926. Mit Nachtrag 1927. 3.50
Nachtrag einzeln —.30

Gewerberecht

Reichsgesetze:

6. **Reichsgewerbeordnung** nebst Ausführungsbestimmungen. Von Fr. Hiller und H. Luppe. 21. Auflage. — 1928. 11.—

64. **Handel mit Drogen und Giften,** Gesetzsammlung, betr. den. Von H. Sonnenfeld. 3. Auflage. — 1926. 12.—

Band

48. **Drogen-, Gift- und Farbenhandel außerhalb der Apotheken,** Gesetze, betr. den. Von J. Broh. — 1899. 1.20

130. **Ersatzlebensmittelverordnung.** Von H. E. Wendel. — 1918. 1.50

54. **Nahrungsmittelgesetze** mit Erläuterungen. Von Georg Lebbin. 2. Auflage in zwei Bänden.
   a) I. **Lebensmittelgesetz** vom 5. Juli 1927 mit Nebengesetzen (Margarine, Fleisch, Milch, Süßstoff, Essigsäure usw.). Von Lebbin und Gießner. — 1928. 8.50
   b) II. **Getränkegesetze und Getränkesteuergesetze** (Wein, Bier, Branntwein, Mineralwasser). Unter Mitarbeit von Kniebe. — 1926. 10.—

65. **Weingesetz.** Von G. Lebbin. 2. Auflage. — 1909. Vergriffen.

71. **Kinderarbeit in gewerblichen Betrieben.** Von H. Spangenberg. 2. Auflage. — 1904. 1.20

Preußische Gesetze:

16. **Konzessionierung gewerblicher Anlagen.** Von W. v. Rüdiger. 2. Auflage. — 1901. Vergriffen.

Textausgaben:

Gewerbeordnung, Preußische Ausführungsanweisung zur. — 1904. 1.—

Arbeitsrecht

Reichsgesetze:

138 a. **Arbeiterschutz und Arbeitsrecht.** Von A. Günther. 2. Auflage. Teil I: **Arbeitszeitschutz.** Von Günther und Schneider. — 1927. 7.50

138 b. **Betriebsrätegesetz.** Von A. Günther. — 1920. Vergriffen.

168. **Arbeitsgerichtsgesetz.** Von Depène. — 1927. 3.60

74. **Die Kaufmannsgerichte.** Von M. Apt. 3. Auflage. — 1904. Vergriffen.

112. **Kaufmannsgerichtsgesetz.** Von H. Depène. — 1914. 2.60

112 a. **Kaufmanns- und Gewerbegerichtsgesetz nebst Schlichtungsordnung.** (Ergänzungsband zu Bd. 112.) Von H. Depène. 1924. 3.50
Die Bde. 112 und 112 a enthalten zusammen den vollständigen Text des Gewerbegerichtsgesetzes.

Preußische Gesetze:

58. **Arbeitsnachweis.** Von P. Wölbling. — 1920. 1.—

Sozialpolitische Gesetze

Band **Reichsgesetze:**

106—109. **Reichsversicherungsordnung.** Von F. Caspar und A. Spielhagen. 1913—1922. 4 Bände. Komplett. 18.—
161. **Reichsversicherungsordnung.** Von Lippmann. — 1925. 11.—
161 a. Desgl. **Ergänzungsband,** enthaltend die neue Fassung des **Unfallversicherungsgesetzes** sowie die Änderungen der übrigen Bücher der RVO. Von Lippmann. — 1926. 4.—
161 b. Desgl. **Zweiter Ergänzungsband,** enthaltend die im ersten Halbjahr 1926 ergangenen Änderungen der RVO. — 1926. —.80
155. **Reichsknappschaftsgesetz.** Von Max Reuß und Fritz Hense. 2. Auflage. — 1926. Mit Nachtrag 1927. 12.—
152. **Wohlfahrtsgesetze.** Von Behrend und Stranz-Hurwitz. Teil I. — 1923. 5.—
152 a. Desgl. Teil II. — 1925. 9.—
152 und 152 a zusammen bezogen 12.—
165. **Handbuch der Erwerbslosenfürsorge.** Von Schmeißer. 2. Auflage. — 1926. Mit Nachtrag 1927. 13.—
Nachtrag einzeln 2.50
160. **Fürsorgepflicht.** Von Sandré. — 1925. 6.—
154. **Jugendwohlfahrtsgesetz und Jugendgerichtsgesetz.** Von Drewes und Sandré. — 1923. Mit Nachtrag, enthaltend die Ergänzungen bis April 1924. 6.—

Textausgaben:

Versicherungsgesetz für Angestellte. 2. Auflage. — 1927. 2.50

Geistig-gewerblicher Rechtsschutz

Reichsgesetze:

81. **Urheberrecht an Werken der bildenden Künste und der Photographie.** Von L. Fuld. 2. Auflage. — 1926. 6.—
60. **Das Urheberrecht an Werken der Literatur und der Tonkunst.** Von O. Lindemann. 4. Auflage. — 1921. 1.80
102. **Urheberrecht an Mustern und Modellen** und Schutz von **Gebrauchsmustern.** Von J. Neuberg. — 1911. 2.40
95. Die Berner Übereinkunft über **Internationales Urheberrecht.** Von H. Dungs. — 1910. 1.—
61. **Verlagsrecht.** Von B. Marwitz. 3. Auflage. — 1922. 1.60

Band

22. **Patentgesetz.** Von R. Lutter. 8. Auflage. — 1920. Mit Nachtrag 1927. 4.—

Nachtrag einzeln 1.—

87a. **Das deutsche Warenzeichenrecht.** Von Freund und Magnus. 6. Auflage von Jüngel und Magnus.
Teil I: **Die internationalen Verträge.** — 1924. 9.—
Teil II: In Bearbeitung.

37. **Unlauterer Wettbewerb.** Von A. Pinner und A. Elster. 8. Auflage. — 1927. 5.—

Zivilprozeß

de Gruytersche Sammlung Deutscher Gesetze (Handkommentare):

Zivilprozeßordnung. Von Sydow-Busch-Krantz. 19. Auflage. — 1926. 25.—

Reichsgesetze:

14. **Gerichtsverfassungsgesetz.** Von R. Sydow. Fortgeführt von L. Busch. 10. Auflage. — 1925. 6.—
15. **Das deutsche Gerichtskostengesetz.** Von R. Sydow. Fortgeführt von L. Busch und Krieg. 11. Auflage. 7.50
17. **Gebührenordnung für Rechtsanwälte usw.** Von R. Sydow. Fortgeführt von L. Busch und O. Krieg. 13. Auflage. In Bearbeitung.
16. **Rechtsanwaltsordnung.** Von R. Sydow. 5. Auflage von M. Jacobsohn. — 1907. Mit Nachtrag 1910. Vergriffen.
80. **Gerichtliche Registerführung.** Von O. Lindemann. — 1906. 2.40

Preußische Gesetze:

17. **Preußisches Gerichtskostengesetz.** Von P. Siméon. 8. Auflage von O. Lindemann. 8.—
35. **Geschäftsordnung für Gerichtsvollzieher.** Von E. Exner. — 1904. 3.—

Textausgaben:

Zivilprozeßordnung mit **Gerichtsverfassungsgesetz** und **Einführungsgesetzen.** — 1924. 3.50

Freiwillige Gerichtsbarkeit

Band

Reichsgesetze:

46. **Freiwillige Gerichtsbarkeit.** Von H. Jastrow. 6. Auflage von Herm. Günther. — 1921. 4.50
76. **Die Rechtshilfe im Verkehr mit den ordentlichen Gerichten.** Von A. Friedländer. — 1906. 1.50
163. **Notariatsrecht.** Von Szkolny und L. Kober. — 1925. 8.50

Preußische Gesetze:

4. **Gebührenordnung für Notare** vom 28. Oktober 1922. Von Rausnitz. 6. Auflage. — 1925. 7.—
29. **Ärztliche Ehrengerichte, das Umlagerecht und die Kassen der Ärztekammern.** Von F. Fidler. — 1901. 1.50

Textausgaben:

Freiwillige Gerichtsbarkeit. — 1920. 1.—

Konkursordnung und Zwangsvollstreckung

Reichsgesetze:

13. **Konkursordnung und Anfechtungsgesetz.** Von R. Sydow. Fortgeführt von L. Busch und O. Krieg. 14. Auflage. — 1926. Mit Nachtrag 1927, enthaltend die **Vergleichsordnung.** 10.—
Nachtrag einzeln —.80
127. **Geschäftsaufsicht zur Abwendung des Konkurses.** Von G. Klien und Ernst Jaeger. — 1917. Durch Nachträge ergänzt. 3.—
43. **Zwangsvollstreckung.** Von J. Krech und O. Fischer. 9. Auflage von O. Fischer. — 1922. 3.50

Textausgaben:

Konkursordnung. 2. Auflage. — 1915. Mit Nachtrag 1925. 1.—

Strafrecht

Band **Reichsgesetze:**

2\. **Strafgesetzbuch.** Von Fr. v. Liszt und E. Delaquis. 27. Auflage von E. Kohlrausch. — 1927. 8.—

9\. **Sammlung kleinerer strafrechtlicher Reichsgesetze.** Von N. H. Kriegsmann. 3. Auflage. — 1910. 4.—

53\. **Reichspreßgesetz.** Von A. Born. 3. Auflage. — 1924. 4.—

133\. **Reichswuchergesetzgebung.** Von Ad. Lobe. — 1918. 2.80

67\. **Militärstrafgesetzbuch.** Von A. Romen und E. Rissom. 3. Auflage. — 1918. Vergriffen.

Preußische Gesetze:

34\. Sammlung der wichtigsten **preußischen Strafgesetze.** Von Lindemann. 2. Auflage. — 1912. 3.50

36\. **Polizeiverordnungen in Preußen.** Von O. Lindemann. 2. Auflage. — 1912. 2.50

Textausgaben:

Strafgesetzbuch. — 1925. 3.—

Strafprozeß

de Gruyterſche Sammlung Deutscher Gesetze (Handkommentare):

Strafprozeßordnung von Feisenberger. — 1926. Mit Nachtrag 1927. 17.—

Nachtrag einzeln —.80

Reichsgesetze:

12\. **Strafprozeßordnung und Gerichtsverfassungsgesetz.** Von E. Kohlrausch. 21. Auflage. — 1927. 7.50

158\. **Strafprozeßordnung.** Alte und neue Fassung synoptisch gegenübergestellt. Von Feisenberger. — 1924. Mit Nachtrag 1927. 4.50

3\. **Militärstrafgerichtsordnung.** Von A. Romen und E. Rissom. 2. Auflage. — 1918. 5.—

128\. **Verhaftung und Aufenthaltsbeschränkung.** Von A. Romen. — 1917. 1.20

73\. **Entschädigung für unschuldig erlittene Verhaftung und Bestrafung.** Von A. Romen. — 1904. 1.70

Textausgaben:

Strafprozeßordnung. 5. Auflage. — 1924. Mit Nachtrag 1927. 2.50

Öffentliches Recht

Staatsrecht

Band **Reichsgesetze:**

137. **Reichsverfassung.** Von Arndt. 3. Auflage. — 1927. 8.—
166. **Das deutsche Ausländerrecht.** Von Fraustädter und Kreutzberger. — 1927. 9.—
86. **Die Auslieferungsverträge des Deutschen Reiches.** Von A. Cohn. — 1908. 4.—
44. **Auswanderungswesen.** Von F. Stoerk. — 1899. 2.—
134. **Der Ostfrieden.** Von Karl Strupp. — 1918. 3.—
111. **Reichs- und Staatsangehörigkeitsgesetz.** Von A. Romen. 2. Auflage. In Bearbeitung.
141. **Sozialisierungsgesetze.** Von Reier. — 1920. 2.20
99. **Die Abkommen der Haager Friedenskonferenz.** Vergriffen. Jetzt: Wehberg, **Völkerbundakte.** — 1919. (Außerhalb der Sammlung.) 4.—

Preußische Gesetze:

1. **Die Verfassung des Freistaats Preußen.** Von A. Arndt. — 1921. 2.—
   Ausführlicher Kommentar von Stier-Somlo. — 1921. (Außerhalb der Sammlung.) 8.—

Textausgaben:

Verfassung des Freistaates Preußen. — 1921. —.60

Verwaltungsrecht

a) Reichsrecht

Reichsgesetze:

82. **Reichsbeamtengesetz.** Von A. Arndt. 3. Auflage. — 1923. Mit Nachtrag, enthaltend die Änderungen bis 1924. 3.50
122. **Belagerungszustand.** Von H. Pürschel. — 1916. 3.50
35. **Die Reichs-Eisenbahngesetzgebung.** Von W. Coermann. — 1895. Vergriffen.
66. **Die Eisenbahngesetzgebung.** Von W. Pietsch. 2. Auflage. — 1913. Vergriffen.
91. **Eisenbahn-Verkehrsordnung.** Von E. Blume. 3. Auflage von Weirauch. — 1926. 12.—

Band		
147.	**Filmzensur.** Von Szczesny. — 1920.	1.50
68.	**Fleischbeschaugesetz.** Von G. Lebbin und G. Baum. — 1903.	2.80
27.	**Gesundheitswesen im Deutschen Reich.** — 1888.	Vergriffen.
56.	**Bekämpfung gemeingefährlicher Krankheiten.** Von B. Burkhardt. — 1900.	1.20
63.	**Gesetzestafel des deutschen Reichsrechts.** Von H. Bruhns. 2. Auflage. — 1913.	3.—
49.	**Deutsche Kolonialgesetzgebung.** Von Ph. Zorn. 2. Auflage von Sassen. — 1913.	5.—
21.	**Die Konsulargesetzgebung.** Von Ph. Zorn. 8. Auflage von K. Zorn. — 1911.	4.50
75.	**Konsulargerichtsbarkeit.** Von A. F. Vorwerk. — 1908.	1.60
92.	**Verkehr mit Kraftfahrzeugen.** Von R. Kirchner. 3. Auflage. — 1915. Mit Nachtrag 1926.	5.—
	Nachtrag einzeln	1.50
119.	**Kriegsleistungsgesetz.**	Vergriffen.
118.	**Militärhinterbliebenengesetz.** Von Reh. — 1915.	2.20
79.	**Die Militärpensionsgesetze.** Von A. Romen.	Vergriffen.
136.	**Militärversorgungsgesetz.** Von H. Günther. — 1919.	2.30
7.	**Post- und Telegraphen-Gesetzgebung.**	Vergriffen.
120.	**Telegraphenwegegesetz.** Von Wolf. — 1916.	1.—
148.	**Reichsausgleichsgesetz.** Von Decke. — 1920.	1.50
150.	**Reichsschädengesetze.** Von Adolf Hohenstein und Wenzel Goldbaum. — 1922.	4.—
97.	**Schutzgebietsgesetz.** Von J. Gerstmeyer. — 1910.	2.50
105.	**Das Geldwesen in den deutschen Schutzgebieten.** Von W. Hintze. — 1912.	1.80
140.	**Die Siedelungsgesetzgebung im Reich und in Preußen.** Von W. Holzapfel. — 1920.	3.—
125.	**Vaterländischer Hilfsdienst.** 3. Auflage. — 1917.	1.—
88.	**Vereinsgesetz.** Von A. Romen. 5. Auflage.	In Bearbeitung.
33.	**Vereins- und Versammlungsrecht.** Von E. Ball. 2. Auflage von F. Friedenthal. — 1907.	2.—
103.	**Reichs-Viehseuchengesetz.** Von W. v. Hippel. 2. Auflage. — 1913.	4.—

Band

89. **Vogelschutzgesetz.** Von L. v. B o x b e r g e r. — 1909. 1.—
69. Reichsgesetz über die **Naturalleistungen der bewaffneten Macht im Frieden.** Von W. v. H i p p e l. — 1903. 1.—
114. **Waffengebrauch und Festnahmerecht des Militärs.** Von A. R o m e n und C. R i s s o m. — 1914. 1.80
142. **Wirtschaftliche Demobilmachung.** Von Gg. F i s ch b a ch. — 1920. 1.—
170. **Luftrecht.** Von R. B u s s e. 1928. 10.—
171. **Seewasserstraßenordnung.** Von Jul. S e b b a. — 1928. 8.50

Preußische Gesetze:

48. **Zweckverbandsgesetz für Groß-Berlin.** Von L. B r ü h l, K. G o r d a n und W. L e d e r m a n n. — 1912. 4.—

b) Landesrecht

Preußische Gesetze:

50. **Gesetz, betr. die Anlegung und Veränderung von Straßen und Plätzen in Städten und ländlichen Ortschaften.** Von O. M e y e r. — 1913. 3.—
46. **Austritt aus der Landeskirche.** Von H. C a r o. — 1911. 2.40
2. **Preußische Beamtengesetzgebung.** Von K. P f a f f e r o t h. 5. Auflage. — 1916. 2.40
51. **Das preußische Disziplinargesetz für die nichtrichterlichen Beamten.** Von E. v. D u l t z i g. — 1914. 4.20
25. **Preußische Kommunalbeamtengesetzgebung.** Von F. K r e m s k i. — 1901. 3.—
22. **Anstellung und Versorgung der Kommunalbeamten.** Von W. L e d e r m a n n. 2. Auflage von L. B r ü h l. — 1914. 2.—
26. **Diensteinkommen der Lehrer und Lehrerinnen.** Von E. C r e m e r. — 1900. 2.20
12. **Allgemeines Berggesetz.** Von S ch l ü t e r und H e n s e. 4. Auflage. In Vorbereitung.
47. **Feuerbestattung.** Von W. L o h m a n n. — 1912. 1.50
28. **Die Fürsorgeerziehung Minderjähriger.** Von P. F. A s ch r o t t. 3. Auflage. — 1917. 2.80
31 a/b. **Die preußischen Gesindeordnungen.** Zwei Bände. Von St. G e r h a r d. 5.50
24. **Die Hinterlegungsordnung (1879).** Von G. B a r t e l s. 2. Auflage. — 1908. 2.—
53. **Hinterlegungsordnung** von 1913. Von H a a e m a n n. — 1914. 2.20

Band

41. **Die preußischen Jagdpolizeigesetze,** siehe Nr. 63.

19. **Jagdscheingesetz.** Von F. Kunze. 2. Auflage. — 1899. 2.—

45. **Rechtsverhältnisse der Juden in Preußen.** Von M. Kollenscher. — 1910. 2.40

15. **Die Kreisordnungen.** Von O. Kolisch. — 1894. Vergriffen.

57. **Landeskulturbehörden.** Von W. Holzapfel. — 1919. 2.—

42. **Allgemeine Landesverwaltung und Zuständigkeit der Verwaltungs- und Verwaltungsgerichtsbehörden.** Von K. Friedrichs. 3. Auflage. — 1927. 5.—

44. **Quellenschutzgesetz.** Von C. Voelkel. — 1909. 1.—

33. **Rentenguts- und Anerbenrechtsgesetzgebung.** Vergriffen.

30. **Preußisches Staatsschuldbuch und Reichsschuldbuch.** Von J. Mücke. — 1902. 2.—

59. **Bildung der neuen Stadtgemeinde Berlin.** Von P. Wölbling. 2. Auflage. — 1920. 1.40

32. **Städteordnung.** Von W. Ledermann und L. Brühl. 2. Auflage. — 1913. 6.—

56. **Das preußische Tumultschadengesetz.** Von Bruno Friedländer. — 1919. —.80

60. **Umlegungsordnung.** Von W. Holzapfel. — 1921. 1.80

43. **Verschuldungsgrenze** für land- und forstwirtschaftlich benutzte Grundstücke. Von R. Leweck. — 1908. 2.40

49. **Gesetze gegen die Verunstaltung landschaftlich hervorragender Gegenden.** Von O. Goldschmidt. — 1912. 2.40

40. **Verwaltungsstrafverfahren.** Von R. Katzenstein. — 1907. 3.50

39. **Unterhaltung der öffentlichen Volksschulen.** Von A. Marcks. — 1906. 1.80

52. **Preußisches Wassergesetz.** Von G. Wulff und F. Herold. 2. Auflage von G. Wulff. — 1928. 12.—

55. **Preußisches Wohnungsgesetz.** Von B. Schmittmann. — 1918. 2.60

62. **Das preußische Fischereigesetz.** Von A. Born. — 1928. 7.50

63. **Die preußischen Jagdgesetze.** Von A. Born. — 1928. 8.—

64. **Die preußischen Baupolizeigesetze.** Von H. Heine. — 1928. 8.—

Steuerrecht

Band **Reichsgesetze:**

143\. **Reichsabgabenordnung.** Von N i e b e r l. 2. Auflage. — 1927. Mit Nachtrag 1928. 12.—

126\. **Besitzsteuergesetz.** Von A. M r o z e k. Vergriffen.

151\. **Einkommensteuer und Körperschaftsteuer.** Von H o l l a e n d e r. — 1926. Mit Nachtrag, enthaltend die Änderungen vom 22. Dezember 1927. 24.—

77\. **Das Erbschaftssteuergesetz.** Von B. H e n c k e l. 1920. Vergriffen. Neue Fassung von H. S c h a c h i a n. 4. Auflage. — 1926. (Außerhalb der Sammlung.) 2.50

54 b. **Nahrungsmittelgesetze** mit Erläuterungen. Von Georg L e b b i n. 2. Auflage in zwei Bänden. II. **Getränkegesetze und Getränkesteuergesetze** (Wein, Bier, Branntwein, Mineralwasser). Unter Mitwirkung von K n i e b e. — 1926. 10.—

139\. **Grunderwerbsteuergesetz.** Von Otto L i n d e m a n n. 2. Auflage. — 1926. Mit Nachtrag 1927. 4.—

Nachtrag einzeln —.30

159\. **Industriebelastungsgesetz.** Von H ö p k e r. — 1925. 4.—

121\. **Direkte Kriegssteuer.** Von A. M r o z e k. — 1916. 3.50

131 a. **Reichsfinanzgesetzgebung 1918.** Bd. I: **Getränkesteuern.** Von G. M a y e r. — 1918. 2.50

131 b. **Reichsfinanzgesetzgebung 1918.** Bd. II: **Einkommen, Umsatz** usw. Von G. M a y e r. — 1919. 1.50

149\. **Reichsnotopfergesetz.** Von F r i e d m a n n und W r z e s z i n s k y. — 1921. 4.—

18\. **Reichsstempelgesetz.** Von P. L o e c k. Vergriffen. Wird durch Kapitalverkehrssteuergesetz ersetzt. Erläuterte Ausgabe in Bearbeitung.

145\. **Steuer- und Kapitalflucht.** Von E. H. M e y e r. 2. Auflage. — 1921. 1.60

157\. **Dritte Steuernotverordnung vom 14. Februar 1924** mit den Vorschriften über **Aufwertung.** 2. Auflage unter dem Titel: **Aufwertungsgesetze.** Von M i c h a e l i s. — 1925. 16.—

132\. **Umsatzsteuergesetz.** Von Otto L i n d e m a n n. 4. Auflage. — 1926. 10.—

110\. **Wehrbeitragsgesetz.** Von A. F e r n o w. 2. Auflage. — 1913. 1.60

146\. **Tabaksteuergesetz.** Von W ü n d i s c h. — 1920. Mit Nachtrag 1925. 4.—

Nachtrag einzeln 1.50

Band

78. **Zigarettensteuergesetz.** Von C u n o. Vergriffen.
101. **Zuwachssteuergesetz.** Von W. C u n o. Vergriffen.
153. **Zwangsanleihegesetz.** Von S i m o n und B e u t n e r. — 1923. 8.—

Preußische Gesetze:

20. **Die preußischen Erbschaftssteuergesetze.** Von U. H o f f m a n n. — 1905. 3.—
13. **Ergänzungssteuergesetz.** Von A. F e r n o w. 5. Auflage. 1914. 3.—
11. **Gewerbesteuergesetz.** Von A. F e r n o w. Vergriffen.
14. **Kommunalabgabengesetz.** Von F. A d i c k e s. 6. Auflage von F a l k. — 1922. 3.50
38. **Kreis- und Provinzialabgabengesetz.** Von F. S c h m i d t. — 1906. 1.20
18. **Preußisches Stempelsteuergesetz.** Von P. L o e c k und W. S e y f f a r t h. 10. Auflage von E i f f l e r. In Bearbeitung.
61. **Preußische Verwaltungsgebührenordnung.** Von K. E i f f l e r. — 1925. Mit Nachtrag 1925. 6.—
27. **Warenhaussteuer.** Von G. S t r u tz. — 1900. 1.20

Textausgaben:

Erbschaftsteuergesetz. Neue Fassung von H. S c h a c h i a n. 4. Auflage. — 1926. 2.50

Reichssteuergesetze 1925 (Steuerüberleitungsgesetz mit Durchführungsbestimmungen — Einkommensteuer, Körperschaftssteuer, Reichsbewertungsgesetz, Vermögensteuer, Erbschaftsteuer). — 1925. 4.—

Wehrbeitrag und **Besitzsteuer.** — 1913. —.50

Zuwachssteuergesetz. — 1911. —.50

—, **Ausführungsbestimmungen.** — 1911. —.40

VI 28 II

Druck von Otto Walter, Berlin S 14

FSC
www.fsc.org
MIX
Papier | Fördert gute Waldnutzung
FSC® C083411

Kolibri 360 GmbH
Ferdinand-Jühlke-Straße 7
99095 Erfurt, Deutschland
produktsicherheit@kolibri360.de